フィヒテの社会哲学

清水　満

九州大学出版会

目次

第二部　イエナ期フィヒテの社会哲学――権利と国家

第三部　中期フィヒテの社会哲学――「国民」と「国家」

第四部　後期フィヒテの社会哲学

凡例

・フィヒテの著作からの引用頁数は以下のI・H・フィヒテ編集の著作集のものである。ローマ数字は巻数で、アラビア数字が頁数を示す。この中に収められていないテキストは、適宜注で示したものにもとづく。

Fichtes Werke, 11 Bde., hrsg. von Immanuel Hermann Fichte, Fotomechanicher Nachdr. aus. Berlin 1845-1846 und Bonn 1834-1835, Berlin 1971.

・引用文は「訳書を使用」などの注記がないものはすべて筆者の訳による。

・引用文の（　）は原文のままかもしくは代名詞の指示するものである。［　］は筆者による補足を示す。……は省略を示す。

・本文中にある写真は筆者撮影のものである。

・引用・参照した邦語論文、著書の筆者名は、欧文文献の著者名と同様に、最近では敬称を略すのが通例であるが、直接に面識のある人もおり、心理的抵抗があったために敬称をつけた。ご理解をお願いしたい。

フィヒテの社会哲学

序論

一　「制限」の思想家フィヒテ

フィヒテは自由の思想家である。このことは論を俟たない。ヘーゲルも「自由がフィヒテの体系の最高のものだ[1]」とはっきり書いている。だが、そのヘーゲルは、フィヒテの自由は制限されているから、真の自由ではないと批判した。彼はいう。フィヒテにおいては「理性的存在者の共同体は、自由は自己自身を制限する法則を自分に与えるという自由の必然的な制限によって、一つの制約されたものとして現象する。制限の概念が自由の国を構成するのである。こういう国では、生命の、真に自由でそれ自身無限で制限されないそれぞれの相互関係、つまり生命の美しき相互関係はそれによって廃棄されている[2]」と。

このヘーゲルのフィヒテ批判、すなわち、フィヒテの自由は制限されたものであるから、真の自由ではないという理解は、その後の哲学史を支配した。おかげで、フィヒテはカントと並んで悟性の段階にとどまり、理性に達することができなかったとか、外面的で制限された自由しか知らなかったという否定的なイメージが流布してしまった。

しかし、現代のフィヒテ研究の権威の一人であるヴォルフガング・ヤンケは、むしろフィヒテのこの「制限」を肯定的に評価した。彼はフィヒテのこの自由や活動の制限の論理を「制限の弁証法（Limitative Dialektik）[3]」と名づけ、フィヒテ哲学の根本的な思考原理とみなした。ヤンケが命名した理由は次のとおりである。「フィヒテの、自我と非我の総合的な縮小（可分化）と、絶対的な対立から、相互の制約可能性という概念および制限という根源活動への『上昇』は、それが批判的に熟慮された知識学の基礎であるかぎりでは、自己意識の弁証法を制限の弁証法と呼ぶことを正当化するであろう(4)」。

ヤンケは「制限の弁証法」のタイトルのもとに『全知識学の基礎』、『自然法の基礎』、『一八〇四年の知識学第二講義』の三つの作品を扱い、理論的考察を行なった。だが、フィヒテの思想を素直に理解すれば、この「制限の弁証法」はフィヒテの全作品を貫く根本的な論理であることがわかる。自由による自己の自由の制限、あるいは被制約性における自由の発現というフィヒテの論理は、とりわけ本書が対象とするフィヒテの社会哲学において、キー・コンセプトとなる。ということは、フィヒテの哲学においては、ヘーゲルが批判した自由の制限こそがむしろフィヒテの独自性であり、これを先入観なく見る必要があるということだ。ヤンケの師にあたるハインツ・ハイムゼートは、「自由は制限の中、相互の制限の中にこそ形成されなければならない(5)」と書いている。制限があるからこそ、自由の真価が発揮される。自由と制限は対立概念ではなく、相互に補完しあう概念なのである。

フィヒテの社会哲学において、「自由の制限」がキー・コンセプトになるのは、それが登場する場所が必然的に権利概念であり、理性的存在者の共同性、すなわち「社会」になるからである。物質的な自然界もたしかに人間の活動の自由を制限しはする。そのことによって感性が自然からの作用を受け、対象を認識し、それを自己の合目的活動によって変化させていく。しかし、最終的には自然は自我の活動の素材にすぎず、否定され、それ自体は無となってしまうものであり、その意味では恒常的に自我の自由を制限するものではない。それは自我の活動を誘引する契機的な存在にすぎないのである。だが、これが他なる自我、すなわち自由をもつ他の理性的存在者であるならば、その自由を否定することはできない。この他者は否定され、無となることは許されない存在だからである。

このような自由の思想は、カントによって獲得されたものである。自由の思想家であるフィヒテは、この人間の根源的な自由をカントから継承し、カント以上にそれを主張した。しかし、理性的存在者が複数存在する場では、各人が自己の自由を主張するだけならそれらの自由が衝突してしまう。人間の自由を高らかに謳歌する思想家であるならば、自由をもつ複数の理性的存在者の自由の衝突、すなわち社会の問題にとりくまなければならなくなるのは必然的である。だからこそ、フィヒテはカント哲学に出会って以来、複数の理性的存在者の自由の共存の問題を考えざるをえなかったのである。

そこで彼が考えついたのが「制限」という概念である。しかし、たんなる制限ではなく、その制限によって逆に自由が活性化され、豊かなものになるという動的な内容を含む「制限」概念であった。すなわち、自由な存在者が相互に自分の自由を自分で制限することによって、他者の自由を保障し、そのことによって相互の自由が可能になるとフィヒテは考えた。自由をいったんは自分で制限するが、その制限が逆に自由をより強化し、しかも、個人の自由ではなく共同の自由を増す。あるいは、自己の自由の制限が逆に他者の自由の促進の契機となり、相互にその働きかけを行なうことで、自由の活動がより活発で多様なものになり、相互の自己表現、自己活動の自由が花開くという論法である。その意味でフィヒテはまた「交わり」、コミュニケーション、あるいは「表現」の思想家でもあるのだ。

フィヒテが好んで出す事例として、「バネ」がある。「ぜんまい」でもスプリング式のバネでも、圧力をかけられ、制限されることが逆にその活発な動きの起源となる。制限されることで、それを解放しようとする力が働き、その制約、制限を跳ねとばすのである。「制限による自由」を意識していたフィヒテからすれば、「バネ」のイメージはつねに深層にあったものかもしれない。それに比べて、カントはニュートン派ということもあってか、力の「平衡」のイメージがあったようだ。たとえば、カントの『人倫の形而上学』第一部法論では、相互の自由を制限する権利関係の説明のために、「作用と反作用は等しいという法則のもとでの物体の自由な運動」[6]という「力学的概念」[7]が挙げられている。フィヒテの自由は、制限がない状態で間延びしたものではなく、またカントのように均衡の調和した状態にあるのでもなく、制限や圧力、圧政のもとで、それらを跳ねのけるという力動的な要素をはらんでいる。

カントつながりでいえば、貧困に苦しんだ若きフィヒテが、カントのいるケーニヒスベルクまで出かけて彼を訪問し、哲学的な対話をするだけではなく、生活の糧までをも尋ねたことはよく知られている。そのとき以来、二人の間に交わされた書簡で、はっきりとフィヒテの問題意識が「各人の自由の共存が可能な共同体」の問題にあったことが記されている。現実生活で金銭的な制約・制限に苦しめられ、それをカントのところにまで行って訴え、そこで二人は制限を超克できる自由とは何かについて話しあったというのは、なかなかアイロニカルな歴史的事実である。だから、理性的存在者の共存による自由の問題を究明するためにも、金銭的な安定、窮乏からの自由が必要だとも述べている。

「私の心は、純粋理性批判の三七二―三七四頁の課題を解決するという大きな思想で燃えています。これをすべてやるためには、生活の不安のない時間が私には必要です。それが可能ならば、私は絶対に必要で甘美なこの義務を果たすことができるでしょう」（一七九三年四月二日フィヒテからカントへの手紙(8)）。フィヒテの心が燃えているという課題、純粋理性批判の三七二―三七四頁の課題とは、「各人の自由が他者の自由と共存できるようにする法則にしたがって、人間の最大の自由をいかに保障するか」というものである。換言すれば「複数の理性的存在者の自由の共存と共同性の可能性」であり、カントが未解明のまま残したこの問題をフィヒテは当初から自己の課題としたのである。

人間はさまざまな身分や社会の秩序の中で、制限された位置にあり、その中で生きることがあたりまえという時代が長く続いた。中世では各人は神の定めた自然の法により統一した秩序の中にそれぞれ位置づけられ、その規矩を超えることは許されず、誰もが分に甘んじることが要求された。古代は少数の市民身分だけが自由で、あとは労働と家事・育児に従事する多くの不自由な身分があった。

だが、近代の自己意識の自由、個人の確立がデカルトによって宣言された。これは画期的なことであったが、それまで課せられていた枠を取り去り、誰もが自分の自由を謳歌すると、それが他者の自由を侵害し、自己の自由も損ね、それを危惧したホッブズが「万人の万人に対する戦い」を主張せざるをえなかった。

自立した個人は自己の獲得した自由を失うことなく、同時に秩序の中で生き、制限を受けなければならない。それが自己の自由を求めて相互に相手を滅ぼしあう闘争にならずに、各自が共存できるためにはどうすればよいか。古代のように貴族や自由身分の矜持に頼ることなく、中世のように強大な宗教的権威が神の掟だとして、人々を宗教によって支配するのではない。万人の自由は倫理や魔術からの自由でもある。各人が自己の自由を謳歌しつつ、同時に共存するにはどうすればよいか。それが近代における「社会」という場の発見であった。

それゆえ、社会哲学はフィヒテにとってたんなる傍流の研究ではない。彼が人間の自由を根拠づけるために、自己の哲学体系を構築したのであれば、社会における自由という問題は中心的な関心の一つになる。

フィヒテは社会を次のように定義している。「理性的存在者相互の関係を私は社会（Gesellschaft）と呼ぶ。社会の概念は、われわれの外に複数の理性的存在者が存在するという前提あってこそ可能であり、そして、それによって他の理性的ではない、つまり社会には属さないあらゆる存在者から区別できるという特徴がなければ、可能ではない」（VI. 299）。そして、複数の理性的存在者が、各自の自由を発現するときに、必然的に制限が働き、それを自己の被制約、自己の自律的な制限として受けとめなおすことによって、制限こそが豊かな自由の開花という自由の新たな相貌が生まれるのである。

この考察が対象とするフィヒテの著作は、『フランス革命についての大衆の判断を正すための寄与』（以下『フランス革命論文』と略記）『自然法の基礎』『ドイツ国民に告ぐ』や『国家論』などである。一般にはこれまでの研究書がそれらを対象にしたときには「政治哲学」「政治理論」と題されることが多かった。しかし、本書はそういう領域が主になるとはいえ、上に述べた「社会」概念に立ち、たんに政治的な視野だけから考察していない。また理論的著作や『道徳論の体系』などにも適宜触れているために、より広い意味を示すものとして「社会哲学」と題している。

二　近年の代表的な研究

フィヒテの思想といえば、第一に知識学である。分量的にも最も多く、彼が生涯最大の力を傾注したものであることは事実であるが、しかし、社会哲学もそれに劣らず重要な思想的営為であった。とはいえ、フィヒテの社会哲学は、これまでの研究では、初期の『フランス革命論文』とベルリン期の『ドイツ国民に告ぐ』が当時の世相においてもセンセーショナルなものだった経緯もあって、もっぱらこの二つが突出して論じられることが多かった。『フランス革命論文』にみられる革命擁護、自由と権利の闘士としての側面は、旧東ドイツのマンフレート・ブールを代表としてやや政治的な利用のされ方をし、『ドイツ国民に告ぐ』は、ナチズムや日本の軍国主義での利用の歴史が投影されて、戦後はショーヴィニスティックなナショナリズムあるいは全体主義の書物として、否定的なイメージを与えるものであった。そして、この二つが安易に結びつけられて、フィヒテは、フランス革命の自由の擁護者から、国家のために個人が犠牲になる全体主義思想に転向したと揶揄されたのである。

近年の研究でその代表的なものが、ベルナルト・ヴィルムスの『全体的自由——フィヒテの政治哲学』(青山政雄・田村一郎訳、木鐸社、一九七六年、原著一九六五年)である。これは初期からベルリン期に至るまでのフィヒテの社会哲学的著作を、政治哲学の観点から浩瀚に考察している。個々の分析は的確で見るべきものもあるが、ヴィルムスはカール・シュミットの高弟エルンスト・ヴォルフガング・ベッケンフェルデ、シュミットと交友があったヨアヒム・リッターを通じて、シュミットの門下となり、全体としては、フィヒテを「教育独裁」の思想家と位置づけるシュミットのフィヒテ理解[9]の影響下にある。それに加えて、一九五〇年代の政治理論の流行であった全体主義の議論、とくにヤコブ・L・タルモン[10]の影響を受けているむきがある。シュミットとタルモンに共通するのは、現代の全体主義が啓蒙思想、ルソー思想、その実現としてのジャコバン派に由来するもので、観念的、合理的な理想を押しつけるとみなす点である。ヴィルムスは、フィヒテの強制概念が個人の自由を抑圧するといい、それにもとづく法治国家も個人の自由を監視する警察国家であると批判するが、これはヘーゲルのフィヒテ批判の焼き直しでもあり、それとシュミットやタルモンの全体主義概念を結びつけている。さらにベルリン期フィヒテの国家論を『「千年」王国の思想』と位置づけて批判する[11]。

これらの理解が皮相であることは、すでに多くの堅実な研究によって指摘されている。今日、フィヒテの社会哲学研究でスタンダードなものとみなされているのは、ハンスユルゲン・フェアヴァイエンの『フィヒテの社会理論における法権利と人倫(*Recht und Sittlichkeit in J. G. Fichtes Gesellschaftslehre*)』(一九七五年)[12]である。フィヒテの法論、道徳論、宗教論、歴史哲学のほとんどの著作を、法と道徳の関係という中心視点から克明に分析して、相矛盾するフィヒテの表現を可能なかぎり整合的に理解しようとしたものである。これまでの社会哲学研究は、それぞれの時代状況、それぞれの政治的立場から一部のコンテクストだけを取り出して、自分の拠って立つ視点を強調したものが多かった。これらに対し、その客観性と全体性は他の追随を許さない。しかし、フェアヴァイエン自身は基礎神学者であり、基礎神学を自我の理性的思惟に徹底したフィヒテやブロンデルらの近代哲学から基礎づけるという根本的なモチーフをもっている。この研究もその一環であると推測できるが、テキストに即して客観的に考察している点ではきわめて有益でも、法哲学的議論としては字句の解釈にとどまっている箇所もままあり、その概念が内包する豊かさを見落としているむきがあるように思われる。より深い法哲学的な議論という点でもの足りないのである。

彼は、結語で「フィヒテのテキストを個々の点までそれぞれ分析して追跡した者なら、いかなる連関も期待されない」[13]と書き、相矛盾するフィヒテの思想を一貫して捉えることの困難さを吐露している。たしかに初期の『フランス革命論文』では、国家に対する個人の優越を説きながら、後期のベルリン期には、国家に対する個人の犠牲を強いるなど、書かれてあるテキストの表現自体は正反対の内容になっているというのは、フィヒテではめずらしくない。しかし、それはあくまでも表面的な字句に即した場合であり、フィヒテが拠っていた思想と精神に立てば一貫性が見えてくる。必ずしも以前に語っていたことを否定しているわけではないことがわかる。フィヒテ自身力説したように、「字句」にこだわらず「精神」をつかめば、フィヒテは生涯通じて共和主義者であり、個人を重視し、国家は廃棄されるべき存在であると主張するのはイエナ期と変わらないのである。もちろん、思想の深化に伴い、細かな内容の変化があるのはたしかであるが、根本的な思想はかなりの一貫性をもっている。

この姿勢は、実はフェアヴァイエンも同じで、結果的には私と似た結論に至っている。本書は、フェアヴァイエンよりもより踏み込んで、フィヒテがれっきとした共和主義者であることを示すとともに、フェアヴァイエンが論じなかったフィヒテの社会哲学の豊かな内容をより深めて考察した。その点がフェアヴァイエンとの大きな違いであろう。

フェアヴァイエン以前に、フィヒテの社会哲学の再評価をしたのは、ツヴィ・バチャであり、彼は一九七〇年に『フィヒテの政治哲学における社会と国家（*Gesellschaft und Staat in der politischen Philosohie Fichtes*）』[14]を著した。彼はその中で、イエナ期のフィヒテの「社会」概念を分析し、国家を相対化できるものとして高く評価することで、通俗的に理解されている「フィヒテは国家全体主義者である」という偏見をみごとに打破している。これは一つの卓見であり、期せずして私も同じ見解であるが、ベルリン期のフィヒテでは、そうしたさまざまな諸社会の役割が過小評価され、貴族主義的傾向が顕著で、「強制君主（Zwingherr）」を正当化し、中世的なヒエラルキー国家に戻ったとする点は賛同できない。本書は、ベルリン期の著作においても、フィヒテの「小社会」は国家などの「大社会」を変革しうる可能性をもったものであることは変わらず、また共和制、立憲体制、平等な社会という基本的な枠組みは継続していることを示す。それがバチャへの反論になりうるであろう。

同様に、フィヒテの社会概念を考察することで全体主義という批判に答えたのが、カール・ハーンの『J・G・フィヒテにおける国家、教育、学問（*Staat, Erziehung und Wissenschaft bei J. G. Fichte*）』（一九六九年）[15]である。ハーンはこの著作で、フィヒテの法的・政治的なものが道徳的なものとどう関係するかを考察し、宗教を含めて、フィヒテの政治哲学における道徳性の優位が最終的に「学者の共同体」「学者の支配」によって示されることを論じている。ハーンは政治学者であり、政治思想的な考察という意味でも客観的で、しかもフィヒテの学問論、道徳論、宗教論をも入れて包括的に考察している点が特徴的である。その意味では、フィヒテの思想の全貌を把握するには有用であるが、しかし、ハーンは最終的には「学者の共同体」による「神政政治（Theokratie）」だと判断[16]し、フィヒテの共和主義の評価をあまり前面に出していない。本書は、ベルリン期もイエナ期に劣らず、原則としてフィヒテの共和主義、人民主権の立場は貫かれるが、ベルリン後期にはフランス革命での衆愚政治への反省から、表現の力点が変わったにすぎないという立場で論じる。ハーンが自説を発表した時点では、フィヒテの『二二世紀のドイツ人共和国草稿』の体制論を記した部分が公表されていなかったという事情もあるが、全体としてはまことに的確な議論でありながらも、このベルリン期の評価の違いがハーンとの差異になりうると思われる。

本書では、フィヒテがつねにナチズムや全体主義との関連で語られること、とくにヴィルムスの言説を代表とするそのような言説の相対化を適宜行なった。これは上の三者と共通する問題意識である。フィヒテの社会哲学についての理解がまだ浸透していない日本ではこうした作業が必要であると考えたからである。こうした努力の先駆者としては南原繁がいる。フィヒテが日本の軍国主義の中で悪用されたときに、彼は果敢に立ち向かい、フィヒテはそのようなファシズムの思想家ではないことを力説した。栩木憲一郎氏の論文[17]によれば、南原は戦中にフィヒテについてのいくつもの論文を書き、フィヒテの「国民」概念や「愛国心」が排外的な侵略主義ではないことを主張した。南原は、カントの『永遠平和のために』を踏まえて、国際連盟などの「国際連合」を重視した立場にみずから立ち、同時にフィヒテの『封鎖商業国家』にある社会主義的側面を明らかにするなど、時流を支配した思考への「抵抗」を行なっている。

それらの思索の成果が、戦後において『フィヒテの政治哲学』（一九五九年）[18]として著された。これはいまに至るまで、フィヒテの社会哲学を本格的に研究したわが国では唯一の書物であり、名著として誉れが高い。第一部は「フィヒテの政治理論の哲学的基礎」と題して、フィヒテの政治思想の客観的なまとめを行ない、第二部で、自由主義、社会主義、民族主義という三つの政治的観点から、該当するフィヒテの思索を検討するという形式をとっている。

第一部はいうなれば祖述であるが、難解なフィヒテの思想内容をきわめて的確にまとめたものであり、今日の研究者にとっても裨益するところが多い。第二部は政治学者としての南原の関心と深い見識が披瀝されたもので、当時の代表的な政治的思想というアクチュアルな関心から書かれた政治学の書物として優れたものであるが、フィヒテの著作に集中してまとめたわけではないので、純粋なフィヒテ研究とはいいがたい側面がある。またアクチュアルな関心にもとづく分、どうしても書かれた時代の視点の制約が出てしまうという弱点がある。

本書も、社会哲学を扱う以上、現実の社会の問題との関連というアクチュアルな関心をもっている。それゆえ、それがのちには古くささに変わるという欠点も熟知しているが、より本質的な考察に力点を置いたつもりである。本書は、南原が祖述にとどめた第一部の部分をより掘り下げて議論し、フィヒテの理論哲学的な著作との関連を考察した点、そして彼が書かなかったフィヒテの思想の一貫性、とくに共和主義を主張した点が、新たな貢献ではないかと思われる。彼はベルリン期のフィヒテの思想を、やはり宗教に包摂される神政政治的なものとして捉えており、そこで見解を大きく異にする。

福吉勝男氏の『自由の要求と実践哲学――J・G・フィヒテ哲学の研究』（一九八八年）[19]は、社会哲学、政治哲学に特化したものではなく、フィヒテの哲学を総合的に考察した野心的な研究である。単独で考察されることが多かった知識学と社会哲学の双方を関連づけながら、統一的、有機的に考察するという力業で、フィヒテの思想の全貌を明らかにしている。これは当時ドイツにもなかった包括的な研究[20]で、本来のフィヒテ研究のあり方として先駆的なものであるといってよい。だがやむをえないこととはいえ、総合的、包括的である分、社会哲学そのものの考察はどうしても分量的に薄くなる。本書も、フィヒテの知識学や理論的著作を無視することなく、それらの理解の上に社会哲学的著作を考察しようと努めたという意味では、福吉氏の研究の流れにつながるものである。もちろん、社会哲学の考察を主にしている以上、理論的な考察の分量はわずかにとどまっている。しかし、社会哲学だけに限定した分、より細かい考察になっている点が福吉氏との相違になるだろう。

以上が最近の（といってもだいぶ前になるが[21]）フィヒテ社会哲学的研究の代表的なものである。これらの研究の共通点は、フィヒテに与えられた通俗的な偏見、かつての研究にあった一面性の批判であり相対化である。この研究もまた、フィヒテの社会哲学理解に対するそうした偏見の相対化を意図するものであるが、それだけにはとどまらない。本書は、それらの諸研究にない視点、すなわち、フィヒテの社会哲学が初期のころから一貫したもので変節はなく、しかも、フィヒテは生涯共和主義者であり、立憲主義者であったことを示すのが目的である。フィヒテは最初から最後まで、国家のために個人を犠牲にするような全体主義者ではなく、狂信的な民族主義者でもなく、個人の自由を尊重する共和主義者だったのである。

その際に、彼が拠って立った概念が「自由による自由の制限」である権利概念であり、そして理性的存在者相互のコミュニケーションである「相互作用」であった。ヤンケの言葉でいう「制限の弁証法」は、まさにフィヒテの社会哲学の基本概念なのだ。自由の制限による自由の実現、すなわち、他者の自由を尊重しながら同時に自己の自由を発現し、各人独自の使命をもって、相互に作用しつつ共同で道徳的な目的を完遂するあり方の模索こそは、カントとの邂逅以来生涯もちつづけたフィヒテの問題意識であった。

社会哲学の文脈ではないが、フィヒテの研究文献の中で、この研究に際して導きの糸になったものとして、ハイムゼートの『フィヒテ（*Fichte*）』（一九二三年[22]）がある。フィヒテ思想のモノグラフィーであり、理論哲学に重きが置かれているために、社会哲学についての記述はわずかで簡素である。しかし、フィヒテの思想が中世から近代の哲学的な思惟の中で、どのような位置づけをもち、いかに豊かな内容をもつかについての考察の深さでは、これに及ぶものはない。これはすでに戦前から、フィヒテの相互人格性、相互承認論の重要性を指摘した研究でもある。ヤンケはフィヒテ研究では、ハイムゼートの弟子筋にあたる。フィヒテ哲学全体の展望においては、この二人の碩学の研究に導かれるところが多かった。

他にも、古典的なものとして、ヴィルヘルム・メッツガーの『ドイツ観念論の倫理学における社会、法権利、国家（*Gesellschaft, Recht und Staat in der Ethik des deutschen Idealismus*）』（一九一七年）[23] がある。これはフィヒテだけではなく、カント、ロマン派、ヘーゲルの倫理学と社会哲学についての広範な考察である。この中ではフィヒテの章の分量が一番多く、ヘーゲルの章は未完成で一部しかない。戦前の研究にしては客観性が高く、一つのスタンダードな解釈とされてきたものである。本書は、まず何よりも自分でフィヒテのテキストを読み込み考えるというスタイルをとったが、おのれの解釈がまちがっていないかどうかを確認するものとして、フェアヴァイエンとハーンの著作以外では、メッツガーのこの著作も、導きの糸となっている。

さらに、現代のフィヒテ研究を導いてきたラインハルト・ラウトの広範な知識、ラウトの弟子のエーリッヒ・フックスによるフィヒテの伝記的事実にかんする研究、フィヒテの政治哲学的著作にかんするリヒャルト・ショトキーの実証的な研究なども、大いに有益であり、多くを負っている。そして、ラウトやフックスらを中心に、一九六二年から、半世紀以上を費やしてついに二〇一二年に完結した批判的全集（*Johann Gottlieb Fichte : Gesamtausgabe der Bayerischen Akademie der Wissenschaften*, hrsg. von R. Lauth, E. Fuchs, H. Gliwitzky und P. K. Schneider, Stuttgart-Bad Connstatt, 1962-2012）、および邦訳フィヒテ全集（ラインハルト・ラウト、加藤尚武・隈元忠敬・坂部恵・藤沢賢一郎編集『フィヒテ全集』哲書房、一九九五年―）の恩恵が多大であったことはいうまでもない。記して感謝の意を示したい。

三　本書の目的と構成

かくして、本書の目的は、フィヒテの社会哲学が「自由による自己の自由の制限」「自我の限定と被限定の総合」すなわち「被制約の中の自由」という概念のもとに、理性的存在者の自由な共存、その現実的な形態としての共和国を求めるものであり、学術・文化・芸術での市民の相互作用としての市民社会がそれを支える基礎となったと特徴づけることである。そして、それは生涯を通じて一貫しており、フィヒテの社会哲学に変節はないという立場をとる。

また、フィヒテの個人は、それ自体で独立した個人でもなく、類としての全体に埋没する契機としての個人でもなく、共同善を求める中で、共同体に対してどこまでも個人の自由が保障されながら、全体の連関と自己の意志によって各自の個別的使命が規定され、その使命を果たすことが個人の実存の意味になる。その意味で、個人の使命の自覚が、被制約と自由の弁証法の根幹となっており、これがフィヒテの社会哲学の中心概念であることを本書は提起するものである。

第一部は、フィヒテ哲学が生の哲学であり、必ずしも難解で抽象的な知識学に収斂するものではなく、生きた個々人の生に即した思想であったことを、イエナ大学での開講講義『学者の使命についての講義』と『精神と字句の区別について』を対象にして、論じる。そこで、その後のフィヒテの社会哲学を理解する際に基礎概念となる「相互作用」「身分」とその移動の自由、「小社会」などを呈示する。

第一中間考察は、社会哲学の文脈からやや離れて、フィヒテの知識学における「自由の制限」とその現象態である「権利概念」を理論的に考察する。フィヒテの社会哲学をみるにあたり、知識学が基本になるのは当然のことであり、そこでの概念構成が、彼の社会哲学を導くものとなるので、その基礎的な確認の作業である。

第二部は、イエナ期フィヒテの中心的な社会哲学の著作である『自然法の基礎』を、権利概念、強制、人民主権と共和制という枠で考察する。ヘーゲルなどから批判されたフィヒテの「強制」概念は、必ずしも否定的なものではなく、フィヒテの「自由の自己制限による自由の実現」にとって本質的なものであり、また、フィヒテは依然として人民主権者で共和制の支持者であることも論証される。

　その際に、フィヒテの問題意識はカントを継承するものであること（第一章）、そしてカントの「永遠平和論」にもとづく国際関係論とフィヒテの権利概念と相互承認にもとづく国際関係論の共通点と区別を論じる（第五章）。さらに、ヘーゲルのフィヒテ批判、フィヒテの自由は強制であり抑圧だという後世に影響力をもった批判に対して、フィヒテの立場からはどのような反批判が可能かについても試みられる（第四章）。

　通常は後期に帰属するものとして扱われ、また社会主義との関連から単独に扱われることが多かった『封鎖商業国家』も、その副題「法論への付録」が示すとおり『自然法の基礎』との関連で論じられる。各人の権利を保障するためにこのような「封鎖商業」が唱えられたのであり、社会主義をめざすとか、マルクスの先どりといったこれまでの解釈が一面的でしかないことも示される。

　第三部は「中期フィヒテの社会哲学」と題して、ベルリン期の前半、フィヒテがベルリン大学教授となる以前のフィヒテの思索を考察する。この時期、フィヒテは私的な講演と著作で生計を立て、生活面では困窮していたが、社会的な活動という意味では最も充実していた時代である。とくに、ヨーロッパの激動期にあたり、ナポレオンの台頭と神聖ローマ帝国の滅亡という世界史的な変革の中で、フィヒテ自身パンフレット的な論文を書き、またプロイセン政府の一員として移動政府と行動をともにし、私的講義では最も有名な『ドイツ国民に告ぐ』を世に問うなどした。フィヒテの社会哲学の思索と行動のハイライトにあたる時期である。

　まず第一章と第二章では、あえてイエナ期の『道徳論の体系』をもとに、その社会論と義務論、身分論を考察した。これは『道徳論の体系』での思索が、時期的にも内容的にも、ベルリン期の媒介にあたる位置になり、フィヒテの思想が一貫していることを示すためである。そして、ベルリン期の最初にフリーメイソンでフィヒテが講演した『フリーメイソンの哲学』も同時に論じている。ここには初期から引きつづくフィヒテの考え方、すなわち、小社会における自由な相互の作用が国家を含む大きな社会を変革し、流動化する契機となり、異なる身分相互の作用とその相互形成の場となるという思想が明快に述べられているからである。

歴史哲学は本書では、最後に述べる理由からあえて割愛しているが、ベルリン期の社会哲学を考えるうえで必要な国家にかかわる議論として、『現代の根本特徴』の「絶対国家論」を第三章で考察した。

第四章は、『愛国心とその反対』を論じ、フィヒテが偏狭なナショナリストではなく、依然として世界市民主義者（コスモポリタン）であることを証明した。そして『愛国心とその反対』は、文化的なナショナリズムと教育の重要性を主張したという点では、『ドイツ国民に告ぐ』の内容をすでに先どりしており、この章は、後者を理解するための序論的な役割を果たしている。

第五章がベルリン期フィヒテの代表作となる『ドイツ国民に告ぐ』についての考察である。前半は偏見に満ちた解釈を受けたこの著作への誤解を解くために、予備考察として、「民族概念」やフィヒテの反ユダヤ主義について、今日的な成果をもとに論じてある。そして、フィヒテが保守的なナショナリズムへ回帰したという一般的な理解に反して、むしろ彼は、中世都市の市民自治とその文化をあるべきドイツのモデルとみなし、依然として共和主義者であり、ドイツ人の共和国を希求していることを論証する。このような視点はこれまでにあまりみられないものであり、本書の大きな特徴をなすものである。

その次に、第二中間考察として、『一八一〇年の意識の事実』にみられる理性的存在者の共同性の問題を考察する。これを中間考察としたのは、第一中間考察と同様に、対象テキストが社会哲学ではなく、理論的な著作だからである。ここで、フィヒテの知識学などの知の理論と社会哲学の関係を明らかにして、ベルリン大学教授となって以降の最晩年のフィヒテの社会哲学的考察への橋渡しとする。また、ベルリン期では個体性が全体の犠牲となって、個体性の役割が否定されるという通説の理解に対して、依然としてフィヒテは個体性を重視していることが主張される。

第四部は、「後期フィヒテの社会哲学」と題して、フィヒテのベルリン大学教授時代の二つの社会哲学的著作である『法論の体系』（一八一二年）と『国家論』を主に扱う。「中期」と「後期」の区別は、ベルリン大学教授以前と以後の区別である。この時期の思想は、フィヒテの最終的な到達点であり、基本思想は第三部の「中期」と変わらないが、個々の点で深化されている。

第一章の『法論の体系』にかんする考察では、とくに監督官制度について『自然法の基礎』も含めて論じている。ここに至って「フィヒテは監督官制度を放棄した」というこれまでの通説に異論を提起し、必ずしも放棄したのではないこと、そしてフランス革命の混乱とナポレオンの台頭を前にして、いわゆる衆愚政治、ポピュリズム的なものに対するフィヒテなりの思索の深まりを示す。

第二章は、「フィヒテの戦争論」と題して、『国家論』だけでなく、ベルリン期前半も含めて、フィヒテの戦争観を論じる。一見戦争肯定で好戦的にみえる内容が、実は、既存の支配者が軍隊を自己の民衆支配の道具として扱うことに反対するなど、イエナ期から変わることのない共和主義、人民主権の立場に立つ民主的なものであること、そして、戦争は抑圧者、占領者からの解放のためにのみ肯定され、「自由と権利の共和国」を樹立するための手段であって、支配や征服を目的とするものでないことが論証される。

最後の第三章は『国家論』や『国家論補遺』を分析し、教師身分による統治がプラトン的な哲人支配、あるいは貴族主義的な統治、神政政治への逆戻りというこれまでの解釈とは反対に、国家の廃棄を最終目標として、教師集団の促しにより、国民が法や強制権力の必要性をみずから認識し、自己の自由をみずから制限して、理性の共和国を地上にうち立てるものであることを論じる。フィヒテはそれを「自由への教育」と呼び、ここに『ドイツ国民に告ぐ』で論じられた国民教育論が結実して、彼の社会哲学の根本が自由の実現を求めての各人の自己形成、相互作用であることが再び確認される。第四章は、『国家論』の中で扱われている宗教と国家の歴史哲学的考察にかんするもので、多くの研究書にみられた「フィヒテは神政政治に復帰した」という理解への批判となっている。

これらの考察によって、フィヒテの社会哲学は、生涯を通じて通底する「自由による自己の自由の制限」「自我の限定と被限定の総合」すなわち「被制約の自由」という概念のもとに、理性的存在者の自由な共存、その現実的な形態としての共和国、それを支える学術・文化・芸術での市民の相互作用としての市民社会を表現したものであると特徴づけることができる。これが本書の意図である。

しかし、戦前のフィヒテ研究やヴィルムスの研究に顕著にみられるように、一定のコンテクストをあらかじめ前提したうえで、それに合うテキストだけを拾いあげ、パッチワークのように切り貼りして自分の主張とすることは、陥りやすい弊である。だが、扱うテキストや引用が広範になればなるほど、整合性を満たすことは困難になる。本書はできるだけその弊を避けるために、多くのテキストにあたり、その内在的な論理を追うことを心がけた。それが成功しているかどうかは以下の論証の実際を見て判断していただきたい。

最後に、社会哲学といいながら、フィヒテの倫理学、宗教論、歴史哲学の著作については十分な検討をしていないことをお断りしておきたい。筆者の専門は倫理学であり、フィヒテの二つの『道徳論の体系』についての研究はそれなりの蓄積をもつと自負するが、ここでは最低限必要なものしか言及していない。主題をあくまでも「社会哲学」に絞ったからである。

また宗教論と歴史哲学の考察も割愛した。歴史哲学については『現代の根本特徴』についてごく一部の考察を入れたが、宗教論はまったく扱っていない。フィヒテの宗教論は歴史哲学と深い関係があり、キリスト教の歴史観が背景になっている。これらが社会哲学の把握にも影響を及ぼしているが、それを追跡すると本書と同じくらいの分量が必要になる。さらに、フィヒテの宗教論をほんとうに理解するには、キリスト教、とくにルター神学の膨大な知識が要求される。しかし私はキリスト者ではなく、現時点では神学の素養もほとんどないに等しい。フィヒテの歴史哲学はこの神学と深い関係があり、キリスト教、プロテスタント神学、聖書学などを熟知していないと正しい理解は望めない。たとえば、『現代の根本特徴』には歴史の段階論があるが、これはフィオレのヨアキムの聖書釈義などの知識が前提されている。こういうものを無視して考察しても、ただの表面的な祖述になって、時代遅れの啓蒙史観の紹介にしかならないであろう。それゆえ、宗教論と歴史哲学を単独で論じるのは、今後の課題としたい(24)。

そういうわけで、フィヒテの最重要の概念である「愛」は一語も出てこない。考察対象から宗教論が外れているからであり、また、キリスト教の深い見識がなければ、あまりにも感性的に受けとられ、誤解を招くことが必定だからである。南原は無教会派の敬虔なキリスト者であり、論じる資格をもっていた。さらに、神学者であるフェアヴァイエン、キリスト教文化に育つハーンにとっては、「愛」は血肉化された概念であり、誤解のおそれはない。それゆえ、彼らは「愛」についても正確に論じている。しかし、「愛」をもち出さなくても、フィヒテの社会哲学は完結して論じることができると私は考える。むしろ、その方が世俗化された社会哲学にはかえって好都合ではないだろうか。したがって、僭越ながら、本書は「愛」を用いずにどこまでフィヒテの社会哲学を整合的に描けるかという一つの試みでもある。

もう一点、表現についても弁解をしておきたい。学術書には一人称は出ないのが通例だが、本書ではときおり使用されている。できるかぎり平明な表現にして、わかりやすさを意図したものであるが、違和感をおもちになる人もいるだろう。そのような方には、あらかじめお詫びを述べるとともに、ご海容をお願いしたい。

（1）G. W. F. Hegel: *Differenz des Fichte'schen und Schelling'schen System der Philosophie*, in: *Hegel Werke in zwanzig Bänden, Theorie Werkausgabe*, hrsg. von Eva Moldenhauer und Karl Markus Michel, Bd. 2, Frankfurt am Main 1970, S. 82.

（2）Dasselbe, S. 81-82.

（3）Wolfgang Janke: *Historische Dialektik, Destruktion dialektischer Grundformen von Kant bis Marx*, Berlin/New York 1977, S. 116. フィヒテの論理を「制限の弁証法」とみなす見方は、彼の最初のフィヒテ研究書ですでに出している。Wolfgang Janke: *Fichte, Sein und Reflexion, Grundlagen der kritischen Vernunft*, Berlin 1970, S. 101.（邦訳 ヴォルフガング・ヤンケ、隈元忠敬他訳『フィヒテ――存在と反省 批判的理性の基礎』上巻、哲書房、一九九二年、一四九頁）

（4）a. a. O.

（5）Heinz Heimsoeth: *Fichte*, München 1923, S. 171.

（6）I. Kant: *Kants Werke, Akademie-Textausgabe*, hrsg. von der Preußischen Akademie der Wissenschaften und der Deutschen Akademie der Wissenschaften zu Berlin, Bd. VI, Berlin/New York 1968, S. 232.

（7）Dasselbe, S. 233.

（8）I. Kant: *Kant's gesammelte Schriften*, hrsg. von der Königlich Preußen Akademie der Wissenschaften, Bd. XI, Berlin 1900, S. 418.

（9）カール・シュミットのフィヒテ理解については、拙論「フィヒテとシュミット」（『北九州市立大学法政論集』第四〇巻第四号、北九州市立大学法学会、二〇一三年、九一六―八五五頁）を参照されたい。

（10）Jacob. L. Talmon: *The Origin of Totalitarian Democracy*, Frederick A. Praeger, New York 1960, pp. 3-5.

(11) その真意は、ヴィルムスがシュミットの弟子でもあることを考慮すれば、批判ではなく「政治神学」として実は評価しているのである。しかし、六〇年代前半では、シュミットの政治神学の肯定的評価を前面に押し出すことは慎重でなければならなかった。
(12) Hansjürgen Verweyen : *Recht und Sittlichkeit in J. G. Fichtes Gesellschaftslehre*, München 1975.
(13) Dasselbe, S. 339.
(14) Zwi Batscha : *Gesellschaft und Staat in der politischen Philosohie Fichtes*, Frankfurt am Main 1970.
(15) Karl Hahn : *Staat, Erziehung und Wissenschaft bei J. G. Fichte*, München 1969.
(16) Dasselbe, S. 162.
(17) 栁木憲一郎「フィヒテ政治思想の日本受容」、木村博編『フィヒテ——『全知識学の基礎』と政治的なもの——』創風社、二〇一〇年所収。
(18) 南原繁『フィヒテの政治哲学』岩波書店、一九五九年。
(19) 福吉勝男『自由の要求と実践哲学』世界書院、一九八八年。
(20) その後、Peter Baumanns : *J. G. Fichte, Kritische Gesamtdarstellung seiner Philosophie*, München 1990 が出た。これはフィヒテの重要著作をすべて網羅して、簡潔な概要の説明と評価を書いたものである。バウマン特有の辛辣な評価に特徴がある。いわば「フィヒテの著作全ガイド」、ハンドブックとして有益であるが、議論そのものは短いので、本格的な追求としてはもの足りない面がある。
(21) フィヒテの社会哲学、政治哲学についての独立の著作は近年あまりない。ライスの『フィヒテの「ドイツ国民に告ぐ」あるいは「私からわれわれへ」』(Stefan Reiß : *Fichtes >Reden an die deutsche Nation< oder : Vom Ich zum Wir*, Berlin 2006) が目立つくらいである。単独論文も多くはないが、*Fichte-Studien* などでときおり掲載されている。
　フィヒテの社会哲学、政治哲学、国家論が再評価され、著作集や研究書が多く出たのは、第一次世界大戦が始まった一九一四年以後の数年である。いわゆる第一次フィヒテ・ルネサンスである。この時期のフィヒテ研究については、ヘルマン・リュッベ、今井道夫訳『ドイツ政治哲学史』(法政大学出版局、一九九八年、一九六—二〇八頁) が詳しい。ラウトをリーダーとして、フィヒテの批判的全集が刊行されだした一九六〇年代以降の第二次フィヒテ・ルネサンスでは、知識学研究は数段に高まったが、社会哲学、政治哲学、国家論は第一次ルネサンスのような隆盛はない。おそらく、ナチズム、狂信的ナショナリズムに利用されたこと、またユダヤ人に対するフィヒテの差別的発言などもあって、フィヒテの取り扱いに慎重さが要求されたことも一因であろう。
(22) Heinz Heimsoeth : *Fichte*, München 1923.
(23) Wilhelm Metzger : *Gesellschaft, Recht und Staat in der Ethik des deutschen Idealismus*, Neudruck der Ausgabe Heidelberg 1917, Darmstadt 1966.
(24) 宗教哲学については、ヒルシュの浩瀚な研究があり、彼の全集の二四巻がそれにあてられている (Emanuel Hirsch : *Fichte-Studien*

1914-1929, Gesammelte Werke, Bd. 24, Waltrop 2008)。邦文論文では、田村一郎氏の論文「フィヒテにおける『ヨハネ期』の意味」(『フィヒテ研究』第二号、晃洋書房、一九九四年）が、短い分量でフィヒテの宗教哲学全体のエッセンスをみごとに論じており、出色の論文である。

第一部　イエナ期フィヒテ哲学の基本理念

第一章　生における使命

――イエナ大学公開講義についての考察

一　フィヒテの開始点としての『イエナ大学公開講義』（一七九四年）

「作家は処女作に向かって書く」とは巷間よくいわれる言葉である。結局は、処女作にその作家のすべてがすでにあらわれているという趣旨であるが、思想家も文字による表現者である以上、このことはあてはまるのではないだろうか。代表的なものは『神・人間および人間の幸福にかんする短論文』にその後の思想のすべてが書かれていたといわれるスピノザが挙げられる。ここで問題にするフィヒテも、その例に洩れない。

フィヒテの処女作といえば、一般的には『あらゆる啓示批判の試み（*Versuch einer Kritik aller Offenbarung*）』（一七九二年）とされている。たしかにこれはフィヒテの著作で、最初に書籍として出版されたものである。カントに借金を申し込んだが断られ、そのかわりとしてカントが出版を勧めた結果、この書物が世に出た。最初は匿名であったため、世間はカントの第四批判として期待されていた宗教批判の書であると勘違いし、評判になった。誤解されたカントが慌てて著者をフィヒテだと明らかにして、フィヒテの名が一躍有名になったという周知のエピソードをもつ(1)。

だが、伝記的エピソードとしては重要であっても、この書物にフィヒテのその後の思想のすべてがもりこまれているとはいいがたい。もちろん、終生、宗教哲学者であったと規定することもできるフィヒテだから、この書物を出発点として重視するのは大いに可能である。それでも、本書がめざすフィヒテの社会哲学、共同性の思想に眼を向ければ、『あらゆる啓示批判の試み』は、その側面が十全に論じられているとはとてもいえないのである。では、思想内容から見た彼の処女作はいったい何であるのか。このことがもう一度問われなければならない。

私の答えは、『学者の使命についての講義（*Einige Vorlesungen über die Bestimmung des Gelehrten*）』（一七九四年）がそれだというものである。より正確にいえば、公刊された書物としての『学者の使命』ではなく、フィヒテがイエナ大学に招聘され、彼が最初に行なった一連の「公開講義」である。このときの公開講義は最初の六講がこの「学者の使命」についての講義であり、その後に五講「精神と字句の区別について」の講義が行なわれ、最後の十二講目で全体のまとめがなされている。『学者の使命についての講義』（一七九四年）を含むこの最初の「公開講義」こそが、フィヒテの思想の出発点である。

このときの講義は、ラウトが可能なかぎり再現して、フェリックス・マイナー社の哲学文庫（*Philosophische Bibliothek*）版の『学者の使命について　一七九四／九五年のイエナ講義（*Von den Pflichten der Gelehrten, Jenaer Vorlesungen 1794/95*）』（一九七一年）として刊行されている。ドイツにおいてもわが国においても、これまでは『学者の使命についての講義』（一七九四年）は公刊されたものだけを切り離し、単独の著作として扱われるのが通例であった。たとえば日本におけるフィヒテ全集や岩波文庫では、「学者論」としてその後のベルリン期の二つの同名の講義とあわせて翻訳されてきた。(2) しかし、ラウトはこの『学者の使命についての講義』（一七九四年）はあくまでもフィヒテの最初の公開講義として理解されることを求めて、こういう編集にしたのである。

『学者の使命についての講義』（一七九四年）がそれだけで扱われるのは、すでに述べたように、それが実際に講義とは別に独立した著作としてすぐに出版されたという事情がある。フィヒテも著作版の序文に書いているが、この講義は「まさにそれが講義されたとおりに、一語も変えることなく」（IV. 291）出版された。これは公開講義のときから、フィヒテは講壇で君主の否定を説いていると巷で噂され、その風評の広がりを防ぐために、事実はそんなことは語っていないとして急いで刊行されたのである。当時フィヒテは、匿名の出版でありながら、『フランス革命論文』と『思想の自由回復の

フィヒテが教鞭を執ったイエナ大学の旧校舎

要求』の著者として一般には知られていた。いわば公然の秘密であり、フィヒテがイエナ大学の講義で多くの人々を集めたのも、あのセンセーショナルな政治的文書を書いた人はいったいどんな人かという好奇心に由来するところが大きかった。変革を期待する若者だけではなく、この著作に批判的な保守的な人々にとっても、彼の講義は耳目を集め、彼らからすればフィヒテが講義でどのようなボロを出すか、その機会をうかがっていたわけである。

フィヒテは無神論論争や学生組合との対立など、スキャンダルやゴシップに数多く巻きこまれ、古典的哲学者としてはかなり起伏のある人生を送った人だ。もし彼が現代に生きていれば、ワイドショーの格好のネタになったかもしれないと思わせるほどである。また、そうした現実の事件が彼の思想の変化に影響を与えたということもあって、そのような文脈で語られるのがつねであった。

しかし、この講義は現実にはイエナ大学での公開講義の一部であり、フィヒテの思想を追うかぎりでは、その時点のフィヒテの思想の文脈に即して理解しなければならないはずである。ラウトの編集はそれを意図したものであり、イエナ期フィヒテの思想、ひいてはフィヒテの全思想を理解するのに優れて有益であるのに、なぜかこれまで彼のこの編集に注目が払われることがあまりなかった。いい換えれば、この一連の講義の重要性がラウト（とヤンケ(3)）以外にはあまり認識されていなかったということでもある。

当時の大学制度では、教師は公開講義と私的講義の二種類の講義をもつものとされた。公開講義は広く一般の者にも開かれた無料のもので、私的講義は個別に学生が教師に授業料を払って受けるものであった。[4] フィヒテはワイマール政府から、「いかにして哲学を把握したかについて理解を与え、同時に大学での学びの入門になるようなもの」[5]をドイツ語で講義することを求められた。しかし、この要求がなかったにせよ、フィヒテはどの時期においても、大学で学ぶ学生たちに「学者の使命」を自覚させる講義を重視していた。彼は一八〇五年にはエアランゲン大学で最初の公開講義を、『学者の本質と自由の領域におけるその諸現象について』と題して、同趣旨の講義を行ない、翌一八〇六年に刊行した。新設のベルリン大学教授となった一八一〇年にも『学者の使命についての五回の講義』(一八一〇年刊行)を最初に行なっている。それらがフィヒテの哲学体系のまとまった陳述の際に、つねに序論的役割を負うという構図は晩年まで変わることはなかった。[6]

先にも述べたように、フィヒテがイエナ大学の教壇に立って講義することは、当時ではセンセーショナルなものとして大きな期待を受けていた。人々はあの『フランス革命論文』の著者がどういうことを語るのか、興味津々で眺めていた。フィヒテ自身にとっても、自分の思想を初めて公的に世に問う晴れ舞台である。それまでの修業時代、とくにチューリヒでの私的な哲学講義や知識学の着想などを通じて自己の哲学体系を確立しつつあったときだけに、いままで思索し、心に貯めていたものを一気にはき出すことになった。それはこの時期までにほぼ完成されていたフィヒテの哲学体系の宣言であったのだ。この講義ののちに知識学の講義とその綱要である『全知識学の基礎』の出版を行ない、知識学の原理の応用である『自然法の基礎』そして『道徳論の体系』を講義し、著作としてやつぎばやに発表する。すでにフィヒテに確固たる体系があったがゆえのことである。

さて、ラウトのまとめによれば、この講義の狙いは四点あるという。[7] 第一には、人間精神の自由な活動を基礎づけるよう試みることである。この活動こそが人間の生と知を媒介し、知の集大成である学問が人間的生の中で果たす役割がわかるのである。フィヒテにとって、知や学問は人間の生と結びつかなければまったく意味はなく、学問のための学問、知そのものの探求を目的とはしない。彼の関心はあくまでも人間はいかに生きるべきかということにあり、それを知ることが知であり、学問の役割なのである。

二番目には、学問一般から哲学あるいは知識学への進展が必然的なものであることを示すことであり、三番目の狙いは、真理と学問への決意が根拠づけられた者たち、すなわち学徒である学生たちに、社会に対してどうあるべきか、そして学問研究における自身の人生のあり方の態度の規則を与えることである。これは講義の前半のタイトルどおり、『学者の使命』を説くことである。のちに論じるように、フィヒテは社会における身分・立場において人はそこでの義務を尽くすことが重要と考えていた。各人が自分のもち場で自分の役割を果たしてこそ、社会は一つの調和のとれた有機的な宇宙として、あたかも一つの生命のように美しき発展をすることができるのである。

四番目の機能は、哲学への導入であり、初学者に「感情を意識にまで高めること」、しかも明晰な意識へと高めることを教えることである。哲学的な思弁からスタートせず、日常の感情から出発し、それを抽象的な思考にまで高めることをよしとするフィヒテにとっては、この哲学への入門講義こそはその導きをなすものであった。初めから確定された知識や体系を与えるのではなく、講義を聴く者といっしょに思索をしながら、各自が哲学的な自覚にまで高まる発生的な方法をフィヒテは採る。イエナ期のみならず、ベルリン期を含めて生涯にわたって顕著なこの傾向は、最初の公開講義においてもすでにその特色をあらわしている。

それは、思弁的な抽象的思考を好む哲学者フィヒテという一般的なイメージとは異なる彼の姿を示してもいる。実は、フィヒテは具体的な生に即した哲学者であったのである。

二　生の哲学者としてのフィヒテ

カントが、哲学を四つの問に帰結させたことはよく知られている。彼は『論理学講義』の中で、「私は何を知りうるのか」が形而上学、「私は何をすべきか」は道徳学、「私は何を望むことが許されるのか」という問には宗教が答え、「人間とは何か」が人間学の問であり、「根本的には以上のすべては人間学に数え入れられる(8)」としている。つまるところ、カント哲学の究極の問は「人間とは何か」に収斂するのである。『純粋理性批判』の宇宙論を含む壮大な認識批判、『実践理性批判』による自由の倫理学などの輝かしい業績が、カントのイメージを存在の知、形而上学的自由の哲学者にみせてはいるが、彼はあくまでも人間の生を正しく捉えるために、このような批判書や批判期の論文を書いたのであった。『論理学講義』の同じ箇所で、教説と実例による知恵の教師こそが哲学者であり、人間理性の究極目的を示すものが哲学であるとはっきり述べている。カントにとって、哲学とはまさしく「人間の生」とは何かを示し、人間の目的を示すものなのである。

この方向はフィヒテにおいてもまったく同じである。フィヒテ哲学といえば、すぐに「知識学」が想起される。たしかにこれは彼の哲学体系の原理になるもので、フィヒテが終生努力を傾注した結果、何種類ものヴァージョンをもち、著作の量としても一番多い。それゆえフィヒテは認識論、知の哲学者としてイメージされやすい。それ以外では、政治的に悪用されて世間的に有名になった『ドイツ国民に告ぐ』の著者、ナショナリズムの哲学者という教科書的な印象があるだけだろう。しかし、フィヒテは難解な思弁の「知識学」の哲学者に尽きる人ではない。彼の哲学の目的は人間の生にあり、カントと同様に「人間の目的は何か」ということにあったのである。たんてきにいえば、フィヒテは「知の哲学者」ではなく、「生の哲学者」であったのだ。

フィヒテはイエナ大学の教壇に立った最初の日、講堂を埋め尽くした聴講生たちに向かってこう宣言する。「私があなた方に何の証明もなく、いま話したいことは、……全哲学、すなわち人間の思惟と教説のすべて、あなた方のすべての研究、そして私があなた方に将来とくに講義できるもののすべては、……究極にして最高の問、すなわち、人間一般の使命は何か、いかなる手段によって人間は最もたしかにこの使命を果たすことができるのであろうか、という問に答えることにほかならないということだ」(VI. 294)。フィヒテ哲学の目的は、「人間の生」において「人間の使命」を明らかにすることであり、それが彼の哲学のすべてでもあると彼は述べているのである。「人間の使命」という用語でいえば、中期フィヒテを代表する著作にそのものずばりの『人間の使命』(一八〇〇年)があるが、通例は一般読者向けの「通俗的著作」として軽く見られがちな『人間の使命』は、この文脈からすれば、フィヒテ哲学の中心的内容そのものであり、実際にまたそれだけの重要性をもつ著作なのである。この『人間の使命』だけではなく、どの時期の講義中でも、「人間の使命」について語られており、たとえば「学者の使命」講義が晩年に至るまで行なわれたことはすでに示したとおりである。

フィヒテは上の言葉に続けて、さらに語る。「最高の最も真なる人間の使命は何かという問は、あらゆる哲学探求の究極の課題であり、同様に、人間一般の使命は何かという問に答えることは、あらゆる哲学探求の最初の課題なのである」(a. a. O.)。つまり、「人間の使命」への問は、哲学の最初の問であり、同時にそれは最後の問でもあるとフィヒテは語っているわけだ。人間の現実の生における使命を問うことからフィヒテの哲学探求は始まり、最後は「最も真なる最高の人間の使命」を問うことでその哲学が終わる。ここには円還構造がある。フィヒテの哲学は人間の生に始まり、人間の生に終わるのだ。

フィヒテの批判的全集を編集したラウトは、いうなればフィヒテの全著作、全遺稿に目を通した人でもあるが、彼のフィヒテ理解はこの円還、循環構造を基本にしたものである。戦後のフィヒテ・ルネサンスを呼びおこした彼の代表的な論文「フィヒテ哲学の全理念 (J. G. Fichtes Gesamtidee der Philosophie)」(一九六四年)で、ラウトはフィヒテ哲学の円還構造を次のように示している。(9)

A　生
B1　人間の使命
C1　学者の使命
D2　哲学への入門　(a) 超越論的な観点への導入、(b) 技術的・実践的規則、(c) 意識の事実の作業
E1　知識学の概念
F　知識学　(a) 基礎、(b) 絶対者に対する現象の関係の理論、(c) 質料的な規律
E2　特殊な知識学への区分

D2　応用哲学（理論的）（a）歴史哲学、（b）技術的・実践的学問、（c）個別科学の認識とそれらの哲学的理解
C2　応用哲学（実践的）：（a）教育学
B2　応用哲学（実践的）：（b）理性技術
A　生

フィヒテの哲学は、現実的な生から漸次高まり、最も抽象的な知識学にまでたどり着いたあと、今度はその知の原理から、徐々に現実へと下り、応用的な学問をなし、最後は再び現実的な生に戻る。イエナ期であれ、ベルリン期であれ、フィヒテの講義の展開はこの円環構造に基本的には沿うものになっており、彼の著作もこの体系のうちのどれかにきちんと位置づけられる。

たとえばイエナ期では、この『学者の使命についての講義』と同時に『知識学の概念』を公刊し、すぐあとに『全知識学の基礎』を、一七九六年には知識学の特殊な形態への応用である『自然法の基礎』、一七九八年には同じく知識学の原理の応用哲学である『道徳論の体系』というように、充実した大著を次々と刊行している。一八〇〇年以降には『人間の使命』、宗教論である『浄福なる生への指教』、歴史哲学である『現代の根本特徴』、そしてフィヒテの教育思想でもある『ドイツ国民に告ぐ』という形で、知識学から応用哲学への下り道を展開しているのである。このような整合的な順を追った著作の刊行は、すでにイエナ期の初めに自分の哲学体系がほぼ完成していたからこそ可能であったと思われる。

そしてその出発点をなすのが、「人間の使命」、「学者の使命」の講義であり、イエナ大学でのこの開講講義では、第一講から第三講までが「人間の使命」、第四講で「学者の使命」が取り扱われ、人間の生から、各人の使命の自覚へと議論を高めているのである。

三 『学者の使命についての講義』に見る「人間の使命」

さて、フィヒテは第一講で「人間の使命」を扱うが、このときの人間は抽象的な自我一般として扱われている。これは『全知識学の基礎』の展開、つまり「自我は自我である」という第一原則、絶対自我の呈示に対応させたものである。第二講において、社会の中の人間、他者との関係における人間を扱い、『全知識学の基礎』での第二原則、第三原則に対応させて、より現実的な人間の使命を論じている。それゆえ、重視すべきはこの第二講以降の「人間の使命」の規定であろう。以下、具体的にフィヒテの議論をみていくことで、それを確認してみたい。

第一講において、フィヒテは人間を単独で考察する。それは、「人間を彼と同じ理性的存在者に対するあらゆる関係なしに考える」(VI. 295) ことであるが、そうなると人間は感性的で、対象をもつ有限な存在者であると同時に、理性的な存在者でもある。ここでは他者への関係を抜きに考察するという前提なので、必然的に後者、理性的存在者としての人間だけを考察することになる。それは有限な存在者である人間を絶対的な自我との関係において見るということである。

純粋自我は理念的な自己同一性であり、一切の差異性はなく、ただ「つねに同一にして唯一のものである」(VI. 297)。人間である有限な経験的自我は外部のものによって規定され、自己矛盾して自己同一性を危うくすることもあるが、純粋自我は統制的な理念として、自己同一性、あるべき自我と現実の自我との同一性を要求するように働く。「それゆえ、あらゆる有限な理性的存在者の究極の使命は、自己自身との完全な一致、絶対的な唯一性、つねなる自己同一性である」(a. a. O.)。いい換えれば、自分自身のもつ理性的な概念に自己や世界を一致させるように努力していくことであり、それは道徳的なものだけではなく、認識や日常的実践、あるいは芸術の世界に至るまですべての対象に通底する基礎原理になる。別のいい方をすれば、「人間の自己自身との完全な一致、そして人間が自己自身と一致できるためには、彼の外にある万物が、それについて人間がもつ必然的で実践的な概念、すなわちこれらがいかにあるべきかを規定する概念と一致すること、これが人間の最高の究極目的なのである」(VI. 299)。

このようにして、第一講は人間を単独で考察して、「自己自身との一致」を人間の使命として呈示する。だが、これは上にも述べたように、フィヒテの一番いいたいことではなく、あくまでも議論の順番として最も基礎的で理念的なところにすぎず、いい換えれば、それだけ抽象的な規定でしかないのである。

人間を社会的な関係において捉えるのが、第二講である。彼はこの講を次のような問をもって始める。「人間は、自分と同類である理性的存在者たちを自己の外に、いかにして想定し、承認するようになるのだろうか。この場合、このような理性的存在者は、彼の純粋な自己意識の中に直接にはまったく与えられていないにもかかわらず、である」(VI. 302)。フィヒテにとっては、多数の理性的存在者の共存が社会を意味する。たんなる自然的な存在物、無生物や動植物などは理性的存在者ではないので、それは社会ではなく、自然的世界になる。「理性的存在者相互の関係を私は社会(Gesellschaft)と呼ぶ。社会の概念は、われわれの外に複数の理性的存在者が存在するという前提があってこそ可能であり、そして、それによって他の理性的ではない、つまり社会には属さないあらゆる存在者から区別できるという特徴がなければ、可能ではない」(a. a. O.)。

理性的存在者は経験的に完全に認識することはできない。それは事物ではなく、自由意志をもつ存在者であり、その意味ではカントのいう「物自体」であり、自然的認識を超えた叡智界に帰属するものだからである。自由は認識不可能である。われわれはそれを現象の帰結から類推できるにすぎない。それゆえ、フィヒテもこの「類推」の方法を採る。人間の多数の共存は日常的には常識として疑われることはないが、フィヒテもいうように、それは人間、理性的存在者に似たものが現象内にあらわれているにすぎず、ほんとうに理性的存在者であるかどうかは、客観的な認識としては不可能なのである。現実に精巧なロボットであっても、人間と似た反応を示すのであれば、人は人間と勘違いすることは可能だろう。現象界においては、ロボットや3Dアニメーションの人間であっても、人間のかわりができる。

対象が理性的存在者であるかないかの判断のわかれ目は、「概念にしたがう作用性、目的にしたがう活動性」(VI. 304)、つまり合目的性をもつか否かである。合目的性は多様なものの統一への合致という特性をもつが、すでに自然界には有機体などがこのような合目的性をもつものとして存在する。それゆえ、それだけでは理性的存在者として特徴づけることができないので、さらにもう一つの特徴である「自由」をもつかどうかが重要になる。概念を投げ入れ、それにしたがうように作用する行動を対象が示せば、それは理性的存在者ではないかという類推が可能になるのである。ここにはカントやシラーにおいて考察された現象における自由としての美の議論や生物学的目的論が前提されているが、フィヒテにおいてはこれらの考察は、結局は「現象における理性的存在者の共同性」の認識のために準備される。

現象界において、理性的存在者たちは互いを十全に認識はできなくとも、互いに概念による作用性、自由意志をもつ存在者として現象界にあらわれることにより、互いに理性的存在者・人間として扱い、尊重をもって相互に交渉できる。いったんそういう者として相手を認識すれば、言葉・概念を交換することで、その確証を高めることができる。それゆえにこそ「ここから生じるのは、カントの用語でいえば、概念による相互作用、一つの合目的な共同体である。私が社会と呼ぶものがこれである」(VI. 306) とフィヒテはいう。社会とは自由意志をもった理性的存在者たちが相互に概念・言葉によってコミュニケーションをとりあう場である。いい換えれば「自由による相互作用が社会のポジティヴな特性である」(VI. 307)。

フィヒテの「社会」の概念は、こうした有限な理性的存在者相互の働きかけである。それは現象界にある有限で感性的な存在者であるがゆえに、当然ながら現象界の制約を通しての概念の相互交通になる。叡智界であれば現象、自然の制約を伴わないが、人間である以上、現象界での存在である身体、そしてさまざまな事物を通して、自己の概念や意志を表現して、他者とコミュニケーションをとる。言語は耳や口、発声器官を必要とし、文字やサイン、表情・身ぶりなどは視覚や手、腕や体、顔、紙や粘土板などを媒体とする。声が届くためには空気の振動が必要であり、何かを見るためには光が欠かせない。身体や道具、自然の素材、時空間すら、理性的存在者の概念の相互交換のために存在する。このような媒体を通して、理性的存在者である人間は、他者を自分と同類の存在者であると承認し、尊重して、相互に交渉し、コミュニケーションをとっていく。

このような演繹をフィヒテは『自然法の基礎』や『道徳論の体系』などで行なうが、それはまたあとで検討することにして、ここで確認しておきたいのは、こういう他者とのコミュニケーションは人間本来の衝動であり、人は他者とコミュニケーションをとらずにはおれない存在だということである。それはまさしくコミュニケーションを求める本源的な衝動なのである。フィヒテはいう。「衝動は相互作用、相互に働きかけ、相互に与えたり受けとったりすること、相互の受動と能動に向かう。他者がただ一方的に受けとらざるをえないようなたんなる原因性や活動性に向かうのではない。この衝動は、自由な理性的存在者をわれわれの外に見いだして、彼らと共同することをめざす。衝動は、物質界におけるような従属関係ではなく、対等な協力関係（Coordination）をめざすのである」（VI. 308）。

理性的存在者である人間は、このようにコミュニケーションを相互にとりたがる存在であることがわかったが、それは何のためであろうか。これがすなわち「社会における人間の使命」ということになるが、フィヒテはそれを「社会による人類の完成」（VI. 307）とする。理性的存在者である人間は、自己のうちに純粋な自我をもち、それは統制的な理念として現実の人間において作用する。すなわち、具体的には各人において理想的な人間像としてイメージされるが、「各人は他者をみなこの理想像に近いものとして見いだそうと願う」（a. a. O.）。いわば自分の理想像を他者に投影し、それと違っていれば、その理想像に近くなるように他者に働きかけるのである。他者ももちろん同じようにして他者のもつ理想像にしたがってこちらに働きかける。

たとえば、親はわが子に対してこういう子どもになってほしいと働きかけ、悪いことをすれば叱り、道徳的に正しく導こうとする。子どもも親に対して、自分の理想像にしたがって腕白であろうとしたり、冒険をしたりする。また、親に対して過度の過保護や干渉は理想的な親のあり方からするとよくないと言葉や行動で示すかもしれない。その中で親は冒険心、自立心などのよさを認め、一定の子どもの行動を承認し、一部の行きすぎを注意などするだろう。そして親としての自己を反省したりすることもある。このように相互に働きかけるプロセスの中で、互いに好ましい親や子どもとして成長していく。フィヒテはこの過程を「精神と精神との闘い」（a. a. O.）と表現しているが、理性的存在者としての人間すなわち精神は、相互に相手に作用し、相互作用の中で自己を高め、よりよいものとして自己を形成するのである。

フィヒテはこれが文化であり、また精神同士の相互の切磋琢磨が文化を発展させると考えている。フィヒテはまず文化を次のように定義する。「一部には、われわれの理性と自己活動の感情が目覚める前に生じた欠点ある傾向を抑え、根絶する技能、また一部にはわれわれの外の事物を変容し、われわれの概念にしたがってそれをつくりかえる技術、この二つの技術の獲得を私は文化と呼ぶ。そしてこの技能が獲得された程度もまた文化と呼ばれる」(VI. 298)。

人間は自然の中でさまざまな環境に生まれ落ち、その環境からさまざまに規定を受けている。享楽的で怠惰な環境の中で育ち、快楽に依存しがちな傾向があるのなら、それを抑制し、コントロールする技術を獲得しなければならない。ミシェル・フーコーが性の歴史や規律の歴史を対象化して、生の技法を議論したが、まさしくこれこそはフィヒテからすれば文化にほかならない。もう一つの概念にしたがう自然改変は科学や芸術などにたんてきにあらわれているので、これが文化だということは理解しやすい。

文化は人間の目的であり、手段である。「人間が理性的で感性的な存在者として考察されるならば、文化は人間の究極目的すなわち自己自身との一致のための最高であり最後の手段である。人間がただ感性的な存在者として考察されるならば、文化はそれ自身究極目的になる」(VI. 298-299)。人間の理想、道徳的な完成をめざす場合には、文化はそのための手段であり、人間が感性的世界にとどまるのであれば、それ自体が目的になる。たとえば芸術である。芸術が道徳善を示唆する場合は、道徳性の涵養のための手段になり、それをめざさない場合には、芸術自体の洗練、高度な芸術の完成がそれ自体目的になる。何よりもまず倫理学者であろうとしたフィヒテにとっては、美は道徳のための手段にすぎず、その点でシラーと共通するが、それでも同時に彼は芸術自体の発展、洗練の余地も残してはいるのである。「感性は涵養されるべきである。このことが感性によって企てられうる最高で最後のものである」(VI. 299)。

このような文化もしかし、最終目的は「自己自身との一致」である。いい換えれば「純粋自我」「絶対自我」のこの世における実現である。理性的存在者、精神たちの活発な相互作用、相互のコミュニケーションは文化として、教養形成、自己と他者の涵養を行なうが、それらはすべて最終目的として理想、理念としての「純粋自我」「絶対自我」を感性界にうち立てなければならない。

個々の人間はそれぞれ感性界に固有の位置を占め、自然によって与えられたもの、才能、能力、教育、身分などさまざまな差異がある。しかし、人間の理念、抽象的な概念としての人間、理想的人間像は共通しているはずである。そしてまた相互のコミュニケーションの中で、その共通の理想像も形成され、同一のものとなってくる。そうなると各人が互いにコミュニケーションをとり、他者と自己の涵養を行なうとき、目標としての人間像は基本的には同じものになる。

「人類に属するすべての個人は互いに異なってはいるが、彼らが完全に一致するところは一つしかない」(VI. 310)。「各人は社会において他者を、少なくともその者の概念にしたがって完全なものにしようと努力する。彼が人間についてつくり上げた自分の理想像に他者を高めようと試みるのである。それゆえ、社会の最高で究極の目的は、社会のあらゆる可能な成員との完全な合一と一致である」(a. a. O.)。各人が互いに他者を理想的人間に高めるように働きかけると、最終的にはみな同一の人間になるだろう。いうなれば各人が道徳的に完全で、聖人たちが住む共同体である。しかし、現実的にこのようなことは不可能であり、「人間が人間であることをやめ、神にでもならないかぎり達成できないことである」(a. a. O.)。しかし、その目標へ無限に接近することは可能であり、そのような当為の目標としてこの理想の形態をもつことができる。この目標に向かって相互に啓発しあい、努力すること、「すなわち、共同して完成に向かうこと、他者のわれわれに対する働きかけを自由に利用することによって自分自身を完成させること、そして自由な存在者としての彼らに対するわれわれの働きかけによって他者を完成させること、このことが社会における人間の使命なのである」(a. a. O.)。

　このような相互作用、理想へ向けての相互的な完成への道において、フィヒテが強調するのは先に示した「文化によって高められ、獲得された技能」(VI. 311) である。これは他者に与える技能と他者から受けとる技能の二つがある。わかりやすくいえば、表現能力と受容能力である。人は、他者に自分の概念をうまく伝える能力、言語であれ、行動であれ、あるいは他の媒体であれ、そういうものを通して、他者に完成への道、他者を人格的に高める内容を与え、伝えなくてはならない。同時に、他者からもそのような内容を十全に受けとる能力、感受性、受容的知性をもたなければならないのである。表現と受容の能力、今風にいえばコミュニケーション能力を、人間の獲得した文化の中で自己のものとし、それをさらに使いこなせるように磨くべきだとフィヒテは考えている。

　理想に向けて社会の人々が互いに啓発しあい、そのときの媒体として文化の成果が使用され、理想の実現のためにさらにまた洗練されて、そしてまた実践される。言葉、行動、芸術、教育、あるいは今風にいえば他者への「ケア」などその実例は多様であるが、それらが行き交い、社会が豊かに発展していく。だからこそフィヒテはこの第二講の終わりで美文調に語るのである。「全人類が自分自身にこのように普遍的に働きかけるという理念、この決してやむことのない生の営みと努力、人間に一部与えられうる最も高貴なものを［互いに］与えたり受けとったりするこの熱心な切磋琢磨、自由を共通の原動力として無数の歯車が相互に普遍的に噛みあい、そこから生じる美しき調和といった理念、私はこのような理念以上に崇高なものをほとんど知らない」(a. a. O)。

（1）たとえば、フリッツ・メディクス、隈元忠敬訳『フィヒテの生涯』フィヒテ全集補巻、哲書房、二〇〇六年、一九九頁以下。
（2）隈元忠敬訳『学者の使命に関する数回の講義（一七九四年）』フィヒテ全集第二二巻、哲書房、一九九八年。宮崎洋三訳『学者の使命 学者の本質』岩波文庫、一九四二年。
（3）筆者は一九八八年冬学期、ヴッパタール大学のヤンケ教授のゼミナールに参加したときに、直接本人からこの版の重要性を聞かされた。
（4）坂井榮八郎『ゲーテとその時代』朝日選書、一九九六年、三一頁。
（5）Reinhard Lauth: Einleitung, in: J. G. Fichte: *Von den Pflichten der Gelehrten, Jenaer Vorlesungen 1794/95*, (PhB. 274), Hamburg 1971, S. VIII.
（6）たんに序論的な意味だけではなく、国民を導く「国民教育家（Volkslehrer）」として学識者に、キリスト教における予言者的な位置づけが与えられていたというフィヒテの哲学体系からの必然性もある。
（7）Dasselbe, S. LIf.
（8）I. Kant: *Kants Werke, Akademie-Textausgabe*, Bd. IX, S. 25.
（9）Reinhard Lauth: J. G. Fichtes Gesamtidee der Philosophie, in: *Zur Idee der Transzendentalphilosophie*, München 1965, S. 123.

第二章　フィヒテの「精神」概念

――『哲学における精神と字句の区別についての講義』についての考察

フィヒテのいうように、互いに理想をめざして豊かな表現の行き交う社会は、美しい調和の世界である。それはほとんどユートピア的な理想郷であろう。シラーのめざした「エリュシオン」あるいは「歓喜の頌歌」で歌われている世界といってもよい。何よりも重要なのは、自由を根底に置き、他者への尊敬に満ちて、そのような相互の働きかけを行なうことだ。

そこには他者の支配、他者の手段化といった人間社会につきものの操作的要素はない。「人間は理性的存在者たちを自分だけの目的のために手段としてさえ利用してはならない」(VI. 309)。「たんに手段としてだけではなく[1]」とある程度は手段としての他者の利用を認めたカントと異なり、フィヒテは「手段としてさえ」認めないのである。他者の支配、他者の隷従は他者からの自由の簒奪であり、そこには機械的な束縛はあっても、美しい調和を可能にする自由はない。ただ「相互的な自由のやりとりという最も美しい絆によって、私の心が君の心に結びつけられるのである」(VI. 311)。

フィヒテがこのように自由を強調し、そしてまた美しき調和をそこで語るとき、「美は現象における自由である」と美を定義したシラーの言葉が連想されるが、同時代に生き、交友のあった二人が一定の共通した思想状況に生きていたことはたしかである。

シラーとフィヒテの交友は、シラーが自分の主宰する雑誌『ホーレン』にフィヒテの寄稿を依頼したエピソードから始まる。フィヒテは新たに論文を書く時間がないという理由で、手元にある講義の原稿をもとに書いたものをシラーに送った。[2] それが『精神と字句の区別についての書簡（*Über Geist und Buchstab in der Philosophie. In einer Reihe von Briefen*）』である。この寄稿はイエナ大学の最初の公開講義の後半部分、『学者の使命についての講義』五講のあとに継続して行なわれた『哲学における精神と字句の区別についての講義（*Über den Unterschied des Geistes, u. des Buchstabens in der Philosophie*）』をもとにしたものだ。公開講義の後半部分は、前半部分の『学者の使命についての講義』の思想内容を受けつぐものである。この二つの講義によって、当時のフィヒテの基本思想を人々に開陳したのであるから、両者は同時に考察されなければならない。いままでは『学者の使命についての講義』単独で扱われることが多く、それゆえにこそフィヒテの真意、思想体系が正しく把握されることが少なかったのである。

上にも見てきたように、フィヒテが理性的存在者の相互の作用、コミュニケーションを論ずるときは、もちろん一般化された表現をしてはいるものの、その代表的なイメージとしてつねに芸術が意識されていることは、これまでに引用してきたいくつかの文言からもわかるはずだ。だからこそフィヒテは『学者の使命についての講義』のあとに、スムーズに『哲学における精神と字句の区別についての講義』へとつなぎ、そこで芸術の話を主たる例示として論じた。たとえば、この第一講、公開講義全体からすれば第八講にあたる「精神と物体一般について」で、ピグマリオンの彫刻の事例や「根源美（das Urschöne）」の概念を彼は語っている。そしてまたそれゆえにこそ、シラーに依頼された美学的な論考の原材料とすることができたのである。

以下、この公開講義の後半、『哲学における精神と字句の区別についての講義』を検討していくが、その前に一つの予備的な考察をしておきたい。それはこの講義のタイトルともなっている「精神（Geist）」の概念についてである。

一　カントの「精神」概念

ホフマイスターの『哲学概念事典』の「精神（Geist）」の項[3]を見ると、精神の語義がいくつか説明されている。それによれば、①聖書の言葉との継続的な関連で、ギリシャ語の「プネウマ（pneuma）」ラテン語の「スピリトゥス（spiritus）」の訳語、②世俗的な文献、とくに哲学の文献では、ギリシャ語の「ヌース（nous）」「メンス（mens）」「ゲニウス（genius）」の訳語と記され、後者の内容はドイツ観念論、ドイツ・ロマン派において獲得されたものだとしている。そこから「大気、息、不可視の実体としてのエーテル、生命を担うものとしての息と呼吸、あらゆる生けるものをその本来的な本質としてつかさどる生命原理そのもの[4]」といった内容をドイツ観念論、ドイツ・ロマン派において獲得した。キリスト教の伝統では当然ながら「聖霊」の意味ももつようになり、神から出て人間を「感激させる、活性化する（begeistern）」作用をもつ。いうなれば「神の息」を吹き込まれたのである。神が人格性をもつのに対し、「精神」は万物に行きわたる不可視の威力として「世界霊」としての意味をもつ。この側面はシェリングやゲーテなどによって発展させられた。

　また同時期にもった別の重要な内容としては、「人間の創造的な知性[5]」というものがあり、ドイツ語でいう geistvoll, geistreich, geistlos などの言葉にその内容があらわされている。心理学的な人間の心、思惟などといった意味ももちろんありはするが、それはドイツ観念論とドイツ・ロマン派以降での使用になる。ドイツ語圏における学術用語としての「精神」はまさにいま述べてきたような内容から始まったのである。

　ホフマイスターは事例として、カントの『人間学』の中の文章「精神は心情における生気づける原理である[6]」を挙げている。たしかに『人間学』でもそれは語られてはいるが、実はそれよりも先に『判断力批判』の中でまったく同じ表現をとって論じられていることはあまり知られていない。

　『判断力批判』の中でカントは語る。「精神とは美的な意味においては、心情における生気づける原理のことである」（K. d. U., 192）[7]。「この原理は、美的な理念を表現する能力にほかならない」（a. a. O.）と。すなわち「精神」とは、心情を生気づけ、活性化させて、そのことによって「美的な理念」を表現する能力なのである。この美的な理念は、カントの「理念」の定義にしたがい、それが理念であるかぎりは、いかなる思想も適合しないし、どんな言葉でもこれを十分にあらわすことはできないものである。つまり、いかなる概念によっても把握することができない内容をもち、概念把握をつねにはみ出る感性的な豊かさをもつ理念のことである。このように十全な認識は不可能だが、多くのことを考えさせ、認識能力に生気を与えてくれる表象で、感性的な表象であるから想像力がつくり出すものだとカントはいう。

想像力の創造的な力は、自然によって与えられた素材から、もうひとつの自然をつくり出すことができる。これは現実には存在せず、無からつくり出される有である。そのとき想像力はアナロジーの法則にしたがうだけでなく、「理性のより高いところにある諸原理にもしたがう」(K. d. U., 194)。これはカントによれば、無制約者を求める変わらぬ理性の自然的な本性である。このときの表象は「経験の限界を超えて存在するものに少なくとも達しようと努力し、理性概念(知性的理念)をできるだけ表示しようとする」(K. d. U., 193-194)。いうなれば理念を感性化しようとする想像力の表象であるが、それが理念的なものであるかぎり、いかなる概念もこれには適合しえない。これが美的な理念と呼ばれるものである。

独断的な形而上学を批判し、善と美のそれぞれのア・プリオリな原理を確立して、その混在を避けようとするカントは、美的な理念と理性的な理念の区別を厳守する。それゆえ美的理念は理性的理念と対をなすものではあるが、同じものではない。とはいえ、「美は道徳的善の象徴である」(K. d. U., 258)という有名な定義にもあるように、区別は厳然としてありながらも、両者の理念が同一の超感性的な基体に根ざし、美的な理念は間接的に理性理念を表示することは否定できない。カントの本来の傾向からすれば、善と美の合一した最高の理念を認めたいところであるが、彼がこの区別を遵守し、美的なものの善からの自立性を認めたところに彼の近代性がある。ここからロマン的な芸術が可能となり、現代芸術に至る道が開かれたのである。

ところで、美的な理念、換言すれば想像力の表象は、何らかの媒体、すなわち言語、絵画、音楽といったもので表現されなければならない。「理念によって生じた主観的な心的状態は概念を伴うものとしてあり」(a. a. O.)、この概念が表現において伝達されるがゆえに、われわれが詩や絵画を前にするとき、その理念によって生じた心的状態に同様に与ることができるわけである。

それゆえ精神とは「一定の表象の際、心的状態におけるいいようのないものを表現し、普遍的に伝達されうるようにするために要求されるひとつの能力」(a. a. O.)であり、「表現が言葉によるものであれ、絵画、あるいは彫刻であれ、想像力の急速に過ぎ去りゆく遊びを捕捉して、［独創的な］概念のうちへと統一する」（a. a. O.）特別な能力なのである。

しかしながら、このような理念の表現、いい換えれば、想像力がその概念を基礎にして自由に働き、美的な理念を表示するような表現を見いだすという至難の技は、おいそれとかんたんにできることではない。カントは、これを「生得的な心的素質（ingenium）」（K. d. U., 194）といい、天才に帰する。「このような［理念に対しそれにふさわしい表現をあてる］才能こそが、本来精神と呼ばれるところのもの」（K. d. U., 198）である。とすれば、精神とは天才（天与の才能 ingenium）がもつ理念の表現の能力なのである。

二　フィヒテの「精神」概念

フィヒテもこのような思潮の中で「精神」概念を用い、論じている。公開講義の後半のタイトルにもなっている「精神と字句の区別」という表現は、おそらくカントの『判断力批判』の中の「［美的な理念の表現こそが］たんなる字句としての言葉に精神を結びつける」（K. d. U., 197）という表現が直接のヒントになっていると考えられる。それゆえカントの論じた「美的理念の表現能力としての精神」という内容は当然継承されることになる。

カントにおいては「精神の表現」という問題は、あくまで美的判断力に限定されたものであったが、フィヒテにおいては、哲学という言語による著作において、表現としての字句において、いかに精神が表現されているかという問題となる。哲学という学問ではあるけれど、そこに文字による表現があるかぎり、豊かな内容をもりこんだ理念・概念をいかに伝達するかということが課題となるからである。言葉・字句にいかに生き生きとした精神、生命力あふれる豊かな内容を注ぎ込むかということは、フィヒテが生涯こだわったことであった。若きころには雄弁術を学び、大学の講義においてもいかに心を捉え、物事の本質を理解できるようにするか、そのための表現に工夫をこらしている。[8] そのような彼の関心が、カントやバウムガルテン、ズルツァー、レッシングなどの当時の美学思想と交錯しないはずはない。

フィヒテはカントの定義を継承し、精神は理念を表現する能力であるとする。「精神とは、理念を意識にまで高め、理想を表現する能力ということができる」(G. u. B., 60)[9]。それは「あらゆる理性的な精神を、道徳的な秩序の法則、精神的な調和の法則、あらゆる者を真理と徳の国へと合一する法則のもとへ従属させることに関係する」(a. a. O.)。

精神が理念を表現するということは、美的な「表現」を通して、理念に迫るということである。それゆえそこには美と崇高があり、理念はその美と崇高の合一する根でもある。思弁的思考に慎重なカントは、美的理念と理性理念を区別し、美が道徳的善の象徴であるという形で間接的にしかその関係を示さなかったが、フィヒテにおいては、両者は理念である以上同一のものであり、美と崇高は善の理念、善のイデアにおいて合一するのである。

「空間における身体の必然性の形式を超えて精神は、感性界には対応するものがない根源美の自由な限界まで高まる。……空間と時間におけるあらゆる感覚の限界を飛びこえて、すなわち、時間と空間を超えて、精神は根源的崇高の驚嘆にまで迫る。それはまた、あれこれ移り変わる確信を超えて永遠の真理の感情まで、感性のあらゆる影響を超えて最も崇高な理念にまで、完璧に表示された道徳的な完全性、すなわち神性にまで高まる」(G. u. B., 61)。

このように、フィヒテの精神は、理性的存在者、物自体としての人間の根源、感性的な存在を超える超感性的なものにかかわるものであり、それを引きだして表現するものである。

表現ということは伝達の問題でもあり、他者という問題を避けて通れない。そして理念を表現するのであれば、当然、その表現にもられた理念なり、概念を理解する他者、いい換えれば概念の能力をもった複数の理性的存在者との共同性という問題が生じてくる。フィヒテはいう。「人間のうちには自己の外に同じように規定された存在者を求める不可避の衝動がある。精神豊かな者はもし歓びをこの者といっしょにわかちあうことがなければ、その者の一番の歓びを失う」(G. u. B., 61-62)。

しかし、「彼と他の精神をもつ者の間を媒介する手段として彼はただ物質界をもつだけである。精神は互いに無媒介に作用しあうことはできない」(G. u. B., 62)。叡知的な存在者である精神は、そのまま他者とコミュニケーションをとることはできない。人間精神は同時に現象界に生きる感性的な存在者であり、あらゆる表現はこの感性界を媒介しなければならない。感性界、物質を介さずにコミュニケートできる者は、肉体・身体をもたない霊的存在者、天使や聖霊だけである。逆にいえば、人間の行なう表現、すなわち言葉や身ぶり、さまざまな作品による他者に向けての表現というものは、それはわれわれが身体をもった有限な存在で、互いに時間と空間において離れているがゆえに必要であり、また可能なのである。人間が表現的存在者であるという場合、必然的にその表現の媒体としての身体をもたねばならず、その身体から表現の媒体としての自然、空間、そして時間の必要性が演繹されてくる。

「精神は自分と他の精神的な存在者との伝達の手段のためには、ただ物体（身体）の世界しかもたない」(G. u. B., 62)。それゆえ、「精神は、他者との相互作用のうちにあらわれうるために、自分の精神的な理念を表現する現象を自己の外にもたらさなければならない」(a. a. O.)。いい換えれば「精神を物体において表現するのである」(a. a. O.)。

フィヒテは「精神」の原義（生命を担う息、呼吸）をうまく生かして、このことを「この作品に生命の息を吹き込む (lebendigen Odem einhauchen)」(a. a. O.) と書いている。作者は物体を加工する中で、この作品に息を吹き込むが、他者にみえるのはたんなる死せる物体である。しかし、他者が精神をもつのであれば、その作品を鑑賞するときに息を自分で吹き込み、それを生きた作品、生命あるものとして受けとることができる。これはもちろん言葉などでも同様である。フィヒテは講義の中で、言葉での事例を与えている。フィヒテが語る言葉は物質的には「空虚な音」にすぎないが、それに理性的な意味を与えるのは聴く者たちなのである。「あなたがこれを契機に発展させた理念が、私が私の中で労働において発展させた私の理念と似ていれば、それだけわれわれの気分はよく調和する」(G. u. B., 63)。

これは「表現」であり、強制や攻撃ではない。あくまで精神同士の相互作用を意図したものであるから、「精神は彼の表現を通じて、他者に、その他者のうちにもある精神的な理念を、自分の活動によって自分自身から展開させるようなきっかけを与えただけなのである」(a. a. O.)。身体による表現で、強制や攻撃ではないのだから、それは言葉であり、作品である。言葉や作品が、根源的にある精神の交わりを促し、それが現象界に実現すると「社交」あるいは「社会」となる。

精神的な存在者は、こうした表現を通じて、交互に作用し、みずからを形成する。「諸精神同士が互いに切磋琢磨し、人類において精神はますます豊かに発展する。人類全体が豊かになる」(G. u. B., 63)。『学者の使命についての講義』の第二講の終わりで語られた精神の相互作用による相互完成、それによる人類の向上がここでもまた語られている。そしてここではとりわけその行為の最中に「歓び」(G. u. B., 61-62) や「気分の調和」(G. u. B., 63) のあることが明示されていることにも注意した方がいいだろう。

三　相互の活性化されたコミュニケーションとしての「精神」概念

カントは『人間学』で「精神 (Geist) と機知 (Witz) はフランス語ではエスプリ (esprit) という語であらわされる」[10]と述べ、しかしドイツ語ではこの二つは区別されるべきだとしている。なぜなら、機知はあとに残るものはないが、精神の場合は「何らかの理念を通して」[11]いるから、人々の関心を呼びおこし、あとに残るからである。精神が働くと「想像力を活性化させ、そうした概念 (理念) が大きく遊び回るさまを目の前で見る」[12]。想像力は活発にさまざまの豊かな表象、映像をつくり出し、それらが互いに関連しあって相乗的に内容の豊富さをつくり出して、理念を少しでも十全に表現しようとするものなのだ。

この働き自体は機知もまったく同じである。カントによれば「機知は、互いに遠くに離れてある異種の表象を、しばしば想像力の法則 (連想) にしたがって組みあわせる (類似化する) 独得の類比能力」[13]であって、「(会話や文章で) 機知に富む (witzig) という表現は、相互に考えを伝えあうときの心構えの自由闊達さ、しなやかさ (Liberalität) のことをいう」[14]。それゆえ、機知も、本来はまったく異なった表象、映像に想像力の連想が働いて意外な関連性、類似を発見させ、それらの取りあわせの妙をしなやかな心で受け入れて楽しみ、愉快な感情を惹起するものである。その点では精神と同じだが、理念に関連しない分あとに残らないのである。

フィヒテにとっては、精神は理念を表現する能力であり、理念への関係を明示している点で、すでに機知とは区別されている。しかし、同時に精神は機知と同じく、想像力の類比による関連づけの働きをもつ。そもそも彼は「精神一般は人が生産的想像力と呼ぶところのものである」(G. u. B., 58) と定義しており、「一人の人間の想像力が彼の感情を表象にまでより早く、より活発に高めれば高めるほど、まさにそれだけ強く彼の精神の中で表象が相互にひしめきあい、それだけ精神豊か（geistreich）になる」（G. u. B., 59）と述べている。表象、映像、イメージが豊かにひしめきあい、想像力と悟性がその遊戯を楽しみ、愉快な感情がそこに生み出される。だからこそ「歓び」「気分の調和」という表現が出てくるのだ。

結局、「機知」「エスプリ」と精神は、当時は本来同義語だったのであるが、カントやフィヒテの論考は精神に特別の意義を与えて、理念にかかわる点で、社交界における機知やエスプリよりも精神的に高尚なものとしようとした。しかし、その際の「機知」「エスプリ」の感性的な魅力、美学的な価値はそのまま精神概念の中に残っている。それゆえにこそ、精神の概念は、理性的存在者の相互の表現のやりとり、コミュニケーションの活性化、概念でありながら同時に生命的な活動性という内容をもつのである。

このことをあえて指摘するのは、芸術を媒介としたコミュニケーションは、本来が楽しく快活で歓びに満ちたものでなければならないからである。フィヒテであれ、カントであれ、倫理的な哲学の色彩が濃いために、この二人は禁欲的な道学者というイメージが世間的には強く、気むずかしい顔をして、道徳法則を厳格に遵守し、他者との関係ですらも、この律法としての道徳法則をやりとりするような印象をもたれている。しかし、カントが社交家で、彼の楽しみの一つが食客を招いての闊達な会話であったことは、伝記的事実として周知のことだ。フィヒテもカントをケーニヒスベルクに訪ね、そこでしばらく滞在したときには、飲食店で人々の注目を引き、歓談で人々と友情を育むだけの魅力をもっていたと、テオドール・フォン・シェーンが語っている。[15] またフィヒテは、雄弁術でいかに人々の心を動かすかをつねに意識していた。要するに、彼のコミュニケーションは学問的に厳密な味気ない概念のやりとりではなく、生気にあふれ、そこには生命が躍動し、機知やウィットに富み、その場にいる人たちを活性化させるものであった。もちろん、それはたんなる享楽に堕すことなく、道徳的な気高い理念に触れ、歓びに満ちてあると同時に人々の精神を向上させる。これらの内容すべてが彼の「精神」概念の中に含まれているのである。

ホフマイスターも書いていたように、「精神」概念は、ドイツ観念論の展開の中で、万物を支配する不可知の聖霊、人間の理性、共同体の精神といった多様で豊かな内容をもつようになり、ヘーゲルがその頂点となる。共同体が強調されるヘーゲル的精神ということから、ポッパーに代表されるように、人々を支配し、制約する全体主義的で、非合理的なものを含む精神、のちのドイツ史で顕著にその傾向が見られた集団の狂気めいたものが、ヘーゲルやドイツ観念論の精神概念に由来するとされがちであるが、それでは単純化のそしりを免れないであろう。ここでカントとフィヒテの精神概念を検討してわかったことは、そこには多様な者たちの機知に富んだ会話があり、エスプリがあるということだった。ヘーゲルがディドロの『ラモーの甥』を高く評価し、既成の固定観念をたえずずらして揶揄する主人公の姿に「弁証法」の真髄を見たように、全体化する真理をはぐらかし、辛辣さを込めてそれを揶揄するのも社交であり、精神の作用でもある。何よりも生き生きとした歓談が成り立つためには、強制や支配、ただ一つの真理が権威的にのさばってはならず、発言の自由、発想の自由、フィヒテ的にいえば「思想の自由」がなければならない。この自由の側面を見落とすことなく、精神概念を理解する必要があるだろう。

(1) I. Kant：*Kants Werke, Akademie-Textausgabe*, Bd. IV, S. 438.
(2) Reinhard Lauth：Einleitung, in：J. G. Fichte：*Von den Pflichten der Gelehrten, Jenaer Vorlesungen 1794/95*, (PhB. 274), Hamburg 1971, S. XXIX.
(3) Johannes Hoffmeister：*Wörterbuch philosophischen Begriffe*, (PhB. 225), Hamburg 1955, S. 248.
(4) a. a. O.
(5) Dasselbe, S. 249.
(6) I. Kant：*Kants Werke, Akademie-Textausgabe*, Bd. V, S. 14.
(7) カントの『判断力批判』(K. d. U. と略記) からの引用の頁数は初版のものである。
(8) フリッツ・メディクス、隈元忠敬訳『フィヒテの生涯』フィヒテ全集補巻、哲書房、二〇〇六年、一七六頁。
(9)『哲学における精神と字句の区別についての講義』(G. u. B. と略記) の引用頁数は、ラウトの編集した *Von den Pflichten der Gelehrten, Jenaer Vorlesungen 1794/95*, (PhB. 274), Hamburg 1971 の頁数である。これはI・H・フィヒテ編集の旧全集版にないため。
(10) I. Kant：*Kants Werke, Akademie-Textausgabe*, Bd. VII, S. 226.

（11）a. a. O.
（12）a. a. O.
（13）Dasselbe, S. 220.
（14）a. a. O.
（15）フリッツ・メディクス、隈元忠敬訳『フィヒテの生涯』フィヒテ全集補巻、哲書房、二〇〇六年、二〇〇頁。

第三章　イエナ期フィヒテの「社会」の思想

一　国家の廃棄

フィヒテの社会把握は、理性的存在者の、互いに高めあう相互の働きかけの関係であり、そこでは人間の精神を育む文化形成がきわめて重要な位置づけをもっている。いってしまえば、フィヒテは文化の共同体、文化的な交わり、すなわち「社交」の哲学者として出発したのである。

文化が豊かになるためには、個人の自由が保障され、各人は自由に表現を行ない、互いに刺激しあう環境が必要である。歴史的に見ても、アテネやフィレンツェ、日本では堺や博多など、自由な都市国家において豊かな文化が花開いた。軍事国家や禁欲的な宗教国家では、自由な表現は弾圧され、文化の豊穣さを得ることができなかった。

自由の思想家であるフィヒテは、断固として文化、個人の自由の側に立つ。彼にとっては、国家ですらこの文化を育むための手段でしかない。国家が文化を育むことがなければ、それは国家としての資格がなく、廃棄されるべきものである。国家の廃棄といえば、歴史的にはマルクスの共産主義下での国家の廃棄論、プルードン、バクーニンなどの無政府主義などが思いおこされるが、実はそれに先だってフィヒテがすでにして国家の廃棄を唱えていた。

この議論が出てくるのは、『フランス革命についての大衆の判断を正すための寄与（*Beitrag zur Berichtigung der Urteile des*

Publicums über die französische Revolution)』(一七九三年、以下『フランス革命論文』と略記)である。『フランス革命論文』は周知のように、当時のセンセーショナルな歴史的事件であるフランス革命をまのあたりにして、その影響をおそれるドイツの支配層、保守層の否定的評価に対して、フィヒテが敢然とその意義を擁護した文書である。しかし、フィヒテは時事的、ジャーナリスティックな政治的文書としてこれを書いたのではなく、哲学的な展望から彼の社会哲学を世間に問うている。内容はカントの獲得した自由、道徳法則を基礎に、社会の変革の権利を市民に認めるもので、露骨な旧体制批判や政治行動の煽動を意図したわけではない。しかし、中味をろくに読まず、あるいは読んでもその抽象性ゆえに理解が不十分で、結局は当時あらわれたフランス革命擁護の政治的パンフレットとみなして、フィヒテをジャコバン派として扱う者もいた。前にも触れたように、イエナ大学での就任講義を一切の変更なしに『学者の使命についての講義』として出版させたのも、その噂を沈静化させるためであった。

すでに論じてきたように、この時期のフィヒテが強調するのは、精神同士の相互作用としての「社会」である。『フランス革命論文』でもまた、「真理を自由に伝えあうことが、精神的な存在者たちを一つにまとめる最も美しい合一の絆である」(VI. 146)と述べられ、「国家が、国民に与えることのできるいかなる歓びも報酬も、人類の教師が毎日新しく味わっている歓び、すなわち、思惟における一致をもたらし、人間の精神を他の者の精神と合一させる歓びに対しては無に等しい」(a. a. O.)と語られている。この精神相互の作用によって形成される文化こそがフィヒテにとって重要である。

フィヒテはここでも文化を定義して次のように書く。「文化とは、自分自身つまりわれわれの純粋な自己ではないすべてのものから完全に独立すること、すなわち完全な自由を目的として、われわれのあらゆる能力を高めることである」(VI. 87)。理性的存在者が相互に切磋琢磨して、感性界からの自由を目的として、自分の能力を高めることが文化の発展である。これは感性界における理性的存在者の唯一の目的でなければならない。「人間が感性界の一部であるかぎり、自由をめざす文化は人間の唯一の可能な究極目的である」(VI. 89)。

自由を求めての文化・陶冶が人間の感性界における究極目的であるならば、国家もこの目的に奉仕しなければならない。国家はそれ自体が自己目的になることはなく、人間の自由の実現、文化の発展を目的とするものでなければならない。人間の究極目的が感性界からの自由であり、陶冶・文化の発展であるならば、「国家結合の目的は、さらに進んで各個人の最高の究極目的の達成を促進するものでなければならない。でなければ、人間がわざわざ国家という結合形態をとることがまったく無意味となるからである」(VI. 62)。

国家はそれゆえこの目的に奉仕するだけで、自己の存続を目的とはしない。しょせんは人間の究極目的、使命を達成するための手段にすぎないのだから、人間の自由の実現、文化形成が達成されていけば、それはおのずと消滅していく。「国家の構成員がみなますます自由になれば、その目的を達成するための手段の使用はますますなくなるだろう。国家体制という機械の中の歯車が次々に静止し、はずされていくだろう。……そして、究極目的がいつの日にか完全に達成されたときには、いかなる国家体制ももはや必要ないものとなるだろう」(VI. 102)。

フィヒテにとって重要なのは、理性的存在者の相互の関係としての社会、人間の道徳的共同体であって、国家はそのための手段でしかない。当為としてのこの社会、自由な理性的存在者の相互作用による文化的・道徳的な共同体に対して、現実的な国家が対置されるが、フィヒテにとってそれはつねに専制君主の国家であり、国民の自由を弾圧する国家である。「君(君主)たちがめざしていたのは、人間のあらゆる意志の自由を、君たちの意志の自由はのぞいて、すべて否定することだった」(VI. 97)。君主は自分を自由にするために、国民や臣下をそのための道具として使う。たとえ陶冶をしたり、さまざまな制度を整えたりするにしても、それらの目的は民の支配にあったとフィヒテは批判する。それゆえ、このような国家は国民によって変革されてよいばかりか、その市民契約さえ解約されてしまう。「自由をめざしての文化(陶冶)が国家の結合の唯一の目的でありうるならば、それとは正反対の目的、つまり万人を奴隷にし、唯一の者が自由をもち、この唯一の者のために万人を陶冶するが、多数の者の自由につながる文化のたぐいは一切妨げるということを究極目的とするような国家結合は、すべて変革されてよいどころか、実際に変革しなければならない」(VI. 103)。

当時としては過激な文言を書いてはいるが、もちろんフィヒテとてある程度の慎重な判断はしている。彼は、啓蒙君主として知られるフリードリヒ二世については、文化を奨励し、国民に自由を意識させ、国家が国民の自由のために働いたという点で評価する。「あなたは国民の知性を自由にしようとした。国民が自由になることを求めなければならなかったのである。国民があなたの目に自由に対して十分成熟していたとしたら、あなたは彼らに自由を与えたことだろう。そうではなかったので、彼らを自由に向けて陶冶するために厳しい規律のもとにおいたのである」(VI. 99) とフィヒテは語る。もちろん、これはプロイセン領内での出版ということもあるが、フィヒテの言葉そのものにウソがあったわけではなく、人間の自由の促進と文化の発展という国家の究極目的に立てば、それを奨励する点で啓蒙君主のあり方は評価できるものであったのだろう。しかし、そうでない君主に対しては、返す刀で「しかし、他の君主は何をしたのか?」(a. a. O.) と鋭く問うている。

フィヒテの国家廃棄の思想は、終生変わることがなかった。国家が道徳的な目的のための手段にすぎず、各人の自由と権利を守るための必要悪の手段 (Notstaat) であるという思想はベルリン期にも引きつがれる。それゆえ、ヘーゲルやカール・シュミットと異なり、フィヒテには国家の絶対化という発想はもとからない。彼にとって、国家はさほど重要な存在ではなかったのである。

二　公共的な「小社会」という理念

現実の国家を専制的な君主国家で代表させ、それに対置するに、道徳法則にしたがう理性的存在者の相互関係としての社会、いわばユートピア・理念的な共同体を呈示するこの論法が、きわめて図式的で非現実的な理想論であることは否定できない。それゆえ、これまでのフィヒテ研究者たちはこの側面を、口々に「ユートピア的」(ヴィルムス)(1) とか「エリート主義的」(フェアヴァイエン)(2) とか、あるいは「政治的なもの、国家の軽視」(ハーン)(3) などと批判的に評価してきた。たしかに、現実の国家は複雑で巨大なものであり、詳細な分析的検討なくして、ただ自分の理念の図式をあてはめて批判するだけでは、個人の勝手な願望や思いつきを述べているだけにすぎないだろう。現実には倫理的・道徳的な理念だけで政治が動くはずもなく、その後の国家論は、国家理性だの理性の狡知だの政治過程だの、政治のリアリズムを踏まえた議論になっている。フィヒテの師匠であるカントですら、有名な「非社交的社交性」に代表されるように、敵対関係を肯定的に評価したり、「支配者は必要だ」と述べたりしている（『世界公民的見地における普遍史の構想』）ほどである。

だが、はたしてそうだろうか。フィヒテは頑迷な倫理至上主義者、道徳の教師として内面の自由を説き、道徳的な実践としての社会活動を促して、専制的な君主制を正していこうと楽観的に主張しただけなのだろうか。そうではないと私は考える。批判を受けがちなこうした理想的な共同体、小さな理性的存在者の相互関係、倫理的に自覚した者たちの相互啓発の文化的共同体を、フィヒテはたんに夢想的な理念として君主国家に対置しているのではなく、むしろ現実的にそうした国家を相対化し、変革する一つの機能としても考えていると見ることはできないだろうか。その根拠になるものが「学識ある公共体（das gelehrte Publikum）」である。

この概念は『フランス革命論文』の中にはなく、四年後の『道徳論の体系』の中にある。やや時間が前後してしまうが、この時期のフィヒテはほぼ同一の思想体系にあると考えることができるので、この概念については『道徳論の体系』によって、その内容をみていくことにしよう。

まずフィヒテは内面の自由と外的な自由、すなわち、思想・良心の自由と行為の自由を区別する。「私は絶対的な思想の自由をもっているが、これを外的にもつのではなく、私の良心に対してもっている」（VI. 237）。この思想の自由はいかなる権威でも侵害することはできず、教会でさえ犯すことは許されない。それに対して、外的な自由は一定の制約をもつ。なぜなら、「私の身体の外にあるものすべて、つまり全感性界は共有財産であり、理性法則にしたがってそれを形成していくことは私にだけではなく、あらゆる理性的存在者に委託されている」（a. a. O.）からである。

共有財産であるので、私が感性界になす行為は他者に何らかの影響を及ぼす。それゆえあらかじめ他者の同意、関係する者すべての同意が必要である。「人間がいかにして相互に影響しあうことが許されるべきかという合意は、すなわち感性界における彼らに共通する権利についての合意であるが、これが国家契約と呼ばれる。そして合意（協定）される共同体が国家である」（IV. 238）。

のちに『自然法の基礎』で議論する予定であるが、フィヒテによれば、感性界は他者と共通しているので、行為の自由は他者の行為の自由の領域を侵害することになる。それゆえ、あらかじめ双方の権利関係が定められなければならない。

これが法（権利）となり、それを定めるのが国家である。したがって、人間の外面的な自由、行為の自由は国家による制約を受ける。たとえば他者への暴力はそれが家族内や親密な関係の中であっても、法によって規制されるべきものとなる。「国家の法律は想定された普遍的意志を含んでおり、これに反した形では、いかなる者も他者に対して影響を与えることは許されない」(a. a. O.)。それゆえ国家は、外面的な自由を調整し、各人の行為の自由を可能なかぎり保障するために存在するものであり、人間がひとえに感性界で共同に生き、それらを共有しているがゆえに要請されたものといえる。

さて、これまで述べてきたように、フィヒテにとって人間の使命とは自己自身との一致であり、それをめざして他者と相互に完成へ向かって努力することである。だが、このように他者、最終的には万人に働きかけ呼びかける場合、お互い確信が大いに異なっているということは当然ありうることだ。人は自分の置かれている個別性からしか出発できないからである。この個別性から一人ひとりに呼びかけ、相互に意見を闘わせ、共通了解を形成していくということは不可能ではないが、しかし、すでに人間は一致したものをもっている。この一致したものがあるがゆえに、人は相互に確信を伝えあうことができ、共通の目的、人間の完成へ向けて実践をともにすることができる。フィヒテはこれを「教会（Kirche）」(VI. 241) とする。

教会は万人に開かれ、無学な者にもそのめざす理念、概念を理解できるようにしたものであるから、その普遍的な概念、超感性的なものは具体的、感性的な衣をまとい「象徴」(VI. 242) となる。これはまた「(感性的な) 衣を身にまとった映像 (jene einkleidenden Bilder)」(VI. 243) とも呼ばれ、「超感性的なものがあるという命題を共同体が目の前に表現したもの」(a. a. O.) である。というのも「何らかのあるものについての一致がなければ、共通の確信をもたらす相互作用はまったく可能ではないからである」(a. a. O.)。このような感性的な映像をもとに、人々は互いに自己の確信を伝えあい、相互に作用して、互いの道徳的完成をめざして努力していく。国家は感性界での行動の自由を調整するものとして要請されたが、教会は人間がめざす使命、目的とする概念の世界を認識し、それを基礎にして実践するための場として存在しているといえる。

フィヒテはこの国家も教会も「事実」として前提している。それゆえ、それが正しいわけでもなく、概念から正しく実現化されたわけでもない。彼はここで本来のあるべき国家と教会に対して、事実として前提される「緊急（必要）国家（Notstaat）」（VI. 244）、そして「緊急象徴（Not-symbol）」（VI. 242）をもつ教会を認めている。これらは、Not という言葉に含意される「緊急」「急場しのぎ」「必要上やむをえず」という意味が生きており、完成をめざす相互の働きかけの中で、正すべきところが正され、よりよいもの、より完全なものをめざすための出発点、手段としてあるだけのものである。

下手をするとまちがったものになるかもしれない既存の国家や教会を、よりよいものにしていくために、自己の確信を伝えあう場が必要である。これが「学識ある公共体（das gelehrte Publicum）」（VI. 248）である。ここではあらゆる権威から自立した自由のみが重要になる。「学識ある公共体に際だつ性格は、思考における絶対的な自由と自立性である。その体制の原理は、いかなる権威にも絶対に屈せず、あらゆることにおいて自分自身の思慮に立ち、その思考によって確証されないものはきっぱりと拒否するという原則である」（VI. 249）。それゆえ、ここにはいかなる教会の権威もなければ、国家による規制もない。参加者はただおのれの良心にもとづいて理性によって導かれた思想を述べ、相互に意見交換し、自己の個人的な確信をより客観的で妥当なものに仕上げていくことができる。同時に「教会と国家はこの学識ある者たちに対して寛容でなければならない。すなわち、彼らの本質をなすところのもの、つまり思想を制限なしに絶対的に伝えあうことができるということに対して、寛容でなければならないのである」（VI. 251）。

この「学識ある公共体」は万人が参加することが理想ではあるが、現実的には不可能である。たとえば、思想の自由を徹底的に保障するこの集団の中で、既成の緊急国家の打倒や、既成の宗教的権威の否定が自由に語られるとき、その場に官吏や聖職者がその身分で参加しているのであれば、彼の職業義務違反になるであろう。したがって、特定のかぎられた人々が参加する小さな集団になる。

フィヒテはこの場を「社会（Gesellschaft）」（VI. 248）と名づけるが、これは「理性的存在者の相互関係」というこれまでの抽象的な定義以上の具体的な内容をここでは含んでいる。彼は次のように定義する。「この社会は一方では、制限され規定されている。それゆえ無規定の概念である万人を含むのではなく、万人から選ばれ、そのかぎりで彼らから分離されている一定の数の人々を含むものである。他方で、この社会では、自分自身と自分自身の意識に対してもっている自由、すべてを疑い、すべてを自由に自立的に探求する自由が、外的に実現され、人々に呈示されなければならない」(a. a. O.)。フィヒテはまたこれを「広場(Forum)」(a. a. O.)と呼び、古代ギリシャ・ローマ以来の市民広場、公共性を担った公開の討論の場という含意をもつ言葉を用いている。そして「学識ある公共体」はまた「学識者の共和国(die gelehrte Republik)」(VI. 250)ともいい換えられるのである。

ここからわかるのは、フィヒテもまた当時の同時代の思想を共有しているということだ。「学識者の共和国」が「文芸共和国」から来ていることは明らかである。イギリスやフランスにすでにあった市民的公共性がドイツでは読書サークルや新聞による「文芸共和国」を形成し、市民的公共性、公論の一つとして重要な意義をもち始めていた。フィヒテ自身『フランス革命論文』や『思想の自由回復要求』を、そのような文芸的公共性に向けて匿名のパンフレットとして世に問い、議論を活発にさせたのである。

そしてこれはまた「社交としての小社会」でもある。初期ドイツ・ロマン主義がサロンでの社交の場において発展したことはよく知られているが、フィヒテもそれらと少なからず関係があった。初期ロマン主義の無限への憧憬、想像力の神格化はフィヒテの自我の思想をその端緒とし、またフィヒテのベルリンへの移住はフリードリヒ・シュレーゲルらの仲介によるものであり、当初はロマン主義者たちのベルリンのサロンにも顔を出してティークなどと知りあっている。彼自身はロマン主義者たちとは馬が合わなかったようで、サロンへの出入りもやむことになるが、それでもそのような社交の場で闊達な議論が出ることは彼自身よく経験していた。当時、モラルをゆるがす一種のキワもの小説としてセンセーショナルな評判を巻きおこしたフリードリヒ・シュレーゲルの『ルチンデ』も読んで、彼らの議論に加わってもいる。世間や教会の権威が反社会的なものとして否定する小説でも、「学識ある公共体」では、ただ良心にもとづく思想の自由があるかぎり、いかなるものでも議論の対象となりうる。「(国家や教会の発する)かの制限を超えて探求することこそが、この社交の本質であり目的だからである」(VI. 248)。

さらに「学識ある公共体」には大学も含まれる。「大学は学識ある者たちの学校である。そこでは人は自分が確信したことをすべて講義することが許されなければならない。大学にはいかなる[権威的]象徴も存在しない」(VI. 250)。思想の自由が絶対的に保障され、権威からの思想的な自立性を旨とするのであれば、これは当然である。大学の自治と思想の自由はフィヒテにとって最重要のもので、そこで自由闊達に意見のやりとりをして、互いの人格的完成をめざす相互作用がなければならない。だからこそ『学者の使命についての講義』で講義を開始し、そのような言論の民主的な交流の場として大学を形成するために、学生たちにその参加を呼びかけたのであり、真理愛と何のかかわりもない学生組合の解散、それにかわる新たな学生組織の結成に努力し、学生からの攻撃を受けるという有名なエピソードも生まれたわけである。(4)

フィヒテがフリーメイソンの会員であったことも同じくよく知られていることだが、その経歴もこうした国家や教会から独立した市民的公共性の場、公論の場の強調に少なからず影響を及ぼしているだろう。万人と交流するのではなく、「自分自身と同様に権威に対する信仰を投げ捨てた者、自分と同じ心情をもつ者(ein ihm gleichgesinnte)を探さなければならない」(VI. 249)という表現などに、そうした側面があらわれているのではないだろうか。

以上の小社会、すなわち理性的な存在者が相互に自由に意見を表明し、相互に作用しあう小社会を貫く基本原理は道徳的な完成であり、理性的存在者の自由と平等にもとづく共存である。既成の事実、緊急の必要上の事実としてあり、事実として人々がそれに帰属している国家と教会の中において、それらを改良していく統制的理念として小社会は人々の行動に作用していく。道徳原理にもとづく行動しか認めず、法を尊重するフィヒテであるから、そこには暴力的な革命という方法論はない。あくまでも真理を追い求め、道徳的に向上するように相互に働きかけ、その表現・媒体としての文化を通じて社会を改革するというのが彼の方法論になる。それゆえ教育が重要な位置を占めるが、これは『ドイツ国民に告ぐ』で詳論される。

理性的存在者の相互のコミュニケーション、精神の相互の切磋琢磨は、個人だけではなく、このような小社会にも適用可能だろう。小さな社会の相互作用によってそこにゆるやかなアソシエーションができ、それらが文化形成を担い、人々の意識を覚醒させ、市民的な広場、世論の場をつくることもこの論理の帰結としては可能である。(5) そのように考えると、フィヒテの「社会」を国家や既成の教会に対する相対化作用、変革の機能をもつ積極的なものと位置づけることはあながち無理な話ではないと思われる。(6)

三　フィヒテの「身分」論

われわれは先回りして『道徳論の体系』での議論を追跡したが、ここで本来議論の対象としていたイエナ大学での公開講義に戻ることにしよう。それも再び『学者の使命についての講義』である。

これまでに考察したフィヒテの根本思想の一つは、複数の理性的存在者は相互に作用しあい、相互完成ひいては人類の完成を目的とし、それは文化的な社会で行なわれるというものであった。国家ももちろんそれを促進するものではあるが、国家がただ一人の自由、君主の自由を目的とし、そのために国民を道具とするのであれば、それは廃棄して当然のものである。国民はそれに対抗する国家を形成もできれば、また国家の中で小社会を形成して、真理と文化の相互の伝達、切磋琢磨にいそしみ、それを公的な場で発表したり、世論に問いかけたりすることもできる。フィヒテ自身がみずからの見解をパンフレットにして出版したように、である。ここでは理性的存在者は対等であるべきとされる。

だが、現実の社会にはさまざまの人々がおり、誰もが「学識ある共同体」や、社交のサロンに自由に参加できるわけではない。何よりもフィヒテ自身が生きていた時代には階級や身分の格差があり、それらをどのように位置づけるのかを明らかにしないと、ただの夢想とか根拠なき理想論と批判されても仕方がないだろう。これらの本格的な議論は『道徳論の体系』の義務論や『封鎖商業国家』などでなされるが、その基礎的な姿はすでにこの公開講義の中にある。以下、それを検討していくことにしよう。

『学者の使命についての講義』の第三講は「社会における身分の相違について」というタイトルをもつ。フィヒテはここで、社会における身分の相違、人間の間の不平等を問題とする。「身分（Stand）」という言葉から、これは自然に由来する不平等ではなく、社会的なもので、また人間の意志にかかわる問題であることがわかる。フィヒテは経験的に社会を論じない。意志にかかわり、それゆえ道徳にかかわる問題であるので、実践的な理性原理からこの問題を究明する。

フィヒテによれば、理性的存在者の自我・理性は、普遍的なものであるからみな同一である。そして、「あらゆる理性的存在者の最高の法則は、自分自身との完全な一致、絶対的な自己同一性である」（VI. 314）。理性的存在者は普遍的な理性を現実にうち立て、自己と同一であるものを実現しなければならない。しかし、理性的存在者は、実際は、非我である自然、多様性の中に存在し、各自置かれた状況や自己の自然において差異をもつので、同一の存在者ではない。いわゆる個体性がそこに存在することになる。これは各人の世界への被投企性であり、能力にはそれぞれ違いがあって、個性がある。それでも、理性、自我の自己自身の一致という目的は、「個体におけるあらゆる素質が一様に発展させられ、あらゆる能力が最高に可能な完全性にまで陶冶される」（a. a. O.）ように働きかける。各自の個別性、差異性があろうとも、それらを可能なかぎり発展させて、みなが同様の能力を最大限もつようにするのである。ある能力の劣った者は、それに優れる者よりもはるかに努力し、対等の力をもつようにしなければならないのだ。

この個人による違いを同質化しようとするとき、理性的存在者は相互に助けあう。それをなすのが「社会衝動（Der gesellschaftliche Trieb）」（VI. 315）である。「社会衝動とはすなわち自由な理性的存在者そのものとの相互作用の中に自己を措定する衝動であるが、これは次の二つの衝動を内容としてもつ。一つは、伝達衝動であり、これはわれわれが優れている面で相手を形成する衝動であり、どのような他者でもわれわれにおけるよりよい自己、われわれ自身とできるだけ等しくしようとする衝動である。もう一つが、受容衝動であって、他者が優れており、われわれが劣っている面から、他者にわれわれ自身を形成してもらおうという衝動である」（a. a. O.）。この相互作用を行なうことで、われわれは自分の欠陥を他者の働きかけによって補うことができ、われわれもまた自分の優れている点で、それが足りない他者を補うことができる。個別性による違いがあるがゆえに、他者に相互に、相補的に作用できるという利点がある。

たとえば、楽器やスポーツの練習などに顕著であるが、上手な人に直接習えば、すぐにレベルが上がる。あるいは、数学の不得意な人は得意な人におそわると自分一人で努力するよりもはるかに上達する。共同体レベルでも同様で、すぐれた文化をもつ共同体・民族からそれを摂取すれば、文化の発展の遅れた民族・共同体はすぐに高度な文化に達することができる。このような相互作用、相互コミュニケーションが確保されているならば、類として全体が発展する。どこかに最もその類で優れた能力をもつ人あるいは集団がある場合、その能力は相互作用と交通経路がありさえすれば、すぐに類全体に普及し、類全体の所有となることができる。だからこそフィヒテは次のようにいう。「かくして自然によってつくられた欠陥は、理性と自由によって改善される。自然が個体に与えた一面的な形成は全人類の所有となり、全人類はそれに対して個体に類のものを与えるのである」(a. a. O.)。

相互に関係をもって互いに作用できるような場つまり社会があるなら、このことは可能である。「おのおのの個体は、自然から直接に得ることのできなかった完全な形成すべてを、社会の手から間接的に獲得するように、理性は配慮するだろう」(VI. 316)。これは能力の差を社会的組織が補う例を考えるとよくわかる。身体障害者が車や道具、機械などでその運動能力、移動能力をカバーし、対等に働いている事例などを思いおこすとよい。そもそも教育制度、学校が、自分のもっていなかった能力を間接的に習得する場になっている。このようにすれば、各人の自然的な差異は均質化し、それらを人為で補えば、最終的にはほぼ同一の能力を発揮するようになるといえるかもしれない。もちろん、それはあくまでも無限の彼方の努力目標であり、一朝一夕にできるものではないが、フィヒテにとっては理念的には同一可能性となるのである。

このように社会は類としての能力を向上させる。「いまや社会は結束して一人の人間としてある。個人ではできなかったことを万人の力によって可能にするであろう」(a. a. O.)。「それゆえ、個々人が自然に不等であったことによって、万人を一つの身体(物体 Körper)にする絆が新しく強固になる」(a. a. O.)。個々人は自然の多様性の中で差異性をもって存在し、能力にも格差があるが、その格差、差異性が、互いの相互作用によってそれを補い高めようとする社会的衝動を引きおこし、それによってますます強固に結びつき、類として一体化する。それはあたかも一人の人間のように、一つの身体(物体 Körper)のように、存立する。ちょうどホッブズの『リヴァイアサン』の挿絵のように、である。

しかし、個々人がこのように自己を形成し、みなが同一の能力をもち、同等の存在になろうとするのであれば、身分や職業の区別がなくなる。理念的には万人は同等だとしても、現実的には区別がすぐになくなることはない。マルクスとエンゲルスが『ドイツ・イデオロギー』で描いたように、みなが同じ能力をもつのであれば、「朝には狩をし、午後は漁をし、夕方には家畜を追い、そして食後には批判をする。猟師、漁夫、牧人あるいは批判家になることなく、私の好きなようにそうすることができるようになる」(7)のが理想だとしても、そこに至るまでには無限の努力と時間が必要であろう。

しかし、自然が与えた諸条件が私の現在の身分を規定し、そこにとどまるのでは人間の自由は失われる。それでは個人の自由の存在しなかった前近代社会と同じで、人は一生自分の生まれ落ちた階級や身分で強制的に生きていかなければならない。フィヒテのとる解決策は「自由な選択」(VI. 318) である。この被限定、特殊な身分を、人は、自分の自由意志で選択するのである。そうすればそれは強制ではなく、人間の自由を束縛することもない。「私は自由な選択によってこの特殊な能力の発展に身を捧げるのであるが、これによって私の身分が規定される」(a. a. O.)。

これは自由意志であるから、「いかなる人間も何らかのある身分に強制されてはならないし、また何らかの身分から排除されてもいけない。そのような強制をめざすいかなる個別的な行動もいかなる一般的な施設(制度)も不当である」(VI. 320)。人は自己の身分を選ぶことはできるが、それに強制されたり、縛りつけられたりすることはできないのだ。

この身分の選択は自由ではあるが、しかし現実の世界で生きるかぎりは怜悧の法則が働く。人は自分の成育した環境や得た能力、自分の置かれている社会的地位を考慮して、それに適合するように身分を選択してもいいし、まったく異なる身分を選んでもよい。しかし、すでにその身分を他者が占めており、自分の入る余地がない場合は、また違う選択肢を探すという在り方もあろう。そこはその者が社会をどのように認識し、どこに自分が入れば、社会に役立ち、社会の利益になるかの判断にかかっている。

フィヒテが認めないのは、自己の利益のためだけにこの身分を選び、社会の利益、社会に役立つことを考慮しない場合である。「各人は次のような義務を負っている。すなわち、ただ社会に一般的に役立とうとするだけではなく、また最高の知を発揮して、彼のすべての努力を社会の究極目的、人類をつねに高貴なものとする義務、すなわち自然の強制からますます自由にし、ますます自立的で自己活動的にするという義務を負っているのである」(VI. 321)。この統制的に働く人類の教化、文化の完成という目的を促進するように、各自は自己の身分を決定し、その身分のもつ義務を果たすことが各人の使命となる。それらの身分は有機的に連関して、いわば一つの巨大な身体として働き、一つの人格のようにして社会が発展する。そしてこの発展から各自の身分の意義も証明されるのである。

フィヒテのこの考え方は、現代風にいえば職業選択の自由であり、勤労の義務である。各自はいかなる出自にも規定されず、自分の職業、身分を選ぶことができる。そしてその移動の自由も保障される。いったん選んだあとは、その仕事を誠実に果たし、勤勉に労働することが義務である。それらの職業、身分は社会的に承認されたものでなければならない。その承認こそが、その職業、身分での活動が社会に貢献するものであること、たんなる私利・私益ではないことを保障している。しかし、フィヒテはアダム・スミス的な市場の見えない手を楽観的に想定はしていない。私利・私欲が実は公益を増すという「理性の狡知」を彼は信用しないのである。それがフィヒテの後進性を意味するのか、それとも先見の明を示すものかはここでは判断できないが、少なくとも彼は全体的な社会認識によって公益を把握し、それを意識して各人の活動を選択し、継続することを意図している。フィヒテのこの側面は『封鎖商業国家』において論じられることになるだろう。

フィヒテの身分論は現代からみればあたりまえのことで、別に特筆すべきことは何もないかのようにみえるが、時代状況や思想的背景を考慮すれば、フィヒテの考え方は彼なりの時代との格闘でもあった。「身分」概念はここだけではなく、フィヒテの生涯にわたって登場する概念なのである。しかし、フィヒテの社会哲学ではさほどの注目を引いてはいなかった。

フィヒテの時代は、身分制の国法から、近代の平等な人格を規定する近代法へと移行しつつある時期(8)であった。そういう意味では、フランス革命の人権宣言のように、身分を全面否定して、人間はみな平等で一切の身分の差異はないと断言すればよいはずである。しかし、フィヒテは、全面否定はせず、ただその身分が世襲であるとか、社会から一方的に規定されて、自分の意志で変えることができないものであることだけを否定し、身分自体の存在を認め、それを自己の自由意志によって受けとりなおすことを主張している。もちろん、身分の違いは社会における各人の労働の違い、社会的な機能の違いであるから、上にも述べたように分業を認めているという近代的な把握で問題はかたづくようにみえるが、実はそれだけではない重要な意味を身分概念はもっていた。

身分はたしかに社会的な差異であるが、それは同時に倫理的な概念でもある。『歴史的基礎概念辞典』の「身分（Stand）」の項には、この時代の身分観について「身分は第一義的に経験的・社会的に把握されるのではなく、規範的・倫理的にも把握される」[9]と記している。周知のように、ルターの召命論においては、各自が自己の身分、職業を誠実に務めることが信仰の証とされた。マックス・ウェーバーはこれについて、「世俗内の職業で義務を満たすことを、道徳的な自己確証一般が受けとることができる最高の内容とみなすこと。このことが、世俗内の日常の労働が宗教的な意義をもつという考えを必然的な帰結としてもち、こういう意味において職業概念を初めてつくり出したのである」[10]と説明した。

各人は、自己の身分・職業を神から与えられた使命・規定として忠実に果たすとされる。それは、能動的な労働・活動の自由によって、この使命・規定の被制約性に新たな意味づけをして、自己の内面的自由を獲得するということでもある。ルターが『キリスト者の自由』で説いた、キリスト者がすべてのものの上に立つ自由な君主であるという絶対自由と、キリスト者がすべてのものに奉仕する僕であるという絶対被制約、つまり自由と被制約の統一が職業労働によって解決されるのだ。

フィヒテの終生の課題は「人間の使命」を規定することだったと前にも述べた。この問題意識はおそらくルターに由来することがわかる。被制約性を自我の自由によって、自己が設定する規定、自己制限として受けとりなおし、そのことによって被制約性、あるいは対象や非我、他我からの自由を獲得するフィヒテの論法は、上に記述した神の規定・使命という被制約性を、能動的な労働、自己の自由な行為によって果たすというルターの職業召命論とよく似ている。「人間の使命」は身分によって規定され、それが各自の行動の動機づけになり、倫理的な使命になる。フィヒテにおいても、社会的な身分は同時に倫理的な概念でもあるのだ。

さらに、それだけではなく、当時の身分観は中世以来の伝統を継承し、世界をいかに把握するかという形而上学的な問題も含んでいた。

カッシーラーはこうした問題を『自由と形式』で扱っているが、ルターにかんする部分では以下のように述べている。「キリスト教神秘主義と異なり、ルターの自由概念と人格概念は、世界否定のたんなる原理をもつのではなく、その原理のうちに、そしてその原理によって、世界形成の原理を保持している」(11)。各人が自己の身分・使命によって課せられた行為をなすことによって、世界が多様に形成されていく。「かくして世界の多様性がとり戻される。事物の多様性としてではなく、具体的で道徳的な課題の生きた多様性として、である。道徳的な世界の全体は、さまざまに異なった身分のうちに分化する。すなわち特殊な『召命（職業 Beruf）』と『公務（Ämter）』へと分化するのである」(12)。

物質的な世界はたんなる素材にすぎず、自我が自己の自由と活動性に目覚めれば、世界は否定され、無化される対象にすぎない。しかし、理性的存在者が各自の使命に応じて活動し、世界を労働によって変えていけば、そのことによって世界の多様性が生じる。だが、それは生産された事物の多様性ではない。そうではなく、理性的存在者たちの使命・規定の多様性であり、それらの関連がつくり出す世界の調和という意味での多様性なのである。だから、カッシーラーもこう書いている。「いまや、さまざまの身分とさまざまの諸個人の間に作用と反作用が平等に配分されている。各人は与えることによって同時に受けとり、このような相互規定の中で、それが宗教的・倫理的に根拠づけられているかぎりで、全体の生命を構成する」(13)。

このようなルター以来の人間・理性的存在者たちの共存、各自の使命を果たすことによる精神的な世界の多様性の形成と調和という理解は、当然フィヒテにも受けつがれている。それゆえ、彼は身分すなわち各人の使命の重要性を説き、その使命を果たすことが、同時に各人の相互作用を可能にして、生きた世界、生きた社会を形成して維持することになると考えたのである。身分とは各個体の使命の差異性であり、それによって初めて相互作用が可能になる各人の出発点である。そしてそれらの調和が有機的生命としての世界の調和を形成する。フィヒテにおいては、身分は功利的・経済的なものではなく、存在論的な意味をもつ。だからこそ、生涯、彼は身分論を忘れることなく、くり返し論じた。このことは以下の論述においてもたえず想起されたい。

四　制限の中の自由と相互作用

フィヒテの自由の考え方は、身分の捉え方でもわかるように、現象界、現実においては厳然として存在する諸制約を観念的な自由によって夢想的に否定するのではなく、その受動的な制約、被投企的で個体にはいかんともしがたい制約をいったん自己の自由意志により主体的に選択することで、自己の自由を貫徹するという形になっている。これは『全知識学の基礎』での第三原則の総合による解決の仕方であり、いわばフィヒテの思想の要諦ともいえるところである。いい換えれば、フィヒテの自由は一般にイメージされるような意志の絶対的な自由ではない。一つの意志が無制約に、あらゆる限界を無視して、おのれの要求・衝動を満足させるというのは「放恣」にすぎず、フィヒテの考える自由ではない。

フィヒテの自由はハイムゼートの表現を借りれば、「自由は制限の中、相互の制限の中に形成されなければならない」[14]ものであり、制限からの自由、解放ではなく、相互の制限の中にこそ自由が存在するのである。被制約の中にこそ自由がある。あるいは絶対の被制約こそ絶対の自由であるともいえる。『全知識学の基礎』での原則でいえば、理念的な自由を示す第一原則ではなく、相互制約の中で自己同一性を貫徹しようとする総合を示す第三原則にこそ、フィヒテの自由の真面目がある。ヘーゲル的にいえば、「同一性と非同一性の同一性」にこそ自由が存するというわけだ。

それはまた、イエナ期全体を通じての通奏低音となっている他者との相互承認・他者との相互作用・権利概念のうちにこそ自由が実現され、他者との相互関係そのものが自由の実現する場であるという思想につながる。他者との相互承認については、詳しくは章を改めて論じるので、ここでは述べないが、本章が題材としているイエナ期初期のテキスト『学者の使命についての講義』と『フランス革命論文』『思想の自由の返還要求』などでも、その基本構図はすでにあらわれている。

第一章と第二章で示したように、フィヒテの社会は、自由な理性的存在者が互いの陶冶を目的として、相互に作用しあう関係であった。『学者の使命についての講義』の第二章「社会における人間の使命」での他者認識も、他者が自由な行為を行なうことを自分のそれとして類推したもので、自由な意志による行為が他者の行為の根底においてみられるという理由で、他者を自分と同じ理性的存在者であるとみなすものだった。

フィヒテはいう。「この衝動は、自由な理性的存在者を自分の外に見いだして、彼らと共同性を結ぶことをめざす。それは物質の世界におけるような従属関係ではなく、協調をめざすのである。もし人が自分の外に求められた理性的存在者を自由にさせないのであれば、それは彼らの理論的な技能だけを計算しているのであり、彼らの自由な実践的理性性をあてにしているのではない。その場合人は彼らとの共同に入るのではなく、技能をもった動物（家畜）として彼らを支配しようとしているのだ」（VI. 308）。

フィヒテにとっては、人はまず自由な理性的存在者としての他者を求めるのであり、それは彼らと協同するためである。自分の目的に従属させ、そのために他者の技能を使うことは、人間を動物、家畜として扱うことであり、いわば奴隷として扱うことを意味する。それは決してあってはならないことである。他者に向かうときは可能なかぎり、他者の自由を尊重しなければならない。そしてそのときにこそその者は自由なのである。「自分の周りの者をすべて自由にしようとする者だけが自由である。彼は一定の影響——その影響の原因をいつも意識しているとはかぎらないが——によって実際に（他者を）自由にするのである。そういう人の目の前でこそわれわれは自由に息ができる」（VI. 309）。

フィヒテがここで強調するのはつねに他者の自由の尊重である。自己の自由は他者の自由がないかぎりありえない。他者もこちらの自由を保障しないかぎり、彼の自由はない。そのためには、各自、自己の自由の領域を制限しなければならない。「他者の自由」を尊重して、相互に自由に啓発し促しあうときに、自己の自由も可能になる。自由な他者からこちら側への働きかけを受けることで、自分の向上と完成、自己の使命の実現、すなわち自己の自己規定の貫徹、自律としての自由が保障される。これは他者にとっても同じ構造である。他者はこちら側からの自由な働きかけを受けて、自己の自由を働かせながら、自己規定をし、自己の完成をめざす。相互の自由の尊重と自己実現への働きかけにより、各自は自己自身を確立し、自由を実現する。「共同完成、すなわち、他者のわれわれに対する作用を自由に利用することによって、自分自身を完成し、また自由な存在者としての他者に作用を返すことによって、他者が自分を完成させること、この共同完成が社会におけるわれわれの使命である」(VI. 310)。この共同完成[15]は、自由な社会の実現でもある。

ここには他者の自由の尊重を根拠として、自己制限、自己決定という形での自己の自由があり、それがまた他者に反作用し、他者もこちらの自由の尊重を意図して自己決定するという構図がある。つまり、相互の自由の尊重と自己決定という自由とが反照しあう中で、各人の自由の領域が確定され、その中で自己実現という形での自由が実現し、調和ある自由な社会が形成されるという自由の楽観論がある。ここでは自由は少なくとも、「他者の強制からの自由」、「自己規定」「自己決定」という形式での自由という二種類の自由が含意されていることはたしかである。バーリンの言葉を借りれば「消極的自由」と「積極的自由」[16]である。フィヒテの自由と相互制限の概念、すなわち権利概念の詳細な検討はまたのちに行なう予定であるが、ここでいえることは、この二つの自由に加えて、自由な言論、相互作用の行き交う調和のとれた社会のイメージもまた、「自由」という言葉の中に含意されているということだ。それはすでに、精神概念、社交としての小社会などで見てきたように、フィヒテのあるべき社会のイメージが投影されている。

「自由を共通の原動力として無数の歯車が相互に普遍的に嚙みあう」(VI. 311)ことこそが社会のあるべき姿である。それゆえ自由は、人々が社会で相互にコミュニケーションをとり、切磋琢磨しあい、相互に作用しあう大前提になるもので、これがなければ自由な意見交換、自由な相互の表現は可能ではない。だからこそフィヒテは『思想の自由の返還要求』論文を書いて当時の検閲、言論弾圧の政策に対して果敢に訴えざるをえなかったのである。

この『思想の自由の返還要求』は『フランス革命論文』と同じ時期に同様に匿名で書かれたパンフレットである。直接にはフィヒテの『あらゆる啓示批判の試み』をめぐるプロイセン政府の検閲に端を発するが、基本的には当時のドイツでの言論の弾圧に対する批判の文書として書かれたものである。それゆえ文章は君主に宛てる形で書かれ、彼らが民衆の良心からの意見を妨げる権利はないと宣告する趣旨になっている。この中にたとえば次のような文言がある。「この自由に伝達する権利の行使が可能であるためには、他者の同意、すなわち私の与えるものを他者が受けとることが要求される。……自由に与える権利には自由に受けとる権利が対置されている」(VI. 16)。

フィヒテにとって、思想の自由とは、自分の思想を自由に他者に表明し、他者がそれを受けとる自由をもつという双方向性を意味する。自己と他者の思想の伝達と受容の二つがセットになって、初めて思想の自由が成立するのである。それはいままでに述べてきたように、理性的存在者の相互作用、相互形成、それによる相互の人格を陶冶するというフィヒテの思考の枠組みがあるからである。「われわれにとって使用できるすべてのものを自由に受けとる権利は、われわれの人格性を構成する部分である。われわれの精神的、道徳的陶冶のために、われわれの前に開かれて存在するすべてのものを自由に使用することは、われわれの使命に属する。この条件がなければ、自由や道徳性を与えられたところで役立たない贈り物でしかないだろう。精神から精神への伝達は、われわれを教え導き陶冶する最も豊かな源泉の一つなのだ」(VI. 16-17)。

それゆえ、この権利が認められなければ、「われわれの精神性、われわれの自由と人格性を放棄すること」(VI. 17) になる。言論の自由、表現の自由、相互に意見を交換し、表現作品を交換し批評しあう自由、精神が相互に互いを行き来し、活性化する自由がなければ、人間は自己の向上、陶冶、道徳的完成ができず、自己から人間性そのものを剝奪することになるのである。そうなると検閲制度をとり、政府への批判的言説を弾圧する君主政治はまさしく人間性否定、人格否定を行なっていることになる。だからこそ、フィヒテは舌鋒鋭く「君たちは人間が人間と結びつき、精神を精神と混じりあわせるこの最高に美しい絆を断ち切ろうとするのか? 君たちは、人間のもつ最も価値ある相互交換、最も高貴なものを自由にそして歓びをもって与え受けとるこの相互作用を人間から奪おうとするのか?」(VI. 16) と君主たちに問うのだ。

逆に、このような弾圧をせず、民衆の自由、言論の闊達な自由、真理探求の自由を保障する君主は肯定的に評価される。その場合、「君たちは精神の世界ではわれわれと対等である」(VI. 31)。だから「決して支配者としてではなく自由な協同作業者として、精神に命令する者としてではなくその成果をともに喜んで享受する者として、かろやかに添えた賢明な手で人々を導くようにすべきだ」(VI. 34)。君主であろうとも、この自由な協同、相互啓発に向けての自由な表現のやりとりに参加すべきであり、そのときは君主ではなく、メンバーの一員としてその成果を楽しみ、文化発展に寄与することになる。

自由の概念はイエナ期のフィヒテの最重要の概念だ。『フランス革命論文』『思想の自由の返還要求』はまさにそれを論じたものである。君主が市民の相互の行為、表現、言論の交換の自由を弾圧することの不正を説き、人々が自由闊達に意見を交わし、文化発展を促進することを一つの主旨となす。それはまた人間の社会的な使命でもあった。『学者の使命についての講義』や『哲学における精神と字句の区別についての講義』で論じられたように、社会における人間は相互啓発によって文化を発展させ、あるべき人間の理想をめざし、自己と他者の共同完成に向かって進むことを人間の使命としたのである。

その際に重要となるものが、その相互作用を可能にする場の形成であり、それが教会、社交の場、学識ある共同体などの公共性形成の場として示された。そこでの自由な表現のやりとりは、何ものにも妨げられることなく真理にもとづき、互いの啓発を目的として、芸術や言論などの媒体を用いてなされるべきとされた。味気ない合理性だけの内容ではなく、芸術作品に代表されるように、精神を刺激し、含蓄やウィットに富んだもの、互いの精神が活性化しあうようなものが好ましいとフィヒテは考えた。だからこそ『哲学における精神と字句の区別についての講義』で、字句にこだわることなく精神をつかむことを主張し、また自分自身弁論術に凝ったのである。

これまでの展開で、この時期におけるフィヒテの思想の一つの柱として、理性的存在者の自由な相互の作用、そのことによる自由な意見表出の社会の実現があることは理解できたと思う。人々が自由に、闊達なコミュニケーションをとりあいつつ、その過程そのもので倫理的な価値が実現されるという意味では、高田純氏がいうとおり[17]、ハーバマスの討議倫理学の原型をなすということも可能かもしれない。しかし、私はこのコミュニケーションの活性化、生き生きとした精神のやりとりという趣旨を生かすという意味では、イヴァン・イリイチの「コンヴィヴィアリティ」の概念に近い内容があると考えたい。

イリイチの『コンヴィヴィアリティのための道具（*Tools for Conviviality*）』では、このキー概念は次のように語られている。「産業的な生産に対抗するものを示すために、私は『コンヴィヴィアリティ（わきあいあい）』という術語を選ぶ。私はこの言葉で、人々が相互に自律的で創造的な親密な交わり（intercourse）をすること、そして環境とも同じ交わりをすることを意味させたい。……コンヴィヴィアリティ（わきあいあい）は各人の相互依存の中に実現された個人の自由であり、そういうものとして、その関係がもともともっている倫理的な価値をあらわすと私は考える[18]」。

イリイチはこの概念を、産業社会でプログラム化された大量消費の行動に追われ、エネルギーや生命を管理されて、自立性やコモンズを喪失した現代人のライフスタイルに対立するものとして呈示している。「コンヴィヴィアリティ（わきあいあい）」も「交わり（intercourse）」も堅苦しい言葉ではなく、感性豊かな、ある種くだけた雰囲気を含意する言葉である。人々がリラックスして、相互にコミュニケーションをとり、その中で各人の自由が実現するとともに、倫理的な価値が実現されて、大量消費文化、環境と共同体を破壊する産業文明への抵抗となる。フィヒテの時代に産業社会批判、環境破壊への危惧があったわけではないが、これまで論じてきたフィヒテの理性的存在者の自由闊達な相互作用、小さな社会のあり方は、現代に応用すれば、イリイチの「コンヴィヴィアリティ」とも似た内容をもつと私は考える。さらに、相互に他者の本質、可能性を促進しあい、自己実現をもたらしあうという意味では、メイヤロフなどの「ケア」の概念ともあい通じるものがある[19]。

しかし、逆に、この点でフィヒテのあまりの楽観性を指摘することも可能だろう。第一にホッブズなどが考えた「戦争状態」がフィヒテには出てこない。人と人が出会えば、そこには他者の自由を尊重した相互啓発、促しがあるだけで、暴力による相手の支配が考慮されていない。人間のもつそういう側面をフィヒテも知らないわけではないが、彼がそれを論じないのは、この時点では、あくまでもカント以来の「自由概念」を根拠に、そこからすべての議論を組み立てているからである。

人間の自由は「自律」「自己決定」であり、それを貫徹することが自我の自己自身との一致、いい換えれば道徳性を保障することになる。カントを継承して、自由概念こそをすべての根拠とみなすフィヒテには、「悪の自由」など存在しない。超越論的な自由は理論の中ではありえても、現実の生の中では自由はつねに道徳性を伴い、善なる行為にしか自由は実現しない。それゆえ、フィヒテの社会哲学はフィヒテの倫理学が前提となっている。それは道徳的な理性的存在者の共存、相互の自由と自己決定による相互作用を通じての絶対的な自我の確立という内容をもち、社会における人間の生の方向をあらかじめ規定しているのである。

バーリンはカントに代表されるドイツ観念論の「積極的自由」を定義して、この「自律」「自己決定」を「真の自我による自己支配」[20]と述べ、その内容を「同一の目的達成のための自己実現、いいかえれば特殊な原理ないし理想との全面的な自己同一化という形態である」[21]としている。これまでに論じたことからして、この内容はフィヒテにもぴったりあてはまる。そして、バーリンは、国家に対する個人の自由を説いて個人主義からスタートしたフィヒテが、この自由観の必然的な道をたどり、『封鎖商業国家』や『現代の根本特徴』にみられる有機的な全体主義国家という形態を経て、最後のベルリン期の教師集団による独裁を見て、「個人の責任と個人の自己完成という倫理学説から、プラトン的保護者たるエリートの指令に服する権威主義的な国家にまで到達してしまった」[22]と説くのである。価値からの自由ではなく、まさしく一定の価値に裏づけられた自由であるがために、そのめざす方向は有無をいわせぬ特殊な理想の押しつけとなる。

こうしたフィヒテ理解はこれまでの通説として、一定の力をもってきた。その理解がそれなりの説得力をもっていることは否定できないが、しかしそれはフィヒテのある一面を強調することで、命脈を保ってきたのではないだろうか。そしてその強調が一人歩きして、フィヒテの社会哲学がもつ独自の要素、その一部はこの章で見てきたものであるが、そうした側面が見失われてきたのではないだろうか。これについては、次章以降でフィヒテの社会哲学を個別に検討することで、そのゆがみは正されていくはずである。

そのために必要な概念装置はすでに呈示した。この章の目的は、イエナ大学で教鞭を執り始めた時期のフィヒテの思想を論じることを通して、フィヒテの生涯において基本的な概念として用いられるものをとり出すことにあった。もう一度整理すれば、以下のようになる。

フィヒテは理性的存在者たちの共存を社会とみなし、そこでの相互作用、相互のコミュニケーションを重視した。その際に、他者の自由を侵害せずそれを尊重するために、自己の自由が制限されるが、それは自己の自由によってなす行為である。いい換えれば、被制約を自己が受けとりなおすことによって、自己の自由を実現するのである。この被制約の自由は、社会における自分の位置づけ、すなわち身分として現存するが、これを自己の使命として自覚的に受けとりなおすことで、多様な社会の活動の中で自分の役割と位置づけを知る。そしておのれの課題と使命を果たすことが社会への貢献となる。このとき、所与としてある身分や位置づけは、生まれながらに規定された必然のものではなく、自分の意志と努力によって、変動は可能とされる。それは自己の発展の出発点をなすにすぎない。各人はそのようにして活動し、相互に作用しあい共同の文化を形成しながら、人類に寄与していく。その際に、表現や言論の自由は保護され、各人は相互作用の活発な小社会を形成し、その社交的世界の中で自己を向上させるとともに、その社会の活動によってより大きな社会や国家に作用して、影響を与えるのである。国家は人類の道徳的完成、文化の発展のために、各人の自由と権利、生存を保障する道具にすぎず、この目的が果たされれば廃棄されるべきものだ。

　これらの基本的なフィヒテの発想を押さえたうえで、フィヒテの社会哲学を以下詳しく見てゆくことにしよう。

（1）ベルナルト・ヴィルムス、青山政雄・田村一郎訳『全体的自由』木鐸社、一九七六年、五七頁。

（2）HansJürgen Verweyen : *Recht und Sittlichkeit in J. G. Fichtes Gesellschaftslehre*, München 1975, S. 74.

（3）Karl Hahn : *Staat, Erziehung und Wissenschaft bei J. G. Fichte*, München 1969, S. 50.

（4）ヤコブスのフィヒテ小伝に、このとき学生たちが「フィヒテがイルミナティである」という非難をしたという記述がある（W. G. Jacobs : *Johann Gottlieb Fichte*, Hamburg 1984, S. 58)。彼がイルミナティであったかどうかは不明だが、フィヒテの同時代ではイルミナティは政治的スキャンダルの扱いを受けていたので、フィヒテをおとしめるための誹謗中傷であったと考えるのが妥当だろう。しかしフィヒテには本来のイルミナティと思想的に通じるものがあるのもたしかである。ちなみにこの時期にイルミナティはワイマールを本拠地としており、ゲーテも入会している。イルミナティの指導者として政治に影響を与えたのが、クリスチャン・ヴォルフである。

（5）「社会（Gesellschaft)」を主題にした最近の論文に Carla De Pascale : Fichte und Gesellschaft, in : *Fichte-Studien*, Bd. 24, Amsterdam/New York 2003 があるが、彼女はフィヒテの社会概念の二義性、すなわち個人を抑圧する側面とここに述べた個体の相互の絆となって文化を促進する面の二つを論じ、後者が『ドイツ国民に告ぐ』の「国民」形成につながるものという趣旨であり、小さな社会の変革機能を意識したものではない。

（6）高田純氏はフィヒテのこの「学識ある公共体」をハーバマスの「討議倫理学」の原型をなすものと見る視点を提起している（高

田純『実践と相互人格性』北海道大学図書刊行会、一九九七年、二二五頁)。

(7) マルクス/エンゲルス、廣松渉編訳・小林昌人補訳『新編輯版ドイツ・イデオロギー』岩波文庫、二〇〇二年、六七頁。

(8) これについては、当時のドイツ法の概念の変遷を扱った村上淳一『近代法の形成』岩波全書、一九七九年に詳しく述べられている。

(9) *Geschichtliche Grundbegriffe, Historische Lexikon zur politisch-sozioalen Sprache in Deutschland*, hrsg. von O. Brunner, W. Conze und R. Koselleck, Bd. 6, Sttutgart 2004, S. 201.

(10) Max Weber : Die protestantische Ethik und der Geist des Kapitalismus, in : *Gesammelte Aufsätze zur Religionssoziologie I*, Tübingen 1920, S. 69.

(11) Ernst Cassirer : *Freiheit und Form. Studien zur deutschen Geistesgeschichte*, 6. Aufl., Darmstadt 1994, S. 13.(邦訳 エルンスト・カッシーラー、中埜肇訳『自由と形式』ミネルヴァ書房、一九七二年、一二頁)

(12) a. a. O.(上掲訳書、同頁)

(13) Dasselbe, S. 15. カッシーラーが指摘したこのような身分の有機的で生命的な調和はヘーゲルの人倫概念に継承されている。フィヒテにももちろんこの要素はあるので、ヘーゲルが『自然法論文』(『自然法の学問的取り扱いについて』)や『人倫の体系』で、フィヒテの自然法の形式性を批判し、生命がないとしたのは、彼が『自然法の基礎』だけで判断し、フィヒテの他の著作の克明な検討をしていなかったからと思われる。ベルリン期フィヒテが共同体の有機体アナロジーを主張することでわかるように、両者は共通の問題意識に立っていたのである。

(14) Heinz Heimsoeth : *Fichte*, München 1923, S. 171.

(15) 古典的な政治哲学に立ち、近代の自然法思想を相対化するレオ・シュトラウスは、「自由の抑制は自由と同じように、自然なものであり、原初的なものである」(Leo Strauss : *Natural Right and History*, The University of Chicago Press 1965, p. 130.(邦訳 レオ・シュトラウス、塚崎智・石崎嘉彦訳『自然権と歴史』昭和堂、一九八八年、一四四頁))として、市民社会、小社会における相互の承認による相互信頼によってのみ、人間は自己完成に至るとしている。これはアリストテレスなどの古典的理論家の考え方であるが、同時にシュトラウスの依拠する思想でもある。フィヒテの中にもそうした伝統が反映されている箇所ともいえないだろうか。自己の欲望を制限し、相互に高めあう市民社会の徳、公共性の倫理は古典的なものであるが、フィヒテはその欲望の自由の自己制限が、さらに自己の自由(道徳的自由)を拡張すると考えた点が近代的なのであろう。

(16) Isaiah Berlin : *Liberty*, Oxford University Press 2008, pp. 166ff.(邦訳 アイザィア・バーリン、小川晃一他訳『自由論』みすず書房、一九七九年、三〇四頁以下)

(17) 高田純『実践と相互人格性』北海道大学図書刊行会、一九九七年、二二五頁。

（18）Ivan Illich：*Tools for Conviviality*, Berkeley, 1973, p. 11.
（19）これについては拙論「表現的生としての人間」（清水満・小松和彦・松本健義『幼児教育 知の探求一一 表現芸術の世界』萌文書林、二〇一〇年所収、三〇一―三二五頁）で論じた。
（20）Isaiah Berlin：*Liberty*, Oxford University Press 2008, p. 181.（邦訳 アイザィア・バーリン、小川晃一他訳『自由論』みすず書房、一九七九年、三二五頁）。訳文は訳書を使用。
（21）Ibid.（上掲訳書、同頁）
（22）Berlin, op. cit., p. 198.（上掲訳書、三五五頁）

第一中間考察　「自由による自由の自己制限」

フィヒテの社会哲学を考察する場合、それ自体単独に論じても豊かな内容を引きだすことができる。本書は基本的にはその立場で行なうが、しかし、フィヒテの思想を論じるにあたり、彼の主たる著作であり、思想的営為である「知識学」をまったく無視するというわけにはいかない。私自身、もともとフィヒテの知識学研究から始まった。実践哲学の研究はそこからの帰結の一つである。それゆえここでは、最少限ではあれど、フィヒテの社会哲学の考察に必要な知識学との関連に触れておきたい。

その際に中心的な視点となるのは、すでに述べた「自由による自由の自己制限」とそれによる自由の実現である。本書を最後まで追えば、その妥当性が明らかになると思うが、これはフィヒテの社会哲学すべてを貫く基本的な思考図式なのだ。それゆえ、これをしっかり押さえておけば、以後のフィヒテの理解がたやすくなる。この考え方が知識学でどのように示されているか、以下にイエナ期の代表的な知識学である『全知識学の基礎』（一七九四年）と『新方法による知識学』（一七九八／九九年）を検討してみることにしたい。

また、フィヒテは知識学だけではなく、『自然法の基礎』と『道徳論の体系』の序論でも、簡潔な理論的認識の概説を行なっている。それゆえ「自由による自由の自己制限」の直接の現象形態である権利概念を示した『自然法の基礎』の序論も考察している。

あらかじめ断っておきたいのは、ここではあくまでもフィヒテの社会哲学すべてを貫く基本的な思考図式である「自由による自由の自己制限」という被制約性と自由との総合を浮き彫りにすることが目的であり、フィヒテの知識学における論理展開の妥当性そのものを吟味することは意図されていないということである。それは本来の知識学研究において重要な一つの課題であり、フィヒテがなぜいくつもの知識学を書いたのかという問題設定にかかわるものであるが、その視点は割愛されていることをご了承願いたい。

一 『全知識学の基礎』における自我の三原則論

カントは『純粋理性批判』で、純粋理性の本来の課題は「ア・プリオリな総合判断はいかにして可能か?」ということを究明することであると書いた。フィヒテが『全知識学の基礎』で問題としたのも、この総合の判断である。それをフィヒテ的にいえば、自我の根底にあるところの「事行（Tathandlung）」の活動を意識の上に昇せること、自覚することが課題となる。

フィヒテによれば、総合（Synthesis）とは定立（Thesis, Setzen）と反対定立（Antithesis, Entgegensetzen）を合一する働きであり、活動である。定立と反対定立という相矛盾する働きが一つになって、おのれのうちにこの対立の緊張関係を動的に含む統一として総合がある。それゆえ、静止的なものではなく自己発展する活動として、それはある。

フィヒテの知識学では周知のように、この反対定立の役割を担うものとして、非我（我でないもの）が要請されている。この非我をめぐって、フィヒテ知識学の最大の欠陥がここにあると論争されたのも有名な哲学史的事実である。だが、それらの議論はいずれも焦点が非我そのものの可能性に向けられており、『全知識学の基礎』の第一原則と第二原則の乖離を糾弾することに急で、第三原則、フィヒテ的総合の重要性が軽視されたきらいがあった。私はむしろ、この第三原則こそがフィヒテの知識学における最重要の概念の一つと考える。(1) この節では、主として理論的知識学の総合の働きを材料にして、フィヒテ的総合のもつ意義を明らかにしようと思う。

（1）事行という活動

知識学とは何か？　フィヒテは『知識学の概念』で次のようにいう。「知識学の対象は、結局のところ人間の知の体系である」（I. 50）。「人間精神のうちに学とは独立にあるものを、われわれは人間精神の諸活動と名づけることができる。この活動があるところのもの（Was）である。それが一定の限定された仕方（Art）で生起し、この限定された仕方によって、一つの活動は他のものから区別される。このことがあり方（Wie）である。人間精神のうちにはそれゆえ、その知以前に根源的に内容（Was）と形式（Art）があり、両者は不可分に結びついている」（a. a. O.）。

この人間精神の根源にある活動を、それがもつ形式、法則に即して、超越論的な反省によってとり出し、その形式、法則を言表化し、命題の体系としてまとめたものが知識学なのである。「おのおのの活動はまた限定された仕方で法則にしたがって生起する。この法則が活動を限定している。これらの諸活動すべてが相互に連関し、普遍的な、あるいは特殊的な、そしてまた、個別的な法則のもとにあるときには、観察者に対して、体系もまたある」（a. a. O.）。

すなわち、知識学は普遍的な法則のもとにある最も普遍的な人間知の体系である。この知識学の限定されたもの、ある特定の領域へ応用されたものがおのおのの学問となる。ちなみにフィヒテは、一般的原理としての『全知識学の基礎』を一七九四年に著したのち、一七九六年には『知識学の原理にしたがった自然法の基礎』、一七九八年には『知識学の原理にしたがった道徳論の体系』という、法論と徳論の二つの特殊領域へ応用された特殊な知識学をものしている。

『全知識学の基礎』は、この人間精神の活動を最も普遍的に論じたものである。「知以前の、根源的にある内容と形式」が不可分に結合されている活動は、『全知識学の基礎』では「事行（Tathandlung）」と呼ばれる。おのれのもつ法則、仕方によって生起し、活動（Handlung）とその発現としてのなしたこと（Tat）は同一であるために、まさしくTathandlungなのである。この根源的な活動は、「われわれの意識の経験的規定のもとにはあらわれず、またあらわれることもできず、それどころかむしろ、あらゆる意識の根底にあって意識を可能にするもの」（I. 91）である。これは、自己発展する活動であるため、それ自身、展開の原理をもっており、その言表化が、『全知識学の基礎』における三つの原則となっている。すなわち、①「自我は根源的に自己自身の存在を定立する」換言すれば、「自我は自我である」、②「自我に対して、たんてきに非我が対立する」、③「自我は自我のうちで、可分的自我に対して可分的非我を反対定立する」。

ここで注意すべきは、この三原則をそれぞれ切り離して考えてはならないということである。これは一つの、人間精神内の総合の活動を命題にしたものであり、それぞれの契機すなわち、同一性、否定性（あるいは矛盾）、そしてその総合、フィヒテの別の言葉でいえば、定立、反対定立、総合の三つのアスペクトをおのおの言表したものにほかならないからである。

フィヒテがこのようにして、一つの根源的な活動を三つの命題であらわし、三つの原則としたのは、二つの方法論的な理由からである。まず一つは、フィヒテの体系の統一性の貫徹という要求である。

『知識学の概念』の第四節で述べられていることであるが、フィヒテによれば、学の完全性というものは、唯一の根本命題（原則 Grundsatz）から他の命題が導出され、一切の命題がまた、必然的にその第一の原則に還元できるという形で、諸命題の完結せる体系のときにのみ、保証される。諸命題の体系は、そのことによって一つの円環となり、閉じることになる。そのうちにある命題は、それぞれ他の命題と制約―被制約関係にあって、限なく根拠づけられている。この命題の体系の始元をなす命題は、したがって一切の命題を引きだしうるものであり、かつ一切の命題がその原理の枠内で妥当しうるもの、そういう意味で一つの統制的原理でなくてはならない。そのような他のあらゆる諸命題を制約し、統制できる原理として、第一の原則「自我は自我である」を始元の命題としたのである。

もう一点、上のことと関連するが、前提として一般的な形式論理学の体系を用い、その同一律、矛盾律、根拠律からそれぞれの原則を導出したという理由もある。以下、この点を少し詳しく述べる。

フィヒテによれば、知識学こそが人間精神の活動の最も普遍的な体系であって、その他の学問はみな知識学の体系によって根拠づけられる特殊な人間知である。論理学もその例に洩れない。『知識学の概念』の第六節で、彼は、論理学は内容と形式を併せもつ知識学の体系から内容を捨象し、ただ知識学の形式のみをおのれの内容としたものとしている。逆にいえば、論理学の諸命題は知識学の抽象的形式であり、そこからその命題に潜む総合の働きを推論することができる。『全知識学の基礎』の叙述の際、フィヒテの採った方法がそれであった。この方法はいわば、超越論的反省によって、すでにある意識の働き、自然的反省を対象化してゆくものといってよく、換言すれば意識の根底にあって意識そのものを成立させる総合的・根源的な活動を、哲学者の反省によって意識の上に昇らせるという作業である。

この作業をなすにあたって、フィヒテは論理学の命題を手がかりとする。論理学こそは万人が認めざるをえない真理としてあるからである。この点については、判断表からカテゴリーを導出していったカントと同じである。その論理学の命題の中でも、同一律こそはこれ以上遡ることのできない無制約な命題であるために、フィヒテは知識学の最初に、この同一律に働いている活動の内容を第一原則としてとり出したのである。すなわち、A＝Aという同一律の意味する内容は「もしAがあれば、それならAはある（Wenn A ist, so ist A）」ということである。Aが実際にあるかどうかはどうでもよい。論理学の命題は「形式」のみをあらわすのであって、適用された「内容」には関知しない。それゆえ、ここにある活動は、「A＝A」の「＝」のみであって、命題でいえば、「Wenn..., so...」という関係のみである。

この「Wenn..., so...」関係こそは、必然的な関係であり、同一律あるところ必ず存する働きである。この活動はもとより、自我のうちに存する。いかなる命題であれ判断であれ、主語と述語を結びつけるものは自我であるから。それゆえ、「A＝A」のAは、意識のうちに採られた偶然的な内容であって、自我によって制約されている。制約されていない内容といえば、ただ自我のみであるので、Aのかわりに「自我＝自我」とすれば、形式においても内容においても無制約に妥当する命題となる。かくして、形式と内容が無制約な自我のうちなる活動が言表化され、命題化されたのである。

これは形式的には「自我は自我である」といってよいが、活動の内容としては「自我は根源的に自己自身の存在を定立する」と表現される。この第一原則は最も普遍的な命題であり、最も普遍的な表現である。内容としてはこれ以後の展開すべてに通ずる始元としてあり、すべてが含まれているといってよいが、また始元であるがゆえに、最も抽象的な普遍でもある。この原則は、したがって、それぞれの学の性格と位置づけにおいて一定の内容と役割を果たすのである。理論的知識学では、カント的にいえば統覚の総合的・根源的統一の意味で使われ、また理性の統制的原理としても作用する。実践的知識学では絶対我の理念をあらわし、カントの定言命法と同じ内容をもつものとされたりする（I. 260）。

ところで事行という総合の活動があり、この根源的な総合から一切の人間精神の諸活動が展開され、導出される以上、そこには当然、限定（規定）を与える契機が必要である。根源に普遍があるとしても、それが限定されないと特殊が生成することができない。限定という活動のためには否定性の契機が必要である。すべての規定は否定だからである。それゆえ、自我の同一性を脅かすものとして非我が自我に反対定立するという矛盾・相剋の状態が限定のために必要になってくる。

フィヒテはこの契機もまた、論理学の矛盾律を用いて導出している。すなわち「非AはAではない（－A ist nicht A）」という命題は、内容の上では非AということでAということがすでに前提されている。Aの定立ということが先行し、AはAであるという自同性が意識されていなければ、非Aということは意味をなさない。しかしこれがAでないということ、Aの反対であるということはたんてきであり、無制約である。それゆえ、すでに第一原則による自我の自己定立に対しては、非我の反対定立ということがたんてきに働く。「自我に対して、たんてきに非我が反対定立する」。そしてこの第二原則はそれ自身独立させると、たんなる否定性の契機をあらわすにすぎず、無であるので、これが働く局面には上で見たように、自我の定立、すなわち根源的同一性が働いており、そこに同一性と対立・矛盾の絶対的な対立が生じていることになる。

だが、意識の同一性、自我の同一性は「事実」として破壊されておらず、（もし破壊されているのならば、一切の自己意識、知は存在しない）非我による否定を受けながらも意識の自己同一性は保たれている。この事実の根拠として、当然に、そこに矛盾と同一性の総合の活動が存するはずだということになる。「Aと非A、存在と非存在、実在性と否定は、それらが相互に否定し、廃棄しあうことなく、いかにしてともに考えられうるだろうか」（I. 108）という問がここで発せられるが、その答えは「それらが相互に制限しあうという答え」（a. a. O.）以外にはない。それゆえ、そこにある自我の活動は「制限（Einschränken）」であり、そこにある概念は「制約（Schranken）」だとフィヒテはいう。

「制限」の概念には、全面的な否定・廃棄はありえない。それならば自我の実在性がなくなる。それゆえ、「制限」の中には、これまでの実在性、否定性の他に「可分性（Teilbarkeit）」の概念があることになる。それは「可分」であって、いい換えれば「量的な可能性（Quantitätsfähigkeit）」である。一定の規定された量ではなく、動的に可変することができる量のことを意味する。

したがって、「自我は自我のうちで、可分的な自我に対して、可分的な非我を反対定立する」（I. 110）という第三原則がここから出てくる。この総合のうちに、自我の自己定立と非我の反対定立、そして限定という活動が合一されている。そして、この制限は量的な可変性であるから、その可分性・制限の量はたえず自我と非我の相互の限定によって可変し、恒常的に一定のものではない。

第三原則は、その形式と内容が第一と第二の原則から導出でき、したがって前二者によって制約されているということで、第三番目に来るけれども、それは無制約的な唯一の命題から下位の命題への展開という体系構成・叙述上の順序によるものであって、内容としては人間精神の総合活動のより具体的な自覚にほかならない。最も抽象的な自同性の契機のみを呈示した第一原則も、もとよりこの総合の活動、「事行」の言表化であるが、この第三原則はそれよりもある意味では深化、具体化された言表だといえる。

『全知識学の基礎』では総合の命題であるこの第三原則から、その後のすべての総合が導かれ、理論的自我と実践的自我の活動が細かく分析されるが、それは体系的で緻密な叙述上の問題であり、基本的にはこの第三原則の中にすべての内容が潜在している。自我の自己同一性と非我による否定性、その超克としてある自我の中の両者の可分的な措定という活動は、最終的には自我による自律的な行動であり、自我による可分的な非我を通しての可分的な自我の定立である。ということは非我を介した自我の自己否定ということであり、そのことによって、自我は自己の同一性、すなわち自由を守ることができる。自我の制限、量的な可分性の契機は非我であるが、それを介して自我は自己の活動の量を可分的なものとして制限する。そこに否定と定立が同一瞬間に成立して、自我は自己の自由の活動を意識するのである。つまり、ここで問題としている自我の「自由による自己の自由の制限」がすでに成立している。

ヤンケは第三原則の内容を次のように的確にまとめている。「近代の思惟のこの思弁的な根本の問に対して、知識学は理性の威力によって判定を下した。すなわち、対立の総合的な統一は制約、つまり可分性の本質にもとづくと。この制約によってわけられた抗争、すなわち実在性と否定、絶対的な肯定と絶対的な否認、自由と被制約、自己規定と世界の規定という対立抗争。これがまさしく有限な精神の具体的な根本状況なのである」[2]。

序論で提起したように、自由と被制約が自我の中に同時にあり、対立抗争としてそれは自我の自己同一性を脅かす威力をもつが、その緊張関係が自我のすべての活動、総合を導き、豊かな内容を展開するものになる。フィヒテは『全知識学の基礎』では、ラインホルトにならい、論理学の命題から自我の総合の活動を明らかにする方法を採ったがゆえに、同一律、矛盾律、根拠律と三つの原則を対応させて、このような叙述スタイルになっているが、そこに見るべきは、ヤンケがまとめたような被制約の中の自由、あるいは自由による自己の自由の制限という有限な精神のあり方なのである。

二　『自然法の基礎』序論における権利概念

『全知識学の基礎』で得られた知識学の基本的な原則や定理は、のちの『自然法の基礎』と『道徳論の体系』において応用される[3]。それゆえ、表現はたしかに変化するものの、基本的な思想は一貫して同じであるといってよい。『全知識学の基礎』での自我の思想は、『自然法の基礎』の序論で再度簡潔にくり返される。それゆえ、『全知識学の基礎』と『自然法の基礎』を媒介するものとして、この序論の自我論を次に考察してみよう。

『自然法の基礎』では、自我の同一性を示す第一原則は、理性の自己同一性とされ、「理性であることの特徴は、行動するもの（das Handelnde）と行動を受けるものが一にして同一であるということにある」（III. 1）といわれる。あるいは「自我とは自己自身に対する行動（Handeln）以外の何ものでもない」（a. a. O.）。第二原則の反対定立は、客体の意識として語られる。「自我はこの行動の中で、この行動によって（ただそれだけによってのみ）自我に対して成立するもののみを意識する。これが意識の客体あるいは物である」（III. 3）。

この両者の総合は、ここではさしあたり「概念」として示される。「客体を反省し、そして客体が生じる行動の様式を客体から区別すれば、この行動は所与のものをたんに概念で把握し、把捉し、包括する作用になる。その場合、前に述べた理由から、客体はこの行動によって現存するとして現象するのではなく、（自由な）自我のあらゆる付加なくして現存するとして現象するのである。したがって、この行動様式を正当にも概念と呼ぶのである」（III. 4）。

概念は、ここでは自我の活動性にもとづくもので、自我の客体への働きかけであるが、しかし、客体はその作用とは無関係に現象する。反対定立そのものはたんてきにあり、概念がつくり出すものではないからである。しかし、自我が客体を意識するときには、それは概念でなければならない。客体がなければ概念はないが、概念がなければ客体は自我にとって存在しない。自我の自己定立と非我の反対定立、そして限定という総合の活動が、さしあたり概念として呈示されている。「自我の行動をそのものとして、その形式にかんしてみるならば、それは概念である。行動の内容、すなわちその質料、成立するものの内容を、成立する過程を度外視して［結果だけを］みるならば、それが客体である」（a. a. O.）。

根源的な反対定立である制限の感情を自我の活動で把握すれば、直観を含むところの概念になる。これは既存の客体の認識でもあり、またそれらをもとに自我が新たに構想する新しい概念にもなりうる。それゆえ、自我は概念にしたがって新たな行動をして、概念によって新たな客体を創造することもできるのである。これは人間労働一般を思い浮かべればすぐにわかることだろう。自我が有限であるかぎり、この客体は存在し、概念は必然的に存在する。「理性によって根源的に一定の概念があり、それは理性の中に根源的に含まれている」（III. 7）。

物の場合は、たんなる客体であるが、それが他者、自我と同じ理性的存在者である場合は、その自我のもつ自己同一性、自由を損ねるべきではない。序論では「感性的にすら表現されうる」（III. 8）と述べて、以下のような展開を行なっている。これはあくまでも暫定的なものであり、厳密な論証ではないが、ここは厳密さが要求されている場ではないので、さしあたりの説明でも事足りる。

「私は自分自身を理性的として、すなわち自由だとして措定する。この活動の際には、私のうちに自由の表象がある。私は、同じわかたれない行動において、同時に別の自由な存在者たちも措定する」（a. a. O.）。自我が自由の表象をもって、自己を自由だとして措定したときに、同時に自由な他者たちを措定するのは、自我の自己定立の際には、つねに非我あるいは客体が反対定立され、このときはそれが自由な他者として措定され、現象しているからである。それゆえ、自我は自由の表象をこの者たちにもあてはめる。「私は、私の想像力によって、自由のための領域を描くが、複数の存在者たちもその自由の領域へとわかれる」(a. a. O.)。この自由の領域をすべて自我は自分に帰属させず、「私は他者に対してもまた自由を残すということによって、自由の私の取り分の中に自己を制限する」(a. a. O.)。

複数の自由な存在者たちが共存して活動するときは、「世界は、彼らの自由の領域として、いわば彼らのもとでわかたれる」(III. 9)。しかし、各人は自由な存在者として措定されており、限界をもたないはずなのに、自由を行使する領域はわかたれていて限界がある。それゆえこの矛盾の解決は「すべての自由な存在者は、自由そのものによって自己にこの制限を措定しなければならないことになるだろう。すなわち、すべての存在者は、自分と相互作用にある者たちの自由を妨害しないということを、自分に対して法則にしなければならなかったのであろう」(a. a. O.)。これが権利の概念とされる。「権利の概念は、したがって、自由な存在者たちの相互の必然的な関係についての概念である」(III. 8)。

本書では、個体の自己意識の必然的条件として、他なる理性的存在者の措定と認知が組み込まれているが、自我が特別な客体、自由の表象を自己のうちにもっていると推測できる存在者を客体として措定すれば、それは自己と同類の者である。そうだとすれば、自由を表象としてもち、概念にしたがって自由に行動できる存在者は自分以外にあることになる。それゆえ他者認知と同時に個体であることが意識されるのは当然である。しかし、ここでは自己意識の成立云々はさほど重要ではない。注目すべきは、権利概念の内容であり、自由な存在者相互の、自由による自由の自己制限であり、その相互作用ということがわかればよい。

権利概念はたんなる客体の概念とは異なり、自己の行動の自由の制限ということで、実践的な概念でもある。自由な他者の認識という理論的な概念であると同時に、自己の行為を制御する実践的な概念なのだ。それゆえ、『全知識学の基礎』でいう第三原則の自我の「総合」は、ここでは権利概念としてより詳細な規定をもつものになったのである。そこでの「非我」は、事物としての客体という「非我」であった。ここでは文字どおり、「自分ではない自我」「自己に非ざる自我」という意味での「非我」、すなわち自我をもつ存在者である「他我」になっている。自我と他我である非我が互いに否定しあって没落することなく、相互に共存可能な総合が、この権利概念すなわち相互の自由の自己制限という活動、相互作用である。自我の自由・自律は、みずからの意志によって、自己を制限するという形で保たれている。

フィヒテは「権利概念の全客観は、すなわち、自由な存在者そのものの間での共同性である」(III. 9)としている。それゆえ、自由な存在者の共同性、すなわち社会が問題になるときは、つねに権利概念が前提されることになる。実際『自然法の基礎』は、この権利概念からすべての法制度を演繹する議論になっている。だが、権利概念はたんに法論の中で使用されるにはとどまらない。それはフィヒテの社会についての思索すべてにわたって重要な役割を果たし、フィヒテの社会哲学を理解するうえで、最重要の概念の一つなのである。

三　『新方法による知識学』における自我の制限

(1) 自己による自己制限を可能にするものとしての「純粋意志」

自我のこの総合は『新方法による知識学』[4]では、どのように叙述されているだろうか。『新方法による知識学』にも他者認識の議論はあるが、それを論じるのではなく、その前提となる自我の総合をここでは見てみることにしたい。われわれが問題としているのは、自我の自己制限であり、それを可能にする概念であるが、『新方法による知識学』では意志論のところで、自我の根源的な自己制限をなす概念の成立が議論されている。

自我の理論的側面は感情の多様なものであり、実践的側面は原因性となる意志である。この矛盾・対立は、対象の認識が先か、それとも目的概念が先か、すなわち制限か行為の自由かという循環となって、『新方法による知識学』では議論されてきたが、そこでは結局、両者を合一するものが要請された。自由と制限が合一され、「制限された自由であり、自由そのものの制限」であるようなものが現実に現象するならば、この問題は解決されるというわけである。

フィヒテはこれを「規定された絶対的な当為(べし)、定言的な要求」(142)[5]としての意志であるとする。定言的な要求であるので、仮言的な条件をもたず、絶対的に規定されている。これは「対象の認識を前提せず、すでにそれを自己に伴っている意欲」（143）であり、それゆえ直観のあらゆる制約から切り離されているという意味で「純粋意志」とも呼ばれ、また「定言命法」であるともいわれる。

フィヒテは『道徳論の体系』で、意志とは「無規定性から規定性への移行、しかもその移行の意識を伴った絶対的で自由な移行である」（IV. 158）と定義した。この『新方法による知識学』でも当然その内容は同じである。意志は基本的に意識を伴った自我の活動、規定に向けての活動性を意味する。『新方法による知識学』では意志はまた「規定された思惟」であり、その直接的な意識であるとされる。自我の活動性であり、意識を伴っているので、それはまた思惟でもあるわけである。「われわれが意志作用（意欲 Wollen）と呼ぶこの規定された思惟はしたがって、直接的な意識である。私は自分を意志するものとして思惟するかぎりで、意志し、私が意志をもつかぎりで、自己を意志するものとして思惟する。両者は不可分である」（124）。

カントは『道徳形而上学の基礎づけ』において、「意志は一定の法則の表象にしたがって自己自身を行動に規定する能力として考えられる」[6]と定義している。意志が目的の表象をもって意志し、行動を規定するかぎり、そこには当然、思惟が働いている。フィヒテの意志は思惟であり、ただ一般的な思惟と異なるのは、その思惟が対象の規定によって影響を受けず、自発的な規定をもつという点である。したがって意志は自己に由来する目的表象をもった「規定された思惟」であり、その思惟をもって対象に関与するものである。

しかし、注意すべきは、ここで道徳的なものを考えてはならないということである。フィヒテは何度もこれは道徳法則ではなく、あくまでも「意識の説明のため」と念を押し、「純粋な意志作用（意欲）の前提がなければいかなる意識も可能ではない」（145）という。この意志、定言的な要求はあくまでも「自由と制限性が定言的な要求において根源的に合一していることを見る」（143）ために要請されたものであり、「意識が説明されるならば、これは必然的に想定されねばならない」（a. a. O.）ものである。それゆえ、意識が可能ならば、想定されるべき仮説であり、要請でしかない。したがってここでは実践的な側面よりも、意識が成り立つか否かの問題が考えられているのであって、道徳性はまだ問題にはならない。

それは『全知識学の基礎』において、自我の同一性、意識の可能性を成り立たせるために、総合としての第三原則が演繹された論法と同じであるといってよい。そのままでは矛盾した要素をもつ意識、総合を可能にするために、純粋意志、定言命法がそこに潜むものとして発見されるのである。このように、道徳性においてではなく、意識、思惟、認識において根源的な意志、規定性をもった定言的な意志、定言命法、すなわち「〜すべし」をその基礎として示すのがフィヒテの特徴であり、カントとの大きな差異である。これはその後の知識学においても大きな役割をもつことになる。

ところで、自己のうちに規定をたんてきに含むものという点では、すでに知的直観が説明されていた。知的直観は「自己自身を自己措定するものとして措定すること」(30) であり、自己措定するもの「として (als)」の自己「規定」をたんてきに無条件に措定する活動の直観であった。それゆえこれもまた仮言的ではなく、定言的な自己規定であり、初めから規定されたものとして自己を直観する。それゆえ、フィヒテも純粋意志を論じるこの場所で知的直観に戻って、知的直観は「私自身を規定されたものとして直観するたんなる直観作用 (Anschauen)」(142) であって、この規定性が現象したものが、初めから規定性をもった定言的な意志であるとするのである。

さて、あくまでも意識の説明根拠としてだけ要請された純粋意志であるが、純粋意志そのものは本質的に実践的なものであり、したがって叡知的なものであるので、意識にそれ自体としてあらわれることはできない。それゆえ意欲が意識へと入り込み、純粋意志が感性的な意識と媒介される過程を示さなければならない。それはまた純粋意志から経験的な意志を導出するということでもある。

フィヒテの定義では、経験的な自我は努力が制限された状態であり、たんてきにいえばそれは「感情」であった。このときの制限は客体によるもの、非我によるものであり、そこにある自我の活動性は「努力」であり、まずは欲望や自然衝動としてあらわれるものである。このときの制限が、客体に刺激された努力によるものではなく、純粋意志によるものであれば、それは客体を必要とせず、自己によって自己を規定することになる。そうなるとこの純粋意志は、この努力、欲望を制限する意志となるだろう。自我はこのとき意志によって制限されたという感情をもつ。「この制限の感情は、純粋意志が定言的であるから、許されない (Nichtdürfen) という感情になるだろう」(144)。

この「許されないという感情」は、次章で論じる『自然法の基礎』において、権利概念の導入の際に重要な役割を果たすものである。自然法の世界は、自然の世界と道徳界を媒介する中間的な段階であり、理論的な認識の世界における社会性・共同性の演繹を行なう場である。それゆえ、たんてきに道徳性を前提することはできず、人は欲望のまま動くとみなし、道徳的に他者を尊重した行動をすると考えることはできない。いい換えると各人が道徳法則を自覚し、自分の自由意志によってみずから立法し、自律的に行動を行なう「すべし」という当為を前提できないのである。しかし、複数の人間が共存する場合には、各自の自然衝動によるさまざまな対立や抗争が生じることが避けられない。そこで、各人の自由と権利（身体、生命、財産）を守るために、各人が自覚していない強制権力、法の威力が働き、それが現象する場合は「許されない」という命令となる。各人は自分の欲望にもとづいた行動をとるとき、強制権力から、「〜することは他者の権利を侵害するので許されない」と命令を受け、行動の抑制を強制される。これが「自然法」の世界である。これについては、第二部第二章以降で詳論する。

道徳的行為との関係では、「何らかの道徳的行為をなすべき」という当為の感情、すなわち道徳的な衝動をもつ「経験的な」意志にならなければならない。この感情は「当為」であるので、純粋な意志作用をもつものとして考察できる。しかしそれが思考の対象となるということは、反省の対象、客体にならねばならず、そこには反省法則、すなわち「規定可能性から規定性への移行」があるということである。思惟はつねにこの反省法則のもとにあり、知的直観のように一気に全体を直観することはできない。思惟はそれが発現するときは、つねにそれ自身規定された一定の活動性であるので、純粋意志が思惟の形式の中に受けとられれば、それは「規定可能性から規定性への移行」の法則のもとにあることになる。叡知的なものそれ自体を思惟することができず、思惟されればこの移行の形式であらわれるしかない。

もともとフィヒテにおいては、意志とは「無規定性から規定性への移行、いい換えると、規定可能性から規定性への移行」であった。それゆえ、自我はみずからの意志によって、規定性へ移行することができる。いい換えれば、自分を規定されたものとして現象させる。現象した時点で、それは自由なものではなく、必然的に規定された客体として、自我は自己を見いだすことになる。ここに自我は自己の意志によって移行を決意すると同時に、規定性として現象したときには、客体として、すなわち自分の規定ではない外からの規定によって、あらかじめ自分のすべきことが定められていることになる。そうすると、対立する自由と規定が同一の瞬間にあるという矛盾があることになる。

フィヒテはこの過程を次のように述べている。「私の根本性格をなすこの規定性は、私が、一定の仕方で自身を規定すべきであるように規定されているということのうちにその本質がある。それゆえ、それはもっぱら行動への課題、当為への課題としてある。人間の規定（使命）とは、人間が自己に与えるようなものではなく、それによって人間が人間となるものなのである」(151)。そうだとすれば、自己が規定性へと移行するときには、意志に一定の行動の課題、当為が与えられているということである。では、この当為を与えるものはいったい何なのか？

それは当為の行動を促し、理論的認識と道徳的行為の合目的的な体系の中で、その行動の妥当性を示す「要請」としての規定可能的なものの体系だとフィヒテはいう。これは自我あるいは意志そのものを規定する客体ではないが、自我あるいは経験的意志が当為の行動を起こすときに、実践的な認識の世界、自己が行動する世界のあらわれ、あるいは自己の道徳的な行動の意味連関の世界をあらわすものである。

「それはカントの実践的な要請の思想である。『私はするべきであるがゆえに、私のすべきことが可能にならなければならない』というものである。同じことをフィヒテ的にいえば『私は私の当為を考える。そしてそれを考えるかぎり、私は規定可能性から規定性への私の移行を考える。私はそれゆえ、当為に規定可能性を付加せねばならない』となる」(146)。

カントの要請がそうであるように、これは実践的な法則と不可分離ではあるとはいえ、あくまでも理論的命題である。それゆえ、当為、意志を思惟したときにのみあらわれる思想であるから、「それを考えるかぎり」というのである。したがって実在的なものではないので、「わたしがそれを思惟するかぎりは私の外にあらわれない」(147)が、しかし、それを思惟していざ実践的に意志すると、その実践の起点となり、思想として制約するものである。すなわち「私の思惟と意欲が見いだされたものとして制約されてあらわれるのである」(a. a. O.)。つまり、「思惟と意欲が見いだされたもの」ということは、自我は純粋意志をもつものとして、実践的には制約はされず、自由な行動の起点となるが、しかし実践にあたっては、規定可能なものの体系によって規定され、見いだされたもの、すなわち客体的なものとして、あらわれるということである。

この要請としての規定可能性を、フィヒテは「規定的なものに対する規定可能なものとしての理性的存在者の国」(152) だという。純粋意志は叡知的なものなので、それ自体を対象的に把握することはできず、いわば経験的な意志の理念として経験的な意志の根底にあるものであるが、それを反省において把握すれば、つねに規定可能性から規定性への移行としての意志としてしか捉えることはできず、規定可能性として「理性的存在者の国」を要請せざるをえないのである。

(2) 制限の根拠としての叡知的なものと理性的存在者の国

以上は、当為による自我の規定を、それぞれ理論的認識と道徳的行為との関連で説明したものである。当為はたんてきな自己の規定であり、自己の活動性を制限するものであった。この当為は感性的な客体を前提することはできないので、自己の概念によって規定するものであり、それが「許されない」という概念と「要請」の概念であった。この概念・思惟によって純粋意志は自己制限をもつ経験的な意志になるのであるが、今度はそれが自我に即して、いかにして自我は規定された客体としての身体の表象をもつかという形式で認識されなければならない。いままでの考察はいうなれば、「哲学者」による高みからの考察であり、ここからは自我自身による当為による自己規定の自覚になる。フィヒテはその事情を次のように述べている。

「自己活動性の制限は知覚可能な客体によるのではなく、ただ概念によってなされる制限である。とすると本来の問はどうやってこの概念が把握されるか、そしてわれわれはいかにしてたしかな表象をもつという表象に至るのかということになる」(169)。

まず、概念による自己の制限という課題によって外的器官としての身体が生じる。概念による自己規定からの身体の演繹は『自然法の基礎』で詳論されているのでここでは割愛するが、基本的には目的概念を実行するためには身体が必要であるという論理で身体が演繹される。身体が生じれば知覚も当然そこにはあり、対象的な感性的世界が成立する。要するに、外的器官の身体は自我が自己の活動性を阻害するかぎりで存在し、この阻害は概念によってもたらされる。概念そのものは自己の活動性を阻害しなければならないという課題、当為によって与えられるのである。それゆえにこそ「制限する最高のものは概念であり、概念によって直観が私の全世界のうちに生じる」(171)。

この概念は外的器官としての身体を制限するが、それは客体的な対象による制限であってはならない。そうだとすると独断論になってしまう。自我の概念による自由な自己の制限でなければならないが、しかし、自我はあくまでも自発的な活動をもつものであり、それを損ねてしまうわけにはいかない。外的器官の制限は自由な自己制限であるためには、高次の内的な器官の、自由で自発的な活動による制限でなければならないのである。わかりやすくいえば、外的な身体の器官が外からの作用を受けて制限を感じる場合、そのままでは自我の自由が損なわれるので、自我は内面で自己の自由によって、その制限を自発的に創造し自己の自由を守るということである。具体的にいえば、「話してはならない」という制限があれば、私が「聴く」という行為を自発的に行ない、外的な器官で禁止された「言葉を話す」という行為を内的な器官で模倣する。そのように、内面で言葉を理解するというようにして、自発性を損なわない形で制限を行なうのである。外的器官は身体であり、内的器官は魂であるが、これらは自我の異なった見方にすぎず、同一の自我である。自我はこのようにして概念によって自由な自己制限をなす。

この概念をフィヒテは目的概念であるとするが、しかし多様なものの認識を前提とする目的概念ではない。それは「第一に絶対的にわれわれに迫ってくるものとして、たんてきにある目的概念である」(171)。この概念が客体的な多様なものの認識を前提としないということは、自我が何らかの目的概念をもって、多様な自然、客体に働きかけて、その目的を完遂する、あるいは何かを目的どおり加工するという意味での目的概念ではないということである。たんてきに「われわれに迫る」ということは、それが自己のうちから生じるのではなく、自己の外からわれわれの概念、意志に働きかけるということであり、自己の意志決定への呼びかけである。それゆえ、フィヒテはこれを「叡智体」とする。しかしこの「概念(叡智体)は内的かつ外的器官として、また感性的な世界として感性的に実在化される」(a. a. O.)。すなわち、この概念は客体的なものとして現象しなければならないのである。だがこの概念は対象的に自我の前に存在するものではないので、自我が自分でつくり出さなければならない。「この概念は私がそれをつくるかぎりで成立し、それが私を追い立てる。すなわち、私の本質は私が反省をするやいなや概念をつくるという課題である」(172)。

この自我の自己制限をなす根源的な概念は、あくまでも自我がつくるとフィヒテは語る。しかし、それは形式的には自我のうちに形成されるものであるにしても、質料的にはその根拠を自我の外にもたねばならない。形式的な形成、つまり内的な模倣は自我ができても、質料的なものを自我が形成することはできない。この自己における概念形成を始めさせるものはなんであろうか。フィヒテはそれを「われわれの外にあるまだ証明されていない理性的存在者である」(173)とし、「あらゆる外的な意識は一つの理性的存在者から始まるからである」(a. a. O.)という。

批判的観念論者フィヒテにとって、事物が原因となって外的な意識が構成されることは許されない。感性的なものは、彼にとって根源的なものたりえないからである。経験も感性的なものを始元にすべきではなく、思想でなければならない。「われわれの外にも理性があるという主張は、純粋な思想が現象へともたらされたものである。この純粋な思想こそが、経験の始まるところのものである」(a. a. O.)。

ではこの思想はどのようにして現象となるのであろうか。すでにみてきたように、意志の規定は規定可能性を併せもたねばならず、意志が自己を規定するときに、それに対立する規定可能性がなければならない。先に述べたように、純粋意志の規定可能性としては要請の思想があった。純粋意志は反省において捉えられるとつねに規定可能性を前提せざるをえず、それが「理性的存在者の国」という思想であるとされた。意志の規定可能性が理性的存在者の国であれば、それに対立する規定性は個体性としての意志である。純粋意志は反省されると、規定可能性としての理性的存在者の国によって規定される個体性の意志となり、その個体性の意志は個々の経験的な個体の意志にとっての規定可能性(すなわち他者)となって、個々の経験的な意志を規定する。

したがって「この全体はとりわけ私自身を制限する概念(個体性)の思惟によって規定される。これには三つの段階があり、①純粋意志、全理性すなわち理性の国の絶対性。これは最高に規定可能なものであり、それが②個体性によって把捉されることによって、さらに規定される。この個体性は③意識の個々の契機すなわち規定された意志にとって、規定可能なものである。経験的な意志は純粋意志一般へのたんなる反省にすぎない」(176)。

自我は概念を思惟し、行動をするときに、このような過程で経験的な意志となり、自己を個体性とする。自我が純粋意志を反省するときに必然的に個体性が生じ、それは自己をも含む一般的な個体性の集合、すなわち理性的存在者の国の現象化であるが、それを反省すれば、他なる個体性が規定可能性となって、自己をその中の一つの個体性として規定するのである。このように複数の個体性が可能になれば、他者からの働きかけは論理的に可能になる。それゆえにこそフィヒテは「本来的根源的に私に対してそのような何ものかが存在しなければならない。ここで規定された行為は自由な活動性への促しであり、これは自己と同様の他の理性的存在者から生じ、そこから判断される」(177) といい、他の理性的存在者からの「促し」を導出する。この「促し」によって自我は自己を制限する概念を形成し、「相手を侵害してはならないもの」(a. a. O.) として自己を見いだすのである。この「促し」はイエナ期の『自然法の基礎』『道徳論の体系』に共通する概念であり、自我の個体性の認識と他者認識に必須の最重要の概念として用いられている。

「促し」自体は、概念あるいはたんてきにいえば「言葉」であり、「促し」がある場は二つの理性的存在者の間での概念・意味の交換、相互作用の場である。この他者からの概念の働きかけを受けて(規定可能性)自我はそれを理解し、自己の概念として自己の意志によって、自己を規定する。これによって、自我の自由は否定されることなく、自由な自己規定を完遂することになる。フィヒテにおいては、被制約性と自由がこの形式において両立している。ただし被制約性は感性的な自然によるものではなく、超感性的な理性的存在者(人格)あるいは叡智体である理性的存在者の国であるから、人間の感性界での行動の自由を直接に規定するものではない。そのことによって、自我の根源的な自由は保障される。

後期知識学においてはこれが神的な生命となり、神による被制約ゆえの人間的自由という思想になるが、基本的構図は同じであるとみてよい。被制約と自由の同一とその矛盾は、自由による自己制限という屈折によって解決されるが、これが絶対的な自我の総合の一つのあらわれであることはいうまでもない。

以上の議論は、自我の自由の被制約を純粋に理論的な哲学として考察したものである。自我は純粋な意志によって思想的な要請としての理性的存在者の国を介して、自己制限する。その際に、根拠となるのが感性界での他者の存在である。

それは「促し」という概念・意味のコミュニケーションを介して、他者を認識するという存在論的な我・汝関係、相互人格性の論理となる。これを前提として、被制約の中で、自我がいかに自由を守り、発現するかというテーマが、現実的な社会哲学の文脈に置かれると、権利概念と強制として現象する。

ここでは、まだ道徳的な世界を前提するわけにはいかない。道徳的な世界を扱うのは「倫理学」「道徳論」であるが、「倫理学においては、一方の個体や他の個体性は考察されないで、理性一般が考察される」(242)。しかし、社会哲学では、各人はまだ個別性、特殊性を完全に抜けだしてはおらず、理性一般にまでは達していない。各人は自然的な世界の中で生き、その共存を可能にしているという段階にとどまる。この世界では「彼らの物理的な力が中座させられ、それぞれの自由が制限されなければならない。その結果、他の目的のあるものが妨害され、挫折させられることはなくなる。ここから法理論、自然法が生じる」(a. a. O.)。それゆえ、「それは理論哲学と実践哲学の中間にあって、理論哲学と同時に実践哲学でもある。法的な世界は倫理的な世界に先行しなければならない」(a. a. O.)。

以下に、フィヒテの『自然法の基礎』を含む社会哲学的著作を検討していくが、フィヒテ自身つねに基本的概念と思考形式は知識学でえられた知見にもとづくので、この章で論じられた自我の総合、相互作用、権利概念、自由による自由の自己制限、それによる被制約性と自由の総合というフィヒテの思考をつねに想起することを忘れないでいただきたい。

(1) 序論で述べたように、ヤンケの「制限の弁証法」という把握は、この第三原則にもとづく。第一原則を重視する考え方も昔から多く、最近の研究では、木村博「第一根本命題と立言判断」(木村博編『フィヒテ――『全知識学の基礎』と政治的なもの――』創風社、二〇一〇年所収)が優れている。

(2) Wolfgang Janke: *Fichte, Sein und Relfexion, Grundlagen der kritischen Vernunft*, Berlin 1970, S. 105.(邦訳 ヴォルフガング・ヤンケ、限元忠敬・高橋和義・阿部典子訳『フィヒテ――存在と反省 批判的理性の基礎』上巻、哲書房、一九九二年、一五四頁)

(3)『全知識学の基礎』の論理が『自然法の基礎』にいかに用いられているかは、ジープの論文に詳しい。Ludwig Siep: Naturrecht und

Wissenschaftslehre, in : *Fichtes Rechtsphilosophie*, hrsg. von M. Kahlo und E. A. Wolf, Frankfurt am Main 1992.（邦訳 山内廣隆訳「自然法と知識学」、ルートヴィッヒ・ジープ、上妻精監訳『ドイツ観念論における実践哲学』哲書房、一九九五年所収）

（4）『新方法による知識学』にかんする論文としては、藤澤賢一郎「フィヒテ自我論の射程」（廣松歩・坂部恵・加藤尚武編『自我概念の新展開』講座ドイツ観念論第三巻、弘文堂、一九九〇年所収）、入江幸男『新しい方法による知識学』の他者論」（『哲学論叢』第一六巻、大阪大学文学部哲学哲学史第二講座、一九八五年、二〇九―二二四頁）などがある。

（5）『新方法による知識学』の原典は、エーリッヒ・フックス編集の哲学文庫版を用いる。頁数は以下のテキストである。J. G. Fichte : *Wissenschaftslehre nova methodo, Kollegnachschrift K. Chr. Fr. Krause 1798/99*, hrsg. von Erich Fuchs,（PhB. 336）, Hamburg 1982.

（6）I. Kant : *Kants Werke, Akademie-Textausgabe*, Bd. IV, S. 427.

第二部　イエナ期フィヒテの社会哲学――権利と国家

第一章　カントとの「継承と差異」

一　カントの問題提起

イエナ期フィヒテの自然法・社会哲学は、カントの提起した問題をフィヒテが受けとめ、その解決のために書かれたものである。このことは最近のフィヒテの社会哲学の論文では、忘れ去られがちであるがゆえに[1]、改めて強調しておきたい。

この数十年、イエナ期フィヒテの自然法、社会哲学は、その画期的な「相互承認論」「相互人格性」に関心が集中して、本来のフィヒテの意図がみえなくなったきらいがあった。ある意味で、それはヘーゲルの相互承認論からフィヒテを捉えるヘーゲル中心主義の見方であろう。このヘーゲルの相互承認論を重視する見方自体、コジェーヴの独自のヘーゲル把握の産物ともいえるもので[2]、ヘーゲル解釈からすれば、必ずしも正当なものとはいえない側面をもつ。しかし、コジェーヴの議論は、いったんは古色蒼然としたヘーゲル理解に新たな生命を吹き込むものとして一世を風靡した。そこから承認論をその端緒ともいえるフィヒテから見てみようという研究[3]がヘーゲル研究者たちの間でなされ、フィヒテの『自然法の基礎』の一番の注目の箇所となったのである。

相互承認論はたしかにフィヒテがカントと異なった思索の道を歩んだ顕著な事例であり、フィヒテの独自性として強調するのは当然である。しかし、そればかりに関心がいくと、フィヒテ・ヘーゲル関係の枠組みだけで捉えられるようになり、本来のフィヒテの意図したものが見失われてしまう。正当な理解のためには、やはりフィヒテ自身が語っている言葉に謙虚に耳を傾け、彼の本来の意図を尊重すべきではないだろうか。

　では、フィヒテが受けとめたカントの提起した問題とは何か。それは『純粋理性批判』三七二―三七四頁で言及されている「各人の自由の共存が可能な共同体、国家」の可能性の問題である。カントはそこで以下のように記している。「各人の自由が他者の自由と共存できるようにする法則にしたがって、人間の最大の自由をもつ憲法体制は、少なくとも一つの必然的な理念であり、国家体制の最初の構想だけではなく、あらゆる法律の基礎に置かねばならない理念である」[4]。

　フィヒテはこれについて、カントに手紙を書いた。「私の心は、純粋理性批判の三七二―三七四頁の課題を解決するという大きな思想で燃えています。これをすべてやるためには、生活の不安のない時間が私には必要です。それが可能ならば、私は絶対に必要で甘美なこの義務を果たすことができるでしょう」（一七九三年四月二日フィヒテからカントへの手紙[5]）。フィヒテの心が燃えているという課題こそが「各人の自由が他者の自由と共存できるようにする法則にしたがって、人間の最大の自由をいかに保障するか」というものである。一口にいえば「複数の理性的存在者の自由の共存と共同性の可能性」であり、カントが未解明のまま残したこの課題をフィヒテは自己の問としたのである。

　カントとフィヒテが出会い、交流が始まったとき、フィヒテはすでに自然法、国家法の研究を行なっていた。カントもそれを知っており、自分も法論を書くつもりはあるが、高齢のために仕事が進まず、かわりにフィヒテがそれを仕上げることを期待する旨をフィヒテへの手紙で書いている。「つい最近七〇歳になった私の年齢のせいもあり、ゆっくりとしか仕事ができないのですが、もしそんなに時間がかかっていなければ、あなたが研究の対象として選んだ内容の章を、いまとりかかっている『人倫の形而上学』ですでに扱ったことでしょう。ですから、この研究をあなたが私に先んじて行ない、私のすることが不必要になるならば、それは喜ばしいことです」（一七九三年五月一二日カントからフィヒテへの手紙[6]）。

　フィヒテはこれに答えて、「私は大きな歓びをもってあなたの『［理性の］限界内の宗教』を読みました。それと同じくらいの歓びをもってあなたの『人倫の形而上学』の刊行を期待するものです。私の『自然法、国家法、政策論』の計画は、さらに進み、それを仕上げるには半生を必要とするでしょう。そのために、あなたの著作を利用できればという喜ばしい見通しをもっています」（一七九三年九月二〇日フィヒテからカントへの手紙(7)）と書いている。

この当時、二人が自然法論をともに構想していたことは、この手紙のやりとりからも明らかである。とくにフィヒテの問題意識は、カントの提起した各人の自由が他者の自由といかに共存できるかという問、すなわち自由な共同体の現実的な可能性を、理論としてどのように呈示できるかということであった。フィヒテの自然法、国家論研究は先に時事的な要素も含んだ『フランス革命論文』で、その成果をひとたび見せるが、しかしこの著作では上の問題が中心的に扱われてはいない。これが主題となるのが『自然法の基礎』であり、有名な相互承認論はこの可能性の問の一つの答えとして構想された。そこでは、多数の理性的存在者の自由の共存、各人の自由の自己制限による各人の自由の実現、それによる自由の共同体の実現が論じられるのである。

二　フィヒテの回答

『自然法の基礎』は、刊行の前年に発表されたカントの『永遠平和のために』（一七九五年）で、カントがこの問題を少し追求したことが、執筆の一つの刺激となっている。カントはそこで、上述の多数の理性的存在者の共同体に伴う「各人の自由と他者の自由との共存」に言及した。これを受けてフィヒテも『カントの『永遠平和のために』の書評』（一七九六年）を書き、この問題を論じたのである。しかもフィヒテ自身による『自然法の基礎』のきわめて簡潔な要約も書かれており、注目に値する。まずはそこでの議論から見ていくことにしよう。

フィヒテはカントの『永遠平和のために』の第二章について論じる際に、「評者（フィヒテ）は、自然法について研究をしたとき、いまではよく知られているカントの原理とは独立した原理から、カントと同じ意見に、そして以下に述べるように深遠なカントの結論に至った。そして、その証明も見つけ、本書を手に入れる前に公に講義もした」（VIII. 429）と語る。カントと同じ意見というのは、相互に影響を与えあう人間が何らかの公共体に属するということ、そして他者にそれに参加するように求める権利があり、応じない場合は敵として扱うことができると、カントが『永遠平和のために』の注で書いている箇所である。独立の原理とはすでに述べてきた相互承認論、相互人格性の原理と考えてよい。

フィヒテはここから以下の議論を展開する。「人間が相互に関係の中で考察されるかぎりにおいてのみ、権利というものが問題になりうる」(VIII. 430)。「複数の人間が互いに存在しないのであれば、いかなる人間も可能ではない」(a. a. O.)。それゆえ「自由な存在者はそういうものとして、相互にいかにして共存できるのかということが最高の権利の問題なのである」(a. a. O.)。この問題に対するフィヒテの答えが「各人が自分の自由と並んで、他者の自由もまた存在できるように、自分の自由を制限する場合（に可能になる）」(a. a. O.) というものである。そして権利法則の妥当性の前提が「自由な存在者の共同体の概念」(a. a. O.) であるとしている。すなわち、こうした自由の制限を要求し、そのことによって自由の共存を可能ならしめるのは、ひとえに「自由な存在者の共同体の概念」であるというのである。逆にいえば、各人の自由の制限によって、こうした「自由な存在者の共同体」が成立する。自由の制限と自由な共同体の実現は相互に制約しあうものになっている。

フィヒテはさらに、理性による権利の保障の命令を「各人は、自分と並んで他のすべての人も自由でありうるように、自己の自由を制限せよ」(VIII. 432) と定式化する。これが権利を保障する最高の理性の法則、すなわち「最高の権利法則」(a. a. O.)、である。これはカントの道徳法則と同じく形式的な法則であるので、どの程度まで自由にするかの具体的な範囲は定められていない。それらは各人がその状況に応じて個別に話しあって決めることであるとされ、その際には「各人はそれについて何か宣言をすることを法則は要求する」(a. a. O.)。その上で各人が他者の自由や財産を侵害するおそれがある場合は、各人は法を制定し、公共体・国家を形成する。この国家によって、各人は自己の自由と財産を守るために、他者を強制する威力をもつのである。

上に触れたように、フィヒテはここで、のちの『自然法の基礎』で展開される内容を、きわめて簡潔な要約として記述している。すでに自然法を講義で扱って内容はほぼ完成していただけに、それがここに示されても何の不思議もないが、彼の問題意識は、カントとの書簡のやりとりで一つの主題となったところの「各人の自由の共存が可能な共同体」、それを可能にする権利法則、という点で一貫していることは明らかだろう。

三　カント自身の回答

見てきたとおり、フィヒテとカントはこの時期同じ問題を共有していた。そしてフィヒテの語るように、双方違う方向から同じ結論に至ったのである。では、カント自身は「各人の自由が他者の自由と共存できるようにする法則にしたがって、人間の最大の自由をもつ憲法体制」はいかにして可能になるのかという課題を、どのように解決したのであろうか。フィヒテの『自然法の基礎』に入る前に、カントの帰結を見ておくことにする。

カントがこの問題を本格的に論じたのは、手紙にもあるとおり、『人倫の形而上学』第一部法論（以下『法論』と略記）である。これは一七九七年の出版であり、一七九六年に出たフィヒテの『自然法の基礎』よりも一年遅い。フィヒテの著作が刺激になっていることはすでに指摘されているが、これまで述べてきたとおり、二人は同時並行にこの問題を検討していたのである。そして、法論自体は一年遅かったとはいえ、フィヒテが『カントの『永遠平和のために』の書評』で「わが意を得たり」とばかり半ば興奮して賛同したように、自由の制限による自由の共存、そのための自由の共同体の必要性は、カントが『永遠平和のために』でフィヒテより先に萌芽的に論じており、決してフィヒテの後塵を拝したというわけではなかった。

さらにいえば、カントがこの問題を論じたのは、『永遠平和のために』が最初ではない。一七九三年の雑誌論文『理論と実践』の第二章で、『永遠平和のために』の議論よりも、もっと詳細に扱っているのである。しかし、フィヒテにはなぜかこの『理論と実践』にかんする言及はない。『理論と実践』の内容とフィヒテの『自然法の基礎』の議論はかなりの程度共通する問題を扱っているというのに、である。フィヒテの自然法研究の第一人者であるショトキーも「不思議なことに、フィヒテはカントの『理論と実践』には触れていない。この第二章にはフィヒテの『自然法の基礎』で本質的な役割を演じる思索がたくさんあるにもかかわらず(8)」と述べている。たしかにフィヒテが『理論と実践』に言及した記述は見あたらないが、カントの弟子を自認する彼が、当時の著名な雑誌『ベルリン月報』に掲載されたカントの論攷を読まなかったことは考えにくい。有名な『啓蒙とは何か』を初めとしてカントの歴史論、社会論はみなこの雑誌に載り、評判をとったものなのである。

それゆえ、ここではまず二人の関係がはっきりしている『永遠平和のために』での議論から始め、そののちに『理論と実践』を検討してカントの主旨を明らかにしてみたい。

(1)『永遠平和のために』における権利概念

カントの『永遠平和のために』は小冊子ではあるが、カントの法哲学のエッセンスが出た内容の充実した論文だと思う。それに比べて『法論』はカントの著作の中でも後世の評判が芳しくはなく、ルードヴィヒのような編集し直した版[9]も出るほど、立論も不整合であるとされている。カントがみずから卑下していうように、それが老衰によるものなのかどうかはわからない。しかし、それに先行する『永遠平和のために』は、まちがいなくカントの思索の鋭利な切れ味を示しているのである。

カントはこの中の「永遠平和のための第一確定条項」の節の注で、「法的自由(rechtliche Freiheit)」の概念を初めて示している。カントによれば、法的自由の通俗的理解、すなわち「他者に不正な行為をしなければ、望むことは何でもできる[自由だ[10]]」という定義はまちがいであるという。自由とはもともとが他人に不正な行為をしないという可能性で認められるものであるので、結局この定義は「不正な行為を行なわないかぎり、不正な行為を行なわない」という同義反復になるというのがその理由である。これに対して、カントの法的自由の定義は「私が同意を与えることができた外的な法だけにしたがい、それ以外のいかなる外的な法にもしたがわないという権限である[11]」。いい換えると自分が承認した法則、あるいは法にのみしたがい、承認できない法にはしたがわないということである。

しかし、これは各人個別にあるわけではない。カントは続けて「同じように、国家における外的(法的)平等は、次のような市民の関係である。すなわち、法によって同じ仕方で相互に拘束されることができ、一方の者が同時にその法にしたがうことがなければ、他者をそのために法的に拘束することができないという相互の関係なのである」[12]という。自分が同意を与え、承認する法は他者にも同様に妥当し、他者もそれを承認して、この相互の承認、同意によって法として普遍的に妥当する。法的自由は、自己が何らかの法を承認してそれにしたがうとき、つねにそれは他者の同意、承認を前提していることになる。いい換えれば、法的自由はすでに社会契約がなされ、各人が一つの法を承認し、それにしたがう公民体制に加入して初めて存在し、意義をもつものになるということであり、法的自由と国家・公民体制形成が不可分離ということになる。

フィヒテがここから「自由の自己制限による他者の自由との共存」を導き出したことは上に見たが、カントは「自由の制限」という表現をここでしているわけではない。しかし、内容的にはそれは含意されている。というのも、二年後の『法論』では、ここで言及した内容を再度きちんと論じているからである。

ここではカントは「法とは何か」を定義して「法とは、ある者の選択意志が他者の選択意志と、そのもとで自由の普遍的な法則にしたがって合一されることが可能になる諸条件をまとめたものである」[13]という。各人は互いに普遍的な自由の法則にしたがって一つの社会・共同体を形成し、それを可能にする総体が法となる。この法のもとで各人は一定の行動をとるのであるが、そのときの権利の法則が「君の選択意志の自由な使用が、どんな人の自由とも、普遍的法則にしたがって共存できるように、外的に行為せよ」[14]というものである。各人の自由は他者の自由と共存できるようなものでなければならない。その際に普遍的な法則にしたがってそうするということである。カントは続けて「ここで理性が語るのは、私の自由が理性理念においてそうするように制限されており、実際にもまた他者によって制限されうるということである」[15]と書き、自由の制限が理性によってここで要請されるとしている。カントにおいても、他者の自由との共存は、自己の自由の制限を伴うものであることがここで確認できる。そしてカントとフィヒテの権利法則の内容が、ほとんど同内容であることも、同様に理解できるだろう。

先に見たように、フィヒテの権利法則は「各人は、自分と並んで他のすべての人も自由でありうるように、自己の自由を制限せよ」であった。カントのそれは「君の選択意志の自由な使用が、どんな人の自由とも、普遍的法則にしたがって共存できるように、外的に行為せよ」である。そしてカントの権利法則は、理念において各人の自由の制限を要請していた（この「理念において」というのは、『純粋理性批判』三七二―三七四頁でこうした自由の共存する国家が「必然的理念」であるとされていることにも対応しているが、基本的にはここでの自由の共存、自由な共同体が道徳法則の要請ではなく、理論的な要請、適法性の問題であることに由来している）。両者の共通点は「他者の自由との共存のための自由の制限」であり、カントはその際に普遍的な法則にしたがうこと、いい換えれば万人に承認された法にしたがうことをいい、フィヒテは同様に自由の共同体、公共体（公民体制）がその前提になるとしている。そして両者ともこれは形式的な法則であるので、その具体的な内容、質料を普遍的に規定しないということも共通している。

カントの『法論』がフィヒテの『自然法の基礎』よりも一年あとに出たことを考えると、フィヒテがいうように、彼はカントとはまったく別個にこの同じ結論にたどり着いたのである。そして彼が「別の原理」といった相互承認論、それにもとづく身体、コミュニケーションの基盤としての感性界の導出などはカントの『法論』にはないもので、フィヒテの独自の貢献になる。

（2）『理論と実践』における権利概念

さて、次に『理論と実践』の第二章を検討することにしよう。これはハーバマスが、主著『事実性と妥当性』の第三章「法の再構成（1）権利の体系」で、近代法の確立した主体の権利の再構成を、カントを代表として試みた際に根拠にしたテキストでもある。すなわち、のちの『法論』に比べても、カントの権利と自由の考え方がコンパクトにまとまっている部分であり、いわばカントの法哲学の最初の体系呈示にもなっている著作である。

ここでもまず、各人はどこまでも自由に行動してよいのであるが、彼らが共存する場合は、各人は自己の本源的な自由を制限しなければならないという、これまで述べてきた問題設定が立てられている。「権利とは、各人の自由が普遍的法則にしたがって可能であるという条件を守りつつ、各人の自由が、他のすべての者たちの自由と一致するように、自己の自由を制限することである」[16]。そして「公法とは、そのような一貫した一致を可能にする外的な諸法律をまとめたものである」[17]と法を定義する。この表現は上で述べた『法論』での法の定義[18]とよく似ていることもわかるだろう。各人の自由を保障するために、各人はみずからの自由を制限しなければならない。それは各人が公共体を契約によって成立させ、それが定めた実定法によるという基本構図はずっと一貫しているのである。

自由の制限すなわち「強制」とそのための社会契約という設定は、ホッブズ以来の社会契約説の流れを継承しているが、カントの独自性は、それが理性の本質から来るア・プリオリな理性法であるとするところにある。「この始源的な契約は、事実として必然的に前提されうるものでは決してなく、理性の純粋な理念であり、これはまごうことなき（実践的な）実在性をもつ[19]」。カントの特色をなす「かのように」の哲学にふさわしく、「それぞれの立法者が、国民がみな一つの意志になってそこから法律が生じるかのように、法を制定するように拘束し、それぞれの臣民がみずから公民であろうとするかぎり、彼がその唯一の意志に同意しているかのようにみなす理性理念なのである[20]」。ルソーから借り受けたと思われるこの「合一した意志（一般意志）」という理性理念は、統制的理念として法の合法性を判定する。そして、実践的にも統制的理念として各人に作用し、かりに現在のすべての国民の同意を得ることができなくとも、将来にわたって議論、公論、説得など、公開性をもった討議が継続され、いつかは「国民がその法について合致するということが可能であれば、その法を正当なものとみなすことが義務となる[21]」。

カントが理性法とする理由はもう一つ、経験的な幸福・功利の無視という点もある。経験的な幸福や功利は各人の置かれている状況によって異なり、普遍化できるものではない。たとえば、一般的な市民は病気やケガをしないのが幸福であり、みずからにとっても利益であるが、医者は各人が病気になって自分のところに治療に来てくれないと困る。つまり、患者の不幸である病気が医者の功利となり、最終的には幸福につながる。それゆえ公法を定める場合には、特定の利害を根拠とすることができず、もしそうなれば必ずその利害に対立する人々が出てきて、みなが一つの意志に合致することなど不可能になるというのがカントの論法である。

それゆえ、理性法はあくまでも形式的なものでなければならない。すなわち、始源的契約により各人が自己の自由を制限されることで、間接的に自己の自由を相互的に保障し、自由を実現するという自由の貫徹、自律が唯一の根拠になる。

「理性の中に国法という言葉によって表現されうるようなものがあり、各人相互の自由が相争う関係の中にあって、国法の概念が人間を拘束する力をもち、それゆえその法から人々に生じた幸不幸まで目を向けなくてもよく、［ただ形式だけで］客観的な実在性をその法がもつならば、この国法と呼ばれるものはア・プリオリな原理にもとづくものである」[22]。

このように『理論と実践』は、その後のカントの法論の内容をほぼすべて先どりしているものであるが、これについてはそれらを抜きにして、歴史的に一つの論点が際だたせられてきた。それは抵抗権の否定であり、カントのもつ保守性、君主制擁護としてこれまで多々批判にさらされてきたものである。この抵抗権の否定については、インゲボルク・マウスがその著『啓蒙の民主制理論』[23]でこれらを反批判している。のちにフィヒテの共通意志や憲法制定権力の議論の際にも参考となるので、少し言及しておく。

抵抗権は現代社会では民主的な勢力の権力に対する権利を示し、民主主義の健全性を示す肯定的なものと受けとられがちであるが、マウスは逆にそれは「現代の民主制理論の退潮を明らかに示す」[24]と批判する。それは近代が獲得した人民主権、憲法制定権力は人民であるという原則を破壊して、政治を諸党派の利害の争いに卑俗化してしまうものだからである。

あとで述べるように（第四部第一章）、憲法制定権力は人民にあるという人民主権の原理は、人民・国民が法外的な存在であり、法によって規制されず、逆に人民の意志、一般意志が法を規定することを意味する。しかし、法によって抵抗権が保障されるということは、人民の政治的な活動が、普遍的な法の中で規定される特殊なもの、特殊な利害という限定を受けることになり、普遍的なものであるべき人民主権と矛盾してしまう。だからこそ、カントは抵抗権を認めなかったのである。

マウスによれば、抵抗権そのものは中世的な封建身分制に由来するものである[25]。絶対化する君主に対して、自分たちの既得権を守ろうとする封建領主たちが君主への忠誠とひき換えに、部分的な支配権を確保するための論法にすぎない。それゆえ、それを現代で、たとえば三権分立による司法判断にしてしまうとどうなるかを、マウスは次のように述べている。「カントがかつて人民主権と名づけたものは、国家の諸機関によって簒奪され、わけられてしまっている。これらは権力分立の相互均衡というシステムの中で、身分制の国家体制原理を復活させるのである。国家の諸機関の一つである連邦憲法裁判所が、司法形式をとった抵抗権の組織として現象するならば、それは同時に中世盛期の支配の制限という理解に対応するものである」[26]。

それゆえ、カントは人民主権の立場を維持するために抵抗権を認めなかったが、そのことは不当な政治体制に人民が一方的に従属することを意味するのではない。人民は憲法制定権力であり、法の上に立つ存在であるから、その人民が不当な政治体制に抵抗するときは、法外的な暴力、非合法の威力となる。マウスにいわせると、「カントの構想は、革命家たちのために入場券を求めることなどはまったくありえないが、それでも国家の暴力に対する人民の非合法の暴力だけは認めるのである」[27]。

このカントの人民主権の考え方は、ルソーやフランス革命の成果であるが、フィヒテにも継承されている。このことはまた章を改めて、のちに論じる予定である。

四　適法性と道徳性の区別

(1) カントにおける適法性と道徳性の区別

フィヒテとカントに共通する問題設定の枠として、あと一つ触れておきたいのが、適法性と道徳性の分離である。適法性と道徳性の区別は『実践理性批判』にまずあらわれる。そこでは行為の動機が、義務からではないにせよ合法則的なものが適法性で、動機が義務からの合法則的な行為が道徳性とされている。これは行為を行なう意志が何を動機とするかの区別であり、結果としてどちらも合法則的であることが共通している。適法性は動機が義務以外の何であってもよいので、意志の他律、すなわち動機が欲望や利益、他者からの強制による自己保身などでもまったくかまわず、行為として法則にかなっていればよい。ここでいう法則は実践的な領域なので、自然法則だけでなく、社会の決まり、さまざまな法律、規則も当然さしている。それゆえ、強制による法の遵守は適法性の代表的な例になる。

カントは『法論』で、「法と強制する権限は同じ意味である」[28]と述べ、強制と不可分であることを示している。そして「厳密な意味での法はたんに外的な選択意志の規定根拠しか要求しない」[29]とする。ここで内的な法則である道徳法則を意識して法にしたがうことも可能ではあるが、厳密な意味での法、外的な法はそれを自己の根拠にすることはできない。神が与えた律法ならばそうすべきではあるが、外的な法は人間の定めた地上の法である。それゆえ「法は、普遍的法則にしたがう万人の自由と共存可能な外的な強制の可能性の原理に拠って立つのである」[30]。

外的な強制であるとはいえ、法は法であるためには自己固有の合理性がなければならない。これがすでに論じてきた自己も含めた万人の自由の共存の可能性という条件である。ただこれが保障されるがゆえに、法はその強制力をもつ。「このことをせよと万人に強制することは、普遍的な法則にしたがって万人の自由と、したがって自分の自由との共存を可能にすることとなのである」[31]。カントはこの普遍的法則を「普遍的な自由のもとで、万人の自由と必然的に調和する相互的な強制という法則」[32]だという。万人は相互に強制しあうが、それは相互に自由を可能にするためである。

自由と強制そして相互の調和というこのイメージは力学的な法則、「作用と反作用の調和のとれた均等のもとに物体が自由に運動する」[33]というアナロジーに由来している。ちょうど万有引力の法則のように、法のもとに万人はバランスをとりつつ相互に作用しあい、調和がとれて、一つの体系が成立しているというイメージをカントは援用しているのであろう。もちろんこれは理念であるので、現実にはそこまで美しい調和ではないにせよ、理念の描出として目標となりうるものである。物理学の法則に比すべきものであるので、法の体系で作用しているものはもちろん物理的な力であり、現実的な行為、カント的にいえば「外的な」行為である。各人はそのために物理的な身体をもち、それらが相互に関係しあって作用し強制となり、また行為の自由を確保する。行動の動機が各人の道徳法則・自由意志ではなく、自然法則・必然性にもとづく動機、つまり欲望や自己保存でも全然かまわない。それらが働いて調和して、強制力をもった法が支配する各人の自由が共存する社会、理性的存在者の共同体、目的の国の実現に向かうのである。

道徳法則が作用するのではなく、自然法則が作用しながら、それが自由な共同体、目的の国の実現へと向かうこの働きをカントは「摂理」と呼んだ。『永遠平和のために』では、これが永遠平和へ向かう人類の道程に保障を与えるものとされている。「自然の機械的な過程から、人間の争いによって、彼らの意志に反してでも協調にまでもっていこうとする合目的性が目に見える形でもたらされるのである」[34]。この合目的性は、われわれがその原因を認識できなければ「運命」[35]ともいわれる。あるいはまた、この世界の究極目的をそのように定めているより高次の原因たる神的存在が備える知恵とみなせば、「摂理」[36]とも呼ばれる。こういうものは自然の目的論として推理可能な理念であり、したがって客観的な認識ができるものではない。しかし、この理念を、実践理性が指し示す道徳的な目的と関係し調和していると考えることは可能であり、たとえ理論的理念としては認識不可能なものにとどまるとしても、一つの実践的な理念として、自然的な原因を通して永遠平和をめざす義務に向かわせるのに有効であり、そのための根拠をもつのである。

この摂理については、カントはすでに一七八四年に『世界市民的見地における普遍史の理念』において、いわゆる「非社交性」による「敵対関係（Antagonismus）」が法による公共体を形成する旨を述べている。『永遠平和のために』では、それを改めて述べただけにすぎない。道徳法則が支配せずとも自然法則のまま、必然性をもって法による共同体・公共体が形成されるという観点はカントの社会理解としてはぶれることなく、続いたものだった。

（2）フィヒテにおける適法性と道徳性の区別

こうした見方は当然フィヒテにも継承される。フィヒテは『自然法の基礎』の序論で、法論を道徳法則から導き出す者たち（I・H・フィヒテによれば、フーフェラントやシュミットということだが[37]）を批判している。しかしフィヒテによれば、「こうした道徳的な拘束性は法論では問題にならない。［法論では］各人は他者とともに社会の中で生きようという任意の決意によって、拘束されているにすぎないからである」（III. 11）。

これは選択意志であるので道徳法則ではない。権利概念にかんしては、使う、使わないはわれわれの自由に任されており、任意のものにすぎないからである。たしかに、権利概念は自由な存在者の共同性を可能にするものであり、各自が万人の自由を保障するために、自己の自由を自己の自由意志によって制限した。自由な存在者を自己の外に想定することは必然的であり、それは自己意識の成立条件ともされるが、しかし、認識的には必然であっても、道徳的な必然性はない。

「自由な存在者がみな自由な存在者として共存しつづけるということは必然的ではない。それゆえ、そのような共同性の思想とその実現はいわば任意のものなのである」（III. 9）。

課題が任意のものにすぎないのであれば、権利概念が実践的なものとして考えられるときには、それは道徳的な概念ではなく、「たんなる技術的—実践的」なものにすぎない。アリストテレス流にいえば、理論認識に属する純粋なテクネーの概念になる。

フィヒテはカントの摂理概念もまた踏襲して、『自然法の基礎』で、権利法則にもとづく社会形成・国家の成立が自然の配慮であることをはっきりと言明している。「複数の自由な理性的存在者が、感性界で相互に共存することを望むものこそが自然であり、自然はそのために理性と自由に向かって、自己形成できる複数の身体を生み出したのである」（III. 93）。もちろん自然にこのような意志があるとするのは独断論であるから、フィヒテはあくまでも一つの理念にすぎないと語るが、しかし「自由な存在者たちが相互に共存すべきであるということこそが自然の計画なのである」（a. a. O.）。この計画を実現するために、「自然がなした配慮」（a. a. O.）が「国家」である。「自然は、複数の個体をもたらす際に分離したものを国家の中で再びつなぎあわせる」（III. 203）。そして「国家はこの個体の独立性を暫定的に廃棄し、個々の群衆を一つの全体に融合させ、ついには道徳性が全人類を一つにしてしまうまでに至るのである」（a. a. O.）。

また体系的な位置づけからも、法論は道徳論の一部をなすものではないことをフィヒテは論じている。彼は講義『新方法による知識学』の末尾で、体系的な位置づけを述べている。それによれば、まず自然認識の理論的な哲学があり、それに対応する実践哲学として道徳論・倫理学がある。この両者の中間にある媒介的な学問が法論と宗教哲学だとされる[38]。法論では、自由な多数の意志、複数の理性的存在者が共存するが、彼らの関係は道徳的行為・倫理原則にしたがってあるのではない。彼らの共同性は、一般の自然におけるものと同じ機械的な連関、物理的な力の相互作用に組み込まれたものとして扱われる。しかし、自然の機械的な作用、物理的な力が全面的に支配するのではなく、一部に自由意志が自己の自由の自己制限という形で働くので、自然と理性の作用性が同時に合一して働くという意味で、媒介的な学問になるのである。

また、法論の扱う共同体は、相互承認と万人の一致による普遍意志の成立がすでにあるので、欲望による闘争の自然的世界から抜けだしている。身体をもった理性的存在者の共同体であるため、本能や欲望で動く弱肉強食の世界ではない。それは理性の目的の実現という理念が背景に働いており、この目的を妨げるような各人の物理的な対立、暴力などは廃棄されなければならない。理性の目的の実現のために各人の闘争を断ち切って制限する法的な世界の実現が、道徳的な世界の準備、前段階として位置づけられる。そういう意味でも法的世界は自然状態から道徳的な段階への移行であり、したがって媒介になり、これを論じる法論が媒介的であるのも当然である。

このようにフィヒテは彼の『自然法の基礎』で法と道徳の分離を強調して主張しつつも、それ以前の『フランス革命論文』では、その連関を論じている。この時期のフィヒテにとっては「自然法」とは道徳法則の支配する領域なのである。「人間はもちろん、契約という二番目の意味での社会ではなくとも、言葉の第一の意味における社会において、相互に隣りあいかかわりあって生きることができる。つまりそうしたことは道徳的に可能ということである。……権利や義務をはっきりと十分に規定する共通の法則が自由の法則である」(VI. 130)。

強制する法や権力がない場合でも、権利を侵害されたら、人は道徳法則に立って、相手に権利要求をしなければならない。たとえ相手が強大で、こちらのいうことを聞かないとしても、「道徳法則が自然を支配しているならば、私が正しいかぎり、私はいつでも強者であることになろう。なぜなら私はそういうときには、強者であるべきだからである」(a. a. O.)。現実的な力関係は無視して、道徳的に正しければその者が強者であるとするフィヒテのいいぐさは、まるで新約聖書にある、地上の軍はなくとも天上の軍でピラトをしのぐとイエスが語る場面を思いおこさせるようなものであり、まことにフィヒテの面目躍如である。

契約の社会でも、道徳法則が支配する。「われわれは諸々の契約一般を妥当なものとすべく一つの契約を結ぶ。この契約が有効であるのは、われわれの契約によって諸々の契約が有効だからである。そのことは道徳法則によって厳密に規定されている」(VI. 131)。それゆえ、人は市民社会に生きる前に、人間として契約を遵守するように道徳法則によって規定されている。

この人間としての契約にあたるものが自然法である。「人間は社会の中で、その者と同等の他者たちのもとで生きているものとして考察されることができるが、この関係における法則が道徳法則であり、そのかぎりでこれは現象界を規定し、自然法と呼ばれる」(a. a. O.)。そして道徳法則が十分に規定しない領域で、彼が他者と結ぶ個々の契約は契約一般の領域とされる。最後にすべての他者と結ぶ特別な契約が「市民契約(Bürgervertrag)」と呼ばれ、これが国家を形成する契約となる。最後の市民契約で人間は「市民(Bürger)」となるのである。

それゆえ、初期のフィヒテは、根本に道徳法則の支配する「良心」の領域があり、その中に順に自然法、契約一般、そして市民契約の領域があると考えている。この順番で領域が狭くなり、最後の市民契約が最も小さな領域となる。それゆえ、人は国家を抜けだせば、市民契約から自由になり、無人島で孤独に暮らせば、同類の他者がいないので自然法からも自由になることができる。市民契約の場合は警察があり、他者の権利を侵害すれば国家権力が制裁するが、それ以外では自分たちで独自に強制力を形成するか、もしくは道徳法則しか規制をする威力はない。法と道徳を分離することの必要性を説きつつも、フィヒテの根本的な発想としては、道徳法則が最終的な法と権利の根拠になることは否定できない。

しかし、フィヒテは「法論」を論じるときは、生涯この区別を守っている。その理由は、法の世界が、物理的な力をあたかも自然法則のように制御する強制権力の妥当性の基礎づけの論理をもつからである。道徳的な世界であれば、概念、言葉、利他的な行動という相互のコミュニケーション、相互作用により、他者を物理的な力で一方的に侵害することはない。それに対し、対象が自然の客体であれば、各人は物理的な力によって抵抗もでき、支配もできる。雨風が吹けば、木や石で家を建てて、その物理的力で防御し、食料になる木の実や魚がなくなれば、農業や養殖という形の自然支配で対応できる。しかし、相手が理性的存在者、自由意志をもつ人間であれば、物理的な力は共同体によって正義として承認されたものでなければならない。それが法であり、強制権力である。それは人為的なものではあるが、各人の承認によって、あたかも自然法則のように作用し、法を破ろうとするものを抑制する。

それゆえ、法の世界はフィヒテがいうように、自然界と道徳界の媒介的な世界であり、自然界の物理的力や欲望が存続するかぎり、強制権力は必要である。しかし、あるべき人間社会、すなわち道徳が支配し、人々が相互の愛と尊敬に満ちているならば、このような法は不要になる。たとえば、フィヒテが『現代の根本特徴』で歴史哲学的な絶対国家論を論じるときは、当為の世界として描かれているので、適法性と道徳性の区別は強調されていない。そして『国家論』では、この強制の必然性を認識することによって、強制という制限を自己の意志で受け入れること、すでに述べた「自由の自己制限」「被制約の中の自由」が改めて説かれている。一見、後期においては、適法性と道徳性の区別が否定されたように見受けられるが、それはあたらない。フィヒテの思考は生涯通じた一貫性を示していることを、ここで注意しておく。

ハーンは、カント、フィヒテに特徴的なこの適法性と道徳性の分離と実践理性の優位こそが、国家を絶対化したヘーゲルやホッブズとの大きな違いであると見ている。[39] とくに実践理性の優位、道徳性の強調は、国家が道徳的目的のための手段となり、最終的には廃棄されるべきものであることに帰結するので、国家の絶対化を防ぐことはたしかである。

（1）第一次世界大戦以降のフィヒテ・ルネサンスの研究書ではこのことは多く指摘されている。たとえば、Max Wundt : *Johann Gottlieb Fichte*, Faksimile-Neudruck der Ausgabe Stuttgart 1927, Stuttgart-Bad Cornstatt 1976, Marianne Weber : Fichtes Sozialismus und seine Verhältnis zur Marx'schen Doktrin（1900）, in : *Schriften zu J. G. Fichtes Sozialphilosophie*, Hildesheim 1987 など。

（2）Alexandre Kojéve : *Introduction à la Hegel*, Gallimard 1947.（邦訳 アレキサンドル・コジェーヴ、上妻精・今野雅方訳『ヘーゲル読解入門』国文社、一九八七年）

（3）マンフレッド・リーデル「ヘーゲルの自然法批判」（清水正徳・山本道雄訳『ヘーゲル法哲学』福村出版、一九七六年）、L. Siep : *Anerkennung als Prinzip der praktischen Philosophie*, Freiburg/München 1979, および、高田純「承認論の転換」（『哲学』第三九巻、一九八九年）など。

（4）I. Kant : *Kritik der reinen Vernunft*, A 316, B 373.

（5）I. Kant : *Kant's gesammelte Schriften*, hrsg. von der Königlich Preußen Akademie der Wissenschaften, Bd. XI, Berlin 1900, S. 418.

（6）Dasselbe, S. 434.

（7）Dasselbe, S. 451.

（8）Richard Schottky : Vermutliche Anregungen für Fichtes Naturrecht, in : *Untersuchungen zur Geschichte der staatsphilosophischen*

Vertragstheorie im 17. und 18. Jahrhundert, Fichte-Studien-Supplementa, Bd. 6, Amsterdam/Atlanta 1995, S. 270.

（9）I. Kant : *Metaphysische Anfangsgründe der Rechtslehre*, hrsg. von Bernd Ludwig,（PhB. 360）, Hamburg 1986.

（10）I. Kant : *Kants Werke, Akademie-Textausgabe*, Bd. VIII, S. 350.

（11）a. a. O.

（12）a. a. O.

（13）I. Kant : *Kants Werke, Akademie-Textausgabe*, Bd. VI, S. 229.

（14）Dasselbe, S. 230.

（15）Dasselbe, S. 231.

（16）I. Kant : *Kants Werke, Akademie-Textausgabe*, Bd. VIII, S. 290.

（17）a. a. O.

（18）本書一〇六頁・注（13）で示した箇所。

（19）I. Kant : *Kants Werke, Akademie-Textausgabe*, Bd. VIII, S. 297.

（20）a. a. O.

（21）a. a. O.

（22）Dasselbe, S. 306.

（23）Ingeborg Maus : *Zur Aufklärung der Demokratietheorie : Rechts- und demokratietheoretische Überlegungen im Anschluß an Kant*, Frankfurt am Main 1994.（邦訳 インゲボルク・マウス、浜田義文・牧野英二監訳『啓蒙の民主制理論』法政大学出版局、一九九九年）。シュミット研究者としても有名なマウスは、ここでカントのシュミット的解釈を行なっているが、これは支持できる解釈である。

（24）Dasselbe, S. 32.（上掲訳書、一九頁）

（25）a. a. O.（上掲訳書、二〇頁）

（26）Dasselbe, S. 60.（上掲訳書、四三頁）

（27）Dasselbe, S. 66.（上掲訳書、四九頁）

（28）I. Kant : *Kants Werke, Akademie-Textausgabe*, Bd. VI, S. 232.

（29）a. a. O.

（30）a. a. O.

（31）a. a. O.

（32）a. a. O.

(33) a. a. O.
(34) I. Kant : *Kants Werke, Akademie-Textausgabe*, Bd. VIII, S. 360.
(35) Dasselbe S. 351.
(36) a. a. O.
(37) J. G. Fichte : *Fichtes Werke*, III, Vorrede des Herausgebers, S. VIIIff.
(38) J. G. Fichte : *Wissenschaftslehre nova methodo, Kollegnachschrift K. Chr. Fr. Krause 1798/99*, hrsg. von Erich Fuchs, (PhB. 336), Hamburg 1982, S. 243.
(39) Karl Hahn : *Staat, Erziehung und Wissenschaft bei J. G. Fichte*, München 1969, S. 4.

第二章　フィヒテの『自然法の基礎』における権利概念

これまで述べてきたように、フィヒテの自然法研究はカントの提起した「各人の自由と他者の自由との共存」を法的な共同体、「自由の共同体」でいかにして実現するかという問に導かれていた。そしてそのあり方は、各人が他者の自由を保障するために自己の自由を制限するという相互行為によって、自己の自由を貫徹させるものであった。具体的には、その相互関係を共通の法則とした法の承認によって、各人の制限と自由の実現が可能になる。すでに指摘したように、この相互制限・相互行為による相互の自由の実現という構造は、フィヒテの理性的存在者の共同性を貫く一つの根本的な図式である。

しかし、これを外部から何の必然性もなしにもってくるのでは、ただの恣意的な押しつけでしかない。フィヒテはこの図式を、個体の自己意識の確立、現実的な自我の自己同一性の実現として、自我の必然的な生成過程の中に組み込まれようとする。自我の理論と社会的実践を結びつけるこの一種の力業が、かの有名な相互承認論である。それは、諸個人の共存・共同体の中において、個体の成立の発生的論理を展開するものであるが、それが意味するのは、フィヒテにとって、個人は社会の相関関係においてのみ存在するものであり、社会を離れて個人の概念はありえないということでもある。

この相互承認論・相互人格性の議論は、同時期の知識学講義や『道徳論の体系』にもあることから、これまでのフィヒテ研究では、個体論、自我論一般の中で扱われることが多かった。だが、ありていにいえば、フィヒテの相互承認論・相互人格性の議論は、カントの提起した「法的自由」の問題、すなわち権利関係を演繹するために生じた論理であり、その起源は法的な関係にあり、最初から社会的な文脈にあると素直に理解すべきではないだろうか。先に見たように、カントの権利法則は「君の選択意志の自由な使用が、どんな人の自由とも普遍的法則にしたがって共存できるように外的に行為せよ」というもので、フィヒテの権利の命令は「各人は、自分と並んで他のすべての人も自由でありうるように、自己の自由を制限せよ」であった。この権利関係を説明する演繹の論理として、相互承認論・相互人格性の原理が導出される。両者は不可分離に結びついているのである。

それゆえ、フィヒテにおいて相互承認論の叙述が最も詳細なのは、当然ながら『自然法の基礎』である。指摘したように、同じ時期の『道徳論の体系』と『新方法による知識学』においてもこの論理が用いられている。イエナ期以降はあまり力点が置かれなくなるが、その論理自体が消えたわけではない。後期の著作においても、権利関係における相互承認論は見受けられる。まずは、この著作の相互承認論、相互人格性の論理を見ていくことにしたい。

フィヒテの法論はカントやルソーと異なり、フィヒテ研究者をのぞけば、あまり人口に膾炙していない。それゆえ、論点中心の記述ではなく、最初は解説的な記述にならざるをえない。それは彼の論理構成を明らかにするための措置であることを初めに断っておく。いくつかの論点からの考察はのちに行なう予定である。

一　承認による個体の導出

『自然法の基礎』の本来の標題は、『知識学の諸原理にしたがった自然法の基礎づけ（Grundlage des Naturrechts nach Prizipien der Wissenschaftslehre）』である。これが意味するのは、文字どおり、既存の法論の学問としての自然法を、知識学の諸原理を使って基礎づけるということである。

自我の原則はまず自己定立の「第一原則」があり、これは「自我は自我である」という自我の同一性、自己意識を可能にする根源的な活動である。それは自我を定立し、自我の活動を開始して、際限なく自我の外へとその活動性が向かう。

「理性的存在者は客体を定立するときは必ず、不可分な総合において、同時に自己に作用の働きを帰する」(III. 31)。客体の定立と自我（理性的存在者）の定立は同時でなければならない。これが自己意識の成立のための必然的条件である。自我は、自己の能動性が客体へと向かい、障害によって自己へ折れ曲がるときに、客体と自己を同時に定立する。自我は自己を定立するには、客体へ向かわなければならないが、そのためには客体がすでに定立されていなければならない。しかし、自我の自己定立がすでになければ客体へと向かえない。ここにある卵と鶏の議論にも似たアポリアを解くのは一つの総合であり、『全知識学の基礎』では「第三原則」になる、可分的総合、交替作用の概念である。「立てられた概念は自由な交替作用性の概念である」(III. 34)。

この矛盾は前にも述べたように、「主体が自己を限定するようにして限定されること」、客体からの被限定が同時に自由な自己限定であるようにすれば解決される。つまり、客体自身が原因となって自我を限定するのではなく、客体が当の自我に対して、自我自身が原因となって、自己規定をするように「促す」のである。客体は、みずからが原因となって自我を規定するのではなく、自我自身が原因となって自己規定するように、いわば強制力・原因性のない働きかけをする。のちの議論からすれば、フィヒテはこの「促し」を言葉による働きかけと考えている。

そうだとすれば、ここに前提されているのは、自我がこの客体からの「促し」を理解し、それをもとに自己を規定することができるということである。この「促し」の内容は、自我を自己規定させるものということであれば、何らかの目的であり、「概念」でなければならない。今風にいえば「意味」である。とすれば、自我の外にある他者・客体は自分自身、目的・概念を理解できる者であり、したがって理性的存在者で、あらかじめ自我がこの目的（意味）をこの者が理解できるということを計算に入れていることになる。

これはあくまでも「推論」であり、客体が自我に向かってなした行為に、自我が合目的性の概念を投げ入れて類推するものである。ここにはカントの「実験的方法」が投影されている。したがって、「仮説的」であり、「確定的」ではないが、しかし、自我の自己意識が成立するためには、こうした自然とは別物の、強制的な規定をすることのない目的への促しによって、自我が自己規定するような存在者が想定されねばならない。「汝が理性的存在者であるがゆえに、我が理性に目覚める」という構図をフィヒテはもっている。

ではこうした類推はどうしたら確定的なものとなるのであろうか。類推を確定するのは行為のレベルにおいてである。もちろん「促し」そのものも行為の一つではあるが、それは原因性・強制力をもたない。しかし、この「促し」という客体の行為によって、主体の行為そのものは制約されている。いい換えれば、「主体には彼の行為の範囲が割りあてられる」。「促し」はある目的にしたがったものであり、強制力はないにしても、行為の範囲は制約されている。「この主体に割りあてられた範囲の中で、主体は選択をする」。範囲の中で、主体が自由に選択して行為するということで主体の可能性と自由が保証される。そしてこの範囲の中で主体が自由に一つを選び行為することで、彼の現実的な範囲が限定される。

この自己定立は同時に反対定立をもち（交替限定により）、そこからしめ出されて反対定立されたものが他の理性的存在者である。ここに自我の個体性が成立する。「自我、個体性というものは限定された、主体に排外的に帰するところの自由の表出によって特色づけられている」。同じく他者も行為を選びとることにより、彼の現実的範囲、個体性を定立し、同時に自我に対し反対定立させる。相互による自己定立と反対定立によって、主体には他者も個体性としてあらわれる。

この他者は主体の側の限定、他者にとっては反対定立の範囲をもちろん乗り超えることができる。自由に自分の行為の範囲を無視することもできる。しかし、他者は、逆に自己の自由によってそれをしない。彼は自発的に主体の側に促しを与えた、ということは、他者は相手である主体の自由を前提したうえで、目的の概念を与えたのであり、彼の自由はこの概念によって制約されているからである。「こうした他の存在者の自己制限によって、ひとまず主体はその存在者が理性的で自由な存在者であると認識している」（III. 43）。

主体はこのように、他者が自発的に自己制限し、こちらの自由意志を尊重しているということで、そこに自由な理性的存在者の証拠を見る。しかしこれだけではまだ双方の関係は完結しない。主体にも自己の範囲を超える自由もあり、「促し」を拒否もできるからである。拒否すればおそらく、他者も「促し」を撤回し、主体を理性的存在者としてではなく、たんなる自然的存在として働きかけるであろう。つまり強制力をもって働きかけ、相互の戦いが起きることになる。しかし、フィヒテはその道を採らない。

主体は他者が自分を理性的存在者としてみなし、「促し」という形の行為によって働きかけたことにより、他者もまた理性的存在者ではないかと認識した。この認識が主体の行為を導く。この認識にもとづいて主体もまた、理性的存在者たる他者に対し、「促し」という形で行為する。そうすると他者もまた、その「促し」によって、主体を認識してさらなる働きかけを行なうのである。かくして無限にこの循環が続いてゆくことにより、相互の他者認識が形成される。「それゆえ、自由な存在者の互いの関係は、知性と自由を介しての交互作用の関係なのである。両者が互いに承認しあうことがなければ、一方による他方の承認もありえないし、両者が互いに他方を自由な存在者として行為することがなければ、一方が他方をそういうものとしてふる舞うことはない」(III. 44)。

『自然法の基礎』においてははっきりと語られていないが、この促し、すなわち原因とならずにある目的に行為させるものは、同時期の『プラトナー講義I』[1]でははっきりと「言語」によるものとされている。

「私の外の存在者は、ただ自然と同様にしかふる舞えない。つまり、私に客体を与えるような形でしかふる舞えない。しかし、そこでは、私に認識すべしという促しが私の自由な活動性に対して生じるのである。私の自由な反省は導かれる。それがまさに記号(Zeichen)の性格なのである」(GA. II. 4, 159)。「認識はただ記号によって伝達されうる」(a. a. O.)。こうした記号によって(初めはウインクや指示など)、概念が伝達され、促しが可能となる。そしてフィヒテの『言語の起源とその能力について』では、この記号が言語の起源であり、言語はこの記号が組織化されていったものだとするのである。[2]

自然法にかんする議論の章なので、言語の発生の詳しい展開は割愛するが、ここで重要なことは、人間の共同性・相互性から言語が必然的に出てくるものだということだ。「この記号による交替作用は人間性の条件である(なぜならば、人間は決して孤立したものではなく、共同的なものだからである)」(a. a. O.)。いい換えれば「言語が人間に属しているかぎり、それは人間の本質[共同性・相互性]に絶対的にその根をもつ」(GA. II. 4, 160)。

ここから系論としてフィヒテが出していることは、「人間はただ人間のもとで人間となる」(III. 40) ということだ。人間は本質的に共同存在的にある。相互の言語によるコミュニケーションによって、相互の行為が導かれ人間となっていくのである。人間が存在するというとき、つねに同時に複数の同類の者が必然的に存在しなければならない。フィヒテは「人間の概念は決して個人の概念ではない。そんなものは考えられないだろうから。人間の概念とは一つの類の概念なのだ」(III. 39) と語っている。

それゆえ、人間について語るとき、つねに教育の問題、「人間のもとで人間になること」が避けて通れない。動物であれば、本能的な自然の技能をもつが、人間が無力な者として誕生するのは、本質的に人間が類的な存在、間主体的な存在だからである。

「自由な自己活動への促しが人が『教育 (Erziehung)』と呼ぶものである」(a. a. O.)。これにはもちろんドイツ語の語義にある親の子に対する「しつけ」の意味もある。他者・汝が先行するというのも、こうした点に関係がある。人間は母親(的養育者) との間で母語による交流を通じて、人として育ちゆくのである。

もうひとつ神学的な問題もある。フィヒテ自身がいっていることだが、相互承認をさかのぼっていけば、「誰がいったいこの最初のペア (アダムとイヴ) を教育したかという問」(a. a. O.) につきあたる。「彼らを教育したのは必然的に、人間でない理性的存在者でなければならない」(III. 40)。人はまず、神と相互に承認しあって人間となる。その際言語による促しがあるとすれば、まさに「初めに言葉ありき」だったわけである。換言すれば、神との「約束」であり「契約」が人の人たる証しとなる。神との相互承認、我・汝関係における汝 (神) の優位について語るには、しかしここはその場ではないだろう。

法論における権利概念の演繹をしている中で、フィヒテは「促し」や言語によるコミュニケーションを前提したり、あるいは教育に言及するなど、いわば「人間学」的な内容がそこに見え隠れしている。これは論理展開としては厳密ではなく、人間学的な相互関係が前提されて、権利概念の演繹がなされていることになる。そういう意味では一つの欠陥でもあるのだが、しかし、逆に豊かな内容の可能性を含んでいるともいえる。フィヒテ自身はあくまでも権利概念の演繹の枠内に収めようと努力し、脱線を最小限度にとどめて、それ以上の議論をしないが、現代の認知科学やシンボリック相互作用論、エスノメソドロジーなどの成果を生かしたさらなる展開も不可能ではないだろう。

とはいえ、この相互承認は、本来は権利関係を導出するための論理である。すでに個体としての自己意識の成立と他者認識は不可分のものとして展開された。それゆえ、ここには、複数の理性的存在者が存立していることになる。そして、自己の自由の制限による他者の自由の保障、および他者の自由の自己制限による自己の自由の実現という相互関係が成立している。この始源的な他者関係が権利関係となる。「有限な理性的存在者は、他の有限な理性的存在者と一定の関係にあるとして自己を措定して初めて、自己の外にその者を想定することができる。この関係を権利関係（Rechtsverhältnis）と呼ぶ」（III. 41）。

二　権利関係の前提としての身体と感性界の導出

相互承認は個体性の導出の議論であるが、個体性をいうからには、当然、身体の導出が必要となる。権利関係を説明するために、物質界を演繹する必要があり、人格が物質界を認識するためには、感性をもつ身体がまずは導出されねばならない。フィヒテの術語では、理性的存在者が個体となったときが「人格（Person）」と呼ばれる。それは理性的存在者が、排他的に自分の自由の領域を自己に帰属させたものであり、その領域は他のいかなる人格も選択できない排他的な占有部分である。たんてきにいえば、それはまず身体としてある。

そして、身体の演繹は同時に、自我の活動の自由を保障するものである。身体としての自我は感性界にあり、何をするにしても自己の意志・目的を実現するための道具が必要である。自我の自由な自己活動の手段・道具としての身体は、感性界に作用する媒介である。個体は身体を通して、感性界に作用し、自己の意志・目的を果たす。

ここでのフィヒテの論法は自我の同一性、自己意識からの演繹・導出であるから、身体も同様に、いかにして成立するかが演繹される。身体は感性界に存在するものであるので、まず感性界そのものが演繹されなければならない。「理性はそれ自身において産出的想像力である」（III. 58）がゆえに、この自我が自己の活動を直観するとき、自我はこの産出的想像力によって根源的な図式、時間と空間をもたらす。個体となった自我・人格はおのれの領域が制限されていることをすでに自覚しているから、その領域を、図式によってもたらされた空間と時間を充填するものとして措定する。すなわち、直観による産出的想像力の産物を、悟性によって時空間内の物質として措定するのである。この物質は自己の活動領域内にあるので、自由意志が原因となり、自由に動かせるものでなくてはならない。

物質そのものはその本質からすると持続的な不滅のもので、それ自体をどうこうできるものではない。それゆえ自由な意志が原因となるということは、物質そのものではなく、形式あるいは位置を変化できるという意味になる。意志の原因性の内容に応じて、任意の諸部分はまとまって一つになることもできれば、また別の組みあわせも可能で、いろいろな位置や変化をとれるものでなければならない。こうした条件を満たすのが「分肢（Glied）」と「分節（Articulation）」である。分肢は運動する部分であり、分節は分肢が運動するとき、それ自体は静止しているが、分肢と共通の運動をするものとされる。手を動かすときの上半身などがこれにあたるかもしれない。こうした物体に人格が結びついて「身体」と呼ばれるようになる。

身体は基本的に理性的存在者の個別性、すなわち人格としての存在を担うものとして導出されたが、それはとりもなおさず、相互作用・相互承認によって、他者の身体の存在の認識とセットになっている。それゆえ第五定理にあるように、「人格は、その人格の外にある一つの人格の影響のもとにあるものとして身体を措定しなければ、自己に身体を帰属させることができない。そしてこの影響によって身体はさらに規定されなければならない」（III. 61）。他者の人格の存在とその働きかけがあって初めて、自我は自己の身体とその働きを自覚できる。

自我の活動性をもとに議論を展開する『自然法の基礎』であるので、フィヒテによれば、他者からの作用を受ける主体的な身体はその一定量の活動を廃棄しなければならない。しかし、それでは自我の活動の自由が否定されてしまう。そこで、自己の自由による自己限定という、フィヒテの論述すべてに共通する被限定と限定の総合がここでも働き、自己の自由によってそれを内面的に「模倣」という形で措定する。このことによって人格の同じ特定の活動が、同じ不可分の瞬間において「廃棄されていると同時に廃棄されていない」（III. 63）ことが可能になる。フィヒテはこの自由によって模倣できる器官を「高次の器官」といい、五感を意味する「感官」のことであるとする。それに対し、低次の感官は身体の部位になる。

身体は、自分の外にある自然物に作用を与えるためには、それ自身、自然物と同じ堅い物質でもなければならない。自己の外にある人格も、自分の外に存在するものに作用を及ぼすことができるためには、この堅い物質でなければならないが、だからといってこの他者は、物質に作用するようには私の身体に作用しない。そのようにすれば拘束になり、私の自由を奪うことになる。フィヒテの身体論は近代の獲得した基本的人権の要、身体の自由を基本理念としてもっており、これはのちに「本源的権利（Urrecht）」として詳述される。理性的存在者の相互作用では、互いの自由の領分を侵害しないということがどこまでも守られなければならないのである。

そうすると、私の自由を奪わないで、かつ私に作用を及ぼすためには、感官への作用でなければならない。それを可能にするために、光と空気、換言すれば、視覚と声の媒体と、当の視覚と声が演繹される。フィヒテにとって、光や空気、それに視覚や聴覚、あるいは触覚といった感覚は何よりも理性的存在者の互いのコミュニケーション・伝達のためにある。いや、身体そのものが他者との相互作用・コミュニケーションの成立の過程で演繹されるのだから、フィヒテの身体とは、精神の共同性・交わりのための道具とさえいえるのである。あるいは、もともと個体性が相互的な関係をもつもので、個体を載せた身体は、そもそもが他者と世界との媒介そのもの、自己と他者が共存する場ともいうべきものになっている。

さて、私の外の理性的存在者からの促し・作用・コミュニケーションの働きかけが、たんに「偶然的」なものであれば、他者形成と自己形成の「必然的な」総合であるフィヒテの個体性論は成立しない。いい換えれば、身体の自覚も生じない。そのためには、理性的存在者にとっては、同じ形態をもつ相手への作用が「必然的」であることを証明する必要がある。

まず最初は、他者を自己と同じ人間の形態、人間の身体をもつものとして視覚で見るということから始まる。そして身体を一つのもの、一つの全体として考えなければならない。「必然的に一つの全体として考えられなければならないようなあり方をしたものは、有機的な自然の産物である。人間の身体はまず第一に、有機化された自然産物でなければならない」(III. 77-78)。有機体と人工物の違いは、有機体が生命を維持し、繁殖をすることである。種子から双葉になり、最後は大きな幹をもつこんもりとした樹になるように、形態を変えつつ成長をする。フィヒテはこれを「形成衝動 (Bildungstrieb)」と呼ぶ。

有機体の形成衝動は一つの限定された目的をもち、それで各部分を統一する。目的から完全に説明されるとき、その有機体は閉じていることになる。植物が種子から始まり、最後は種子を残して枯れ、残された種子からまた同じ循環がくり返されるとき、それは閉じた円還である。だが、動物のように自由運動をもつものになると、目的は別のものでもありうることになり、必ずしも閉じてはいない。しかし、その場合でも動物は自由意志をもつことはないので、別の目的といっても範囲が限定されたものでしかない。動物の運動の目的は生存を中心にかぎられたものになるからである。

しかし、人間の場合、自由意志をもつ者であるから、可能性は無限に開かれていることになる。サルトルを先どりするかのようにフィヒテはいう。「そこにあるものは、無限への規定可能性であろう。身体の形成ではなく、ただ何にでもなりうる可塑性 (Bildsamkeit) がある。簡潔にいえば、あらゆる動物は完結しているが、人間はただ輪郭だけが示され、企投されるだけなのである」(III. 79)。いい換えれば、人間は自由をもち、何にでもなることができる。

そうすると、人間に対してはいかなる既存の概念も投げ入れることができず、ただ自分と同じ概念しか適用できない。すなわち、自由の概念を投げ入れて相手を理解する必要がある。「人間の形態に自分自身以外のいかなる他の概念もあてることができないということによって、人間は、どんな他者でも自分と同じものとみなさざるをえないよう、内的に強要されるのである」(III. 80)。つまり自由をもつ「開かれた」存在者には同じ自由をもつ「開かれた」存在者のみしか感応できない。これが哲学的な他者認識の必然性である。

この論理は、第一章で見た『学者の使命についての講義』での、自由の投げ入れと同様のものであり、それをより詳細に展開したものである。わかりやすくいえば、人間は人間の形態をした者に出会い、その行動を見れば、人間とみなすということである。人影を見て「おや人間かな」と思っても、それがまったく動くことがなければ、人形であると認識し、たとえ動いていたとしても同じ動きしかせず、自由な行動をとることがなければ、ロボットや仕掛け人形のたぐいと理解する。孤島で暮らすロビンソン・クルーソーが人間らしきものを見かけ、その行動が意志的なものであることがわかると、追いかけて声をかけたくなったのも道理である。

その際に、「各人はただ他者の高次の感官にだけ働きかけ、したがってその働きかけを受けとるかどうかは他者の自由に任せ、低次の器官にはまったく触れたり、妨げたりしないかぎり、ただそのかぎりでのみ、相互に人格として相手を扱う」(III. 87)。つまり声をかけたり、手を振ったりして働きかけるが、相手の身体をいきなりつかんだり、相手の行動を邪魔したりはしないのである。上に述べたように、これは身体の自由の侵害になり、相手の基本的人権を侵すことで、いわば物扱いに等しいものになる。

以上が、身体をもつ個体性、人格の他者認識であり、相互承認の論理である。自我は自己の個体性を意識すると同時に身体を意識し、世界と自己の活動領域、空間と時間を意識した。そこで各人格の共同の活動の場とその基体となる身体が成立したのである。これが個体性としての自我の自由な活動、対象への作用性・実効性を保障し、自我の活動の範囲、内容を規定する。

すでに何度も注意してきたように、フィヒテは、相互承認による個体の意識と身体および感性界の知覚は、「自由な存在者の共同はそのものとしていかにして可能であるか」(III. 85)という「法学の問」(a. a. O.)の「外的条件」(a. a. O.)であるとしている。それゆえ、この相互人格性と身体・感性界の導出はあくまでも、この「法学的問」の前提であるが、その導出にあたっての基本原理は、法学の概念ではなく、知識学の原理である『我は我である』という要請から間接的推理によって導き出されているので、この要請と同様にたしかなものである」(a. a. O.)。そういう意味では、相互人格性と身体・感性界の導出を扱う『自然法の基礎』第一部「権利概念の適用可能性の演繹」までは、一つの知識学のバリエーションであり、厳密にいえば法学プロパーの議論ではないのである。それらはあくまでも「自由な存在者の共同はそのものとしていかにして可能であるか」という問の「外的条件」にすぎない。

この法学的問はすでに見たように、「各人は、自分と並んで他のすべての人も自由でありうるように、自己の自由を制限せよ」という権利法則の命令、自己の自由の制限を伴っている。この自己の自由の制限がどのようにして必然的に生じるのか、その「内的条件」(a. a. O.) の必然性を究明することが、本来の法学的な問、自然法の問題となる。これは契約による公共体の成立を論じることで説明されるが、しかし、その前に人格の身体と活動対象、そしてその領域が演繹されたので、ここに各人の権利がすでに成立しており、公共体の前にこの権利の理論が展開される。

三　人格のもつ「本源的権利」

述べてきたように、法論の根本原理は、「自分の自由を他のすべての者たちの自由の概念によって制限すること」(III. 92) であり、そのことによってのみ、複数の自由な存在者が共存することができる。それは自己の自由意志によってそのようにするものであり、何らかの強制によるものでは、自由意志ではなくなってしまう。しかし、これは複数の身体、複数の自由な存在者を生み出した自然自体が望むものであり、自然の摂理ともいうべきものである点で、これまでの呼称である「自然法」の自然という言葉が成り立つ。だが、自由な存在者の知性と意志にもとづくものであるので、そこにある法則は機械的な自然法則ではなく、自由のための法則である。

この法則は法則であるべきならば、当然普遍妥当性をもち、定言的でなければならない。各人はこの法則にしたがって自分の自由、すなわち、感性界における自分の行為と外化・表出 (Äusserung) の範囲を制限すべきだとされる。しかし、この法則では、この制限すべき範囲がどこまでになるかは示されてはいない。

それゆえ、その範囲が問題となるが、それをいい換えれば、各人が「自由である」「人格である」というときに属するものは何か、という問題でもある。この属するものの総体が「権利」と呼ばれるものである。フィヒテは、これを「本源的権利 (基本権 Urrecht)」と呼び、人格性の概念を分析すればすぐにわかると説く。「この権利あるいはこれらの権利は、そのようなもの [身体をもつ存在者] としての人格のたんなる概念のうちにあり、そのかぎりで本源的権利 (基本権) と呼ばれる」(a. a. O.)。

前節で身体を分析したが、身体こそは理性的存在者が、個体性である人格となって現象界に登場したときに、第一に自己に所属する物質界として認識されたものである。本源的権利の理論は、身体性をもつ物理的存在としての理性的存在者、自由な存在者が、どの程度まで本来的に自分の活動の領域をもちうるか、その可能性を検討するものとなる。すでに、身体と感性界を演繹してきたので、ここで初めて、身体をもつ人格の感性界における活動権たる本源的権利の問題が明らかにされるのである。

本源的権利が人格の概念の中にあるということは、フィヒテにおいては、身体を通じた自我の活動の自由、どこまでも対象にかかわり自己の活動エネルギーを投入できる「実効性（Wirksamkeit）」、働きかけの自由を意味している。人格は活動への衝動をもち、身体を通じて感性界に働きかけ、自己の意図をそこに実現しようとする存在だからである。「実効性」はフィヒテの独特の概念であり、彼の活動的な自我の哲学・行為の哲学に由来する。この概念は自我の自由な根源的活動にその根拠をもつ。「自由の概念の中には、絶対的自発性によって、われわれの可能な実効性の概念を投企するという能力がある」（III. 9）。「ひとつの理性的な個体、すなわち一人の人格が自分自身を自由だと感じるためには、さらに別のこと、すなわち、その個体の実効性の概念に対して、その概念によって考えられた対象が経験の中で対応し、それゆえ、個体の活動の思考から彼の外にある世界に何ものかが帰結するということが必要なのである」（a. a. O.）。

要するに、自我は自分の思惟の中で構想された概念を現実に実践して、それに対応した結果を現実の中にもたらすことができる。それをフィヒテは「実効性」と呼ぶのである。これは自我が非我の抵抗を受け、それに働きかける活動という根本図式をもち、他者認識を通じて自己を意識するときにも重要な役割を果たし、また身体が自己に帰属することを自我が意識するときにも必須の媒介となる活動である。ある限定された局面ではそれは「労働」になる。概念や意図にもとづいて、外界に働きかけて、成果、産物を生み出すのである。

かくして「本源的権利とは、感性界においてただ原因である（たんてきに結果・作用されたものでは決してない）という人格の絶対的な権利である」（III. 113）。自我の根源的な活動がすべての始源というフィヒテ哲学の根本的理念が、ここに本源的権利として登場している。

人格・人間は感性界と超感性界の双方にまたがる存在であるが、しかし、人格の自由自体は超感性的な理念なので、これ自体は理論的な認識の考察の対象にならない。これは制限されることはできないものだからである。この人格の意志は、それが身体の形をとって感性界にあらわれるときのみ、制限される。根源的な自我の活動から身体が演繹されることは前節で検討した。「したがって、この領域においては、自由な存在者の身体（Leib）が、それ自身彼の規定の最終根拠とみなされなければならない。そして自由な存在者は現象としては彼の身体と同一のものなのである（身体は感性界における自我のあらわれである）」（III. 114）。そうすると、ここから出てくる本源的権利の内容が、身体の絶対的な自由と不可侵性であり、その持続（生存）を求めること、というものになる。わかりやすくいえば、自由権と生存権である。

もう一つには、自我・人格には、活動の自由、どこまでも対象にかかわり自己の活動エネルギーを投入できる実効性の自由、つまり意志の自由が本質的に帰属するので、この自由な活動を保障しなければならない。人格には自分の既知の世界の全領域において、自分が認識し、意志するとおりにものごとがありつづけることを要求する権利がある。「人格は彼らの本源的権利によって、彼らの身体と感性界との間の持続的な相互作用を要求する。それはこの相互作用について、彼らが自由に構想した概念によってもっぱら規定されるか、規定可能であるように要求するものである」（III. 118）。感性界での絶対的な原因性であるという先に述べた本源的権利の定義は、感性界ではこのような形で現象する。

これが同時に所有権をなす。自我が自分の活動、能力を自由に向ける対象は、彼の形成・加工を受けるものであり、彼の労働の産物となるものである。「ここにあらゆる所有権の根拠がある。私に知られたものであり、たとえ観念の中であれ、私の目的にしたがう感性界の諸部分は根源的に社会における財産ではなく、私の財産である」（III. 116）。所有の根拠は形成（Formation）か、意志かという問題は、フィヒテの立場では解決ずみである。すなわち、所有の根拠は両者の統一であり、「本来の意味での形成がなくとも、われわれの目的にただしたがいさえすれば、それはつねに形成なのである」（III. 117）。

それゆえ、本源的権利に含まれるものは①身体の絶対的な自由と不可侵性が持続することを求める権利、②全感性界に対するわれわれの自由な影響が持続することを求める権利（所有権）、の二つである。そしてこの権利には、現在の瞬間だけではなく、各人が存在しうるかぎり、未来のすべてにまで保障されるということが同時に含まれている。

フィヒテは「自己保存の権利」や「生存権」をそれだけ独立させて認めるわけではない。彼は、身体の持続、生存を直接の目的にするケースは「偶然的なもの」(a. a. O.) だとし、それ自体が必然性をもつものとは考えていない。道徳的な究極目的を重視するフィヒテにとって、身体や生存それ自体が目的となることは、動物的な生でしかない。人格はあくまでも人間的な目的の実現、道徳や文化の目的のために生きているのであり、身体や生存それ自体が目的として認められる場合は、戦争や貧困などで生存そのものが困難になった特殊な状況下ということになろう。だからこそ「偶然的」なのである。フィヒテにとって、身体や生存は人間的な生と文化的生活のために維持されるべきもので、生存権の内容には「健康で文化的な生活を営む権利」が初めから前提されている。フィヒテの生存権理解は、人間らしい生活、文化や社会に貢献できるレベルの生活の保障を要求するものであり、わが国の為政者におうおうにして見られる生存権理解、生存に必要な「最低限度の」食料と寝る場所を与えればよいというものではない。

フィヒテがここで普遍的な本源的権利として認めるのは、むしろ「活動の権利」とでもいうべきものであり、各人が将来にわたって他者に妨げられずに活動する自由をもつとされる権利である。活動が可能ということは、身体の維持、自己保存がそこに必然的に含まれることになる。それゆえ、本源的権利そのものの中に生存権の内容が含まれると考えられるだろう。

人格はこの本源的権利をもっているが、複数の理性的存在者が共存するときには、当然この権利の衝突がありうる。本源的権利は理論上の必要で論じられるものであり、人格のもつ可能性を最大限認めるものであるが、現実的には他者が存在するので、個体はその範囲を制限しなければならない。本源的権利では、原理的に人格は、ひとたびそれがこの世界に存在するようになれば、その活動の範囲は無限に広がる。現実にそれができるかどうかの物理的制約があるだけである。たとえば、現代の科学技術では、理屈上は月までが人間の活動領域になるだろう。そうすると各人の本源的権利の範囲としては、月までが現実的に入り、それ以上の宇宙は将来の可能的な範囲として想定されることができる。だが、現実には、他者の存在があることで、各人は自己の活動領域を制限し、対象に対する原因性も特定のものに限定しなければならない。どこまでも自分の権利があると主張するわけにはいかない。だから、フィヒテは本源的権利は「観念的な可能性はもつが、しかし実在的な意味はもたず」(III. 112)「本源的権利はたんなるフィクションにすぎない」(a. a. O.) というのである。

本源的権利は、他者が存在することで必然的に制限されたものになる。そもそも権利概念自体が他者との相互性にもとづくものであるから、「(本源的) 権利」と称する時点で、それはすでに他者の権利による自己の権利の制限を含んでいる。それらは相互の承認によって、互いの権利の均衡が図られることになる。先には個体性の認識、自己意識の成立、他者の認識の必須条件として相互承認があったが、ここでは権利の均衡を保障するものとして、相互承認が前提されている。その場合、この権利の自己制限は、当為として本源的権利を保障するものでなければならない。いい換えると、各人の身体の不可侵と維持、そして対象に働きかける権利 (活動権、所有権) は最低限保障されるべきもの、いまのいい方をすれば、基本的人権となる。

四　フィヒテの所有権概念

上にかんたんに概略を述べたが、フィヒテの所有 (Eigentum) の概念は興味深い内容をもっており、個別に検討する価値がある。前節ですでに見たように、この実効性は素材に対する加工・形成となり、所有権を形成する。労働が個人の財産の起源となるのである。これは典型的にはロックに同様の考えがあり、フィヒテも当然ロックなどの伝統を継承していると考えられる(3)。

ロックの労働所有権は『統治二論』後編で語られている。身体の労働と手の働きにより、自然のままの状態に自分の労働を混ぜ、自分自身のものをつけ加えるとそれは自然の共有物ではなく、その者のものになる。「私のものである労働が、それらのものをかつての共有の状態から取り去ることによって、それらに対する私の所有権を確定したのである」(4)。土地に対してもある者が耕作するなど、その者の労働の印を残し、他者がここは誰かが手を加えたとわかれば、それはその者の所有として認知される。これは自然状態の話であるが、国家契約でその所有権は確定される。「このようにして労働と勤勉によって始まった所有権は、契約と合意によって確定されることになった」[5]とロックは述べている。

ロック的な労働所有権論の影響が顕著に見られるのは、『フランス革命論文』における所有論である。自我の活動は自我の目の前にある感性界を自己の目的のために加工できる。「われわれは自己の能力によって形成し、われわれが形態を与えた事物の使用から、いかなる他者も排除する権利をもっている。この権利が所有と呼ばれる。自分自身の能力によって物に形を与えること（Bildung, Formation）が、所有の権利根拠であり、唯一の自然法的権利根拠である」（VI. 118）。だから、耕作された畑がすでにあれば、それはそれを耕した者の所有になる。作物はなくとも、その土地に畝が一つあれば、それはその畝をつくった者の所有をあらわしている。フィヒテによれば、「一般には、最後の形態を合法的に所有するものが、事物の所有者である」（VI. 124）。金を渡して、職人に金細工を依頼した者が代金を払わなければ、その金は職人のものである。私には金をよこせと請求できる権利はない。だが、まだ加工以前で金がそのままであれば、何もせず戻してくれと請求できる権利はあることになる。「こうしたすべてのことから、所有権の源泉は国家ではなく、人間の理性的本性それ自体であるということが明らかになる。ただ自然法によってのみ、われわれは何かを占有でき、他のすべての人をその占有から排除できるのである」（VI. 125）。

本源的権利のところで言及したように、意志の絶対的な自由な活動を根本とする理性的存在者である人間は、その活動の自由が及ぶ範囲は、原理的にはすべて自己の所有の領域になる。だから各人は根源的には全感性界一般に対して所有権をもち、それが本源的権利とされた。そのかぎりでは、『自然法の基礎』でも「所有権の源泉は国家ではなく、人間の理性的本性それ自体である」ということは妥当している。しかし、各人は他者と共存するので、一人が無制限にその所有を主張することはできず、他者とその所有をわけあわなければならない。この点が明示的に論じられているのが、『フランス革命論文』との違いである。「人間が他の人間との結びつきで措定されるやいなや、彼の所有は、もっぱら他者によってそれが承認されるかぎりで、権利にかなったものとなる。……このことによって初めて占有（Besitz）は所有（Eigentum）、すなわち個人的なもの（Individuelles）となる」（III. 130）。

『フランス革命論文』では、この所有権の承認、とくに公共体による承認という点は明らかにされていない。ただ権利の源泉が人間の理性的本性・人格にあるとされただけである。この時点では、相互承認というフィヒテの重要な概念が形成されていなかったので、承認の議論が出てこなかったといういい方もできるだろう。また、『フランス革命論文』は既成の現実国家に対する個人の自由を宣言する意図が前面に出ていたので、文脈上国家の役割を相対化するものであった。それゆえ、公共体である国家による所有権の保障を論じる場所がなかった。しかし、現実に理性的存在者が多数存在するところでは、労働所有権を全面的に主張することは不可能であり、そこには相互の承認による相互の制限が必要である。そしてその承認をたしかなものとするために公共体・国家が要請される。国家の理念的な役割を論じる『自然法の基礎』でようやくそれがなされたと見るべきであろう。

この所有権の内容は『封鎖商業国家』(一八〇〇年)でも継承されている。そこでは両者が自己と他者に属するものを互いに宣言して、その合意が守られるときに排外的権利をもつとされている(III. 400)。そしてそこで明言されているのは、「私は、所有権を行為に対する排外的な権利として述べたのであり、決して事物に対するそれとして述べたわけではない」(III. 401)ということである。フィヒテの所有権は事物を所有する権利ではなく、事物に対して自由な行為をする権利なのである。「自由な行為の対象に対する所有は、自由な行為に対する排外的な権利から初めて生じるのであり、それから導かれるものである」(a. a. O.)。そうなるとフィヒテの所有権は事物を所有することではなく、ある範囲において自由な行為が可能であるということになる。自由な行為の範囲が財産と呼ばれる。「自由な行為の領域は万人の万人に対する契約によって個々人のもとに分割され、この分割によって財産が成立する」(III. 402)。

このようにフィヒテは、個人の労働を価値の源泉とし、その労働の活動そのものを所有権とみなした。この所有は相互承認によって各人のもち分が決められるが、もちろん、相互承認がうまくいかず、互いに自己の取り分をめぐっての争いも当然生じうる。上にも一部先回りして言及したように、それらの調停、裁決が公共体の役割になる。その過程をフィヒテは以下のように展開している。

各人は他者の自由の可能性によって自己の自由を制限するということが権利法則であった。これは形式的な命題であるので、各人は他者の意志が自由であるために、自分の行為の量をどの程度まで制限すべきであるかという量的な問題は示されなかった。それゆえ、権利法則はこの量においても適用可能でないと意味がない。「私の外のある存在者の自由のたんなる概念によって（ただ思い浮かべるだけで）、私が自己に課すべき制限の量が同時に与えられる」（III. 122）ということが可能でなければならない。

これはどのようにして可能になるかといえば、まず、自由な存在者はそこで自由な他者の存在を認識しているということである。この自由な他者の存在の認識は同時に、自己制限の措定とその制限がどこまで及ぶのかの限界の認識を規定する。それゆえ、「私の他者認識から権利関係が生ずるべきであるなら、認識とその認識による自由の制限は相互的なものでなければならない。かくして、特定の人格の間のあらゆる権利関係は、彼らの相互承認（wechselseitige Anerkennung）によって相互に制約されているが、しかしこれによってまた完全にその権利関係が規定されているのである」（III. 123）。

この相互承認による制限の規定を実際の例で適用すれば、以下のようになる。まず相互に他者の身体を認識し、承認するならば、身体の不可侵が本源的権利であったので、互いに身体を侵襲することなく、またその身体を物件として扱わないということが権利法則となる。次に、身体をもつ自由な意志をもった存在者は、その原因性を感性界にどこまでも及ぼす能力をもっている。あるものを自己の所有として自分が作用を及ぼしたい、自己の労働をつけ加えたいというのはまだ意欲であり、意識内のことであるので、他者にはそれを認識することができない。それゆえ、相互にこの意図を言葉によって宣言する必要がある。「このようにして、特定の諸人格一般の間では、彼らが排外的に占有しようと意志するものを、相互に宣言（Declaration）しあうことによって制約され、そしてもっぱらそのことによってのみそれが可能となる」（III. 123）。

対象が両者の利害がかかわるものであるのなら、両者の権利は平等であるので、たとえ一方が宣言したとしても他方がそれを認めないと、解決は和解か抗争かしかない。和解をすれば、そこで契約がなされ、相互の承認によって排外的占有権が成立する。抗争の場合は、相互に直接相手の没落をめざして闘争するが、これは相手の自由の尊重、身体の不可侵という本源的権利に反することになるので論外である。フィヒテはヘーゲルと異なり、相互承認のための闘いを死をおそれぬ英雄的徳として称揚しない。「そのような闘いはすべての戦争がそうであるように、絶対的に権利に反したものである」(III. 128)。

そこで、第三者の裁定を待ち、この第三者の判断が強制力をもつように、自分たちの物理的な力を将来にわたってこの第三者に委ねなければならない。これが「公共体 (ein gemeines Wesen)」であり、たんてきにいえば国家である。そしてそれは譲渡された物理的な力、権力をもつ。この公共体もそれに属する者が全員承認して成立したものである。これはホッブズから始まり、ロックを経て、ルソーの社会契約に帰結する契約理論、あるいはプーフェンドルフ、トマジウス、クリスチャン・ヴォルフなどの当時のドイツの法学的議論などが根拠になっているが、これについてはまたあとで少し論じる。「かくして彼らの所有権、すなわち排外的な占有の権利は、相互承認によって完遂され、それによって制約されており、相互承認の制約がなければ成立しない。すべての所有は、複数の者の意志がただ一つの意志［公共体の意志＝一般意志］に一致することにもとづいている」(III. 129)。

所有はある人格がある物に対して自分のものであるという権利をもつことと一般には理解され、物件と自己との関係が主になっているが、フィヒテにおいてはそうではないことがわかる。所有は宣言による他者の承認および公共体による占有の認可を経て成立する概念であるということは、それはむしろ他者に対して向けられた自己の権利なのである。ある物を自己だけではなく他者も求めるときに「これは自分のものであると言葉で宣言したし、それは公共体にも承認されたものだ、だからあなたも承認しなさい」という要求がフィヒテの所有の権利の中には含意されている。法的状況の中での所有権はまさに相互の承認を根底にもつものであり、他者がこれは君のものだということを承認することが前提になっているのである。

（1）テキストは以下のものを用いる。J. G. Fichte : *Zu Platners „Philosophischen Aphorismen“ Vorlesungen über Logik und Metaphysik*, in : *Gesamtausgabe*, II. Bd. 4, Stuttgart-Bad Cannstatt 1976.（以下 GA. と略記）

（2）J. G. Fichte : *Von der Sprachfähigkeit und dem Ursprung der Sprache*, in : *Gesamtausgabe*, I. Bd. 3, Stuttgart-Bad Cannstatt 1966, S. 97-127.

（3）ショトキーは、フィヒテが英語ができなかったので、ロックの『統治二論』を読んでいないとしているが（Richard Schottky : Vermutliche Anregungen für Fichtes Naturrecht, in : *Untersuchungen zur Geschichte der staatsphilosophischen Vertragstheorie im 17. und 18. Jahrhundert, Fichte-Studien-Supplementa*, Bd. 6, Amsterdam/Atlanta 1995, S. 269）、一七一四年にはすでにフランス語訳がアムステルダムで出ており、フィヒテがフランス語訳を通じて知った可能性は当然ある。それ以外にも当時の自然法の書物には、ロックの概念を継承したものは多かったと思われる。

（4）J. Locke : *Two Treatises of Government*, Cambrige Texts in the History of Political Thought, edited with an introduction and notes by Peter Laslett, Cambridge University Press 1988, p. 289.（邦訳　ロック、宮川透訳『統治論』中公クラシックス、二〇〇七年、三四頁）

（5）Locke, op. cit., p. 299.（上掲訳書、五〇頁）

第三章　フィヒテの「自然法」における国家論

一　法律と権力、共通意志の形成

(1) 公共体と法律の演繹

さて、第三者である権力は、各人が権利を保障するためのものであり、各人の権利、すなわち自由な存在者の共存のために他者の自由を侵害しないかぎりで、自己の自由な活動を保障することを目的として求められたものである。それを可能にするために、各人は自己の自由な物理的力をこの権力に譲渡する。そして権利の判断、すなわち自己の権利はどこまで及び、何が侵害されたのかの判断をこれに委任する。権利判断はもちろん本来は各人に属するものであるが、双方が係争状態にあるときは、中立の第三者、最終的には権力・公共体が、この権利判断を裁判という形で行なう。そして、その判断にもとづいて強制的な力を行使するが、そのためには、各人は自分の物理的な力を全面的に権力に譲渡しておく必要がある。

これは各人の自由を制約するものではない。この権力への力の譲渡は、私の権利を守るために、私の意志で自分が契約した社会・公共体に譲渡したものであるから、最終的には自分の意志による自己の物理的力の全面的譲渡になり、自由意志にもとづいている。この譲渡が権利にかなっていなければ、私は当然譲渡することはない。そして譲渡を制約するのは権利法則であるから、譲渡は権利法則にしたがってのみ行なわれる。権力が各人の権利を保障せず、権利法則にしたがわないのであれば、各人は当然、自己の自由な活動・物理的力を権力に譲渡する必要はないのである。フィヒテはロックと同じく契約の破棄を認めることになる。

公共体の権利判断は恣意的なものであってはならず、普遍的で客観的なものでなければならない。それゆえ、その規範を示すものとして「実定法（positive Gesetze）」が制定される。これは規範的なものであるから、個々のケースでの適用は裁判を通して行なわれる。したがって「実定法は権利法則と権利判断の中間に揺動する」（III. 103）媒介的なものである。フィヒテが「揺動（Schweben）」というときは、想像力が作用している場を示している。『全知識学の基礎』の理論的知識学の叙述でもそうであり、この『自然法の基礎』でも「このような想像力の揺動が合一の紐帯である」（III. 203）という表現が、ここと重なる内容である国法を扱うところで出ている。実定法は規範であるが、いわば骨組みでしかなく、杓子定規に適用されるべきものではない。個別的なケースでは、想像力によって適宜肉づけがなされ、解釈の幅が出てきて、法的判断力がその判定をなす。それが判例となり、それらの判例の蓄積がのちの個別ケースの判断根拠となる。そうした事態をさして想像力の「揺動」と彼はいうのである。

人間がしたがうのは公共体の意志・普遍意志のみであり、これは具体的に目に見えるものではない。だから、その普遍意志が客体化されて法律となる。「人は、ただ必然的で例外を許さない法律の意志においてのみ、彼の力と権利判断を譲渡できるのであり、自由で決意の際に変わりやすい一人の人間の意志に対しては、決して譲渡できない。権利法則が要求するのはただ前者のみであり、あらゆる権利を制約するのはただこれだけである」（III. 104）。

個人は自己の自由・権利を守るために、公共体に参加する。「個々人がこの特定の人間集団と一つになって一つの公共体をつくることに同意することによって、法律はその形式と結合の力を得る。それゆえ、万人が一致するのは権利と法律にかんしてのみである」（III. 107）。この法律と権力をもつ公共体は、すでに述べたように一つの意志をもつとされるが、フィヒテはこの一つの意志を「共通意志（gemeinsamer Wille）」（a. a. O.）と呼ぶ。この意志は普遍的なものでなければならない。それが特殊な意志であれば、たんに力における強者が弱者を強制し、自己の恣意を貫徹するだけのことであり、そこには同意も承認もなく、ただ抑圧された者のルサンチマンがあるだけである。それが普遍的であれば、その強制権力の行使はそれを受ける者の承認があり、同意がある。なぜならその該当者もこの権力を形成するにあたり、その契約に参加しているからであり、そのことによってその権力を承認しているからである。

公共体は承認された法律・実定法をもち、個々の権利の衝突に適用して、権利判断・裁定を行なう。公共体に所属する者たちが、公共体のこの裁定を相互に承認しあうことで、各人の所有の権利が確定される。公共体成立以前の各人の所有の相互承認は蓋然的なもので、その場かぎりの一致・和解にすぎず、将来にわたる権利の保障はない。それゆえ、将来的にはまた紛争の可能性があるが、それをくい止め、将来にわたって権利を保障するのが、法律として客体化された共通意志・公共体の役割である。かくして、公共体は相互の闘争を避け、相互の権利を調停し、相互の権利を将来にわたって承認させる媒介として存在することがわかる。

こうした承認は、私自身の自由意志によってなされたものである。もともと個人は、本源的権利として自己の活動の及ぶかぎり、それを自己のものとする権利をもつが、しかし自由な存在者が共存するには、各自が他者の自由の領域を保障し、権利法則にもとづいて自己の自由を制限しなければならなかった。そしてその権利法則を確定し、各人の恣意に任せないように将来にわたって保障するために、法律・公共体・権力を契約によって成立させた。それは自己の自由を確保するがゆえの自由の制限であった。人格は本源的権利として「本源的には全感性界一般に対して所有権をもつが、しかし現実にはそのようにふる舞うべきではない。そうではなくこの自由を失うことで自由であり、自由でありつづけることになる」(a. a. O.)。

「自由な意志にもとづく自由の自己制限による自由の実現」というフィヒテの根本的な図式がここでもまた生きており、そこには相互の承認が必ず働いている。自由な意志をもつ個体は、自己の自由意志で、共通意志をもつ公共体に参加し、相互に権利を承認しあい、自己の自由な本源的権利を自己制限する市民状態に入る。公共体に自己の物理的な力を譲渡し、公共体のもつ権力と法律によって、自己の自由が保障され実現する。間接的ではあれ、市民となった個人は自己が立法し、それが法律となって、それにしたがい行動する。そのことによって、自己の権利と自由が保障され、実現する。まさにカントのいう自己立法・意志の自律が、市民状態でこそ可能になるのである。「汝の意志の格律が、つねに同時に普遍的な立法の原理として妥当するように行為せよ」という定言命法は、もとからこの法的状態・市民社会を前提にしていたものだということもできる。定言命法は、個人が公共体を形成し、主権者として立法でき、全的な承認が実現して初めて可能になる原理である。フィヒテがここで共通意志の体現、客体化としての法律を呈示するのは、明らかにルソー[1]からカントに至る自律・自己立法の伝統を自覚的に継承する者であることを示している。

(2) フィヒテの契約理論

フィヒテの公共体・共通意志の成立の論理は、個人の権利・所有権の安全と、将来にわたるその保障という目的を基礎に展開されている。この論の導き方は、ロックの議論と同じであり、最初からたんてきに一般意志を論じるルソーとは異なる。そういう意味では、私有財産の保護を第一義としなかったルソーよりは、私有財産保護のために公共体を要請するロックに近いが、しかし「普遍的(一般的)」な「共通意志」という表現からも、基本的にはルソーの「一般意志」の概念が基礎になっていることがわかる。

「共通意志」という表現自体は、シィエスの『第三身分とは何か』にあり[2]、内容はルソーの一般意志を踏襲したものである。ラウトによれば、フィヒテはシィエスと関係があったとされ、シィエスの『政治論集』のドイツ語訳を出版社に仲介していたことにも触れている[3]。それゆえ、フィヒテがシィエスの政治思想に通暁していたことは明らかであり、そこから「共通意志」(volonté commune)の用語を使ったのではないかと推測される。

この共通意志がどのようにして可能になるのか、フィヒテはその過程を詳しく論じてはいない。上に示したように「個人が特定の人間集団と一つになって、公共体をつくる」と述べているだけである。それもそのはずで、フィヒテはあくまでも理性の法として演繹的原理でこの議論を展開しており、歴史的な経緯を問題にしてはいない。もともと、自然法の市民契約自体、歴史的事実ではなく、フィクションであり擬制にすぎないということは人口に膾炙しているが、カントとフィヒテの理性法はさらに、個人の自由と権利を守るという目的のために、理性から必然的に演繹されるア・プリオリな法の体系として自然法を論じている。したがって、それはあるべき法や国家の概念であり、現実の国家・法の体系がめざすべき規範として存在するものである。それゆえ、個人の権利と自由との保障という合理的な理由がありさえすればよく、歴史的な発生を追う必要はないのである。(4)

とはいえ、フィヒテは当時の契約理論にもとづいて、この市民契約が具体的にどのような契約によって構成されているか、一年後に出された第二巻の「応用自然法」の中の「公民契約（Bürgervertrag）」の章で詳しく論じている。議論は前後するが、関連としてそこも見ておくことにする。

ここでの議論は、ロック的なものを継承するフィヒテであるので、当然、「財産契約（Eigentumsvertrag）」が第一に来るものとされている。これは原理的には、すでに述べてきた各人の財産の主張と相互の承認を契約概念として表現したものである。根底には「本源的権利」が対応し、各人が自己の活動領域・自由意志の対象として設定し、同時に他者のそれを侵害することのない自己の財産がこの契約で認められる。これによって民事の関係が成立し、国家レベルでは民法が制定される。

次に、フィヒテは「保護契約（Schutzvertrag）」が来ると述べる。これは各人の財産契約の「限界それ自身が、物理的な威力をもった強制によって保護されるべきである」（III. 197）とする契約である。これは強制力にかかわるもので、「強制法」での議論に対応する概念である。財産契約で各人の財産が規定されても、その境界・限界を侵害し、暴力によってそれを奪い、破壊しようとする者がいるかもしれない。そのときに、お互いの財産を力によって守ろうとする契約である。この契約を発生的に論ずる時点では、国家権力は成立していないので、財産の防衛は各人の力の共同によるしかない。それゆえ、本来的な保護契約の内容は、「各人は依然として個人とみなされるすべての個人に、彼らが彼らの側で私の財産を暴力から守ってくれるならば、私は承認された財産を、同様に私の力で守るという援助を彼らに約束する」（a. a. O.）というものである。自己の財産防衛のために、相手の財産の危機の際に相互が相手の助っ人に駆けつけることを約束するわけだ。第一の財産契約は、相互の領域を侵害しないという「不作為（Unterlassung）」（III. 198）であったのに対し、この保護契約は、相手の財産を守るために威力を発揮するという意味で「積極的な履行（Leistung）」（a. a. O.）である。(5)

しかし、フィヒテはこの保護契約は空しいもの、契約としての実効性がないものとみなす。彼の議論は、双方が他者の攻撃によって危機にあるときには、自分の財産を守るのに手一杯で、とても相手の財産保護まで手が回らない、あるいは、一方が最初に誰かの攻撃で財産が脅かされて、他方が駆けつけるとされるときには、その他方は自己の財産の危機がなく、「相手が駆けつけるならば」というこの契約のそもそもの前提条件を満たさないから、この契約の履行義務が生じない、だから駆けつける必要はないというものである。

これは法権利の話であるので、「人間なら相手の危機を黙って見逃せないはずだ」というような道徳的な義務は介入してはならない。あくまでも契約に明記された義務しか存在しない。条件が満たされなければ、義務の履行は生じない。これはいわゆるダブル・バインドの契約であるが、肝心のダブル・バインドの条件が成立するとき、すなわち、双方の財産が攻撃を受けているときは、お互い駆けつける義務を果たすことが不可能という、初めから実効性のない契約だったのである。

そこで、フィヒテは、この問題の解決の総合として、国家をもち出す。「[この契約の履行が]確実になるのは、各人が国家に参入するだけで、この契約の充足が伴っているとき、すなわち、約束とその履行が総合的に合一され、言葉と行動が一つになる場合である」(III. 201)。契約は二つの人格、二つの意志によって、相互にとり交わされるものなので、国家との契約も、共通意志という一つの意志であり、実在する意志である。この契約は、「個人が『保護する』という彼の意志を全体に与える」(III. 204)ことによって可能になる。「疑いもなく、求められているのは、全体の保護である。そのようにして、個人は全体の部分になり、全体と合流する」(a. a. O.)。これが「結合契約(Vereinigungsvertrag)」(a. a. O.)と呼ばれ、国家との契約である。

この契約では、各人は一定の寄与を国家に対してなさねばならない。納税、労働奉仕、選挙への参加など、一般に市民の義務とされているようなものである。この個人の国家への寄与があるからこそ、国家は各人の財産や自由が他者から攻撃され、侵害されるときに、それを防衛してくれる。契約は一方だけが義務をもつのではなく、相互的なものである。個人が国家に自己の自由を守ってほしければ、契約の相手である国家に自己の義務を果たし、貢献しなければならない。そしてこの貢献が主権を構成する。「万人が政治体に含まれるかぎりで、国家権力を構成しており、これはまさに各人をその権利において保護することをめざし、本来的な主権を形成するものである。各人はもっぱらこの国家への寄与をする活動において、主権に属する」（III. 205）。

しかし、フィヒテは、「各人は自己自身と、自己に帰属するものすべてを全部与えるわけではない」（III. 205）という。ルソーの場合、この譲渡は全面的であった。「各構成員は自分の持つすべての権利とともに自分を共同体全体に完全に譲渡する」(6)とルソーは述べる。しかし、フィヒテでは、各人は部分的にしか国家に譲渡しないのである。「すべての人間は政治体に含まれているが、しかし、ただ部分的にである」（a. a. O.）。

この国家にさえ譲りわたすことのない部分とは、いったい何か。フィヒテはそれを「人間の自由」だという。しかし、リバタリアンと異なり、経済活動や欲望の自由を内容とするのではない。「この自由は、国家権力によって各人に保障されるものであり、そのためにこそ個人は契約した。絶対的自由によって道徳性へと高まるために、人間性（Menschheit）は市民性（Bürgertum）から自己を切り離すのである」（III. 206）。個人は国家に魂を全面的に売るわけではない。道徳性へと高まり、人間性を完成させることは、国家での市民生活によって促進はされても、国家が指図するものではない。個人は良心の自由をもち、それは「ただ自分自身のみによる自由な人格」（a. a. O.）によって導かれるべきものである。

フィヒテの、人間性の自由が国家から独立すべきという趣旨は、良心的兵役拒否などを考えるとわかりやすい。兵士となって祖国防衛のために闘うのは国家に対する義務であるが、それが自己の道徳性・良心・内面の自由を侵害するものであれば、この部分は国家に譲渡せず、違う部分で国家に貢献すればよい。ドイツなどで行なわれている代替義務のように、病院や福祉施設という公共性の領域で、労働という貢献・寄与を行なうことで、国家への義務・寄与を果たすのである。フィヒテの時代に良心的兵役拒否の権利などは存在しないから、彼がこのようなことを考えていたわけではないが、少なくとも、国家からの思想・良心の自由という彼の考えが、初期の『フランス革命論文』以来、変わることなく継承されていることがわかる。そして、それだけにとどまらず、「不可視の教会」による既成の国家や教会の相対化(7)、「プロテスタント」の名にふさわしい抵抗の権利へと発展の可能性をもっているのである。

さて、この結合契約は同時に「服従契約（Unterwerfungsvertrag）」（a. a. O.）でもある。国家に個人の財産・自由の活動を保護してもらうのであるから、個人は国家への貢献・寄与を果たすという義務が生じ、納税の義務・勤労の義務などが生じる。あるいは、国家が定めた諸法律にしたがうのも義務である。このような市民の義務を果たすことが、国家への「服従」になる。

「服従契約」はフィヒテにおいてはこの箇所にしか出てこないが、プーフェンドルフの二重契約理論として、近代の自然法の歴史では長らく重要な契約であり、絶対君主を支える理論であった。[8] プーフェンドルフは、国家形成の第一の結合契約と同時に、市民たちがみずからの選んだ首長たちの権威に服従し、一定条件のもとで忠実な服従を彼らに約束する契約を結ぶと主張する。これが服従契約である。

プーフェンドルフは市民の抵抗権や法を執行する際の判断への参加を認めないので、基本的に服従契約は、君主・支配者への一方的な服従になってしまう。しかし、フィヒテの文脈では、そのような一方的な服従の意味はない。彼がこの言葉を出すのは、あくまでも契約に伴う相互拘束のからみであり、国家が個人の自由と財産を保護することとひき換えの国家への義務であり、公権力の定めた諸法律にしたがうことを意味する。その中には国民主権としての政治への参加も含まれている。

以上、フィヒテの公民契約の全体を見てきたが、細分すれば、「財産契約」「保護契約」「結合契約」「服従契約」の四つになる。しかし、「財産契約」「保護契約」は国家の存在を前提にせず、個人が相互に存在しているといういわば理論上の自然状態であり、その契約の有効性はそのままではありえないので、「結合契約」を必要とした。そして「服従契約」は「結合契約」に含まれる一側面を示しただけのものであった。基本的には「結合契約」一つがあれば、すべての契約はそこに含まれている。そういう意味では、国家設立の唯一の契約しか認めなかったルソーと同じなのである。

二　公共体と主権

（1）基本法・憲法と公共体

先に見たように、フィヒテの公共体は、各人の所有が保障されるために要請されたものであった。各人はみずからの所有、私的財産、労働・活動の自由を他者から侵害されないために、公共体によるその範囲の承認を得て、そして強制権によって未来にわたっても侵害されない安全を保障してもらうのである。そうなると人間同士の権利関係・法的関係は、公共体の中でのみ可能であり、その意味ではホッブズ、ロックがいうような公共体を形成する以前の自然状態では、法的関係は問題にならない。フィヒテは「人がおうおうにして理解しているような意味での自然法はまったく存在しない」（III. 148）と断言する。フィヒテにとって、自然法とは公共体、すなわち国家を形成している状態になる。「国家それ自身が人間の自然状態となり、その法律は実現された自然法そのものであるべきだからである」（III. 149）。

こういう国家の捉え方は『フランス革命論文』にはなかったものである。そこでは、人間の権利を損ねるような国家は廃棄されてしかるべきということが主張され、国家よりも「社会」、理性的存在者の相互の関係が本来のものであるとされていた。しかし、『フランス革命論文』は現実の堕落した君主国家への批判であり、理念的な国家を議論したものではない。それに対し『自然法の基礎』は、多数の理性的存在者が共存するとき、彼らの自由をいかにして保障するかという目的のために、共通意志を体現した公共体としての国家を理性的に演繹したものであって、理念的な国家であり、現実的な国家を扱ったものではない。

ここでいう公共体は成員に「強制できる権力」をもっており、その意味で国家であるが、しかしそれは権力をもつ公共体であると同時に、理性の演繹により導出された規範としての国家、普遍意志を体現した当為としての理性国家である。その意味では、フィヒテがこれまで理性的存在者の共同の当為の状態として語ってきた「社会」と同じ役割をもつ。各人の活動の権利、所有を保障するために論理的に導かれた「社会」であり、普遍意志が体現された社会としての公共体・国家なのである。そのように考えると、『フランス革命論文』とのつながりは依然として存在するといえるだろう。とはいえ、理性的存在者の共同としての「社会」の場合は、各人は理性的に行動し、他者の領域を侵害する者はいない。しかし、国家の場合は各人は利己的に行動することを前提しているので、彼らの侵害に対抗する強制権力が必要になる。「社会」と「国家」の大きな違いは、この強制権力の必要性なのである。それはすでに述べたように（第一章第四節）、フィヒテの法と道徳の分離の理解の深化を示している。

これ以降、フィヒテは「社会」と「国家」を対立的なものとしては扱わないようになり、彼が国家と書くときはつねに理性的存在者の共同体としての社会が含意されている。

さて、公共体は各人の権利関係を保障するものとして要請された。それゆえ、公共体が行なうことは、まず「各人格の権利がどの程度まで及ぶべきか」（III. 153）を規定することであり、これが「民事立法（die bürgerliche Gesetzgebung）」（a. a. O.）である。それからここで確定された他者の権利を侵害した者を処罰する「刑事立法（die peinliche Gesetzgebung）」（a. a. O.）が規定される。これらは「強制法」として、権利概念から必然的に演繹されるものである。個人の本源的権利からスタートしたのであるから、この順番はそれを守るという目的にとって必然的であり、フィヒテがロックと同じ地点に立つことを示している。

フィヒテがこのあと制定されるとしているものが、基本法・憲法である。憲法は個人の権利を規定するものではなく、この権力をもった公共体、実際の国家の運営を規定するものである。その目的は、公共体・共通意志がその公共性・普遍性を真に維持し、公共性・普遍性の詐称を防ぎ、そのことによって、個人である市民を抑圧しないということを可能にするためである。

フィヒテはここで、「共通意志（gemeinsamer Wille）」と「共同意志（gemeinschaftlicher Wille）」（III. 155）を区別する。後者は、人々が集まって、「共同の力をもって（mit gemeinschaftlicher Macht）弱者を抑圧するため」（a. a. O.）のものである。(9) この意志には、弱者の人たちの合意がそもそもからしてないので、普遍的ではなく、個別的なものにすぎない。ただ多数であるというだけのことだ。しかし、人々が集まったある共同体において現実に可能なことであり、またしばしば実際に見受けられることである。多数派の横暴はみなある特定の利害からであり、そもそもが普遍的な利害ではない。それゆえ、こういうことが二度も三度もあれば、抑圧した側も状況次第では、いつかは自分が抑圧される側になるかもしれないということは誰でも考えつくことである。

そして、権力の強制は、「その自己維持が、そのつねなる実効性によって制約され、したがって一度作用しなくなると、永久に否定されるようなものでなければならない」(III. 157)。あくまでも必要なときのみに発動すべきであり、それ以外に恒常的に存在すべきものではないのである。強制は個別的なケースにおいて生じるものなので、法によって規定されなければならない。フィヒテはこれを「基本法 (Fundamentalgesetz)」(a. a. O.) といい、また「憲法 (ein constitutionelles)」(a. a. O.) と呼ぶ。憲法は「法律が自分自身に法を指定し、自己内還帰する (in sich zurückgehende) 法律」(a. a. O.) である[10]。法の権力が共同意志・多数派に恣意的に使用されないために、その運用を規定したものであり、その意味で反省構造・自己言及のシステムをもつ法なのである。

近年では、樋口陽一氏が「立憲主義」を復権させ、憲法は国民を規定する法ではなく、国家権力の横暴を阻止する法であることをようやく人々も口にするようになった。自己言及・自己反省のメカニズムをもつフィヒテの憲法も、同じ機能をもち、強制権力の悪用をみずから規制する法となっている。あとでも述べるように、フィヒテは警察による市民の管理、すなわち具体的には身分証明書をつねに携帯し、警察が尋問すればそれを見せなければならないと説いているために、そこから「警察国家」「全体主義国家」という批判[11]が出てきたが、この強制権使用の憲法による抑制を考慮すれば、彼の意図は必ずしも警察国家ではないことがわかるだろう。一部の勢力が自己の利益のために権力をふるうことを、彼は正当なこととはみなしていない。そして、そのような場合でも、彼は公共体・共通意志の発言としての人民集会を認めて、是正の手続きを示しているので、「警察国家」「全体主義国家」という批判はあたらない。

この憲法は、全員一致でなければならない。なぜなら、それは普遍的な共通意志が客体化されたものだからである。各人が自己の自由と権利を守るために、私はこの共同体に参加するとして契約したものであり、みずからの意志でその共同体・公共体に参加しながら、同時にその憲法には反対だということは自己矛盾である。「各人は憲法に同意を与えなければならない。憲法は根源的な共通意志によって保障されている。各人はこの特定の憲法のもとで、自己の安全が保障されるからこそ国家に加入したのである」(III. 184)。この憲法に賛同しなければ、個人はその国家を出る以外になく、新たにその外で別の憲法をもつ公共体を形成するほかはない。

フィヒテによれば、憲法の内容は公共体の政治制度の規定であり、自己言及的な法であるから、法律の法、「法律の執行についての法律である」(a. a. O.)。具体的には「執行権力の執政者の選出、監督官の選出と彼の責務についての規則」(a. a. O.)であり、「この種のあらゆる法律がいっしょになると憲法と呼ばれる」(a. a. O.)。政治体のあり方、運営の仕方、選挙の仕方などを定める、文字どおり国家の「構成(Constitution)」の法であり、法律を定める法律、自己反省・自己言及の法である。

フィヒテがとくに言及しているのが選挙である。ただし、それは今日のような立法府の議員・代議士を国民が選出するという意味での選挙ではなく、執政者を選出する選挙である。「選挙は一般に、この国家において代議制がどのように配置されるべきかを規定するものであり、これを扱った憲法のすべての部分は、絶対的な全員一致によって成立させられなければならない」(III. 164)。これと並ぶ重要性をもつのが、以下に論じる監督官制度であるが、上に述べたように、これも同様に憲法で規定されるべき事柄である。執政者と監督官というフィヒテの憲法体制で最も重要な二つの役割が、全員一致の憲法、すなわち共通意志によって定められている。

(2) 監督官制度と人民主権

国家が国民の権利と自由を守るために強制権力をもつことは上に述べてきたが、それが判決を出す司法権力と強制を実施する執行権の二つになる。しかし、このことによって、公共体は裁判官であるとともに当事者であることが可能になる。これでは公共体が一方の当事者のときに、裁判の公平性が損なわれる。そこで裁判官を兼ね備えずに執行権のみをもつとしても、裁判官の判断を強制力をもって行使するのは公共体である国家であり、裁判官は公共体がその判断にしたがわなければ、判決を実行することができない。せいぜいで強制力のない勧告・忠告だけになってしまう。公共体は唯一の普遍的な共通意志そのものであり、強制力をもつのはこの意志だけである。公共体を強制できる外部の意志や法は存在せず、そういうものがあれば公共体ではなくなってしまう。公共体、共通意志は法に規制されない法外的な存在であり、憲法制定権力である。

フィヒテの解決は、公共体は公権力をもつべきではないとするものである。「公共体は公権力の執行を譲渡し、それを一人か複数の特別な人格に委任しなければならない」(III. 160)。彼らは「執政者(Verwalter)」(a. a. O.) と呼ばれ、公権力の発動にかんして公共体に責任を負う。わかりやすくいえば、彼らが執政府(行政府)を構成するのである。フィヒテはこのように公共体・共通意志と権力を行使する執政者・政府を区別する。そうしないと普遍的な意志である公共体が、国民との係争時に当事者になることができないからである。執政者・政府はあやまつこともありうる。しかし共通意志である公共体にはそれが許されないのである。執政者・政府がまちがいを犯すときに、公共体がそれを正すことができなければならない。だからこそ、公共体は権力を一定の人格に譲渡するのである。

しかし、これは権力分立による執政府の抑制を意味しない。フィヒテはモンテスキューの『法の精神』を研究したにもかかわらず、あるいはそのゆえにか、権力分立を認めず、立法権も司法権も執政府が担うと考えている。フィヒテにとって重要なことは、権力の分立よりも公共体・共通意志と公権力の分離なのである。権力分立は三つにわかれた公権力が互いを抑制しあうものだが、そこには国民・人民は直接入っていない。早い話、議員と政府の執政者そして司法官僚が馴れあって、互いにお目こぼしをすれば、公権力は意のままに統治できる。国民・人民を置き去りにして、自分たちでお手盛りができるのが、三権分立である。公権力は一部の人間に委託されたものであるから、いくらでもまちがう可能性はある。その場合、公権力よりも上位のものがなければ、公権力の過ちを正すことはできない。この上位のものが共通意志・公共体であり、国民・人民の主権をあらわすものである。公権力は主権を代理はしても、主権そのものではない。議会も政府も国民主権をあらわすものではないのである。主権は国民・人民そのものにあり、それ以外ではない。フィヒテが公共体・共通意志を公権力から分離するのは、公権力の横暴、主権の詐称を防ぐためであり、あくまでも主権を共通意志・公共体にとどめるためである。三権分立は、この肝心のことを忘れたものである。(12)

フィヒテのこの思考経路はルソーから由来したものと考えられる。ルソーも同様に、プーフェンドルフらの権力分立を批判し、「主権は分割できない」[13]と述べている。そして、主権である一般意志は、力を行使するために統治者にその力を委託する。彼は「主権者から委託された権力を、主権者の名において行使しているのであり、主権者はこの権力を思いのままに制限し、変更し、とり戻すことができる」[14]。統治者・政府を抑制でき、まちがいを正すことができるのは主権者・一般意志しかいない。具体的には、ルソーはこれを定期的な人民集会として、これが統治者を制御するものとみなしている。

ルソーにおいても、一般意志は法として客体化されているから、統治者・政府の役割はこの法の執行であり、それにもとづいて個々のケースに合うように政令や規則を制定することである。これはフィヒテにも受けつがれ、彼もまた統治者・執政府は共通意志の客体化である法律の執行、そのための政令・規則の制定であるとしている。公共体での法律はすべて個人の自由・活動の権利を保障し、共存を可能にすることが目的となるので（いうなれば国民の幸福追求の保障）、執政府は立法された法律の施行を担うとされる。すなわち「彼らは法が支配することに責任を負っているので、彼らに法務（Rechtsweg）が委ねられなければならない」（III. 161）。その一つに政令や通達を定めることがあるが、これらはまったく新しい法律ではなく、各人の権利と自由を保障するという根本的な法律（根本法則）のより細かな適用にすぎない。「権力をもつ者は、理解力あるすべての者なら承認できるような正しい法律を与えることを要求されている」（a. a. O.）。そういうことであれば、立法府と執政府が分裂せず、一つであった方が施行に矛盾がないというのがフィヒテの理屈である。

三権分立の場合、司法権はさまざまの裁判や違憲立法審査で、執政府や立法府を抑制することができるが、司法府の下した判断に執政府や立法府が無制約にしたがうのであれば、それはとりもなおさず司法府に最高権力が集中することになる。司法府が公共体・共通意志を体現するものとなり、執政府は司法府の権力をただ物理的に行使する力にすぎないということになる。そうなると司法の専制でしかない。逆に、司法の判断を執政府が無視すれば、司法はもとから強制権力をもたないのであるから、ただのお飾りにすぎず抑制力がない。ならば、なくてもよい存在である。

以上みてきたように、権力の分割・三権分立では、共通意志による公権力の抑制にならないだけでなく、三権分立自体にもこうした矛盾がある。だからこそフィヒテは三権分立に意義を認めないのである。ルソーは一般意志、その客体化として法による公権力の抑制、たんてきにいえば共和制・立憲主義を人民集会で可能にしたが、フィヒテは公権力の横暴を何でくい止めるのであろうか。これが制度的になければ、共通意志が公権力を規制することができない。この課題に答えるべく、フィヒテが提起するものが「監督官（Ephorat）」制度である。

監督官は一切の執行権や司法権をもつことはないとされる。監督官の役目は、法律の無効を宣言することで、公権力のすべての部門を停止し、人民を集めて会議をさせ、新たな公権力を成立させる契機になることである。この人民集会において、執政府にその公権力を譲渡し、表舞台から消えていた公共体・共通意志が再びあらわれる。この監督官がみずからの権限を発揮するときは、「人民（Volk）が憲法によってあらかじめ、一定の場合に、公共体として宣言される」（III. 170）ときなのである。監督官制度は、執政者への人民の統治の委任後、いったんは表舞台から消えていた公共体を呼びもどすための装置である。

「絶対的に肯定的な権力に対して、絶対的に否定的な権力が対置されること。それが法と理性にかなった国家体制の原則である」（III. 172）。監督官が執行府の肯定的、積極的な権力に対し、それを根本から否定する力として働くという構図は、絶対肯定の活動・力としての絶対我（第一原則）に対して、絶対的否定の力としてそれに作用する非我の活動を思わせる。監督官は自分だけで存在してもまったく意味はない。それは、ただ第一原則の絶対的な肯定、同一性原理による存在生成があって初めて、それを否定する非我の第二原則が意味をもったのと同様に執政府との関係の中でのみ意味をもつ。絶対我と非我の相克は総合という活動の第三原則を導いたが、この監督官制度もまた、公共体の活発な議論、侃々諤々の公衆の熱い議論と判断を引きだすことがその役割である。それゆえ、たんなる否定ではなく、新しい政体を創設するための、いうなれば「肯定的な否定」である。

この肯定的否定は、具体的には、監督官による「国権停止（Interdict）」（a. a. O.）である。これが公示されると「執行権がこの瞬間から決定するものはすべて無効とされ、法的効力をもたないと宣告される」（a. a. O.）。監督官は個々の法律に対して無効を宣言することはしない。それは法律の判断であり司法権力のすべきことで、監督官がそれをなせば、司法よりも上に立つことになってしまい、司法権力の存在意義がなくなるからである。もちろん、執行権力はこの宣言を無視して自分の執政を継続することはできるが、それは宣言以後はすべて「監督官によって宣言された共通意志に対する抵抗であり、したがって反乱（Rebellion）である」（a. a. O.）。それゆえ、正義と正当性は存在せず、そういうものとして処罰されなければならない。

そして「国権停止の公布は同時に公共体の召集である」（III. 173）。これは比喩的な意味でフィヒテは語っているのではなく、ルソーと同じく、ほんとうに人民が集うことをフィヒテは意味している。小さな共和国であれば、広場に市民全員が集まって議論することは可能だが、一般的な国家であれば一堂に会するのは物理的にむずかしい。それゆえ、国の各地でそれぞれ集まって議論するという形式でかまわないが、それでもフィヒテは「この種の協議では、あちこちにいる人民が実際に大群衆となって一ヶ所に集まることが必要である」（a. a. O.）という。そうすれば、彼らの前で執政官と監督官が互いに答弁をして、判定者が人民となるからである。「積極的権力と否定的権力、すなわち執政官と監督官は、召集された公共体の前では裁判の当事者である」（III. 175）。監督官が支持されれば、新たな憲法体制ができ、執政官が支持されれば、監督官は罷免され、新たな監督官が選出される。

フィヒテはここでの判定は事柄の本性上、全員一致であるべきだとする。もちろん、意見の相違があり、一致できない人たちもいるであろう。しかし、ここでの決議は国家のあり方、憲法体制を決めるものであり、誰もが当事者であり、主体である内容である。人民集会は公共体の顕現であり、普遍的なものでなければならず、多数決だと個別的なもの、特殊なものになってしまう。それゆえ、説得を受けたあと、公共体の判断・判定にどうしても同意できない者は、その国家を自己の私有財産をもって去るべきであるとフィヒテは考えている。

このように監督官の役割は、執政府が誤った方向に進むときにその権力をもって停止を命じ、その判断が正しいかどうかを決める人民集会を召集することである。正しい場合には新たな憲法が定められ、その後、選挙によって執政府を選出する。こうなると最高権力は執政官でもなく監督官でもない。共通意志を体現する公共体、その現実的なあらわれとしての人民・民衆の集会にあることになる。それゆえフィヒテはいう。「人民は実際でも法の上でも、最高権力であり、それを超えるものはない。それは他のすべての威力の源泉であり、ただ神に対してだけ責任を負う権力である」（III. 182）。とはいえ、抽象的な人民は観念の中だけのもので、現実には国のあちこちに散在し、そこには一体になった人民の姿など現実にはない。しかし、「人民が［一ヶ所に］集うことによって、執行権力は現実にも法の上でも、その権力を失う」（a. a. O.）。そのときに、抽象的であった人民概念、普遍意志としての公共体が、現実の存在として目の前に現象するのである。監督官は肯定的否定として、公共体が現実存在として現象する契機的存在となっている。

フィヒテがこの監督官制度を何をヒントに構想したのか、詳しいことは不明である。[15] とりあえず、すぐに思いつくのは、ルソーの『社会契約論』である。彼はこの中で古代にあった護民府を肯定的に評価し、スパルタの監督官にも言及している。護民府・監督官が絶対的な否定的権力というのもフィヒテと同じである。「みずからは何もなしえないことになっているからこそ、すべてを阻止することが許される」。[16] ルソーは定期的な人民集会をすでに提起しているので、護民府・監督官を積極的に提案しているわけではないが、フィヒテは定期的な人民集会を設置しないかわりに、この監督官の絶対的な否定的権力の行使を、人民集会の召集と連動させている。そのために、監督官は共通意志の発現のためには、必須のものになっているのである。

先に触れたように、フィヒテは人民が代表を選挙で選び、彼らが立法府を構成して法を定めるという通例の意味での国民主権論には立たなかった。その理由はおそらくルソーの影響であると思われる。周知のとおり、ルソーは代議制には否定的である。「主権は、本質上、一般意志の中に存する。ところで、意志というものは決して代表されはしない。……だから、人民の代議士は、人民の代表者ではないし、代表者たりえない。彼らは、人民の代理人であるにすぎない。彼らは何ごとをも最終的に取り決めることはできない。人民がみずから承認したものでない法律は、すべて無効であり、断じて法律ではない」。[17] ルソーにおいては、主権である一般意志は人民の立法権にあり、これは議会での立法ではなく、人民集会での立法と承認を意味する。

フィヒテは議会についてほとんど論じない。むしろ、執政府が立法も兼ねてよい、彼らの仕事自体が法の執行であり、そのために必要なさまざまな関連法を定めてよい、その方が合理的であるという。そのかわり、その法律と執行に問題があるときは、監督官が国権停止、すなわちすべての法の無効を宣言する。同時に、人民集会を召集し、執政者と監督官の弁論を聞いて、人民裁判によって判決を下す。そして執政者に不正があれば、新たに選挙して執政者を選出する。その際に必要があれば、新たに人民集会で憲法を制定して、新たな公権力をつくり出すというプロセスを示したのも、主権が議会によって代表されず、ただ人民のみが立法による主権を有するというルソーの論理を継承したものだといえよう。国民・人民は立法を行ない、国民主権、フィヒテの言葉では「人民」主権が保障されているのである。

もう一つの理由として、当時の事情もある。その時代には今日のような普通選挙制にもとづく民意の反映である公正な議会が存在しておらず、国王の執政の補佐や助言をするか、自分たちの既得権保護にやっきになる身分制の議会しかなかった。フィヒテの時代の議会は、絶対君主として強大な軍事力と徴税権をもち始めた君主に対し、君主の利害と自分たち貴族の域内での徴税や徴用などの既得権や利害を調整する場であった。議会は利害の草刈場であり、その利益の源泉である農民や職人は参加できず、利害の諸党派があるだけで、普遍的な公共性を体現する場、すなわち国民主権の場ではなかった。そのような議会のあり方の典型をルソーはイギリスにみて批判しているが、当時に正当な議会制度が存在せず、議会を通しての国民主権が成立しない以上、人民集会という形式で立法権を成立させる以外になかったのである。

フィヒテの人民主権主義はこれだけにとどまらない。彼は監督官の判断と召集がなくても、公共体・人民の意志は体現すると考える。たとえば、圧政がひどくなり、それに抵抗して民衆が蜂起する場合がある。「人民の蜂起は事柄の本性上、形式だけではなく内容面でもつねに正義である」(a. a. O.)。かりに彼らが少数の人間であっても、権力が不正な場合には、民意は少数の反乱者を支持するはずである。彼らの反乱は公共体の結集を喚起し、公共体を現実化する契機となるので、いうなれば「召命がなくても自然の監督官である」(III. 183)。彼らの反乱、蜂起は公共体の議論を喚起し、そこで判定される。係争の当事者は執政官とこの反乱者ということになる。公共体・人民が少数の反乱者を支持せず、彼らの決起に続かない場合は、圧政がまだ顕著になっていないか、あるいは人民がみずからの自由と権利に目覚めていないか、または反乱者が独善的・主観的な利益を追求したかという理由になる。前二者の場合は、まだ機が熟していなかったのであり、最後の場合はそもそも反乱の名に値せず、公共体を喚起し現実化する契機にすらなりえないので論外である。

ここまで来ると、フィヒテは日常的に革命の可能性を残した立憲体制を肯定していることになる。既存の統治者・執政府が誤った方向にいけば、監督官がそれを正すか、人民みずからが蜂起する。最初は少数派として普遍性がないと反乱者扱いを受けても、人民の支持を受けるように努力して、人民の判定により革命の正当性を得たならば、「自然の監督官」として、公共体・共通意志の発現を促すことが可能になる。公共体・共通意志が現実に発現するときは、監督官の否定宣言か人民の反乱であり、人民集会でその正当性が判定される場合は、結局それは「革命」以外の何ものでもない。ネグリのいう「構成的権力」[18]のよいモデルがここにあるといってもよいのではないだろうか。

あくまでも、理性的自然法が支配する理性的国家という理念モデル、人々が努力して実現に向かうべき目標概念の議論という留保があるとしても、上に述べてきたような帰結が可能になるフィヒテの理想主義、楽観主義には半ばあきれるしかない。歴史的な評価として根強かったように[19]、この監督官制度と人民集会は、地に足のつかない哲学者の空理空論としてかたづけられてきた。監督官が国権停止をすれば、国家が混乱し、その際に他国が攻めてきたらどうするのか、あるいは一切の法の無効が宣言され、法の支配に空白状態が生じ、そのときに火事場泥棒的な犯罪が横行するとき、誰がとり締まるのか、人民集会と人民裁判は歴史上の事例が示すように、煽動者にあおられたマス・ヒステリーでしかない、などいくらでも批判は可能である。だが、フィヒテはこうした現実的な議論は「法論の問題ではなく、政治論の問題である」(III. 163) として、意に介さない。自然法論は個人の権利と自由の保障のために、いい換えれば正義と公正のために法治国家はどうあるべきかという理念型を示すものであるから、具体的な適用は政治論に任せればよいのである。日本国憲法第九条が戦争放棄をうたいながら、現実には予算規模で世界第七位の軍隊を保持し、それは軍隊ではないという論理が現実政治でまかり通っているのが、政治・政策論の世界である。それからすれば、フィヒテの論理と現実政治の齟齬などはかんたんにクリアできるというものだ。

たしかに、フィヒテの空理空論、書生論的な理想論をシニカルにあざ笑うことはたやすくできる。しかし、現実の歴史的な現場を思いおこせば、フィヒテがここで述べているような歴史的な瞬間があったのも事実である。現代史にあるものだけでも、アメリカではワシントン大行進、ポーランドでは連帯労組の決起集会、チェコでのプラハの春、そしてビロード革命のときヴァーツラフ広場に集った八十万人の民衆、ベルリンの壁崩壊時に壁に集った群衆、フランス五月革命、中国・天安門広場の学生と民衆、韓国・光州事件など枚挙にいとまがない。為政者側のよくいう「烏合の衆」、「マスメディアに煽動された情動的な群衆」などという決めつけでかたづけることができない公共性、普遍性の体現がそこにある。たしかに一時的ではあれ、公共体がそこに体現され、公共体の判断・判定がそこに示されたのではないか。詳しくは第四部第一章で論じるが、アメリカのブルース・アッカーマンは、これを憲法創造の契機として、民主政治の基礎と考えている。[20]

現実の人民・民衆の集会、そしてその判定は、執政者の暴力によって弾圧された例も多い。[21] 監督官が国権停止を宣言し、それを無視した執行権力は国家反逆者であるといったところで、現実の暴力をもつのは執政者であるから、痛くもかゆくもないであろう。しかし、理想論者フィヒテは、「人民の力は、執行官が手にしている権力よりも、比較できないほど優越していなければならない」(III. 177) と説く。そのためには、執政府に公共体に抵抗できる武力を与えてはならないとされる。もちろん、執政府は法の強制力を発揮するために警察をもっているが、それでもフィヒテは人民の力はこれに勝ると考えているふしがある。フィヒテはいう。「公共体の召集においては、いたるところで――国の地方の都市であっても――民意に反抗しようとする執政府のありうる試みに十分対抗できるくらいの多くの人々が集まり、したがって公共体が公共体として宣言されるとすぐに、尊重すべき威力に拠って立つということ。これが理性にかなった憲法体制の主要格律なのである」(III. 178)。

このときの人民・民衆の力が武力を意味するのか、それとも言論・世論的なものを意味するのかは、これだけでは判断できない。フィヒテの公共体が議論の場・公論の場であることを踏まえれば、そこには武力は入らず、「ペンは剣よりも強し」という言論の力が警察権力に勝ると考えるのは一つの可能性である。だが、この章の初めで見たように、権利を保障してくれないなら、物理的威力をすべて国家に譲渡する必要はないといい、人間性と自由の国家からの独立を説くフィヒテであってみれば、それが武力であったとしても論理矛盾はなく、また武力以外の実力、非暴力抵抗でもかまわないのである。

（1）J.-J. Rousseau : Du contrat social, Textes établis et annotés par Robert Derathé, *Œuvres complètes*, III, Gallimard, Paris 1964, pp. 379-380.（邦訳 ルソー、作田啓一訳『社会契約論』ルソー全集第五巻、白水社、一九七九年、一四四―一四五頁）ルソーの『社会契約論』からの引用はすべてこの訳書にしたがう。

（2）Emmanuel Joseph Sièyes : *Qu'est-ce que le Tiers État ? precede de l'essai sur les privilèges*（1788）, Édition critique avec une introduction par Edme Champion, Paris 1888, reprinted by Lightning Source UK 2011, pp. 65ff.（邦訳 シィエス、稲本洋之助他訳『第三身分とは何か』岩波文庫、二〇一一年、一〇一頁以下）

（3）Reinhard Lauth : Der letzte Grund von Fichtes Reden an die deutsche Nation, in : *Fichte-Studien*, Bd. 4, Amsterdam/Atlanta 1992, S. 197.

（4）フェアヴァイエンは、「自然法は国家の形式としての規定可能な概念を記述したものである」という趣旨のラインホルト宛のフィヒテの手紙を引用して、この異論の答えとしている（Hansjürgen Verweyen : *Recht und Sittlichkeit in J. G. Fichtes Gesellschaftslehre*, München 1975, S. 134.）。

（5）これはのちに国家への奉仕の義務となる。

（6）J.-J. Rousseau : Du contrat social, *Œuvres complètes*, III, Gallimard, Paris 1964, pp. 360-361.（邦訳 ルソー、作田啓一訳『社会契約論』ルソー全集第五巻、白水社、一九七九年、一二一頁）

（7）これについては序論を参照のこと。

（8）R・ドラテ、西嶋法友訳『ルソーとその時代の政治学』九州大学出版会、一九八六年、一九五頁。
この書物はルソーの『社会契約論』が当時のどのような法学、国家哲学にもとづき、どのような批判になっているかを詳細に記したものである。私が参照したフィヒテの自然法についてのフィヒテ研究書が、そうした自然法の議論そのものに切り込まず、ただフィヒテの論理展開とその矛盾を論じているだけでもの足りないのに対し、フィヒテの自然法を研究するうえでも、これが最も有益になった書物である。私も含めてフィヒテの自然法研究はまだ哲学者だけの対象で、法学研究者が対象としていないことのあらわれといえるが、今後は法学専門家からのフィヒテ研究が待たれる。

（9）『自然法の基礎』の邦訳者である藤澤賢一郎氏は gemeinschaftlicher Wille に「共謀」という訳語を補足しているが、まさに意を汲んだ訳語だと思う（フィヒテ全集第六巻、哲書房、一九九五年、一八八頁）。

（10）フィヒテでは、in sich zurückgehen という表現は基本的に反省、Relfexion を意味している。

（11）ヘーゲルおよびヴィルムスの批判。たとえば、ベルナルト・ヴィルムス、青山政雄・田村一郎訳『全体的自由』木鐸社、一九七六年、一三九頁。

（12）第一章で論じたように、マウスはこの三権分立を、人民主権を矮小化し、政治をたんなる機能的システムにして「再封建化」すると批判している。Ingeborg Maus : *Zur Aufklärung der Demokratietheorie, Rechts- und demokratietheoretische Überlegungen im Anschluß an Kant*, Frankfurt am Main 1994, S. 32ff.（邦訳 インゲボルク・マウス、浜田義文・牧野英二監訳『啓蒙の民主制理論』法政大学出版局、一九九九年、二〇頁以下）

（13）J.-J. Rousseau : Du contrat social, *Œuvres complètes*, III, Gallimard, Paris 1964, p. 369.（邦訳 ルソー、作田啓一訳『社会契約論』ルソー全集第五巻、白水社、一九七九年、一三二頁）

（14）Rousseau, op. cit., p. 396.（上掲訳書、一六四頁）

（15）フィヒテの監督官について考察した論文が、Marco Rampazzo Bazzan : Das Ephorat bei J. G. Fichte, in : *Fichte-Studien*, Bd. 27, Amsterdam/New York 2006, S. 117-133 である。この論文は、スパルタやアルトジウスなども関係はするが、やはりルソーの影響が一番大きいと見ている。とくに興味を引くのは、ルソーの『社会契約論』を一八〇一年に独訳して出版したフランツ・ヴィルヘルム・ユングの手紙に「フィヒテがこの印刷を推し進めた」とあり、フィヒテがすでに翻訳原稿をもっていたことを示していることである（Derselbe, S. 123-124.）。フィヒテはルソーの主著をドイツに広めた張本人の一人であった。

（16）J.-J. Rousseau : Du contrat social, *Œuvres complètes*, III, Gallimard, Paris 1964, p. 454.（邦訳 ルソー、作田啓一訳『社会契約論』ルソー全集第五巻、白水社、二三二頁）

（17）Rousseau, op. cit., p. 429.（上掲訳書、二〇三頁）

（18）アントニオ・ネグリ、斉藤悦則・杉村昌昭訳『構成的権力』松籟社、一九九九年。

（19）ヘーゲルが『自然法論文』で行なった監督官批判はその代表的なものである。G. W. F. Hegel : *Über die wissenschaftlichen Behandlungsarten des Naturrechts*, in : *Hegel Werke in zwanzig Bänden*, Bd. 2, Frankfurt am Main 1970, S. 475. 他には、Richard Schottky : *Untersuchungen zur Geschichte der staatsphilosophischen Vertragstheorie im 17. und 18. Jahrhundert*, *Fichte-Studien-Supplementa*, Bd. 6, Amsterdam/Atlanta 1995, S. 232.

（20）Bruce Ackerman : Storrs Lectures : Discovering the Constitution, in : *Yale Law Journal*, vol. 93 : 1013, 1984.

（21）フィヒテ自身、『法論の体系』（一八一二年）では、監督官制度により、統治者となった者は、次はそれがくり返されないように制度を変えるだろうという趣旨を述べている（X. 633）。

第四章　ヘーゲルのフィヒテ自然法への批判

『自然法の基礎』とくに相互承認論がヘーゲルに肯定的な影響を与えたことは、これまでの多くの研究で示されている。しかし、それはヘーゲルのイエナ期の体系構想時であり、その少し前、シェリングの盟友として、二人で『批判的雑誌』を編集していたときには、ヘーゲルはフィヒテに対して厳しい批判を行なっている。それが『フィヒテの体系とシェリングの体系の差異』（一八〇一年、通称『差異論文』）と『自然法の学問的取り扱いについて』（一八〇二年、以下『自然法論文』と略記）である。この二つはほぼ同趣旨の批判であるが、はたしてその批判があたっているかどうか、まとめて検討してみたい。

このときのヘーゲルはまだ哲学論壇的にはまだ無名で、自分の独自の哲学を披瀝するまでには至っておらず、フィヒテとシェリング、あるいはラインホルトやヤコービといった有名人がそれぞれ論争をする中で、若手のホープとして名を上げつつあった友人シェリングの擁護をする立場で登場している。もちろんこれまでのヘーゲル研究が示すように、そこにはヘーゲル独自の思考法が顕現してはいるのであるが、建前としてはそうなのである。それゆえ、拠って立つところはシェリングの自然哲学・同一哲学であり、カントやフィヒテの超越論的観念論を主観性の立場とみなし、シェリング哲学の基本構図から、客観的な自然をとり込めていない、主観と客観の総合である絶対的な観念論に至っていない、ただ主観的な悟性による反省のみで、知的直観による総合の把握がない、有機的な生命を把握できておらず、死せる物質としての自然しかないという批判になっている。

一　ヘーゲルの批判

ヘーゲルの批判は、彼の難解で錯綜した議論もあって、多岐にわたり複雑な文脈をもつが、とりあえずここでの文脈に必要なかぎりで要点をまとめると以下のような批判になっている。①フィヒテの自由概念は自我の抽象的な自由、同一性の貫徹にすぎず、真の自由概念ではない。それゆえ、フィヒテの自然法の特徴である自我の自由の自己制限は、個体の自由の否定にすぎず、その現象が「強制法」である。②強制法を旨とするフィヒテの国家は、結局は個人の自由を抑圧する全体主義国家になってしまっている。③監督官制度も私的意志にすぎず、普遍意志をあらわすものではないので、有効ではない。

これらは手を変え、品を変えてヘーゲル以後のフィヒテの自然法批判でくり返されてきたものである。たとえば、ヴィルムスの『全体的自由』[1]は、基本的にヘーゲルのこの批判の焼き直しといってよい。それゆえ、このヘーゲル批判に答えることは、同時にヴィルムスの批判に答えることにもなるだろう。

①ヘーゲルはフィヒテの自由を批判して、フィヒテの「自由は対立の廃棄ではなく、対立に対する対立であり、この対立において否定的な自由として固定されている」[2]という。フィヒテの自我は非我・客体をどこまでも規定、すなわち否定しようとする。しかし、非我の措定の働きは絶対であり、否定できない。それゆえ、有限な自我である主体にとっては、それは当為として無限の進行・努力としての活動となり、対立は永遠に残る。それゆえヘーゲルからすれば、その自我の自由は対立の廃棄ではなく、自我と非我の対立を否定する当為であり、対立の対立ともいえ、当為は無限に継続されるので対立は残りつづける。したがって「当為は、この存続する対立、つまり絶対的な同一性が存在しないことを表現するのである」[3]。

共同体という実践的な場面でも同様である。すでにみてきたように、フィヒテは共同体の成立のためには、各個体が自己の自由を制限して、そのことによって他者の自由の領域を相互に成立させ、それらが法律として実定化され、全体として自由が存立すると考えていた。ヘーゲルからすれば、こういう自由は何ら自由ではない。それは対立を固定化し、対立を廃棄することがないからである。「理性的存在者の共同体は、自由は自己自身を制限する法則を自分に与えるという自由の必然的な制限によって、一つの制約されたものとして現象する。制限の概念が自由の国を構成するのである。こういう国では、生命の、真に自由でそれ自身無限で制限されないそれぞれの相互関係、つまり生命の美しき相互関係はそれによって廃棄されている」(4)。

ヘーゲルのいう自由は、この対立を廃棄するものであり、同時に対立を固定化せず、自己を否定するものであり、それがすなわち生命の関係・生きた関係である。「自由は、それが自己自身を廃棄し、他の関係に入り込むという可能性を自己のうちに含んでいるかぎりにおいて、生き生きとした関係のうちに存在する」(5)。いい換えれば「規定された関係を廃棄する」(6)自由が「真の自由」(7)なのである。それゆえ、その中に生きる個体も自己の個体的な自由を自由に廃棄・否定できる。そのことによって、共同体を生命あらしめるものとする。「生きた関係をもつ真に自由な共同体によって、個体は自己の無規定性、すなわち自由を放棄してしまっている」(8)。具体的には、ヘーゲルはこの個体の自由の放棄を、自由市民の自己犠牲による共同体・ポリスの維持とした。

これについては、『自然法論文』に詳しい記述がある。「自由そのものあるいは無限性はたしかに否定的なものであるが、しかし、絶対的なもので、その個別存在は概念に受けとられた絶対的な個別性であり、否定的な無限性・純粋な自由なのである。この否定的な絶対的なもの・純粋な自由は、その現象においては死であり、死の能力によって主体は自分が自由であると示し、たんてきにあらゆる強制を超えて高貴であることを示す」(9)。

フィヒテにおいては、個体は自己の自由の領域とその活動の自由およびその成果である財産をもっている。これを守るために契約がなされ、法律が制定された。しかし、ヘーゲルからすれば、それはたんなる個別性、外面性にすぎず、それに固執してこだわることは、自己に疎遠なものの力、この場合は権力による強制の支配下に置かれるだけのことになる。

ヘーゲルによれば、フィヒテのこの自由は「あれかこれか」の自由であり、「A^+とA^-があるならば、A^+かA^-のいずれかとして自己規定するというところに自由の本質がある」[10]とみなす立場である。しかし、ヘーゲルでは「自由とはむしろA^+でもありA^-でもある対立の否定あるいは観念性であり、両者のいずれか一方ではないという可能性の捨象である」[11]。それゆえ、個体は自己の自由や活動・財産なども否定的に措定し、廃棄し、手放すこともできる自由をもつべきであり、それらを保護するために契約に参加して共通意志を形成し、その疎遠な威力・強制によって、自己がコントロールされるべきではないのである。

　ヘーゲルはこの個体の自己否定を「抑制（Bezwingung）」と名づけ、フィヒテの「強制（Zwang）」と区別する。「抑制は個別性自身の概念であり、それゆえ、無限で個別性自身の反対である。いい換えれば、絶対的な解放であり、死の中にある純粋な個別性は個別性自身の反対、すなわち普遍性なのである」[12]。

　このように、ヘーゲルは自己の個別的な形態や自己の活動・財産に固執することなく、あえて自己を否定し、共同体の犠牲となって共同体を生かすことのできる個体のあり方を真の自由と考えた。共同体と個体はそこにおいて相互に否定しあうことができ、固定化することなく、生きたものになる。フィヒテのように、個体が自己の自由を制限することで共通意志を形成したあと、個体の制限された自由を共同体の意志が強制によって管理するとき、それが個体にとって疎遠な力であるがゆえに生じる相互の対立、いうなれば官僚主義的な疎外、カフカ的な世界にみられる個と全体の不条理な対立がヘーゲルにはない。『差異論文』の有名なフィヒテ批判の文章はそういう文脈のもとで理解されることができる。「人格と他の人格の共同体は、本質的には個体の真の自由の制限としてではなく、その自由の拡張とみなされなければならない。最高の共同体は、その威力ならびにその遂行においても最高の自由なのであり、最高の共同体においては、観念的要素としての自由も自然に対立するものとしての理性もまったく消え落ちているのである」[13]。

　②ヘーゲルのフィヒテ批判の要諦が、すでに指摘したように「強制」概念である。フィヒテでは、各人の自由は自己制限すべきものではあるが、もしそれをせずに他者の自由を侵犯した者は、共通意志によって制定された法律、権力を

もった強制法によって制限され、処罰されるとされた。共通意志は万人の自由を保障するために成立した契約共同体の意志であるが、それが強制法によって各人の自由を制限するのである。ヘーゲルはこの事態を、共通意志の普遍的自由と各人の個別的な自由とが対立したままであり、それを「強制」によってむりやり結びつけたと批判する。「普遍的意志をもった単一存在はしたがって内的な絶対的威厳として把握され措定されるのではなく、外的な関係あるいは強制によってもたらされるべきものとして把握され措定される」[14]。

個体の自由の領域、活動、財産を保護するために成立したこの共通意志、その実定的な表現としての制定法は、個体が他者の自由の領域・私有財産を侵害したときに、強制権力によってそれを防ぐ。そうなると防ぐこと自体が目的になり、警察国家になってしまうとヘーゲルは揶揄する。「このような国家は実際の違反を刑罰によって禁じるだけではなく、またその違反の可能性を予防しなければならない。そして、他者の違反を容易にし、その犯罪から守ることあるいは犯罪者の発見をむずかしくするような行為を禁止することを究極目的にせざるをえないのである。この行為自体はしかし、それ自体としてはいかなる人間にも危害を与えず、まったくどうでもよいレベルの行為であっても、である」[15]。

事例としてヘーゲルは、警察の市民の行動監視を挙げている。これはフィヒテの『自然法の基礎』で警察の任務を並べて書いている箇所に出てくる（III. 295ff.）。たとえば、「夜中の一定時刻に、人は灯りをもたずに往来にいることは許されないというのは、警察法の一つになるだろう。その意図は、相手が誰であるかをたやすく認識できるようにするためである」（a. a. O.）とか、あるいは「いかなる市民も、必要な場合には、自分がかくかくしかじかの人物であるとすぐに承認されうるようにしなければならない。どんな市民も警察官に知られないままであってはならない。これは、各人がたえず身分証明証を携帯しなければならないという方法で可能になるだろう」（a. a. O.）とフィヒテは書いている。警察が尋問すれば、市民は自分の身分証明証を出さなければならないのである。他にも往来での政治集会の警察の管理、それを私的領域の家で行なうときですら警察はその情報を知らなければならない、とか、手形の流通の際の身分証明証のチェックなどが挙げられている。大学の自治による警察の介入の禁止もフィヒテは否定し、時と場合に応じて警察の介入は必要だと述べている。

たしかにこのような国家権力の介入は、個人の自由を損ねる可能性があるものであり、歴史においても全体主義国家において顕著になされてきたことである。ヴィルムスもこの論点の批判を踏襲し、「こうして理論の上では、警察官が四六時中どんな所にでもいるという要請も、立法の『完全さ』に要請されることになるのである」(16)と書いている。フィヒテの国家がもともとは個人の自由を保障するためのものだったのに、その目的遂行のために結果的に個人の自由を抑圧する警察国家になっているという批判は、こうした箇所から来ているのである。

③ヘーゲルからすれば、監督官制度も私的な意志にすぎない。監督官は現実的な権力である政府に対置する「可能な権力」であるが、これが第一の権力である政府に対して、それが私的な意志であるといい、みずからがとって代わっても、「この純粋な威力も私的な意志によって成り立ち、そういう私的意志であれば、当然みずからを普遍的な意志として構成することはできない」(17)。権力がこのように判断(Urteil)を下すと、それは同時に普遍的な意志をみずから根源的に分離(Ur-teil)させることになる。普遍的なものが分離して二つになれば、それは特殊なもの、私的なものにならざるをえない。「権力が自分自身の判断によって自分自身から分離するということはただの反乱(Insurrektion)と同じであろう。そういうことは起きるべきではなく、また起きてはならない」(18)。

さらにこの監督官は、実在的な権力、暴力をもたないので、現実的な威力を行使することはできない。だから政府が何といわれようとも、力によってそれを押さえ込み無視することができる。監督官が判定により、政府が私的意志だと裁けば、政府も監督官が私的意志にすぎずその判断はまちがっているとして、監督官を押さえ込むことができるのである。現実的な力をもっている分、それはかんたんである。このことは現実の政治では日常茶飯であり、クーデターで軍を支配した者が勝利し、相手を私的な意志、自分たちの私利私欲に走る人民の抑圧者として葬り去ることは、いつの時代にも見られた現象である。

ヘーゲルの批判で、もう一つ見逃せないのは、フィヒテが頼りにしている民衆の判断力が不十分というものである。ヘーゲルからいわせれば、「私的な事柄なら何でも監視するが、公的な生などさらさら送る気のない下層民(Pöbel)だから、共通の意識をもったり、全体の精神において行動するようには育っておらず、むしろその反対になっているのである」[19]。

たとえば、一八〇〇年ごろのドイツの識字率は五〇パーセント程度と推定されている[20]。半分は文字が読めず、政治判断に必要な情報が入手できず、また政府の布告や制定された法律が読めないのである。当時はドイツでもブルジョア層が形成され、新聞や読書クラブが普及していく時代ではあるが、逆にいえば、新興ブルジョア層はみずからの事業の損得が第一の目的であり、それを犠牲にしても公的な生に生きるというメンタリティーはなかった。それゆえ、彼らの勢力が増せば増すだけ、「私的意志」「私的領域」への関心が増すことになる。トクヴィルが『アメリカの民主主義』で示したような、私的領域への内向が時代の趨勢にならざるをえないのである。自分たちの利益が確保され現在の安寧の生活が維持されれば、政治のあり方に異論を唱えることはなく政治的判断を停止する。これは識字率が向上し、教育水準が上がった現代でさえもまぬがれえない傾向でもある。

二　フィヒテの立場からの反批判の可能性

この時期のヘーゲルはまだ無名であり、世間的にはシェリングの片棒程度の認識で、哲学界に影響を与える存在ではなかった。シェリングの批判はかなり気にしたフィヒテも、ヘーゲルのこうした批判を意に介したという事実は伝えられていない。それゆえ、フィヒテ自身によるヘーゲルへの反批判はないが、これまでにみてきたフィヒテの立場からすればどういう反論が論理的に可能か、ここで検討してみよう。

①ヘーゲルによるフィヒテの自由批判は、そもそも相互の概念が拠る立場自体異なっているので、内在的な批判にはなっておらず、そのまま反論するのはむずかしい。

ヘーゲルの法律批判、すなわち法律が固定的なもので、それによって個人の行動を規制することは、生き生きとした共同体を死んだものにしてしまうという論点は、彼の青年期の神学論文からの特徴的な主張であり、それは同時にカントやフィヒテの律法主義批判でもあった。たとえばその代表的なものである『キリスト教の精神とその運命』では、カントはイエスの山上の垂訓を現実と対立する概念としての義務命令にしてしまい、生きた生命を概念のうちに誤って捉えてしまったと批判した。ヘーゲルは、イエスの言葉を愛と捉え、律法ではなく愛こそが存在と当為、概念と現実の対立を宥和させ、美しい豊かな生命を表現するものとしたのである。この基本構図が『差異論文』『自然法論文』でも引きつがれて、フィヒテ批判の要諦となっている。

神学論文では、ヘーゲルは法律の実定性、生きた生命を固定化し疎外するその働きを批判した。たしかに法律一般は市民から縁遠いもので、市民の自由を規制したり拘束するものというイメージはぬぐえず、ときには杓子定規な適用をされて、その理不尽さや矛盾に怒りを禁じえないことはよくある。フィヒテ、ヘーゲルの時代でも検閲令が代表的なもので、人々の自由への希求を根こそぎ否定するものだった。法律は為政者の権益を守り、国民を抑圧するための鉄鎖のごとき束縛という側面が強い時代でもあったのである。フィヒテの『フランス革命論文』もその文脈で書かれ、君主の定めた不当な法律は守る必要がないことを説き、多くの共感を集めた。ヘーゲルの法律の実定性批判も、こうした若き理想主義者のころにありがちな傾向を示すものであったともいえる。しかし周知のように、その後『精神現象学』の「心の法則とうぬぼれ」の章で、彼自身こうした見方を若気の至り、意識の経験の不足とみなし、客観的な共同体の秩序、掟を肯定するようになる。

『精神現象学』を待たずとも、ヘーゲルはその直前の体系構想期に記した草稿（『体系構想III』）でも、個別性を否定し、個体が自己否定、自己犠牲によって共同体を生きたものにする美的人倫の立場から大きく変化している。すなわち、個体性の意義を肯定し、個体性と普遍性が合一したものが知る意志であり、その人倫としての存在が法権利であるとした。「この知る意志はいまや普遍者である。意志は承認された存在である。普遍性の形式において自己を対立させれば、意志は、存在つまり現実性一般と個別者であり、その主体が人格である。個々の意志は普遍の意志であり、普遍の意志は個別な意志であり、ここに人倫があらわれているが、直接的には法である」(21)。

それゆえ、ヘーゲルのここでのフィヒテ批判は、ヘーゲル自身によってのちに取り消されており、個体性の重要性は「北方の原理」として改めて再評価された。そういう意味では、ここでの批判はヘーゲルみずからその妥当性を否定したということになるのであるが、しかし、それでも法律の実定性、法治国家たること自体が目的となって、それが個人を抑圧してしまうというヘーゲルの批判は、現在でもそれなりの妥当性をもつ。法律は権力を握った者が自己の権益を保護し、国民を規制することに使うというイメージは依然として根強く残り、現状でも全体主義国家ではその不条理がまかり通っている面がある。

この批判への反論は、立法での人民主権が機能しているか否かにかかっている。すでに論じたように、フィヒテは徹底した人民主権に立ち、政府の立法が私的意志になれば、監督官制度と人民集会によりそれらを否定し、新たに立法するとした。ヘーゲル風な表現をすれば、法律が固定化され、法律すなわち共通意志と個体・個別者の対立が固定化されるのではなく、人民主権の原理と運動によりそれらの関係が流動化され、新たな関係・契約が締結されるのである。その可能性をつねに残しているのであるならば、死んだ共同体というわけにはいかない。

また法律は共通意志の客観的な表現であるが、それは権力者を守るためのものではない。歴史的に法治国家というものは、権力者・王侯の権力を笠に着ての横暴を防ぐために法律が制定されるとされた。成文法は臣民を規制するというよりも、王侯・貴族の私利私欲を規制するためのもので、力ある者の独占・独走を制御するための知恵であったのである。フィヒテが法律を制定するのは、共通意志のもつ普遍性を守り、為政者の恣意的な統治を防ぐためである。法律が社会契約に参加したすべての市民の総意であり、その共通意志を体現するものであるなら、法律は権力の側の武器ではなく、それをもって市民が為政者を制御する武器となる。まさに語義どおりの立憲主義であり、法律は市民を抑圧する疎外形態ではないのである。

ヘーゲルが一方でフィヒテの国家を警察国家・個人の自由がないと批判しながら、他方で同時に、個体性の過度な主張を否定して、自己否定の勇気をもて、生きた美しき共同体のために自己を犠牲にしなければならないと説くとき、そこにはある種の矛盾があるともいえる。フィヒテの立場からすれば、ヘーゲルこそが共同体、人倫、民族精神、習俗を実体化することになり、個体はその維持のために否定されるべき存在となる。そして自己の生命をそのために犠牲にしてこそ、悲劇が完成し、伝説としてその名が残るとなれば、それはまるで神国の国体護持のために、みずからの生命を進んで投げ出し、そのことによって軍神・英霊として靖国などに葬られ、伝説の中に生きるというわが国の歴史を思いおこさせる。

それは近代の中に残った美しき古代の習俗であり、個人主義に走りすぎた近代の言説を相対化するものだとして、近代の超克をそこにみることも不可能ではなく、『葉隠』や新渡戸稲造の『武士道』などは一定の期間をおいてはくり返しブームになり、中高年の男性読者の共感を得ているものである。しかし、どのように美化しようとも、それは個体の否定であり、個人の自由な生命の否定でしかない。人倫への自己犠牲を説くヘーゲルが、フィヒテの国家論を個人の自由が抑圧された警察国家と批判するのは自己矛盾になろう。

人倫を美しき生命として実体化することは、つねに現状の国家・共同体を絶対化し、その維持のために成員の犠牲を要求するものになる。身近な例では会社などもそうである。会社が危機に陥れば、その維持・存続があってこそ成員の生存が保障されるとして、会社のために個人が犠牲になる。そのとき、国家や会社への「愛」が強調され、「愛国心」「愛社精神」が共同体と個人を媒介し宥和する（＝不満を抑える）ということにもなる。

ヘーゲル自身、のちに個体性の重要性を認識して、この言説を改めたように、この批判は自己を葬ることにもなる両刃の剣であった。

②国家の介入をできるかぎり最少にし、個人の自由の領域を最大限にするのは、昔からアングロ・サクソン国家の伝統であった。いわゆる「〜からの自由」の伝統である。フィヒテの自然法にもそういう側面があることは前に触れた。各人は国家に譲渡できない私的領域をもち、その自由を守るのも国家の役割であった。しかし、基本的にはフィヒテは立憲主義者であり、政治構造としては共和主義者である。立憲主義・共和制ならば、法律がすべてを支配する。それは平等で公正で例外はない。国家をつくるのは全市民であり、彼らは例外なく人民・公民として政治に参加し、人民主権を維持する。すなわち、公共性の領域を形成して、意見表明、議論と判断、判断するための情報の公開が必須とされる。

フィヒテはカントと同じく、国家機密や秘密警察を認めない。「ここで述べられた警察の活動においては、いかなるスパイも秘密諜報人も必要ではないことは注意されるべきである。秘密活動というものは、いずれにせよ、卑小で低劣で不道徳な行為である。……国家自身はこういう恥知らずで不道徳なことを奨励し、それを義務にすべきなのだろうか。国家が一部の人間にそういう秘密活動を認めたならば、それらの秘匿性を犯罪に使うことはないと国家に対して誰が保証するだろうか？」(III. 302)。それゆえ、フィヒテにおいては国家の活動はすべからく公開されるべきであり、市民は誰でも判断に必要な情報を得ることができなければならない。

こういう公開性はカントでも主張されていた。カントは『永遠平和のために』の付録二の二で、「いかなる法的な要求であろうとも、公開性の資格をもたなければならない」[22]と述べ、「他者の権利にかんするあらゆる行動は、その格律が公開性と一致しなければ不正なものである」[23]という公法の基準を呈示している。理性法の立場に立つカント・フィヒテの伝統では、あらゆる公的な法や活動は公開性のもとにあり、国家利益を建前とする秘密条項や秘密組織、諜報活動は許されないのである。

フィヒテの立場では、こういう公開性のもとに統治がなされ、問題があれば市民は討議に参加する。そのための情報は当然公開され判断の材料となる。それゆえ、公共性の場では個人の秘密は問題にならない。公民としては個人は秘密をもたないのであり、彼の自由は政治参加の自由である。逆に、国家から干渉されずに自己の私的領域で利己的な活動をする自由は、公民としての自己のあり方の否定になる。市民とは国家に承認され、国家を形成する一員であるので、さまざまな義務と責務が存在する。公民である以上は、国家に自己の情報を公開しなければならない。ちょうど現在の閣僚や国会議員がその資産を公開するように、である。

そういうふうに考えるならば、自己の公民としての公開性は必ずしも個人の自由の制約ではないのではなかろうか。たとえば、北欧諸国は国民総背番号制をとり、その資産、銀行口座の出入明細など、国家によって管理されている。フーコーなどにいわせれば、その福祉国家的な管理こそが権力による微細なまでの支配ということになろう。この措置がはらむ問題性は慎重に検討する必要があるが、しかし、北欧諸国、とくに私のよく知るデンマークでは、そのことが国民の社会的自由を抑圧し、全体主義国家となっているとはとてもいいがたい。根本には思想・表現、言論の自由が保障され、オンブズマン制度に代表されるように、国民が政府・行政を監視できるからである。

身分証明証にしても、ドイツなどでは、身分証明証の携帯が法律によって義務づけられている。警察の尋問も筆者自身経験したことは多くあり、ドイツ人でさえもときどきはチェックをされる。たしかにいい気分はしないが、現在のドイツが個人の自由を抑圧する管理国家だとまではいえない。それが近年のドイツ映画『善き人のためのソナタ』(二〇〇六年)で描かれたように、秘密警察シュタージが個人の私生活を盗聴し、反国家的な活動をしていないかどうかを調査するという秘密諜報活動になれば、当然ながら全体主義国家であるが、フィヒテはそれを絶対に認めないのである。

フィヒテの微に入り細にわたる具体的な記述がそのような印象を与えることは否定しないが、彼自身イエナ大学で学生組合の改革を唱え、反対学生による自宅への暴力的な威嚇を体験し、またジャコバン主義者としての嫌疑を受けて、有形無形の圧力を受けたことから、いうなれば経験から来る老婆心がそのような記述をしてしまったとみることもできる。原理的に考察するならば、彼は共和制を支える公民としての公開性を説いたわけで、そのために必要な個人情報の公開を語っているのである。何よりも警察の秘密諜報活動を否定していることにより、警察国家であるという批判はあたらないだろう。前に述べたように、フィヒテの自然法では反乱の権利さえ認められ、対抗の武器をもつことができるのであるから。(24)

③ヘーゲルによる三番目の批判にかんしては、判断力の理解が一つの鍵となる。ヘーゲルは共通意志・普遍的な意志が、統治者と監督官に分離し論争を始めたら、それはもはや普遍的ではなく特殊な私的意志だと形式的な論法を張る。たしかに分離して対立する以上、それは普遍的ではない。だが、統治者と監督官が論争し、人民も加わって議論するというのは、古代ギリシャのアゴラやローマの民会を思いおこさせるが、フィヒテはもちろんルソーの一般意志を継承しているのだから、そのような伝統を意識している。

このような討議の場で働くのは判断力である。判断力は悟性や理性と異なり、原理や概念にしたがって個別的なものを包摂し規定するのではなく、悟性と想像力の遊戯の中で、普遍的に妥当はしないが適切な原理を探し、共通の了解の領域を形成する。公共的な議論の場で、弁論によって共通了解を形成して、合意できる地点を探すのである。このような公共領域の討議の政治的判断力は、ハンナ・アレントやロナルド・ベイナーらが論じたもので[25]、カントの『判断力批判』を一つの起源とする。フィヒテが最も重視したのも『判断力批判』であり、また判断力に由来する社交性や文化形成であることは、序章ですでに示した。二つの意志が、人民集会という公共の場で、情報公開のもとに相互に弁論を闘わせ、その正当性を民衆が判断するというとき、このような「政治的判断力」が試されているといってよい。ヘーゲルの形式的な批判は、そのような討議の伝統、それによる普遍的な合意の可能性追求という側面を見逃しているということはできないだろうか。

また権力をもつ者が監督官や人民集会を武力によって弾圧できるという批判も、現実的な政治においてままみられたことは事実である。しかし、統治には正統性が必要で、正統性を欠いた不法国家が長期にわたって続かなかったこともまた歴史的な事実が示すものである。一例を挙げれば、プラハの春もハンガリー動乱も武力によって弾圧され、民衆の世論、要求は無視された。しかし、その後も民衆の抵抗運動は地下水脈的に続けられ[26]、一九八九年にはついにヴィロード革命とハンガリー民主化運動によってそれらの強圧的な権力が崩壊あるいは改革されたのである。

すでにみたように、フィヒテは反乱の正統性を認め、人民の力による抵抗も肯定している。彼はそれを武力とまではっきり書いていないが、言論の力ともいっていない。執政府に対し公共体に刃向かう武力を与えるなとも書いてあるフィヒテからすれば、執政府・統治者は最少限度の警察権力しかもっていないのである。そうなると統治者・執政府が武力をもって人民の抵抗を抑えたとしても、長くは続かないだろう。人民蜂起によって、統治者を上回る武力をもつことも可能である。バブーフに影響を受けたともいわれるフィヒテであれば[27]、人民の蜂起は当然のことであり、少なくともフランス革命で見られた平和的な蜂起は認めている。そうなれば、ヘーゲルの批判もある種の悲観論ということになる。

最後の論点である下層民に正しい判断ができないという批判は、当時の時代状況を考えれば、それなりの妥当性はある。だからこそ、フィヒテは政治と教育を連動させたのである。周知のとおり、フィヒテはこのあと『ドイツ国民に告ぐ』で、普遍的な国民教育を唱える。それは近代の義務教育が陥りがちな読み書き、基礎的な実用知識の習得ではなく、まさに理性的な国家を形成し、維持するためであり、民衆がそのような力と判断力を身につけるための教育であり、文字どおりの「国民」教育なのである。

彼は一八一二年の『法論の体系』では、次のように書いている。「自由に企投することのできる目的に対する自由（さしあたりは本来自由な陶冶と道徳的自由の陶冶）は絶対的に人格的な法権利であり、いかなる契約もそれを損ねてはならない。この権利の保障のために法契約のすべては設立されたのである」（X. 362）。自由な陶冶と道徳的な自由への陶冶こそは国家契約の目的であり、それを損ねるような国家は国家ではない。国家の第一にすべきはそのような国民教育に対する権利の保障であり、それが可能になってこそ理性的な国家が維持される。そうなるとフィヒテは、民衆の政治的判断力が不十分で、革命はそれらの民衆が教育を受けて可能になることを知っていたことになる。まさに『ドイツ国民に告ぐ』こそは、フィヒテのヘーゲル批判への解答ともいえる。その詳しい内容は、また以後の章で明らかにすることになろう。

以上がフィヒテの立場からの反批判である。もちろん、フィヒテ自身がヘーゲルに対して直接述べていない以上、彼の思想と問題設定から再構成したもので、一つの解釈でしかない。とはいえ、あとから来る者の特権で、哲学史的にはつねに一方から断罪され、フィヒテはヘーゲルによって乗り超えられたとされてきたのであるが、必ずしもそうとばかりはいえないことがわかるはずだ。そして、古代回帰的なヘーゲルよりも、むしろフィヒテの方が近代性をより強く示すことも示唆されたと思う。

（1）ベルナルト・ヴィルムス、青山政雄・田村一郎訳『全体的自由』木鐸社、一九七六年。
（2）G. W. F. Hegel : *Differenz des Fichte'schen und Schelling'schen System der Philosophie*, in : *Hegel Werke in zwanzig Bänden*, Bd. 2, Frankfurt am Main 1970, S. 69.

(3) a. a. O.
(4) Dasselbe, S. 81-82.
(5) Dasselbe, S. 83.
(6) a. a. O.
(7) a. a. O.
(8) a. a. O.
(9) G. W. F. Hegel : *Über die wissenschaftlichen Behandlungsarten des Naturrechts*, in : *Hegel Werke in zwanzig Bänden*, Bd. 2, Frankfurt am Main 1970, S. 479.
(10) Dasselbe, S. 476-477.
(11) Dasselbe, S. 477.
(12) Dasselbe, S. 479.
(13) G. W. F. Hegel : *Differenz des Fichte'schen und Schelling'schen System der Philosophie*, in : *Hegel Werke in zwanzig Bänden*, Bd. 2, Frankfurt am Main 1970, S. 82.
(14) G. W. F. Hegel : *Über die wissenschaftlichen Behandlungsarten des Naturrechts*, in : *Hegel Werke in zwanzig Bänden*, Bd. 2, Frankfurt am Main 1970, S. 472.
(15) G. W. F. Hegel : *Differenz des Fichte'schen und Schelling'schen System der Philosophie*, in : *Hegel Werke in zwanzig Bänden*, Bd. 2, Frankfurt am Main 1970, S. 84.
(16) 上掲訳書、一三九頁。
(17) G. W. F. Hegel : *Über die wissenschaftlichen Behandlungsarten des Naturrechts*, in : *Hegel Werke in zwanzig Bänden*, Bd. 2, Frankfurt am Main 1970, S. 474.
(18) a. a. O.
(19) Dasselbe, S. 475.
(20) 坂井榮八郎『ゲーテとその時代』朝日選書、一九九六年、九四頁。
(21) G. W. F. Hegel : *System Entwurf*, in : *Hegel Gesammelte Werke*, Bd. 8, Hamburg 1976, S. 221-222.
(22) I. Kant : *Kants Werke, Akademie-Textausgabe*, Bd. VIII, S. 381.
(23) a. a. O.
(24) 教育学者、永田佳之氏はその著『オルタナティブ教育』新評論、二〇〇五年で、デンマーク政府教育省の職員に「ナチズム」を教える私立学校設立を認可するかどうかのインタビューを紹介している。ドイツでは法によって許されないこの問題に対して、教育省高官は次のように答えている。「たとえ、ナチズム的な思想をもつ集団が学校を創る動きがあったとしても、政府は初めから閉鎖しようとはせず、少数派擁護の基本にのっとって学校づくりを容認する」（一七九頁）。デンマークでは「自由」とはグルントヴィの思想にもとづき、「少数者の自由・尊重」を意味するのである。

（25）ハンナ・アーレント著／ロナルド・ベイナー編、浜田義文監訳『カント政治哲学の講義』法政大学出版局、一九八七年、ロナルド・ベイナー、浜田義文監訳『政治的判断力』法政大学出版局、一九八八年。

（26）弾圧の中で悲惨な死を迎えたチェコの哲学者ヤン・パトチカはその代表的な例である。

（27）Marianne Weber：Fichtes Sozialismus und seine Verhältnis zur Marx'schen Doktrin（1900）, in：*Schriften zu J. G. Fichtes Sozialphilosophie*, Hildesheim 1987, S. 17.

第五章　国家と経済
――『封鎖商業国家』論

フィヒテの『封鎖商業国家』（一八〇〇年）は副題の「法論への付録」が示すように『自然法の基礎』（一七九六年）を前提としたもので、その法論の応用、政策編という意図をもつ。それゆえ、基本的な概念の枠組みは同じであり、この著作の理解は『自然法の基礎』をもとにしてなされねばならない。

これまでこの著作は経済学・経済政策の書物とみなされがちで、その内容が哲学者の余技の域を出ず、当時の理論水準からしても高いものではないことが出版当時から指摘されてきた(1)。たとえば、フィヒテは工業をほとんど職人階級の手仕事のレベルでしか論じておらず、生産をもっぱら農業だけに限定しており、当時勃興しつつあった産業資本主義の生産への理解がほとんど見られない。また金融や貿易の理解も十分なものとはいえず、貨幣論も単純であり、たしかに、経済学・経済政策の書物としては稚拙であることは認めざるをえない。他方で、マリアンネ・ウェーバーの研究書(2)に代表されるように、『封鎖商業国家』は社会主義の先がけの書物とみなされてきた。国民の労働を基本的権利とみなして、その生存を国家が全面的に保障するために、国家が商工業をコントロールし、鎖国政策と統制経済を行なうという基本構図が、のちの社会主義の計画経済の走りになるという見方である。

ここでの主題はあくまでもフィヒテの「社会哲学」であり、彼が社会をどのように捉え、見たのかを追求することにある。性急に経済学・経済政策や社会主義の観点だけからみて判断することはさし控えたい。ここでの方法は「法論への付録」という副題に忠実になることである。すなわち、これまでにみてきた『自然法の基礎』の理解に照らして、『封鎖商業国家』を検討することである。その方がかえって、フィヒテがいおうとしていたことをフィヒテに即して把握することができるのではないだろうか。

一　『自然法の基礎』における生存権・労働権の保障

『自然法の基礎』で理解してきたことは、フィヒテの所有は活動・行為の範囲の分割と相互承認であり、その分割をなし、各人の相互承認とその継続性を保障するのが公共体・国家だということである。各人は自己の自由な活動の権利・所有権をもつが、自然状態では権利の保障がなされず、いつそれが侵害されるかをおそれて暮らさねばならない。侵害を防ぎ各人の権利を守るために、各人は一つの結合契約を結ぶ。その社会契約により、公共体・国家を設立して、それに自己の権利をいったんは譲渡する。その後に、公権力の判断を待って、公権力を介した相互の財産の承認を行ない、所有権として自己の手に再びとり戻すのである。

代表的なものは登記であるが、一般の売買契約も民事立法によって所有権が保障される。そういう意味では、自然状態での私有財産というものはフィヒテにはないのであり、所有権・財産はすべて公共体・国家の成立と同時に、公的な承認として存在する公的な権利である。各人はもともとからして活動以外の何ももたず、各人の正当な活動の権利にもとづいて各人の所有が労働により形成され、それを国家が承認して自己の私有財産となるというメカニズムになっている。

その根底にある論理は、各人の自由な活動の保障であり、各人が自己の意志にもとづいて労働し、何かを自己の外部に創造して、それが自己のものとなるという自律の構造である。その際に他者の自由な活動を妨害しないために、公共体・国家を介して、自由の自己制限により各人の自由を最大限にもたらすという国家の媒介項が存在している。いうなれば、国家を介して、各人は自己の自由を最大限に実現する。すなわち、各人の最大限の自律を保障するということが、国家が必要とされた理由であり、国家の義務であった。

フィヒテは『自然法の基礎』の国法論第二編の民事立法で、このような基本思想を具体的に展開し、その内容はすでに『封鎖商業国家』を先どりするものとなっている。というよりむしろ、『封鎖商業国家』はすでに『自然法の基礎』で述べられたことのくり返しなのである。

生存権は『自然法の基礎』では、上にみたように本源的権利として導入された。そこでは詳論はされなかったが、国法論第二編の民事立法で詳しく展開され、そしてそれがより高次の自由の基礎であることもまた語られている。「人間が自然の導くままにあり、自由によってより高次の実存に高まることがないかぎりでは、この［生存の］欲求があらゆる矛盾を合一する最高の総合であることは自明である。したがって、あらゆる自由な活動の普遍的で最高の目的は生きることができるということである。各人はみなこの目的をもつ。……この目的が達成されなければ、自由は、そして人格の持続はまったく不可能になるであろう」(III. 212)。これをいい換えれば、各人が労働によって生きる権利をもつということであり、国家はそれが各人に可能になるように保障しなければならない。「各人が自分の労働で生きることができなければならないというのはそれぞれの理性国家の原則である」(a. a. O.)。

国家がそれを保障することもすでに論じたが、『自然法の基礎』では国家は各人が自分の労働で生活できるかどうかを判定し、それができない者には援助を与えることも書かれている。その際の論理展開は、相互の所有の承認論を根拠としているために独特なものになっている。フィヒテの所有は活動の権利であり、それは自己の労働で生存できるというものであったが、困窮者はそれが不可能になっている。そうなるとこの者に対する所有の承認が取り消されるのである。「この瞬間から彼は他者の所有を承認することを法的に拘束されることはなくなる」(III. 213)。これは彼が生きるために他者の所有物を勝手に略奪することを可能にする。彼は自己の本源的権利である生存の権利を主張するのであるから、それを無視して他者が彼を犯罪者として拘禁することはむずかしくなる。

権利は対等の関係において相互の承認があり、それによる公権力の発動がある。それゆえ、対等の権利がなく、彼の所有と生存の権利が保障されない状況では、その状況にある者が生きるためになす行動を犯罪として扱うことはできない。「彼によって所有が不確かにされないようにするために、万人は法的な手続きによって、そして市民契約（民事契約）によって自分のものを彼が生存できるようになるまで与えねばならない。誰かが困窮を被った瞬間から、ある者を困窮から救い出すために市民契約（民事契約）として要求される所有のこの部分は、もはや誰にも属さず、その困窮者に法的に属することになる」（a. a. O.）。

いうなれば、困窮者は自己が労働しながらも生存が確保できないときは、公的なベーシック・インカムを受けることができ、それを彼の権利として国家に要求できるのである。そのためには、「彼が自分の領域で自己を維持するために可能なあらゆることを行なったが、それでも生存が不可能だったということを証明する」（III. 214）必要がある。国家はこれを判定するために、あらかじめその者の生業を知っていなければならない。それゆえフィヒテは財産契約には初めから以下の内容が包含されているべきだというのである。すなわち、まずは「ⓐ万人は自分が何によって生活するつもりかを万人に示す。つまり保障の給付を受けとるときは、公共体としての全体に示す」(a. a. O.）ということと、「ⓑ万人は各人にこの特定の仕事を一定の観点で独占することを許す。保障をするときはそれを公共体がなす」（a. a. O.）の二つである。理論的には市民契約は万人の契約であるが、現実には公共体・国家で生活するので、結局は、各人は国家に対して自己の仕事を申告し、承認してもらい、そして必要な場合はその仕事の一定の独占の許可をえるということである。そして、そこから「ⓒ保障をする場合は、公共体は各市民の労働が、生活できるというこの目的を達成するだろうということを請けあい、そのために側面からあらゆる手段をもってそれを援助するように拘束されている」（III. 215）という国家の保護義務が出てくる。

これらのことが可能になるためには、「国家におけるいかなる生業も国家の手助けがなければ存在しない。各人は自己の生業をはっきりと申告しなければならない」（III. 214）という届け出の義務が要求される。そして一定の仕事の独占を許可し、その割合の調整を行なって、それぞれの仕事で生活できるように国家が統制を行なう必要が出てくる。市民はこの場合「国家に加入すると同時に、市民一般ではなく、一定の市民階級に加入することになる」（a. a. O.）。市民は労働を行ない、経済活動に従事するときは、抽象的な市民一般ではなく、具体的に一定の階級（農民、職人、商人、官吏など）に属し、認可された一定の仕事を行ない、おのれの独占や営利の確保のために、国家の調整にしたがうのである。

こうしたことはすべて各人の生存権・労働権の保障、つまりは所有権の保障を根本として導き出される。理論的には社会契約により万人が万人の活動・所有の権利を承認しあい、現実的には国家がそれを承認する。そしてその際に各自の労働による生活の保障を確実にするために、一定の生産調整、参入の規制、一定の団体、個人への営業の許可と独占などを国家がおのれの責任をもって行ない、市民はそれを承認するのである。これらの調整や統制でもうまくいかず困窮する者が出るときは、国家がその者の生存権を保障し給付を行ない、彼が承認された他者の財産を侵害しなくとも生活できるように配慮する。フィヒテの計画経済は基本的には、各自の自由と所有の権利を保障するための社会契約、国家の設立という『自然法の基礎』の論理構造から必然的に導出されるものであること、それがこれで理解できる。

二　『封鎖商業国家』での権利保障

このような『自然法の基礎』での論理展開を前提にすると、『封鎖商業国家』で語られるフィヒテの以下の言葉がよく理解できるだろう。「各人に最初に彼に属するものを与え、各人をそれぞれの所有権へと移しおき、そうして初めてその際の保護をすることこそが、国家の使命なのである」(III. 399)。これは、当時からあった誤解のように、国民を無知・無学とみなし、支配者が何もかも面倒をみてやるなどという国家主義、啓蒙専制主義を意味しない。自由で正当な市民・国民の権利による経済活動・文化活動がすでにあることを前提にして、それらがつつがなくなされるように調整するのが国家の役目だということを、フィヒテは意味しているにすぎない。その際にもちろん人民主権は保障されているので、一部の支配者が自己の利益・権益をむさぼるために、市民・国民を制御するという可能性は、はなから除外されている。

『封鎖商業国家』は、このように『自然法の基礎』の論理を前提にして、「純粋な国家法 (das reine Staatsrecht) が、権利の概念にしたがって目の前に成立させた理性国家」(III. 397) での商取引を「第一部 哲学」で論じる。そして「第二部 現代史」で現実の商取引を考察し、「第三部 政策論」で第一部と第二部の総合、純粋理論を現実へ適用している。哲学者フィヒテであるので、当然ながら第一部と第三部を中心に、彼の社会理解の特徴を見ていくことにする。

「フィヒテの所有概念」の節（第二章第四節）で、『封鎖商業国家』の所有権にも言及したが、フィヒテ自身「自分の主張のすべては私の所有理論にもとづいている」（III. 440）と述べている。フィヒテの所有理論こそがこの著作の鍵をにぎるものであるので、以下もう一度詳しく検討してみることにする。

すでに幾度か言及したとおり、フィヒテの所有は物の所有ではなく、「一定の自由な活動にかんする排他的権利」（III. 441）を意味する。この自由な活動は「自由な活動が向かう対象によって規定されうるか、……あるいは、この自由な活動が自己自身によって、つまり自己の固有の形式によって規定されているか、……あるいは最後にその両者によって、つまり、自己の固有の形式と活動が向かう対象によって規定されているかである」（a. a. O.）。最初の対象による規定は、たとえばある土地の使用の排他的権利を意味し、二番目の活動の形式による規定は、靴なら靴をつくる排他的権利である。三番目の両者による規定は、フィヒテの例では、ある農地で穀物を栽培する農民の排他的権利となっている。これらはすべて活動の権利であって、物の所有の権利ではない。だから、農民が穀物をつくる土地が農閑期に入ると、別の牧畜民がそこで家畜を飼う権利が成立する。フィヒテにいわせれば「土地の所有権というものは、われわれの理論によれば、まったく存在しない」（III. 442）。

こういう理論からすれば、大土地所有者・大地主という存在は否定される。あるいは不在地主なども否定されるだろう。人は自分の活動の及ぶかぎりで、土地を排他的に使用できるだけであり、自分が活動もしないのに、所有するということはフィヒテでは認められないということになる。物の排他的所有という所有の誤った理論が「大土地所有者の身分、すなわち貴族が唯一の真なる所有者であり、国家を形成できる唯一の市民である。残りは市民権をもたない付属民（Beisassen）にすぎず、彼らは貴族が好き勝手に決めるそれぞれの条件で、彼らの容認を犠牲を払って購入しなければならない」（III. 441）ということを、あたかも当然のごとくにしているとフィヒテは憤っている。「それゆえ、あらゆる所有権の根拠は、われわれに付与された一定の自由な活動から他者を排斥する権利に置かれるべきであり、対象を排他的に占有するということに置かれるべきではない」（III. 444）。

前章で述べたように、民事立法はこうした権利の争いを調停するものであるが、それは物ではなく、あくまでもその活動の権利の調停であり判断である。社会契約により公権力を制定してのち、初めてその承認がなされる。「この所有権は、ただ万人の万人との契約のうちにのみ、その権利の根拠その法的拘束力をもっている」(a. a. O.)。万人との契約によって公権力を成立させ、それによって、各人の自由の活動の権利、すなわち所有権が公的に承認されるとすると、どのような基準で国家は分割、財産の所有を認めるかということが次に課題となる。この活動の自由は、他者の自由のために一定の領域内に制限されるべきものであったが、その一定の範囲とはどういうものであるのか、それがここでは具体的に定められなければならないのである。

これがこれまでにも述べてきた本源的権利としての生存権・生活権である。「あらゆる人間の活動の目的は生きることができるという目的である。……それゆえ、その分割は何よりもまずあらゆる者がそこで生活できるというようになされねばならない」(III. 402)。

しかし、これは人間の「生活」であって、生物としての最低限の生存の保障ではない。前にも述べたように、フィヒテにおいては、動物レベルでの最低限の生活の保障は問題にならない。彼にとっては、人間は生存そのものが目的ではなく、人間性の開花、文化的発展、道徳的な究極目的の実現が人間の使命であるから、それを可能にするものでなければならない。この『封鎖商業国家』でも、フィヒテの有名な美文がある。「人間は労働すべきである。しかし、家畜のように働くのではない。……人間は不安なく、楽しみと喜びをもって働き、その精神と眼をもって天空を仰ぎみる時間を残すべきである。蒼穹を望むべく人間はつくられているのだ」(III. 423)。

とはいえ、『自然法の基礎』と同様に『封鎖商業国家』も道徳論を前提にしてはおらず、人間の欲望・快楽追求・功利的な側面を計算にしたものであるので、フィヒテは功利主義的な表現で語る。「各人は可能なかぎり快適に生きようとする。……存在しうるだけの多数の人間が、存在する彼らの活動領域の中で相互に共存するとされるのであれば、彼らの権利のこの平等性にしたがって、各人ができるかぎり快適に生きることができるように分割がなされねばならない」(a. a. O.)。

それゆえ、理性国家においては、各人の権利の侵害をせず各人の平等を保障できるかぎりで、各人に可能な最大限の快適な生活が分割される。それを受けとらず出家して禁欲的な生活を送ろうが、最大限にその分割された生存の資料を消費しようが、それは市民の自由である。理性国家は、理論的な可能性としては、他者の活動を阻害しないかぎりで各人の最大の享楽を認める国家にもなりうる。もちろん、生来の倫理学者フィヒテからすれば、それを認めるのは本意ではないが、しかし、因果関係に立脚する感性界、現実的な国家においては、それを認めざるをえないのである。というよりも根っからの禁欲主義者カントと異なり、フィヒテにあっては、道徳的な目的が果たされ人間性と文化の形成が保障されるならば、人々は快適に生きてもかまわない。古代から夢見られた、豊かでありながら同時にモラルが守られ、人間性が開花する世界はフィヒテにとっても理想の世界であったともいえる。

各人が快適に生きるようにするための活動が労働である。消費ばかりしていては各人に生存の資料を与えることはできず、快適に生きることもできなくなる。フィヒテによれば、この労働は大きく二つの部門にわかれる。一つは自然生産物の獲得であり、もう一つは究極目的のためにそれらをさらに加工することである。後者の規定は、人間の生存が文化や道徳的完成をめざすべきものというフィヒテの特徴をよくあらわしている。

自然生産物の獲得を行なう者が「生産者」、究極目的のために加工する者が「職人（Künstler）」、さらに生産者と職人を媒介するものとして「商人（Kaufleute）」がおり、この三者が社会の主要な階級（身分 Stand）を形成する。国家は彼らの活動の割りあてをするのであるから、これらが公正に行なわれるような規制を行なう。今日的にいえば、公正取引委員会がさまざまな規制を行なうようなものである。これらはみな各階級がこの国家に属する臣民、国民であるから可能なことである。彼らはみな合意のもとにこの一つの国家に参入しているのであり、各人の自由と権利、そしてこの場合には快適な生活を送りたいからこそ、この国家の市民となっているからである。上にみたとおり、この必要性は『自然法の基礎』でも論じられ、その論理構造から当然出てくることである。

法律が各人の権利と自由を保障するものであったように、経済政策もまた各人の快適な生存と権利を保障しなければならない。これと反対に、経済活動が根本的に私的領域に属するとみなし、私的領域での活動には可能なかぎり国家は介入すべきではなく、各人の自由な判断と調整に任せればよいというのが経済的自由主義者の考えである。彼らとフィヒテとは根本から対立する。フィヒテにおいては、国家の本来の目的である各人の快適な生存という権利保障を可能にするために、いわば最初から経済法・経済政策の必要性が国家に組み込まれており、経済活動は公的領域に属するものである。

それゆえ、フィヒテの国家はこの目的のためにさまざまな統制経済を行なう。「国家に対する最初の明瞭な帰結は、国家が上に示された尺度にしたがって、一般に職に専念してもよい人間の数を一定数に制限することである」(III. 408)。職業に従事する人間の数を国家が調整し、過剰な職業が出ないようにコントロールする。次に、生産物の質を保障するために職業は資格となり、国家はそれを与えねばならない。また商業もコントロールされ、適正な量が取引されるように統制される。

しかし、もともと国家契約は、各人の自由の領域いい換えれば各人の生存のための労働、それによる私有財産を保障するためのものであった。なのに、国家は各人の活動、労働、私有財産のあり方を統制する。これは矛盾ではないか。個人の自由からスタートしながら、最後は国家による統制経済、個人の経済活動の自由、私有財産の阻害に終わるフィヒテのこの矛盾は、すでに何度か触れたように、多くの論者の批判の的になってきた。ヴィルムスに代表される全体主義社会だという批判、あるいはマリアンネ・ウェーバーやカール・フォルレンダーがいうような社会主義の先がけだという評価などがそれである。歴史的な経緯から、社会主義それ自体が悪となった現代では、統制経済そのものが批判の対象となるだろう。

だが、フィヒテは私有財産そのものを否定し、生産手段の国有化などを主張しているわけではない。フィヒテは『自然法の基礎』で、経済活動の自由とその統制の矛盾を意識して、それについて論じている。

正命題は「どの国民にも、彼に残されたものを絶対的に無制限に所有することを、国家は、国家契約によって保障している」(III. 237)。それゆえ、各人はこれをどのように使おうが、捨てようが、あるいは使用しまいがまったくの自由である。反対命題は「国家はいつでも、残されたものすべて、つまり、生産者の生産物、職人の製作品や労働などを、国家契約に含まれた原則、すなわち各人は自分の労働によって生存でき、生きるために労働しなければならないという原則によって、必然的な交換の要求をする」(a. a. O.) である。

国家は一方で財産の自由を保障しながら、同時に他方で、勝手にそれを消費せずに、国家の要求に応じてその生産物を出せというのである。この矛盾をフィヒテは所有物の形式と実質の区別を使って解決する。すなわち、国家が生産物を要求したときに、かわりに貨幣を与え、形式的には私有財産の量が変化することはないようにするのである。要するに国家が買いあげて、国民はその分の貨幣を所有し、自己の所有する価値自体は変化しないというわけである。

そして、その目的は「各人は自分の労働によって生存できるという原則」を実現するためであり、自分の労働だけでは生存が困難である者に支給するために、その生産物を徴収する。国家が労働する者に与える一定の社会給付のようなものである。国民の生存と労働の保障が国家契約の目的であるから、この要求はそれに伴う必然的なものである。

「租税の納付のあとに残るものすべては、国家契約によれば、純粋な所有（財産）である。しかし、国家はこの契約によって、国民が必要とするものを彼らに分け与えるように各人に要求する権利をもっているので、各人はそのかわりに貨幣をえる。これがいまや絶対的な純粋な財産であり、それについては国家はもはやいかなる権利も有しない」（III. 240）。

フィヒテの国家は国民に生産物の提供を要求しつつも、その代価を支払い、そのことによって同時に私有財産を保障している。国家の要求のあとに残る国民のもつ貨幣と物件は個人の「絶対的な財産」として国家にとっては不可侵のものとなる。したがって、フィヒテの統制経済は、すべてを国有化する社会主義とは異なる性格をもつ。

ところで、外国人はこの国家に属する者ではない。彼らはそれぞれ自国をもち、その国家の市民である。外国人はみずからの意志で、現在滞在している国家の一員となってはいない。つまり、その国家の法をみずからが立法し、その法にしたがって規制されることに同意していないのである。だから、フィヒテは外国人の商取引を規制できないと考える。国民はみなその国法によって、商取引が規制される。「国家の真の目的が、その人間社会の参加者としての国民に属するものをすべて獲得できるように助け、そうして初めて彼らがそれらを維持することだとすれば、国家におけるあらゆる商取引は上に示したような仕方で、秩序づけられねばならない。これが可能であるためには、秩序づけることができない外国人の影響がそこから遠ざけられねばならない。かくして理性国家は、それが法と個人の閉じられた国家であるから、同じように封鎖商業国家でなければならないのである」（III. 420）。

外国人を規制できる権力をもっているのは、その外国人が帰属する国家だけである。それゆえ、「国家が外国との貿易を必要とするなら、ただ政府だけがそれを行なわねばならない。それは、政府だけが戦争や和平条約、同盟関係を結ぶことができるのと同様である」(III. 421)。

フィヒテの議論をきちんと見ていくと、巷間誤解されているように、彼は外国との貿易、外国人商人の理不尽なしめ出し、全面的な鎖国政策を主張しているわけではないことがわかる。法理論的に外国人を自国の法で規制できないから、政府間で交渉をしてさまざまな規制を決め、各国政府がそれぞれの自国民の商人を規制せよといっているのである。今日的にいえば、さまざまな貿易の規制を各国間で結び、それにしたがって取引をするようなものである。国同士が関税や規制などを定め、それにしたがって輸入商品の管理・監督を行なうことは当然のことである。原理的にはフィヒテはそういう法の編み目を通らない「ブラックな」国際間の商取引を禁止しているのだ。

とはいうものの、第二部で現実の商取引を考察し、それがもたらす災厄を踏まえたうえで、第三部では経済的鎖国政策を提唱していることはたしかである。

三 「封鎖商業国家」という政策

(1) 封鎖の必然性

フィヒテによれば、かつては「キリスト教ヨーロッパが一つの全体であったので、ヨーロッパ人相互の商取引は自由なものでなければならなかった」(III. 453)。中世ヨーロッパなら、その中での商人の活動はどこであろうとも一つの国の中でなされたことになるから、全然問題はない。しかし、現在ではそのキリスト教ヨーロッパは存在せず、それぞれの国家にわかれているのであるなら、それらはかつての慣行のまま商取引を行なっても外国人との商取引となってしまう。したがって「そのキリスト教ヨーロッパが、いくつかの異なった政府のもとで存立する国家にわけられているのであれば、それと同様に、いくつかのまったく封鎖された商業国家にわけられなければならないのである」(a. a. O.)。

理論上はそうであっても、現実はそうはならない。歴史的には「国家は、市民が現状の財産の状態のまま、これを法律によって維持する施設」(a. a. O.) となり、理想国家におけるように、各人が契約にもとづき、自己の所有権、活動の権利を適正に配分することがなされることはなかった。ために、さまざまな不平等、身分の固定化などの問題が生じたのである。外国人の商取引も同様に継続して行なわれ、「それははるか昔に廃棄された体制の名残であり、結果であるから、われわれの世界には適合しない過去の世界の部分なのである」(III. 454)。

このような国家では、「各人はその商業国家の自由で独立した成員である。いまに至るまで、多数の人々の共同の関心(利害) というものは察知できない。この関心があれば、多数の人々は合一して一つの身体、商業国家におけるより大きな唯一の全体になれるだろうが、そういうものはないのである」(III. 456)。各人が個々バラバラに自分の利害を追い求めるようになれば、そこには競争社会しかない。

フィヒテはこの自由競争がもたらすものを次のように描写している。「商取引する人々の中で、万人の万人に対する終わりのない闘争があり、購買者と販売者の間でのいわば戦争として成立する。人々が世界各地に住みつき、人口が増え、領土拡張がどんどん付加されて商業国家がますます拡大し、生産と技術が向上して、そのことにより流通にあらわれる商品が増え、それとともに需要が増加され多様化されるにつれて、よりいっそうこの相互の競争が激しくなり、不正となり、その結果より危険なものとなる。諸国民が単純な生活を送っていたときには、大きな不正と抑圧がなくして行なわれていたことが、欲望が高められるとひどい不正となり、大きな困窮をもたらすものに転ずる」(III. 458)。

このような社会では、労働の疎外、労働者の搾取も、当然ひどいものとなる。「働けど働けどわが暮らし楽にならざり」である。本来、国家が保障するというから、そのために社会契約をして国家に参加したのに、その国家での市民状態がもたらすはずの「快適に生きる」権利が侵害されているのである。「一言でいうと、少なくとも労働を継続していさえすれば、彼の状態を維持できるという保障が何人にも与えられていない。なぜなら、人々は相互に相手を破滅させるために徹底的に自由であろうとするからである」(a. a. O.)。自由主義経済の本質は二百年も前から変わらないことを思い知らされるようなフィヒテの言葉であるが、国境を越えてグローバルに経済活動・商取引が行なわれる帰結をフィヒテは以上のように叙述している。

こうした事態に対して、フィヒテが主張する政策が、「封鎖商業国家」である。それは「国家があらゆる外国との商取引を完全に封鎖し、それから以後は一つの独立の商業体（Handelskörper）を形成することである。それはちょうど国家が、これまでは独立した法律的で政治的な組織体を形成してきたこととまったく同様である」（III. 476）。法治国家は閉じた団体であり、組織である。その国家に属する者に権利と義務があり、その国家に属さない者にはその権利と義務は制限される。それと同様にフィヒテは商業活動も閉鎖的なものとして扱えという。

上にみたように、個人の活動・自由を制限できるものは、万人の合意した公共体・国家だけである。一国に属する国民は、その国家によって国民全体の福祉のために自己の利益追求を制限される法的根拠があり、その利益追求によって権利が侵害される人々は自己の権利の主張が可能である。しかし、多国間にわたる商業では、その活動である人々の生存の権利が侵害されても、その活動を制限する機関が存在しない。

今日の多国籍企業の活動を想定するとこれはわかりやすい。一国の経済を破壊しかねない力量をもちながら、その活動を法的に制限できる国家は存在しないのである。戦争を防止するための国家連合、安全保障政策はありえても、政治に属さない経済活動を規制する多国間の公的組織は、現在ですら存在しない(3)。他者の自由を守るために個人の自由を制限できるのは国家のみであるから、個人の経済活動も国家内で完結させなければならない。それが「封鎖商業国家」なのである。

封鎖をすると、外国でしか生産できないようなもの、たとえば農産物などが入ってこない。フィヒテはそのためには代用物を生産すればよいと説く。代用できないようなものは一気に輸入を禁止するのではなく、徐々に減らして「市民はこの政策の実施について、あらかじめ情報をえなければならない」（III. 479）とされる。完全な情報公開のもとにこの輸入逓減政策が実施されるのである。フィヒテはこの政策を禁欲的に考えてはいない。「商業国家の封鎖ということは、決して断念を意味しないし、われわれの国土でこれまで生産されていたものという狭い範囲内に、控えめに制限せよということでもない。そうではなく、この地球上の表面にあるすべてのよきもの、美しきものについて、自分たちのわけ前を自分たちに可能なかぎり、積極的に獲得できるようにせよということなのである」（a. a. O.）。

フィヒテのこういう議論は楽観的で、現実の複雑さ、多様性を全然理解していないと批判するのはたやすいが、実際の歴史ではよくあることである。たとえば、ドイツ映画『グッバイ、レーニン』（二〇〇三年）では、コカ・コーラの大きな看板が西側を象徴するものとして登場してくる。旧東ドイツにはたしかにコカ・コーラはなかったが、そのかわり味の近い代用コーラが生産されていた。旧東側諸国だけではなく、西側のデンマークでも、八〇年代は環境を考慮したリターナブル・ボトル政策が実施され、それにしたがわないコカ・コーラが販売できず、代用コーラ（ジョリー・コーラ）が生産・販売されて流通していたという事実がある。ニコンはいまや世界的な評価をえているが、もともとは先んじて高い評価をえていた高価なドイツ製カメラなどの代用品ともいえなくもない。ちなみに「コニカ」「ヤシカ」などの「〜カ」がつく日本のブランド名は「ライカ」をまねしたものである。ある意味、今日では世界でも高い評価をえる日本製の家電、自動車、時計などの工業製品自体、当時は高価だった輸入物を買えない国民のための代用物であった。高価なアメリカ車やスイスの時計に替わるものだったのである。

また、これに似た政策を実際に実施した国家も現代史に存在する。アルゼンチンのペロン政権がそうである。今日に至るまで立場によって毀誉褒貶が相半ばし、評価が定まらないペロンの政治であるが、彼のなした政策の一つに、外国からの輸入品を停止し、その代用品を生産することで国内産業を保護し、市場を形成したというものがある。(4) これも評価は依然として賛否相半ばしているが、雇用の確保という点では成功したともいわれている。そのように考えると、必ずしも稚拙なことをいっているわけではない。

フィヒテが国家を封鎖するというとき、その境界は既存の国境ではない。彼は既存の国境を無視して「自然の境界(die natüriche Grenze)」(III. 480) を考えている。それはいい換えれば、「生産の独立性と自己充足性に着目をする」(a. a. O.) ということである。ヨーロッパは王侯貴族や教会によって恣意的に国境が引かれた歴史があり、ハプスブルグ家に代表されるように、一王族が遠く離れたスペインとオーストリア・ハンガリーを支配した例もある。今日では中東やアフリカ、あるいは中南米の例で顕著にわかるように、国境線は自然や民族などにはさほど関係なく、宗主国その他の政治的力学によって引かれたものである。フィヒテはそのような支配者たちの都合による勝手な線引きに反対して、その国の自給自足性を考慮に入れて、改めて国境を制定すべきだというのである。

この提案は、現在からすれば夢想的で非現実的な提案であるが、フィヒテはこの提案を、国家の拡張主義・覇権主義を防ぎ、戦争の原因をなくすことを目的に行なっている。「戦争が廃棄されるべきであるとすれば、戦争の原因が廃棄されなければならない。いかなる国家もその自然的な境界を維持しなければならない。それは［他国に占領されているときは］戦争によって獲得しようと意図するもので、［そうでなければ］理性的な仕方でのみ獲得することができるものである。それをえたのちは、国家は他国にそれ以上求めるものはない。なぜなら、求めたものをすでに所有しているのであるから」(III. 482)。それを実現したあとは、他国に対して、封鎖商業国家であることを宣言し、領土を拡大する意図がない保証を与えるのである。

とはいえ、フィヒテはその自然的国境を定めるための戦争を認めている。戦争を今後しないための戦争という位置づけになるが、あらゆる戦争は「平和のための戦争」という建前でなされるのがつねであり、どこまでもその範囲が拡張されがちなので、フィヒテの想定があまりに安易すぎるのはたしかだ。フィヒテには、各国家は自給自足が可能な範囲を設定し、そこに争いがあれば、まずは政治的交渉、やむをえないときは武力による解決があり、その後は各国家が自足的な経済を行ない、経済的には閉鎖した状態で相互に共存するというイメージがあるのだろう。閉鎖した各国家は代替品で間に合うように国内での産業を育成し、またその生産性を上げて、いうなれば地産・地消を一国規模で行なう。東洋的には「小国寡民」の思想に似てもいる。あるいは古代から続くアルカディアの牧歌的な風景がイメージされるが、フィヒテの封鎖商業国家にもそのような風景が連綿として継承されていると思われる。

(2)「封鎖商業国家」の思想的文脈

フィヒテの経済政策を簡潔にまとめれば、基本的に国民の労働と生存を保障し、彼らがその身分に応じて過不足なく生活できることをめざしているものということができる。各人の私有財産は各人の活動に応じて国家が承認し、問題があれば調整をして大きな不平等は避けられ、巨大な富を独占する者はいないが、また搾取される貧民、土地も生産手段も奪われ他者に従属的な生を送るような貧困層もいない。それを可能にするために、国家が職業の割りあて、生産手段の調整、流通と市場の調整・規制などを行ない、外国との貿易は最少限に抑えて、基本的に封鎖商業国家として自主独立・自給自足の経済を行なう。もちろん、他国を侵略しひたすら領土を拡大して、政治力・経済力の向上をはかることもせず、他国に対してみずからは侵略もしないことを宣言する。そして生活の不安がないところで、各人は生きるための労働ではなく、自己実現のための労働、活動にいそしみ、自己の倫理的使命を果たすとされる。この倫理的な生については、自然法や経済政策では当然関知しない内容で、倫理学・宗教の扱うべき問題となる。それゆえ、『自然法の基礎』と『封鎖商業国家』では論じられることはない。

フォルレンダーによれば、これはドイツ最初の「社会主義的ユートピア」[5]の思想だそうである。そういう意味では、トマス・モア、カンパルネラ、ジェイムズ・ハリントン、モレリ、あるいは別世界を書くことでヨーロッパを風刺したスイフト、モンテスキュー、ディドロ、ヴォルテールなど、さまざまな論者が夢見たユートピアの一形態を引きつぐものということができる。[6] たしかにトマス・モアの『ユートピア』における管理された労働のあり方はフィヒテの労働のあり方と類似した内容がある。また、批判的全集版の『二二世紀のドイツ人の共和国』の注[7]には、フィヒテが当時の人気フランス人作家ルイ＝セバスチャン・メルシエの『西暦二四四〇年』(一七七〇年)を読んでいることが記されている。これは統制経済をし、コーヒーなどの貿易品を輸入しない国家を描いたユートピア小説で、この影響も見逃せない。

また、マリアンネ・ウェーバーはこれとは違うコンテクストで捉えている。フィヒテが根拠とした考えは「すでに中世においてトマス・アクィナスと教会法学者たちによって規範とされたものである」[8]と述べ、キリスト教のあるべき共同体の一つの形態を示したものとみなす。歴史的にも、ドイツではトマス・ミュンツアーの実践があり、カルヴィニズムの共同体はあちこちで形成された。先駆的には、チェコではヘルチツキーの思想を母体として、一五世紀に「チェコ兄弟団(モラヴィア兄弟団)[9]」が形成され、農業と手工芸を基本産業として、非暴力・不服従の閉鎖社会が維持された例もある。[10]

だが、マリアンネ・ウェーバーは、フィヒテのこうした思想は必ずしもユートピア思想や教会法だけから来るのではなく、フィヒテの目の前にある経験的なものにもとづくものだったという。すなわち、フィヒテの実際のモデルは、中世の都市経済であり、当時まだ色濃く残っていたツンフトなのである。「フィヒテ自身の示唆からわれわれが受けとることができるのは、フィヒテが中世的な都市経済をその模範としているということである。これは、生産と交通の経済的な労働の区分とそれをとり巻く地方との交換がその経済的技術的な基礎を形成しているものである。市の内部での生産は、自由な手工業的労働にもとづいている。生産と消費の流通は政府が管理し、個々の同業組合的に連携した生業の間で利害が調整される過程でその流通が規制される」[11]。

マリアンネ・ウェーバーが論拠として挙げているように、フィヒテ自身、『自然法の基礎』の中で「一定の生産物を一定の仕方で加工する権利を独占的に付与された一定数の市民はツンフト（同業組合）と呼ばれる。……同業組合の悪用は改められるべきである。しかし、それ自身は存続しなければならない。なぜなら、この生計部門を一般に開放すると、まさしく根源的な財産契約に反することになるからである」（III. 232）とたしかに書いている。それゆえ、ツンフトが一つのモデルになったことは否定できないが、この時期のフィヒテがルソーの影響を強く受けていることを考慮すれば、ルソーの思想を継承したものでもあるといえないだろうか。

ルソーは『社会契約論』第一篇第九章で土地所有権について語り、国家が個々人の土地の所有を保障し、それが平等になされるべきであることを述べている。そして、社会状態は「すべての人々が何ほどかのものを持ち、しかもだれもが持ちすぎてはいない」[12]レベルであることをよしとしている。そして、第二篇第十章の「人民について（続き）」では、国家は土地と住民の数の適正な比例が重要であり、これが足りなければ隣国の意のままになり、「戦争か貿易かのどちらかしか選べない人民は、すべて本質的に弱い。このような人民は隣国に依存し、外部の出来事に依存する」[13]と述べている。逆にいえば、これが足りている国家は隣国に依存する必要はなく、自主独立を保つことができ、封鎖商業国家を可能にできるのである。さらに同所でルソーは、立法に適した人民は「隣国間の抗争には立ち入らないが、そのどれに対しても抵抗するだけの、あるいは、一方と助け合って他方を撃退するだけの力を持つ人民、……他のいくつかの人民に頼らないでやっていくことができ、他のいかなる人民にも当てにされないですますことができる人民、富裕でも貧困でもなく、自給自足できる人民」[14]であるという。そしてその具体例としてコルシカ島を挙げている。

周知のとおり、ルソーはその後『コルシカ憲法草案』を書いた。コルシカ島民が農業によって自給自足をし、外部との貿易に頼らず可能なかぎり島内で必要品を生産することを奨励して、フィヒテの「封鎖商業国家」とよく似た提案を行なっている。『コルシカ憲法草案』はルソーの生前に公刊されることはなく、ルソーもフィヒテも亡くなったあとの一八六一年に発表されたもので、フィヒテがこれから影響を受けたわけではない。しかし、期せずして同内容の提案がなされたということは、基本的に『社会契約論』を含むルソーの社会思想の中に、その萌芽があったと判断してもよいだろう。フィヒテはその一つの展開の形を示したわけである。

ルソーがフィヒテの社会思想の源泉の一つなら、それと並ぶものがフランス革命であり、その時代に出されたさまざまな政治パンフレットあるいは新聞情報なども源泉の一つになる。フィヒテがどのような政治パンフレットを読んだかの詳細はまだ不明だが、一つの興味深い視点がバブーフとの関連である。たとえば上に挙げたマリアンネ・ウェーバーによれば、「現実的にフィヒテに先行する唯一の者は、それゆえバブーフである。両者の間の技術的な個々の類似性もあることから、フィヒテが『平等主義者の陰謀』とバブーフの共産主義理論について知っていたことはありえないことではない」[15]として、バブーフのフィヒテへの影響を主張する。

これに対して、マンフレート・ブールは「フィヒテは、彼の注意を国民議会の経済政策および社会政策に向け、そしてバブーフの陰謀についての彼のつかみうる諸情報を研究したように見える」[16]とフィヒテがバブーフの主張や事件を追跡していた事実を認めつつも、「フィヒテがバブーフに影響されたとか、ないしは特定の思想進行においてバブーフに依存しているとかいう結論は引きだされえない」[17]といい、影響関係は未解明にとどまるとする。ブールの論拠は、フィヒテもバブーフも同じルソーを論拠にして出てくる内容であり、かつバブーフと類似した主張はすでに『フランス革命論文』に出てくるから、バブーフの影響ではないというものである。

影響関係はともかく、フィヒテがバブーフに注目し、共通の思想的地盤にあったことはこの二人も認めている。[18] 筆者はバブーフについてはまったくの門外漢であるので、原典にあたって両者を比較検討して論じる能力はまだないが、バブーフについての二次文献[19]やフィヒテ研究者たちの整理にもとづけば、両者の共通点は以下のようなことになろう。①両者は労働権を生きる権利・生存権とみなし、その保障を国家の義務とした。②労働手段や労働時間、余暇などを国家が定め、ナショナル・ミニマムを示した。③大土地所有を認めず、土地は国家が所有し、そののち農民に配分するとした。④近代の産業資本主義、工業生産よりも、農業やギルド的手工業を重視した。⑤貿易は国家の管理とし、基本的に一国閉鎖経済を主とした。

違いは、フィヒテが私的所有を認めるのに対し、バブーフではすべて国家の共有財産とされ私的所有は存在しないことである。また、バブーフは暴力革命を基本とするが、フィヒテにおいては『封鎖商業国家』がプロイセンの大臣のシュトリンゼーに宛てられ、政策提言の形をとったことからしても、あくまでも啓蒙的な上からの改革であるという点も大きな相違だろう。理論的には『自然法の基礎』や『フランス革命論文』では、人民の革命権、抵抗による変革は認められているとしても、フィヒテはプラトン以来の哲人国家の伝統に立つ者である。そしてその立法が正しいかどうかを人民の法廷や人民蜂起の政治的判断力に委ねるという構造がある。

これらの内容は、ブールのいうように、いずれもルソーを根拠にして出てくる論理である。バブーフによるフィヒテに対する影響の因果関係は不明であるが、労働の喜び、余暇の自由での人間的な生の謳歌などはたしかに両者に色濃く共通した内容である。バブーフも貧しい農村出身者で庶民階級であり、寒村に生まれ貧乏を友としたフィヒテも同じ階級に属する。大土地所有者を嫌悪し、庶民階級の生きる権利と喜びを追求したのも、そうした生い立ちの共通性があったかもしれない。

他にも、ルターの『商業と高利』も、フィヒテの商業観に影響を与えていると思われるが、これについては他日に期したい。

四　カントとの対比

(1) カントの国際関係論

フィヒテは『封鎖商業国家』で、国際的な問題解決としての戦争を否定し、また常備軍も否定している。これはカントの『永遠平和のために』と共通する内容である。しかし、カントは周知のように国家連合を提唱し、また自由貿易も認め、それらが人類の発展につながると考えた。フィヒテはそれに対して、完全な封鎖国家を主張し、国家連合や自由貿易にさしたる価値を認めないのである。この違いはどこから来るのであろうか？

カント自身は、当時の自由貿易が植民地支配と同一のものであることを認識し、指摘もしている。たとえば「西洋の商業国家が、よその土地や民族を訪問するとき、これは彼らにとっては征服と同じことであるが、彼らの示す不正はまことにひどいものになっている」[20]といい、「東インドでは、彼らは通商のための支店を設置するという口実で軍隊をもち込み、それによって原住民を弾圧し、その地の諸国家を煽動して広範囲の戦争を引きおこして、飢餓、反乱、裏切り、その他人類を抑圧し嘆かずにはおれないありとあらゆる悪の数々をもち込んだ」[21]と非難している。そのように貿易のもたらす侵略、植民地支配を知っておりながら、彼は外国との貿易、通商を禁止するには至らない。

カントの根本にあるのは、前にも触れた「摂理」概念であり、自然と歴史の目的論である。『永遠平和のために』の摂理概念は前に論じたので、ここで改めては採りあげないが、同内容は『世界市民の観点からの普遍史の理念』（一七八四年）でも論じられており、そこでもまた国家連合までの必然性が簡潔に語られている。

この論文で人口に膾炙した概念が「敵対関係（Antagonismus）」であり、「非社交的社交性（die ungesellige Geselligkeit）」である。人間の自然的側面では、互いに利害をめぐって対立し争わずにおれないが、それでは闘争が継続し互いに滅んでしまうので、集まって社会をつくり、共存を図らねばならない。そこでとりあえずは社交関係を結び、他者と共存して互いの領分を守りはする。しかし、根本にはこの「敵対関係」があり「非社交的社交性」があって、自分だけがかわいいので、抜けがけをしようとするのである。カントはこの私利私欲を肯定的に評価し、これがあるから個々人の怠惰もなくなって、人間の自然的素質が発達し、文化や社会が発展するという。各人は名誉や所有欲に駆られ、競争をして、他者よりも上に立とうとする。その結果、知識や技術が高度になり、その上にまた競争があるので、ますますそれらが発展する。「そういう場でこそ、粗野な状態から、人間の社会的な価値にその本質をもつ文化への真の第一歩が始まる。そこから人間のあらゆる才能が次々と発展させられ、趣味が育成され、継続する啓発によって次のような考え方を基礎づける端緒すらも形づくられる。この考え方によって、粗野な自然の素質は、時とともに実践的な原理の中で道徳的に区別するものに変えられ、感性的に強制されて一致してつくられた社会が、最終的には道徳的な全体にまで高められうるのである」[22]。

カントからすれば、平和的に競争もなくおだやかに暮らす田園生活のごときものでは、人間性が発達しないことになる。彼はこの「敵対関係」「非社交的社交性」に対立させてこう述べている。「こういうそれ自体好ましくない人間の性質である非社交性がなければ、古代のアルカイックな牧畜生活のまま、完全な調和と満足、相互の愛情の中に人々は暮らすだろうが、あらゆる才能は育つことなく、芽の状態で隠されたままだろう。人間は彼らが飼っている羊のように善良であるとしても、その存在は彼らが飼っている家畜がもつ以上の価値をもつことはあるまい」[23]。東洋では評価される牧歌的な隠遁生活、田園での牧人の生活も、カントからすれば家畜以上の価値はもたず、それよりは都市や中心部での栄誉や利害に駆られての立身出世、競争、そのための権謀術数の方がまだ人間を発達させることになる。平和で満ち足りた田園生活に比べれば、立身出世、競争、権謀術数に追われる生活が、勤勉と刻苦、不断の自己向上を促進するからである。

こうした「敵対関係」「非社交的社交性」が評価されるのは、カントがその先に市民社会・国家を見ているからである。「自然が人間をして強制的に解決を迫る一番の問題は、法の支配する市民社会を設立するということである。最大の自由をもつ社会、したがって、成員の敵対関係が貫徹するが、同時にこの自由の限界について厳密な規定と保障をもち、そのことで自己の自由が他者の自由と共存できる社会、そういう社会においてこそ、自然の最高の意図、すなわち万人にある自然の素質の発展が人間において達成されうるのである。……完全に公正な市民の憲法体制こそが自然が人間に課した最高の課題である」[24]。カントとフィヒテに共通する自由の制限による自由の実現、他者の自由の尊重による自己の自由の限界設定、それらを法によってなす共和制によって、公正な市民社会を維持し、人間性の開花、文化発展を促進するという目的があるからこそ、カントはこの「敵対関係」「非社交的社交性」を評価し、それを自然の摂理と肯定的に考えた。

『永遠平和のために』では、それがもっと露骨にというか、「悪魔の民族」[25]ですらその利己心の働きに任せれば、みごとに共和国を設立できると語っている。「理性的存在者が多数いれば、自分たちを維持するために総じて普遍的な法則を求めるが、しかしながら、一人ひとりは影ではこっそりとそれから自分を除外するきらいがある。だから、彼らが私的な感情では互いに対立しあっていても、これを相互に抑制しあい、公の場では、あたかもそんな悪い気持ちをもってはいないかのごとくふる舞うのと同じ結果になるように、彼らの体制を秩序づけ設立することが求められているのである」[26]。互いに私的な欲望や利益、駆け引きをもちながら、表向きではまるでそんなことのないようにふる舞い、互いの抜けがけを監視しあい、その結果お互い抑止され、体制が維持されるわけだ。まるで現代の社会あるいは会社などを揶揄するような記述でもあるが、そのようにして人々は法を制定し、法による市民社会、平和状態に入り、それが本来の道徳性を発展させる基礎となるのである。それゆえ、道徳性が国家体制を築くのではなく、国家体制があって初めてよき道徳が育成される。「自然は、法が究極のところ最高権力を維持することを意志し、それは抗いがたいことなのである」[27]。

この自然の働き、相互の敵対関係による相互の抑制、それらを維持するより高次の体制の設立という同じ論理で、国際関係も説明される。『世界市民の観点からの普遍史の理念』では、この利己的な「非社交的社交性」は一つの国家においても働き、他国に対して自己の自由を主張するので、諸国家は敵対関係に陥るが、その結果戦争などを経て国家の荒廃と疲弊を経験し、かえって国家の平安と安全を願って相互に抑制しあう国家連合のシステムを構築せざるをえないことが論じられている。

カントの考えでは、この法による共和制の体制こそが、利己的な個体が共存するには一番適切な自然のシステムなのだから、それが国際関係でも自然の摂理として実現されるのは当然である。ヘーゲルなら「理性の狡知」とでもいうところだろう。「一方では、国内で最善の公民体制の秩序をつくることによって、他方では国外で共通の条約と立法を制定することによって、市民的な公共体に似た状態が最終的には設立され、それは自動で動く機械と同じように自己を維持できるのである」[28]。

このような国家連合は、諸国家を統制する理念的な働きをする。国家連合は世界共和国という統一国家ではないので、それ自体は統一的に立法できず、唯一の法的状態を確立することはできない。彼らが設定できるのは、各種の条約や協定であり、それらは相互の抑止力・牽制の力をもつだけで、一つの国家のように強制権力をもつことはない。だからある国の不法行為を強制権力で現実に処罰することはできないが、それは一つの統制的理念として諸国家の個体としての行動を規制する働きをもつのである。そういうものが存在しないと、一つの国家が不正行為を行なうときに、他の国家はそれを抑制する根拠をもつことはできない。立憲体制・共和制はあくまでも一国に限定される原理であり、そこでの法律は他国を規制する権限・根拠を原理上もてない。それゆえ、国家単位の不正行為、換言すれば利己的な行動を抑制するためには、戦争以外にはこのような擬似的な立憲体制を国際間に設定するしかない。それが擬制としての上位権力となって、一国の不正を批判する法的根拠となりうるのである。

理想的には単一の世界共和国ができて、市民の主権、全員参加の立法権が保障されれば、現実的な強制権力も実現可能となる。しかし、カントはそれを「積極的理念」と認めはするが、それはあくまでも将来の目的であり、現実には国家の連合という「消極的理念」に頼る以外にはないと考える。そして、その方がましだとも語るのである。「なぜなら、法律は統治の範囲が広がるにつれて、その力を失い、そうやってできた魂のない専制政治は善の芽を摘んでしまったあとに、結局は無政府状態に陥ってしまうからである」(29)。彼のイメージでは、世界共和国は連邦制あるいは多様性の集合であるべきで、全世界を画一的に統べる「帝国」としての世界共和国ではない。それでは、差異性による相互の競争、刺激、相互の啓発による文化・人間性の向上がなくなってしまう。こうした二つの理由から、カントは現状では国家間の連合をとりあえずの上位理念とするのである。

カントとフィヒテのもう一つの大きな違いは、国境を越えた商業、貿易の評価であり促進である。それは利益や欲望にもとづく自然の摂理であり、だからこそ、戦争を抑止して国家間の平和を可能にする力となる。『永遠平和のために』では、こう述べられている。「他方で、相互的な利己心によって諸国家は一致する。世界市民法の概念だけでは暴力や戦争に対して、国民の安全を保障できなかったであろう。戦争と共存することはできず、遅かれ早かれ国民の心をとりこにするのは商業精神なのである」(30)。経済力こそは国民も為政者も第一の関心事であり、商業と貿易こそは平和な状態がなければ運営できない。非常時の物資不足につけこんだ投機的な商売も存在はするが、それは一国の多数にはなりえず、継続して商売ができない一時的なものである。それゆえ、商業精神は基本的にはどの国でも戦争を避け、平和状態を維持するように作用する。フィヒテは世界貿易を禁じ、封鎖商業国家を説いたが、カントは逆に、飽くことのない商業精神、世界貿易こそが「永遠平和を保障する」というのである。上にも述べたように、こうした自由貿易による被害を十分知ったうえで。

以上みてきたように、カントにあっては「自然の摂理」の概念により、各人の自然状態・利己的な行動を基礎として、その彼らが共存可能でしかも自己の自由を最大限行使しうるためには、自己の自由を各自制限して他者の自由・行動を認め、それらを恒常的に安定させるために公民社会を形成し、法律によってそれを規定する共和制が自然の理にかなったものであるということになった。この共和制、公民体制による相互の規制は、一国だけではなく多国間においても有効で、複数の国家がそれぞれの自由を謳歌しながら共存するためには、国家連合の形態が現状ではベストということになり、国家連合の必然性が論じられ、それが永遠平和を保障する機能を果たす。しかも、その際には国際的な商業が補完的な役割を果たし、この国際的な交易を維持するためにも、諸国家の平和的共存が必要とされ、カントは封鎖商業国家のような一国閉鎖主義をとることはなかった。

道徳法則ではなく、自然の摂理、自然の欲望、利己的な行動を前提にして、一国と多国間の共和制を導出したのも、その根本の目的は各人の自由、各人の財産、利己的な幸福のできるかぎりの保障ということにあるからである。フィヒテの自然法が前提とした同じ原理で、カントは逆の結論を出したことになる。では、フィヒテは同じ出発点に立ちながら、どうしてカントと違う道を採ったのか、次はそれを考察することにしよう。

(2) フィヒテの国際関係論

たんてきにいえるのは、フィヒテにはカントのいうような「摂理」概念がないということである。彼はカントのような楽観的な自然の目的論を肯定してはいない。カントが国家間の国際関係を、最後の『法論』に至るまで一貫して、自然の「摂理」「敵対関係」で論じていったのに対して、フィヒテは『自然法の基礎』での国際法を、彼のカントとの最大の相違点である「相互承認」概念で展開している。両者は似ているようで、結構違っているのである。まずは、フィヒテの承認概念による国家間の国際関係、国際法の議論をざっと見てみることにする。

フィヒテによれば「どの国民も、自然状態にあるのではなく、自分が望むようなものならどんな形であれ彼らが統治府をもっているならば、隣国による承認を求める強制権をもっている」(III. 372)。各市民は自分の自由と権利を保障する政府をもち、彼らが相互に行き来することがあれば、互いの政府は直接に自国民の保護を行なうことができないので、両すくみの形で間接的に相手国にその保障、自国と同権利を求めることを要求できるのである。「国家は自国民の安全について隣国に保障させ、そして隣国にも同じ保障を与えねばならない。だが、このことは承認という条件のもとでのみ可能である」(a. a. O.)。

それゆえ、フィヒテにおいては、国家が相対するときに当初から承認関係が生じている。いい換えれば、承認関係が成立しているので、「諸国家は必然的に相互に独立し、自立的である」(a. a. O.)。自立的でない国家とは、統治府をもたず、ただ自然にそこに群生している人間たちということになる。その場合は「自己に従属させるか、一つの国家体制をもつように強いるか、あるいは隣から追放するかという権利を隣国はもっている」(III. 373)。そうでないと、隣国はこの国に安心して市民を派遣することができない。その国は統治府がなければ、他国民はおろか自国民でさえ、その権利を保障することができないからである。自国民であれ他国民であれ、市民の権利、生存の安全を保障できないのであれば、それを保障する体制をつくるしかない。自国に併合するか、それとも彼らに独自の近代国家体制を構築させるように促すかして、権利の保障を貫徹するのが近代の国家の義務となる。後者の場合に、国家間の相互独立と相互承認が成立し、相互に相手国民の権利と安全を保障しあうことになる。それらが条約となり協定となって、具体的な内容が規定されていく。

この承認の拒絶が戦争の権利である。[31] 相手国が自国の領土や存立を承認せず、また自国民の保護をせず権利を蹂躙するのであれば、それは無権利で政治体制のある国家ではなく、したがって承認する必要もない。「侵害された国家は不正な国家に対して戦争をする完全な権利を有する。その国家を独立国家としては殲滅し、そこの国民を自国民に併合してしまうまで戦争をしてもよい」(a. a. O.)。しかし、戦争遂行の実力が正義と一致するわけではないので、一方に戦争をする権利があっても、逆に戦争に負けて征服されることがあるのが現実である。フィヒテが国家連合の必要性を説くのは、この正義の維持のためである。今日的にいえば、フィヒテの国家連合は安全保障体制と同じものである。

この国家連合、安全保障のための国家の同盟は、歴史上まかり通ったように、多数を笠に着ての不正をなすものともなりうる。それゆえフィヒテは、問題はこの国家連合がいかにして正義と一致するかであるという。しかし彼の考察は、一国では人民の判断力・公論を最終根拠にしたように、国際関係ではこの多数の国家の同盟の判断力だとする。不正な判定はありえないと断言できないが、それでも現状では最も妥当性の高いものであるからというのがフィヒテの論理である。「課題は、こうしたまちがった判断をするおそれが一番少ない者を見いだすことである。その者は、公民体制では国民、国家間の関係では上述した国家同盟ということになる」(III. 382)。

若干拍子抜けの感も否めないが、しかし現実的な判断ではあるだろう。ヘーゲルへの反批判の章(第四章)で述べたように、フィヒテにはこうした政治的判断力への信頼があるのはたしかであり、そこに可能性を求めることは現代的な課題でもある。たとえば、国連の決議といったときには、現状では安全保障理事会の決定が優先し、「ならず者国家」イラクへの攻撃などがなされたが、安保理の判断が多数の国家の判断ではなく、常任理事国だけの恣意、そのときどきの利害関係や交渉、裏工作などで左右されていることは明白である。それが国連総会の場であったなら、事情が異なってくるだろう。多くの国家が参加して討議することにより、少数の大国の利害だけで物事が判断されにくくなる。フィヒテは国家連合をよりよい判断力と連合による軍事力の優位を通じて、ただ戦争の抑止力として認めるだけで、それ以上の役割、たとえばカントのように将来の「世界共和国」を期待はしない。

『自然法の基礎』(一七九六年)では、国家連合は戦争の抑止力、永遠平和のための手段にすぎないものとして位置づけられたが、すでにそれ以前の『カントの『永遠平和のために』の書評』(一七九四年)においても、フィヒテは諸国家の共存だけを求め、世界共和国や積極的な国家連合を提唱はしていない。彼が求めるのは、現状の国家に不平等や搾取がまかり通っているので、それらを平等に配分することによる国家の安定である。いままで述べてきたように『封鎖商業国家』の目的、すなわち、国家が他者と共存可能なレベルで各人の生存と所有を保障すること、そのことによって国家が安定し、そしてまた国家同士も相互に独立し承認しあい、国家間の共存共栄が可能になることが、この書評の中ですでに触れられているのである。「他者が占有しているものを不確かに獲得するよりも、自分たちの占有しているものを確実に維持することを多数の者が好むようになれば、法と理性にしたがう立憲体制が生じる。……諸身分や諸家族の継続的な渇望によって、諸国家は最終的には占有の均衡にいたるに違いない。それは誰もがそこそこの生活ができるレベルなのである。外国の人口が増え、あらゆる食糧分野の開発によって、最終的には国家の富が見いだされ、わけ与えられるはずである。外国の民族と諸大陸の文化を通して、諸国家は、もはや交易で利益を得ることがなく、奴隷の身分におとしめられることもなく、その結果、略奪を旨とする者の最後の価値も同様に消えてしまう地点に至るに違いない」(VIII. 435)。

フィヒテはここでアメリカ合衆国とフランス革命の共和国という二大モデルを指摘して、「こうしたよき国家体制が実現されるやいなや、これらの諸原則によって設立された諸国家のもとで、諸民族の法権利の関係、すなわち永遠平和がおのずから生じるであろう」(VIII. 436) と述べている。一国において共和制・人民主権が実現して、各人の自由と財産が保障され生存が確保されて、その上でそれらの国家間の同様の承認と独立の関係が成立し、諸国家の共存が永続するのである。フィヒテの諸国家の共存はあくまでも相互承認の関係であり、最終的な世界共和国を目的とするものではない。そういう意味では、この書評を書いた一七九四年から一八〇〇年の『封鎖商業国家』に至るまで、彼の国家観に変化はないのであり、経済的な一国閉鎖主義も論理的にぶれはない。

『封鎖商業国家』では、彼は自由貿易を唱える者たちが、ある種の世界市民主義を主張することを揶揄している。「人は、世界貿易システムが広く行なわれれば、旅行と交易によって諸国民相互が互いに知りあい、それによって生じる多面的な教養の利点をたいへん褒めそやしてきた。もしわれわれがまずもって第一に民族であり国民であって、そののちに諸民族が互いに交流し、そのことで一つの全面的で純粋に人間的な教養というものに移行し融合できる確乎たる一つの国民の教養といったようなものがどこかにすでにあるならば、それを認めるにやぶさかではない。しかし、われわれは、万人であり、至るところが故郷であろうと努力することで、かえって何ものにもなっておらず、故郷もどこにも見いだせなくなっているように、私にはみえる」(III. 512)。

フィヒテは、貧富の格差を助長し、一国の富が外国によって略奪される危険性のある外国貿易・通商を認めず、経済的な意味での鎖国を説きはするが、政治的あるいは文化的な交流を禁止するわけではない。国交がある国同士は相互に大使館を置き、その国に在住する自国市民を保護すべきだと彼はいう。フィヒテが鎖国どころか積極的な交流の促進を主張するのが、文化・学問の領域である。「ただ学者と芸術家だけは、封鎖商業国家から旅立たねばならない。……この旅行は国家と人間性のためになされるものである。政府はそれを妨害するどころか、むしろ奨励し、公費で学者と芸術家を旅に派遣しなければならない」(III. 507)。この公費の財源は、国内に来る他国の人たちの支払う滞在費や経費である。

封鎖商業国家では、国内産業を促進し開発コストをそれに注ぎ込むがゆえに、すぐれた技術や生産性があることになり、評判を聞きつけた諸外国がそれを視察に来るはずだとフィヒテは考えている。他国と技術競争をして、国際市場で優位に立って利益を独占するというような意図が、そもそもこの封鎖商業国家にはありえないので、それらの技術情報は公開される。しかし、輸出をしないので、他国の人々はこの国に来て実物を見、技術を学ばねばならない。そして学者や芸術家は、国交があればどの国家とも交流し、相互に切磋琢磨しあって人類の文化を発展させる。それゆえ、フィヒテは完全な鎖国を説いているわけではない。

そして、世界市民主義、人類の共通の目的というものを提起できるのは、この学問だけなのである。「民族と場所との一切の区別を純粋に廃棄して、ただ人間(Menschen)そのものに帰属し、市民(Bürger)というものには決して帰属しないようなものは、学問以外にはない。人間性以外の残余のものすべてが民族のうちに分離されてしまったあとでも、人間一般を継続して関係させるべきであるが、それはただ学問によってのみ可能なのである」(III. 512)。封鎖商業国家として相互の国々が区別され、相互に承認しあって共存して、個人は国民・民族としてのリアルな生を送り、具体的な人間として生きると同時に、それを前提として、相互交流を通じ普遍的な教養、世界市民主義、普遍的な人間性一般が学問によって明らかにされる。「この連関を封鎖国家は廃棄することはない。むしろそれを支援するだろう。人類の力が統一されれば学問がより豊かになるが、そのことによって、人類の区分けされた地上の諸目的がますます促進されるからである」(a. a. O.)。普遍的な学問は特殊な諸国家の生存と繁栄に寄与し、同時にまたそれぞれ独自に発展する諸国家は互いに交流して普遍的な学問を発展させる。その相互作用による発展と調和がおそらくフィヒテのめざすところなのである。

以上みてきたように、フィヒテは諸国家の相互承認と相互独立、そして文化面だけでの相互交流を促進する立場に立つということになり、カント的な「摂理」による「世界共和国」の実現を重視してはいない。だが、そういう思考がフィヒテにまったくないというわけではない。のちの『現代の根本特徴』(一八〇六年)では、「摂理」も、諸民族の連邦としての「世界共和国」も彼は認めている。「摂理」については、「自己を維持しようとする国家の目的と、人間の類的存在を外的な条件に移しおき、自然が自分の自由によって人類を理性の適切な模範像となすことができるようにする自然の目的とは合致する」(VII. 162)といい、「世界共和国」にかんしては、「わが地球に住む全人類が、唯一の文化の諸民族の共和国(eine einzige Völkerrepublik der Cultur)に融合するまで[世界の計画、摂理である]文化の拡張は進められるであろう」(VII. 163)と述べている。

とはいえ、同時期の『ドイツ国民に告ぐ』(一八〇七年)では、依然として「封鎖商業国家」を説き、諸国民の相互承認、相互独立を是として、それに対立する「普遍的な王国(Universalmonarchie)」を否定している(VII. 466-467)。「普遍的な王国」は当時のナポレオン体制を意味しているが、こういう単独の世界共和国(ナポレオンならば世界帝国)をフィヒテは支持しない。フィヒテが支持するのはあくまでも「神聖ローマ帝国」、すなわち一つの共和的な法体制をもつが、相互承認した諸国家の連邦としての「神聖ローマ帝国」である。『自然法の基礎』で「諸民族国家(Völkerstaat)」として言及されているものも、このような世界連邦をさしているのであろう。そこからすれば、カントに比べると、フィヒテは連邦論者であり、多様性の中の共存・調和を重視する立場といえるのかもしれない。

(1) たとえば、ケルナーはシラー宛の書簡(一八〇〇年一二月二九日付)で「彼の国には、茎一本育たない荒れ果てた大地以外には何もない。しかし、この政治的な異端は毒にもならない。彼が提案する封鎖というような制限は、せいぜいロベスピエールのおぞましい体制くらいしか可能でないだろう」と書いている。Erich Fuchs: *J. G. Fichte im Gespräch*, Bd. 2, Stuttgart-Bad Cannstatt 1980, S. 424.

(2) Marianne Weber: Fichtes Sozialismus und seine Verhältnis zur Marx'schen Doktrin (1990), in: *Schriften zu J. G. Fichtes Sozialphilosophie*,

Hildesheim 1987.

（3）WTOは逆に、自由貿易を阻害する政府に圧力を与えるための組織である。

（4）たとえば宇佐見耕一「アルゼンチンにおける福祉国家の形成」、『アジア経済』第四二巻第三号、二〇〇一年、七頁。

（5）カール・フォルレンダー、宮田光雄監訳『マキァベリからレーニンまで』創文社、一九七八年、五四頁。

（6）平岡昇氏によれば「この（平等）神話はルネッサンスに起源をもち、十八世紀の初頭以来、さまざな思想家の頭にやどり、練りあげられて、マブリー、ルソー、モレリーに伝えられ、彼らの才能によって一種の魔力的な影響力をもつ思想に成長した」（『平等に憑かれた人々』岩波新書、一九七三年、四五頁）。

（7）J. G. Fichte : *Gesamtausgabe*, II. Bd. 10, Stuttgart-Bad Comnstatt 2004, S. 392.

（8）Marianne Weber : Fichtes Sozialismus und seine Verhältnis zur Marx'schen Doktrin (1900), in : *Schriften zu J. G. Fichtes Sozialphilosophie*, Hildesheim 1987, S. 68.

（9）弾圧を逃れ、一七二二年ドイツのツィッツェンドルフ伯爵領に来た者たちは、伯爵の支援をえて、ヘルンフート兄弟団を結成し、ドイツで布教活動を展開した。

（10）石川達夫『マサリクとチェコの精神』成文社、一九九五年、四三頁以下。

（11）Derselbe, S. 66.

（12）J.J. Rousseau : Du contrat social, *Œuvres complètes* III, Gallimard, Paris 1964, p. 367.（邦訳 ルソー、作田啓一他訳『社会契約論』ルソー全集第五巻、白水社、一二九頁）訳文は訳書を使用。以下も同じ。

（13）Rousseau, op. cit., p. 389.（上掲訳書、一五六頁）

（14）Rousseau, op. cit., p. 390.（上掲訳書、一五七頁）

（15）Marianne Weber : Fichtes Sozialismus und seine Verhältnis zur Marx'schen Doktrin (1990), in : *Schriften zu J. G. Fichtes Sozialphilosophie*, Hildesheim 1987, S. 18.

（16）マンフレート・ブール、藤野渉・小栗嘉浩・福吉勝男訳『革命と哲学』法政大学出版局、一九七六年、八六頁。

（17）上掲訳書、八七頁。

（18）フィヒテの『フランス革命論文』はフランス革命を支持するパリ在住のドイツ人たちによってフランス語に訳され、フランス国民にも影響を与えていた。彼は手工業者たちをバックとする「サンキュロット主義者」の思想家とみなされていた。Vgl. Michel Espagne : Die Rezeption der politischen Philosophie Fichtes in Frankreich, in : *Fichte-Studien*, Bd. 2, Amsterdam/Atlanta 1990, S. 194.

（19）柴田三千雄『バブーフの陰謀』岩波書店、一九六八年、平岡昇『平等に憑かれた人々』岩波新書、一九七三年。

（20）I. Kant : *Kants Werke, Akademie-Textausgabe*, Bd. VIII, S. 358.

（21）Dasselbe, S. 358-359.
（22）I. Kant : Idee zu einer allgemeinen Geschichte in weltbürgerlicher Absicht, in : *Kants Werke, Akademie-Textausgabe*, Bd. VIII, S. 21.
（23）a. a. O.
（24）I. Kant : *Kants Werke, Akademie-Textausgabe*, Bd. VIII, S. 22.
（25）Dasselbe, S. 366.
（26）a. a. O.
（27）Dasselbe, S. 367.
（28）I. Kant : Idee zu einer allgemeinen Geschichte in weltbürgerlicher Absicht, in : *Kants Werke, Akademie-Textausgabe*, Bd. VIII, S. 25.
（29）I. Kant : *Kants Werke, Akademie-Textausgabe*, Bd. VIII, S. 367.
（30）Dasselbe, S. 368.
（31）この戦争権にフィヒテのあやうさを見て、それが排除の論理につながるとするのが加藤泰史氏である。加藤氏はカントが『戦争権』を本来的に不可能と見なした」のに、フィヒテの論理にしたがえば、「現代の『アメリカ帝国』と同じ論理に陥っていて、『永遠平和のための永遠戦争』になりかねない」と批判する（加藤泰史「カントとフィヒテ」、『フィヒテ研究』第一三号、晃洋書房、二〇〇五年、五六頁）。たしかに、『自然法の基礎』だけを読めばそのような解釈も可能であるが、フィヒテは戦争について『自然法の基礎』では何ら積極的に議論していない。彼はただ通常の現象としての戦争を前提しているだけである。

フィヒテの戦争論については、第四部第二章で詳しく論じているが、彼の他の著作を見ないとその姿は見えてこない。加藤氏のこの論文はすぐれた見識に立つものであるが、『自然法の基礎』の戦争権と『ドイツ国民に告ぐ』のドイツ民族を結びつけて、排除の論理とするのはやや強引ではないかと思われる。彼の戦争の定義は、自由と権利を脅かす簒奪者、たとえばナポレオンのような者、上に述べた浅薄な利害の国家を押しつけるような侵略者に対して、自由と権利、精神の共和国、神的生命にもとづく国民を守ること、そのために国民全員が武装、非武装を問わず、各自のもち場で闘うことが、真の戦争であるというものである。それゆえ、侵略戦争や承認しないから攻め込むという内容は存在しない。それゆえ、アメリカ「帝国」とは正反対に位置する。承認の拒絶はあくまでも戦争をする「権利」を与えるだけで、奨励をしているわけではない。

第三部　中期フィヒテの社会哲学――「国民」と「国家」

第一章　後期思想への重要な媒介としての『道徳論の体系』

フィヒテの法哲学はカントに先がけて適法性と道徳性を分離し、ホッブズと同様に悪意の人間でも、いや悪意の人間だからこそ、国家を形成せざるをえない必然性を分析するものだった。それがフィヒテの近代性を示すことはすでに言及した（第二部第一章第五節）。ハーバマスは初期の論文「古典的政治学」[1]において、こうした近代性を社会科学の誕生として高く評価する。倫理学と政治学が区別されず一つになっていたアリストテレスの古典的政治学が、ホッブズによって政治と倫理が分離され、社会的人間関係の規制としての政治学が誕生し、今日の社会科学になっていたというのである。ハーバマスによれば、中世の自然法思想にあった古典的な倫理は脱落し、ホッブズによって近代的な物理学・自然学の認識にもとづいて人間の自然的本性が把握され、人間たちの生命の維持・生存を目的として契約と国家がつくられるという合理的な理解が成立し、それが自然法と呼ばれるようになった。このホッブズの社会理解こそは近代の特徴を告げるものであり、ウェーバー風にいえば「価値からの自由」な立場で、社会を科学的に対象化するものとされた。

しかし、同時期にラインハルト・コゼレックは、彼の初期の主著『批判と危機――市民的世界の病因論』において、逆に政治学・社会の学問から切り離され、宙づりになった道徳・倫理の領域が近代の公論の場として、国家批判、社会批判の領域である「社会」を形成し、それが一八世紀の特色であったと論証している。[2]「密かな道徳の担い手はもはや個人ではなくて『社会（ソサエティ）』である。そして、この社会は、たとえばそこで哲学者たちが道徳的な法律の探求に勤しんでいる団体（クラブ）において形づくられる。市民たちはもはやたんに国家権力に従属しているだけではない。むしろ彼らは集まって社会を形成するのであって、この社会はそれ自身の道徳的な法律を発展させ、この道徳的な法律が国家の法律と並んで立ち現れる」[3]。コゼレックは、この宙づりにされた道徳・倫理が啓蒙の道徳哲学となり、市民社会の思想を形成したとみなしている。それらは、社交のクラブ、コーヒーハウス、文芸共和国、フリーメイソンなどの結社という「小社会」を媒介として公論を形成し、思想が政治を変える革命の時代をつくり出した。

フィヒテの法哲学は、カントにならい適法性と道徳性を分離した。それがフィヒテの近代性を示すことはすでに述べたとおりだが、しかし、民衆に道を示す荒野の伝道師の面目をもつ彼の本領は倫理学、宗教哲学にあり、人間を冷ややかに見る法哲学者、国家理性の僕でそもそもが満足するはずがない。フィヒテは倫理学を「宙ぶらりんの」個人の内面道徳にはとどめなかった。フィヒテはカント倫理学の弟子にあたるが、師匠が普遍性妥当性を可能にするために、形式だけの倫理学にあえてとどまり、国家批判・社会批判を巧妙に避けたのに対し、フィヒテは実質的な倫理学を説いた。すなわち、対象世界を導出し、具体的に各人の社会・国家における義務を規定したのである。そこには彼の社会観が当然反映しており、あるべき人間社会の理念が想定されている。しかもコゼレックのいう社会批判の場、既存の国家を相対化する「社会（ソサエティ）」すら導出しているのである。それゆえ、倫理学をみていくことはフィヒテの社会理論の「当為」の姿をみることになる。しかもそれがその後の社会把握にも応用されているがゆえに、イエナ期以降の彼の著作を理解する一助ともなるとあれば、当然、社会哲学という文脈においても彼の『道徳論の体系』（一七九八年）は考察の対象になる。

以下で、イエナ期の代表作の一つ『道徳論の体系』をみていくことで、フィヒテの社会把握のもう一つの側面を明らかにしたい。この『道徳論の体系』は、これまで論じてきた『自然法の基礎』と同じ概念構成に立って、緊密な関連をもっており、表裏一体の著作ということができる。とはいえ、時期的にイエナ期最後の体系的著作になり、この後の彼の思想の変化をすでに予兆させる内容をもっている。この著作を媒介として、ベルリン期の一般民衆への連続講義と連なるのである。この側面はこれまでのフィヒテ研究ではあまり指摘されてこなかった点なので、あらかじめ注意を喚起しておきたい。

最初に、イエナ期の特徴をなす「相互承認」論が『道徳論の体系』でも論じられており、『自然法の基礎』とどう違うかを指摘する。そこからフィヒテは感性界における理性的存在者の共存を演繹して、社会と社会における各自の規定・義務を導出して、その社会での相互のコミュニケーションによる相互啓発を展開する。彼の論理はそのようになっているがはたしてうまくいっているかどうか、この順番で検討してみることにする。

一　『道徳論の体系』における他なる理性的存在者の演繹

『道徳論の体系』においては、他なる理性的存在者の認識は、『自然法の基礎』におけるように自己意識の必然的な制約として演繹されるのではなく、「より高次の原理から」（IV. 218）証明される。「より高次の原理」とは道徳法則のことであり、その実質的内容は「私が自立的な自我であるべきである」（IV. 212）という究極目的であるとされる。この絶対的な自立性に向けて自我の行動を規定することが道徳論の課題である。それゆえ、この他者認識も他者認識そのものが目的ではなく、自我の自立性を求めるその過程の中に位置づけられる。

『道徳論の体系』においては、道徳的主体としての自我の現象学的な叙述、つまり道徳的な主体としての自我がいかに経験の中で見いだされていくかが一つの基本となっているので、ここでもまずは自我を「見いだす」という課題から始まる。自我は自己を反省の客体にするのであるが、そのときに自己は他の客体によって制限されたものとしてあらわれる。これが身体である。しかし身体はそのままでは客観的な自然法則に規定されるものであり、自我はこれを自由によって自己規定するものとして自己に属させねばならない。

自我は自己を客体として反省して自己を捉えるとき、対象的な自然に属する自然衝動をもつ身体と、自由に活動するものとしての本来的な自我との二つを同一のものとして見いだすことになるが、これは相対立するものが同一の場にあることになり、矛盾である。叡智界に属するとされる自由に活動するものとしての本来的な自我は、絶対的な主体としてしか存在できず、それを客体化することは不可能である。「自発性による本来的で実在的な自我を所与のものとして見いだすことはできず、このようなものを私に自分で与えなければならないが、このことは矛盾であろう」(IV. 220)。自由に活動する本来的な自我を所与、規定されたものとして与えることはできず、それはその自我の自由を失うことになる。では、矛盾の解決はどのようにしてなされるのか。

それは私が自由に活動し自己規定することが、目の前に所与としてあらわれればよいのである。つまり私が自由をもって自己を規定すること自体が、所与として私の目の前に示されればよいということである。わかりやすくいえば、私の目の前に、概念によって自己規定する理性的な存在者がおり、彼がその概念による自由な自己規定を目の前で示すことが所与となり、それを模範像として私が真似をして、自分も同様の概念をもって自己規定すればよいということになる。そのとき、相手は「こういうふうにしたらいいよ」とこちらに働きかけ、真似をするように「促す」のである。ちょうど母親が子どもにある行動を示し、それを真似させるように。

これは、他者による私に対する「自己規定への促し」(a. a. O.) であり、私に対してある行動の意図、すなわち概念が与えられたものである。この行動の概念は自分でつくり出したものではない。概念を自分で与えるのではなく、私に概念が与えられるということは、私はこの概念を与える存在者を自分の前に想定する必要がある。概念をつくり与えることのできる存在者は自然ではなく、概念を理解する理性的存在者でなければならない。フィヒテはこの推論によって、われわれの外部に理性的存在者の存在を導き出す。

これが『道徳論の体系』における他者認識であるが、基本的にはすでに論じた『自然法の基礎』と同じ論理である。そこでは、他者の認識、他者の相互承認が自己意識の成立のア・プリオリな条件となっており、同時に自己の活動範囲を相互に規定しあう権利概念を導出するものになっていた。だが『道徳論の体系』ではこの他なる理性的存在者の存在の演繹だけでは議論はすまない。この他者との関係そのものが道徳的な行為の関係において位置づけられる必要がある。

「演繹されたことから自立性への衝動の一つの制限が生じる。それゆえ、道徳性のより詳しい実質的な規定が生じるのである」(IV. 221)。この他なる理性的存在者と自我は共存しているので、「私の自我性と自立性は一般に他者の自由によって制約されている」(a. a. O.)。私が自分の自立性への衝動にしたがって行動する場合、当然この他者の自由を侵害するように行動はできない。そうすると根本的には道徳法則にもとづくものであるこの私の自立性への衝動の中には、「他者の自由を妨害してはならないという絶対的な禁止命令と、他者を自立的なものとして扱い、私の目的のための手段として用いてはならないという命令があることになる」(a. a. O.)。

道徳的な自己規定を除外した『自然法の基礎』では、他者の自由の侵害は相互の闘争となり、それを避けるために強制権力が措定され、強制法となって各人を支配した。各人の自由の領域、すなわち身体・財産・活動の領域は法によって権利として承認され、そのような外在的な規制が他者の自由の侵害を防いだ。しかし、道徳法則が支配するこの『道徳論の体系』の世界では、それは道徳法則から演繹される内面的な命令として各人を規制する。自己の前にいる理性的な存在者、他者の自由が、私の行為の衝動を規定することになる。他者の自由、他者が自己の目的にしたがい行動をする自由を尊重し、それを侵害するような自己の行動を制限しなければならない。カントの有名な人格主義の命題、目的の国の法則「各人が自己自身と他者のすべてを決してたんなる手段としてではなく、同時につねに目的それ自体として扱わねばならない[4]」は、フィヒテでは理性的存在者の共存の演繹の場で語られている。

二 「使命」と二つの理性

さて、自我は他なる理性的存在者との共同にあり、自己の自立性への衝動の発現・自由な活動にあっては、他者の自由と範囲を侵害してはならないという禁止命令、あるいは「すべきでない (Nichtsollen)」(IV. 226) を伴っている。これは自我の根源的な規定性であると同時に、自我に属さない者による質料的な規定である。これはまた同時期の『新方法による知識学』では重要概念として用いられている。フィヒテにおいては、質料的な自然は自我の活動性・衝動の抵抗や妨害ではあっても、自我を制限するものにはならない。自然は素材として自我の加工の対象となり、変容を受け、自我に消費され利用されるものでしかない。自我に制限をなすのは、ただ理性的な存在者のみである。これは自我が自己規定し自己の自由と自立性にめざめる必須の条件として、自我の自覚と同時に意識され、その存在、促し、働きかけを否定あるいは無化できない存在であるので、この他者のみが自我に制限をなすことができる。

だが、自我の自我性の成立には一個の理性的存在者がおればよく、そこから多数の理性的存在者の共存は必然的に出てくるものではない。多数の理性的存在者がこの自我、私に働きかければ、そこでは再び承認がくり返され、他者認識が成立するが、彼らが自我であるこの私に働きかけないのであれば、それはただ可能性としてのみ存在し、現実的に存在するわけではない。しかし、フィヒテはそうでなくても、人工物を介して複数の理性的存在者の存在を類推できると考える。この人工物を媒介とする他者類推は、カントの目的論的判断力やシラーの「美は現象における自由である」という有名な教説の流れに位置づけられるものだが、フィヒテもそれを用いて現象の中に目的を投げ入れ、その目的を与えた者がその人工物の外部にいるはずだと考え、目的概念をもつのは自己の自由な規定と行動をもつ理性的存在者だけだということで、その人工物をつくったあるいは利用する理性的存在者を類推するのである。

とはいえ、これも経験的な認識であり、超越論的でア・プリオリな認識ではない。超越論的な認識は、外部ではなく内部から説明されなければならない。フィヒテはこの説明を何ものかによる自我の制限から始める。フィヒテの知識学の原理では、自我が自我であり自己内に還帰して自己を意識すること自体が、一つの根源的な制限にもとづくものである。すでにみたように、それが他なる理性的存在者の存在でもあり、カント的にいえば物自体の存在である。これは自我の自我性をなすところの形相的な制限であるが、フィヒテは自我には「質料的な」制限もあるという。「私が自分の自由そのものをもってしても超えるべきでない一定の点があり、この『べきではない』は直接に明らかである。私はこの超えられない点を、他の自由な存在者と私の感性界での彼らの自由な働きかけがあることによって説明する」(IV. 226)。

フィヒテはこの他者の自由な働きかけをア・プリオリな「予定 (Prädetermination)」(a. a. O.) であるとする。「他者の自由な行動は私のうちにおいて私の個体性の限界点として根源的にあるべきであり、したがって通俗的な表現を用いれば、永遠の昔から予定されてしまっているのであり、時間の中で初めて規定されるべきものではない」(a. a. O.)。これは明らかにライプニッツの「予定調和」の概念の応用であり、叡智界、フィヒテの言葉では精神界の超感性的な存在者の共存、相互作用が想定されている。

ハイムゼートも示しているように(5)、この予定調和はライプニッツと同様、実体間の関係であり、表象の世界、感性界での関係ではない。それは叡智界、超感性的な世界の道徳的な秩序であり、目的の国での叡智者たちの関係である。それは認識不可能な関係であるが、フィヒテはその世界の関係を想定して、これらが感性界にあらわれれば、感性的な存在として自我の現実的な行動の制限となり規定となって、その後の自我の行動に影響を及ぼすと考えている。フィヒテによれば、この影響関係が相互にア・プリオリに予定されているという。「私に影響を及ぼす感性界の複数の他者もまた理性的存在者である。私の彼らへの影響の知覚は、彼らにとっては予定されている。それは彼らの私への影響の知覚が予定されているのと同様である」(IV. 226)。しかし、自我の行動は自由であるべきで、「私の行動は私にとっては予定されてはいない。私は自分の行動を、私の絶対的な自己規定の帰結として知覚する」(a. a. O.)。

この個体としての自我の規定、他者との位置関係はア・プリオリに規定されており、その個体が現象界の中にあるかぎり何らかの他者によるその個体への影響がある。しかしフィヒテにとっては、それは決してその個体の自由を制約するものではない。もしそうだとすれば、それはフィヒテが一番嫌う実在的な独断論、機械論になり、個体の自由が否定されてしまうからである。しかし、個体として自己を意識するときには、必ず他の理性的存在者の存在、自己の自由の範囲と行動への影響を意識せざるをえない。

「私とは、私が意識に至ったその瞬間から、私が自由をもって自己自身を形成するところのものである」(IV. 222)。私の出発点としての規定はたしかに他者の存在による制限という見いだされた規定であるが、その後は私の自由な行動による自由な選択によって、いかようにも自己の可能性を発展させることができる。自己を見いだしたときはたしかに規定された行動の範囲しかないであろうし、選択肢も無限ではないであろう。しかし、どれを選ぶかは私の自由であり、そこからの自己形成により出発点からの道は無限に多様になりうる。

理性的存在者の共存、彼らの社会は、各人の位置、場においてあらかじめ規定はされている。それは各個体性の自由な発展を損ねるものではなく、そこからの出発点にすぎないのである。「個体性の最初の規定された点があるが、そこから各人には無限［の行為可能］性があり、今後さらに可能な諸個人のもとでいかなる規定された個人になるかは、まったく彼の自由にかかっている」(IV. 227-228)。各人は自己の自由にもとづいて自己の可能性を発展させるべきであり、各人の位置づけに応じて、そのやり方、行動は多様になりうる。フィヒテはこのようにして予定と自由を調和させるのである。

しかし、フィヒテ自身ものちに認めたように[6]、この調停はうまくいっているとは思えない。この予定は規定ではないといいながら、各人の役割や使命をあらかじめ規定するものになっている。各人は現象界に存在するやいなや、この規定を起点に自己の活動性でさらに自己の活動と存在を規定していく。フィヒテが「すべての自由な行動は永遠から、すなわちあらゆる時間の外で、理性によって予定されている」(IV. 228) というとき、叡智界の秩序が示唆されている。また「すべての個人は自己をわけて、無限に多様な個人となる」(a. a. O.) というとき、このすべての個人は、理性的存在者としては普遍的で何ら区別なく一つの理念としての個人であり、一なるものであるが、それが同時に複数の個人となるときは一が多となって、それぞれの場と位置づけがあらかじめ叡智界で定められている。しかし、ハイムゼートもいうように[7]、現象界での具体的な規定とこの予定の必然的な関連を示すことはできないのである。そういうことをすれば、独断的な形而上学に逆戻りになり、たんなる思い込みを主張するだけで、超越論的な哲学からはるかに離れてしまう。いくらフィヒテが、時間の中に置けば運命も境遇もすべて自己の自由の産物だと主張しても、である。

超感性界における一と多が感性界とどうかかわるかというこの問題は、一八〇〇年以後の知識学や『意識の事実』において扱われる問題であるが、この『道徳論の体系』ではもちろんのこと、『道徳論の体系』の理論的基礎を支えた同時期の『新方法による知識学』においても、十分に解明がされているとは思えない。フィヒテがこのあと相互承認論、理性的存在者の共存とそのコミュニケーションという画期的な概念装置を使わなくなった理由の一因は、この設定では精神界の総合と感性界の関係を超越論的な立場でうまく説明できず、「予定調和」というライプニッツ的な独断論の概念装置に戻らざるをえなくなったという点にもあるのではないかと推測される。

このようにして、個体である自我、理性的存在者の前には、感性界である自然と、その中にあらわれる複数の理性的存在者が共存することになるが、この両者に対する対応は当然ながら異なっている。道徳法則はそれゆえ次の二つの要求を行なうのである。「①私を制限するすべてのもの、すなわち私の感性界の中にあるすべてのものを私の絶対的な究極目的に従属させ、私が絶対的な自立性に近づくための手段となせ。②同じように私の感性界にあり、私を制限するとはいえ、それらの若干のものを私の目的に従属させず、私が見いだしたようにありのままにさせよ」(IV. 230)。①は自然を対象とした行動であり、わかりやすくいえば、労働であり加工である。②は理性的存在者の行動、あるいは彼らの産物を意味する。彼らの行動が私と同様に道徳法則にしたがって彼らの自由を発揮し、何ものかを生産するのであれば、それを私のものとして私の目的のための手段とすることは、彼らの自由を侵害し道徳法則に逆らうことになる。あるいは『自然法の基礎』で論じられた他者の行動の自由、財産の侵害をしないことを、道徳的な見地から説明したものでもある。

この二つの法則は一見矛盾するようであるが、各人がめざすものは普遍的な同一の理性の自立性であることが前提されればそれは矛盾はしない。各人がそれぞれ自分の特殊性にもとづいて、それを普遍的な理性と称すれば当然対立が起きることになるが、めざすものが同一であれば、原則的にそこに齟齬は生じないはずである。「すべての理性の理性としての自立性がわれわれの究極目的である。それゆえ、ある一つの[個別的な]理性の自立性は、それが個人の理性であるかぎりでは、究極目的にはならない」(IV. 231)。

だが理論的にはそうであっても、単純にこの普遍的な理性を前提してみながそれに一致するはずだとするのは、あまりにもオプティミスティックである。自分の行動が自立性をめざしての自由な行動であり、同時に他者が彼の自由を理性的目的の推進のために用いてその自由を許し、促進するといっても、各人はあらかじめ経験的な世界では各様に規定されており、視点は千差万別になる。それゆえ問題は「自由のいかなる使用が道徳法則に対立するのか、そしてそれについて普遍妥当的に判断する裁判官は誰であろうか」(IV. 233)ということになる。これに対するフィヒテの答えは「われわれはわれわれの判断が一致するように試みなければならない」(a. a. O.)というものである。たんてきにいえば、各自は自分の判断が正しいかどうか理性にもとづいて相手を説得し、理性にもとづいて相手の弁明を聞かなければならないということだ。今風にいえば、理想的な発話状態において議論をすることで、普遍的な合意・一致をめざそうとするハーバマスのコミュニケーション的理性にも似た解決法ともいうことができる。この結果が出るまで「絶対的な命令によって他者の外的な自由を尊重するということが各人の義務となる」(a. a. O.)。

この理性的存在者が相互に討議的に相手に働きかけることが、理性的存在者に許される唯一の他者への強制である。そこには理性的存在者同士がコミュニケーション、自己表現をしあい、他者に対して、自己の確信を説得しあうという状況がある。その際に自己の個的な利益を主張するのではなく、あくまでも統一的で普遍的な理性の確立、のちに詳しく論じるように、理性的な国家、理念的な共同体の地上への樹立、あるいは正義の支配をめぐって、自己の見解を披瀝し、他者と意見の一致を模索するのである。この場が「社会（社交 Gesellschaft）」の場であり、具体的には教会であり、「学者の共和国」であり、国家を論じる公共の広場となる。

三　フィヒテの「社会」概念

（1）理性的存在者の相互作用

「社交・社会」については、すでに第一部第三章で『イエナ大学公開講義』（一七九四年）の中の『学者の使命についての講義』に即して導入的に論じた。ここで再び『道徳論の体系』における「社会」を採りあげるが、前とは異なり、討議・促しあいによる共通の目的・合意形成という視点で論じることにしたい。フィヒテは当初から、カントの倫理学が人間の社会的存在を前提していると力説して、その発想が相互承認論につながったことはよく知られている。四年後の『道徳論の体系』の出版時点でもそのモチーフが継承され、イエナ期フィヒテの一つの基本的な思想の一つであることが示されている。

『学者の使命についての講義』と同じ表現をとって、フィヒテはいう。「各人は、自分自身との絶対的な一致を自分の外に、自己に対して現存在するすべてのものの中に、もたらすべきである」（IV. 234）。自己自身との絶対的な一致とは、自我が自我であるという自己同一性を現実の世界の中で実現することを意味するが、それが自己の外でつくり出されるということは、他なる理性的存在者に対して働きかけることも含意される。それゆえ、各人は社会（社交 Gesellschaft）の中で生き、その中にとどまるべきである。もしそうでなければ、各人は自己自身との一致をもたらすことができないだろうからである」(a. a. O.)。

フィヒテによれば、この自己自身との絶対的な一致は普遍的な自我の同一性であり、普遍的な理性の統一を地上にうち立てるものであるので、個人的な自我の目的ではなく普遍的な目的である。それゆえ、ストア主義者や竹林に隠遁する賢者のように、社会から離れて自己の静謐な同一性、世俗から無縁の内面の自由を求めることは、フィヒテからすれば「利己主義」(a. a. O.)であり、とうてい認められない。「自分の義務についての崇高な思想と思弁を満足させるのは、……ただ社会における、社会に対する行為によってのみなのである」(IV. 235)。

このように、フィヒテにおいては、つねに他者へと働きかけることで、間接的に自己の概念や目的を樹立するという相互性の構造が実践に伴っている。したがって、「各人が普遍的な陶冶を意志するかぎりは、どの他者にも彼がこの目的を自分に立てることができるようにすること自体が、各人の目的である。これが最初に人間たちを合一する」(a. a. O.)。他者たちが道徳的な普遍的理性をこの世にうち立てるという目的を自分でもてるように他者に働きかけ、彼らがそのようになるようにしむけ、促し、教育することが各自の目的でもあり、そのことで人々は集い一致の可能性に立つ。

各人は他者に働きかけ、促し、自己の確信を伝え、説得しようとするが、他者によって逆にそれが揺るぎ、他者の確信に納得させられることもあるだろう。そういう可能性を自覚しながら、各人はこの相互の啓発の作用に歩みいる。「それゆえ確信をえるために、そのような相互作用に入るというそれだけ大事な義務を各人はもつのである」(IV. 236)。フィヒテからみれば、荒野でおのれに厳しく修業をし、禁欲的な生活を送るものがいても、彼が孤独に暮らして、他者との交わりを避けているかぎりでは、彼は道徳的に向上することはない。道徳的な陶冶、修業はあくまでも他者との交わり、社会の中でしか可能ではない。それを可能にするには、荒野においても教団を形成して、相互に議論をするか、あるいは街にやってきて辻説法により、会衆と討論して、社交の場、教団を設けるかということになるのである。

(2) 教会

さて、人は自分の確信が正しいものと思い、他人を説得しようとするが、しかし、人間というものは自己の確信にすがりつき、他者の意見にはなかなか耳を貸さないものである。それゆえ、各人には他者の意見を虚心に聞く心構えが必要であり、また議論のスタート、共通の土俵も必要になる。フィヒテがこういう場として、まず挙げるのは教会である。「万人が共通の原理から出発するかぎりでのみ、共通の実践的な確信をもたらすための万人の万人に対するこのような相互作用が可能となる。これらの原理は必然的に存在する。……各人がそれに入り込むように拘束されているそのような相互作用の場こそが教会であり、すなわち倫理的な共同体である」(a. a. O.)。教会こそは各人の倫理的な生を高めるために存在するものであり、その目的そのものが道徳的なものにほかならないからである。ここではまだフィヒテは道徳の上に宗教を置くことはなく、生きて働く道徳秩序を神的なものとみなすイエナ期の特徴をそのままあらわしている。

『道徳論の体系』においても、『フランス革命論文』でみられた「不可視の教会」と「可視の教会」の区別が前提にされている。『フランス革命論文』においては、「不可視の教会」とは「すべての理性的存在者は同じ信仰に一致できるという普遍的な理念」(VI. 245) のことであり、各人がもつ「自分の信仰が真実であるなら、あらゆる理性的な精神は同じ信仰をもたねばならない」(a. a. O.) というたしかな確信であった。「可視の教会」とは、この「不可視の教会」をできるだけ感性界にもたらそうとして、各人が自分の信仰と同じ信仰を他人がもっているかどうか知ろうとして取り結ぶ関係、地上の教会を意味する。それゆえ、この教会では、人は他人に対して自分と同じ信仰をもつかどうかを第一に尋ねる。「教会の契約の第一原則は、君の信仰の内容をいいなさい、そうすれば、私も君に私の信仰の内容を語ろう、というものである」(IV. 237)。

しかし、この可視の地上の教会に入る前に、各人はすでに「不可視の教会」に属しており、各人の信仰をあらかじめもっているとされている。それゆえ「可視の教会」は自分の信仰がただ他者と一致するかを確認するために語りあう場であって、そこで他人の信仰・意見を聞いてまだ形成されていなかった自分の信仰・確信を確立する場所ではない。自我の自己自身との一致の確信からすべてが始まるフィヒテにあっては、信仰も各自において自己自身との一致、自我の独立性という理念において確立されていなければならないのである。各人はあらかじめ信仰をもち、それは「すべての理性的存在者は同じ信仰に一致できるという普遍的な理念」(VI. 245) であるから、それゆえ先の第一原則はより積極的には次のように表現されることになる。「われわれはみな一致して同じ信仰をもとうとしている。この信仰を互いに告白しあおうではないか」(IV. 237) と。

『道徳論の体系』では、この信仰の一致の確信は具体的に「象徴」という形であらわされる。「万人が一致する点を人はいかにして経験すべきであろうか。あちこち問うて回ることによってではない。それゆえ、共同体の信仰告白とみなされるもの、つまりは共同体の象徴とみなされるものが前提されなければならない」(IV. 241-242)。これは「象徴」であるので、語義どおり抽象的で普遍的な内容を具体的な感性的なもので表現するものである。本来の内容は抽象的普遍的な概念であるが、それが誰にでもわかるように具体的な個物であらわされる。それはあくまでも教会に属する者たちに信仰の一致をさしあたり示すためのもので、「当座の必要」(IV. 242) で選ばれたにすぎない。それゆえ、それ自体の普遍妥当性は今後の吟味によるものであり、象徴は不変ではなく変化することも当然ありえる。それはあくまでも共通の確信、信仰の一致を生み出す相互作用を可能にするためのものであり暫定的なものではあるが、しかしそれを尊重することは各人の義務とされる。

重要なことは、教会は信仰にかかわる場所であり、真理を議論する場ではないということだ。それゆえ、教会では「前提されたもの(象徴)から出発すべきであり、何か根拠づけられるべきものをめざすものとはされない」(IV. 243)。象徴は人々を自己の確信に高めるための手段であり、あらかじめ人々が一致しないものから始めても教育的効果は乏しい。「それゆえ、象徴を教育の基礎として扱い、内的には決してそれを信じないということは、実践的な確信のために共同体に働きかけなければならない者にとっては、良心の義務である」(IV. 244-245)。

(3) 国家

自我は自己の知性と身体をもつが、これは各人の責任で道徳的な目的の実現のための道具として使用される。しかし、「私の身体の外にあるもの、したがって全感性界は共通財産である。理性の諸法則にしたがった感性界の形成加工は、私一人だけではなく、すべての理性的存在者に課されている」(IV. 237)。共有財産であるので、私は他者への影響なしに、自分だけが勝手にこの共通財産に働きかけるわけにはいかない。それゆえ、この共通財産への私の働きかけは、それ以前に他者の承認が必要となる。「万人の承諾がなければ、したがって万人によって承諾され、共通の確信に適合した諸原則にしたがわなければ、万人に影響を与えるようなことを私が行為することは許されない」(a. a. O.)。

これは『自然法の基礎』で論じた財産契約であり、国家による各人の財産・行動の権利の確定と承認のことである。『道徳論の体系』では、「人間がどういう形で相互に影響を与えあうことが許されるかの取り決め、協定、すなわち、感性界における彼らの共通の権利についての協定が国家契約である。そして、協定が一致した共同体が国家である」(IV. 238)と表現されている。この国家契約と財産契約により、感性界における素材への各人の働きかけの権利が承認され保障されることは、すでに『自然法の基礎』で論じたが、ここでも同じ論理構成が適用されている。

しかし、『自然法の基礎』では道徳性と適法性が峻別され、ホッブズの自然法の思想にしたがって、悪意の帰結として国家が要請されていた。互いに他者の自由・基本権・財産を侵害しないために、権利法則の発展と帰結として、強制権力をもつ国家の必要性が語られていたのである。そこでは道徳は出る幕もなく、行為の動機は利己的な欲望や自己の生命維持であり、それを守るための相互抑制機能としての強制国家であった。しかしこの『道徳論の体系』では、道徳性と適法性が区別されず、行為の動機は道徳性なのである。国家を形成するのは道徳的な命令であり、「道徳法則の絶対的な命令にしたがって、そのような合意がたんてきにもたらされなければならない」(a. a. O.)。『自然法の基礎』で、道徳性と適法性を区別して、その領分を守ったフィヒテは、ここでは国家はあくまでも道徳的な目的の実現の必要性から形成されるものだと説き、道徳的な目的のための手段としての国家観を披瀝する。

国家は共通財産としての感性界の対象を各人が利用することを承認し、それによる相互の啓発・コミュニケーションを促進するものである。国家がなければ、一つしかない感性界は、その活用の際に帰属の争いが生じることになる。それゆえ「国家が設立される以前には、行為というものはまったく不可能である」(a. a. O.)。国家があって初めて各人は相互に働きかけ、意見を闘わせる場が保障されることになる。だからこそ、国家は理性的存在者の共存と相互作用を可能にするために、ともかくも設立されなければならない。権利関係を完全で厳密にするためには時間がかかる。だから当座の必要のための暫定的なものでよい。「このような仕方で必要国家（緊急国家 Notstaat）が成立する。これは理性にかなない合法的な国家に次第に発展していくための第一の条件である」(a. a. O.)。この必要性は教養ある人間には認識できることなので、フィヒテは必要国家は可能だとしている。

国家の設立の際には、『自然法の基礎』においては「共通意志（一般意志）」の顕現が必要であった。それゆえ、必要国家であってもそれが国家たるものであれば、そこには普遍的な共通意志（一般意志）があることになる。『自然法の基礎』では、共通意志の対象化されたものが「法律」であった。法律は普遍的な原則であり、その普遍性により道徳的な規範性をもつ。したがって「各自が自分の国家の法律にしたがうことは良心の問題である。なぜなら、これらの法律は仮定的な普遍的意志を含んでおり、いかなる者もこれに逆らって他者に影響を与えることは許されないからである」(a. a. O.)。

ここからフィヒテは「国家を転覆することは良心に反する」(a. a. O.) といい、一見カントと同じく国家に対する革命行動や転覆を全面否定するように見えるのであるが、しかし『自然法の基礎』で論じたように、フィヒテは人民主権論者ではあり、国家主義者ではない。国家がその共通意志・普遍性・道徳性を失えば、当然ながら、国家の変革を認めることになる。共通意志が国家の体制と対立すれば「必要国家はおのずと倒れ、そのかわりにより理性的な体制が登場する。自分の良心に正直な者ならだれでも、共通意志を確信しているなら、国家を完全に転覆することの責任を平静なままとることができる」(IV. 240)。

『自然法の基礎』では、これは監督官による人民集会の召集という形での共通意志の顕現、そこでの討議と人民の判定によるものであったが、この『道徳論の体系』では良心の問題としてそれが扱われる。「自己自身との完全な一致」、無限の彼方に向けて人類の完成をめざしての努力を当為として命令する道徳法則は、当然ながら国家においてもよりよいものをめざしての改善を説く。そもそもからして、必要国家自体が「理性国家をもたらすための一手段」、過程にすぎないものである。それゆえ、理性国家をめざしての国家の恒常的な改革・変革は道徳的に求められていることであり、その際に革命があったとしても何の問題もない。それが利己的な欲望、個人的な思想を樹立するための権力奪取でないかぎりは、である。それゆえ、フィヒテにおいては、国家はその道徳的な正統性を失えば、人民は良心にしたがい道徳的な行為として国家を変革しなければならないのである。

(4) 学識者の共同体

『道徳論の体系』における以上の議論で、一つの特徴といえるものが「緊急の必要(Not)」(IV. 242)という考え方であり、とりあえずの設定・当面の必要のためのかりの措定という発想である。これはあくまでも理想的な状態をめざすために各人がとりあえずの議論や相互作用の出発点として措定するものであり、教会も国家も現実的には「とりあえず必要なもの」として存在している。これらはよりよい共同体を形成するための素材で土台であり、またその上で各人が相互作用を与えあう基盤である。

すでに第一部で先どりして論じたように、理性的存在者が相互に自己の思想や行動を相手に表現しあい、そのことによって相互に作用して、自己をよりよく形成していくコミュニケーションの社会哲学の性格が色濃く出てきている。『道徳論の体系』では、相互にコミュニケーションをとり影響を与えあうことは、良心の命令にさえなっている。「私がつねにできるかぎり自立的にかつ広く、私のこの国家体制や教会についての確信を発展させるということが、良心において義務づけられている。だが、そのような確信の発展は、少なくともその進展の中で、他者と相互に確信を伝えあうことによってのみ可能である」(IV. 245)。

ここでの理性的存在者は理性的存在者一般としては普遍的な存在であるが、同時に個体であるので個別的な存在である。そしてこの個体的存在という性格は、相互承認論や予定調和でも論じられたとおり、理性的存在者が現実界に存在するときは必然的な特徴として要請されている。個人は現実界で他者と自己の確信を相互に表現しあうとき、自分自身ではできるかぎり普遍的な判断であろうとしながらも、同時に個別的な存在からくる影響がまぬがれない。この個人性の弊害は、相互に意見を表明し討議する中で除去される。このくり返しで、徐々に自分の意見・表現でありつつ普遍性をもちうる内容が形成される。「この相互作用が拡大するに応じて、それだけ多くの真理が獲得され(客観的に考察されて)、私自身もその真理に到達するのである」(IV. 247)。

それゆえ、フィヒテの社会哲学では、自己の確信・意見・思想を他者に向けて表現することは、よりよい社会と自己を形成するための条件であり、道徳的な義務となる。だからこそ、彼は思想表現の自由を損ねるものに強く反対をしたのである。しかし、何でも自由に自己の確信を述べてよいというわけではない。たとえば、それが既存の国家体制の批判と変革を求めるものである場合、国家体制に属する職務にある者が自己の私的な意見をそのまま述べるわけにはいかない。彼の義務は国家体制の運営であって、国家の転覆に手を貸すことではない。しかし、自己の確信を表明することもまた一方では義務であった。

フィヒテのこの義務の対立矛盾は、前にも述べた「社交」、国家よりもはるかに小さな社会において解決される。国家は共通意志の顕現したものであり、万人の同意によって成立したものである。国家の変革は万人に働きかけ万人の同意が必要になるが、それは現実的に一気に行なうことは困難である。しかし、少数のかぎられた範囲で相互に意見を闘わせ、自己の個別的な偏りをなおし、意見を普遍的な内容にしてから、段階的に表明する範囲を広げるやり方の方が現実的であろう。こういう自由な意見・思想を表現し、相互に批評しあう場が社交の場として必要となる。

フィヒテは現実の教会と国家を、よりよいものに改善するとりあえずの出発点、必要（緊急）状態として措定した。ともかくもそこに人が集い相互作用が可能になって、各人が道徳的に行動することで理想により近づいていくための段階的なもの、過程の中の手段である。社交も、既存のあらゆる権威、教会や国家から自由な思想をもつ学識ある自由思想家たちの集まるとりあえずの場として要請される。なぜなら「彼は、このような（教会や国家の中での相互作用による自己の確信の）確認を拒絶してしまっているので、（その確信をよりよいものにする）導きの糸をもたない」（IV. 249）からである。相互作用、相互の意見交換によるコミュニケーションがなければ、自由思想家たちも誤った偏見の中に孤立したままになるかもしれない。自己の確信・意見を他者に伝えることは人間の義務でもあったので、「自分と同様の権威への信仰を投げ捨てた者を探し求めなければならない」（a. a. O.）。「このような社会は学識ある公共体（das gelehrte Publikum）と呼ばれる」（IV. 248）。

理論的で合理的な認識の力をもつ者は、あらゆる権威・迷信・予断・伝統から自由に思考し、自己の確信を確立することができる。しかし、彼が道徳的に現実の場で生きようとするならば、他者との共存が欠かせず、孤高の独立を保つわけにはいかない。彼らの生の場として、自己の確信が正しいかどうかを相互に検証しあう場が「学識ある公共体」なのである。「各人が自分自身と彼固有の意識の前でもち、あらゆるものを疑い、あらゆることを自由に自立的に探求できるという自由もまた、社交の中で外的に実現され、表現されるべきである。社交は共通の意識の議論の場であり、その前であらゆる可能なものが絶対的に無制約な自由をもって考えられ、探求されうるのである」(IV. 248)。

それゆえ、国家も教会もこの学識者たちの共同体に干渉してはならない。彼らの思想とその思想の表現の自由を認めなければならず、寛容でなければならない。ハーバマスの理想的発話状態と同様に、そこではいかなる権威も参加者の思考を左右できないし、してはならない。「学識ある公共体を特徴づける性格は思考における絶対的自由と自立性である。すなわち、いかなる権威にも絶対に服従せず、いかなる場合でも自己の熟考にのみ立ち、この熟考によって確証されないものはたんてきにきっぱりと拒否するという原則がこの組織の原理である」(IV. 249)。もちろん、熟考するということは自己の個別性に立って主張することではない。絶対的自由と自立性は個別的な利害・欲望に対しても要求されるのであるから、参加者はあくまでも理性一般の立場に立った者として意見を表明する。

フィヒテはこうした学識者たちの共同体を「学識ある共和国 (die gelehrte Republik)」(IV. 250) とも表現している。第一部第三章で論じたように、当時の「文芸共和国」の思想や新聞・雑誌などの公論の場を意識しているのはたしかであるが、『道徳論の体系』で事例として挙げているのは大学である。あるいは、明示はされていないが、彼自身属していたフリーメイソンなどの結社も該当するものといえる。これらの組織は万人が一致する理性をうち立て、究極目的の実現のためにあるものであるから、それ自体道徳的に善きものであり、国家や教会はそれを弾圧することはできない。「学識ある共和国は絶対的な民主制である。より細かくいえば、精神的な強者の権利以外は何ものも妥当しない。各人は自分ができることを行なう。彼が正しい場合は権利をもつ。ここでは時間と文化の進歩以外の裁判官は存在しない」(IV. 251)。

官吏や国民教育家(説教者)は職務では自分の自由な思想を語ることはできないが、彼がこうした組織に参加しているときは、それらの職業的義務の拘束から自由になっておのれの内面の自由思想を発言してかまわない。というより、この組織自体が道徳法則の確立を目的とし、よりよき共同体、人類の向上と完成をめざすものであるから、官吏や国民教育家は進んでこうした社交の場、とりわけ大学に行き、みずから学ぶべきなのである。[8]「官吏や宗教家は人間の完成に向かって努力すべきである。したがって彼らは共同体よりもさらに進んでいなければならない。すなわち、彼らは大学で学び、高等教育を受けなければならない」(a. a. O.)。

国家官吏が大学に学び、そこで得た認識と倫理にもとづいて、国家を運営すべきだというのはフィヒテの生涯を通じての確信であり実践である。大学を追われてからも、私的な講義を継続して、そこに当時の名だたる政治家、官吏が来たこともよく知られている。[9] 既成の権威や盲信から自由に、真理愛にもとづいて、人類の完成という理念に向けて国家を運営する官吏の養成というフィヒテの基本的な発想は、のちのエアランゲン大学とベルリン大学の教育プランの策定に具体化された。

庶民は既成の権威である教会や国家を土台とし、知識人階級は既成の権威から自由で理性の支配する大学や社交の場での相互啓発を行なうという二重構造はイエナ期のフィヒテを特徴づけるものだ。これが『ドイツ国民に告ぐ』になると、庶民をそのような既存の教会や国家に任せず、より質の高い教育を施して、知識人階級に負けず劣らず人類の向上と完成に向けて努力するように自覚を促す立場へと高まるが、これについてはまた章を改めて論じることにする。

(1) Jürgen Habermas: Die Klassische Lehre von der Politik in ihrem Verhältnis zur Sozialphilosophie, in: *Theorie und Praxis: Sozialphilosophische Studien*, Frankfurt am Main 1978.(邦訳 ユルゲン・ハーバーマス、細谷貞雄訳「古典的政治学」、『理論と実践』未來社、一九七五年所収)

(2) コゼレックもまた、カール・シュミットの高弟の一人であり、彼が「社会(ソサエティ)」を論じるのは、近代市民社会形成に対する肯定的評価からではなく、シュミットの文脈、つまり、カフェやサロンでのブルジョアの自由主義的な討議こそが、「政治的なもの」を見失わせ、国家を解体し、公共性を私的利益の草刈場にしてしまうという趣旨からである。だが、コゼレックの客観的な叙述は多くの示唆に富み、立場的には対立するハーバマスも、コゼレックから彼の「市民的公共性」の議論において多くを学んでいる。ここでもそういう視点から叙述している。

（3）Reinhart Koselleck : *Kritik und Krise*, 6. Aufl., Frankfurt am Main 1989, S. 43.（邦訳 コゼレック、村上隆夫訳『批判と危機』未來社、一九八九年、六三頁）訳文は訳書を使用。

（4）I. Kant : *Kants Werke, Akademie-Textausgabe*, Bd. IV, S. 433.

（5）Heinz Heimsoeth : *Fichte*, München 1923, S. 182.

（6）一八〇〇年九月一八日ラインホルト宛の手紙。藤澤賢一郎訳『道徳論の体系』フィヒテ全集第九巻、哲書房、二〇〇〇年、四八四頁、訳注八二による。

（7）「この永遠の理想体系は説明されなければならないものを説明しない。すなわち、他なる自由な存在者の生の発展に対して、われわれの現実的な行為の事実的な意味であり、それらの現実的な自由の措定による、つまり、『促し』と『自由の産物』による諸自我の相互作用である」（Heinz Heimsoeth : *Fichte*, München 1923, S. 182.）。

（8）フィヒテがこのように主張する以前から、プロイセンでは官吏が大学教育を受けることの必要性が語られていた。カントの時代のケーニヒスベルク大学には、のちの改革派官僚となる者たちが多く学んでいた。プロイセンも登用の際には、ケーニヒスベルク大学、ハレ大学卒業者を積極的に採用した（坂井榮八郎「一八世紀ドイツの文化と社会」、成瀬治・山田欣吾・木村靖二編『世界歴史大系ドイツ史2 一六四八〜一八九〇年』山川出版社、一九九六年所収、一五四頁以下）。

（9）ラウトの論文によれば、たとえば一八〇四年の一連の知識学講義の聴講者として、プロイセンの財務大臣アルテンシュタイン、内務大臣のバイメ、ロマン派を代表する批評家ヴィルヘルム・シュレーゲルなどの名前が挙げられている（Reinhard Lauth : Über Fichtes Lehrtätigkeit in Berlin bis 1805, in : *Vernünftige Durchdringung der Wirklichkeit*, Neuried 1994, S. 204.）。

第二章　身分と相互作用
――『道徳論の体系』における義務論と『フリーメイソンの哲学』の考察

一　『道徳論の体系』における義務論

近代倫理学の嚆矢であり、古典として屹立するカントの『実践理性批判』により、倫理学は道徳原理を批判的に吟味する抽象的な学問というイメージが強くなってしまった。しかし、倫理学はアリストテレスの倫理学以来、具体的に各身分の義務を定めた義務論をその本分とするものであった。フィヒテの『道徳論の体系』も第三編で「本来の意味での道徳論」と題して、義務論を展開している。これは社会の中での各人の義務を定めたものであるから、フィヒテの社会理解が反映され、またこれまでに論じた第一部第三章第三節での身分論と『封鎖商業国家』での身分論とに、義務論での内容が関連しているので、見落とすことのできない部分になる。

とはいえ身分論は具体的で特殊な義務であるから、その前に人間一般としての普遍的な義務が先行する。フィヒテは、まず普遍的な義務から始め、そのあとに特殊な義務を論じるという順番にしている。普遍的な義務の内容もまた、フィヒテの社会理解にとってきわめて重要なもの、のちの『ドイツ国民に告ぐ』を理解するうえで看過できない論点を含んでいるので、これを手始めにフィヒテの義務論の内容をみていくことにしよう。

フィヒテは普遍的な義務と特殊な義務を、またそれぞれ「直接的で制約されない義務」と「間接的で制約された義務」

に区分する。前者は「全体に対する義務、最高で絶対的に命じられた義務」(IV. 258)をさし、理性的存在者一般、あるいは理性全体に向けられた義務である。それに対して個人に対する義務が「間接的で制約された義務」となる。個人は対象に働きかけて、自己の労働・活動の対象化という形でしか義務を果たすことができないという意味で「間接的」であり、また個人の義務の実現が同時に全体にとって目的の実現の手段となるという意味で「制約されている」のである。

フィヒテが普遍と特殊とをわける根拠が理性的存在者一般と個人との区別にあるのはいうまでもないが、彼はもう一つ「分業」という考え方を根拠にしている。理性の自立性・自己自身との一致を要求する道徳法則は、「各人に可能なかぎり理性の自立性を促進せよという命令」(a. a. O.)で表現される。しかし、各人がこれを現実の中で行なうと相互に行為が重なりあい、みなが同じことをすることになるから、ときには妨害しあう可能性がある。それゆえ、この相互妨害を除去しなければならない。それは「さまざまな個人がさまざまの究極目的の促進のために生じなければならない業務にわかれ、各人が一定の部分を他のすべての者のために引き受け、それに対して別の観点では、彼らに自分の部分を委ねるということによって」(a. a. O.)可能になる。「そのような分業制度は、さまざまな身分(職業 Stand)を設置することである。さまざまな異なった身分がなければならない。そのような各種の身分を成立させるために労働すること、あるいはそれらがすでにあるなら、そのどれか特定のものを各自で選ぶことが各人の義務である」(a. a. O.)。

「分業」の考えはすでに『自然法の基礎』で登場し、また『封鎖商業国家』でも重要な論点となっていた。アダム・スミスの『国富論』を知っていたフィヒテであるので、この著書の最も印象的な描写の一つである分業論の影響があることは想像にかたくない。しかし、そうした論拠よりも、基本的に人間の相互作用・相互関係を本来の活動の場とするのがフィヒテの特色であるから、論理上の必然性もあるといってよい。分業こそは、理性的存在者・人間が相互に作用しあい、相互の完成を促す一つの有効な存在形式だからである。

さて、各人は分業に従事して義務を果たそうとするが、これも他者に委ねることができるもの、つまりは「身分」にだけかぎられるものと、他者に委ねられない理性的存在者一般としての義務がある。前者が特殊な義務であり、後者が普遍的な義務である。この二つは上記の「直接的で制約されない義務」と「間接的で制約された義務」と相互に規定しあい、

「普遍的で制約された義務」、「特殊で制約された義務」、「普遍的で制約されない義務」、「特殊で制約されない義務」という都合四つの義務が生じることになる。

「普遍的で制約された義務」は自己保存の義務で、道徳法則を実現するために各人がよき労働を果たせるよう自己の身体・生命・財産などを維持することである。「特殊で制約された義務」とは、各人が一定の身分・職業を選ぶ義務となる。だが、自我の自由を根本理念とするフィヒテは、職業選択が一般に慣習、環境の要請にしたがっていることを批判する。フィヒテにとっては、職業選択も各自の熟慮のうえでの自由意志によるものでなければならず、職業選択する前までは「あらゆる人間は、彼らの中で人間性一般が発展し成熟するまで、同じ仕方で教育されるべきであり、また自分で教育すべきである。それから初めて彼らは一つの身分を選ぶべきであろう」(IV. 272)。

分業を認めるフィヒテだから、社会における上下の秩序関係は肯定する。「身分の秩序、その序列などはあくまでも市民的な秩序にすぎないのだが、それでも必要な制度である。人間の多様な業務は制約されたものと制約するもの、手段と目的というように、相互に序列化され、それらの業務を行なう人間も同様に序列化される」(IV. 273)。しかし、これはあくまでも市民的な業務上の必要からであり、「道徳的な評価ではすべての身分は同じ価値をもつ」(a. a. O.)。あらゆる人間の価値、権利は平等であり、ただ機能的な序列関係があるにすぎない。

以上の二つの論点を総合すると、フィヒテの考えでは、各人は職業選択をするまでは同じ教育を受けるべきであり、教育によって得られた知性で社会を認識し、自分がどの身分を選べば合理的であるかどうか、社会に最も寄与できるかをじっくり考えたうえで、一定の職業を選ぶとされる。そこに上下関係があって、かりに農民となって国家官僚の農業政策の制約にしたがうにしても、それらは何ら価値判断を伴うものではなく、あくまでも機能上の役割にすぎないというわけである。それらを統制するのは、人類の福祉と向上の促進、それを通じての究極目的への前進という理念である。ここにすでに万人平等、封建的な身分の否定、そして教育の平等が改めて確認されている。すでに国民教育の理念が出ており、ベルリン時代にこれを講演することは必然的である。

二　法的状態の内面的動機としての義務

普遍的で制約されない直接の義務は理性的存在者一般にあてはまり、個人を対象とせず、万人すなわち社会一般に向けられたものである。フィヒテはまず他者との自由な関係においてこれを語り、「隣人愛」や他者を目的とみなすカントの人格主義の内容を、これに属するものとして説明する。次に、複数の理性的存在者が共存する以上、他者の自由との抗争や摩擦がありうるので、その際の義務（特殊で制約されない義務）を語り、最後に他者に対して道徳的な陶冶を相互に促進しあうことを義務とする。これらは複数の理性的存在者が共存する社会・共同体における義務であり、『自然法の基礎』での合法性に対応する道徳性の絆である。この道徳的な相互関係・相互作用があって初めて、フィヒテの法治国家の内面的な動機が明らかにされる。

『自然法の基礎』では他者の自由、すなわち権利の尊重が主張されたが、動機は自己保存であり、権力による強制だった。ここでは同じ内容が道徳的な動機によって説明される。『自然法の基礎』では「基本権」は、身体の絶対的自由と不可侵であり、活動の自由の維持であった。『道徳論の体系』では、これが他者の身体に直接的な影響を及ぼしてはならないという禁止命令としてあらわれる。そこから、他者の身体を道具として扱うことも禁止される。これが禁止命令という否定的なものなら、他者の身体の活動、福祉を支援するという積極的・肯定的な義務もある。各人は理性の究極目的の実現のための手段であるから、私がそのために身体を維持し配慮するのと同様に、その目的のために他者の身体と福祉も配慮しなければならない。「君が自分自身の福祉を配慮するのとまさに同様に、君の隣人それぞれの福祉を配慮せよ。すなわち、自分自身を愛するように、君の隣人を愛せよ」（IV. 281）という隣人愛の義務がここから出てくる。この義務はもちろん他者にも適用される。それゆえ、フィヒテの隣人愛は相互的なもので、他者もこちらの存在の維持を配慮しなければならない。

この相互性、ダブルバインドが極まるのは、一方の生命が危機にさらされるときである。フィヒテによれば、「誰かが危機に陥るやいなや、私の生命を危険にさらしてもこの者をたんてきに助けるべきである」(a. a. O.)。自己の自己保存は他者の自己保存によって制約され、逆もまたしかりであり、両者は他者なくしては自己の保存の配慮がない。それゆえ、私の意図は両者の生命の維持だったのであり、決して自己犠牲ではない。結果としてやむをえず「一方あるいは両者とも生命を失ったとしても私には何の責任もない。私は自分の責務を果たしたのであるから」(IV. 282)。

フィヒテはこういう場合に他者を助けず自己の安全を優先させることは、他者の生存の維持の援助という義務の放棄だという。「道徳法則の前では人間の生命一般は同じ価値をもつ。ある者が危険にさらされるやいなや、他のすべての者たちは、その者たちが何者であろうとも、その者が救われるまでは、もはや安全である権利をもたないのである」(a. a. O.)。人間の生命に貴賤の区別はなく、また数の多寡も問題にならず、他者よりも自己の生命を優先させることも道徳的には認められない。「九九匹の羊を野原に残しても、見失った一匹を見つけだせ」(1)とフィヒテは主張しているのである。

『自然法の基礎』では、身体と生命の維持・不可侵に続くものとして、活動の自由の基盤と素材となる財産も基本権として認められていた。この私有財産の国家による承認は、同時に各人の道徳的な義務とも関係している。「なぜなら、自由に行動することは各人の義務であるが、この者が自分の財産をもたない場合、他者の自由を侵害しないかどうか絶え間なく疑いつづけなければ、自由に行動できないからである」(IV. 292)。だから、自由に行動する義務を果たすためには、自己の財産をもたねばならない。そのことによって、他者の自由の領域を侵害することもなくなり、いらぬ心配をする必要もない。それゆえ「財産を獲得することは各人の義務である」(a. a. O.)。

財産の所有義務を否定的な禁止命令でいえば、「他者の財産に損害を与えてはならない」(IV. 293)となる。この中には、他者の財産を自分の利己的な目的のための手段とする略奪や盗難も含まれる。他者の財産は他者が道徳的な目的のための活動をする場・手段・素材として必要不可欠のものである。それを侵害して、他者が自分のあるべき活動をすることを邪魔してはいけない。『自然法の基礎』での所有の権利は、『道徳論の体系』では、相互の道徳法則にもとづく活動の保障と促進の見地から改めて義務として設定される。

それゆえ、財産を所有しない者がいるならば、その者が財産をもてるようにしなければならない。フィヒテはこれを

「慈善（Wohltätigkeit）」といい、「慈善は義務である」（IV. 296）という。フィヒテは、ただゆきずりの貧者にその場しのぎのお恵みを与える慈善・善行を非難する。「人は慈善活動を可能なかぎり多く最後まですべきであり、その場かぎりとか適当にとかとりあえずの間にあわせとすべきではない」（a. a. O.）。各人の義務は、各人が自立して自己の財産をもち、他者の財産を侵害するかもしれないというやましい思いをもつことなく、道徳的な完成に向けて日々の労働によって社会に貢献し活動することである。それゆえ、財産や収入のない者がいれば、その者が仕事を見つけ、財産をもち、日々の労働によって自立した生活が送れるようにするまで援助しなければならないとフィヒテはいうのである。

昨今の世相でいえば、ホームレスや失業者たちに食事を提供したり、当座の生活費を寄付金として与えたりしておしまいとするのではなく、彼らの就労を助け、就職の際に自己の基盤となる住む場所を確保して、無事就職先を見つけて自立した生活を送るまで面倒をみよと主張していることになる。実にまっとうで合理的な意見である。各人が所有をもつことが義務ならば当然の帰結である。各人の財産の所有、就労支援は国家の社会福祉に属することであるから、国家がやるべきことであり、慈善が義務となるのは国家がそれを行なわない場合とフィヒテも考えている。

現今の慈善行為でよくあるものの一つとして、不要品の提供がある。震災や台風被害などがあれば、山のように古着や古い毛布、布団が送られてきて処理に困るという話がよく聞かれる。また、途上国に使わなくなった教科書、ノート、筆記具を送るという慈善キャンペーンも行なわれている。しかし、フィヒテはこうした不要品の提供では不十分だという。「われわれにとって、ちっとも負担にならない程度で慈善を行ない、われわれが自分では使うことが今後ないようなものを譲ることで十分であろうか。決してそうではない。慈善を行なうためには、自分自身の分を減らし自分自身の消費を制限してより節約を心がけ、よりやりくり上手になり、よりいっそう勤勉になることが各人の責務である」（IV. 297）。

『自然法の基礎』では、財産をもたず自己の生存を維持できない者は、他者の財産を侵害してそれを自己の維持のために利用することは権利として認められていた。それゆえにこそ、各人は財産をもつべきであり、また国家は財産をこの者に与え、そのことによって各人の財産の安全が保障されたのである。『道徳論の体系』でもこの論理は同じで、「財産をもたない者はわれわれの財産に対する法的な権利をもっている」（a. a. O.）。だからこそ、国家が何もできないときは、われわれは自分の財産の一部を譲渡してまでこの者に与え、彼の生活を保障しなければならない。『自然法の基礎』では、それは自己の財産の安全と保障という目的であったが、ここでは貧しき者の自己活動・自由を保障し、道徳的な目的のために彼が活動できるようにすることが目的である。

このように、フィヒテにおいては慈善活動や喜捨すらも、個人の活動の自由とその場となる私有財産の保障を基礎としている。しかし、日本などでは、宗教者は無所有を原理として、民衆の喜捨によって生きながらえるというスタイルもあった。托鉢と遊行、漂泊の生き方はフィヒテにおいてはありえないことになる。とはいえ、フィヒテの私有財産の概念は活動・労働そのものであり、成果としての物件はあくまでもその活動の一部をなすにすぎない。漂泊の生が庶民に御仏の心を説き、各人の仏性を自覚させることにあるならば、それはフィヒテでいえば、道徳法則の自覚とそれによる道徳的な行為の促しに相当する。庶民が喜捨をして、遊行の僧がそれで生存し彼の活動を継続するということは、慈善行為・喜捨によってその僧の活動の保障、活動としての私有財産を与えているということになる。あるいはコモンズとしての財産、活動の場をもっているということも可能であろう。

次に、フィヒテは理性的存在者の自由が抗争する場合の義務を論じる。この事態はまさしく『自然法の基礎』で前提とされたもので、法的状態である。そこでは各人の自由な活動を相互に保障するために国家が要請された。『道徳論の体系』では、それゆえ、各人が国家に帰属することが最初の義務となる。しかし、日常のあらゆる領域に国家権力が介入して抗争を解決するということは非現実的であり、そんなものがあれば個人の自由も何もない警察国家、全体主義国家となってしまう。日常においては民事不介入だから、各人の自由が抗争する場合はいくらでもありうる。フィヒテはそれらの抗争のケースを、再び身体・生命の維持と財産に分けて論じている。

まず生命・身体の維持の抗争である。私自身の生命の維持と他者の生命の維持が両立できない場合がある。フィヒテは事例を挙げておらず、ただ不正な行為によるものだけではなく「自然の定め」（IV. 302）の場合もあるとしているだけであるが、いろいろな想定が可能である。たとえば、山岳事故で一本のロープでは二人を支えることができないが、一人なら助かるという場合がそうである。医療倫理にある典型では、脳死者からの臓器移植もその事例になろう。何もしなければ、二人とも死を迎えることになるが、一方を犠牲とする行為があれば、他方の生命と身体が維持される。

フィヒテは、こういうケースでは道徳法則は沈黙するという。両者とも自己の生命を維持することは道徳的な義務である。しかし、他者の生命を犠牲にして自己の生命を維持することは禁止される。前にも述べたように、道徳法則が命じるのは両者の生命の維持だけである。フィヒテはまた、功利主義的な社会的利益の計算も認めない。「誰を維持するかで、善の大小が帰結するかという問題はたんてきに判定されるものではない。連関の中にあるもののどれがより有益でどれが有益でないかについては、有限な悟性は意見の一致をもたず、この種の屁理屈はみな思いあがった不遜なものだからである」(IV. 303)。

そうなるとなりゆきを待つしかなく、この場合双方ともに死を迎えることになる。「われわれ両方とも滅びたとしても、それが何であろうか。われわれ自身の維持は決して究極目的ではなく、道徳法則の実現が究極目的である。われわれがともに「一方を犠牲とすることなく」滅んだならば、道徳法則の意志がそこに存在したことになる。道徳法則の意志は満たされ、われわれの究極目的も達成されているのである」(a. a. O.)。『自然法の基礎』では、この事態は緊急権としてどちらが生存しようが、法的には正当なもの・権利とみなされたが、道徳の世界では他者の生命を犠牲にするくらいなら、双方があえて没落を選ぶことが倫理的なのである。

財産の抗争では、相互に自分の財産が危機にある場合、たとえば災害によって財産を失う危険にさらされたときなどは、自己の財産を保護することが義務となる。ただし相手の財産を犠牲にしたり、自分の財産を利己的な立場から優先することは許されない。自己の財産の保護が義務として認められるのは、それが「理性の共有財産」(IV. 306) となりうるからである。他者の財産を攻撃したり収奪したりすることは権利関係においても禁じられており、もちろん道徳的にも禁止命令としてある。財産の抗争は相互の財産の承認によって解決されるので、基本的には『自然法の基礎』での法的状態がここでは基本となっている。

三　身分の相互作用と相互尊敬の義務

道徳的な意志の対象は理性の共同体である。現実的には理性的存在者・人間の共同体である。人間においてはこれに直接働きかける者と、自然に働きかけ間接的に共同体に寄与する者とが大きく区別される。フィヒテは前者を「高次の職業」と呼び、後者を「低次の職業」とする。しかしこれは前にも論じたように、価値的な上下関係を意味しない。前者は、「学者」・「民衆教育家（Volkslehrer）」・「芸術家」・「国家官吏」にわかれる。前三者はそれぞれ「知」・「意」・「情」、知性・意志・感性という人間の主たる三つの能力に対応しており、それぞれの能力に働きかける。とくに「芸術家」は、カントの美的判断力の概念にならい、知性と感性を媒介する存在になっている。「民衆教育家」は一般的にいえば聖職者のことで、フィヒテの立場からは教会の牧師となるが、彼らは国民の道徳的な意志を涵養する役割をもつ。「国家官吏」は法的状態としての国家を運営する者であり、法律の運用を行なう者である。

後者の「低次の職業」「下位の階級」は、自然的な素材に対して労働を行なう庶民の階級である。彼らは物質的自然の中で人間が生きていくための基礎的条件をつくり、そのことによって理性的な目的の実現を促進していく。これは「生産者」「職人」からなるが、『封鎖商業国家』で見たように、両者を媒介する「商人」もここに入る。「これは道徳的な存在者の維持と自由な活動に関係しており、そのことによって最高の仕事と同程度に聖なるものとされている」（IV. 345）。

一見してわかるように、このような区分はアリストテレスの『ニコマコス倫理学』に始まり、スコラ哲学を経由した伝統を継承しているが、同時にその区別が価値や道徳的使命の上下を意味せず、その労働は「聖化されている」とフィヒテが強調するとき、ルターに代表される「労働召命観」、日々の労働こそが神への信仰の証であり、信仰とは「行為」であり「業（Werk）」であるとするプロテスタンティズムの精神がよくあらわれていると見ることができよう。フィヒテ自身「人間の仕事が理性目的に対して、あるいは同じことであるが、人間にかんする神の目的に関係させ、私がなすことは神の意志であると自分にいうことができる点に、こうした人間の尊厳がある」（IV. 362）と語っている。

フィヒテは、高次の階級と低次の階級の相互尊敬を主張する。高次の階級が低次の階級を蔑めば、ただ不要の反発を買うだけである。一般にはその傾向が強いため、低次の階級も表面的には高次の階級を尊重するふりをしながら、内面では軽蔑し、馬鹿にしている。これでは、本来の社会の生き生きとした相互関係は成立しえない。人間としての相互尊敬は職業を問わず本来の道徳的義務であるが、それに重ねてフィヒテは「高次の階級の成員を尊敬するのは低次の階級の義務である」（IV. 363）という。これは高次の階級がさまざまな学問や理論、技術を生み出すことで、低次の階級にも得るものがあり、かつ人間的な成長をそのことで助長してくれるからである。

高次の階級も低次の階級の仕事に敬意を示せとフィヒテはいい、みずからの学識や理論を彼らにそのまま語ることなく、彼らの経験にまで戻れという。「彼らはそれを理解しておらず、思考の過程についていくこともできない。そうではなく、彼らに語るべき内容を、可能なかぎり、彼ら自身の経験にまでひき戻すことである」（IV. 364）。このような言辞は、フィヒテが低次の階級を下にみていた証左であるとされがちで、たしかにそのように誤解されてもやむをえない表現になっているが、しかしすでに述べたように、フィヒテには職業の価値的上下はない。好意的に解釈するなら、これは当時の労働者階級・民衆が置かれていた知的状況の事実判断であって、価値判断ではないともいえるだろう。現代でも、庶民にむずかしいことをジャーゴン（専門用語）で語り、知的権威と階層を維持しようとする学識者がいるかと思えば、高度な内容を民衆の経験世界でも理解できるわかりやすい言葉で語り、腹を割ってつきあうタイプの知識人もいる。フィヒテは後者の関係、民衆の階級と真の意味で相互に交流できる関係にまで、自分をひき戻せ（これを「下に」ととるか「原点に」ととるかでまた価値判断の問題になってしまうが）と語っていると思われる。

そのように理解する理由は、すでにこれまで幾度も語ったように、フィヒテの根本思想の一つが理性的存在者の相互作用であり、そのことによる相互の促進だからである。そして、次の節で論じる『フリーメイソンの哲学』でも、同趣旨の階級間の相互作用が語られているからでもある。いずれにせよ、フィヒテが低次の階級、民衆と知識人や牧師、官吏らとの相互尊敬にもとづく相互作用・相互交流を考えていることはたしかであろう。

四　フィヒテとフリーメイソン

既存の国家や教会を必要悪として、議論の素材、出発点としてスタートしようとするフィヒテは、その意味では、既存の教会や国家を全面的に否定して転覆しようとする急進主義者ではない。民主的な対話によって漸進的な改良を重ねていく、よい意味での改良主義者とでもいえるのかもしれない。その際の導きの糸は「学者の共和国」や「社交の場」であった。ここで忌憚のない批判がなされて合意が形成され、その影響をそこに参加した国家官吏や将来の官僚候補たる大学生が受けて、国家統治に生かされていくという構図がフィヒテの改革のイメージである。

これらの討議の場は「小社会」「アソシエーション」ということができるが、当時の知識人の多くが属していたフリーメイソンなどの結社もその一つであり、のちにはカフェや読書クラブがその役割を果たすことになる。フィヒテは『道徳論の体系』では社交の場を詳しく論じることはせず、ただ「学者の共和国」のみを採りあげたにすぎなかった。彼の教育の場が大学であったことからの必然的な帰結であるが、実は「小社会」について彼が詳しく論じたものがある。それが『フリーメイソンの哲学』（『コンスタントへの手紙』）と呼ばれるものである。

フィヒテの生きた時代のドイツは、フリーメイソンやイルミナティが盛んであった。そして、フィヒテがフリーメイソンであったこともよく知られた伝記的事実である。実際、フィヒテはフリーメイソンの会合で講演を行ない、その講演録と思われるものが『コンスタントへの手紙』というタイトルで一八〇二年と一八〇三年に、彼の所属していたベルリンのロッジ「ロイヤルヨーク」の出版物として刊行された。ただしフィヒテ自身はこの刊行に直接かかわっておらず、編集はロッジの役員であったフィッシャーによってなされている。その中にはフィヒテの思想とは齟齬する内容も一部あり、フィッシャーが勝手に文章をつけ加えるなどしたために、これまではフィヒテの著作かどうかの疑義があった。しかし、厳密なテキスト・クリティークにもとづくバイエルン・アカデミーの批判的全集が、一九九一年にフィヒテの公刊著作の系列（Reihe I. Bd. 8, S. 401-462）に所収して以降は、フィヒテの著作として公認された。

テキストの信頼性だけではなく、秘儀結社というイメージ、フリーメイソンにまつわるさまざまな俗説・偏見もあってか、フィヒテとフリーメイソンについての研究はどちらかというと避けられてきたきらいがあるが、わが国では田村一郎氏が『十八世紀ドイツ思想と「秘儀結社」――「自律」への不安（上）――』（多賀出版）という先駆的な研究を一九九四年に公刊して、その全貌が明らかにされた。これはフィヒテだけではなく当時の秘儀結社の説明、一八世紀ドイツ思想全体（とくにカント）と秘儀結社との関係も視野に入れて考察したものであり、裨益するところの多い研究である。ドイツでも、最近ではクラウス・ハムマッハーが「フィヒテとフリーメイソンリー」という論文を一九八一年に発表し[2]、その後もいくつかの研究論文が出て、一九九七年には一般読者対象の単行本[3]としても刊行されている。まずはこれらの文献に拠りながら、フィヒテとフリーメイソンとのかかわりを簡潔にみて、その後、テキストの内容を考察することにしたい。

フィヒテの時代においては、当時の啓蒙主義者、進歩的な知識人はたいていフリーメイソンに加入していた。著作の中にその思想が反映されていることで知られるのは、レッシングとゲーテである。レッシングは『エルンストとファルク』『人間の教育』にフリーメイソンの思想を理想化してあらわしたといわれ[4]、ゲーテは『ヴィルヘルム・マイスター』の「塔の結社」のモデルをフリーメイソンにとっている。一般的によく知られるのは、モーツァルトのオペラ『魔笛』であろう。他にも、ヘルダーも若いころから有力な会員であり、フリードリヒ大王もベルリンのロッジに属していた。国王公認の組織として、フィヒテの時代にはベルリンには三つのロッジがあったほどだ。

フリーメイソンの中には、秘儀結社の名にふさわしく神秘主義的な傾向をとる組織もあったが、この時代のドイツのフリーメイソンは、啓蒙主義、理心論、合理主義、世界市民主義が支配的で、知識人、王侯貴族、上級ブルジョアの社交の場としての機能が強かったといわれている。思想的にもヒューマニズムをとり、個人としての人間の完成と、それを通じての社会全体の完成をめざすものである。

吉村正和氏によれば、「フリーメイソンにおける人間の完成は、『ソロモンの神殿』に象徴される壮大な建築物の建設の過程として説明されるところに特色がある」[5]。個人としての人間の完成の過程は、同時に共同社会の完成の過程と重ねられ、それが理想的で壮大な神殿を一つ一つ積みあげていくものとして体系的・構築的に示される。ありていにいえば、個人の完成が共同体の完成につながり、それが一つの自我的な統一構造として体系化されているフィヒテの思想も、フリーメイソンの思想から来ているといいたくもなるが、それではこの時期の進歩的な思想はみな同じことになってしまうので、あまり生産的ではない。こうした思想の代表者の一人であるカント自身は、フリーメイソンに属しなかった例外的な人でもあるから、何でもかんでもフリーメイソンに帰するわけにはいかないだろう。[6]

さて、当のフィヒテ自身はどうかといえば、ハムマッハーによれば、一七九三年の一月にダンツィヒの「オイゲニア・ロッジ」に加入した形跡があり、[7] 次にはイエナ時代の一七九四年に「ギュンター・ロッジ」に加入した記録がある。[8] そして、三番目がベルリン時代の一八〇〇年に「ロイヤルヨーク」に加入し、公刊された演説を行なっている。この演説が巻きおこした騒動もあって一八〇二年にはこのロッジを退会するが、フィヒテ自身は終生自分が真正のフリーメイソンであるという意識をもちつづけたといわれている。[9]

五　『フリーメイソンの哲学』における「小社会」論

（1）分業の疎外克服としての「小社会」

『コンスタントへの手紙』は、その後副題となり、現在では『フリーメイソンの哲学』という主タイトルをもつようになっている。この『フリーメイソンの哲学』を検討するにあたって、筆者はフリーメイソンそのものには関心がないので、視点はこれまでのフィヒテの社会哲学の文脈、とくに『道徳論の体系』で展開不十分だった彼の「小社会」のあり方を探るという立場からだけの考察であることをあらかじめ断っておきたい。

フィヒテは序論にあたる「第二の手紙」で、フリーメイソンの目的とすべきではないものを列挙する。フリーメイソンが、俗説では秘儀結社の特徴をなすとされる神秘学や降霊術、賢者の石などを伝授する場所ではないことを断言している。また、既存の教会の分派ではなく、異端的な神秘主義の宗派でもないといい、政治との関係も否定する。現代でも流布する陰謀史観、たとえば主要な政治家がフリーメイソンであり、公開の政治の顔と秘匿のフリーメイソンの顔という二面性をもち、フリーメイソンの教義やコネクションで世界政治を陰で動かしているというような見方を全面否定するのである。さらに官職の陰の斡旋機関や独自の年金組織でもなく、徳や礼儀を学ぶ場所でもなく、楽しい社交クラブを主目的とするのでもないという。

では、何が目的なのか。フィヒテによれば、「それは一般の人間社会、大社会（die größere Gesellschaft）がまったくめざすことがない目的である。というのもそれは人間社会を超えており、この社会が実際にあることで初めて立てられる目的だからである。要するに社会から外に出て、社会から切り離されることによってしか達成できない目的なのだ。それは大社会の修養過程の弊害を取り除き、特殊な職業のための一面的な職業訓練を、共通の人間的な陶冶、人間としての全人教育に統合するという目的である」（4. Brief, S. 41, GA. I. 8, 426）[10]。

フィヒテのこの主張は、「第三の手紙」で語られている一般社会の把握が前提となっている。彼は「第三の手紙」で、一般社会の分業とそのための教育について語る。「社会は人間の陶冶の全体を諸部分にわけて、社会のさまざまな分野や仕事に割りあて、それぞれの身分に共同作用の中の特殊な領域をあてたのである」（3. Brief, S. 34, GA. I. 8, 422）。いわゆる分業・協業であるが、それぞれの労働者は自分のもち場のことはよく知っていても、それらがどのように関連し、全体がどのように動いていくのかを見通すことができない。上司とてもいくつかの領域を横断する程度のことを知るにとどまる。こういう状態でも、フィヒテは全体がうまく運ぶことを「摂理の見えない手（die unsichtbare Hand der Vorsehung）」（a. a. O.）とアダム・スミス的な表現をしているが、必ずしもこの分業を肯定的に評価しているわけではない。

フィヒテは分業がもたらす一面性を指摘する。各人は自分が選びとった仕事のために修業をし、仕事につけば、その仕事の世界だけで生きる。そこで自分の義務と責任を果たして、結果として社会が維持されていくことの重要性はすでに『道徳論の体系』で見たとおりであるが、同時にそれは『道徳論の体系』ではあえて指摘されなかった負の側面をもっている。「しかし、ここからすべての人において必然的にある種の中途半端と一面性が生じる。これは必ずとはかぎらないにしても、通例は木を見て森を見ない偏狭さになっていく」（3. Brief, S. 35, GA. I. 8, 423）。まじめで勤勉で向上心がある者ほど、自分の領域を極めようと努力する。しかし「最高に可能な職業訓練によって、いたるところで「人間存在の最高目的である」人間性の最高に可能な陶冶が妨害されることになる」(3. Brief, S. 37, GA. I. 8, 424)。

人間の発展を一面的なものにし、視野狭窄に追い込むこのような社会のありようを前提として、フィヒテのいうフリーメイソンの目的が立てられている。それは決して通常の職業教育を否定するものではない。その職業教育を人間性の全人教育にとり込むことを彼は主張している。それゆえ、社会から離れて社会との関係を切って孤独に人格の陶冶をなすことは認められない。それもまた別種の一面性になる可能性をもっている。他者との相互作用、人間的な相互のコミュニケーションのやりとりを基本とするフィヒテであるから、荒野での孤独な修業や竹林での隠遁生活の余地はない。大社会(一般社会)にあって社会との関係をもちながら、同時に大社会から離れて、相互に人間性の全人教育を行なうことを可能にするのがフリーメイソンのような結社(小社会)なのである。このフレキシブルな性質が結社の長所である。

その際の根本的な基礎になるものが「道徳的な自由のための陶冶」である。「[道徳的自由という]この確固たる完璧に規定された自明の概念を当然のこととしてメイソンの基準とし、メイソンにかかわるあらゆるものの批判の原理としなければならない」(4. Brief, S. 45, GA. I. 8, 429)。これを中心的な基準として、あとは会員各自が集まり、それぞれ自己の職場や得意な分野でえたよきものを相互に与えあい学びあう。「各人が自分のもつものを、もちより与えあう。知識人は明晰判明な概念を、商売人は処世術の熟練と軽やかさを、宗教家は自分の宗教感覚を、芸術家は自分の芸術家特有の熱狂を与えるのである」(4. Brief, S. 46, GA. I. 8, 429)。とはいえ、各自が自分の専門領域でえたことをそのまま与えるのであれば、相互に受容することは困難である。それゆえ「各人は自分の個別で特殊なものが結果として自分の内面にもたらしたものをとり出し、自分の寄与が結社の会員の各々に到達するように努力して与えあうのである」(a. a. O.)。結社はこれが可能になるように努力しなければならず、その結果「この結びつきにおいて、各人は自分が与えたと同じだけ受容するのである」(a. a. O.)。

（2）階級・身分の相互作用・相互表現の場としての「小社会」

「道徳的な自由のための陶冶」を根本目的としながら、各自が自分の専門領域で培ったもの、とはいえ技術などを伝達するのは無理であるから、内面にもたらしたものを与えあう。自分の領域でえたものをできるだけ普遍化して表現せよというこことなのだろう。そうすることでみなで共有できる。それゆえ、フィヒテは与え方を重視する。「そこで身につくものは与えることができる技能である」（4. Brief, S. 46, GA. I. 8, 430）。すでに「精神」概念のところで（第一部第二章第三節）フィヒテが修辞や生きた表現にこだわったことは指摘した。相互のコミュニケーションが活性化して相互に生気を与えあうならば、たんなる情報の伝達ではなく、精神や完成への過程すべて含めて全人的に伝わらなければならない。この結社内でも、分野の違う各人がみずからの経験・思索を他者に生き生きとリアルに伝え、相互に活性化して、みなで共有できるようになれば、各人はそれだけ表現能力・伝達能力がつくことになるわけである。

「第六の手紙」でフィヒテは、「結社はメイソンの会員にどういう作用を与えるか」という問に対して、「成熟（Reife）」と答え、それは「万人に共通の人間的な陶冶」（6. Brief, S. 51, GA. I. 8, 433）だとしている。共通の人間的な陶冶、人間としての全人教育がフリーメイソンの目的であるが、これはここで「［人間としての］成熟」といい換えられ、「成熟の主要な特徴は優美（Anmut）によって柔和にされた力である」（a. a. O.）といわれている。

「優美」という言葉は、フィヒテではあまり見られない表現であるが、彼の知己であったシラーの美学論文『優美と尊厳について（Über Anmut und Würde）』（一七九三年）でよく知られる概念である。シラーはそこで「優美とは自由の影響のもとでの形態の美であり、すなわち、人格によって規定されるような現象の美である」[11]と定義している。これはカントが人間に付随する美を付属美として、純粋な自然美や芸術作品の美に比べると混ざりものだとして価値を下げたことに対して、シラーが人格に付随する美、この優美さこそが本来の美であると反論したことで知られる。

この人格的形態が有名な「美しき魂」であるが、フィヒテが以下のように語るとき、シラーの影響を看取できると思われる。「フリーメイソンで使われている修辞的表現でいえば、成熟が生じると愛らしい詩が明晰な頭脳や心の誠実さと結婚し、美が知恵と力と同盟する。これこそが、私が思い描いている成熟し陶冶された人間の姿である」（6. Brief, S. 52, GA.

I. 8, 433)。そして「これが完成された人間の姿であり、メイソンの理想である」(6. Brief, S. 53, GA. I. 8, 434) ともつけ加えている。真・善・美が偏ることなく一つの人格に統合し、「美しき魂」として実存する人格のあり方が「成熟」であり、陶冶された人間である。そして、「優美」な存在として、美的な判断・美的な表現が重視されるので、フィヒテが「与え方」・表現能力を強調したのも当然であろう。

「第七の手紙」では、フィヒテはフリーメイソンが社会に与える影響を論じる。フリーメイソンは偏りのない幅広い視野をもち、知性・道徳的意志・感性の調和した総合的な人間を形成する場であるから、「フリーメイソンは人間を陶冶することによって、同時に大社会(一般社会)の最も有用な成員たちを形成する」(7. Brief, S. 56, GA. I. 8, 436)。国家官吏こそは多面的な視野が必要であり、多様な方面にわたる提案を受容する能力が必要であるが、彼がこれまでの一面性、偏狭さをもって、縦割りのお役所仕事しかできないならば、その育成は不可能だろう。しかし、「人間の多面性のための教育機関 (eine Bildungsanstalt für Vielseitigkeit) としての」(6. Brief, S. 57, GA. I. 8, 437) フリーメイソンの会員であれば、彼は有能な国家官吏として自己を陶冶できる。

フィヒテがとくに強調するのは、階級・身分の相互媒介の場としてのフリーメイソンである。すでに何度も論じてきたように、フィヒテは共同体に直接働きかける高次の階級と労働を主とする低次の階級に人間社会をわけてきた。ここでは前者は「第一の階級」、後者が「第二の階級」と呼ばれている。これまでの社会の欠点は「この二つの階級の相互作用と相互への影響が困難であるという点にあった」(6. Brief, S. 58, GA. I. 8, 437)。しかし、「フリーメイソンの結社こそはこれに対する最善の手段であり、根本的な改善の最も目的にかなった手段とみなされるだろう。つまり、フリーメイソンの結社は少なくとも二つの階級の両端を自己の中で結びつけ、両者の身分や職業活動を顧慮する必要もなく、相互に近づけるのである」(a. a. O.)。このような相互作用・相互の交流がもたらすものは、蔑視や軽視の除去であり相互尊敬である。第二階級の者は第一階級の者に対して、不信やおそれ、憎しみ、軽蔑をもたなくなり、第一階級の者も第二階級の者への蔑み、差別意識を反省し取り除く。彼らは自分の属する階級に戻ったとき、その認識と経験を内部にも広め、社会全体の差別意識を解消することに寄与するだろう。

『自然法の基礎』、『道徳論の体系』や『封鎖商業国家』で、フィヒテは身分論、階級論を述べ、分業体制を必要なものとして認め、それらがスムーズに機能することを理想とした。もちろん、その身分や職業が社会的に世襲のものとして固定されることは否定し、あくまでも自由な意志による選択を原則として、またそれらの身分・職業の価値的な上下関係は否定した。そこでは否定的な言辞を出すことは一切なく、フィヒテはこのような機能的階級の区別を全面的に承認していたかのように思われたのだが、このフリーメイソンでの講演を見るかぎりは、身分・職業の配置に伴う一面性、分業体制や専門化による人間疎外を知っており、それを解消する一つの場として、この小社会・フリーメイソンの結社を位置づけていたことがわかる。そして、この小社会は大社会と相互関係に立って、大社会では困難なこのような問題解決を小社会でまず実現し、そのことで大社会に影響を与えていくという構想をもっている。

フリーメイソン自体は秘儀結社としての独自の伝統をもち一般化できるものではないが、この時期のフリーメイソンが啓蒙思想の開かれた側面を多く有して理性的で道徳的な社交の組織であったことを考えると、フィヒテの考える一つの社交の場に近いがゆえに、大きな期待をもったともいえるのではないか。それゆえ、第一部第三章第二節「公共的な小社会という理念」で、フィヒテの思想には、このような人間性の理念をもとにした民主的で討議的な小社会・アソシエーションを多く設立することで公共性を担い、社会のさまざまな問題を解決する一つの端緒と行動の場とする発想がうかがえるということを述べたが、それがこの『フリーメイソンの哲学』ではっきりするのである。公刊された『自然法の基礎』、『道徳論の体系』、『封鎖商業国家』では、現実的な事情も考慮したがゆえに、いうなれば「建前」として述べたことが、閉鎖的な秘儀結社の会合という心安さから、フィヒテの「本音」が出たと考えることはできないだろうか。

さらにフリーメイソンの会員の義務として、自分が所属する国家および国家間に、完全に法にかなった体制をつくり出し、最終的には理性の永遠の法にしたがう唯一の国家を設立することを究極目的とすべきだとフィヒテは考えている。後者は究極目的であるので、地上では不可能かもしれないが永遠の生という理念においては現実性をもつのである。目的としては、全人類の永遠の理想国家、地上における神の国の樹立にある。とはいえ、現実の目の前にある国家への寄与をおろそかにすることは許されない。「法的な観点でもまた、彼の気持ちは全体に向けられているにもかかわらず、彼のすべての力は、その者がまさにいま生きている地上の国家、彼の都市、管区、特定の地区に捧げられている」(12. Brief, S. 82, GA. I. 8, 450)。目の前の国家をよくする努力を前提として、人類共通の一つの理想国家の目的があるわけだ。

それゆえフィヒテにおいては、愛国心と世界市民主義(コスモポリタニズム)は矛盾しない。先に述べたように、この時期のフリーメイソン自体は啓蒙思想の流れを受けて世界市民主義が主流であったが、フィヒテは自分が所属する国家をおろそかにはしない。「彼の心情の中では、祖国愛と世界市民主義が緊密に結びついており、しかも両者は一定の関係にある。すなわち、祖国愛は彼の行為で、世界市民主義は彼の思想である。祖国愛が現象ならば、世界市民主義はこの現象の内的な精神であり、見えるものの中の見えないものである」(a. a. O.)。フィヒテは通例、世界市民主義(コスモポリタニズム)の特徴とされる愛国心の軽視を批判している。「それだけで存立しようとして愛国心を排除する世界市民主義(コスモポリタニズム)は、まちがいで空しく愚かなものだ」(a. a. O.)。人間の行為はいきなり全体を相手に始めるわけにはいかない。それは茫漠としてつかみどころがないものである。しかし、手始めに手許にある存在、自分の属する地区・市町村・県・国家を手がかりに自己のあるべき行為を始め、そのことで改善を行なっていく。「それゆえ、彼の世界市民主義(コスモポリタニズム)は、彼がいる特定の場所に最高に力強く働きかけることによって、自己を表現するのである」(a. a. O.)。

すでに『自然法の基礎』で見たように、フィヒテにとって法と正義が支配する国家は、同時に隣国の国家とも相互に承認関係に立ち、その上に国家間の法律としての国際法が理念として規制するものであった。自分の所属する国家に法と正義が支配することを望み、そのために努力すれば、その次には隣国との間に法と正義が支配すること、国際法にもとづいて良好な関係を形成することが目標となる。その導きには相互承認の思想がある。そういう意味で愛国心は世界市民主義と相関であり、自国だけをよしとし他国の自由と存立を脅かすような覇権主義、排外主義的愛国心はそもそもからフィヒテにはないのである。このことは今後の議論を展開するうえで重要になるので、ここで強調しておきたい。

以上、テキストに即して、フィヒテの考えるフリーメイソンのあり方、いい換えれば「大社会」に対する「小社会」の相対化機能と媒介活動の事例を見てきたわけだが、これまでの文脈に即して簡潔にまとめれば、以下のようにいえるのではないか。①道徳的な目的のもとに人間性の最高の陶冶をなす。②それは全人教育で、大社会で強制される一面的な自己形成ではなく、そのいびつさを癒す役割をもっている。③ここで自己を形成した者がそれをもとに社会に対して作用していく。④階級間の媒介と相互作用を行ない、それを通じて大社会の秩序によい影響を与えていく。

フィヒテはこうした活動の基礎となる場を、基本的には相互の作用による教育の場とみなしている。彼にとってフリーメイソン結社は「教育機関（陶冶機関 Bildungsanstalt）」であり、「あらゆる教育機関において授業が最も本質的なものであるように、フリーメイソンにおいてもまたそうなのである」（9. Brief, S. 70, GA. I, 8, 443）。あらゆる階級・身分、思想・信条・宗教から自由になり、各自が自己の思想や経験を表現し、その中に共通する普遍的な内容を共有しあう相互教育・自己啓発の場として、フリーメイソンを代表例とする小社会がイメージされている。そしてこれらの小社会は閉鎖的で自己目的な組織ではなく、外の大社会と関連してそれと相互作用・相互承認を行ない、大社会に欠けていた大事なものをもたらす。最終的には道徳的な人間の自己完成を目的とし、理想的な共同体に向けての漸進的努力をする点では大社会と同じなのであるが、より小規模で民主的で自発的なアソシエーションである分だけ進歩的で、これが一つの刺激、大社会を動かす動因の一つにもなりうるのである。

『道徳論の体系』では、既存の教会・国家をとりあえずのやむをえない端緒として、そこから改善の努力が始まるとされていたが、『フリーメイソンの哲学』での小社会・社交の場の把握を考慮すれば、既存の大社会の中でさまざまな小社会がより条件のよい開始地点をもち、大社会との相互関係・相互作用によって、道徳的完成への道を引っぱっていくという有機的なイメージがフィヒテにあることがわかるだろう。フィヒテのいう道徳的完成・人間性の向上の内容が、カントの形式主義ほどに普遍化できるものかどうかは検討の余地があり、一見するとキリスト教的色彩が濃い分、小社会が複数あるといっても統一価値の支配が暗黙に前提され、多元的な社会というには不十分にみえる。しかし、理論構成の可能性としてはそのような方向も不可能ではないと思われる。

（1）ルカ伝第一五章四。

（2）Klaus Hammacher : Fichte und die Freimaurerei, in : *Fichte-Studien*, Bd. 2, Amsterdam/Atlanta 1990, S. 139-159. これは一九八一年の初出論文を加筆再掲したもの。

（3）J. G. Fichte : *Philosophie der Maurerei*, hrsg. von Thomas Held, Düsseldorf 1997. テキストはこれによった。

（4）田村一郎『十八世紀ドイツ思想と「秘儀結社」』多賀出版、一九九四年、二七九頁以下。

（5）吉村正和『フリーメイソン』講談社現代新書、一九八九年、一二一頁。

（6）たとえば『一八一〇年知識学綱要』の注釈書で、ギュンター・シュルテはフリーメイソン思想から解釈を試みている（J. G. Fichte : *Die Wissenschaftslehre in ihrem allgemeine Umriss, Einleitung und Kommentar*, Günter Schulte, Frankfurt am Main 1976.）。

（7）Klaus Hammacher : Fichte und die Freimaurerei, in : *Fichte-Studien*, Bd. 2, Amsterdam/Atlanta 1990, S. 140.

（8）Dasselbe, S. 142.

（9）田村一郎『十八世紀ドイツ思想と「秘儀結社」』多賀出版、一九九四年、二〇五頁。

（10）引用は以下の文献による。J. G. Fichte : *Philosophie der Maurerei*, hrsg. von Thomas Held, Düsseldorf 1997. 参考までに全集版（GA. と略記）の頁数も並記しておく。

（11）F. Schiller : Über Anmut und Würde, in : *Schillers Werke Nationalausgabe*, hrsg. von Benno von Wiese, Bd. 20, Weimar 1962, S. 264.

第三章　個体を生かす類

――『現代の根本特徴』における「絶対国家」論

一　生き生きとした相互対話

『フリーメイソンの哲学』の第三回目の講演といわれている[1]「第十四の手紙」から「第十六の手紙」では、秘儀結社の「秘儀」の部分に焦点があてて論じられている。フィヒテはここで「公然の文化（die öffentliche Kultur 顕教）」と「秘密の文化（die geheime Kultur 密教）」の区別を語り[2]、「公然の文化」は書物や記録物によって誰でも接することができるが、「秘密の文化」は「公然の文化」をすでに身につけ、完成されている人間のみが接することが許されるものだとしている（15. Brief, S. 92, GA. I. 8, 457）。そして「秘密の教説はただ口頭で伝授することでのみ今日まで伝えられたのであり、決して文書によってではない。それどころか、文書による伝授は厳しく禁じられなければならなかった」（15. Brief, S. 96, GA. I. 8, 459）と推論している。

フィヒテは、フリーメイソンで何よりも重要なものは口頭での「授業」としているわけだが、口頭での授業・講義は、文字や書物では伝えられない秘密の文化、それらではあらわすことのできない内容を「隠喩表現や形象によって」（15. Brief, S. 95, GA. I. 8, 458）伝達できるということであろうか。すでにイエナ期から、字句にこだわらずに精神を表現し把握することの重要性を力説していたフィヒテである（『哲学における精神と字句の区別についての講義』）。ここでもまた文字に拘泥せずにその内容を把握すること、文書はむしろそれを妨げ、口頭での授業・講義でしかそれは可能ではないことが改めて確認されている。

ここで想起されるのは、フィヒテがイエナからベルリンに去って以降は、著作の公刊をみずから進んで積極的に行なわず、そのほとんどは私的な講義あるいは大学での講義を、関係者の要求からやむをえず出版したものだということである。しかも、その刊行された著作の序文では、読者に対する期待感をおしなべて否定して、まるで世間にケンカを売っているかのごときなげやりな表現が目立つ。たとえば、いまから扱う『現代の根本特徴』(一八〇六年)では、こう書いている。

彼はこの講義の目的が何かを知りたい者は第七講に詳しく書いてあるから、それを序文としてまず読んでほしいと要求し、「それがそうなっていないといわれるならば、それ以上読者にいうべき言葉はない。それゆえ、私がこの著作の出版にあたって読者にいうべき言葉は、何もないというしかないのである」(VII. 3) と書く。あるいは同時期の『浄福なる生への指教』では「印刷物をもって読者と語ることがそもそも努力する価値があることなのか、私にはもはやわからない」(V. 400) とも述べている。

これまで一般には、「無神論論争」で悪意ある解釈をなされたので、いくら文書で弁明しようともその甲斐のなさを知ったがゆえのフィヒテの失望を反映したものとみなされることが多かったが、その可能性は否定しないにしても、初期からのフィヒテの一貫した姿勢、口頭の講義でないと自分の真意が伝わらないという理由もあったのではないか。前章で論じた「小社会」も、口頭での講義や議論が可能な場である。顔の見える関係で、表面的な言葉や形式論理ではなく、言葉に込められた「精神」、闊達な「生きた言葉」が伝えられ相互媒介する場であるからこそ、思想も表現も生きたものになり真意が伝達されるのだ。

「小社会」には「学者の共同体」「文芸共和国」も当然入るが、それが印刷物を介した相互作用だけになると、フィヒテはあまり評価しない。上にも書いたように、彼は印刷物に対する期待をあまりもっていないからである。『現代の根本特徴』でも、学者の共同体、文学者の共同体が、印刷を介して自己の思想を読者に問うようになることを揶揄している(第六講義)。「ひとたび印刷が軌道に乗れば、この[自分の思想の]新しささえ免除され、印刷させることがすでにしてそれ自体で功績となる」(VII. 86)。思想や文学の真の意味での新しさではなく、目先の表面的な新しさを追い求める。次から次に出版され、それは流行になり、その評価は偶然的なものでしかない。フィヒテにとって公論の世界は、自己の思想が一つの記念碑としてそこに記録され、人々の記憶に残る場である。そういう生命を獲得したものが本物であるのだが、このような流行を追う出版状況では、「過去のものはすべて忘れ去られる。……読者も同様で、彼らは喜んで古いものを終わらせ、新しくやってくるものを急いで求める。しかも、この選択では、たいていただ偶然に導かれるがままなのである」(VII. 87)。

こういう状態だから、どの本がよいのかわからないという場合、それを判断する助けとして書評紙があり、記録としての長期保存のために図書館があるとフィヒテはいう。しかしその書評紙にしても、「この仕事での根本格律は、何ごとにもケチをつけ、著者よりも何でも知っているというものになるであろう」(a. a. O.)。真に優れた内容は同時代には評価されず否定されることが多く、後世にその真価がわかるものだから、こうした書評子の評価は気にしなくてもよいが、問題はそのような書評を読んで、みなが読んだ気になることだという。読者も次から次に新刊を求め、古いものを味読することなく、消費財として読書を続け、ただ読書それ自体が目的となり快楽となる。「すべての印刷物は、読者を安逸と甘い忘我の中に寝かしつけるものだからである」(VII. 90)。フィヒテが二百年前に書いたこの内容が、今日の出版界にもあてはまるのがおもしろいが、消費としての出版・読書になるのは、易きに流れる人間の性がいつの世でも変わらないということかもしれない。

だからこそ、ここでもフィヒテは口頭での相互作用を強調する。「かくして、口頭での伝達、連続講演や学問的な対話が、死んだ文字による伝達よりも無限の長所をもつのである。著作というものは、古代人においては、口頭での伝達に与れない者たちのために、それを埋めあわせるためにのみ発明されたにすぎないのだ。書かれたものはみな、まずは口頭で講演されたのであり、その講演のコピーなのである」(a. a. O.)。

出版や読書が消費と流行に堕し、印刷と読書が真理を公開するとか、言論による真理の解明をするとかいうことがなくなり、「次の本の印刷のためのこの本の印刷」、ただ読書すること自体を愉しむための「読書のための読書」という形で、自己目的として行なわれるのが時代の状況である。「時代はもはや読書ができず、したがってあらゆる著述も空しくなった。いまこそ新しいことを始める時が来た。この新しいこととは何か。私の考えでは、一つは、口頭の伝達の手段を再び身につけこれを技芸にまで高めることであり、もう一つは、口頭の伝達の仕方に対する感受性を獲得するように努力することである」(VII. 91)。

それゆえ、ベルリン移住後のフィヒテは、最初は私的講義で身を立てようとする。すでに教養を身につけ、ある程度人間性が完成されている聴衆を相手に、秘伝中の秘伝である難解な知識学を「神」「光」などの比喩表現や形象によってあらわし、また他方では『現代の根本特徴』や『ドイツ国民に告ぐ』などの講演で、時代の激動に対してそれに立ち向かう自立した精神を各自の心に喚起しようとした。

ラウトの克明な研究[3]によれば、フィヒテの私的講義を聴いた者は、プロイセン王子(アウグスト)、政府高官一八名(うち大臣七名、将来の大臣六名)、哲学者一二名、作家六名、その他法律家、医者、音楽家、芸術家、歴史家、神学者、銀行家、自然科学者、出版業など、さまざまな身分階層にわたる。また当時としてはめずらしく女性が二〇名参加している。彼が『フリーメイソンの哲学』で説いたとおり、異なる人々が相互に集い、真理を探求する道行きをともにしたのだ。この中には、プロイセンの改革を担ったハルデンベルクやシュトルエンゼー、アルテンシュタイン、あるいは内務大臣バイメなど政府高官が含まれ、文化面では、美学者ゾルガー(のちベルリン大学教授でヘーゲルの同僚)、批評家ヴィルヘルム・アウグスト・シュレーゲルなどがいる。フィヒテの講演は何らかの形で為政者たちに作用していたのである。まさに「小社会」での議論が「大社会」に反映されることになった例証といえるだろう。

二　個と全体の一致——前提としての『道徳論の体系』

『現代の根本特徴』では、一般に、個体の類への奉仕が説かれ、全体主義的な側面が目立ち、フィヒテの社会哲学の転換となったとされている。その媒介となるものが道徳性である。この議論は、当然ながらその前の『道徳論の体系』の絶対自我論を前提とする。したがって、フィヒテの「絶対国家」が全体主義的社会であるという偏見に対するためにも、『道徳論の体系』を正しく理解することが必要になる。『現代の根本特徴』の「絶対国家」論に移る前に、『道徳論の体系』の絶対自我論の検討が要求されている。

『自然法の基礎』では、自然的世界が前提だったので、個体は欲望をもち、自己の個体性に執着する存在であった。道徳的な自己規律を前提としないために、権利関係においては彼ら双方を救済するべく、強制権力を必然的に措定しなければならなかった。国家体制をつくって理性的に運営すべきとされるが、各人が利己的な行動にうつつを抜かすと利己主義と欲望の支配する社会になる可能性があり、また一部の個体が権力を奪取して独善的な支配となることもありうる。それを防ぐためのシステムとして、司法権力、監督官、人民集会の制度が設置されていた。法的世界では、それゆえ、各人は経験的な利己的個人として存在を許された。それが望ましいものではないにしても、他者の自由と所有（活動）を侵害しないかぎり、利己的・経験的個体としての存在が認められるのである。

しかし、『道徳論の体系』では、経験的な個体の存在がそれ自体で認められることはない。「A（経験的自己）は私にとっては道徳法則の唯一の道具であり乗り物である」(IV. 231)。経験的個体は道徳法則の乗り物でしかなく、手段でしかない。それゆえ、経験的個体の差異、すなわち、各人の個性や境遇・能力などは全然問題にならず、道徳的世界ではみな匿名の存在として、普遍的な道徳法則の確立、理性一般の自立性をめざすとされる。「各人は自分自身との絶対的な一致を自分の外に、自己に対して現存在するすべてのものの中にもたらすべきである。なぜなら、この一致が、彼が自由で独立する唯一の条件だからである」(IV. 234)。自己自身との一致は理性一般の自立性、絶対我の自己同一性の貫徹であるが、これが確立されて初めて、個体的自我は自己の自由をえる。

この理性一般の自立性とはいったい何であろうか。フィヒテによれば、「この理性一般は私自身によって知性として私の外部に措定されている。私の外にある理性的存在者たちの全共同体が理性一般の表現である」(IV. 254-255)。とはいえ、「知性として措定されている」以上、これは現実の共同体ではない。現実の共同体も人間・理性的存在者たちが共同体を形成しているのにはまちがいはないが、経験的なものとして知性に反する自然的なもの、欲望・自然衝動・偶然性などを多々もっている。知性による理性的存在者の共同体は、観念的で概念によるものである。あるいは理念的な共同体、カント風にいえば「目的の国」である。

周知のように、カントは『道徳形而上学の基礎づけ』において、「目的の国」を以下のように述べている。「法則はその普遍妥当性にしたがって目的を規定するがゆえに、人が理性的存在者の人格的な違い、ならびに彼らの個人的な目的の内容を一切捨象すれば、あらゆる目的（目的それ自体としての理性的存在者と各人が自己に与えるだろう各自の目的）の体系的な結合における一つの全体、すなわち上記の諸原理によって可能な目的の国が考えられうるだろう。各人が自己自身と他者のすべてを決してたんなる手段としてだけではなく、同時につねに目的それ自体として扱うべきであるという法則のもとに理性的存在者はみなあるからである。このことを通して、客観的な諸法則による理性的存在者の体系的な結合、すなわち一つの国が成立する。これらの諸法則が、まさにこれらの存在者の目的と手段として相互の関係を意図しているがゆえに、この国を目的の国（もちろんたんに理想であるにすぎないが）と呼ぶことができる」(4)。

人格が「目的自体」というのは、何かの目的のために手段とならず、それ自体完結した存在であることを意味する。人格は存在すること自体が目的である。他の人格があれば、私はその他の人格自体の存在と行動を尊重し、その人格の存在のために、みずからが手段となる用意をしなければならない。他の人格もまた、私を目的として扱い、私の人格的存在、完結した自立的存在、いい換えれば意志の自由をもってみずからの行動を律することができる自律存在、すなわち道徳的な存在としてある私の存続を目的として、私に働きかけねばならない。これらは相互の目的関係であり、客観的な道徳法則、すなわち普遍的に妥当する実践の法則のもとにある相互関係である。このような理性的存在者の共存関係、普遍的な実践の法則の支配のもとで理性的存在者が相互に実践的な関係にあるという共同体が「目的の国」である。そして、純粋理性の理想という目的のもとに、理性的存在者のそれぞれの目的が統一される。これは客観的で経験的な対象、現実の共同体としてあるもの、認識の対象ではなく、各人が普遍的に妥当する法則にもとづく自由な行為、すなわち道徳的な行為を自由意志によって行なうときに、その実践を導く理念であり確信である。そして、その実在性の保証は道徳的行為の事実、理性の事実にある。

フィヒテもカントの「目的の国」を踏まえて、他者を目的とすることを述べているが、内容は少し違っている。各人が道徳法則にしたがって行動するなら、他者は目的ではなくて道徳法則のための手段になる。ただし、それは道徳意識から見た存在であり、「私の意識の前では、彼らは手段ではなく究極目的である」(IV. 255)。これは他者から私を見た場合も同じであり、「彼らにとって私は目的である」(IV. 256)。「各人にとって自分の外にある他者はすべて目的であるが、しかし、自己自身にとっては目的ではない」(a. a. O.)。自己自身にとっては、私自身は道徳法則の手段・道具・乗り物であり、それ自体として目的になるものではないからである。各人は対他的なものとしては目的であるが、対自己的なものとしては目的ではなく道具である。経験界に存在する個別的な理性的存在者としては、これ以上の視点は不可能である。

しかし、カントはこういう区別をしてはおらず、「いかなる人間もそれ自身目的である」というとき、自分自身にとっても目的でなければならないはずである。そうなるとこれが意味することは、「各人は理性を実現する手段として目的である」(a. a. O.) ということになる。各人が何の制約もつけずに自己目的となれば、自然的で利己的な存在、欲望までをも肯定してしまう。それゆえ、各人が目的となるのは、道徳的な行為をできる存在・理性的存在者としてであり、道徳法則にしたがって理性的なものを地上に樹立しようとしている行為においてである。このとき各人の経験的な存在は否定され、各人の個別的な差異も消失する。「各人の個体性のすべてが消失し、否定されるということによって、まさしく各人は感性界における道徳法則の純粋な表現になる。すなわち、自由な選択と自己規定による本来的な純粋自我となる」(a. a. O.)。これは各人の個別性・差異性が消失したものであるから、当然普遍的なものであり、各人に共通する内容のものである。すなわち、それは共同体にかかわる行動である。

理性の実現に向けて行為しているときであるから、「この自己自身を忘却することは、ただ感性界において実際に行動しているときのみに生じる」(a. a. O.)。それゆえ、フィヒテは、観想や瞑想、思索によって自己滅却をはかる神秘主義の類を否定して、それだけを目的とする利己主義であるとする。[5]「真の徳はただ行動の中にある。それは共同体のための行動であり、そこにおいて人は自己自身をまったく忘却するのである」(a. a. O.)。フィヒテの道徳性が、活動・行動の中にあり、同時に利他的でなければならず、つねに共同体、社会が意識されていることは、彼の大きな特徴である。(6) このことはくり返し力説しなければならないことだ。かくして、人は共同体のため、他者のために道徳的な行為をするときに利己的な個体性を否定して、普遍的な理性の自己実現、自己自身との一致、純粋な自我の感性界での顕現を可能にする。

このように理性的存在者は各自、目的としての他者のため、自分の外の理性的存在者の共存・共同体のために、道徳法則にしたがって、自己をそのための手段・道具として行動をする。理性的存在者の共同体は、これらの他者や共同体自体を目的とした利他的な行動を行なう者たちの相互関係であり、それらは道徳的な実践法則の編み目となって存在している。まさしくカントのいう「客観的な諸法則による理性的存在者の体系的な結合」、目的の国、フィヒテの言葉では「理性的存在者たちの全共同体」が成立している。ここにおいては、各人の経験的な個体性は消失しており無視されている。それらは普遍的な道徳法則を意志する者として、類的には同一のものになっており、純粋で意志をもち行動する理性的存在者として相互の区別はない。「理性は万人の心の中では、たとえこの心が経験的にはまだ非常にそれぞれにおいて違っていたとしても、唯一にして同一の意志となる」(IV. 299)。倫理的世界では、個体差が消失し万人が同一のものになっているということは、個体は理性的存在者・道徳的な行為者・人間性一般、つまり人類として類的存在になっているということである。

そして、この理性的存在者の相互関係による共同体は、人類の完成・地上における神の国・永遠の理想の共同体という究極目的をもち、この目的のもとに統一され一つの意志的構造をもっている。道徳的行為において、万人が純粋自我・純粋意志となり、そしてこの共同体そのものもまた一つの純粋意志をもち、それらは純粋意志・純粋自我という点で形式的には一個同一のものであるから、「現在の観点からは、純粋自我の表現は理性的存在者の全体であり、聖なる者の共同体である」(IV. 255)、あるいは「私の外にある理性的存在者たちの全共同体が理性一般の表現である」(IV. 254-255) といえるのである。

すでに何度も述べたとおり、倫理的世界では個体性の経験的な差異は無視され否定される。「個人は道徳法則の道具・乗り物にすぎない」というフィヒテのいい方から、フィヒテの思想では「個人は道徳法則の奴隷である」といった批判もできるだろう。ここから、ヴィルムスのように、「ユートピア的な目標でもある道徳性が、いわば強制法のアリバイとしての働きをしているように思える」(7)といった批判も成り立つ。道徳的な目的さえ立てれば、各人を道具として駆り立て、共同体のために強制労働をさせることができる。たとえば、ある組織の繁栄のために自己犠牲を要求したり、国家の繁栄のために労働者あるいは兵士としての自己犠牲的な奉仕を強いたりするようなことがありえるのである。

現実の全体主義国家、あるいはかつての社会主義国家では、道徳的な理念・建前が個人の行動を規制し、個が全体の利益のために奉仕することが義務とされた。指導者は無謬で、彼らの立てる方針や目的が正義であり、国民はそれにしたがうことが要求され、したがわなければそれは反逆として犯罪行為となり、思想警察が強制権力を行使して収容所に送った。道徳的国家といいながら、そこには自然法的国家権力が導入され、個人の意志の自律で、すなわち欲望ではなく自分の意志で道徳的な行為と判断して利他的に行動しても、それが指導部と違えば反道徳とされた。

しかし、フィヒテの思想の枠組みでは、よき行為が意志の自律によって行なわれれば、少なくともそれは道徳的行為かどうか、私的な欲望が入っていないかどうかの吟味はあっても、一方的にそれが犯罪行為、他者の権利を侵害する行為として強制権力によって制限されることはないはずである。それらは何よりも正義をめぐっての討議をしなければならず、そのための人民集会が要請されていた。

倫理的世界ではそもそもが、利己的な欲望や独裁権力は問題にならない。道徳的な正当性のない要求、個別の利益や欲望を果たすために組織が個人に行為を要求しても、それにしたがう義務はなく、むしろ拒否することが義務である。道徳的行為は、何よりも各人の自由意志にもとづく行為であり同意が必要である。組織がいくら建前的によい行為を要求しても、自分自身の格律に照らして、それが普遍妥当性をもたない利己的な要求であると判断すれば、したがうべきではないのである。フィヒテの立場では、おのれの思想が正義であり道徳的に正しいとなれば、組織の命令に逆らっても道徳的な意志を貫徹させるであろう。現実のフィヒテの人生で、長いものに巻かれず原則を通して孤立することが多かったようにである。

しかし、義務が対立するときもある。国家間の戦争の場合、自国民の自由・安全・財産を守るために、侵略国家に対して兵士として闘うこと、そのためにみずからを死の危険性にさらすことを要求する。実際の戦争がそうであるように、あらゆる戦争は自国が正義であると建前をいうものである。そして議会の決議やメディアを通じて、国民の同意をとりつけ、それに異議を唱えるのが困難な世論の圧力をつくり出す。もちろん、フィヒテの道徳論ならば、世界を敵に回してたった一人であっても、それが正義であるなら貫徹するのが道徳的な義務になるが、ここではフィヒテは別の解決策を提示する。すなわち、かりに戦争遂行に同意したとしても、戦争の目的は敵国兵士を殺すことではなく自国の安全と平和を守るためであるから、殺人ではなく敵兵士の武装解除だけを求めるのである。

「戦争の目的は、交戦している相手国の市民を決して殺すことではない。戦争の目的はもっぱら敵を追い払い武装解除し、このことによって交戦国を無防備にして、われわれの国家との法的な関係を強要することである」(IV. 280)。私の前に敵の兵士があらわれても、私の目的は決して彼を殺すことではない。仲間の力を借りるなりして、彼を武装解除することである。それゆえ、国家の命令だからといって、敵国兵士や敵の国民、あるいは特定の民族を虐殺・殲滅することは、フィヒテの倫理学ではまったくありえない。ナチズムの源泉の一つをフィヒテの倫理学に求めることはできないのである。

フィヒテの倫理学・道徳論は、たしかに個別的な差異を認めず、つねに万人との道徳的な一致を求めるので、道徳の全体主義と表現されがちだが、しかし根本的に道徳的行為は自由意志を基礎として成立することを忘れてはならない。もちろんそれが選択意志の自由、恣意的で利己的な欲望の自由を意味するのであれば、それは他者の自由を侵害するかぎりでは制限されるが、その自由が他者に向かい共同体の福祉に向かうときには、その意志を否定することはできない。具体的には言論の自由、政治活動の自由などがそれに入るものであろう。それゆえ、労働者国家や党の綱領を守るために、それにしたがわない者・不満分子は粛清をしていく自由なき社会・収容所群島もまた、フィヒテの社会哲学から当然の論理的帰結としては出てこないのである。これらのことを確認しておくことは、フィヒテの社会哲学につきまとう偏見を除去するためにも必要なことであった。

三　『現代の根本特徴』における「絶対国家」論

（1）理念としての「絶対国家」

『現代の根本特徴』は一八〇四年から五年にかけて私的講義として講演され、通例フィヒテの歴史哲学の端緒であり、その分野の主著と目されている。とはいえ、メディクスによれば、この内容はすでに一八〇〇年にフリーメイソンで、彼が中心メンバーのフェスラーとなした討論にあるという。[8] それゆえ、フィヒテの歴史の段階論はフリーメイソンにも由来があることになるが、[9] ここではフィヒテの歴史哲学についての考察は「社会哲学」の基本テーマからやや離れることになるので割愛する。これ自体で大きなテーマであり、宗教論とも深い関係があるので、さらに一巻の書物を必要とするだろう。ここで『現代の根本特徴』を採りあげるのは、フィヒテの国家論の新たな内容が述べられているからである。それが「絶対国家（Der absolute Staat）」であり、この講義の「第十講」以降で論じられている。

「絶対国家」の「絶対」とは、あるべき概念だということを意味する。それゆえ、この概念の国家に照らして現実の国家がどの程度その内容を満たしているかを判断する基準となるもので、また、その規準を満たすように努力すべき目標でもある。「形式にかんして、理性によって要求された人間の関係である絶対国家へとしだいに自由をもって高まることが、人類の使命である」（VII. 148）。絶対国家も国家である以上、「強制」国家であることは『自然法の基礎』と同じである。それゆえ、外面的には『自然法の基礎』で扱われた人民主権の法治国家と同じものである。しかし、そこでは純粋に形式的な国家が論じられたのに対し、ここではフィヒテは国家の内実、目的を新たに加えて考察する。

彼はいう。「国家は、個々人の力の合計、必然的に有限なこの合計を、共通の目的に向けなければならないが、必然的に閉鎖的な全体として考察される。そして、国家の全目的は人類の目的であるので、国家は市民の合計を人類そのものとみなす」（VII. 145）。ここで「人類（die menschliche Gattung）」の概念が新たな内容として登場してくる。この人類は個人の自己犠牲を要求する。「あらゆる個人の力が、類（Gattung）の生に向けられるというところに絶対国家の本質がある」（a.

a. O.)。

『自然法の基礎』では、国民は社会契約によって国家を成立させたのちは、国家との契約（臣民契約）によって、国民の義務を果たさなければならなかった。税金の納入や公的な賦役がそれである。しかし、それはあくまでも最低限の義務であり、契約による相互拘束にすぎないものであった。だから国民は自分の最低限の労力を提供するだけで、積極的な自己犠牲が要求されるわけではない。しかし、絶対国家では積極的な自己犠牲が要求される。

この変化はすでに『道徳論の体系』をみてきたことで、十分に理解できると思われる。『道徳論の体系』では、万人は一つの共通意志・純粋な意志をもつことを究極目的とした。万人の個別的な意志が個別の行為をなしつつ、道徳法則の乗り物・道具として、普遍的な道徳法則の実現、純粋な意志の実現をめざすべきとされた。それゆえ『道徳論の体系』では、「自分自身が究極目的ではなく、万人が究極目的である」（IV. 253）といわれた。国家もこの人間の究極目的を実現する手段であり、さしあたりは各人の個別性を超える共通の意志が実現している場である。純粋な意志・純粋な自我の一つの現実態であるから、そこでは万人の意志は普遍的な目的を追う点で一致しており、類的な存在になっている。『自然法の基礎』では、カントにならい適法性と道徳性を厳しく峻別したフィヒテは、一八〇〇年以降は国家論において、『フランス革命論文』以来、再び道徳性を復活させるのである。

この絶対国家では、自己を犠牲にするからといって一方的な奉仕が要求されるわけではない。ルソーの「一般意志」を思わせる表現で、フィヒテは次のように述べている。「かくしてこの体制においては、万人の個別性は万人の類の中へと吸収される。一人の者は普遍的な力に自分の寄与をするが、他の者たちすべての普遍的な力によって、それをより強化した形で再びとり戻す」（VII. 146）。それゆえ、個別性はまったく国家の中に消失してしまうことはなく、また組織の歯車として自己を失うわけではない。「類の目的は文化（Kultur）であり、その条件は［各個人の］尊厳ある自立存在（Subsistenz）である。国家においては、各人は自分の力を自身の享楽のために直接に使うことはなく、類の目的のために使うのである。そのことによって、彼は類の全文化状態をとり戻し、さらに各人自身の尊厳ある自立存在（seine eigene würdige Subsistenz）をとり戻す」（a. a. O.）。個人は自己の力を人類の文化的繁栄のために類に提供するが、そのことを通じて人類の文化が向上し繁栄する。それによって、自分自身にまたその内容が反映して、自己の尊厳と個人としての自立存在がさらに高まるという「とり返し」の関係がそこにある。

すでに言及したように、フィヒテの表現を表面的に悪意に解釈して、即座に「全体主義国家における個人の否定」というのが、アングロ・サクソン系の学者の通例である。[10] しかし、ここでさりげなく語られている「各人自身の尊厳ある自立存在（Subsistenz）」という言葉をしっかりと受けとめなければならない。Subsistenz は、ホフマイスターの『哲学概念事典』によれば、「自己自身によって、自己自身だけで存立すること（Das Bestehen durch sich selbst und für sich selbst）」[11] とある。まさしく個別存在、個の独自の存立を認める概念なのである。フィヒテは個人の自立存在をここで明らかに承認している。

個体は単独で存立できるものではなく、全体との関係において自己の内容を保持できる。個人の教養は、彼が生きる社会の文化が高ければ高いほどよりよいものになる。ある国家において各人が文化に寄与し、そのことによって文化が発展し、それが逆にまた国民の民度、人権意識を高め、各人が誇りをもった個人として生きるというのが、現代社会の高度な民主主義国（たとえば北欧諸国やオランダ、スイスなどのヨーロッパの小国など）の特徴である。フィヒテの表現はこういう事態をあらわしている。というか、むしろ「各人自身の尊厳ある自立存在」という表現は、全体主義国家ではなく、そういう国家にしかあてはまらない。このような重要な表現を彼らは意図的に無視しているのであろうか。

フィヒテはここで、国家の発展を三つの段階にわけている。第一は支配者が自分の目的を被支配者に強制し、服従させる征服国家である。第二段階は万人が万人に消極的に服従し、各人は権利関係に立って権利をもつが、しかし「［抽象的、形式的な］権利としての万人の権利の平等であり、決して個々の［具体的な］権利の平等ではない」（VII. 151）国家である。これは現存の法治国家、『自然法の基礎』で扱われた形式的な法権利の国家のことである。フィヒテは、こういう国家は現実的には既存の権利関係、各人にとって不平等な所有・財産を前提として始まり、もてる者は自己の財産を維持することが目的になって、せいぜい消極的・最低限のレベルだけの自己犠牲にとどまるので、一つの文化目的に国民が一致することはないとみなしている。

絶対国家は三番目の段階で、「万人が万人に服従するが、それはただ消極的にではなく積極的に服従することを意味し、その結果、ただ自分自身の目的にすぎず、同時に例外なく万人の目的でないような目的、そういう私的な目的を設定し、それを進めていくような者は誰もいない」(a. a. O.) 国家である。「この体制において、国家の絶対的な形式が表現され、万人の個々の権利と資産の平等が生じている」(a. a. O.)。フィヒテがここで前提としているのはこの三番目のあるべき国家、絶対国家であり、第一の段階の独裁者の全体主義国家ではないことがこれでもわかるはずである。

(2) 市民的自由と政治的自由

絶対国家論で重要な論点の一つが、市民的自由と政治的自由の区別である。「われわれは、この国家体制およびそれによって要求される人格的・市民的自由と、統治体制およびそれと関連する政治的自由を厳密に区別する」(VII. 159)。市民的自由とは、これまで論じてきた国家における市民としての自由であり、権利関係のことである。政治的自由とは、簡潔にいえば、国家目的を決定する際に市民がそれを討議し、決定に関与できる自由をさす。「各人は、目前の問題について自分が理解できるかぎり自分の意見を例外なく述べる。そして、十分に普遍的に熟慮した後に、多数決でそれを決める」(VII. 159-160)。「それは国家に対する関係において政治的な自由と呼ばれ、法にしたがって万人に等しく与えられる自由である」(VII. 160)。要するに、政治に参加し決定する自由の権利、今日的な民主的討議による社会の意志決定を意味する。

表現上ではルソーの「自然的自由」「市民的自由」「道徳的自由」の議論に似ているが、内容はかなり異なっている。ルソーのそれよりもむしろマルクスの「公民(シトワイヤン)」と「市民(ブルジョア)」の区別に近い。上に述べた第二段階である現実の法治国家は、各人の権利が法によって定められ、不平等な所有・財産を前提として、各人は自己の財産を維持することが目的になっている。共同体・国家には最低限のレベルの自己犠牲しか行なわず、私的な権利、私的な領域の繁栄だけが自己の関心であり、そこには市民的自由しかない。ここで市民が積極的に政治参加し、公共の領域で活発に議論を重ね公論を形成して、民衆の意志を決定するのが政治的自由である。この活動のあるなしが、たんなる自然法の支配する形式的な法治国家と、市民の自由と権利の平等が真に保障され生きた政治的空間が存在する絶対国家との違いとなる。各人がこういう形で政治に参加するのであるから、大なり小なり自己の関与が共同体に認められる。自己と政治的空間の有機的な関係が存在すれば、類の生のために自己が生きることも可能である。

ちなみにマルクスも類の生を重要なポイントとして語っている。「公民（シトワイヤン）」と「市民（ブルジョア）」の区別を論じたのは『ユダヤ人問題によせて』であるが、その第一論文の最後の結論がこうである。「現実の個別的な人間が、抽象的な公民を自分のうちにとりもどし、個別的人間のままでありながら、その経験的な生活において、その個人的な労働において、その個人的な関係において、類的存在となったときはじめて、つまり、人間が自分の『固有の力』を社会的な力として認識し組織し、したがって社会的な力をもはや政治的な力の形で自分から切りはなさないときにはじめて、そのときにはじめて、人間的解放は完成されたことになるのである」(12)。ここでは公民と市民が分裂状態にある近代国家において、個別的市民が政治的な力を自己のものとしたときに、両者が一体化し、同時に類的存在となって、社会と自己を解放できるという図式がある。フィヒテの意図する絶対国家での市民のあり方、政治的自由を獲得した市民と重なる内容をもつといえるのではないか。

フィヒテは必ずしもこういう統治を民主制だけに限ってはいない。これはすでに『自然法の基礎』でも指摘したように、フィヒテの真意は共和制の維持にあり、それが保障されれば、統治形態が民主制か貴族制か立憲君主制かは問わない。ルソーの影響を受けたフィヒテであるので、当然ながら議会制民主主義を全面肯定することはなく、統治を一定数の委員会や一人の統治者に任せることも認めている。しかし、ルソーと同じく、あるいはフィヒテ自身『自然法の基礎』で記したように、万人の福祉と権利の平等が果たされてかつ人民主権が保障されているならば、すなわち根本的に人民に主権がある共和制であるならば、統治形態がこのような貴族制、君主制でもかまわないのである。彼が生涯通じて否定したのは、世襲性であり、権力を握ることによってえた地位、財産、領地などを支配者の家系が個別化することであった。それは統治の普遍性、共通意志からの委託という共和制の根幹を否定するからである。

少しあとの『ドイツ国民に告ぐ』（一八〇七年）では、「共和制こそが、ドイツ文化形成の最高の源泉である」(VII. 397)として、独裁政治に反対している。そして公刊されず、私的な草稿断片として残されたユートピア共同体論『二二世紀のドイツ人の共和国』（一八〇七年）を書いていることから、彼自身は共和主義者であることに揺るぎはない。フィヒテは統治者の世襲制に反対しているので、このような共和制を前提にすれば、一人が統治するといっても通例の立憲君主制ではなく、今日的にいえば大統領制に近いと考えた方がよいだろう。

『自然法の基礎』のところでヘーゲルからの批判として述べたように、この時代では、市民ブルジョアは政治意識にめざめつつあったということができても、労働者階級・大衆はまだまだ高度な政治意識をつけるという域にまでは達していなかった。すでに述べたとおり、『道徳論の体系』と『フリーメイソンの哲学』では、高次の知識階級と低次の階級である民衆との相互作用・相互の和解が訴えられ、人民階級がたんなる実用的知識ではなく幅広い人文主義的な教養を身につけることが主張された。そのたんてきなあらわれが『ドイツ国民に告ぐ』での国民教育論である。また『自然法の基礎』で述べたように、フィヒテはルソーと同じく、イギリスの代議制が実質は階級社会の反映にすぎず、所属する個別の階級、身分の利害を代表するだけで、議会が普遍的な公共性を体現せず、真の意味での人民主権ではないとみていた。だから代議制民主主義を全面的に肯定することができなかった。それゆえの、共和制のもとでの貴族制（委員会制）や世襲なき君主制の容認なのである。しかし、フィヒテが「市民的自由」と異なる「政治的自由」を述べ、それが市民参加の民主的討議による意志決定の自由であることをはっきりと主張した事実を改めて強調しておきたい。

(3) 目的としての文化

フィヒテが「国家の目的は文化である」というとき、この方向自体は初期のころから変わることはない。しかし、『現代の根本特徴』では、それに個人が全面的に傾注しなければならないという点がこれまでとの大きな違いである。人類の文化の繁栄と向上という国家目的のために個人が一部の労力を注げばそれで十分で、それ以外には各人が自分の自由な使用をすればよいのではないかという意見に対し、フィヒテは全面否定をもって答える。「個人の力が国家目的のためにはすべて必要というわけではないというこの立場は決して生じることはできず、また不可能である。……国家の目的は文化であるから、ある国家が勝ちえた文化状態を維持しさらに発展させるためには、あらゆる力をふりしぼることがつねに必要なのである」(VII. 147)。

フィヒテによれば、国家や社会から離れて、個人が一人だけで享受する文化や教養はありえない。文化はつねに類的なものであり、各人がその上に花開く土壌・土台をなすものであるから、「社会、すなわち厳密な意味では国家から出発せず、社会に再び戻ろうとする必要のない教養の類は存在しない」(VII. 148)。第一部で『哲学における精神と字句の区別についての講義』を検討したときにも見たように、文化や教養は、社会における個々人の相互作用・相互表現・相互の切磋琢磨で形成され、つくり上げられてきたものであり、そもそもからして社会的で類的なものである。われわれがその文化の恩恵を受けることができるのは、すでに一定の文化状態の中で相互啓発の関係にあるからである。

それゆえ、フィヒテは国家の最終目的は芸術の繁栄にあるとする。国家は、国民の生存と活動の自由の権利を保障するための装置であるから、まずは食糧生産や安全の保障のために、さまざまな措置をとらねばならない。そして、科学や制度の発展により、自然加工に振り向ける労力が余剰を生み出し、これを何に向けるべきかという問が生じたときは、「この余剰は芸術(美術)に捧げられるべきであるという以外の答えはない」(VII. 165)。

しかし、国家は芸術を促進すべきであるとしながらも、フィヒテは国家が宗教、学問、徳(道徳)を目的とすることに反対する。宗教については、いうなれば政教分離の原則からであり、強制権力をもつ国家が宗教に干渉することは許されない。「国家は宗教に対していかなる権力ももたない」(VII. 167)。学問についても国家からの学問の自由が保障されねばならないことは『道徳論の体系』での「学者の共和国」で見たとおりである。道徳も強制権力である国家が率先して一定の道徳を促進すべきではない。すでに『自然法の基礎』で論じたことでもあるが、ここでもまた、「国家は、その本質的な性質である強制権力として、善意志つまり徳の欠如と悪意の存在を初めから計算に入れたものだからである」(VII. 168)と語られている。

ここにはフィヒテの国家観、国家の位置づけがよくあらわれている。人類の高次の文化である宗教、学問、徳(道徳)には国家が口出しすべきではなく、せいぜいで芸術文化の促進までを最高の目的とする。国家は人間の文化の発展の道具・手段にすぎず、人類が究極目的に到達し、相互に道徳的に完全にふる舞えるようになれば、そのとき国家は消滅し、文化的な共同体のみが残るのである。最高の段階で達成された「この唯一の自由によってのみ、この世でわれわれを追い立て、縛りつけてきたあらゆる鎖と並んで、国家の鎖を断ち切るのだ」(VII. 170)。

国家の最終的な廃棄という点では、初期の『フランス革命論文』での国家観と同じであるが、しかし、ここでは国家の目的としての文化・人類の向上が強調され、それに対する個人の全面的な貢献が主張されており、それが大きな違いということになるだろう。そしてそのことがフィヒテ研究者たちのいうように[13]、個人の類への統合として強調されているのもたしかである。とはいえ、上に述べてきたとおり、個人が類や全体の一方的な犠牲になるわけではない。

フェアヴァイエンもいうように「フィヒテが類の目的のために、個人が自己犠牲をする必要を語っている場所では、注意深くその表明の基本的なトーンを考察しなければならない[14]」。ハイムゼートはむしろそういう場にこそ各人の自由があると説く。彼によれば、「個々人は大きな作用の連鎖の中の項であり、この連鎖は時間に縛られた現存在の世代を超えて、文化、つまり非我を自由に加工するという課題への働きかけを進めるのである。各人は彼ら自身の時代と環境に示された課題を、活動的に自己のものとして受けとめるときにだけ、自己の自由な生を見いだす。もし彼らが行動するかわりに、それらから目を背け、一人になり孤独に夢想するならば、抵抗とともに内容を与え行為を示唆する促しを失い、したがって現実的な具体的自由そのものを失うのである[15]」。

われわれがこの章の前に『道徳論の体系』を検討したのもそのためである。『道徳論の体系』では、そもそもが道徳法則のもつ普遍性のために、個別性は形式としてはともかく、その個別的で特有の内容は捨象されていた。そして、各人は自己の特殊な内容を滅却し、普遍的な道徳法則の意識をもって他者と一致すべく行動し、そこに道徳法則の実現・純粋な自我の自己同一性・概念と現実の一致をうち立てるべきとされた。道徳的な目的のもとに各人は統一して行動するのである。国家が「類」であり、人類の文化発展・進歩という目的遂行のもとにある組織であるとき、この目的に包摂される統一的な行動の図式がある。「絶対国家」も当為概念であり、各人がその目的のもとに自己の労力すべてを奉仕することを理想とした概念である。

これを現実の全体主義国家と同一視して、個人が国家のために犠牲にされる抑圧管理社会であるとみなす[16]のは早計であろう。それではフィヒテが国家の一番の目的とした「芸術」の繁栄など望めない。芸術は生き生きとした自由なコミュニケーションがないところには花開くことはないからである。とはいえ、フィヒテが国家の目的は芸術だとするとき、歴史的には社会主義国やナチスのように国家が芸術を判定して、ある芸術を反革命的芸術、堕落芸術として排除し、国家の目的に合う芸術のみを振興するという事例を言挙げする者もいるかもしれない。しかし、それだと国家目的の推進のために、芸術が国家道徳として採用され奨励されていることになるが、フィヒテは国家が一定の道徳を強制することは認めていないのである。ましてや日本がやってきたようなこと、国家がみずから宗教をつくり出して国民に強制し、滅私奉公の国民の美徳や愛国心を強要するようなことがあれば、フィヒテにとっては笑止千万ということになるだろう。

(4) 活気ある相互作用と市民自治

『現代の根本特徴』の歴史の段階論がフリーメイソンでの討議から来るものであることはすでに触れたが、先の『フリーメイソンの哲学』や『道徳論の体系』の内容の延長と思われるものが、ほかにもある。その一つが、階級間の相互理解・相互作用である。まずは特権階級と市民階級との対立が、両者に共通する学問を媒介として宥和されるべきだとする。とくに市民階級が学問の主体となって、彼らから学問の進歩がなされることが望ましいという。特権階級がその役割を果たすならば、特権的な身分と同様に特権階級がそれを占有して、公共のものにしない恐れがあるからである。

次の段階の、労働を行なう民衆と市民階級・特権階級の階級との対立は、両者を媒介する「民衆教育家(Volkslehrer)」によって相互理解が進められるべきだという。「低次の階級と高次の階級の間の媒介者であり、両者の概念と言葉のつながり方を知っているとされる民衆教育家(国民教育家)は、この権利が平等になっているような状態に彼らの注意を喚起し、これを彼らによくわかるようにしてやらなければならない」(VII. 223)。「民衆(国民)教育家」とは、これまでは聖職者、牧師を意味していたが、「民衆は、宗教だけではなく、国家、国家の目的、国家の諸法律についてもまた、授業、しかも根本的で説得力のある授業を受けるべきであろう」(VII. 224)とフィヒテが語るとき、たんなる牧師の役割ではなく、明らかに政治教育者としての任務も重視していることがわかる。

もともと近世ヨーロッパのプロテスタント諸国では、堅信礼に向けての教理問答の暗記と並んで、義務教育段階の読み書きや算数を教会や牧師館が担ってきたという歴史をもっている。それゆえ、牧師が同時に教育者であったことは事実である。しかし、ここではフィヒテは読み書きを教えるたんなる牧師の役割以上のことを含意しているように思われる。『道徳論の体系』では、彼らはただ道徳的な志操を民衆に涵養することだけが義務であったが、ここでは、国家の中の一員として国家の目的、法律、そして各身分の役割について民衆に教え、理解させることをめざす、文字どおりの「国民教育家」である。同じベルリン期初期に書かれた『愛国者とその反対』『ドイツ国民に告ぐ』などで、この国民教育・民衆教育家が主題となっていくことを考慮すれば、これは決してたんなる牧師ではなく、独自の職業・身分を担いつつあることが理解できるだろう(17)。

フィヒテにとって、絶対国家は万人の権利の平等を実現するものである。民衆教育家が媒介となって、労働階級と市民階級の相互作用・宥和を図るのは、最終的に両者の権利の平等をめざすという絶対国家の目的があるからである。「万人の権利の完全な平等化によって初めて、国家が万人に完全に受け入れられ、それによって国家において万人が同等のものになることが生じる」(VII. 221)。各人が国家のために自己を提供して働くには、それ以前に万人の権利の平等が必要なのである。万人が同様に自由と福利を享受できるからこそ、それを維持するためにも国家のために働く意欲が生まれるのだ。

それを政治的空間でいい換えるならば、民衆教育家の存在によって、無学な民衆が共和制と自己の権利・義務を学び、たんに自己の権利と財産の自由でしかない「市民的自由」に甘んじることなく、上に論じた「政治的自由」、討議への参加、公論形成の自由をつかむということである。そのようにして、真の意味での共和制、民主主義が可能になり、万人の平等と国家の公共空間への万人の参加、労働の提供がなされ、その成果が各人にとり返されるということであろう。

たしかに言葉自体は「個人を国家の道具とみなす」(a. a. O.)など、一見すれば全体主義的であり、個の圧殺を意味しているように読める。しかし、フェアヴァイエンのいうように「注意深く考察しなければならない」。見てきたとおり、フィヒテの意図は、各身分が権利の平等を確保し、相互に対等な立場になって政治的自由を発揮することにあった。それは万人の政治参加であり、それにもとづく市民自治の共和的体制である。のちに『ドイツ国民に告ぐ』で明らかにする予定であるが、フィヒテの理念としての「絶対国家」の有機的なあり方の具体例は、個人が国家のために犠牲にされる全体主義の独裁国家ではない。それとはまったく正反対の、生気あふれる都市の自由な市民自治が背景にイメージされている。「国家の目的は文化である」とフィヒテがいうとき、われわれは画一的な労働者群像の壁画で飾られた全体主義国家を思い描くべきではない。「万人の権利が平等」であり、芸術が花開き、それが都市共和国の目的となった古代アテネ、そして一五世紀のフィレンツェ、ヴェネツィア、ニュルンベルク、ヴュルツブルクのような姿をイメージすべきなのである。

（1）この立場をとるのは、ハムマッハーとヒルシュである。田村氏は、講演は二回のみとしている。Klaus Hammacher : Fichte und die Freimaurerei, in : *Fichte-Studien*, Bd. 2, Amsterdam/Atlanta 1990, S. 153f., Emanuel Hirsch : Fichtes Gotteslehre 1794-1802, in : *Fichte-Studien 1914-1929*, *Gesammelte Werke*, Bd. 24, Waltrop 2008 S. 276, Anm. 139, 田村一郎『十八世紀ドイツ思想と「秘儀結社」』多賀出版、一九九四年、二四三頁以下。

（2）このような区別はシェリングにも見られる（『学問研究の方法について』）。ここで扱うことはできないが、隠された神というテーマはドイツ観念論の底流に潜在する考え方である。

（3）Reinhard Lauth : Über Fichtes Lehrtätigkeit in Berlin bis 1805, in : *Vernünftige Durchdringung der Wirklichkeit*, Neuried 1994, S. 227.

（4）I. Kant : *Kants Werke, Akademie-Textausgabe*, Bd. IV, S. 433.

（5）この論理からすれば、おそらく禅もフィヒテは認めないであろう。

（6）それゆえ、フィヒテにおいては、自己の賃金を目的としない「疎外されない労働」は道徳的行為であり、互酬もまた道徳的行為になる。資本主義社会における労働によって結びつけられた市民社会は、それ自体は理性的な存在者の共同体ではないが、それを準備する前段階のものになる。プロテスタンティズムやヘーゲル、マルクスとの関係がそこから見えてくる。

（7）ベルナルト・ヴィルムス、青山政雄・田村一郎訳『全体的自由』木鐸社、一九七六年、一〇九頁。

（8）フリッツ・メディクス、隈元忠敬訳『フィヒテの生涯』フィヒテ全集補巻、哲書房、二〇〇六年、三六八頁。

（9）先に引用したコゼレックの『批判と危機』の一つのテーマが、フリーメイソンの啓蒙思想が、フランス革命のための歴史哲学の基礎になったというものである。フィヒテの歴史哲学もその文脈に入るであろう。すなわち、革命を可能にするための歴史観なのである。

（10）たとえば、前にも出したバーリンなど。フェアヴァイエンは「人は、『個人か類か』というアンチテーゼから一方的に出発してはならない。こういう仕方では、必然的に一つの『全体主義』を結論にしてしまうだろう」と述べている（Hansjürgen Verweyen : *Recht und Sittlichkeit in J. G. Fichtes Gesellschaftslehre*, München 1975, S. 186.)。

（11）Johannes Hoffmeister : *Wörterbuch philosophischen Begriffe*, (PhB. 225), Hamburg 1955, S. 586.

（12）Karl Marx : *Karl Marx, Friedlich Engels Werke*, Bd. 1, 16., überarbeitete Auflage, Berlin 2006, S. 370.（邦訳 カール・マルクス、花田圭介訳『ユダヤ人問題によせて』マルクス・エンゲルス全集第一巻、大月書店、一九五九年、四〇七頁）訳文は訳書にしたがった。

（13）たとえば、ベルナルト・ヴィルムス、青山政雄・田村一郎訳『全体的自由』木鐸社、一九七六年、一五五頁。

（14）Hansjürgen Verweyen : *Recht und Sittlichkeit in J. G. Fichtes Gesellschaftslehre*, München 1975, S. 186.

（15）Heinz Heimsoeth : *Fichte*, München 1923, S. 164.

（16）ヴィルムスは『道徳論の体系』と『現代の根本特徴』のこの箇所の関係を「類の犠牲になれという個人への倫理的要請は、類目的としての国家を超えて政治的強制になったのである」（上掲訳書、一五六頁）と書いているが、これは当為概念であることを無視した論理の飛躍である。現実の国家として政治的強制をするためには、そこにはさまざまな現実的媒介が必要になる。そのようにすれば、倫理的な要請は個別目的となり、その普遍性、当為である根拠、正統性を失い、根拠は現実的な強制権力のみだけになる。

（17）『ドイツ国民に告ぐ』では、牧師という性格が希薄になり、民衆運動家あるいはキリスト教的使徒としての独自の位置づけとなる。

第四章　フィヒテの世界市民主義的愛国心
――『愛国者とその反対』

一　時代の激流の中で

カントと異なり、行動の人であったフィヒテは、哲学者としては波瀾万丈の人生を送った人である。イエナでの「無神論論争」や学生結社との対決なども大きなドラマの一つであるが、激動の人生だというに最もふさわしいのは、ナポレオンのベルリン侵攻前後の数年であろう。客観的にもこの時期は世界史的変動の時代である。フィヒテがイエナを離れた一七九九年に、ナポレオンがフランス革命を終結させ、その後ヨーロッパ「解放」戦争を始め、オーストリア、ロシア、プロイセンと交戦して、一八〇六年には神聖ローマ帝国を崩壊させる。さらに、一八〇七年にはティルジットの講和により、プロイセンの領土を半分にし、それ以前からのライン連盟と併せてドイツの大半をフランスの傀儡国にしてしまう。この大変動の時期とフィヒテの人生上の波乱の軌跡が、相互に関係して交錯している。

彼は対ナポレオン戦争にプロイセンの従軍説教師として参加することを政府に願ったが、これは退けられた。プロイセンがイエナ・アウエルシュタットの会戦（一八〇六年一〇月一四日）で敗北すると、ベルリンにナポレオンが来ることを嫌い、一〇月二五日に家族を残して、国王たちとともにケーニヒスベルクへ逃亡する。ケーニヒスベルクでは大学の正教授となり、また検閲官として政府役人も兼ねる。ここもまたフランス軍に占領される三日前の一八〇七年六月一三日に捨て去り、コペンハーゲンに逃れる。七月九日、フィヒテがコペンハーゲンに到着した日は、プロイセンにとって屈辱的なティルジット条約が締結された日であった。この講和により、とりあえずは戦火のおそれがなくなったということで、家族の求めに応じて八月にベルリンへ帰ったのである。

戻ってからは、新設のベルリン大学の設置計画の執筆を依頼され、一二月からは有名な『ドイツ国民に告ぐ』講義をフランス軍の監視下で行なっている。このようにプロイセン司令部の一員として日々戦況を追い、ときには困難な逃亡の旅を余儀なくされるかと思えば、他方では厳しい監視の中で逮捕の可能性を横目でにらみながら、文筆や講演で愛国的行動を喚起するという、たんなる書斎の哲学者の域を超える大奮闘をしているのだ。

しかもラウトによれば、フィヒテはイエナ大学時の彼の講義の聴講生であったフランス人のペレ（のちにナポレオンの秘書を務め、ラシュタット会議ではフランス側の書記官となる）を通じて、「革命のモグラ」とあだ名されたアベ・シィエスとも関係があったという。[1] シィエスは革命初期に『第三身分とは何か』で名を挙げるが、その後は議員を務めるも表には出ず、最後にナポレオンとともにブリュメール一八日のクーデターを画策したことで知られる人物だ。総裁政府を打倒して、さて自分の出番だと執政にはなったものの、実は共謀者のナポレオンに利用されただけのことで、あえなく実権を奪われ失脚してしまう。フィヒテは、ペレや関係者そして妻からこうした情報を手紙などで知らせてもらい、フランス革命終末期とナポレオンが皇帝となっていく過程を、あたかも関係者の一人であるかのように注視していたのである。

このような世界史的な激動の中で、プロイセンの当事者のみならずフランス執政政府のシィエスと関係ある者[2]として、歴史に参加していただけでも驚くべきことだが、その渦中にありながら、ケーニヒスベルクでは知識学の講義草稿を書き、ペスタロッチやマキャベリの集中的な研究をし、あるべきドイツ共和国のユートピア論まで執筆するなど、学究的な活動も並行して行なっている。まさに「行動する哲学者」、思想と行動に生きた哲学者というにふさわしい活躍ぶりだ。このあたりが、カント、ヘーゲル、シェリングにはないフィヒテの真面目である。

自分の生きる国プロイセンが、ナポレオン率いるフランス軍に蹂躙された時期である。当然ながら、彼の関心は「祖国愛」や「愛国心」となる。まずは講演、それがダメなら文筆によって、人々を喚起しようとするのがフィヒテのやり方だ。だから、フランスの侵略に対して、人々が立ち上がることをそれらの活動によって促そうとする。

その代表的な論考の一つが『愛国心とその反対』(一八〇六―〇七年)である。これは二つの対話編からなり、最初の対話が一八〇六年六月にベルリンの雑誌に出るはずだったが、検閲などの問題があって結局刊行されなかった。『愛国心とその反対』はメディクスも認めているように[3]、『ドイツ国民に告ぐ』のエッセンスといえる内容になっている。それゆえ、この論文は『ドイツ国民に告ぐ』の理解を助けるものである。しかも、その主著ではあまり述べられていない「世界市民主義(コスモポリタニズム)」と愛国心の関係も語られているので、この時期のフィヒテの思想を概観するに非常に有益な小編といえる。にもかかわらず、これまでさほど注目もされず、考察されることも少なかった。以下この小編を見ることで、『ドイツ国民に告ぐ』の導入としつつ、同時にフィヒテの世界市民主義と愛国心の概念を把握することにしたい。

二 『愛国者とその反対』の基本論点

(1) 世界市民主義(コスモポリタニズム)と愛国心

すでに『フリーメイソンの哲学』において、フィヒテは世界市民主義(コスモポリタニズム)と愛国心が対立するものではなく、切り離せない相互関係にあることを述べていた。「祖国愛は彼の行為で、世界市民主義は彼の思想である。祖国愛が現象ならば、世界市民主義はこの現象の内的な精神であり、見えるものの中の見えないものである」(12. Brief, S. 82, GA. I. 8, 450)。それゆえ「それだけで存立しようとして愛国心を排除する世界市民主義(コスモポリタニズム)は、まちがいで空しく愚かなものだ」(a. a. O.)。みずからが置かれている場で、人間性の向上に向けてあるいは道徳的な義務を果たすことが愛国心であり、それが同時に世界市民主義を推進していくことになる。「それゆえ、彼の世界市民主義(コスモポリタニズム)は、彼がいる特定の場所に最高に力強く働きかけることによって、自己を表現するのである」(a. a. O.)。

『愛国心とその反対』でも基本的には同じ思想が語られる。「愛国心はわれわれの市民社会の生活の存在する基礎であり根本形式である」(XI. 227)。そこで課せられた権利関係の中で各人の義務を遂行し、誠実に生きて活動すれば、それがすでにして愛国心なのである。そして、それは世界市民主義とは矛盾しない。なぜなら、両者の目的は同じであり、人類の人間的な完成や文化形成であるから、自分のもち場でそれをなせば結局は世界において貢献することになる。「世界市民主義は支配的な意志であり、人類の現存在の目的が実際に人類において達成されるという意志である。愛国心とは、この目的が、何よりもわれわれ自身がその一員である一つの国民（Nation）において達成されるという意志であり、ここからその成果が全人類に広まるというものだ」（XI. 228-229）。

それゆえ、フィヒテにとっては、ある者がある国家に所属することは偶然的なものだ。しかし国家は市民の自発的な契約にもとづく一つの統一体であり、人間が必然的に形成しなければならない枠づけである。この枠づけの中で各人の権利や義務が定められ、それを実行することが国家を維持し発展させることになる。「それぞれの世界市民主義者たちは、国民（Nation）という制限づけを介して必然的に愛国者になる。そして、その国家（Nation）の中では、最も力強く活動的な愛国者である者はみな、まさにそれゆえに最も活動的な世界市民なのだ。それは、あらゆる国民の形成の究極目的は、この形成がつねに人類を覆うということであるからだ」（a. a. O.）。

この両者が矛盾なく媒介されうるのは、その両者をとりもつもの、行動の指針となるものが「学問」だからである。「愛国者は、人類の目的がさしあたり、彼自身がその成員である国家（Nation）において達成されることを望む。われわれの時代では、そういう目的はただ学問によってのみ促進されうるのだ。したがって、学問とそれを可能なかぎりわれわれの時代において拡大することは、それ自体人類の至近の目的である」（XI. 233-234）。学問であるならば、普遍的であり、合理的である。理性の導くものであるから、暗い非合理な感情・激情に支配されて、自民族以外を敵視することはない。

フィヒテと同じ時代に、「土地と民族（血）」に愛国心の根拠を求めた者の一人が、エルンスト・アルントである(4)。彼はドイツのブルシェンシャフト運動の祖とされ、のちのドイツ青年運動やワンダーフォーゲル運動などで、ドイツ・ツルネン体操の父フリードリヒ・ヤーンと並んで代表的なイデオローグとされた人だ。アルントも、反フランスの評論を書いていたので、ナポレオンのベルリン侵攻で危害が及ぶのを避けるために、フィヒテと同様にベルリンを去りストックホルムに逃れている。

『愛国心とその反対』の「第一の対話」は、著述家Aとフィヒテ自身と思われるBという二人の対話という構成をとる。著述家Aはフィヒテと敵対関係にある当時のベルリンの知識人（ニコライなど）がモデルのようであり、対話の中では、排外的なプロシア的愛国心を唱える者として設定されている。このモデルが具体的に誰かは不明だが、集合的な人格になっていると思われるので、その中にはアルントも入ると考えても不合理ではない。愛国的な著述家Aはフィヒテに次のような文句をいう。「[理性と学問しかいわない頑固者の]君には、感情、感覚、思いやり、これらのものがまったく欠けているといいたい。……町や土地に対するあらゆる思い込みを、君はとんでもない道徳的な奇形児とみなすのだろう」(XI. 245)。そして、フィヒテであるBは、「そうだ」とまったく悪びれずに答えるのである。ここからわかることは、フィヒテは「血と土地の」愛国心・ナショナリズムを否定し、そのような感情におぼれることを認めていないということだ。

このような愛国心と世界市民主義が両立する考え方は、フィヒテだけの特徴ではなく、当時の知識人と共通した考え方であった。前に引用した『ゲーテとその時代』で著者の坂井榮八郎氏は、ゲーテ、ヴィーラント、レッシングらの言葉から、それらが彼らの共通の立場であったことを示し、「現実のドイツ国家をもたず、活動の場を失い［領邦国家という小さな］『祖国』に封じ込められたドイツの愛国主義は、かえって啓蒙の世界市民主義と結びつきやすかったのであろう(5)」と述べている。領邦国家はいまでいえば、自分のローカルな場であり、目に見える「パトリオティズム」の対象である。それは抽象的で共同幻想的な「ナショナリズム」の対象ではない。この時代のドイツには、まだ「国民国家」は存在しなかった。それゆえ、「パトリオティズム」としての愛国心の活動が、世界市民主義と難なく結びつくことができたのである。今日的にいえば、「グローバルに考え、ローカルに行動する」というあり方である。

(2) ドイツ的なもの＝普遍性の優位

アルントらと比べて理性や学問の立場に立つフィヒテは、冷静で客観的に見えるが実はそうではない。近代ドイツ・ナショナリズムの古典的な研究書であるフリードリヒ・マイネッケの『世界市民主義と国民国家』では、フィヒテのぶれが指摘されている。「フィヒテは、彼の感情をひたした、国民というあらたな驚異の内容をとらえるには、自分の範疇では不十分であるということを、時々みずから感じているようにみえる」[6]。しかし、マイネッケはそれにもかかわらず、フィヒテが最後まで理性的な態度をとって世界市民主義を守り、感性的なナショナリズムに陥らなかったことを英雄的な態度として評価している。その評価はあたってはいるが、しかし、理性的な判断をしたはずのフィヒテが、世界市民主義と愛国心を媒介しうる学問はただドイツ人にだけしか発展させられないというとき、そこにはドイツ中心主義[7]が登場している。

フィヒテは、人類の目的が愛国者の属する国家で学問によって達成されると述べたが、それに続けて「ただドイツ人のみがこのことを意欲できる。というのも、学問を所有し、そのことによってドイツ人に可能になった時代一般の理解をもつことで、それが人類の至近の目的であるということを洞察できるのはドイツ人だけだからだ。この目的がありうる愛国的な唯一の目的だ。それゆえ、ドイツ人だけが愛国者でありうる。自国民の目的の中で、全人類を包括することができるのはただドイツ人なのだ」(XI. 234)と主張する。世界市民主義と愛国心を媒介しうる学問はドイツ人が創造したもので、それを全人類に普及して、人類の目的とできるのはドイツ人だけだというのである。それに対して、フランス人を初めとした他の国民の愛国心は「利己的で、狭量、他の人間たちに敵対的なものにならざるをえないだろう」(a. a. O.)と見下している。

このドイツ文化至上主義は『現代の根本特徴』でなされたゲルマン民族やドイツ語の理解を前提としている。これはまた『ドイツ国民に告ぐ』でなされるドイツ語・ドイツ文化論でもくり返される。フィヒテなりの根拠がそこには述べられるので、何から何まで偏狭な自文化中心主義とまではいえないことは、そこで示す予定である(第五章第七—八節)。

ここで注目すべきは、フィヒテが世界市民主義、人類の普遍的な文化や学問の発展を唱えている一方で、他方ではそれはドイツ人にしかできないと断言している点である。これまでの社会思想史的理解では、このようなドイツ文化至上主義こそがドイツの後進性をあらわし、英仏と比べて遅れた政治・経済・社会・科学の現実性を認めることができず、観念の中でそれを逆転させて、文化だけではむしろ先に進んでいると自負することで遅れた国民のプライドを保ったとされることが多い。代表的なものを挙げれば、ヘルムート・プレスナーの『遅れてきた国民』[8]がそういう論拠である。

この種の解釈の源泉はおそらくマルクスである。マルクスはこのドイツの後進性、「ドイツ的現実のみじめさ」ゆえに、逆に部分的な改革では弥縫策にしかならない、だから全面的で普遍的な革命が必要になり、「ドイツ人の解放は人間の解放である」と説く。(9) ドイツ人こそが普遍的な革命・改革をなしうるという論理はフィヒテとまったく同じである。マルクスの場合は、虐げられたドイツのプロレタリアートがその全面解放の主体であったが、フィヒテの場合は、ナポレオンに蹂躙される虐げられたドイツの市民階級であり、「国民」にまで形成されるべき庶民階級である。

フランツ・ファノンに代表されるように、「あとなる者が先なるべし」という聖書の言葉をスローガンにした被抑圧階級・被抑圧民族の解放理論が近年まで影響力をもってきた。彼らが最も虐げられ矛盾の根底にあるがゆえに、その解放が普遍性をもつというマルクスの論理は、その後の辺境革命や民族自立、あるいは障害者解放、女性解放などにも応用された。フィヒテにおいても、底辺にある庶民を意識をもった「国民」にまで高めることで、普遍性を獲得するという構図は同じである。

フィヒテの論拠は『ドイツ国民に告ぐ』で検討するが、先回りしていえば、それなりの根拠をフィヒテは提起するものの、やはりフランスの圧倒的な優勢を前にして、ドイツの文化のプライドが脅かされ、その危機感からドイツ語・ドイツ文化が優れているということを強調せざるをえなかったのはたしかである。なのに、知識階級はフランス流の啓蒙合理主義に汚染されている以上、全然あてにはならない。それゆえ、まだ色のついていない庶民階級をドイツ文化・ドイツ語に立脚する「ドイツ国民」にまで高めることに、フィヒテは希望を見いだそうとした。

フランス革命を支持したイエナ期初期には手紙の中でフランス人になりたいとさえ書いた(10)フィヒテが、迫り来るナポレオンとフランス軍の脅威を前にして、フランス文化は利己的で排外的だ、ドイツ文化こそが普遍的で、ドイツ人こそが人類の進歩、文化と学問の進歩を担いうると書くとき、マイネッケが指摘するように、やはり彼も人の子、理性ではなく感情でものを語っていたのだろうか。いや、そうではあるまい。カール・シュミット流にいえば、ドイツ・プロイセンが存亡の危機にあるとき、それを脅かすフランスは「敵」以外の何ものでもない。フランス文化の否定とドイツ文化の優越は、なるほど理性的で客観的な判断などではなかった。それは、危機の状況における「政治的」判断にほかならない。

シュミットによれば、真理と虚偽、善悪や美醜の判断と並んで、友か敵かの政治的な判断が独立して存在する。自己が敵によって危機の状態にあるときに、この敵の存在は自己の文化・領域・固有性を、いわば友と敵というフィヒテの相互承認の否定的バージョンによって、浮き彫りにする。フランスという「敵」に対して、ドイツとドイツ人との共通性、フランスとの差異性が異常な集中度を増し、ドイツ人の「国民性」「国民文化」として形成されてくる。[11] フランスとの友・敵関係の成立こそは、フィヒテが、それまでは多元的多民族的なゆるやかな連邦政治体にすぎなかった神聖ローマ帝国の残滓をぬぐい去り、ドイツ語を紐帯とした「ドイツ国民」という概念を発見する前提となったのである。

（3）戦争状態

フィヒテは「第二の対話」を「第一の対話」の一年後に書いている。これは戦乱によるケーニヒスベルク滞在時の一八〇六年から七年に書かれたものと推定されるが、明らかにプロイセンとフランスとの戦争が反映された内容で、戦時についての愛国心のあり方が述べられている。それによれば、彼は『現代の根本特徴』で述べられた国家の二重の観点、形式的な国家と国家の実質的な目的をおさらいしたのち、戦時の国家について語る。戦時においては「市民は国家によって求められている以上に、そして、たんなる権利概念の領域の内部で国家によって求められうる以上に、行動しなければならない。こうして以前認められていた秩序にしたがった服従にとって代わって、活動的な愛国心、自由な自己犠牲、英雄の感覚が登場する」(XI. 249)。具体的には、各人は平時には自己の活動・仕事に従事すれば、それで国家がうまく運営され秩序が維持されたが、戦時には「国家は市民の力のすべてを必要とする。……戦争では、市民は平和にあるときよりも多くのことをしなければならない」(XI. 249-250)。

フィヒテはどういうことをするべきかここでは詳しくは書いていない。フィヒテ自身が従軍説教師を志願して、政府に断られたエピソードから判断すれば、普段の仕事を犠牲にしても国家のために何かをなせということになろう。ただし、それは自発的なもの、いわば義勇兵であり、国家の命令や強制によるものではないことも同時に推測できる。強制では個人の自由を奪い、道徳的な意志を無視してしまうからである。ここでフィヒテ自身が挙げている例示は、平時していたこと、それが国家のためになるようなことですら控えるべき場合も出てくると述べ、事例として「［国家の］よりよい根本組織のためにさらに何をなすべきかとみなが論じることは、まさに、あらゆる現実の、あるいはありえる組織の土台が揺らいでいるときには、会議日程にはあがらない」(XI. 250)と出しているものだけである。国家が危機の存亡にあるときは、とりあえず現状の国家の存続を第一とし、国家がどうあるべきかの討議を国民がすべきではない、かりに議論をしたとしても、混乱と被害を受けた恨み辛みをもつ人々に冷静な判断ができるはずがないということである。

ここには、危機の状況における議会主義、あるいは官房での議論に対するフィヒテの懐疑がある。すでに第二部で触れたように、フィヒテは人民主権や人民集会、直接民主制に対する肯定はあっても、議会制民主主義や三権分立などの権力抑制の自由主義、「〜からの自由」の要素には否定的であった。『現代の根本特徴』の「絶対国家」論での「個の類への奉仕」は、まさしく危機の時代にこそ求められる個人のあり方であるといえるだろう。現実にはフィヒテの見聞した、フランス軍の侵攻を許したプロイセンの上層部の混乱やドタバタが背景になっているのではないかと思われるが、フィヒテの国家論からもこのような危機における意志の統一と発現は論理的に出てくるものである。それがどのような形で発現するのかはここでは記されていないのでこれ以上の追求はしないが、彼の戦争論の章(第四部第二章)で改めて論じることにする。

要するに、ここでフィヒテがいいたいことは、国家が危機を迎え混乱が予期されるときこそ、市民・国民が意志を統一すべきであり、国家のために国家が必要とすることをなせということであろう。それを「国家総動員法」などによる国家からの強制とイメージするとそれは一方的なものになる。常備軍を否定するスイスの民兵制、具体的には、ナチスの侵攻が予想されたときに計画されたアルプスに立て籠もっての人民のパルチザン戦である「レデュイット・プラン」[12]なども、こうしたあり方の一例になることを忘れてはならない。

(4) 国民教育と国民の独立

フィヒテは、無意識に人々を導いてきた理性本能を失った現代では、学問しか人類を導くものがないと考えている。しかし、この学問は一般的な近代科学ではなく、フィヒテの知識学を根底に置き、法論・宗教論・自然科学などを含むフィヒテ自身の学問体系のことである。もちろん、その内容はフィヒテの時代までの学問の達成した成果をフィヒテなりの理解で包摂するので、既存の学問とは異なるただの思弁の世界というわけではないが、フィヒテにとっては最終的には知識学の理解にまで高まらなければならないものである。

そのための前段階である子どもの教育において、概念の重要性を説くという点で、フィヒテはペスタロッチの教育法を高く評価する。ペスタロッチが超越論哲学の流派に属さないがゆえに、彼の教育法が眼前の自然的な存在から始まり、超越論的な主体から始まらないことを批判しはするが、子どもの直観を導く技術として、「彼が見つけたのは、一つの世代が、理性の学問を理解できるように教育される唯一の方法である」(XI. 267) と高く評価している。この理性の学問はフィヒテの知識学を基礎とする学の体系のことである。

ペスタロッチ自身はスイスの寒村で貧者の子どもたちに教育を施したことでよく知られるが、フィヒテからすれば「貧しき抑圧された民衆をただ知的に教育するというのではなく、将来の全世代、今後のすべての世代に絶対的に欠かせない基礎教育をするという意味で、人はまずペスタロッチの思想を理解しなければならない」(XI. 267-268)。人々がペスタロッチの教育を学べば、これまでの迷妄から解放され、理性の学問と理性の技術を人間の使命を実現するための保障として、自分のものにすることができる。それゆえ、これは国民すべてに教育されるものでなければならない。そしてこの教育が一つの「国民 (Nation)」を形成する。「これを市民に与えれば、あなたたちは同時に一つの国民 (Nation) を得るだろう。この教育は言葉の最高の意味で国民教育 (Nationalerziehung) として、その正しさが実証されるだろう」(XI. 273)。

国家は、この予算を捻出するために軍隊の半分を解雇して、その分をこの国民教育に回せとフィヒテはいう。その際に、イエナ・アウエルシュタットの会戦でプロイセンが負けたことをほのめかしているのが、アイロニカルである。「戦争が始まったあと、最初の会戦で全面的に負け、それとひき換えに、国家の軍隊の半分が解雇され、この半分の維持が節約されるだろうから、その分をペスタロッチと私が考えた国民教育に回すと考えてみたまえ」(a. a. O.)。そして、その後の戦争でもまた負けるだろうから、またその残った半分を解雇せよとフィヒテはいう。そうすると誰が国家を防衛するのか。フィヒテは国民みずからが祖国を防衛するのだと説く。「国民自身に武器をとらせるならば、いかなる人間の権力によっても打ち負かされることはありえないだろう」（XI. 273-274）。

フィヒテは傭兵が混じった軍隊よりも、国民みずからが武器をとって闘う方が国家の防衛には寄与すると考えている。『自然法の基礎』でも指摘したように、人民が直接に武器をとるというのは、早くからの彼の思想である。フィヒテが滞在したスイスの都市国家のあり方がヒントかもしれないし、あるいは中世自由都市での歴史、そしてまたフランス革命以後の高揚した国民意識によって、数量で勝る列強の反革命軍を打ち破ったフランス義勇兵のエピソードも背景にあるかもしれない。またプラトンからの影響もあろう。傭兵嫌いは、この時期にマキャベリの『君主論』を研究したことがその理由の一つになると思われる。傭兵の全面否定が『君主論』の一つの特徴になっているからである。

もちろん、この市民防衛については、対話の相手に「君の甘い世界市民の夢」（XI. 274）。といわせていることで、フィヒテ自身その現実性をかたく信じていたわけでなく、いまはまだ夢想の類としていることがわかる。しかし、彼の趣旨としては、かりに軍事的に征服されたにせよ、その国民は精神まで征服されたのではないのだということ、民族の精神の独立と自由、プライドを維持することの重要性を喚起しているのであろう。国民がきちんとした国民教育を受け、国民意識を確立しておれば、たとえ征服されようがさまざまな散発的な抵抗闘争は続くであろうし、武力闘争をしないまでも精神の抵抗運動（非暴力不服従）を維持できる。

ここまでくれば、なぜフィヒテが、ナポレオン軍支配下のベルリンで、フランス軍の監視のもとに危険を承知で『ドイツ国民に告ぐ』の連続講演をあえて行なったのかがよくわかる。制約多いこの講演で、直接に抵抗を呼びかけることは避け、国民意識の育成すなわち国民教育の必要性を論じるという搦め手であったにせよ、国民が誇りをもつことを喚起したのは、実はフィヒテなりのレジスタンス・精神の抵抗闘争だったのである。

ところで、ドイツ「国民」の武力による抵抗闘争を呼びかけているにもかかわらず、「世界市民の夢」（傍点筆者）という表現を使っているのは奇異に見える。すでに述べたように、フィヒテの考えでは共和制（立憲体制）にもとづく諸国家（ドイツでもプロイセン、ザクセン、バイエルンなど）の分立があり、それぞれの国において愛国的な行動をとることで、複数の共和国の共存という世界市民主義が成り立つという前提がある。それゆえ、国民の自国防衛も排外的な行為ではなく、共和国の連邦体制を維持する行為であり、その目的はもちろん平和共存であるから世界市民的行為になる。フィヒテの表現に矛盾はないのである。

フィヒテからすれば、ナポレオンのフランス軍によるヨーロッパの支配こそは、多元的な共和国連邦を認めない排外的な単一「帝国」となるだろう。事実、ナポレオンはみずからを「皇帝」と称したのである[13]。「帝国」には「臣民」はいても、「世界市民」は存在しない。フィヒテが『ドイツ国民に告ぐ』で、「普遍的君主国（Universalmonarchie）」を否定し、これがもたらす平板化、そしてその「帝国（＝普遍的君主国）」に入りたがる知識人たちを批判している（VII. 467）ことはよく知られている。この時期のフィヒテは反帝国主義者であり、世界共和国連邦支持者であったことはまちがいない。それゆえに、愛国心と世界市民主義は矛盾することはないのである[14]。

（1）Reinhard Lauth : Der letzte Grund von Fichtes Reden an die deutsche Nation, in : *Fichte-Studien*, Bd. 4, Amsterdam/Atlanta 1992, S. 197-198.

（2）ラウトによれば、フィヒテは一七九四年に、シィエスの『政治論集』のドイツ語訳を出版社に仲介したとのことである。(Derselbe, S. 197, Anm. 1.)。

（3）フリッツ・メディクス、隈元忠敬訳『フィヒテの生涯』フィヒテ全集補巻、哲書房、二〇〇六年、三八三頁。

（4）Friedrich Meinecke : *Weltbürgertum und Nationalstaat, Friedrich Meinecke Werke*, Bd. V, München 1969, S. 84.（邦訳 フリードリッヒ＝マイネッケ、矢田俊隆訳『世界市民主義と国民国家』I、岩波書店、一九六八年、九九頁）

（5）坂井榮八郎『ゲーテとその時代』朝日選書、一九九六年、二三七頁。

（6）Friedrich Meinecke : *Weltbürgertum und Nationalstaat, Friedrich Meinecke Werke*, Bd. V, München 1969, S. 107.（邦訳 フリードリッヒ＝マイネッケ、矢田俊隆訳『世界市民主義と国民国家』I、岩波書店、一九六八年、一二三頁）。訳文は訳書にしたがった。

（7）ラドリッツァーニはこの問題を「フィヒテははたして文化多元主義者か？」という問で論じて、「一つの共和主義システムの中で前提されるはずの多元主義の理念は、フィヒテの思想では存立の場をもたない。フィヒテのいう非ドイツ国民は、学問の原理によって導かれないからである」と結論づけている（Ives Radrizzani : Ist Fichtes Modell des Kosmopolitismus pluralistisch ?, in : *Fichte-Studien*, Bd. 2, Amsterdam/Atlanta 1990, S. 19）。

（8）Helmut Plessner : *Die Verführbarkeit des bürgerlichen Geistes, Gesammelte Schriften*, VI, Frankfurt am Main 2003.（邦訳 ヘルムート・プ

レスナー、松本道介訳『ドイツロマン主義とナチズム』講談社学術文庫、一九九五年）

（9）Karl Marx: *Karl Marx, Friedlich Engels Werke*, Bd. 1, 16., überarbeitete Auflage, Berlin 2006, S. 391.（邦訳 カール・マルクス、真下信一訳『ヘーゲル法哲学批判序説』マルクス・エンゲルス全集第一巻、大月書店、一九五九年、四二八頁）

（10）田村一郎訳「フィヒテからバゲッセンへ（下書き）」フィヒテ全集第二巻、哲書房、一九九七年、四四三頁。

（11）たとえばシュミットは次のように書いている。「政治的なものは、人間の生のきわめてさまざまな領域から、すなわち宗教的対立、経済的対立、道徳的対立、そしてその他の対立から自分の力を引きだすことができる。政治的なものは、いかなる固有の専門分野も示さず、人間がつながるか、それとも分裂するかの集中の度合いをあらわすにすぎない。この集中の度合いの動機が、宗教的、（倫理的あるいは文化的な意味における）国民的、経済的、あるいはその他の種類のものでありうる。そして、さまざまな時代で、さまざまな結びつきや分離を生じさせる」（Carl Schmitt: *Der Begriff des Politischen*, 7. Aufl., Berlin 2002, S. 38-39）。政治的なものの基本的構図である「友・敵関係」は、おのれの力のリソースを宗教、道徳、文化などから引きだし、それをまた統合や対立の強化に役立てることができる。

（12）森田安一『物語 スイスの歴史』中公新書、二〇〇〇年、二三七頁。

（13）ラウトは上掲の論文の中で、「ブリュメール一八日以後は、フィヒテは正体をあらわしたボナパルトの独裁に反対の立場をとり、ボナパルトは一八〇四年の一二月に皇帝の戴冠を受けることで、その独裁の完全な形態をえたのである。フィヒテにとってもペレにとっても、ボナパルトは、革命の理念を裏切った人間だった。それゆえに、フィヒテの中に反抗が形づくられたのである」と書いている（Reinhard Lauth: Der letzte Grund von Fichtes Reden an die deutsche Nation, in: *Fichte-Studien*, Bd. 4, Amsterdam/Atlanta 1992, S. 198.）。

（14）この「世界市民主義」が真正のものではなく、実体としては対ナポレオン同盟の利益をあらわし、プロイセンの側が世界市民の普遍性に立って、ナポレオンの特殊性を批判するという図式、現代でいえばアメリカがならず者国家に制裁を加えるために国連の承認をとって、みずからが世界平和の旗手として立ちまわる形で行なわれているが、そのような戦略的なものにすぎないという批判は可能である。しかし、ここではあくまでもフィヒテの概念構成を論じているので、具体的な政治状況での位置づけは問題としない。現実の政治においても、方便として建前を唱えたのに、その概念に逆に縛られて当初の意図が貫徹できないということが多々ある。人権外交を唱えて覇権主義を貫こうとしたが、その人権概念によって、グァンタナモ収容所を閉鎖せざるをえない状況に追い込まれたアメリカの例などがそれである。

第五章　『ドイツ国民に告ぐ』におけるフィヒテの社会哲学

一　アビザデー論文への批判

さて、いよいよわれわれは『ドイツ国民に告ぐ』を論じるところまで到達した。この著作は歴史的経緯から、多くの偏見と誤解にまみれ、現在では一般的にはあまり肯定的な評価を勝ちえていない。かと思えば、事典や高校倫理、大学の哲学史教科書では、フィヒテの主著としてまっさきに挙げられ、ある意味矛盾した扱いを受けている。たとえば、フェリックス・マイナー社の哲学文庫版『ドイツ国民に告ぐ』の編者のアレクサンダー・アイケレは「フィヒテの『ドイツ国民に告ぐ』こそは、彼の作品で最も論争があるものであることは疑いない」(1)という文章で始めて、国家の緊急事態を生き抜く勇気を与えるという弁明がある一方で、他方では「『ドイツ国民に告ぐ』には派手な人種差別主義が見られ、それはナチスの基本的な態度を示すものだという忌まわしい評価がある」(2)と書いている。ドイツでは、第一次世界大戦時にドイツ帝国において、ナショナリズム昂揚に連動してフィヒテ・ルネサンスが起こり、第二次大戦ではナチズムの御用学者がこの書物を大いに喧伝した。日本においても、軍部によって奨励されて、天皇制ファシズムに利用された過去をもつ。

現代のナショナリズムの議論は、歴史的に世界支配（パックス・ブリタニカ、パックス・アメリカーナ）をしたせいか、アングロ・サクソン諸国でとくに盛んであり、古くはハンス・コーン、近年では、アーネスト・ゲルナー、ベネディクト・アンダーソン、エリ・ケドゥーリー、エリック・ホブズボーム、アンソニー・スミスなどが代表的な論者として知られている。しかし、アングロ・サクソン諸国の研究では、なぜかフィヒテがまともに採りあげられることが少なかった。たとえば、カナダの政治理論学者A・アビザデーは「この欠乏の理由の一つは、『ドイツ国民に告ぐ』のナショナリズムがもつショーヴィニスティックな性格にあり、これが二〇世紀の最も忌まわしい時期にこの著作をあまりにも強く結びつけたことにある」[3]と述べている。ナショナリズムに関心が強いはずのアングロ・サクソンの諸国でもまた、フィヒテのこの著作は悪目立ちして、敬遠されてきたのである。

このアビザデーの言葉は、彼の論文「フィヒテはエスニックなナショナリストであったのか？ 文化ナショナリズムとその二枚舌について」（二〇〇五年）にあるものだが、この論文自体、アングロ・サクソンの研究者に共通するフィヒテへの態度を顕著に示している。すでに、第一部第三章第四節で、碩学バーリンのフィヒテ理解について少し言及したが、へルダーの優れた理解者でありドイツ思想の造詣が深いバーリンにして、後期フィヒテを自由の抑圧者とみていた。これが典型的なアングロ・サクソンの学者のフィヒテへの態度であるが、アビザデーにもまた同様の傾向がある。

具体的にどう書いているかといえば、アビザデーは、アングロ・サクソン諸国ではナチズムとの関連性もあってフィヒテが敬遠されたといいながら、同じ連合国であったフランスでは、フィヒテへの関心と理解が高いことをまず指摘する。たしかに彼にいわれなくても、フィヒテ研究者ならフランスのフィヒテ研究のレベルが高いことは周知のことである。そして、フランス人はナチズムの当事者ではなかったこともあって、むしろ客観的にフィヒテを研究することができたという利点をもつ。それゆえ、この『ドイツ国民に告ぐ』についても、ナチズムの亡霊に惑わされることなく肯定的に評価できたのである。アビザデーによれば、フランスの代表的なフィヒテ研究者のマルシャル・ゲルーやアラン・ルノーは、フィヒテの「ドイツ国民」の定義を「血と土地」の閉鎖的な民族性ではなく、むしろ文化に立脚した民族性であることを重視している。たとえばアビザデーは、ルノーが、フィヒテのドイツ民族を「オープン・ネイション」であると解釈したという。これは、精神の自由による無限の文化形成を求める者なら、そこに暮らせば出自は問わず誰でもドイツ人になることができるという開かれた国民概念を意味するもので、論拠は『ドイツ国民に告ぐ』の「第七講」にある[4]。

しかし、アビザデーは「第四講」などでフィヒテはこれと対立する内容を語っているとして[5]、いくら表向きは文化や言語による国民性を説こうとも、裏では血統を根拠とするエスニックなナショナリストの傾向がテキストの端々に出ているとみなし、フランスのフィヒテ研究者を根拠のないオプティミストと断罪した[6]。しかもフィヒテは、ドイツ文化の単一性・統一性を前提として文化の国民を定義しているので、文化の多元主義がまったく認められていないと批判するのだ。

アビザデーはカナダのマッギル大学で政治理論を教授しているとのことだが、アングロ・サクソンのフィヒテ批判者にありがちな傾向がよく出ている。フィヒテを批判する際に、ただ『ドイツ国民に告ぐ』の中にあるドイツ民族中心主義の文言だけを切りとってみせて、「レイシストそのものではないか！」という手口である。ゲルーやルノーはフランスのフィヒテ研究の大家で、フィヒテの全貌をよく知る者だ[7]。彼らの議論は、フィヒテの知識学、法論など他の多くの著作も考慮に入れてなされている。それゆえにこそ、『ドイツ国民に告ぐ』だけを孤立させて解釈することはなく、その時期のフィヒテの思想を幅広いコンテクストの中で考察して一つの可能な解釈を提起した。しかし、論文を見るかぎりでは、アビザデーはそのような視野に立つことなく、彼らを批判している。

それだけではない。そもそもフィヒテの時代に「エスニックなナショナリスト」という概念は存在しなかった。「多文化主義」もそうであろう。まだ「国民（Nation）」の概念ですら草創期であり、内容が確定していない。すでに『封鎖商業国家』で見たように、「キリスト教ヨーロッパはかつて一つであった」（III. 453）とフィヒテ自身語り、また当時の国家はどの規模でも「エスニックな点でも、言語においても、その他何であれ、均一ではなかった[8]」とホブズボームは書いている。このような過渡期に、今日的なエスノ・ナショナリズムの概念を投影して性急に批判するのはないものねだりである。自分で勝手に敵の幻影をつくり出し批判するわけで、濡れ衣もいいところだ。

このアビザデーに典型的にみられるフィヒテ批判の仕方、すなわち、フィヒテの著作の文言をコンテクストから切り離して、それだけとしてとり出し「けしからん」とするものの代表が、フィヒテのユダヤ人差別である。これは『フランス革命論文』にあるもので、昔からフィヒテの恥部として扱われ、ナチズムとの深いかかわりの必然性を示すものだと糾弾の対象になってきた。『フランス革命論文』にはこう書いてある。

「ヨーロッパのほとんどあらゆる国に、一つの憎悪に満ちた国家が拡がっている。この国は、他の国々すべてと恒常的な戦争状態にあり、いくつかの国では恐るべき圧力を市民に押しつけている。それはユダヤ人である。ユダヤ人がそれほどまでにおぞましいのは、彼らが他の国々から分離して固く結ばれた国家を形成しているからではなく、この国家が全人類への憎しみの上に構築されているからだと私は考える」(VI. 149)。

当時でも、オランダやボヘミア王国などのように、ユダヤ人に市民権を与える寛容な政策がすでに実施されていたが、フィヒテはこれを非難する。「君たち支配者は、[ユダヤ人に対する] 寛容、人権、市民権という甘ったるい言葉を語るが、その一方で、われわれにおいては基本的な人権を侵害しているのである。……君たちの国家の中でユダヤ人たちにさらに市民権を与えるならば、君たちの市民はみな彼らに完璧に踏みにじられるだろうというもっともな考えが、君たちには思いつかないのか」(VI. 150)。

フィヒテの批判の要点は、ユダヤ人が自分たちの閉鎖的な社会をつくり、「国家の中の国家」(VI. 149) として一般市民と敵対関係にあるということだ。すでにそういう国家をもち、自分たちの宗教と権利をもっているのであれば、それ以上にキリスト教国家における市民権をやる必要はないとしているのである。「彼らに市民権を与えるためには、一夜のうちに彼らのすべての頭を切り落とし (in einer Nacht ihnen allen die Köpfe abzuschneiden)、ユダヤの考えの入っていない別の頭にとり換えるしか方法がないと思う。彼らから身を守るには、君たちが彼らのために約束の土地を獲得し、彼らをそこへと送り込むしかないだろう」(VI. 150)。フィヒテはこれでもまだ遠慮した表現をしていると注に書いている。「このページでは、私の心にあるがままに不寛容の毒の息 (der Gifthauch der Intoleranz, wie er es von meinem Herzen ist) を吐くのは避けたい」(a. a. O.)。

「一夜のうちに彼らのすべての頭を切り落とし」という苛烈な表現は、ナチスの「水晶の夜」を想起させることもあってか、ユダヤ人学者、批評家たちの攻撃の的となった。[9] また、「私の心にあるがままの不寛容の毒の息」という表現も、本音はこれらよりもっとひどいユダヤ人蔑視であることが示されているとして、フィヒテの反ユダヤ主義の最たる表現だとされてきた。「彼らをそこへと送り込む (sie alle dahin zu schicken)」といういい方も、強制収容所に送り込むことをイメージさせるしろものだ。[10]

このような文言はフィヒテがはっきりと著作で書いたものであり、その事実は否定しようがない。これまでのフィヒテ研究者の多くは、これを言挙げされると黙り込むしかなかった。加えて『ドイツ国民に告ぐ』で、ドイツ民族は優秀だとフィヒテは断言している。この二つを足すと、答えはナチズムになる。だからこそ、アングロ・サクソン系の学者たち、ユダヤ人学者、あるいは通俗的な哲学史の理解では、フィヒテは選民思想の民族主義者、ナチズムの源泉というラベリングがなされてきたのである。[11]

しかし、近年はこうした観点からのフィヒテ批判が必ずしも全面的に妥当ではないことを、フィヒテの著作ならびに彼の伝記的事実をくまなく蒐集することによって明らかにしようとする研究者が出てきた。先鞭をつけたのは、フィヒテの批判的全集の編者の一人であり、同時にフィヒテをめぐる同時代の人々の手紙・コメントや新聞・雑誌の記事を資料集として刊行したエーリッヒ・フックスである。つまり彼は、当代随一のフィヒテの伝記的事実の専門家なのである。その彼が一九九〇年、学会誌 *Fichte-Studien* に「フィヒテのユダヤ民族への立場 (Fichtes Stellung zum Judentum)」[12] を発表して、フィヒテは必ずしも反ユダヤ主義者ではなく、この『フランス革命論文』での立場を改め、また人物としてはユダヤ人・ドイツ人を差別することなく接して、多くのユダヤ人学者、知識人たちに尊敬されていたことを資料で示した。これに啓発されて、ハンス・ヨアヒム・ベッカーが、二〇〇〇年に『フィヒテの国民の理念とユダヤ民族 (*Fichtes Idee der Nation und Judentum*)』[13]という浩瀚な書物を著し、フィヒテの著作、周辺の伝記的事実、フィヒテと交友のあったユダヤ人たちの証言、記録文書、あるいはフィヒテ没後にユダヤ人思想家・政治家たち（詩人ハイネ、フェルディナンド・ラサール、ヘルマン・コーヘン、クルト・アイスナー、エルンスト・ブロッホなど）に与えた影響作用史を克明に渉猟・分析することで、フックスがテーゼとして出した内容をより実証的に証明している。

上記の箇所はていねいに読めば、人権と市民権を区別していることがわかる。そして、ユダヤ人には人権を認めるのは当然であるが、彼らが国家の中に国家をつくるかぎりは市民権を与えるなとフィヒテは主張しているのである。彼は上の箇所でこう書いている。「ユダヤ人は人権をもたなければならない。たとえ彼らがわれわれに人権を認めないにしても。なぜなら、彼らは人間であり、そして彼らがわれわれに不正をしたからといって、われわれも彼らに不正をしてよいわけではないからである。意志に反していかなるユダヤ人も強制してはならず、君が隣人でそれを防ぐことができる者であれば、そういうことが起きることを許すまい。君はたんてきに彼に責任があるのだ。昨日君は食事をして、今日また空腹になったとする。そのときに、君の隣人にユダヤ人がいて、彼は昨日も何も食べていないのなら、たとえ今日の分だけしかパンがなくてもそのパンを彼に与えよう」（VI. 150）。そしてこのあとに、上の「彼らに市民権を与えるためには、一夜のうちに彼らのすべての頭を切り落とし……」の言葉が続くのである。

市民権とは国民の主権であり、国家を形成する権利であるが、ユダヤ人は国家に対する市民の義務を果たすつもりがなく、そもそもが所属する意志がないから、そういう意志のない者には市民権は不要だとみなしているわけだ。これは『自然法の基礎』や『封鎖商業国家』で見た議論で、みずから国家を形成する者は外に出てつくるべきであり、また国家には属さないがそれでも貿易などを営むためにある国に居住する者には、市民の権利はないとした論理である。さらにフィヒテはこうも書いている。「私は、ユダヤ教のゆえに彼らが迫害されるべきだというのではない。そもそもそういう理由で人は迫害されてはならないのである」（VI. 151）。フィヒテは宗教による差別、迫害を肯定しているわけではないことがわかる。フィヒテは基本的にユダヤ人が利己的なことしか考えず、ユダヤ人以外の者に敵意をもって対応し市民生活を脅かすので、そこに架橋がないかぎり、すなわちユダヤ人自身がその閉鎖性を解かないかぎり共存はできないとみなしているのだ。

しかし、そうはいっても、フィヒテの表現は激烈であり、彼が嫌悪感をもっていることは否定できない。ベッカーによれば、その一因はカントに会いにケーニヒスベルクへ旅行したとき、一時的に滞在したポーランドでの保守的ユダヤ社会での経験であったらしい。伝統的で閉鎖的なユダヤ人ゲットーに滞在し、とりつくしまのない彼らの態度にコミュニケーションがとれず、またホテルに泊まっても食事やベッドの用意もしてもらえないという冷たい対応をされて、自分ですべてするしかなかった嫌な記憶がそういう先入観をもたせているとしている。[14] これらはたんに旅人とかよそ者だからという理由ではない。当時の開かれたユダヤ人知識人たち（モーゼス・メンデルスゾーン、ザロモン・マイモンなど）ですら、伝統的ユダヤ人社会の悪弊・頑迷さ・不寛容を嘆き、その批判や改革の必要を訴える文章を書いているくらいである。[15] フィヒテだけの根拠のない一方的な偏見と決めつけることはできない。

フィヒテのこうした態度の最初の変化は、イエナの最後の時期である一七九九年にみられるとベッカーは指摘する。ユダヤ人であるダヴィド・ファイト[16]がフィヒテの学生、ヨハン・シュミットを通じて、フィヒテが主宰している食事会への参加を打診した。『フランス革命論文』でフィヒテの反ユダヤの主張は周知のことだったので、そのとき、学生シュミットが、ファイトはユダヤ人であるが、それでもよいかという問をした。そのときのフィヒテの答えは「もちろんだ。もしそのユダヤ人が「ユダヤ人社会ではないところに」参加を望むなら、その者はすでにたんなるユダヤ人を超える者だろう。ユダヤ人に対してあれほど厳しいことを書いた者、フィヒテが一人のユダヤ人といっしょに食事することを人々が不思議に思うなら、人々は正しいのだ[17]」との趣旨であったという。このやや自虐的な響きの中にベッカーは、かつての表現に対するフィヒテ自身の反省を読みとっている。[18]

その後のフィヒテには、ユダヤ人への批判を示す文言は消え、彼の交友の中でユダヤ人たちも重要な役割を果たす。哲学史的には、フィヒテが若いころからユダヤ人哲学者マイモンとヤコービを友人にもち、尊敬していたことが知られている。この二人がフィヒテの思想形成に大きな影響を与えた事実を思えば、フィヒテとユダヤ人蔑視がすぐに結びつかないことはわかるはずだ。『ドイツ国民に告ぐ』の講義には、ベルリン在住のユダヤ人知識人たちも駆けつけ、熱烈な賛辞の言葉を友人宛の手紙や自分の日記に残している。フックスは『対話の中のフィヒテ』第四巻に、上述のファイトも含めて多くの証言を載せている。一つを採りあげれば、ラヘル・レヴィン[19]は第四回目の講義を聴いた直後、女性の友人への手紙で「フィヒテの時間は私の唯一の慰め、私の希望、要するに私の宝です[20]」と書いている。

ベルリン時代のフィヒテは、「キリスト教ドイツ会食協会（Christliche-deutsche Tischgesellschaft）」の会員となる。この社交の会は、フランス軍がまだベルリンに駐留している一八一一年に、ロマン派の作家アルニムによって愛国的な意志を示すものとしてつくられた。生まれながらのキリスト教徒であることを加盟条件の一つとし、このことで改宗者も含むユダヤ人一切が排除された。会の目的は、フランス軍の意向を受けた検閲下で自由にものを発表できない状況の中で、ドイツの今後を討論するべく愛国的・改革的な志操をもった各界の有識者が集うことであった。代表的なメンバーとして、ブレンターノ、クライスト、サヴィニー、クラウゼヴィッツ、アダム・ミュラー、シュライエルマッハー、ゾルガーらがいる。ゆるやかな社交の集いであるので、全員の思想が一致するものではないが、反フランス、反ユダヤの傾向をもつ者が多かったとされる。

フィヒテはこの協会の設立一周年総会で依頼されて、詩の韻をもつ演説を披露した。ベッカーはこの演説を採りあげて、これが会のユダヤ人侮蔑の態度を批判するものであったことを論じている[21]。ありがたいことに、邦訳フィヒテ全集補巻に井戸慶治氏の達意の訳[22]があるので、ユダヤ人にかかわる部分だけを引用してみる。フィヒテは「それに加えてこれまでの材料は使い古されている。ユダヤ人からも俗物からも、冗談ネタを探してももはやひとかけらもない」とし、それでもユダヤ人をからかうのは、自分がからかわれないためには意味があるだろうと皮肉をいう。そして、自分が俗物でないと思う者こそ、俗物性が居座っているとして、「そうしたことは世に広くはびこっており、ひどく悪い評判をもたらすこともあるから、私の前ではユダヤ性にせよ俗物性にせよ、からかわれるのを聞きたくはないものだ」と締めている。

暗黙の了解として反ユダヤ主義があり、ユダヤ人の悪口が共通話題となる会合の公的なスピーチで、フィヒテは堂々と「そんなことはみっともないからやめようではないか」という趣旨を呼びかけているのだ。今風の表現をすれば「空気を読まない人フィヒテ」の面目躍如である。当時のベルリンの名士が多く参加したこの社交の会に、友人関係や社交のつき合い上フィヒテも義理で参加はしたが、ベッカーによれば、反ユダヤ主義の強いアルニムやブレンターノとは距離を置いていたという[23]。この演説の噂は参加者からユダヤ人知識人たちにも伝えられ、彼らのフィヒテへの信頼をますます高めることになったということだ。

フィヒテのベルリン大学総長就任演説『大学の自由の唯一可能な阻害要因について』でも言及されているように、ベルリン時代のフィヒテはイエナ大学時代と同様に、学生同士の決闘や揉め事の悪習をやめさせようと努力した。既成の学生組合に対して、独自の学生組織を立ち上げるのもイエナ大学時代と同様だが、フィヒテの学生組織はほとんどが純粋なユダヤ人学生で占められていたといわれる[24]。フックスはこうした事実を挙げて「フィヒテに心酔する学生たちに多くのユダヤ人がいたということこそは、まさにフィヒテがユダヤ人を憎悪していなかったことの証明ではないか[25]」と書いている。実際に彼はユダヤ人学生の窮地を救うことも行なっている。

たしかに『フランス革命論文』で、フィヒテはユダヤ人に対する批判的な言辞を書いた。しかし、彼のその後の思想と行動はそれと反対のものであったことも明らかにされた。ルターに依拠するフィヒテに「ユダヤ教」に対する違和感があったことは事実だが、基本的には彼は「ユダヤ人」差別主義者ではなかった。ましてやナチズムのユダヤ人殲滅の源泉などでは毛頭ない。空気を読まないフィヒテ、性懲りもなく既成の権威に楯突いて人生の困難を招いたフィヒテが、ナチスの時代に生きていたとしたら、おそらくナチスを批判し、ユダヤ人擁護者としてまっさきに逮捕され収容所送りになっていたに違いない。

当時の時代やフィヒテの思想のコンテクストをきちんと調べずに、センセーショナルな一部の文言のみに反応して、フィヒテをエスノセントリズム、反ユダヤ主義、ナチズムの源泉とみなすアングロ・サクソン系の学者やユダヤ人学者の軽率さは、以上で十分指摘されたと思う。これらは『ドイツ国民に告ぐ』を論じるにあたり、必要な「脱神話化」の作業だったと考えていただきたい。

三　ゲルナーの「民族」概念

われわれはフィヒテの『ドイツ国民に告ぐ』を論じていくにあたり、今日的な概念をそのまま投影しないように、注意しなければならない。そのために少し遠回りをして、現代において確立された「国民・民族」の概念をあらかじめ理解することにしたい。そうすれば、フィヒテ自身は現代の「国民・民族」概念には依拠していないにもかかわらず、現代の「国民・民族」概念をあてはめて、あれがいけない、ここがまちがっているといった無用の誤解を防ぐことになる。そして、逆に、フィヒテ自身の「国民・民族」概念のどの点が現代にも通じる「国民・民族」概念の内容をもっていたのかも照射できるという利点が出てくる。さらに、われわれはすでにフィヒテの社会哲学の展開を追跡してきたので、社会哲学のコンテキストの中にフィヒテの文言を置いて、単純化せずに理解することができる。そうすれば、二重の意味でアビザデーの犯した愚をくり返すことはないのである。

民族とナショナリズムについて、現代のスタンダードな書物として、ゲルナーの『民族とナショナリズム』（一九八三年）がある。他にもアンダーソン、ケドゥーリー、ホブズボーム、アンソニー・スミスなどの研究があるが、ゲルナー自身が哲学者であるため、この書物は細々とした歴史的な事実をもとに議論をせず、概念の整理をして抽象度が高い。それゆえ、フィヒテの社会哲学の議論と対照して扱うのに便利という利点がある。また、乏しい筆者の知見では、ゲルナーの概念が最も妥当であるように見えた。他の者の主張はゲルナーの概念の歴史的な事実の補強（ホブズボーム）、あるいはそこから洩れる議論の付加（アンソニー・スミス）とみなすことが可能である。

ゲルナーの弱点とされるところは、社会構築主義的見地で機能主義（道具主義）が強く、エスニックな要素の考察が弱いという点(26)だが、フィヒテの思想と比較する際にはこれは支障にはならない。当時、エスニックの概念がそもそも存在せず、フィヒテではこうした要素はまったく問題にされていないからだ。ケドゥーリーの著書は、自分の立論のためにさまざまな哲学概念、歴史的事実を牽強付会に編集したものになっており、とくにカントやフィヒテの概念の扱いには問題があると思う。

ゲルナーは、まず「民族（Nation）は、国家と同じように偶然の産物であって、普遍的に必然的なものではない」[27]と注意する。そして民族の定義は困難なので、二つのかりの定義を提案している。①同じ文化を共有する場合に、同じ民族に属する。②同じ文化に属していると認知する場合に、同じ文化に属する。①は文化に力点があり、②は意志に力点がある。とくに②は「換言するならば、民族は人間が作るのであって、民族とは人間の信念と忠誠心と連帯感によって作り出された人工物なのである」[28]と付言されている。①は文化自体が規範性をもち、凝集力があるとみなすが、②は人間の認知する意志の力の重要性を強調し、意志的な構築物という側面を示したものであろう。

ナショナリズムについては「第一義的には、政治的な単位と民族的な単位とが一致しなければならないと主張する一つの政治的原理である」[29]という。これを裏返しにいえば「ナショナリズムとは、エスニックな境界線が政治的な境界線と矛盾してはならないと要求する政治的正統性の理論である」[30]ということになる。民族もナショナリズムも議論を展開するためのさしあたりの定義である。ゲルナーは、民族の定義の際に要となる文化について、その上に考察を加えていく。この民族形成をなす鍵となる文化をある程度把握できれば、民族概念が妥当性をもつからである。

民族の共通文化というものが意識されるのは、産業社会になってからである。ゲルナーが強調するのは、制度化された教育、イリイチ的にいえば「学校化された社会」である。産業社会は、高性能のテクノロジーと絶え間ない成長の期待とに基礎を置く社会である。このためには、社会の流動性にもとづく分業と、流動的な社会ゆえに見知らぬ者同士が働くことから、彼ら相互のコミュニケーションとの二つが必要になる。産業社会は高度な機械を操作・整備する作業が必要で、これらは誰が学んでもできるようなものでなければならない。地域や家系のみに伝承される秘匿的なもの・文化的なもの・職人的なものであってはならず、マニュアル化され、言語や図によって均質に客観化されたものでなければならない。そうなると家庭教育や部族内教育ではなく、規格化された概念、共通の言葉の設定とその読み書き能力、統一のテキスト、マニュアルなどが必要であるが、家庭や地域にこういうものを広範囲にわたって生産する能力はない。これらを提供できるものが近代的な国家的教育制度である。「この教育基盤の整備は、あらゆる組織の中で最大のものである国家以外のどんな組織にとっても、あまりに巨大でコストがかかりすぎる」[31]。

これらの近代公教育は、地域や部族の伝統から切り離されて、産業社会が必要とする知識・技術そしてそれを支える規範を与える。これ自体が文化となって、教育を受けたものは学校文化という統一的な共有物をもち、それに帰属することになる。それゆえ、「個人の仕事上の能力、尊厳、安全、自尊心といったものは、大多数の者にとって一般的には、教育が決めるものとなる。彼らが教育を受けた場としての文化の限界がまた、彼らが道徳的かつ職業的に呼吸しうる世界の限界でもある。人間の教育こそが最も高価な投資であり、事実上その人にアイデンティティを与えるものとなる。近代人の忠誠心は、彼が何と言おうと、君主や祖国あるいは信仰ではなく、文化に向けられる」[32]。「文化は今や、共有された必要なメディア、活力源、おそらく最小限の共有された空気であり、その空気の中でだけ社会の成員は呼吸し、生きながらえ、生産する。当該社会にとって、文化とは成員みんながその中で呼吸し、話し、生産できる文化でなければならない。つまり、それは同一の文化でなければならない」[33]。

これらの文化は、もはや地域や家族の継承してきた伝統的な民俗文化ではない。民俗文化の中には、言語化するのがむずかしいコミュニケーションや客観化しづらい要素をもつものも多いが、学校が与える文化は、基本的には識字能力を前提としたものやマニュアル化された身体訓練が中心となる。ゲルナーはこれを「大規模な高文化（a great or high culture）」と呼び、地域の与える「小文化、小伝統（a little culture or tradition）」と区別する。この高文化は国家が与えるものであり、それゆえ国家が権威づけ、その内容を吟味して、基準を策定する。そのことによって間接的に、人間の品質管理を行ない、望ましい人間の能力と思想を形成するわけである。

国家による公教育のシステムが構築され、人々が地域や部族から切り離され、学校教育の与える文化の場で呼吸するようになったとき、すなわち人々に文化的同質性が歴史上の要請などから形成されたときに、ナショナリズムの基礎がつくられたことになる。それゆえ、ナショナリズムや民族意識は、産業社会の関連物であり近代の産物にすぎない。ナショナリズムは、民族の本性としてある古い実体的なものではなく、「ナショナリズムは実際には社会組織の新しい形態の結果であり、それは、深く内在化され、教育に依存し、国家の保護を受ける高文化に基礎を置いている」[34]。民族もしたがって社会的に構成されたものである。「教育を通じて容認された輪郭のはっきりした統一的文化が、人々が進んで、時には熱烈に一体化したがるほとんど唯一の単位を構成するという状況が生まれるのである」[35]。これが民族となり、この民族は高文化にもとづくきわめて近代的な構築物でありながら、歴史的に継承されいまは消えつつあるような文化財・伝承・習俗などを恣意的に選択して、自己をあらわすもの、自己のアイデンティティとして主張する。言語はその最もわかりやすい例であろう。ウェールズ語、アイルランド語、バスク語など、衰退しつつある言語が再び注目を浴び、それが民族意識の統合の象徴となる。ほかにも、民族舞踊、民話、伝統的な建築の家屋、民俗化された宗教儀式など、いわゆる有形・無形の文化財といわれるようなものはみなこの範疇に入り、民族の誇り・伝統・魂として声高に叫ばれる。

ナショナリズムは表向きこうした民俗文化・民間伝承の姿をとることが多いが、しかし、その内実はそうした民俗文化を抹消しようとする近代の普遍的な公教育であり、産業社会の共通文化にすぎない。「ナショナリズムは、その本質において、以前には複数の低文化が人口の大多数の、ある場合にはそのすべての人々の生活を支配していた社会に、一つの高文化をあまねく行き渡らせるのである。それはかなりの程度精密で官僚的かつ科学技術的なコミュニケーションの必要に応じて成文化され、学校で伝達され、学士院の指導の下に置かれた慣用句が広く普及することを意味している」[36]。それゆえ、これほど外見とそれを推進する側の文化が異なっているものはない。日本においてそうであったように、着物や茶室、茅葺きの家にいろり端などを日本人の伝統文化として喧伝する側の人間は、洋間でソファに座り、洋服を着て、紅茶やコーヒーを飲んで舶来品の調度品に囲まれた官僚であり、文化人だったのだ。

ナショナリズムがもたらす文化とは、象徴として民俗文化に由来するものをもちながらも、内実はまったく過去との断絶の上に、新たに捏造された学校文化・教科書文化・印刷文化にほかならない。それによって日本中にソメイヨシノが植えられ、かつては一部のものだけの慣習であった花見や紅葉狩りが、日本人全体の文化としてあたかも昔から変わらず存在したかのような外見をもって、幅をきかす。このあたりは「想像の共同体」で知られるアンダーソンが論じたことでもあり、それに啓発されて、この欺瞞性を一定の顕著な事例に照らして指摘する書物の類は、食傷気味なほどに出回っている[37]（この同工異曲ぶりがまさに教科書文化・メディア文化の影響力を如実に示しているともいえる）。

ゲルナーの立場は社会構成主義であるが、だからといって彼はつくられた国民概念・国民意識やナショナリズムの安易な批判をしない。社会構成主義の影響を受けた論者の典型は、国民や一国の言語・文化の虚構を鬼の首をとったかのように批判し、地方やマイノリティの言語・文化を絶対視しがちである。しかし、それらは高文化としてのナショナリズムが浸透し、失われつつある小文化が、ナショナリズムとの関連で高文化に属する知識人たちによって逆照射されただけのことであり、そのプロセスがなければ、小文化・農耕社会に由来する無意識の生活慣習は、人々の意識に昇ることはなかったであろう。人類学も民俗学もナショナリズムや覇権主義の昂揚と深い関係をもつことを忘れてはならない。

農政務官僚であった柳田國男を待たねば、遠野や椎葉の文化を地元の者たちが意識して残そうとは思わなかったであろうし、宮本常一が対馬の寄り合いや梶田富五郎翁の聞き書き（『忘れられた日本人』）を残さなければ、島の者たちはそれが文化的に貴重だとも思うことはなかったに違いない。ちなみに、筆者は対馬出身であり、梶田翁と同じ周防・安芸からの流れ漁民の子弟であるが、当事者たちは宮本常一らの評価にもかかわらず、伝承してきたものに何の価値も置くことなく、高度成長期の公教育とメディアの伝える単一文化にみずから染まらざるをえなかったのである。

ゲルナーは、小文化の絶対性に依拠する傾向を「非通約型」と呼び、ロマン主義者によって主張されているとする。(38)そして、彼らがそもそも依拠する産業社会以前の小文化が、いかに非通約で自己完結していたかは、学問的にもおよそ明確にはなっていないという。これもまた、一国ナショナリズムの文化に対して、知識人たちの文献・調査・物語によって対抗文化を構築した構成物にすぎず、イデオロギー的な言説でしかないといえよう。フィヒテのドイツ語・ドイツ文化がドイツのさまざまな地方の言語・文化を抑圧し、多元的なドイツのあり方、別の可能性を否定したというありがちな批判は理屈としては可能であるが、しかし、それもまた幻想の小文化に拠って立つきわめて今日的で政治的な言辞であり、あまり生産的ではないことも意識されねばならない。それはちょうどフィヒテが、当時のヨーロッパを席巻し文化的にも支配しつつあったフランス文化に抵抗して、それに対する小文化をドイツ文化として構成し、フランス文化、普遍的王国との非通約性を強調したこととまさに同じ図式であり、批判の対象のカリカチュアになっているだけのことである。

以上、とりあえず必要なかぎりで、ゲルナーの民族とナショナリズムの議論を紹介したが、これを見れば、フィヒテが

『ドイツ国民に告ぐ』で文化、とくに言語に立脚した民族主義を説き、しかもドイツ国民の形成には全国的な国民教育、公教育が必要だと主張したのは、まことに先見の明があったといわなければならない。フィヒテの時代のドイツは、たんなる領邦小国家の群れでしかなく、まだ今日的な民族意識も、文化の統一性、管理された公教育もなく、産業社会でもなかった。そこでフィヒテは、迫り来るフランスの脅威に対して、ドイツ人のナショナリズム、民族意識、国民としての統一を訴えたのだが、その内容がゲルナーの指摘する産業社会でのナショナリズムの必然条件とみごとに重なっているのである。

四　歴史的文脈から見る「ドイツ国民」概念

以上は歴史的な文脈を無視して、一般的な概念の構成として民族概念を見たものだが、このようなアプローチはわかりやすい反面、特殊な一面を普遍化する危険性がある。いい換えれば、歴史的文脈から一人歩きをしてイデオロギーとして機能する可能性がある。さしづめ、上で見たアビザデーの論文などはそのよい例であろう。このようなアングロ・サクソン系のナショナリズム研究に対しては、歴史家から反論がなされてきた。ホブズボームはその代表であるが、ここで対象になっているドイツにかんしては、オットー・ダンがいる。彼は、ドイツの国民運動とナショナリズム研究の現代における第一人者と目されている。彼は歴史家なので、「国民」概念も歴史的な経緯をもとに定義づけている。

ダンによれば、「国民」はフランス革命以来、政治的概念となった。それゆえ「国民は社会の基本的な単位であり、国家の政治的な主権者である」[39]。その際に重要なことは「ここに包摂される人々が法の下に平等であろうとする理念にもとづいている」[40]ことである。国民概念そのものが近代の国民国家形成の歴史の中で模索されたものであるから、当然そこにはフランス革命で獲得された法のもとでの平等や国民主権の理念が含まれていることになる。それゆえ「近代的な国民国家とは、公民の総体としての国民が政治支配のあり方を確定し、監督することによって主権者となっている国家である」[41]とダンは定義する。

これに対して、「民族」概念はどうかといえば、「国家の民（Staatsvolk）をあらわす政治的な概念であり、そのかぎりで国民と同じ意味をもつ。しかし民族は、言語や文化、宗教、歴史などの特徴を共有する住民としてのエスニックな人間集団をあらわす概念でもある」[42]。それゆえ、政治体制の成立がなければ存立しえない国民概念と異なり、民族は政治体制がなくても存続することが可能である。ダンの理解では、ドイツ語の共同体は複数の民族集団を包摂していたので、「一つのドイツ民族という概念で包括されることはできない」[43]。

国民概念は、政治的な近代化の歴史と密接であるので、その関連において分析されなければならない。ダンは、政治的な近代化を二段階にわけて、最初は一四世紀以降の領邦国家による「国家形成（Staatsbildung）」、そして第二段階としての「国民形成（Nationsbildung）」が続くとみなした。第一段階の国民概念は「身分制的国民」と呼ばれ、貴族や支配階級、そのとり巻きの知識人によって形成された。第二段階は、啓蒙思想、フランス革命、アメリカ革命などの近代の政治的な動きを背景にして、市民階級によって形成されたものである。「ここでは、特権身分の国民に対抗して、それとは根本的に異なるもう一つの選択肢として、すべての公民から成る国民が対峙されたのである」[44]。

それゆえ、この「近代的国民モデル」は、近代の獲得した立憲主義、国民主権、自由と平等の権利などをもつ。ダンはその特徴を四点挙げている。①国民のすべての構成員に人権と公民権がある。②すべての構成員は、政治文化に参加する権利をもち、またそのために尽力する義務をもつ。③国民主権の原理、あるいは一定の領域内の自治権、④民族自決の権利、すべての民族の平等、である。「この構想によって国民は公民的国民として理解されることになり、封建時代以降の社会の政治的な憲法概念の中心に位置することになったのである」[45]。

ダンによれば、「身分制的国民」概念は、一五世紀以降の印刷術の発明、宗教改革運動によって一般市民や農民たちにも浸透していったが、あい継ぐ宗教戦争により帝国臣民の分裂と恒常的な宗派対立に終わり、国民意識形成はその芽を摘まれることになった。その後、文筆文化による啓蒙思想の普及で市民的な公共社会が形成される。ダンは、ハンブルクのような都市共和国、大学、アカデミー、フリーメイソン、読書クラブを例に挙げている[46]。これはハーバマスが『公共性の構造転換』で論じたことでよく知られる内容である。

ダンはここで「愛国主義（Patriotismus）」をとくに採りあげ、「愛国主義とは、本来ただ共和国においてのみ考えられるものである。というのも、ただここにおいてだけ市民がいたからである。一八世紀のドイツにおいては、先導的な都市共和国のハンブルクが近代の愛国主義の出発点となった[47]」という。これらはのちに各人が属する領邦に向けられ、「領邦愛国主義」へと矮小化された。フィヒテは『愛国心とその反対』で、この領邦愛国主義を批判したのである。

知識人たちはこのような領邦愛国主義ではなく、ドイツ文化にもとづき、帝国愛国主義とも呼応して「ドイツ運動」を展開する。その代表的な成果がヘルダーであり、偏狭な地方主義でもなく根拠をもたない世界市民主義でもなく、領邦愛国主義と帝国愛国主義が相互に補いあうドイツ独特の国民思想を形成したのである。

対ナポレオン戦争により神聖ローマ帝国が滅亡したのちは、領邦愛国主義だけが保守的な愛国主義として残り、領邦君主たちはこれを推し進める。フランス革命の薫陶を受けた知識人や学生たちは、その領邦愛国主義の中に、フランス革命が獲得した立憲主義、国民主権の理念を盛り込もうと努力する。「この当時の愛国主義的運動の主要な目標は、ドイツの国民国家ではなくむしろ、ドイツの諸邦国が立憲主義へ移行し、市民的な自由と平等の権利が保証され、立法的権限を有する議会が創設されることだったのである[48]」。

このような国民意識の形成には、これまで国民に属すると意識されていなかった手工業者、女性、ユダヤ人たちも含まれた。同時期にプロイセンが「ユダヤ人解放令」を出し、ユダヤ人たちも新しい「ドイツ国民」としての自覚をもったのである。フィヒテの『ドイツ国民に告ぐ』に多くの開明的なユダヤ人たちがつめかけたのも、そういう時代背景がある。

ダンが「国民」として概念化したのは、この近代が獲得した権利をもつ国民のことである。それゆえに、国民主権や法のもとでの権利の平等を必須条件とする。ラウトが指摘した[49]ように、フィヒテがドイツ語を称揚し、外来語は使うなといいながら、そのくせ自分は「人民（Volk）」を使わず「国民（ナシオン Nation）」というフランス語を使ったのは、まさにフランス革命で獲得されたこのような人民主権と人権の内容を継承するためであり、当時のドイツ語の言葉に国民主権や法のもとでの権利の平等を含意した国民を示す言葉がなかったからである。

アメリカのゲルマニスト、オットー・W・ジョンストンは、この時代の国民意識の形成を扱った『国民の神話――ナポレオン支配下のプロシアにおける文学と政治（*The Myth of Nation : Literature and Politics in Prussia under Napoleon*）』（一九八九年）[50]を著している。ドイツでも独訳版が出ている定評ある研究であるが、彼はこの時期の政治家、作家たちが、対ナポレオン戦争で国民の意識を統一し覚醒させるために、いかに「ドイツ国民」という神話形成に寄与したかを論じた。それによれば、この時期の「ドイツ国民」の言説を意識的に構築しようとしたのは、シュタインであるとされる。「シュタインは、プロシアに協力して、統一したドイツ国民という観念を創造しようとする詩人や著述家たちに、文学上の戦略を勧めた」[51]。

シュタインはプロイセンの政治家として数々の改革をなしたことで知られるが、同時に文筆の方面でも活躍した人だ。彼は、フランスがドイツのプロテスタントの抵抗を抑えるのに使った三つの戦略に学んで、それをドイツの国民国家形成に利用した。すなわち、国民の普通教育、人々を統合する言語の重視、現代の市民を過去と未来の国民をつなぐ結束点とみなすことを論説で主張したのである。ドイツ語を国民語として称揚し、国民教育を通してドイツ人の歴史と並んで教えることで、「国民神話」「国民の物語」の創造を意図して、その際に知識人の手助けを借りた。シュタインもまた国民教育の方法としてペスタロッチの教育法を勧めている。しかし、シュタインにとって、ペスタロッチの方法はあくまでも革命を避け穏健な改革とするための手段であり、うちなる国民の覚醒ではあるけれども、それは上からの改革の一環であった。

「国民教育というプログラムは、一八世紀の最後の三〇年間、革命を避け、自由と公正への進化を保証する唯一の方法として支持された」[52]。ジョンストンは、シュタインをこのように位置づけたうえで、フィヒテがなぜ厳格なカント哲学の弟子から、国民神話創設者に変化したかの理由がわかるという[53]。すなわち、彼もシュタインのイニシャティヴにまき込まれたのである。

しかし、フィヒテがシュタインの戦略にまき込まれたというよりも、このような公民教育の必要性[54]、国民主権に立つ近代国家の構築という文脈は、当時の社会的な共通認識としてあったと私は考える。啓蒙主義の時代そして引き続くフランス革命の時代は、近代の公教育について議論が深まったときでもあり、重農主義者やコンドルセ、ブーキエらが多くの公教育論を発表している。[55] ドイツでも、シュタインだけでなく、彼の部下として活躍したシュベリンやその仲間であるヴィルヘルム・フンボルトらが、教育改革を推進した。

近代ドイツ教育史の権威の一人であるヘルムート・ケーニヒは次のように書いている。「政治家も哲学者も教育家も、市民社会への変化とフランスの支配からの解放のために、市民社会の時代の国民教育こそが本質的な寄与ができると期待していた。国民教育のプランをつくり、個々の問題について論文を書く中で、理論的な構想が仕上げられ、そこからそれらの実践的な応用のための帰結が引きだされるというところに第一の課題があった。村の小学校から大学の教員まで、彼らはこの課題を達成するために奉仕した」。[56]

フィヒテもその時代の思想の中で呼吸をしたからこそ、自己の哲学体系と概念構成にこのような要素をとり入れたのであろう。その知名度と後世に与えた影響から、ドイツの国民教育はまるでフィヒテが元祖のように思われているが、おそらくそうではない。フィヒテもまた、シュタインを中心に「国民神話」「国民の物語」を、国民教育を通して創造していくというその時代の思想運動の一部に属し、リーダーでもあったが同時にとり巻きでもあったといえるのである。[57] 当時のベルリンの知識人の布置の中で、フィヒテの国民教育概念を見ていくことも興味深いと思われるが、しかし、ここでは論じる余裕がなく示唆だけにとどめておきたい。

以上、『ドイツ国民に告ぐ』を論じるに際し、理解を助けるための予備的な考察を行なった。ようやく次節から本論に入る。

五　フィヒテの国民教育論

(1) 絆を結びなおすための教育

フィヒテはフランス支配下のベルリンで、一八〇六年一二月一三日に第一講を開始する。彼は時代の状況を「利己心(Selbstsucht)」[58] という言葉であらわして、啓蒙の産物である個人主義の利己心が、共同体の紐帯を壊してしまったと指摘する。「これまでの体制においては、絆によって、全体への関与が個人の自己自身への関与に結びつけられていたが、この絆がいまはどこかでひき裂かれて、全体への関与もすっかりなくなってしまった。この絆はまた、現在と将来の生において、全体の運命からみた個々人の問題をおそれと希望でつなぐものである。……ただ感性的に計算するだけの知性という啓蒙の力が、宗教による将来の生と現在の生との結びつきを廃棄してしまい、同時に、名誉や国家の栄誉を求める心といったような、道徳的思考を補いそのかわりになるものを、欺瞞的な幻想にすぎないとして把握させた。……まさにその種の絆が、どこかでまったくひき裂かれ、それが壊れることで、共通の存在（das gemeine Wesen）が解体されたのである」（VII. 272-273）。

ここで「おそれと希望（Furcht und Hoffnung）」とあるが、「おそれ」とは、個人が全体に反した行動、義務を忘れた行動をとって、社会的に非難を受けたり、法によって処罰されることを意味し、「希望」は既成教会や国家による将来の生に対する希望のことを意味する。要するに、既存の組織や国家による各人の結合・絆（Band）を含意したものである。フランス的啓蒙、とくに感性的計算つまり経済的な生（利己心）は、人々のこうした絆を破壊してしまったとフィヒテはいいたいのである。

もちろん、新たな征服者であるフランス人は、こうした絆を外面的には利用する。法を定め、訓令を出し、戦後の復興を市民に命じて、日常生活をとり戻すようにする。「すなわち、結合手段の後の部分、現在の生に対するおそれと希望を再び結びつけ、強化するだろう」（VII. 273）。しかし、これは征服者の利益のためであり、ベルリンの市民のためではない。ちょうど、アフガニスタンで暫定政府をつくり市民生活を回復しようとするが、それは自分たちの利益のためでしかないアメリカのようなものである。それゆえ、フィヒテは、国民自身がみずからこの絆をつくるべきであるが、しかし、それはこれまでの「おそれと希望」を根拠とするものではなく、それ以上の内容をもつものでなければならないと説く。いい換えれば、他者が苦しんでいるときに、おのれの利益を維持するためにそれを見すごすのをよしとせず、その救援に関与すること、道徳的な義務や社会の公平にかんする共通感覚をもった絆をつくれというのである。

「敗北した国民に残されたものは、おそれと希望を超えたまったく別の新しい結合手段を見つけだして、彼らの全体の問題を、彼ら個人個人から出てくる各人の関与のあり方へと結びつけること以外にはない」(a. a. O.)。これが国民教育であり、利己心から自由で公共性を考慮できる人間を教育することである。「一言でいえば、これまでの教育のあり方の抜本的な変革であり、これがドイツ国民を維持する唯一の手段として、私が提案するものである」(VII. 274)。

それゆえ、フィヒテの国民教育は、こうした公共性の自覚をもった公民教育を一番の目的とする。フィヒテが挙げている順番では、まずペスタロッチの教育法にもとづく直観教育、そして次には道徳心を育成する宗教教育がなされ、最後に市民社会や国家における義務について学ぶ公民教育が来る。彼は民衆が読み書きを覚え、実学の知識や技術を学ぶことをまったく重視していない。国民教育とは、人類の文化を学び、それを育成する国家の市民としてどうあるべきか、国家の危機に際し、自己の私有財産を守ろうと汲々として征服者にこびへつらうようなことはせずに、精神の独立を維持するにはどうあるべきかを学ぶことである。一言でいえば最後の公民教育に収斂するものなのである。

(2) 知識階級と民衆との相互作用 「民衆の中へ(ヴィ・ナロード)」

フィヒテが階級間の相互作用・相互交流をつねに主張し、階級間の価値的な差別を解消することを意図していたことは、これまでに何度も触れてきた。ここでもまたフィヒテは、従前の教育が上流階級だけのもので、大多数の民衆がないがしろにされたことを批判する。新しい教育はそのような階級の格差があってはならず「ドイツ人である者すべてに例外なく、新しい教育を施すしかない。その結果、この教育は特別な身分の教育ではなく、たんてきに国民そのものの教育、例外なしに国民の個々の部分の教育となるのである」(VII. 277)。

国民すべてに教育を施すといえば、貧しい大衆に読み書きや仕事の技能を教える実学の教育がイメージされるが、フィヒテはそれを否定する。新しい教育は人々の間に感性的なおそれや利益という絆ではなく、道徳的で精神的な絆を形成するものであるから、そのような実利的な教育を意味しない。それゆえ、実学の「民衆教育(Volkserziehung)ではなく、国民教育(Nationalerziehung)が成立するのである」(a. a. O.)。階級差なく同じ教育がなされることで、一つの国民が形成される。「われわれが求めるのは、新しい教育によって、ドイツ人が一つの全体へとなることである。この全体は、そのすべての個々の分肢［各個人］において活動が担われ、これらの分肢が同一の問題に集中することで全体が生かされている」（VII. 276）。

フィヒテは、この大事業を始める役割を知識階級・教養階級に与える。「この提案によって私の話は、まずはドイツの教養ある階級に向けられる。というのも、彼らに私の話が理解されることを望み、そしてこの話が何よりも、彼らにこの新しい教育の創造の当事者となることを提案するからである」（VII. 278）。フィヒテによれば、「これまで、ドイツ国民の人間性のあらゆる進歩は民衆（Volk）から始まり、大きな国民的な問題はつねにまず民衆にもち込まれた」（a. a. O.）。しかし、今回のドイツの国民教育を知識階級・教養階級が主体となって推進すれば、それは画期的なことだというのである。

ドイツの人間性の進歩にかかわる問題が民衆から始まったというのは、ルターの宗教改革をまず意味するが、フィヒテはゲルマン民族のキリスト教化もそれに入れる。そして、宗教改革に並ぶものが、中世自由都市の市民自治の繁栄である。今回のドイツの国民教育の創造を、これまであまり貢献しなかった知識階級がせよというのは、この連続講演を聴いている聴衆がその階級に属する人々ということもあろうが、それを抜きにしても、フィヒテ自身が真にそう考え、求めているということである。すでに前章で、牧師ではない新たな民衆教育家の可能性の指摘をした。ここではそれだけではなく、彼のイメージでは、大学を卒業した学徒たちが「民衆の中へ（ヴィ・ナロード）」入り込み、かつての教会の牧師にかわる新しい時代の国民教育家となって、祖国の国民意識を形成せよということであろう。実際、フィヒテも「大学を出た者が、事情が許せば、大学を出て公職に就くまでにある猶予期間に、こうした教育施設で教育法を学び、そこで教えることに従事してほしいと願う」（VII. 440-441）と書いている。

『愛国心とその反対』で見たように、フィヒテにとって「愛国心（パトリオティズム）」は世界市民主義と不可分離のものであった。そして、当時の知識階級では啓蒙の世界市民主義が支配的であったことにも触れた。知識階級はいわばフランス、イギリス、イタリアの思想や文化を学び、ある意味では汎ヨーロッパ的な文化の普遍性の上に立つ者であり、フィヒテ自身若いころそうであったように、とくにフランス文化の影響は強かった。それは古代から日本の知識人が中国文化を範としてきたこと、明治以後は知識階級が依拠するのは欧米文化であり、日本の伝統的な文化は土俗的なものとして下にみたこととほとんど同じ構造である。現在でさえも、学問の世界はアメリカ一辺倒が目立つ。

このように知識階級がコスモポリタンな立場に立ちたがるからこそ、あえて民衆の中に入り、土俗文化を評価せよとフィヒテはいっているのであろう。それが民衆と知識階級の相互理解、宥和になり、国民としての一体感を形成することになる。後述するように、フィヒテのこの思想は、ドイツの国民国家を求める青年運動に大きな影響を与え、その後のドイツの青年運動の源流となった。ワンダーフォーゲル運動はその一例である。[59]

(3) 共同体としての学校

このような新しい教育は、家庭や地域では不可能なことである。この時代の民衆はそのほとんどが農民であり、農民の親や彼らの住む地域が教えることができるのは、農業の技術、目先の損得勘定、庶民の遊び程度である。農業の技術はまだしも、損得勘定はフィヒテの毛嫌いする利己心の最たるものであろう。そのような視野狭窄の実利、自己中心的な処世術ではなく、フィヒテが求めるのは高邁な精神の世界に基礎を置く人間性の陶冶、国民形成の公共性の意識であるから、教育を受ける子どもたちが自分の住む環境の中にとどまれば、周囲の悪影響を受けかねない。それゆえ、フィヒテは「隔離教育」を提唱する。「生徒を初めから中断されることなく、全期間にわたってこの教育の影響下に置き、世俗から完全に切り離し、世俗的なものとの接触から安全に守られるということが基本である」(VII. 291)。

こうなると家庭や地域から離れて、学校の中に住む全寮制の施設でなければならないことになる。修道院は昔からそういう場であり、大学ももともとはそういう場であったから、学校共同体という発想自体は別に目新しいわけではない。しかし、フィヒテはそれを義務教育段階から提唱しているのである。「この新しい教育を受ける生徒たちは、すでにある世俗の共同体から隔離されているにもかかわらず、共同社会の中で相互にかかわりながら生活することは疑いない。そうして隔離された独立の共同体を形成する」(VII. 293)。

これは明らかに独立した教育コミューン、生徒たちがここで労働・農作業も行ない学習もして、生活をともにする共同体がイメージされている。「この新しい国民教育の主たる要求は、そこでの学習と労働が合一されているということ、生徒たちにはこの施設が自分自身で維持されているように少なくともみえること、各人がこの目的のためにそのすべての力を与えるという意識をもちつづけるということである」(VII. 423)。「この小さな経済国家の原則は、食事、衣服、さらにはできれば道具にいたるまで、自分たちで生産すること、そして製作していないようなものであれば、使用してはならないということである」(VII. 425)。こういう共同体であるから、生徒たちは「教師や校長とともに生活する」(VII. 422)。そしてここでは少なくとも教育上での男女の差別はない。[60]「この教育が男女両性に同じ仕方で同じだけ与えられなければならないということ、そのことを理解するには、とくに注意もいらないだろう。両性を男子生徒用の施設、女子生徒用の施設というように別々にわけることは、目的に反することである」(a. a. O.)。

このように見てくるとなかなかすばらしい学校で、今日要求されている「生きる力」を教育してくれる学校のように見えるが、教育学者にとってフィヒテの教育思想は評判が悪く、この労作学校も、狂信的なナショナリズム、思想教育を行なう閉鎖された空間、洗脳を行なう場としてイメージされているようである。それはフィヒテに与えられがちのナチズム的な全体主義思想家というイメージや、ヤマギシ会あるいはオウム真理教で試みられた、家庭から隔離して教義を教え込む学校というものにつきまとう負のイメージが投影されているのであろう。たしかにそういうネガティブな事例に照らしてみれば、いくらでもケチはつけられる。

だが、筆者のよく知るデンマークのエフタースクール(Efterskole)や、日本の無教会派の運営する全寮制の私立高校(愛農学園農業高校、基督教独立学園高校、キリスト教愛真高校)などを見れば、こうした否定的イメージとは正反対の学校がたくさんあることがわかる。デンマークのエフタースクールは、農民解放運動の中でつくられた私立の全寮制の中学であり、一六〇年以上の歴史をもつ。全国に二五〇校ほどあって、その中にはフラッケビャウ・エフタースクールなど、食料は農業や畜産でまかなう自給自足の学校がいくつもある。[61]また、三重県の伊賀市にある愛農学園農業高校[62]は一クラス二五名の、全国唯一の私立農業高校である。ここでは有機無農薬の農業や畜産が教えられ、自給自足はおろか、自分たちの生産組合を通して生産物を販売までしている。まさに独立した経済小国家になっているのだ。

これらの学校は、自然と親しみ、労働の重要性を知り、友と寝食をともにして友情を培う教育を行なっており、洗脳や全体主義の思想教育などとは無縁である。教育の歴史でもケルシェンシュタイナーの労作学校を初めとして、さまざまな試みはすでにあり、一定の評価をえている。フィヒテ自身は実際に学校をつくったわけではないが、彼の文言の一部を採って、フィヒテだけが狂信的な洗脳学校を提唱したというイメージをもたれるのは、はなはだ不当な扱いということになろう。

フィヒテの誤解されやすい文言の一部の例を挙げてみれば、この学校共同体が厳しい校則で運営されると述べている箇所である。「校則の制定においても、それにもとづいて構築される授業においても、学校のあり方について、その他すべての事柄が、理想にまで高められた秩序への愛によって各人にイメージされるということが理にかなっているだろう。この理想にまで高められた秩序への愛は、実際には誰一人としておそらくもってはいないだろうが、もつべきとされるものである。この立法は最高に厳密さをもち、禁止事項がたくさん課せられていることも合目的である。この立法はたんてきになければならないもの、それに社会に存立がかかっているものとして、緊急事態の場合には、処罰への恐怖によっても強制されなければならない」(VII. 293-294)。これだけ読むと、校則で生徒を拘束する現代の日本の中学・高校もまっさおの厳しい管理教育の学校、処罰で脅す恐怖政治の学校という印象を受ける。

しかし、二百年前の時代ということを考慮しなければならない。すでにフーコーが明らかにしたように、近代は規律訓練・身体の統治が全国民に開始された時代であり、フィヒテの時代にはまだ民衆は集団行動の規律をもっていなかった。農民や下層労働者の子弟が学校の教室に集まると、喧騒の中いかに授業を受けさせるのに苦心したかは、学校教育史の研究書などが論じている。(63) ドイツではないが、一八三〇年代のデンマークの公立学校では、農民の子弟があまりに粗野で授業が成立しないので、教師は笛や鞭をもって軍隊のように整列・行進をさせて授業を行なったそうである。(64) 青少年の喫煙、飲酒もあたりまえで、また庶民文化の特徴として性的な話題や行為も当然視されていた。庶民の状況はおそらくドイツも似たようなものであろう。

状況がそうだからといって、フィヒテは必ずしもつねに処罰をもって強制せよと語っているわけではない。処罰が怖いから生徒がいうことを聞くのか、それとも理解のうえでよき意志をもってその行為をなしているのかが、外部から判断できれば、「各人は、さまざまな要求を、強制からするのではなく自発的に満たすということが校内規律の原則であるべきだ。なぜなら、望まない者はそれを拒否することも自由とされるから」(VII. 294-295) と述べている。自分なりに正当で合理的な理由があれば、要求を拒否する自由を認めているのである。

(4) 国家による「人間の安全保障」としての公教育

フィヒテの国民教育の学校は、家庭や地域社会の伝承とは異なる近代的な文字文化を教え、また実学でもない人間性形成のための文化の教育である。ゲルナーの用語でいえば、「高文化」でかつ産業社会で構築された文化であって、伝統的な農業文化ではない。隔離された学校で教えるために、ここで新世代は先行世代と文化的断絶をもつことになる。ゲルナーはさらにこのような教育は、国家による運営でなければならないとしたが、フィヒテもまったく同様に、国家によってなされるべきだとする。

すでに言及したように、当時のヨーロッパでは、民衆の教育は教会に任されていた。「近年でも、今日に至るまで、有産階級の教育は親が自分たちの好みに応じて行なう私的な事柄とされ、彼らの子弟は、一般には将来自分自身にとって役立つためにという形で教えられていた。公的な唯一の教育は、教会のなす大衆教育で、来世の幸福を願うためだけの教育しかなかった。主要な内容は、少しばかりのキリスト教そして文字が読めることで、うまくいけば書けることであり、すべてはキリスト教のためのものであった」(VII. 429)。

高等教育とくに大学は領邦国家の君主の名誉になるので、国家によって設立運営されていたが、民衆教育はまだまだ不十分であった。この当時、プロイセンではまだ義務教育は制度化されておらず、このフィヒテの講演のあと、シュタイン・ハルデンベルクの改革の一環として、国家による義務教育制度が検討される。フィヒテの影響がどの程度あったのか詳細は不明だが、プロイセン政府と関係の深いフィヒテであるので、当然何らかの影響はあったはずだ。しかし、政府による公教育制度は実現せず、一八七二年のビスマルク時代の「学校監督法」の制定まで待たねばならなかった。この法律により、学校が教会から国家の管理へと完全移行したのである。

このような提案をしたときに、必ず返ってくる政府関係者の「予算がない」という答えにフィヒテは反論をしている。それはすでに『愛国者とその反対』で見たものと同じで、軍備を減らしてそれを教育に回すというものである。当時の国家予算の最大部分は戦費だった。この対ナポレオン戦争時（一八〇五―〇六年）は、ゾンバルトによれば戦費関係の支出は二〇一八万一四〇八ターレルで、国家歳入の七五パーセントを占めた(65)ということである。軍事費を教育費に回すことは決して国防上に不利があることにはならない。その教育によって、愛国心に燃え、何のために闘うのかの道徳的な使命感をもった国民を育成できるからである。

「われわれが提案した国民教育を一般的に導入する国家は、次の世代の若者たちがこの教育をくぐり抜けたときから、もはや特別な軍隊を必要とすることはなくなり、そのかわりに、彼らにおいてこれまでに見たこともない軍隊をもつことになるだろう」（VII. 431）。彼らは常備軍ではない。普段は市民としての義務を果たしながら、国家の危機には駆けつける国民義勇兵・市民軍なのである。「国家が求めればすぐに、彼らを召集し、武器をとらせることができる。そしていかなる敵も彼らを打ち負かすことはないと確信できるのだ」（a. a. O.）。

戦争ばかりではない。「国家はこの教育へ唯一支出することで、それ以外のたいていのことを経済的な仕方で処理するであろう」（a. a. O.）。勤労の精神をもった国民を育成できれば生産力も上がり、適切な知識と技能をもった国民をもてば技術も効率も上がる。国家が矯正施設・監獄・救貧院に出す費用は馬鹿にならないが、国民の民度が上がれば、こうした施設の運営・管理の費用が間接的に節約できる。これらは今日では、途上国における「人間の安全保障」として行なわれている政策とまったく同じである。フィヒテは、有産階級の子弟だけが教育を受けるのではなく、あらゆる民衆が同一の教育を受ける国民教育こそが人間の安全保障になりうると述べているわけだ。そして国民教育への支出が「国家予算の唯一の主要な支出になるだろう」（a. a. O.）と書いている。これは今日の民主国家の教育費の位置づけとまったく同様であり、フィヒテの先見の明を示す事実になるだろう。

国家がこの国民教育を行なう意味は、その普遍性にある。「国家に対して提案されたこの課題を国家が引き受けるならば、国家はこの教育をあまねくなすことになる。つまり、国家の領土すべてにわたって、次世代の市民のすべてに例外なく。われわれが国家を必要とするのは、まさにこの普遍性だけなのである。というのも、こういう教育をあちこちで個々に始めたり試みたりするなら、篤志家の私人の能力で十分であろうから」(VII. 434)。

今日では、公教育には多くの批判もあるが、どんな辺境でも学校がつくられ教師が赴任し、どんな出身の者でも例外なく教育を施したということは評価してもよいのではないだろうか。それが国家イデオロギーを片隅に至るまで浸透させ、地方から人材を中央に駆り出す流動性を引きおこしたのはまちがいないとしても、その地方の人々がそのまま無知無学に置かれ、学識と資産ある都市部の人間に搾取されることをときには防ぎ、地方の者でも立身出世することで、少なくとも差別の固定化をある程度阻止したこともたしかである。今日の「人間の安全保障」政策が示すように、女性に開かれた普通教育もまた、地方の女性の地位向上、家庭の民主化に寄与した面があったと思われる。国家が教育の主体となるべきだとフィヒテがいう理由の一つがこの普遍性である。都市部の資産ある者だけが教育を受けることができ、そうでない者・貧しい者・地方の者・辺境の者たちにはそれができないという格差を防ぐのは、ただ国家による公教育しかないということなのである。

このような国家による「義務教育」であるから、当然それをいやがる親もいる。日本もそうであったように、そして現在でも途上国にままみられるように、貧しい家庭では子どもも重要な労働力であり、学校にその労働力を奪われることははなはだ困る。フィヒテが挙げているのは、有産階級の親たちが自分の家で自分たちの流儀で教育を施すという例だが、とりあえずは、フィヒテはこれらの政策にかかわる政治家がみずからこの教育の意義とすばらしさを確信すれば、国民にその意は伝わるはずと述べ、説得を意図している。しかし、それでも導入の摩擦を避けたいなら、強制をせずに彼らに任せよという。その教育のよさは次世代の子どもたち自身が証明するだろうから、自然と親たちはどこに子どもをやればよいかは判断できるはずだとフィヒテは楽観的に考えている。

六　フィヒテの「都市の論理」

(1) 規範としての中世自由自治都市

フィヒテは、ドイツ人の民衆は教育によって自己を変革できるとみなしている。そのことによって支配階級と対等に立つことができ、職業的な区別はともかくとして、階級差や身分の差は解消できると考えているのだ。これはすでに何度も論じてきた知識階級・支配階級と労働階級の相互作用、対等な相互の関係というフィヒテの意識の証左である。そしてフランスでは「革命」があったにもかかわらず、依然としてその格差が残り、ブルジョア階級の道具として民衆が使われていると考え、ドイツこそがその階級対立を教育によって宥和できるとする。フィヒテの民衆（Volk）への信頼の厚さであり、フィヒテ流の民衆主義のあらわれということができる。フィヒテがなぜそこまでドイツの民衆を信頼しているのか、その根拠は彼の歴史認識にある。ドイツが誇る歴史的な事業、精神文化の遺産はドイツの民衆によるものだからである。

フィヒテが挙げる民衆がもたらしたドイツの最高の精神文化の所産は二つある。一つは宗教改革で、もう一つが中世自由都市である。

フィヒテによれば、宗教改革はルターによって呼びおこされた民衆の魂がなした事業である。「ルターが、この純粋に人間的で各自によって配慮されるべき事柄を、すべての人間、まずは彼の国民のすべてに呼びかけたということが重要である。彼の国民はこの提案をどのように受けとめたであろうか。……彼らは燃えつづける火によって捉えられるように、魂の救済へのこの配慮に動かされ、この配慮によって完全な明晰性への眼がたちまちに開かれ、彼らに提案されたことをすぐに受けとったのである。……ここにドイツ民族の性質の一つの例証をあなたがたは見るはずだ。ドイツ民族は魂の昂揚によって、各自の昂揚、各自の明晰性にたやすく高まることができ、その昂揚は生命を通して永続し、この生をつくりかえるのである」(VII. 348)。宗教改革は民衆から始まり、その意向を無視できなくなった諸侯によって支持されて、ドイツの各領邦国家に広まった。

民衆に導かれた宗教改革という事例は特殊な出来事ではないとフィヒテはいう。「この個別的なケースが例外ではなく、これが原則であったということをさらに示さなければならない」（VII. 354）といって、彼が挙げるのが中世のドイツ自由都市である。フィヒテにとって、中世自由都市は宗教改革に匹敵する重要なドイツ人の歴史的成果であり、政治的にも文化的にも、ドイツ人が最高に誇るべきものだとされる。

中世のドイツ自由都市がフィヒテにとって最高度に重要であったということは、いままでの研究書であまり指摘されなかった論点だ。自由帝国都市は選帝侯や司教、領邦君主といっしょくたにされて、神聖ローマ帝国の共和的体制を美化したもの、「理想としての帝国」[66]の一要素にされていたのである。しかし、フィヒテがほめ讃えているのは明らかに自由帝国都市であり、選帝侯、司教、領邦君主は入っていない。彼らはむしろ自由帝国都市の市民自治を骨抜きにした悪しき存在として語られさえしている。

ドイツ人の教養を高めたのは、司教でも領邦君主でも帝国でもなく、都市であるとフィヒテは語る。「ドイツ人はたしかに勇敢で正直ではあったけれども、半分は野蛮であった。そうこうするうちに、彼らのもとで民衆からなる人々によって設立された都市が生まれた。これらの都市で教養ある生の小枝が速やかに成長して、美しい花を結んだのである。これらの都市では、なるほど小さなものではあったけれども、すぐれた市民の体制と制度ができあがり、これらの都市から、秩序のイメージとそれを愛する心が他の地方へと拡がっていった」（VII. 355）。ドイツで共和制の名に値する制度を構築したのは都市市民が最初であり、決して領邦国家ではないのである。

これらの都市は、領邦君主や司教たちの支配、その徴税権、裁判権などに抵抗した。軍事力が及ばない場合は都市同盟を結成し、諸侯に対抗した。「これらの都市の同盟（Bund）は君主たちをおそれさせた」（VII. 354）。文化も技術も発達した。「それらの都市の建築芸術の記念碑は数世紀にわたる破壊にもちこたえ、いまなお存続している。後世はその前に立つと驚嘆して、ただおのれの無力を嘆くばかりだ」（a. a. O.）。これらのドイツの都市は、イタリアの都市国家に匹敵するものだったとフィヒテはいう。「ドイツ人は、美術においてさえイタリアの該当諸地域に遅れをとることはなく、実用的な技術では彼らをしのぎ、教師になるほどであった」（VII. 356）。

ヴュルツブルクの市長を務め、ドイツ農民戦争を支援した彫刻家リーメンシュナイダー（一四六〇―一五三一年）や、自由帝国都市ニュルンベルクで生まれそこで活躍したデューラー（一四七一―一五二八年）を想起すれば、これは理解できる。フィヒテの時代には忘れ去られていたが、デューラーやリーメンシュナイダーに並ぶ偉大なドイツの芸術家、ヴュルツブルクに生まれマインツで活躍し、ドイツ農民戦争を支持したグリューネヴァルト（一四七〇／七五―一五二八年）もまたこの時代の人間である。そしてマインツのグーテンベルクの印刷術は、たしかにイタリアに勝るドイツの実用的技術であった。「ドイツの歴史、ドイツの力、ドイツの経済事業、発明、文化財、精神といったものの歴史は、この時代ではただこれらの都市の歴史にほかならなかった」（VII. 356）。それゆえ、「この時期は、ドイツの歴史の中で国民が輝き誉れ高く、基幹民族としてドイツ国民にふさわしい地位をもっていた唯一の時代である」（a. a. O.）。

この時代を堕落させたのは、誰あろう君主たちにほかならない。「それらの花は、君主たちの所有欲と支配欲によってひき裂かれ、それらの都市の自由は踏みにじられ、全体は次第にますます没落するようになり、現在の状態に至ったのである」（a. a. O.）。フィヒテの時代には、かつての自由都市の自治権は失われ、領邦君主が都市も支配するようになっていた。

この都市の繁栄を支えたのは、フィヒテ流の「都市の論理」である。彼はいう。「このドイツの市民階級は、いかなる精神をもってこの開花をもたらし、それを享受したのか。敬虔と尊敬と謙譲と共通感覚（Gemeinsinn）である。自分自身のためにはほとんど必要とせず、公共の企てのために計り知れないエネルギーを投与したのである。すべての者が同じ意図をもち、共同のもののために同じように自己を犠牲にしたので、どこであれ個人の名前が目立つとか傑出するとかはめったになかった」（VII. 357）。

ここで語られている個人の共同体への犠牲の精神は、『現代の根本特徴』で語られた「絶対国家」での「個の類への奉仕」とまったく同じ内容である。フィヒテの「絶対国家」は個を圧殺する強権的な全体主義国家ではなく、自由自治都市がイメージされているといった理由がここにある。自由自治都市市民たちは、自己の利益のために活動することなく公共性のために奉仕し、共和国広場を維持してきた。だからこそ「ドイツ国民は、何世紀も前から、彼らが共和的な体制に耐えうることを市民階級において行動によって示してきた、ヨーロッパでは唯一の国民である」(a. a. O.)とフィヒテは宣言するのだ。

ラウトは同じ箇所を引用して、この共和制の体制を、世襲制の君主が統治するのではなく、選帝侯によって選挙で皇帝が選ばれる神聖ローマ帝国のことだとしているが[67]、これには賛同できない。フィヒテが神聖ローマ帝国を共和的な体制とみなし、そのゆるやかな共和制的な連合を肯定的に評価していることはたしかである。だが、少なくとも引用の箇所では、フィヒテは「帝国都市(Reichsstadt)」という言葉を使い、「イタリアの自由都市(in Italien freie Städte)」(a. a. O.)と比較をしている。それゆえ、都市における共和制・市民自治の伝統を意味していると考えてしかるべきだ。ここはやはりフィヒテ自身の表現に即して、中世自由都市とその連合が主で、それらの都市が参加した神聖ローマ帝国も付随的に含意されるとみた方がよいと思う[68]。また、多くの中世自由都市は形骸化し、その生き生きとした共和制の姿を失っていたが、ダンも述べているように、ハンブルクは都市共和国として、近代ドイツの文化、コーヒーハウスや出版などの言論文化を牽引し、フィヒテの時代になってもナポレオンに征服されるまでは独立性を維持していたのである[69]。

これはラウトだけのことではなく、他のフィヒテ研究者にもいえることだ。最近の研究であるライスの『フィヒテの「ドイツ国民に告ぐ」――「私」から「われわれ」へ(*Fichtes >Reden an die deutsche Nation< oder: Vom Ich zum Wir*)』(二〇〇六年)でさえ、同じ箇所を引用して、これは神聖ローマ帝国が没落した当時に見られた「帝国の愛国心(Reichs-patriotismus)」だとしている[70]。フィヒテが帝国の共和的体制を評価し、帝国愛国主義的なものをもっていたのはたしかであるが、上にも述べたように、都市も同じくらい高く評価していたのである。おそらく彼らにはドイツの自由自治都市を過小評価し、都市は帝国に帰属する一つの要素にすぎないとみなされていたのであろう。だから、都市共和国やその芸術と文化、そしてフィヒテが終生高く評価した商人や学者の行き来する都市のネットワークが、ドイツ史においていかに重要であるかを見落としてしまったのである。

フィヒテはこの議論の最後で、「あの時代は、将来の事業や戦争と勝利という制限された範囲において、国民の抱く若き夢(die jugendliche Traum der Nation)であった。そして、国民が完全な力をもったときにどうなるのかを予言するものであった。しかし、誘惑する社会と虚栄の魅力のために、育ちゆくはずの国民は、自分とは違う領分の中にとけ込まれてしまった」(VII. 358)。といい、「彼らがとらわれた誤った方向から国民を連れ戻し、彼らのあの若き夢の鏡像の中に、彼らの真の素質と真の使命を示すべきだ」(a. a. O.) と主張している。

ライスはここもまた「帝国の愛国心 (Reichspatriotismus)」の発露とみなしている。だが、「国民が完全な力をもったときに」皇帝や帝国議会、プロテスタントとカトリックにわかれて相争う領邦君主や司教などの利害関係の老獪な駆け引き・交渉になるのだろうか。一八〇〇年前後にヘーゲルは『ドイツ憲法論』を書き、帝国の有様を「ドイツはもはや国家ではない」と嘆き、帝国憲法は近代的な国法・公法の形態をもたず、封建的な私法の寄せ集めにすぎないと批判した。おそらく同時代の一つの共通認識だったに違いない。帝国議会は、皇帝の力の強大化を選帝侯や領邦君主たちが抑制し、逆に皇帝は司教や自由都市などと結託して、各自それぞれの利権をいかにして確保し、法的な保障を得るかの場にすぎなかったということである。

フィヒテがほめ讃える時期のドイツは、宗教改革によりドイツの領邦国家と都市は宗教によって区別された時代である。それゆえ、帝国は微妙な妥協の上にかろうじて統一を維持していたが、それぞれの都市や領邦国家は一つの宗教のもとでつかの間の平和を謳歌した。自由自治都市ニュルンベルクのハンス・ザックスが「ヴィッテンベルクの小夜啼鳥」を発表してルターを讃え、[71] そのハンス・ザックスの活躍に感銘を受けたワーグナーが『ニュルンベルクのマイスタージンガー』をドイツ文化の精華として発表したことはよく知られている。このようなエピソードからしても、「若き夢」は自由自治都市を中核とした「帝国」とみた方がよいのではないかと思う。

このあとに詳しくは検討するが、ドイツの都市史研究の大家、法制史の専門家であるハンス・プラーニッツは、中世の自由都市がもとづく「宣誓共同体は、ゲルマン法による誓約兄弟団である」[72] と書いている。ドイツの自由自治都市の共和制は、彼らの先祖がもっていたゲルマン法を受けつぐものだということである。古代ギリシャが人類の青年時代とされ、その復活であるルネサンスが若々しい「春」のイメージで語られるように、ゲルマン共同体の再興である都市共同体こそが「若き夢」の表現にふさわしいであろう。[73] そこでは、人々は生き生きと相互に作用し、公論を形成して、都市の文化と芸術が満開に咲き誇ったのである。

また、フィヒテが「花（Blüte）」という言葉を何度も使っていることを軽視すべきではない。帝国自体は皇帝選出の際に、微妙なパワーバランスに立ち権謀術数がうごめいた歴史があって、これを「花」というには無理があるだろう。逆に「花」と「中世都市」といえば、すぐに花の女神フローラからその名をとった「花の都」フィレンツェが想起される。この時期、フィヒテはイタリア語に熱中しマキャベリやダンテの研究を行なった。二人ともフィレンツェの歴史からは切り離せない人物である。当然、フィレンツェやベネツィアの都市共和国の姿も彼に親しい場所であったに違いない。

ライスは、「帝国の愛国心」は「ドイツの歴史では政治的な危機に対する指標として記されうる」もので「非合理的で情緒的な帝国に対する激情、瀕死の苦しみの時代におけるある種の愛情、危機や戦争の状況で火がついたつかの間の興奮として理解される」[74]として、帝国といっても具体的な統治状態をさすものではないと逃げているが、神聖ローマ帝国が消滅を迎えたその時代の意識は過去を美化するものであったにしても、フィヒテはここで帝国そのものへのノスタルジーではなく、帝国に栄えた自由自治都市あるいは自由都市が主なイメージとなった帝国のノスタルジーを語り、帝国自体への愛国心ではなく、帝国がもっていたゆるやかな共和体制を評価していると見るべきであろう。

ドイツ民族が誇るべきは、民衆が主導して二つの偉業をなしたことであり、それが宗教改革と自由自治都市であったということ。フィヒテがこの箇所ではっきりと言葉で述べているのは、ただそれだけなのであり、皇帝や選帝侯、領邦君主は出る幕もないのである。

（2）プラーニッツの「中世自由都市」論

フィヒテがどの程度中世都市の歴史を把握していたか、スピノザにみるような彼の蔵書リストなどの書誌情報がないので不明である。またフィヒテの時代に中世都市の歴史・研究がどの程度のレベルであったかも、歴史学者でない身ではわからない。現在流通されている歴史研究書を見るかぎりでは、中世都市の研究は一九世紀末のピレンヌ以降に画期的な進歩を見せ、一九三〇年代にピレンヌ、レーリヒ、プラーニッツの三人が代表的な定説を確立したとされ、それ以前は熱心に研究がされていた分野ではなかったようである。しかし、フィヒテがこのように中世都市を共和的体制、文化の栄華、公共的な言論の場として挙げている以上は、何らかの歴史的な知識を根拠にしていることはたしかである。

フィヒテの『封鎖商業国家』を分析した際に、マリアンネ・ウェーバーの指摘、すなわち、都市部の手工業・商業とそれをとり巻く周辺農村部という自立的な構造をもつ中世都市経済をモデルにしているという議論を紹介した（第二部第五章第三節（2））。それがこの『ドイツ国民に告ぐ』での具体的な言及で明らかになったともいえる。経済だけではなく、中世都市の共和的体制もまたここでフィヒテが賞賛しているならば、では、肝心の中世都市はどのような政治制度をもっていたのか、それも明らかにしないとフィヒテの真意は伝わらない。

以下、フィヒテのテキストから離れはするが、中世都市の自治体制について少し論じることにしたい。とはいえ、フィヒテの当時の歴史書に拠ることは不可能である。それゆえ、現在、この分野の古典的な研究と目されているピレンヌやプラーニッツに拠るしかない。ピレンヌはフランドルの都市、プラーニッツはドイツの自由帝国都市を主に対象にしているので、主にはプラーニッツが論拠となる。プラーニッツの説は、その後エンネンなどにより批判がなされているが、その論拠は彼がドイツの一部都市の歴史をヨーロッパ中世都市の多くへと普遍化している、例外の都市もたくさんあるというものである。しかし、本論ではむしろプラーニッツが扱った「ドイツの」代表的な都市（ケルン、シュパイヤー、ヴュルツブルクなど）の方がかえって都合がよい。まさに「ドイツ国民」の事績になるからである。

プラーニッツの説として代表的なものが、「宣誓共同体（Eidgenossenheit）」としての都市の把握である。その際に重要なものは、一般にイメージされているように、都市は商人の共同体ではなく、「市民の共同体（Gemeinde der Bürger）」であり、「都市の全市民を包括する都市共同体が存在した」[75]ということである。都市は商人の共同体が初めに結成され、のちに手工業者のグループがそれに加わり、一一世紀になると都市に移住してきた農村部の手工業者も市民共同体に参加する。それと同時に、これまでの商人的な都市の市場（mercatus）から商人・手工業的な市場（forum）にかわり、都市を規制した領主の法は、「商人の法」から「市場の法」となり、最終的には「市民の法（ius civile）」となった[76]。

都市の市民は領主や司教の支配からの自由と自治を求めて、何度も係争や反乱を起こした。こうしたプロセスの結果、司教や領主などの都市君主は宣誓共同体を承認せざるをえなくなった。都市市民は自分の都市君主と利害が対立する国王や皇帝に訴え、双方の力関係を利用して、国王や皇帝に宣誓共同体を認可させ、それを根拠として都市君主にもしぶしぶ認めさせた。プラーニッツのフィールドであったケルンでは、市民はあるときは都市君主といっしょに皇帝と闘ったり、別のときには司教と対立する皇帝に協力するなど、抜け目のない外交戦術をみせて都市の共同体を守った。他の司教都市、マインツ、ヴォルムス、シュパイヤーでも類似の歴史を示している。都市は「司教が求めていた „Luft macht eigen"［空気は隷属身分にする］の原則を、それに対抗する „Stadtluft macht frei"［都市の空気は自由にする］の原則をもたらす原理によって排除した」(77)とプラーニッツは書いている。

先にも引用したとおり、宣誓共同体はゲルマン法にもとづく誓約兄弟団であり、それゆえ「すべての成員を、相互の兄弟的誠実に義務づける」(78)。市民同士の私闘は禁止され、紛争は市民の和解裁判所、あるいは平和裁判所と呼ばれる裁判組織が仲介して、平和的に解決した。市民の誰かが市民以外の者に権利を侵害されたときは、市民は共同して仲間を助け、その攻撃者に復讐すべきとされた。攻撃は市民共同体全体への攻撃とみなされたのである。また市民が市外で逮捕されたときには、共同体は全力を尽くしてその者を奪還しなければならなかった(79)。プラーニッツは「すべての市民は、誓約団体に対して誠実の義務を負っていた。従って彼は、彼の全人格を、誓約団体のために捧げなければならなかった(80)」と記しているが、この表現は、先のフィヒテの「絶対国家」で主張された個の類への奉仕と非常によく似た表現であることを想起してほしい。フィヒテの絶対国家は必ずしも全体主義国家を意味するのではないということが、ここからも理解できるだろう。

市民の義務の一番重要なものは市の軍事的防衛であった。ドイツの中世都市は、都市君主と恒常的に戦闘をしながら、軍事的に独立することをめざし、有事の際には市民がみずから武器をとり、都市を防衛したのである。スイスはその正式名称（Schweizerische Eidgenossenschaft）に示されているとおり、中世以来の都市の誓約共同体（Eidgenossenschaft）の同盟が近代的な修正を受けながら、そのまま連邦国家となった稀有な国であるが、市民軍の伝統はそのまま現代にまで継承されている。

市民は都市の広場や集会場に集まり、都市のあり方を議論した。これらの場所は「市民の家（domus civium）」「平和の家（domus pacis）」「共同体の家（domus communitatis）」と呼ばれ、鐘の音によって市民はこの家に召集された。これがのちに市庁舎、市議会となっていく場である。「鐘の音は、ニーダーフランケン諸都市においてもドイツ諸都市においても、都市自由の特別の象徴として現れている。鐘の音は市民を協議、或いは選挙集会に召集し、新しい都市条例の告知或いは従来の都市条例の廃止に際しても鐘が鳴らされ、鐘の音はまた贖罪されなければならない犯罪や事故の場合の援助を宣誓共同体員に命じた」[81]。この鐘の音は自由と市民共和制のシンボルであるから、当然ながら司教は反対しつづけたそうである。

よく知られているように、都市はアジールとしても機能した。市民共同体は新しい市民が誓約共同体の義務を果たすことを誓約すれば、市民として受け入れた。誓約共同体ができる以前は、都市は逃亡者を前の主人に返還するしかなかった。「誓約兄弟の思想は、各人は自らの自由を守らなければならないように他者の自由をも守らなければならないという具合に、市民と受け入れられた移住者を結合せしめた。宣誓共同体と同時に、『都市の空気は自由にする』の理念も生まれたのである」[82]。「各人は自らの自由を守らなければならないように他者の自由をも守らなければならない」という思想は、まさにフィヒテの倫理学、社会哲学の大原則である。フィヒテの描く理性的存在者の共同体は、表面的ではあったかもしれないが、中世都市において一時期現実存在となっていたといえる。

当時の都市の機能をまとめて、プラーニッツはこう書いている。都市共同体が全市民に対して積極的に召集したのは「相互的な援助、全市民の自由身分の保障、軍役と築城、政治的団体としての都市の独立を保障する財政的負担等［の積極的行為］である。これらの大きな課題の遂行は、原則的には共同体集会の手によってなされた。史料からわれわれは、必要な決議はまさにこの集会における全市民の協議と同意によって決定されたということを認識する。決めたのは、**universi cives**［全市民］、universitas civium（civitasis）［市民全体］であった」[83]。これらの市民は鐘の音によって「市民の家」「共同体の家」である市庁舎（Rathaus 協議の家）に召集され、その市民集会で議論がされて、重要事項が決定された。また現代の都市歴史家E・エンゲルは次のように書いている。「市民の家（Rathaus）は自治と政治的生活の市の中心であり、都市領主に対抗した市の自由のシンボルであった」[84]。

フィヒテが『自然法の基礎』で人民集会についてのどかな描き方をしていることから、現実の政治状況にはあまり役立たないかもしれないとは指摘したが、この都市における市民自治の歴史を鑑みると、その実在性をイメージできることがここでわかる。人民集会は必ずしも非現実的な夢想ではなく、それなりの根拠があったということである。

ちなみに筆者がときどき研究滞在するデンマークのコペンハーゲンにある「ヴァートフ」(Vartov グルントヴィ教育運動の研究センター。グルントヴィ図書館などがある)は市役所(Radhus)のすぐ隣にある。ここで暮らすと定時に市役所の鐘がなるのがよく聞こえる。毎時をその数で知らせ、三〇分のときは一回だけなる。金属音なのに慣れるとこれがいい音色で、神経にさわるどころか心を癒す作用があり、鐘の音が聞こえてくると何ともいえないよい心持ちになるのが不思議だった。教会でもないのになぜ鐘を鳴らすのだろうかと思っていたが、これも都市の伝統に連なるのだろう。市役所前は広場になっており、さまざまな市民集会がここで行なわれる。王宮にも広場があるが、王室の行事は王宮前、市民の抗議行動やサッカーのワールドカップのパブリック・ヴューイングは市役所前広場という使いわけがなされている。市役所の鐘の音とその前の広場は、現在もなお都市の自由と平和のシンボルとなっていることが実感できる。

これらの制度も参事会制度の登場により、徐々に形骸化する。参事会を都市の名望家、都市貴族が占めるようになり、彼らと領邦君主や司教が結託して、だんだんと都市の自治が失われていった。フィヒテの時代には、名前こそ自由帝国都市であっても、ほとんど領邦君主や司教権力の支配する場に成り下がっていた。だからこそフィヒテが「それらの花は、君主たちの所有欲と支配欲によってひき裂かれ、それらの都市の自由は踏みにじられ、全体は次第にますます没落するようになり、現在の状態に至った」(VII. 356) と批判したのである。

フィヒテの『自然法の基礎』が土台の一つとしたルソーの『社会契約論』については、これまでドュラテに代表される見方、すなわち当時の政治思想(プーフェンドルフ、グロティウス、ホッブズ、ロック、モンテスキューなど)を源泉にして書かれたという見方に対抗して、近年はロネに代表される見方、すなわちルソーは現実のジュネーブの都市共和国をモデルに、人民主権の共和国を提出したという見方が主張されている[85]。フィヒテの社会哲学にもこのようなアプローチは不可能ではないであろう。[86] もちろんフィヒテ自身は、ルソーのように典型的な都市国家に生まれ育ったわけではなく、ワイマールやプロイセンという領邦国家で生きた人であるから、現実の都市をモデルにすることはできない。しかし『ドイツ国民に告ぐ』で、はっきりと中世自由都市をドイツ民族の誇りであり規範であると賞賛している事実を見れば、それが彼の社会把握、市民共和制の理解に何らかの形で投影されていると考えてもおかしくはないはずだ。

とはいえ、上に論じたプラーニッツの中世自由都市理解がフィヒテの時代にあったわけではなく、どこまで中世自由都市の意義がフィヒテの時代に理解されていたかはわからない。資料的な困難さもあり、現時点では間接的な類推によるしかないが、これまでのフィヒテ理解や『ドイツ国民に告ぐ』についての議論で、ほとんど無視されていた視点をここで提起したことを、とりあえずはこの節の到達点としたい。

七　形而上学的存在としての「ドイツ国民」

(1) 皮相な合理主義に抗して

ドイツ民族とは何か。すでに言語による規定は触れたが、ドイツ民族を規定するのは血と土地なのであろうか。フィヒテの答えはそうではない。フィヒテの民族の概念には、彼の哲学・知識学が前提されている。これはきわめて思弁的な内容になり社会哲学の文脈からやや離れるために、これまではあえて主題とすることを避けてきたが、ここで最少限論じておきたい。そうすれば、彼の民族概念が血と土地にもとづくものではないことがわかり、しかも国家論を論じる際に重要な論点である「至上権［最高権力］」について、フィヒテの見解を知ることにもなるからである。

すでに『自然法の基礎』において、国家を有機体として把握することにフィヒテは言及して、そういう思想は自分が最初だと書いていた。シェリングを意識した先鞭争いはさておき、このような有機体・生命体として国家を把握する立場は、啓蒙の合理主義、機械論的な国家把握への反発であり、ロマン主義に属するものとされ、この時期のドイツで好まれた考え方であった。代表的なものを挙げるとシラーの「美的国家」論がそれであり、ヘルダーリン、ヘーゲルらの『ドイツ観念論最古の体系構想』もこれに属する。(87) フィヒテもまた、『ドイツ国民に告ぐ』（第七講）で、啓蒙の国家観を次のように表現している。

「国家の設立と統治を、確固たる規則をもつ自由な技術としてみるという点では、古代の手本にしたがった外国が、われわれの先行者として役立ったのは疑いない。……〔彼らがこの国家技術をどこに置くかといえば〕同様に事物の固定した死んだ秩序を見いだす技術に置くのである。しかも、そのような死から社会の生きた活動が生じ、意図したとおりにそれがもたらされると考えている。社会におけるあらゆる生命は、一つの大きな人工的な圧力機構、歯車の組織に組み込まれ、そこでは各人は全体によってつねに全体に役立つように強制される。それは有限な示された大きさから求められた総量になるように計算問題を解くことであり、各人は利己的な福利を目的として求めるという前提から、まさにそれを通して普遍的な福利を促進するために、各人の全体へのお返しとその意欲を強制するという技術なのである。外国ではこの原則はいろいろな形で表現され、かの社会の機械技術の装置が提供されている」（VII. 363-364）。

これはアダム・スミス的な分業体制でもあり、またケネー的な経済表、あるいはフーコーが近代の「生政治」の実例として挙げている事態に近いと考えてよい。ともかくもフィヒテは、外来の啓蒙の合理主義的な国家把握に異を唱え、そのかわりに生命的な国家観を提唱するのである。この国家の歯車機構・社会連関の中では、個人は自分の意志決定をしていると思っても、実はその関連によって規定されているだけで、自分の意志はただの「現象」でしかない。しかし、フィヒテにとっては意志こそは自由の領域にあり、根源的な生命の発現である。一見自由に見えるが、実は経験的に規定されているこの網の目を、本来の意志によって突き破らなければならないのである。この現象の連関を超える「より以上のもの」は、このより以上のものという点で、それはあるところのものであり、真に第一のものであり、根源的で自由なものである。それがこのような根源的で、ありとあるものであるがゆえに、最深の自己自身において究極に至った思惟に対して現象するのである」（VII. 371）。

これは「神的生命」のことで、ベルリン期のフィヒテの知識学を特徴づける概念だ。ベルリン期の知識学では、絶対我ではなく、神的な生命が知の根源、存在の根源と考えられるようになり、この神的生命の映像が知として現象するとされる。『ドイツ国民に告ぐ』は一般向けの講演であるために、思弁的な厳密さは意識的に省略されているが、この神的生命を論じている点は知識学と変わらない。「この、より以上のものが、現実に目に見えるものとしてあらわれるところ、それはただ意欲においてのみあらわれることができるものだが、そういう場では、ただ存在し、存在することができ、自己自身から自己自身によってある本質、すなわち神的な本質が現象の中に歩み入り、自己自身を可視的にする。まさにそれゆえに、そこでは、真の根源性と自由があり、現象もまた信じられるのである」(VII. 372)。

このような真の根源性・神的生命から現象をみることなく、経験的にあるいは自然科学的に、ただ眼前にある現象・自然的な事物・対象的な存在から思惟する者は、それだけでもう死んでいる。「固定した不変の死せる存在を信じる者は、彼自身が自己自身において死んでいるからこそ、そういうものを信じるのである」(a. a. O.)。フランス流の啓蒙の合理主義、デカルト的な機械論、あるいはイギリス経験論、そこから来る功利主義など、フィヒテからすれば、みな死せる思惟である。「われわれは、根源的に生きた民族と反対のこのような死に対する信仰を、外国かぶれ (Auslnderei) と名づけた。こういう外国かぶれがいったんドイツ人に広まると、ドイツ人の現実生活の中においても、存在の不変の必然性に静かにしたがうようになり、自由を通して自分自身や他者を向上させることを断念し、自分自身とすべてのものをあるがままに消費して、それらの存在からわれわれ自身にとって最大の利益を引きだしたがるようになるのだ」(VII. 373)。

フィヒテは、このような啓蒙の合理主義、経験的な科学的思考、一口にいえば近代的思考に、完全に浸透されていないドイツ人に希望を託す。近代化が遅れたがゆえに無自覚的にドイツ人に残っていたものを、ドイツの哲学、とくにフィヒテの哲学によって意識的に再構築することで、この根源的なものの認識を可能にしようとする。「今日まで自分自身をたんてきに民族 (Volk) すなわちドイツ人と呼ぶ国民 (Nation) において、近代、少なくともいまに至るまでには、根源的なものがすでにあらわれており、新しいものを創造する力が示されていた。いまこそついに、自己自身において明晰になった哲学によって、この国民に鏡が突きつけられたのである。この鏡を見て、国民は、明晰な意識なくして自然によって自分たちがそうさせられていた内容、何のために自然によって自分たちが規定されていたのかを明晰な概念によって認識するであろう。そして、この明晰な概念と熟慮された自由な技術によって、彼ら国民があるべきものになり、紐帯(同盟 Bund）を刷新し、彼らの範囲を規定（封鎖）することが提案されるのである」（VII. 374-375）[88]。

近代的な合理主義・思考法に逆らい、根源的な生命を捉える思考をする者なら、誰でも仲間になることができる。「精神性およびこの精神性がもつ自由、そしてこの精神性が自由によって永遠に自己形成することを信じようとする者は、その者がどこで生まれようと、何語を話そうとわれわれの種族であり、われわれに属し、われわれに加わるであろう。静止し退歩しそこで堂々めぐりすることを信じる者、死せる自然に世界支配の舵をとらせる者は、どこで生まれようと何語を話そうとドイツ人ではないのであり、われわれには疎遠な者である」（VII. 375）。これは前に論じたアビザデー論文で、フランスのルノーがフィヒテの民族性を生まれに帰しておらず、選択可能なものとしたという論拠になっている箇所（第五章第一節）でもある。たしかに表現的には、血と土地ではないことは明らかであるが、ドイツ民族の優位性の論拠にもなっている。

この根源性・根源的なものによって貫かれていることがドイツ人のドイツ性をなすものであり、同時にフランス人などの非ドイツ人に対する優位性である。それゆえにこそ「ドイツ人、つまり根源的で、恣意的な規則の中で死に絶えることのない人間だけが、真に民族（Volk）というものをもち、それをあてにする資格があり、ドイツ人だけが自国民（Nation）に対して本来の理性にかなった愛をもつことが可能なのである」（VII. 378）。

（2）神的生命の体現としての「国民」

この民族も神的な生命に由来をもつ。フィヒテの定義はこうである。「精神世界一般の見地という観点から受けとられた言葉の高次の意味で、民族とは、社会の中で相互に生活を続け、自己自身からたえず自然に精神的に自己をつくり出している人間の全体のことである。この全体は、民族から神的なものが発展するのだが、その発展の一定の特別な法則のもとにある」（VII. 381）。あるいはこうもいわれる。「神的なものが民族の中に現象したのであり、根源的なものは、民族を自分の衣服とし、自分が世界の中に流れ込む手段とする資格を与えたのである。それゆえ、神的なものはさらに民族から今後もあらわれるであろう」（VII. 383）。

民族は神的な生命の顕現であり、永遠にその歴史を紡ぐべきものである。それゆえ個人はこの民族の歴史に参与し、民族の永遠性をめざす活動をすることで、有限な自己の生命を永遠の生命につなぐことができる。個は類に寄与することで、死せる有限な個体的生命を、不死の類的な生命の中で生かしつづけるのである。『現代の根本特徴』で語られた「個の類への奉仕」とは、このようなあり方を意味していた。

それはまた同時に、類・全体への自己犠牲を意味する。「たんなる生命としての生命、変化する現存在がただ継続するだけのものとしての生命は、高貴な人間にとって何ら価値をもつことはない。彼は生命を存続の源泉として求めたが、この存続は彼にとっては、ただ彼の属する国民が持続することによってのみ約束される。だから国民を救うためには、彼はみずから死ぬことさえしなければならない。その結果、国民は生き、その者は国民の生命の中で、その者が前から求めていた唯一の生を生きるのである」(a. a. O.)。『自然法の基礎』まではまだ個人独自の存続は認められていたが、ベルリン期において、フィヒテは全体への個の犠牲、それによる全体の維持という立場を前面にうち出す。同趣旨の内容は『現代の根本特徴』にもすでに出ていた。

この国民への愛が同時に祖国愛となる。祖国も神的なものが現世にあらわれ出たものだからである。それゆえ「こういう意味での民族と祖国は、地上における永遠性を担い保証するものとして、そしてこの世で永遠であることが可能なものとして、通常の意味での国家をはるかに超えている」(VII. 384)。フィヒテによれば、通常の国家がなすことは法律を制定し、国内の平和を保ち、個人の財産と活動の保護、個人の地上の生の保障であるが、「こうしたことは、祖国愛が本来的に意欲すること、すなわち、永遠なもの・神的なものがこの世で開花し、無限の進行の中でより純粋により完全にますます的確になっていくための手段であり、条件であり、踏み台にすぎない」(VII. 385)。

このような見地に立つと、国家が危機にあるとき、あるいは国家の運営や国民生活に支障が出るときには、個人の財産と活動、個人の利益の追求の自由は制限されてもよいと考えるようになる。前にも述べたように、フィヒテは利己的な活動の自由、アングロ・サクソン的な「〜からの自由」を嫌う。「国内の平和のためには、個々人の自然的な自由はもちろんいろいろな形で制限されてしかるべきである。もし彼らがこの自然的な自由以外に何の意図も配慮もないのであれば、できるかぎりこの自由を狭く制限し、彼らのどんな活動も単一の規則のもとに置き、継続的な監視を維持してもよいであろう」(VII. 384-385)。

市場経済論者、リバタリアンからすれば、まさしくフィヒテの警察国家観を如実に示す表現であるが、現行の経済法や労働法でのさまざまな規制(独占禁止法、証券取引法の規制、公正取引委員会、労働基準監督署等)を思えば、必ずしも百パーセントの極論を語っているわけではない。フィヒテはここで「自然的自由(die natürliche Freiheit)」という表現をしていることに注意すべきである。これは上に述べたように、財産や営利活動の自由・利己的な活動の自由と理解してよい。それゆえ、フィヒテは人間のすべての自由を制限する有事法体制を主張しているのではなく、利己的な活動の自由・営利活動の自由が、国家の危機の際や国民生活の安寧を脅かす場合には制限されてよいと述べているだけである。

この議論は、ブルジョアの自由主義を攻撃し、国家の危機である「例外状態」においては、ブルジョア的な自由は制限されてしかるべきだと主張したカール・シュミットを想起させる。資本家や企業経営者は、国家の危機、戦争の際には、基本的に自分のことしか考えない。戦争で自分の会社の商品(武器、弾薬、鉄や石油等のエネルギー、食料や衣類など)が売れれば大歓迎である。あるいは不足する物資があれば、高い値づけで売り抜ける。武器や弾薬を製造する軍事産業なら、平和の時代では商売あがったりで、どこかで小さな戦争や摩擦を起こして、常時需要を創出しなければならない。だから資本家には「国家」の敵は存在しない。彼らの「敵」は自分の利益を阻害するものだけである。それゆえ、対立する国家にさえ、商品が売れればそれは「友」となる。こういうブルジョアのあり方ならば、国家の危機である「例外状態」においては、一切の法秩序が停止されて、彼らの経済活動の自由も奪われて当然である。彼らの活動こそは、敵の国家をも利し、自国を危うくするものだからである。あるいは、たえず戦争状態を維持することで、自国も他国も滅ぼされてしまう。シュミット的に考えると、このような理解になるが、フィヒテのいう「自然的自由」の制限は、こうした文脈で理解するとわかりやすいであろう。

フィヒテがここで語っているのは、人間の自由をすべて制限する有事体制・戒厳令の状態ではない。彼が「自然的自由」という概念を用いているのは、これに対立する本来的な自由、フィヒテの語る自由が別にあるからである。この自由は根源的なもの、神的なものに由来する意志の自由であり、個人の自然的な欲望・衝動の自由ではない。それはカント、フィヒテを貫く道徳的な意志の自由であり、普遍的な意志である。「自由とは、外的な生命の活動においてもまた、高次の教養形成が始まる土台である」（VII. 385）。こういう自由ならば、国家は制限できない。「このような形成を視野に入れた立法は、国家の一様な安寧と静けさが減り、統治がいささか困難で骨の折れることになるという危険を冒しても、自由に可能なかぎり広い領域を許すだろう」（a. a. O.）。

この自由に属するものは、ここでは具体的に書かれてはいないが、フィヒテの思想全体からすれば、言論の自由、文化表現の自由などが考えられる。フィヒテは利己的な経済活動の自由には厳しくとも、公論を形成し公共体にかかわる自由は、国家の「統治がいささか困難で骨の折れる」ことになっても、制限できないとしているのである。先に、ヘーゲルとの対比の章（第二部第四章第二節②）で、フィヒテが国家の秘密警察や秘密諜報活動を認めないことを示したが、政治的活動の自由、言論の自由の尊重はここでも貫徹されている。

フィヒテによれば、民族も国民もこの自由の実現をめざすものである。「根源的民族は自由を必要とするということ、この自由は根源的なものとしてその民族の維持を保証するものであるということ、そして彼らの存続の過程の中で、自由がより高度のものになっていくが、何の危険もなくこれに耐えるということは明らかである」（VII. 385-386）。

フィヒテにとっても国家は武力をもつものであったが、これは通常の個人の財産、生命の維持、あるいは個人的な自由や福祉の維持のために使われるものではない。国家が武力を用いるときは、戦争状態であり、国家の存亡がかかっている場合である。しかし、このような場合に通常の制度や立法がはたして機能するのであろうか。国家の制度は、平時において個人の自由や個人の財産・活動・福祉を規制し、調整するために定められたものであり、戦争状態・例外状態を意図したものではないからである。

すでに『愛国者とその反対』で、フィヒテは、国家が危機の存亡にあるときは、とりあえず現状の国家の存続を第一とし、国家がどうあるべきかの議論を国民がすべきではない旨を語っていた。戦争状態・例外状態にあるときには、人民による討議はあまりに悠長であり、しかも多数決などという形で主権の意志が決定されれば、それでは反対派が国家にしたがうことを拒否して、国家の分立を招きかねない。フィヒテはこのときにこそ、民族が意志を発揮するという。「武力の行使が問題になるとき、すなわち、所有・人格的自由・生命・福祉などの概念上の国家の全目的だけでなく、国家そのものの存続さえ危機にさらされるとき、……このときに初めて、真に根源的な最初の生命が国家の舵をとり、この位置に統治の真の至上権（die Majestätsrechte）が初めて登場する。この至上権は、神と同じく、高次の生命のために低次の生命を危機において危険にあえてさらすのである。もたらされた体制・法律・市民の幸福などの維持の中には、いかなる本来的な生命も根源的な決断もない」（VII. 386）。

このようなものいいは、またしても、例外状態において主権者が平時の法を超えた存在であることを主張するシュミットを想起させるが、少なくともフィヒテは、戦争状態においては議会などの討議の上に武力行使を決議するのではなく、民族・国民という神的生命に由来する超越的な存在が決断をすると語っている。もちろん、これまでのフィヒテの人民主権を考えると、人民概念が超越的な国民となっただけだと解することも不可能ではない。しかし、それはもはや国家から自由な市民の権利をもつ個々人によって成り立つ人民ではなく、聖化された国民であり、民族という集合的な存在である。そこにあるのは「制度や法律に対する静かな市民的な愛好ではなく、永遠なものを覆うものとして国民を包む高次の祖国愛という身を焦がす炎なのだ」（VII. 387）。

戦争状態などの例外状態において、神的生命に由来する超越的な民族・国民が至上権をもつというとき、具体的にどういう形で統治や決定がなされるのかという問題がある。一般には国民の市民権が停止され、戒厳令が引かれ、議会も解散させられて、統治者や政府の独裁が始まるというのが危機状態の定番である。しかし、上に言及したシュミットの「例外状態」は戒厳令ではない。戒厳令は平時において、危機や有事を想定して、そのための対応を議会で決議した文書、マニュアルにすぎず、人間の作成したものだからである。ほんとうの意味での危機では、そのような想定マニュアルは役に立たない。それゆえ、シュミットの「例外状態」は法の空白であり、真空状態である。ただ主権者がこれまでの一切の法を停止して、無から秩序を創造する。あるいはこれまでの書かれた法を無効にして、書かれざる法を現実にもたらす。ここに法と政治の超越的なものの由来が示唆されている。[89] フィヒテが神的生命に由来する超越的な民族・国民が至上権をもっという場合も、その形而上学的な根拠を考慮すれば、人間の世知でしかなくそれゆえ権力者の利害を優先する既存の戒厳令とは質がまったく異なるものであろう。現実に存在する権力者の独裁、横暴による人権侵害の有事体制を安易に投影して理解することは軽率のそしりをまぬがれず、ここは慎重に判断すべきであると思われる。

『愛国心とその反対』では、たしかに国民の討議に対する否定的言辞があったが、しかし、『ドイツ国民に告ぐ』の中では詳しいことは述べられていない。とりあえず、『ドイツ国民に告ぐ』では、「民族の自立性が危機に陥ったときに、これを救えるのは、ただ永遠の人間形成という理想とそれへの愛だけである」(VII. 392)、すなわち「祖国愛」であると述べられている。これは平時においても国家の目的となるものであり、国家は「この国民の中で、純粋に人間的なものをむらなく継続して永遠に形成していくという高次の目的のための手段にすぎない」(a. a. O.) とされる。国家の存続そのものが自己目的とならず、あくまでも「永遠の人間形成」、人間の文化的な完成を根本理念として、さまざまな方策がとられるのであろう。これが統制的理念として作用するならば、国家自体が自己目的化し、聖化され、神聖な国家護持、国体護持のために、警察国家・独裁制になるということはフィヒテの論理からは出てこないと思われる。

国家が危機の状況ということでは、フィヒテは『マキャベリ論』(一八〇七年)で、そのような場合に君主はどうあるべきかを少し描いている。これはナポレオンに攻め込まれてベルリンを放棄し、混乱の中で逃亡したプロイセン政府や王室を叱咤激励するために書かれたものである。プロイセン王室に宛てて書かれたこともあり、当然ながら君主制という前提で、その意味ではヨーロッパの伝統的な「君主の鑑」的な著作になる。

フィヒテによれば、君主制といえども人民主権・立憲主義に立つべきなので、平和時および国内においては、君主は法律にしたがい、人民の人権を守らなければならない。「平和な人民に対する関係においては、君主は法律と[人々の]権利というものに拘束されている。存在する法律にしたがう以外のいかなる人民の扱いも許されない。たとえ、合法的な状態をより完全にするためにいろいろな立法をする権利が君主にあるにしても、である」(XI. 427)。

しかし、戦争時および諸外国を相手にするときには、そこには世界共和国はまだ存在せず、人民の主権も確立されておらず、普遍的な法律はない。それゆえ、「別の国家に対する関係においては、強者の権利[弱肉強食]以外に法律も権利も存在しないので、この関係は、運命と世界統治の神的な至上権（die Majestätsrechte）を、君主の責任において、彼の手に与える。そして、個々人の道徳命令を超えて、君主を高次の道徳的秩序へと高めるのである。その実質的な内容は次の言葉に含まれている。すなわち『人民の福祉が最高の法たるべし（salus et decus populi suprema lex esto）』」（a. a. O.）。上で述べたように、至上権は、既成の市民社会の立法や道徳のレベルには立たず神的で超越的な秩序に拠るが、それでも根本原理はキケロを引用して「人民の福祉（幸福）」を目的とせよとフィヒテは書いている。他の箇所でも、君主は民衆を自己の私有財産と考えるなと注意しており（XI. 426）、専制政治的な独裁をフィヒテが奨励しているわけではないことがわかるだろう。

八　ドイツ国民の共和国と人民主権

（1）フィヒテの共和制志向

永遠の人間形成をめざす文化的国家は、フィヒテの本音をいえば、連邦国家・共和国の方が好ましい。たとえそれが危機のときでも同じである。ラウトが指摘した[90]ように、フィヒテにとってドイツのあり方は、神聖ローマ帝国のようなゆるやかな連邦が一つのモデルになっている。それゆえ、ドイツ国民は一つでも彼らが所属する国家は複数ある。だから、ドイツ人は国民と国家が分離した存在なのである。

「古代におけるギリシャ人の場合と同様に、ドイツ人においても国家と国民は相互に分離しており、それぞれが独立にあらわされた。国家は、特別なドイツ帝国と諸侯の国々において示され、国民は可視的なものとしては帝国のつながり、目に見えないものとしては、書きとめられてはいないにせよ、万人の心の中に生きて妥当する法においてあらわされ、その帰結は多くの慣習や制度の中で目立って示されているのである」（a. a. O.）。それゆえ、ドイツ人は二重のものに属する。一つは自分の生きる領邦国家であり、もう一つはそれらを超えてつながるドイツ国民である。

これは一見不便そうにみえるが、言論の自由・学問の自由を重視するフィヒテからすれば、その方が都合がいい。なぜなら、こういう状態であれば、ある領邦国家で禁じられているものが別の領邦国家では許されており、人は移動の自由をもって求めるものがある国へと行くことができた。そしてそれがドイツの歴史であったというのである。「かくして、個々の国家では少なからぬ一面性と狭量があったにもかかわらず、ドイツを全体としてみれば、かつて一民族がもちえた中では研究と伝達の最高度の自由があった。より高次の文化形成は、至るところで、すべてのドイツの国々の市民たちの相互作用から生まれた結果であった。そしていまもそれは続いている。この高次の教養はこの形態で次第により多くの大衆にまで普及し、彼らは全体として自己自身によって自己自身を教育することをつねに進めたのである」(VII. 393)。

このように、フィヒテはドイツのあり方として、国家と国民が必ずしも合致せず、国民は言語と文化によってゆるやかな統一をもちはするが、現実の国家としては全ドイツ国民を一国の中で支配することをせずに、諸国家にわかれたままでよいと考えている。その方がむしろ文化における自由を確保でき、いろいろな国家に属する市民の相互作用を活発にする。異他なる者の相互作用を何よりも重視するフィヒテの思想傾向がここにも出ている。もちろん、これらの国々はゆるやかな連邦を形成して関係をもち、それぞれは共和制であり、この連邦も神聖ローマ帝国がもったような共和的なシステムになる。

だから彼はこういうのである。「ある特別なドイツの国家なら、ドイツ国民全部を一つの政府のもとに統治し、これまでの共和制にかわって専制政治をもち込むことを目標にできたかもしれないが、そんな国家は現実にはない。私がもっぱらそうみなしてきたように、この共和的体制がまさにこれまでのドイツ文化の最もすぐれた源泉であり、その独自性を第一に守る手段であったということが真実である。そうだとすれば、前提された政府の統一が共和制の形式ですらなく、君主制の形式をもち、ドイツ全土にわたって根源的な文化形成の芽を彼が生きている間につぶしてしまうということが権力者に可能であるならば、そして実際に君主が文化の芽をつぶす意図が成功するようなことがあるならば、こういう事態は、ドイツの祖国愛の問題にとって大きな災厄であり、高貴な人々は共通の大地のすべての場どこでも、それに抵抗しなければならなかったであろう」(VII. 397)。

フィヒテの社会哲学の柱である共和制への信頼は、この国家の危機のときでさえも揺るぎないことがわかる。ドイツには共和制が最もふさわしいと彼はここでも断言している。新しいヨーロッパの皇帝、フィヒテからすれば専制君主であるナポレオンが、その共和的体制を破壊するのであれば、ドイツ国民は敢然と抵抗しなければならないと語っているのだ。

フィヒテのナポレオンへの批判はこれだけではない。I・H・フィヒテは、彼のフィヒテ全集所収の『ドイツ国民に告ぐ』に、付録として三つの小編を入れている。これらも同時期に発表されるはずであったが、何らかの事情でそれはできず、刊行されたのは今日われわれがみるテキストだけになった。その三編とは『現在の戦争に対する雄弁の適用（*Anwendung der Beredsamkeit für den gegenwärtigen Krieg*）』『会戦開始に際してドイツの兵士に告ぐ（*Reden an die deutschen Krieger zu Anfange des Feldzuges*）』、そして『名前なき者との関係（*In Beziehung auf den Namenlosen*）』である。最後の『名前なき者との関係』の「名前なき者（der Namenlose）」はナポレオンのことだと編者のI・H・フィヒテは注をつけている。つまり、フィヒテはこの小論でナポレオンを正統な資格や称号のない者＝「簒奪者」[91]として厳しく批判したのである。

そこでは、ナポレオン（名前なき者）が、親族を王位につけ世襲制をとったこと、国家運営について経済的な目的しか考えていないことが批判される。そして、「支配者が報酬以外に何の利益も受けとらず［私利私欲がなく］、世襲制がなければ、経済的な目的の可能性はまったくなくなり、ただ公共体の理念だけが国家を動かすものになりうる（あらゆる共和国と同様に）」（VII. 514）とあるべき国家のあり方を示し、ナポレオンの支配するフランス国家に対置する。

フィヒテにとっては君主制ではなく共和制が好ましいが、それでもプロイセンのように、これまでの経緯で君主制が存続してきたところでは、国民と君主との間に相互の信頼関係があったことがナポレオンのような簒奪者との違いだという。したがって今後「ある王家を始める者は、そこにおいて民衆と対等であるべきであり、まさにそのことによって簒奪者と区別されなければならない。そうだとすれば、それは、王位を受けつぐ権利をもつことで選ばれるだけではなく、彼が民衆によって平和的な仕方で選ばれるということによってのみ、可能である」（VII. 516）[92]。ナポレオンが皇帝としてヨーロッパを支配したいなら、民衆による選挙など、多数の支持の明確な証明が必要だというのである。フィヒテの社会哲学のもう一つの柱である人民主権はここでも揺るぎはない。

ナポレオン的な「普遍的君主国」への批判は『ドイツ国民に告ぐ』第十三講でもなされており、これは以前にも指摘した。彼はそこでナポレオンにすりよる知識人たちを批判して、「普遍的君主国という夢想がもつ憎むべき内容と非合理性を見いだす勇気がほしい」(VII. 467) という。フィヒテにとって多様な民族や国家を支配する統一的な帝国は、個人や民族の多様性・多元性を破壊するものである。「精神的な本性が人間性の本質をあらわすことができたのは、それが、個々人における最高に多様な諸段階として、そして全体すなわち諸民族のそれぞれのものの最高に多様な諸段階としてあらわされたからである。各民族はそれぞれ自分の固有性にしたがって自己自身に委ね、その民族のそれぞれにおいて、各民族の共通性と特別な固有性にしたがって各人が発展し、自己を形成するときにのみ、神性の現象がそれぞれの独自の鏡像としてあるべきままにあらわれる。神的な秩序と合法則性に一切の予感をもたないか、あるいはそれに強情に敵対する者は、こういう精神世界の最高の法則を意図的に侵害する者ということになろう」(a. a. O.)。

このような諸民族の共存、かつての「帝国」のような諸国家の共和的体制の現実的な姿は、平和的な市民生活、農村生活である。シラーが「鐘の歌」で謳い、ゲーテが『ヘルマンとドローテア』で描き、ブリューゲル兄弟やフランドルの画家たちが描いたものだ。そのような人々の生き生きとした穏和な生活、そして彼らの労働によって形成された美しい都市や田園風景を見て、調和・美しさ・自然の多様性などに気づけば、いくら兵士といえども、それらを破壊しようという気にはなりにくい。だからフィヒテは、「われわれの時代の世界支配者は、野蛮で粗野な性格のほかに、彼の部下たちに冷酷で悪賢い略奪欲をしこまなければならないのである」(VII. 469) と把握したのである。フランス軍、フランス国家を特徴づけるのは利己心であり、利己的なもの・私有財産などを国家の目的にすることである。一口にいえば「経済」といってよいが、イギリスやフランスに由来するこのような近代の自由主義・商業精神・経済的合理主義、それによる平板化・画一化をフィヒテは、公共的なもの・国家・祖国愛・利他的な精神そして多様性を脅かし、破壊するものとして忌みきらう。

戦争においては、敵国を道徳的に劣るものとし、自国をもち上げるのがつねだ。したがって、フィヒテもまたドイツ国民を肯定的に描く。「自分たちの固有性を維持し、これが［他の民族に］尊重されることを求めることによって、他の民族にも彼らの独自のものがあることを認め、それらを喜んで承認する諸民族が存在する。ドイツ民族は疑いなくこれに属するのだ」（VII. 471）。

この引用は、フィヒテがはっきりと他民族の文化と存在を承認した箇所であるが、文脈上はフランスの文化を利己心にあふれたものとして否定する中でのことなので、その分わり引いて受けとらなければならない。もちろん、フィヒテは、フランス人やフランス文化自体を否定するのではなく、浅薄な近代化・合理化を批判するだけであり、フランス人がゲルマンの古い基幹民族の文化を思い出すことを奨励しているのであって、フランス人自体を否定しているのではないという思いがあるのだろう。これが勝者の存在を認めざるをえない敗者のルサンチマンからの言葉なのか、それともフィヒテの本音なのか、この文脈だけではあいまいなところがあるが、フィヒテの思想全体からすれば、他民族の承認、複数の多様な文化をもつ国家の共存は彼の社会観の基礎であるから、他民族の承認は当然のことである。フィヒテほど言行一致を旨とした人はいない。一度はっきりと言葉で表現した以上は、それは彼の思想だとみなしてよいのである。

現実にフランスに敗北した以上、フィヒテが提起するのは、精神の独立であり、支配者に対して卑屈にならず誇りをもって接することである。「武器による闘いは終わった。これからは、原則、道徳、国民性の新しい闘いが始まる」（VII. 470）。政府やその他にさまざまな原因を探して、敗北したことを非難する論壇の風潮にもフィヒテは批判的である。むしろ「敗北を、われわれ自身にとって自己を治癒してくれる一番の出来事として受けとめ、これを最高の恩恵として寿ぐべきである」（VII. 473）という。敗北はドイツ国民に何が足りず、これからはどうすべきかを反省するよい契機となるからである。

このあたりを読むと、フィヒテのこの著作は、ドイツであれ日本であれ、戦争を始める前や戦中よりも、むしろ敗戦後にこそ読まれるべきものだったと思われる。(93) それは内村鑑三の『デンマルク国の話』と同じ性格をもつ書物として捉えるべきなのである。そしてまた、『封鎖商業国家』で論じた封鎖経済の国家のあり方が、ここでもまたくり返し主張されている。覇権主義を一切捨て去った中立的な小国の理念は、まさに敗戦後の復興モデルとして歴史的にふさわしいものであったろう。ドイツも日本も、冷戦に伴う戦争物資の支援によって封鎖をやめて外需で稼ぎ、戦後のあり方が豹変する契機となってしまったのは皮肉というしかない。

ミュンヘン大学本館前の「ショル兄妹広場」

（2）人民主権にもとづく「国民」概念

ここまで来ると、フィヒテは、排外的なナショナリズムをもって他国を支配し、専制君主あるいは皇帝が支配するドイツ「帝国」を樹立せよとか、「世界に冠たるドイツ」として、他国の文化や民族性をドイツ文化で染め上げ、皇帝なり指導者が独裁体制によって民衆を支配せよなどとはどこにもいっていないことがわかるはずだ。共和制のゆるやかな諸国家の連邦として、たとえ君主をもつにせよ、主権をもつ人民によって平和的に選出されるべきであり、統治者と人民との信頼関係の中で、利己心や経済的目的だけが突出せず、各人が公共的なもののために貢献する文化共和国をあるべきドイツの姿として主張しているだけである。これらの文脈を無視して一部の文言を独立させ、非合理な民族概念・国民概念にもとづくファシズムの源泉、ナチズムの哲学的根拠と決めつけるのは、かなり恣意的な歪曲といわざるをえない。

前節で紹介したダンの議論を改めて見てみると、彼は、「国民（Nation）」概念と「ナショナリズム」概念を区別して使っている。ダンは、「国民」とは「ここに包摂される人々が法の下に平等であろうとする理念にもとづいている」[94]とし、「近代的な国民国家とは、公民の総体としての国民が政治支配のあり方を確定し、監督することによって主権者となっている国家である」[95]と定義していた。それに対して「ナショナリズムとは、すべての人間と国民が平等に尊重されなければならないということを認めず、他の民族と国民を劣等とみなし、そのように扱う

向かい側にある「フーバー教授広場」

政治行動様式である」[96]と独自の規定をしている。この区別にしたがえば、フィヒテの国民概念は、共和制・人民主権にもとづき、公民教育によって形成される自己意識であるから、ダンの「国民」概念に相当するが、決して「ナショナリズム」ではないことがわかる。ダンはさらに「国民運動」も定義し、「政治構想を抱いて組織された国民あるいは国民意識をもった住民層による運動であり、領土内での自治を実現、あるいは強化しようとし、この自治をはばもうとするものに対してそれを守ることをめざす」[97]ものだとする。いい換えると「国民運動は、一方で、人権にもとづく民主的な参加の要求を近代的な国民の普遍的な基本構想として掲げる」[98]。

ナチズムとの関連でいえば、先にも引用したベッカーの著書のフィヒテの影響作用史編で、かの有名な「白いバラ」抵抗運動のフィヒテにまつわる興味深い逸話が語られている。この学生グループの精神的な支柱であったクルト・フーバー（当時ミュンヘン大学哲学教授）は、ショル兄妹に続いて、一九四三年二月二七日にゲシュタポに逮捕された。裁判で裁判官フライスラーが「フィヒテを知っているか」と尋ね、「あなたからはフィヒテは生まれない」とフーバーを非難したときに、フーバーはフライスラーに対して正しいフィヒテ理解について一五分ほど講義をしたと妻が伝えている。フーバーはライプニッツの専門家であるが、フィヒテについても造詣はあったようだ。そして最後を、フィヒテの次の言葉で締めくくったそうである。「君は行動すべきだ。ドイツの出来事の

大学本館１階ホールにある「白いバラ」記念レリーフ

運命はただ君と君の行動にだけかかっているかのように。すべての責任は君にあるかのように！」[99]。

ベッカーによると、これは厳密にはフィヒテのテキストではなく、フィヒテの『ドイツ国民に告ぐ』をアルバート・マタイが詩として要約したもので、当時はフィヒテの言葉として流通していた[100]ということだ。フーバーとフライスラーの実際のやりとりの詳細はあいにく手許に文献がなく不明だが、フーバー自身が書いて残した弁論草稿はＣ・ペトリの『白バラ抵抗運動の記録』やインゲ・ショル『白バラは散らず』に掲載されている。彼はその中で「あのサークルが道義的動機から、内的必然性から発して、個人及び協同体の有する政治的自決の権利を求めて戦いつつ、法治国家への復帰への道を論じたのだ」[101]と書き、「私自身は、法治国家の唯一の永続的土台に思いを致せ、真のゲルマン的指導者国家へ帰れという私の勧告が、現時の最高の掟であって、それを看過すればドイツ精神の、そして結局はドイツ民族の没落を招来するだけだということを主張する」[102]と結論づけている。このあとに結びとして、上のフィヒテ由来の言葉を引用するのである。まさに「法治国家への復帰」「政治的自決の権利」を求めることが、フィヒテのいう真のドイツ精神、ドイツ民族のあり方なのだといわんばかりに。

ともあれ、フーバーは、ナチスのまちがったフィヒテ理解に対して、反ナチズムの行動こそが真の愛国的な行動であり、それがフィヒテの意図したことだと反論したわけである。そしてダンの定義にしたがえば、その判断は正しかった。フィヒテの「ドイツ国民」には人民主権・政治参加が保障された法治国家が前提され、ヒトラーのそれは、フィヒテ的表現ではナポレオンと同等の「簒奪者」であり、ドイツ国民を抑圧するものだ。たしかにこの時代、ナチスの御用学者によってフィヒテの国民論についての書物が書かれ、フィヒテがプロパガンダに利用された。[103] しかし、それに抵抗した「白いバラ」の人々にとっても、ナチズムへの抵抗運動の拠りどころの一つがフィヒテの精神で、それこそがむしろフィヒテの国民概念に近いものだったことを忘れてはならない。

「この暗き時代に、ドイツ観念論が、おのれの低俗化と悪用に反対した二度目の、そして最後の機会であった」とベッカーは書いている。[104] フーバーもまた七月一三日に処刑された。しかし、ミュンヘン大学にはいまも「フーバー教授広場(Professor-Huber-Platz)」の名前でその記憶が残され、本館のショル兄妹広場と向かいあって、今日のわれわれに、不正なものに抵抗する志の崇高さを教えてくれている。そして、それがフィヒテの思想の最良の継承の姿であったこともおそらくはまた。

(3) 時代への影響

フィヒテの『ドイツ国民に告ぐ』は、同時代にどのような影響を与えたのか。今日のドイツの社会哲学、あるいは国法・公法論にかんする書物は、カントとヘーゲルの影響について論じた章はあっても、当時のフィヒテの影響について述べたものはあまりないようである。ヘーゲルのように学派を形成しなかったフィヒテだけに、大学や言論界での支配的な影響というものをもたなかったことはたしかである。手許にあるわずかな資料の一つが、マインツの中央捜査委員会の記録文書であり、これはエーリッヒ・フックスが資料集『会話の中のフィヒテ(*Fichte in Gespräch*)』第四巻に掲載したものである。

「マインツ中央捜査委員会(Mainzer Zentraluntersuchungskommission)」は、メッテルニヒ主導で、一八一九年の「カールスバート決議」で設立されたものだ。学生団体ブルッシェンシャフトが中心となって、ドイツの自由主義、共和国化、憲法制定を求める運動が昂揚し、一八一七年のヴァルトブルク祝祭での焚書事件を経て、一八一九年三月の学生カール・ザントによるコッツェブー殺害事件につながった。このような民主化運動に危機感を抱いたメッテルニヒと領邦君主たちが結託して、カールスバートに集まり、ブルッシェンシャフトの禁止、出版検閲、そして煽動者とり締まりのためのマインツ中央捜査委員会を設立したのである。この委員会は、革命の動き、政治的結社の捜査を行ない、反動の中心的組織となった。一八二〇年以降「デマゴーグ狩り」が行なわれ、民主化運動を行なう急進派の学生たちが弾圧されたのはもちろんのこと、彼らのイデオローグ的存在であったアルント、フリースは大学から追放され、ヤーンは逮捕され、政府中枢部にいたシュタイン、グナイゼナウらの改革派までもが失脚を余儀なくされた(105)。

このマインツ中央捜査委員会が残した編年史に、フィヒテの『ドイツ国民に告ぐ』の影響について記した箇所がある。これ自体は、一八二一年以降に記されたもので、フィヒテが講演した時代のドキュメントそのものではないにしても、委員会の集めた報告にもとづいて書かれたものであり、中央捜査委員会の認識を示している。一八二一年の記述では、一八〇七―〇八年のベルリンについて、以下のような記述がある。

「フィヒテは、一八〇七―〇八年の冬、彼の講演『ドイツ国民に告ぐ』によって、肯定的な影響を与えた。その講演で、彼はドイツの共和国化を彼の提案の好機として示唆し、それに導く国民教育の形式として共和国化を勧めた。この共和主義は、のちの時代、われわれの時代の若者たちを、フィヒテの聴講者、友人、支持者たちの影響と協力のもとに、ブルッシェンシャフト、ツルネン体操協会、自由交流協会（freie Verständigungs- Vereine）として、形成したのである。それらの組織が総じて努力したのは、ドイツの若者たちを、個々の政府から独立させ、ドイツを再生させることをめざし、そのために活動する一つの共同体の中に統一することであった(106)」。

ここから、フィヒテの主張は、共和国化で、君主制の否定であり、ブルッシェンシャフトやヤーンのツルネン体操協会など、近代ドイツの自由主義的国民運動を任った青年組織・青年運動をつくり出した契機になったものだと体制側が認識していることがわかる。フィヒテの思想は、神的な国民・類全体の概念によって民衆の自由を求める個人の声を弾圧し、既存の支配階級を擁護するどころか、彼らの地位を脅かす反体制的なもの、中央捜査委員会からすれば危険思想にあたるというのが、当時の認識だったのである。実際、フィヒテのこの書は、一八二六年にプロイセン政府によって、禁書にされた。

上の引用の後には、次の言葉が続いている。「ヴァルトブルク祝祭によって、統一した自由なドイツというこの理念が新たに活気づけられた。すでにフィヒテによって一八〇八年に、彼らの父祖たちが悪化させた公共の状態を改善するよう、若者たちは呼びかけられ、後世の者たちにはその義務があるという妄想(Wahn)が若者たちに浸透していたが、その思想が教師や著述家たちによって、ほとんど信じられないくらいの傲慢さ(Anmassung)にまで高められていた」(107)。この「妄想」とか「傲慢さ」という表現に、保守反動体制の意識が垣間見えるが、しかし、中央捜査委員会のフィヒテの『ドイツ国民に告ぐ』の記述は概して客観的であり、フィヒテ自身に対する侮辱的な扱いは、この文書の中には見られない。それどころか、一八二六年の記述では『ドイツ国民に告ぐ』の内容を的確に要約しているくらいで、これまでのまとめとしても役立つと思うので、以下に引用してみる。

「彼[フィヒテ]はこの利己心への没頭から高まるための支えを、[個々の]特殊な国家は顧慮せずドイツ性の共通の特徴を育成することによって、新しい普遍的な国民的な自己に国民を形成することに、すなわち、国民そのものの教育の中に示す。将来の人類を形成する必然性。そこにおいて、祖国に対して新しい生命、祖国の救済と維持の第一の条件が花開く。そこでは古い世代の人間によっては何も望めないのだ。さらに、若者の教育、そして若者の中で民族をより厳しい道徳性へと教育すること、精神的そして身体の自立性の教育。身体の教育は自然に応じた段階的な発展で行なう。閉鎖的で独自の体制にもとづく若者の共同体、そして、生徒たちに植えつけるべき道徳的な価値についての高次の概念。そして彼らの第一の使命、すなわち、ドイツ語が及ぶかぎりの範囲内でドイツ民族の統一を固持すること、外国かぶれの追放、ドイツの言葉と習俗の保護、共通の祖国愛の喚起。祖国愛は国家の舵取りをする者たちから放逐されているので、いまや市民において、より広く深い場所をもち、その場所で祖国愛は静かに沈潜して自己を根拠づけ、鍛えられ、しかるべき時期に、若者たちの力の中にもたらされる。国家を高く超えて措定される高次の民族の生の維持。常備軍を不要にする国民軍の形成。自分の憲法体制をもつ完全な国家としての共和国を求めること。ヨーロッパのあらゆる国民の中で、ただドイツ人だけにそれが可能であるようにみえる」(108)。

中央捜査委員会は、メッテルニヒの主導でつくられ、ヨーロッパ各国の共和国化を防ぎ、君主制を維持するための保守的なウィーン体制の枠組みにしたがうものであった。その中央捜査委員会の『ドイツ国民に告ぐ』の理解が、その後のさまざまな歪曲よりも正確であるというのは皮肉としかいいようがない。最初から予断をもってこの著作を見なければ、フィヒテとは立場が対立するはずの保守勢力ですら、客観的な解釈ができるということであり、それが当時の外から見たフィヒテの姿でもあったということだ。

フィヒテ自身は学派をつくらなかったと書いたが、もちろん彼の講演・講義・著作の影響を受け、それをさらに発展させようとした者たちはいくらもいる。上の要約に続けて、中央捜査委員会文書は「彼が最後の講演で表明したように、彼は、ドイツにおいて『祖国の思考様式にという流れゆき相互に結びつけあう炎の』火をつけたのである。……しかし、煽り立てられた炎は、この目標を超えて燃え上がり、国内問題にその燃料を求め、祖国自身にとって危険なものとなった」[109]と書いている。ヘーゲルからマルクスというヘーゲル左派が生まれ、すでに言及したように、カントからフィヒテ、エアハルトという「カント左派」が生まれた。そういう意味では、フィヒテから、さらに急進的な「フィヒテ左派」が生まれてもおかしくはない。

中央捜査委員会のこの文書では、一八〇八年の記述に、「シュテフェンスは彼の友人たちの危険な傾向を、フィヒテ的なものとして示し、ホフマンは、フィヒテによって提案された学派によって、何世代かあとには、ドイツは一つの共和国になる可能性が十分にあるだろうと考えている」[110]という報告がある。シュテフェンス（故国のノルウェー語読みでは、ステフェンス）は、シェリングの協力者として知られ、ドイツ観念論に属する比較的著名な哲学者であり、フィヒテの講義を聴いている。ホフマンは、弁護士、裁判官を務め、のちにフランクフルトで地方政治家として活躍し、学生当時は、学生組織「ホフマン同盟（Hoffmann'schen Bund）」の設立者で、反逆罪で訴えられていた。[111]また、一八一六年の記述では、「最近に至るまで、われわれはフィヒテの講演を、アカデミックな若者たちの協会におけるすぐれた教科書とみなしている。フィヒテの講演の影響はさしあたり彼をとり巻く環境で示された。彼らはあるときはベルリンで、それからまた王国の他の場所で協会の設立を呼びおこした」[112]とあり、フィヒテの青年運動への影響を記している。

フックスの資料集四巻には、フィヒテが「ドイツ同盟（Deutsche Bund）」に関与したことを示すプロイセンの王室直属捜査委員会（Die Königliche Immediat-Untersuchungs-Kommission）報告も掲載されている。ドイツ同盟は、ヤーンとフリードリヒ・フリーゼン（一七八五―一八一四年）らによって一八一〇年に設立され、前に記したアルニムらの「ドイツ会食協会」と並んで、ナポレオンのベルリン支配時、反フランス運動の中心となった組織である。この組織はすぐに解散したが、ここからヤーンがツルネン体操運動を開始し、全国に国民運動として広まった。

体操協会はブルッシェンシャフトと相互に影響しあって、国民主権と立憲主義をめざす青年運動と化してナポレオン解放戦争以降の国民運動の中心となったため、メッテルニヒによって弾圧され、ヤーンも逮捕された。もう一人の創設者フリーゼンはベルリン大学で学んでいたとき、フィヒテの講義を聴き、フィヒテの知己であった。彼はドイツ同盟を結成するにあたり、フィヒテからブルッシェンシャフトとの連携をとるよう提案されたということである。ベルリン大学の教員であったグラスホフの記録では「同盟そのものは、ブルッシェンシャフトと何ら関係をもっていなかった。しかしフリーゼンは、おそらくフィヒテ教授の考えに刺激されて、郷土の学生団体が起こしがちな分裂を学生たちが克服するために、ブルッシェンシャフトの名前で結びつきをもとうと思った。……フリーゼンは、それゆえこういう意図で一つの論文草稿を書き、フィヒテ教授に見せた[113]」とある。フリーゼンは当時の代表的な反フランスの愛国者でもあり、のちに反ナポレオン戦争の伝説となった勇敢な市民義勇兵団「リュッツォー軍団」の副官となって戦死を遂げている。

この時期は、フィヒテにかぎらずドイツの代表的な知識人たちが、それぞれの観点から文筆や行動でドイツ国民の意識形成を呼びかけた時代である。それらの錯綜するネットワークの中にフィヒテの言説と行動も位置し、相互に影響を与えあった。それゆえ、フィヒテだけがドイツ国民意識形成に寄与したわけではないことはたしかだ。フィヒテの正確な位置づけを知るには、当時の情勢と言説を克明に分析する必要があるが、それはまた大きな課題であり、他日に期すしかない。

ここでわれわれが確認しようとしたことは、フィヒテの『ドイツ国民に告ぐ』は、その後のドイツの青年層に影響を与え、共和国と立憲主義・国民主権の訴えをもつ国民運動となり、それゆえにこそ保守反動のウィーン体制によって弾圧され、フィヒテのこの書も禁書になったということだ。したがって、フィヒテの『ドイツ国民に告ぐ』は他民族を蔑視して戦争をしかけ、支配する覇権主義を直接に引きおこしたものではない。その反対に、領邦君主や領邦貴族あるいは「簒奪者」に振り回され蹂躙される民衆に抵抗と自立の精神を引きおこし、自由と平等、政治参加、人民主権の共和国を求める運動を惹起した。その意味で、フィヒテは依然として民衆解放の思想家なのだ。

(4) 補遺――草稿断片『二二世紀のドイツ人の共和国』について

最後に補遺として、この時期にフィヒテが書いた草稿断片『二二世紀のドイツ人の共和国(*Die Republik der Deutschen zu Anfange des zwei u. zwanzigsten Jahrhunderts unter ihrem fünften Reichvogte*)』について、少し言及しておきたい。これはショトキーが『フィヒテ研究(*Fichte-Studien*)』第二巻で一九九〇年に「フィヒテの国民国家思想、一八〇七年の未発表の草稿にもとづいて(Fichtes Nationalstaatsgedanke auf der Grundlage unveröffentlichter Manuskripte von 1807)」と題して発表した論文でまず明らかになり、一九九四年にはその草稿が載った批判的全集の第二部第一〇巻が刊行された。そして日本では、二〇一〇年に熊谷英人氏が「幻影の共和国――J・G・フィヒテ、『二十二世紀』からの挑戦」(『国家学会雑誌』第一二三巻三・四号)という論文を書いている。

『ドイツ人の共和国』自体はすでに、I・H・フィヒテの編集した最初の全集に一部が収録されていた。それはある程度完成度の高い部分の序文や宗教告白の章だけであり、これまではあまり関心をもたれることがなかった。しかし、批判的全集には未発表の草稿が新たに加えられ、それが共和国の政治体制の描写になっているということで、フィヒテの具体的な共和国構想としてショトキーや熊谷氏が着目したのである。

熊谷氏の論文に刺激されてこの草稿を期待して読んでみたが、思索ノート、スケッチ的な描写であり、前後の文脈も明らかでないところが多く、まったくの断片で、やや拍子抜けしたことは事実である。ショトキー以後、これについての論文がドイツで出なかったのも当然であり、熊谷氏自身もその前後のフィヒテの著作『ドイツ国民に告ぐ』『学者の使命について の講義』(一八〇五年)『ベルリン大学設立の演繹的計画』などを用いて外堀を埋めてから、断片的草稿を解釈していくという苦肉の策を採っている。

ベルリン大学での講義『法論の体系』（一八一二年）や『道徳論の体系』（一八一二年）も、説明不足の箇所が多く、I・H・フィヒテがかなり加筆して、テキスト・クリティーク上の問題が生じているが、それらの講義に比べても断片性がより強い。いい換えれば、解釈の立場次第でいくらでも多様な理解が成り立ち、それ自体として論じるのには無理がある。それゆえ、ここではこれまで議論してきた文脈からの解釈になるが、このテキスト自体にかんしてはあくまでも一つの解釈可能性にすぎないとして理解されたい。

この草稿はフィヒテのケーニヒスベルク滞在時、一八〇七年の初めに書かれたものであると推測されている。[114] フィヒテが生涯で一番時代の動きに関与したときであり、救国の強い思いに駆られていたときである。フィヒテにはめずらしく、この草稿は未来の二二世紀のドイツの共和国の姿を描くというユートピア評論になっている。もちろん、トマス・モアの『ユートピア』を初めとして、ヴォルテールの『ペルシャ人の手紙』『カンディード』、ディドロの『ブーガンヴィル航海記補遺』など、架空の社会を想定して、そこから自分の社会を批判し、警鐘を鳴らすというこの種の作品は、当時ではとくにめずらしいものではなかった。フィヒテもそれらに親しんだのではないかと思われるが、批判的全集版の注(GA. II, 10, 392) によれば、とくに関係があるのが、ルイ＝セバスチャン・メルシエ（一七四〇―一八一四年）の『西暦二四四〇年、この上ない夢』（一七七〇年）[115] とされている。

このユートピア小説は当時のベストセラーで、主人公が友人の哲学者と現実の不正について議論をした夜に眠りにつくと、夢の中で二四四〇年の未来のパリに来てしまったという物語である。フィヒテが気に入ったのは、この未来のパリが、僧侶、牧師、売春婦、乞食、軍隊などがおらず、貧富の差も大きくはなく、外国貿易やコーヒー、タバコなどの輸入の嗜好品もない健全な市民社会として描かれているからであろう。『封鎖商業国家』の元ネタはここから来ているのかもしれないと勘ぐることができる。フィヒテがなぜ二二世紀としたのかも、この作品が二四四〇年としていることと関連している。しかし、小説家ではないフィヒテが書くと、いく分かは技巧的な文章にしているとはいえ、ユートピア評論もお堅い哲学論文になってしまっているのが、いかにもフィヒテらしい。

序文では、フィヒテは名前こそ明示していないもののナポレオンの侵略を批判し、危機の状況にあって保身に走る貴族身分や著述家たちを揶揄している。「こういう状態で、高貴な者たちは、危険があるときに最初に逃げ出した者だということで、国民の第一の身分としてのおのれの姿を示し、次に共通の問題を捨て去り、みっともなく土下座をし、密告者となることで、共通の敵の慈悲をえようとしたことにより、第一身分の情けなさを示したのである。著述家たちもまた、臆病に沈黙するか、粗野な暴力を低脳にも賛嘆するか、彼らが敵に捧げた退屈なおべんちゃらによるかで、国民との関係を切ってしまった」(VII. 530)。これは『愛国心とその反対』で語られた内容と合致する。

続く「ドイツ人の憲法体制の究極目的」では、『ドイツ国民に告ぐ』と同様の、ドイツ人だけが人間を文化に向けて陶冶する体制を可能にできるという自負が語られるが、同時にドイツ民族は決して他民族を支配しないことも主張される。「ドイツ国民は、その独自の存在を自分でもち、主張し、決して他国民にそれを押しつけようとしない一つの国民である。こういう国民は、人間の陶冶の欠けている部分を補うやいなや、外に向かって影響を与えるという努力を示す意図がなければ、諸民族の中心に置かれることはなかった。ドイツ国民は、人類全体の永遠の計画において、この時期にふさわしくないおしつけがましさに抵抗すべき堤防としての使命をもち、その結果、自分だけではなく、他のヨーロッパの諸民族に対しても、彼らが彼ら自身の仕方で共通の目的を達成できるという保証となるのである」(VII. 533)。「おしつけがましさ」というのは、おそらくナポレオンの支配とフランス文化の押しつけのことであり、ドイツがそれに対抗する勢力となることで、ヨーロッパ諸国に、独立自尊のあり方を促すという趣旨であろう。

政治体制をスケッチした草稿では、統治者は「護民官(Protektor)」と呼ばれる。この地位は世襲ではなく、「小評議会(der kleine Rat)」あるいは「小元老院(engerer Senat)」と呼ばれる委員会によって選挙で選ばれる。(116)

「護民官(Protektor)」の名称がどこから来たかという考察はショトキーが行なっている。それによれば、まずイギリスのクロムウェルが「護国卿(Lord Protector)」を名乗ったことが連想されるが、フィヒテはイギリスの歴史から事例をとることはないとして退け、次にフィヒテが『名前なき者との関係』で、アウグスティヌスを挙げて「この皇帝は共和国を存立させなければならなかったのであり、共和国を指導者、プロテクター(護民官)として導かなければならなかったのである」(VII. 512) と書いていることを指摘している。そして、『政治的対象についての考察 (*Deliberationen ber politische Objekte*)』(一八〇七年) という断片で、ナポレオンについて、「プロテクター、執政官 (Diktator)、統領 (Consul) という形式」(GA. II. 10, 298) という表現を用い、彼が統領から皇帝に名称を変えたことを非難している箇所を指摘している。そしてナポレオンが、ライン同盟から一八〇六年に「プロテクター」の称号を受けた歴史的事実を踏まえ、内容は正反対だが、ここからヒントをえたのではないかとしている。

私自身は、フィヒテの記述どおり、アウグスティヌスが共和国再建者で、実質的には皇帝でありながら、ローマの共和制の伝統を意識して「護民官」と称した事実から来ていると考える。それゆえ、そういう訳語をあてた。これはあとで述べるように、神聖ローマ帝国の皇帝にあたる地位であり、選挙で選ばれ基本的に世襲がない存在という点が重要である。ナポレオンがライン同盟から受けた称号も、連邦国家の統治者という形式では共通するものがある。

人間の想像力は思うほど自由ではなく、眼前にある現実や過去の事実にどうしても頼らざるをえない。フィヒテも、フランスに対抗するドイツの伝統としての神聖ローマ帝国を拠り所にせざるをえなかった。この後の一八一三年の『政治的著作のための草稿』では、フィヒテは「ドイツ人の共和国 (Reich) は可能か。国家の連邦とは正反対の一つの公民体制は可能か」(VII. 565) という問に対して「かつて一つのドイツの市民共和国 (Bürgerthum) というものは決して存在したことがなく、いまもない」(a. a. O.) と答え、勢力のある複数の領邦国家がそれを望めば可能であろうが「私にはまったく統一は疑わしい」(a. a. O.) と述べている。それゆえ、フィヒテにとっては、ドイツの姿は共和制であっても一つの連邦共和国であり、その上に立つ統治者は複数の国家の支配者であるというイメージがあって、それはまさに神聖ローマ帝国の皇帝やライン同盟のナポレオンという形式になるのである。フィヒテどころか、近現代のドイツの歴史を見るにつけても、この意識の根強さを感じられずにはおれない。

護民官は統治者として小評議会の意見を聴きながら政治を行なうが、自分の考えと異なった場合は、小評議会の意見には拘束されない。評議会はもう一つあり「大評議会 (der große Rat)」と呼ばれる。この二つの関係ははっきりしないが、「この二つの評議会は相互に補いあう」(GA. II. 10, 380) といわれる。

大評議会は、「名士会（Notabeln）」と呼ばれる組織から結成される。この名士会は人民のいくつかの段階をもった選挙で選ばれることになっている。フィヒテはこの選挙について「これは多くの熟慮すべきことを与える。国民の大多数をなす農民あるいは都市の市民は、いずれにせよみな教育を受けなければならないとはいえ、現時点では何を知りえようか。商人や兵士も同じである。私は大学に注目せざるをえない。代表させ、大評議会を選ばせるのにはこれが一番よいであろう。著述家は総じて地方を代表する」（a. a. O.）と書いている。フィヒテからすると、まだ人民は選挙されるに十分なだけ教育を受けていないので、とりあえずは大学の教員らが名士会のメンバーとしてはふさわしいとしているわけである。

バチャのフィヒテはエリート主義だという批判[117]が該当する箇所ともいえるが、しかし、フィヒテはルソーと並んで、基本的に選挙を肯定的に評価する者ではなかった。選挙自体は否定しないが、人民が無学で私利私欲に駆られたままでは、選挙は利害関係しか反映しなくなると考え、まずは人民の公民教育を先にすべきというのが、時代状況を踏まえてのフィヒテの見解であった。いずれにせよ、ショトキーもいうように[118]、この二つの評議会は人民の代表機関としての機能をもつとされている。

ショトキーは、この「名士会（Notabeln）」という名称の由来もまた推測している[119]。これは、有名な一七八七年の「名士会」ではなく、一七九九年の統領政府時代のシィエスの草案に由来するものだという。市民は地区名士会を選挙で選び、その中から地方名士会がまた選ばれ、その地方名士会から国民名士会が選挙されるという段階的な選挙があり、これがフィヒテのいう「多様な段階において有権者によって」（a. a. O.）の意味に対応しているという。そして、最後の国会にあたる国民名士会が立法機関になるのもフィヒテと同じであるとする。その根拠として、コッタ書店宛の手紙（一八〇〇年一月一三日付）に、フィヒテが「フランスの新しい憲法の批判」を始めたと書いた点を挙げる。また、フィヒテの護民官と小評議会、フランスの第一統領と元老院（Senat）との関係がよく似ていること、そしてこの草稿以降、元老院（Senat）という用語が出てくることなども根拠としている[120]。さらにショトキーは、スイスのジュネーブ都市共和国の大参事会と小参事会の名称との類似関係にも触れてはいるが、あまり重視していない。これまでの議論からすると、これも注意すべき論点ではある。

ショトキーは「しかし、すべては思考の遊びにとどまり、フィヒテの草稿の理解にはほとんど寄与しない」[121]と禁欲的な姿勢を崩さない。だが、すでに述べたように、フィヒテはシィエスと個人的な関係があり、フランス革命の推移を注視し、ベルリン大学時代の社会哲学にかんする講義では「元老院（Senat）」がきわめて重要な役割を果たす。ナポレオンに対しては、もちろん批判も激しいが、『国家論』の第二章ではかなりの字句を費やしてその是非を論じ、評価している側面もあって、ある意味近親憎悪的な態度が見受けられる。上にも述べたように、ライン同盟からの「プロテクター」という称号も含めて、相当に意識していたことはまちがいない。それゆえ、私は、フィヒテがこの時期のフランスの体制を採り入れたとまではいえないにしても、何らかの影響やヒントになっていることはたしかであると考える。

この二つの評議会の機能についていえば、「いかなる問題を、二つの評議会はプロテクターとともに決定するかといえば、①戦争、和平、同盟、領土の獲得、植民地設立などの外交問題であり、②さらに、憲法や立法の改変がある」（a. a. O.）とされている。あとで「小評議会がドイツにとっていかに強力で何をしなければならないか。①立案されたように、護民官の選出。②上に述べたように外交問題。③高次の内政、全体の推進である」（GA. II. 10, 382）と書かれているので、統治事項にかんしては小評議会の方が主になっている。大評議会については選挙の記述が目立つので、これはある種の議会的なものなのであろう。

護民官の下には大臣がいるが、たんなる書記官にすぎないとされ、発言権をもたない。護民官にアドバイスできるのは評議会だけである。軍事は護民官の管轄になり、彼が将軍を任命するとされる。地方には総督（Gubernator 州知事 Statthalter）[122]がおり、「文化、教育、軍事、法務、財政などの改善を一般的に監督する」（GA. II. 10, 381）。

そして興味深いのは、「総督（州知事 Statthalter）たちは評議会と護民官の国内の使者である。彼らは相互に監視しあう」（GA. II. 10, 383）というところである。ここは解釈のわかれるところで、一人の総督が評議会と護民官の使者を兼ねるのか、それともそれぞれの組織の独立した使者なのか、わかりにくい。前者だとしたら、「相互に監視しあう」のは評議会と護民官になり、後者だとすると評議会の総督と護民官の総督が互いに監視しあうことになる。ショトキーは前者と解しているが、彼も「驚くべき考え」[123]と書いているとおり、常識的には理解しがたい。その前に「彼（総督）は任務報告を評議会と護民官の双方に送る（Er schickt Amtsberichte ein an Senat, u. Protektor.）」（GA. II. 10, 381）と主語を単数で書いているところを見ると、一人の総督が報告を双方に送り、それを評議会と護民官別々に監査して、地方行政がうまくいっているかどうかを見る、つまり監視しあうのは、評議会と護民官側と総督であると解した方が整合性があるのではないだろうか。そうなると、そのあとの「彼らは評議会に代表を送る」（a. a. O.）も意味が通りやすくなる。テキスト三八八頁には「州都（Provinzstadt）は総督をもち、直接に評議会に報告する。群都（Kreisstadt）からの報告で総督は決定をなす」ともあるので、やはり地方の統治者ということになるだろう。

一般にはこうした州レベルの政治の報告は統治者である護民官だけでよいはずだが、評議会にも送るというのは、評議会も州の総督を監督し、さまざまな決定を行なうとされているのであろう。州都（Provinzstadt）や群都（Kreisstadt）、地方都市（Ortsstadt）には、司法施設（OrtsKollegium）や平和判事（Friedensrichter）などの司法関係者があるが、議会は存在しないので、評議会がその役割を果たすということであろうか。

評議会は自己のうちに、専門の委員会、研究委員会をもつとされている。これらの委員会で、農業、手工業、教育、宗教などを管理するが、詳細は断片的な記述にとどまっている。(124) 評議会か護民官かという所属問題はともかくとして、外国貿易の国家の管理、生産の計画経済は『封鎖商業国家』で語られた内容と同じである。身分の区別もこれまでのフィヒテの立場を継承し、それが固定的でなく移動自由で、万人が平等の教育を受けることもこれまでと同じ考えである。また大学教授、著述家の役割が高く評価されているのもそうである。彼らは求められればすぐに評議会の委員になれるともされている。興味を引くのは「著述家は総じて地方を代表する」（GA. II. 10, 380）という文章があり、著述家が地方代表の議員になるという意味なのか、あるいは著述を通して地方の意見を代弁するという意味なのか不明だが、これは名士会の選挙の箇所に書かれているので、おそらく前者ではないかと思われる。

以上、護民官、元老院的役割としての小評議会、そして議会的な大評議会と国家の基本的な機構を見てきたが、もう一つ重要なものが「監察官（Censur）」である。「護民官にかんする事柄が監察官の管轄下にあるときは、①彼が不正な仕方でその地位についたとき、②ある人物に対する好意や嫌悪を示し、贈収賄をしたとき、③市民の見識に役立つ報道を弾圧したときである」（GA. II. 10, 392）。また、「まったく嫌疑を受けないためには、護民官はときどき監察官たちに自分を注意させる。というのも、彼は、大臣や総督を選ぶ際にたしかに彼らの助言を必要とするからである」（a. a. O.）。これは権力が不正な行為を行なわないかどうかを監視する機構であり、かつての監督官に等しい制度である。権力分立を認めない[125]フィヒテは、ここにおいても依然として監督官制度によって統治権力のコントロールをすると考えている。監察官の不正の訴えは大評議会に送られ、そこで判定されるようであるが、細かい叙述はないので詳細は不明である。三番目の言論の弾圧に対して厳しい姿勢を見せているところは、フィヒテの体験からくることでもあり、また公論と統治者の情報の公開性を重視する彼の思想の一貫性を示すものであろう。

このようなフィヒテの制度、すなわち護民官、元老院的役割としての小評議会、議会的な大評議会、監察官という構成は、フィヒテなりの統治者への牽制であり、抑制のシステムとなっている。統治者が優れた叡智と倫理観のもち主でなくてはならず、彼が判断ミスをしないように、諮問機関としての小評議会が円熟した政治的判断力でフォローする。護民官、大臣、総督、二つの評議会委員の選出は、母体となる大評議会を人民の選挙によって構成し、評議会の答申に拘束されない執行権をもつ護民官の暴走、権力の私物化を防ぐ機構として監察官制度が設けられている。もともと選挙に積極的でないフィヒテではあるが、選挙による人民主権は原理的には貫徹されている。そして何よりも身分の世襲は禁止され、教育による身分・階層の移動の自由が保障されており、平民でも能力と教育によって護民官にすらなる可能性は残されている。そういう意味では、イエナ期以来の基本的な思想の構図は変化がないのである。

ショトキーも熊谷氏も、この二二世紀のドイツ共和国が広大な領域にまたがることを指摘し、熊谷氏は「国境や境界の歴史性への徹底した無視である」[126]と断じている。たしかに、フィヒテは「国境：スイス、オランダ、北海、バルト海、オイダー川の運河、上はメーメル、それからヴァイヒセル、ヴァルテ、シュレージェン、ベーメン、メーレン、オーストリア」（GA. II. 10, 388）と書いている。とりわけ「ポーランドは大部分がドイツ人になっている。残りはロシアなどに移住させている。ドイツ人だけが存在できるということが大原則である」（GA. II. 10, 387）という箇所は、第二次大戦後のドイツ人が絶対に口に出してはいけないタブーに属する発言だろう。これだけの広大な領地で、しかも植民地や保護国までも加えられる。

しかし、これらの表現は、フィヒテに占領欲やドイツ帝国主義があるということを必ずしも意味するものではない。フィヒテのこの共和国は、基本的に紐帯はただドイツ語だけである。彼は、当時、ドイツ人が比較的多く住んでいた場所はみなこのドイツ共和国に属するとしているようである。周知のように、近代ドイツの中核となったプロイセンのもともとの領土は、今日、ポーランドとロシアの一部になってしまっている。シュレージェンはいまでこそポーランドであるが、ドイツ人が圧倒的に多数の地域であった。ボヘミアもドイツ人、チェコ人、ユダヤ人などの混在する地域であった。これらの地域の多くが神聖ローマ帝国の歴史的変遷と重なるが、神聖ローマ帝国時代は、近代の国民国家とは異なる区分であり、近代の国民国家の歴史あるいは戦後の連合国による国境線の制定をフィヒテの時代にあてはめることは、認識の公正さをゆがめることにもなる。この種の判断には慎重さが要求されるであろう。

おそらく、フィヒテのイメージには神聖ローマ帝国に似た国家のあり方があり、それが投影されたのではないかと思われる。彼は書いている。「原則：人間は人種は同等で、あらゆる側面において教育を受ける。州はかれらにふさわしい居住地となる。すべての民族に仕事にいける保証をする」(a. a. O.)。広大な領地であるので、他民族が含まれるが、彼らを平等に扱えとちゃんと書き、差別を認めていない。しかし、この時点でも依然として「ユダヤ人：ドイツ人に融合されるか、移住させられる。彼らはパレスチナに最高に興味深い国家をもつ」(GA. II. 10, 389) と書いているのも、たしかであるが。

以上、補論として『ドイツ人の共和国草稿』に書かれた政治体制をかんたんに見てきたが、その名前が示すように、フィヒテの共和主義、立憲体制は揺るぎがなく貫徹されていることが確認されれば、目的を果たしたことになる。この草稿自体は、上に述べたように、断片的で恣意的な解釈を許すものであり、実際、ショトキー、熊谷氏、そして私の三者の解釈が違っている箇所がままある。それゆえ、基本テキストとしてこれを扱うのは無理があり、あくまでも、フィヒテのそれ以外の著作、テキストとの関連で扱われるべきものであろう。

（1）Alexander Aichele : Einleitung, in : *Reden an die deutsche Nation*,（PhB. 588）, Hamburg 2008, S. VII.

（2）Dasselbe, S. VIII.

（3）Arash Abizadeh : Was Fichte an ethnic Nationalist ?, On cultural nationalism and its double, in : *History of Political Thought*, Vol. XXVI, No. 2, 2005, pp. 334-335.

（4）「創造的で新しいものをもたらして生きるか、あるいはこうした生には与かれなくとも、少なくとも無価値なものを断固として捨て、根源的な生命の流れが自分たちを捉えるかどうかに注意している者たち、あるいは、そこまではいかない場合は、少なくとも自由を予感し、自由を憎まず、おそれることなく、自由を愛する者たち、こうした者たちはみな根源的な人間であり、一つの民族としてみなされるときは、基幹民族、たんてきに民族、すなわちドイツ人なのである」（VII. 374）。

（5）「実際は、フィヒテは第四講演で、他のゲルマン人に欠けているものと対照して、ドイツ人の経験的な明示を言語にかんしてあからさまに定義している」（Arash Abizadeh : Was Fichte an ethnic Nationalist ?, On cultural nationalism and its double, in : *History of Political Thought*, Vol. XXVI, No. 2, 2005, p. 349.）。

（6）Abizadeh, op. cit., p. 357.

（7）ゲルーはスピノザ、デカルト研究でも有名な哲学史の泰斗であり、アラン・ルノーはフィヒテの『自然法の基礎』の仏訳者で、また文部大臣をしたことでも知られる。

（8）E・J・ホブズボーム、浜林正夫・嶋田耕也・庄司信訳『ナショナリズムの歴史と現在』大月書店、二〇〇一年、二〇頁。

（9）Hans-Joachim Becker : *Fichtes Idee der Nation und das Judentum*, *Fichte-Studien-Supplementa*, Bd. 14, Amsterdam/Atlanta 2000, S. 16ff., Erich Fuchs : Fichtes Stellung zum Judentum, in : *Fichte-Studien*, Bd. 2, Amsterdam/Atlanta 1990, S. 161-164.

（10）逆に「約束の土地を獲得」というところがシオニズムの予言だとして積極的に評価する者もいる。船津真「ドイツユダヤ人による受容から見るフィヒテ政治思想」（木村博編『フィヒテ――『全知識学の基礎』と政治的なもの――』創風社　二〇一〇年所収）では、フィヒテの『ドイツ国民に告ぐ』がユダヤ人シオニストに与えた肯定的影響が論じられている。

（11）たとえば、ベッカーの研究書には、反ユダヤ主義の歴史の研究家レオン・ポリアカフの次の言葉が引用されている。「フィヒテが国家社会主義の信仰とアーリア信仰の預言者であり、ヒトラーのあいまいな形而上学のよりどころであったということは、テキストを改竄するまでもなく証明できることだ」（Hans-Joachim Becker : *Fichtes Idee der Nation und das Judentum*, *Fichte-Studien-Supplementa*, Bd. 14, Amsterdam/Atlanta 2000, S. 19.）。

（12）Erich Fuchs : Fichtes Stellung zum Judentum, in : *Fichte-Studien*, Bd. 2, Amsterdam/Atlanta 1990, S. 166-177.

（13）Hans-Joachim Becker : *Fichtes Idee der Nation und das Judentum*, *Fichte-Studien-Supplementa*, Bd. 14, Amsterdam/Atlanta 2000. この書については、杉田孝夫氏の優れた書評がある（『フィヒテ研究』第九号、晃洋書房、二〇〇一年、一〇五―一一一頁）。

(14) Dasselbe, S. 31.

(15) Dasselbe, S. 56ff.

(16) 彼はベルリン時代にはフィヒテの重要な友人となる。彼の妹がフリードリヒ・シュレーゲルの妻となっている。

(17) Erich Fuchs：*J. G. Fichte im Gespräch*, Bd. 6. 1, Stuttgart-Bad Cannstatt 1992, S. 50-51.

(18) Hans-Joachim Becker：*Fichtes Idee der Nation und das Judentum, Fichte-Studien-Supplementa*, Bd. 14, Amsterdam/Atlanta 2000, S. 79.

(19) ラヘル・レヴィン (Rachel Levin 1771-1833) は、当時の有名な作家であるファルハーゲンの妻として知られ、知識人サロンで活躍し、とくにシュライエルマッハーに信頼された。のちに同化ユダヤ人となるが、ユダヤ人としてのアイデンティティーとの間で揺れ動いた様を、アレントが伝記（ハンナ・アーレント、大島かおり訳『ラーエル・ファルンハーゲン』みすず書房、一九九九年）で描いている。

(20) Erich Fuchs：*J. G. Fichte im Gespräch*, Bd. 4, Stuttgart-Bad Cannstatt 1987, S. 102.

(21) Hans-Joachim Becker：*Fichtes Idee der Nation und das Judentum, Fichte-Studien-Supplementa*, Bd. 14, Amsterdam/Atlanta 2000, S. 215-223.

(22) 井戸慶治訳「詩集」フィヒテ全集補巻、哲書房、二〇〇六年、一二一―一二八頁。

(23) Dasselbe, S. 222.

(24) Erich Fuchs：Fichtes Stellung zum Judentum, in：*Fichte-Studien*, Bd. 2, Amsterdam/Atlanta 1990, S. 175.

(25) a. a. O.

(26) アントニー・D・スミス、高城和義・巣山靖司訳『ネイションとエスニシティ』名古屋大学出版会、一九九九年、一四頁。この節では、おなじみの社会構築主義か本質主義かという議論はしない。歴史的な過去の概念を現在の立場から一方的に「本質主義」だと批判するのは、啓蒙史観にも似て、現在から過去の都合のよいものを取捨選択し、価値判定する行為になるからである。

(27) Ernest Gellner：*Nations and Nationalism*, Second Edition, Cornell University Press 2008, p. 6.（邦訳 アーネスト・ゲルナー、加藤節監訳『民族とナショナリズム』岩波書店、二〇〇〇年、一一頁）

(28) Ibid.（上掲訳書、同頁）訳文は訳書を使用。

(29) Gellner, op. cit., p. 1.（上掲訳書、一頁）

(30) Ibid.（上掲訳書、二頁）ここは訳文を変えた。訳書の「エスニックな境界線が政治的な境界線を分断してはならない」では、国家をエスニックな境界線でいくつかわけてはならない、多民族からなる統一国家を守れという意味にも誤解される恐れがある。

(31) Gellner, op. cit., p. 6.（上掲訳書、六三頁）

(32) Gellner, op. cit., p. 35.（上掲訳書、六〇―六一頁）ここも一部訳文を変更した。

(33) Gellner, op. cit., pp. 36-37.（上掲訳書、六三―六四頁）

(34) Gellner, op. cit., p. 46.（上掲訳書、八一頁）

(35) Gellner, op. cit., p. 54.（上掲訳書、九四頁）

(36) Gellner, op. cit., p. 56.（上掲訳書、九七頁）

(37) たとえば、イ・ヨンスク『国語という思想』岩波現代文庫、一九九六年、安田敏朗『「国語」の近代史』中公新書、二〇〇六年など。

(38) Gellner, op. cit., p. 115.（上掲訳書、二〇〇頁）

(39) Otto Dann: *Nation und Nationalismus in Deutschland 1770-1990*, München 1993, S. 12.（邦訳 オットー・ダン、末川清・姫岡とし子・高橋秀寿訳『ドイツ国民とナショナリズム一七七〇―一九九〇』名古屋大学出版会、一九九九年、一頁）訳書は第三版にもとづいており、第三版はかなり書き換えられている。手もちのテキストは初版であるので、ここは第三版の訳書にもとづいて議論する。

(40) Dasselbe, S. 12.（上掲訳書、二頁）

(41) 上掲訳書、六頁。原書初版にはなく、第三版での加筆部分。

(42) a. a. O.（上掲訳書、二頁）

(43) a. a. O.（上掲訳書、同頁）

(44) Dasselbe, S. 28.（上掲訳書、二三頁）この引用文は追加であり、初版のテキストにはない。

(45) Dasselbe, S. 14-15.（上掲訳書、五頁）

(46) Dasselbe, S. 36.（上掲訳書、二七頁）

(47) Dasselbe, S. 39.（上掲訳書、二九頁）

(48) Dasselbe, S. 66.（上掲訳書、五〇頁）

(49) Reinhard Lauth: Der letzte Grund von Fichtes Reden an die deutsche Nation, in: *Fichte-Studien*, Bd. 4, Amsterdam/Atlanta 1992, S. 217.

(50) Otto W. Johnston: *The Myth of Nation: Literature and Politics in Prussia under Napoleon*, CAMDEN HOUSE, Columbia, SC. 1989, Otto W. Johnston: *Der deutsche Nationalmythos. Ursprung eines politischen Programms*, Stuttgart 1990.

(51) Otto W. Johnston: *The Myth of Nation: Literature and Politics in Prussia under Napoleon*, CAMDEN HOUSE, Columbia, SC. 1989, p. 2.

(52) Johnston, op. cit., p. 10.

(53) Johnston, op. cit., p. 15.

(54) シュタイン、フィヒテも含め、この時期の国民教育論を包括的に扱ったものが、Helmut König: *Zur Geschichte der bürgerichen National: Erziehung in Deutschland zwischen 1807 und 1815*, Teil 1, Berlin 1972 である。これにもとづいて論じたいが残念ながら紙幅がない。

(55) コンドルセ他、阪上孝編訳『フランス革命期の公教育論』岩波文庫、二〇〇二年。

(56) Dasselbe, S. 106.

(57) こののち、一八一三年三月のプロイセン国王の対ナポレオン戦争（「解放戦争」）の際に、プロイセン国王フリードリヒ・ヴィルヘルム三世は有名な呼びかけ「わが国民に告ぐ（An Mein Volk）」を発表し、同時に勅命を出す。この一八一三年をカール・シュミットは、ドイツの対フランスへのパルチザン闘争の呼びかけとして歴史的な重要性をもつものとして評価する。「プロイセンのこの通達の特別な意義は、それが国民防衛のためのパルチザン闘争を正当化、しかも、当時プロイセンの首都ベルリンを支配していた精神と哲学からの特別な正当化する公式文書であるという点にある」として、前年のロシアのパルチザン的抵抗がロシアの土着的で未発達の民衆文化に拠るものであるのに対し、ドイツは、フランスの啓蒙思想に劣らない内容をもつ哲学的精神で立ち向かったとする。そして「偉大な哲学者ヨハン・ゴットリープ・フィヒテ、シャルンホルスト、グナイゼナウ、クラウゼヴィッツのような高い教養と天才をもつ軍人たち、そして前に述べたように、一八一一年一一月に死んだハインリヒ・フォン・クライストのような詩人たちの中に、当時の危機的な瞬間に行動の用意ができていた知識人たちの巨大な精神的潜勢力が示されている」と書いている。Carl Schmitt : *Theorie des Partisanen*, 7. unveränderte Aufl., Berlin 2010, S. 48-49.（邦訳 カール・シュミット、新田邦夫訳『パルチザンの理論』ちくま学芸文庫、一九九五年、九六—九七頁）。

(58) この背景には『現代の根本特徴』で語られたフィヒテの歴史哲学の段階論があるが、ここでは必ずしも文脈で必須のものではないので割愛する。

(59) 上山安敏『ドイツ世紀末の若者』講談社学術文庫、一九九四年に詳しい。日本でも、明治以降の農村伝道、昭和の大学生セツルメント運動、あるいは三池闘争や筑豊炭坑労働運動、三里塚闘争への学生参加などがある。デンマークではグルントヴィ派の農民解放運動にコペンハーゲン大学の若き神学生たちが参加した。そういう意味では、近代において大学生が民衆の中に入り込み、民衆運動の旗手となるという動きはロシアだけでなく、近代化をめざした国々に共通する傾向なのである。フィヒテの『ドイツ国民に告ぐ』はその先駆的なものの一つであるがゆえに、「ヴィ・ナロード」とあえて題している。

(60) ただし、今日的な男女同権ではないことはいうまでもない。フィヒテは『自然法の基礎』で性別役割分業を述べている。

(61) 拙著『改訂新版 生のための学校』（新評論、一九九六年）、クリステン・コル、拙編訳『コルの「子どもの学校」論』（新評論、二〇〇七年）の解説を参照されたい。

(62) 清水満「生きた言葉と対話の流れる台地 愛農学園高校訪問記」、『ハイムダール』第二五号、日本グルントヴィ協会、二〇〇四年、五一—一一頁。

(63) たとえば、柳治男『〈学級〉の歴史学』講談社選書メチエ、二〇〇五年。

(64) Svend Sørensen og Niels Nielsen : *I hælene på Christen Kold*, Sparekassen Thys Forlag 1990, p. 18.

（65）ヴェルナー・ゾンバルト、金森誠也訳『戦争と資本主義』講談社学術文庫、二〇一〇年、八七頁。

（66）Stefan Reiß：*Fichtes >Reden an die deutsche Nation< oder：Vom Ich zum Wir*, Berlin 2006, S. 152.

（67）Reinhard Lauth：Der letzte Grund von Fichtes Reden an die deutsche Nation, in：*Fichte-Studien*, Bd. 4, Amsterdam/Atlanta 1992, S. 201.

（68）Otto Dann：*Nation und Nationalismus in Deutschland 1770-1990*, München 1993, S. 36.（邦訳 オットー・ダン、末川清・姫岡とし子・高橋秀寿訳『ドイツ国民とナショナリズム一七七〇―一九九〇』名古屋大学出版会、一九九九年、二七頁）

（69）ハンブルクは通例のドイツの歴史の範疇で捉えるべきではない。ハンブルクに住めばよくわかることだが、ここはドイツにはめずらしいインターナショナルな都市である。いわばドイツ語圏のヨーロッパの一つの小さな独立国であり、イギリスのロンドンやオランダのアムステルダムと並ぶ近代の世界システムの中心地としてあった歴史から来る。玉木俊明『近代ヨーロッパの誕生』（講談社選書メチエ、二〇〇九年）第五章、第六章を参照のこと。

（70）Stefan Reiß：*Fichtes >Reden an die deutsche Nation< oder：Vom Ich zum Wir*, Berlin 2006, S. 155.

（71）藤代幸一『ヴィッテンベルクの小夜啼鳥』八坂書房、二〇〇六年。

（72）ハンス・プラーニッツ、林毅訳『中世ドイツの自治都市』創文社、一九八三年、一七二頁。

（73）ここにはモンテスキューの『法の精神』第一一編第八章で語られるタキトゥスによる「ゲルマン人の共同体の自由」も影響しているかもしれない。

（74）Dasselbe, S. 155.

（75）ハンス・プラーニッツ、林毅訳『中世ドイツの自治都市』創文社、一九八三年、一二八頁。この論文はHans Planitz：*Die deutsche Stadt im Mittelalter*, Wiesbaden 1996 の中の一部が採り入れられている。

（76）上掲訳書、一三五頁。

（77）上掲訳書、一四七頁。

（78）上掲訳書、一七二頁。

（79）「市民が違うところで捕らえられたら、彼を解放するために共同体は全力を尽くさなければならなかった」（Hans Planitz：*Die deutsche Stadt im Mittelalter*, Wiesbaden 1996, S. 262.）。

（80）上掲訳書、一八〇頁。

（81）上掲訳書、一八五―一八六頁。

（82）上掲訳書、一八七頁。

（83）Dasselbe, S. 118.（上掲訳書、一九〇頁）「決定的だったのは」を「決めたのは」に訳文を変更した。

（84）Evamaria Engel：*Die deutsche Stadt im Mittelalter*, Düsseldorf 2005, S. 68.

(85) 川合清隆『ルソーとジュネーブ共和国』名古屋大学出版会、二〇〇七年、七頁。

(86) スイスのチューリヒにはフィヒテは家庭教師として滞在したこともあり、また妻のヨハンナもスイス人であったので、スイスの自由都市の伝統の空気をフィヒテはある程度は知っていたのではないかと推測される。ショトキーはフィヒテの草稿『二二世紀のドイツ人の共和国』を扱った論文で、草稿に出てくる「評議会（Rat）」の用語の由来の一つの可能性として、ジュネーブ共和国の「参議会（Rat）」を出している（Richard Schottky : Fichtes Nationalstaatsgedanke auf der Grundlage unveröffentlichter Manuskripte von 1807, in : *Fichte-Studien*, Bd. 2, Amsterdam/Atlanta 1990, S. 129, Anm. 33.）。

(87) これらについては拙論「美と人倫」（『社会思想史研究』第一五巻、社会思想史学会、北樹出版、一九九一年）、拙論「詩的自我」（『フィヒテ研究』創刊号、晃洋書房、一九九三年）を参照されたい。

(88)「同盟（Bund）」や「封鎖する（schließen）」という表現で、「都市同盟」や「封鎖商業国家」が含意されているのではないかと思われる。

(89) これについては、拙論「フィヒテとシュミット」、『北九州市立大学法政論集』第四〇巻第四号、北九州市立大学法学会、二〇一三年、で詳しく論じている。

(90) Reinhard Lauth : Der letzte Grund von Fichtes Reden an die deutsche Nation, in : *Fichte-Studien*, Bd. 4, Amsterdam/Atlanta 1992, S. 201.

(91) もともと王位などの「簒奪者」を「称号なき暴君（tzrannus absque titulo）」と呼ぶ伝統がヨーロッパにあるようだ。Carl Schmitt : *Die Diktatur*, 7. Aufl., Berlin 2006, S. 20（邦訳 カール・シュミット、田中浩・原田武雄訳『独裁』未來社、一九九一年、三二頁）にその用例がある。

(92) 批判的全集版の注では、この箇所は草稿にないそうで、I・H・フィヒテによる付け足しの可能性があると疑問を呈している（J. G. Fichte : *Gesamtausgabe*, II. Bd. 10, Stuttgart-Bad Connstatt 1976, S. 85.）。これは大きな問題ではあるが、しかし、それも実証されたわけではないので、とりあえずこれまでのテキストにしたがう。フィヒテが草稿に書いていないのは、思想として存在しなかったからではなく、当時の厳しい検閲などを考慮した側面があるからである。I・H・フィヒテの付加であっても、文脈上矛盾はなく、流れとしては可能である。

(93) 栩木憲一郎氏の論文「フィヒテ政治思想の日本受容」（木村博編『フィヒテ――『全知識学の基礎』と政治的なもの――』創風社、二〇一〇年所収）では二五〇頁に、フィヒテの『ドイツ国民に告ぐ』のこの箇所が、実際に内村鑑三の『デンマルク国の話』と同じような読まれ方をしたと書いている。実は、これには歴史的必然性がある。フィヒテの『ドイツ国民に告ぐ』は、デンマークの最大の思想家N・F・S・グルントヴィに愛読された。彼はフィヒテの「国民」概念から、デンマークの国民概念（folkelighed）を提唱し、プロイセンとの国境戦争で敗れたデンマークで「外に失いしものを内にとり返さん」と始まった農民解放運動と近代化を求める国民主義運動のリーダーとなり、その歴史を内村がアメリカのデンマーク系教会の牧師から聞いて書いたものが『デンマルク国の話』である。フィヒテ、グルントヴィ、内村鑑三という系譜で、民衆解放的な国民運動の理念が継承されたのである。それゆえ敗戦国の話として、デンマークも日本もフィヒテの『ドイツ国民に告ぐ』を読んだことはたしかである。拙著『改訂新版 生のための学校』（新評論、一九九六年）を参照されたい。

(94) オットー・ダン、末川清・姫岡とし子・高橋秀寿訳『ドイツ国民とナショナリズム一七七〇―一九九〇』名古屋大学出版会、一九九九年、二頁。

(95) 上掲訳書、六頁。

(96) 上掲訳書、七頁。

(97) 上掲訳書、同頁。

(98) 上掲訳書、同頁。

(99) Hans-Joachim Becker : *Fichtes Idee der Nation und das Judentum, Fichte-Studien-Supplementa*, Bd. 14, Amsterdam/Atlanta 2000, S. 363. これはフーバーの最終答弁書として残されている。C・ペトリによれば、このフィヒテの言葉をフーバーがいおうとしたら、裁判官フライスラーの怒号にかき消されたそうである（C・ペトリ、関楠生訳『白バラ抵抗運動の記録』未來社、一九七一年、三〇五頁）。

(100) Dasselbe, S. 364, Anm. 148.

(101) 上掲訳書、三〇五頁。

(102) 上掲訳書、三一四頁。この「真のゲルマン的指導者国家」や「ドイツ精神」「ドイツ民族」といった表現は法廷戦術上の表現という側面ももっている。

(103) ヴィルムスによると、これらはフィヒテ研究への寄与はほとんど期待できない代物だということである（ベルナルト・ヴィルムス、青山政雄・田村一郎訳『全体的自由』木鐸社、一九七六年、二〇一頁）。

(104) Dasselbe, S. 363. 一度目はエルンスト・ブロッホということだ。

(105) 成瀬治・山田欣吾・木村靖二編『世界歴史大系 ドイツ史2 一六四八年～一八九〇年』山川出版社、一九九六年、一二八頁以下。

(106) Erich Fuchs : *J. G. Fichte im Gespräch*, Bd. 4, Stuttgard-Bad Connstatt 1987, S. 88.

(107) Dasselbe, S. 89.

(108) Dasselbe, S. 90.

(109) Dasselbe, S. 91.

(110) Dasselbe, S. 87.
(111) a. a. O., Anm. 3.
(112) Dasselbe, S. 90.
(113) Dasselbe, S. 391.
(114) J. G. Fichte : *Gesamtausgabe*, II. Bd. 10, Stuttgart-Bad Connstatt 2004, S. 375.
(115) ルイ＝セバスチャン・メルシエ、植田祐次訳「西暦二千四百四十年」、窪田般彌・滝田文彦編『非合理世界への出発』フランス幻想文学傑選1、白水社、一九八二年所収。これは抄訳になっている。
(116) Richard Schottky : Fichtes Nationalstaatsgedanke auf der Grundlage unveröffentlichter Manuskripte von 1807, in : *Fichte-Studien*, Bd. 2, Amsterdam/Atlanta 1990, S. 128, Anm. 32.
(117) Zwi Batscha : *Gesellschaft und Staat in der politischen Philosohie Fichtes*, Frankfurt am Main 1970, S. 229.
(118) Richard Schottky : Fichtes Nationalstaatsgedanke auf der Grundlage unveröffentlichter Manuskripte von 1807, in : *Fichte-Studien*, Bd. 2, Amsterdam/Atlanta 1990, S. 128.
(119) Derselbe, S. 129, Anm. 33.
(120) Senat はのちの『法論の体系』（一八一二年）『国家論』（一八一三年）の重要概念である。詳しくは第四部で考察されている。
(121) Derselbe, S. 128.
(122) 熊谷氏は、総督とStatthalterは異なるとして、後者を「監督官」と訳し、両者と同じと見るショトキーに疑問を呈しているが、これだとテキストの三八〇頁終わりから三八一頁のつながりがまったくなくなることになる。また、三八二頁で「大臣、大使、将軍、Statthalterという中間項が整理される」という表現に、Gubernatorも入れられなければならなくなるはずだ。熊谷氏には、フィヒテの立場が「中央集権に特化したあり方」（熊谷英人「幻影の共和国」、『国家学会雑誌』第一二三巻三・四号、東京大学法学部、二〇一〇年、三八二頁）という前提があるので、このような中央の監視体制を強調する必要があったと思われる。しかし、私はショトキーと同じく、両者は同一であるという見解を採りたい。
(123) Derselbe, S. 130.
(124) 熊谷氏はこれらの個別委員会にはさらに「地方部会」と「中央部会」があり、この人員配分をするのが研究委員会で、委員長の任命権が護民官にあるとしているが、筆者はそこまでは読み取れなかった。
(125) ショトキーは、この草稿でついにフィヒテはモンテスキューの三権分立を採用したと主張している（Derselbe, S. 130）が、これには賛同できない。たしかに議会的な役割を大評議会が果たすが、立法は護民官、小評議会も含めて行ない、しかも護民官は評議会に拘束されない。監察官も司法機関ではなく、あくまでも統治権力の監督であり、自己のもとに下部の裁判機関をもっているわけでもない。統治者と監督官の分立はイエナ期からすでにあり、古代的な装置である。

（126）熊谷英人、上掲論文、三八三頁。

第二中間考察　『一八一〇年の意識の事実』における共同性と個体

ベルリン大学時代のフィヒテは、知識学の理解を助けるための入門的講義を多く行なう。『一八一〇年の意識の事実』もその一つである。これは一八一〇年の冬学期に行なわれ、この後に講義された『一八一〇年の知識学講義』につなげるためのものであった。これまで知識学は『一八〇四年の知識学第二講義』がたんてきに示すように、事実としての知から上昇して、知の究極の根拠となる絶対者にまで至り、そこからまた現実の知にまで下降するプロセスを叙述する、いわゆる「上昇・下降」の円還構造をもっていた。しかし、ベルリン大学での講義では、この上昇部分がこの『意識の事実』を含む「知識学への入門的講義」の内容になり、知識学自体は神からの下降のみを扱うようになる。

この上昇の内容は、編者I・H・フィヒテのまとめによれば「この事実的なものの展望は同時に、感性的で経験的な事実の直接性から、知をその統一・全体性・自立性において、神の絶対的な像として自己把握するに至るまでの、意識における内的な段階の系列と必然的な発展を示す」(II. 537) ものとなる。フィヒテは知識学への導入講義としての『意識の事実』を一八一〇年と一八一三年の二度講義しているが、I・H・フィヒテも指摘している (II. 538) とおり、「意識における内的な段階の系列と必然的な発展を示す」という叙述に徹底している分、『一八一三年の意識の事実』の方が優れている。

それに対して『一八一〇年の意識の事実』は、理性的存在者の共同性・社会を含む豊富な内容をもち、知の究極の基礎理論としての知識学に導くものとしては、あまりによけいなものが入り込みすぎている。「意識の事実」といいながら、認識論だけでなく、実践哲学、宗教論の内容を含み、ある意味では『人間の使命』と共通する内容を「意識の現象学」という形で論じたものになっており、いうなればフィヒテ流の『精神の現象学』なのである。(1) ヘーゲルの『精神の現象学』が叙述においては混乱がありながら、最も豊かな内容をもつといわれるように、この『一八一〇年の意識の事実』も、体系的な叙述という点では不備があるにせよ、その分ベルリン期では一番といっていいほどの豊かな内容をもつ。それゆえにこそ、フィヒテの社会哲学の基礎理論を把握するのにも有益であり、ベルリン期のフィヒテの理性的存在者の共存の純粋に理論的な把握を知るために、この著作の検討が求められる。

そこでわかることは、『人間の使命』『現代の根本特徴』以後、顕著になった目的論的世界観と並んで、イエナ期以来の自由による自己限定、権利概念、「すべきでない」という禁止命令などの基本的概念があいかわらず継承され、重要な役割を果たしていることである。フィヒテ哲学の根本的な問題構制は依然として同じなのだ。そして、この時期の目的論的世界観がたんなるフィクションとならないために、知識学との関連を示して、学問としての合理性と客観性を与えるものになっている。

一　普遍的な思惟における個体化

『一八一〇年の意識の事実』は、事実としての知から始まるので、外部知覚がその出発点となる。素朴な知は、まず外界の物の知覚が第一にあるからである。しかし、われわれの課題は、フィヒテの社会哲学的考察になるから、第一部の感覚的な世界の認識、自然の認識の構成は飛ばして、第二編の第四章の個体論と他我の演繹から考察を始める。

イエナ期の『学者の使命についての講義』や『道徳論の体系』で、すでに現象界における自分と同じような身体をもった存在者に出会うこと、あるいは自分たちと同じような概念による活動の産物を認知することから、自己と同類の存在者を外部に想定することは語られていたが、『意識の事実』では、それをより高次の連関の中で把握することが要求される。

フィヒテはここでは、個体化を二段階に分ける。イエナ期のような相互承認の論理をとらず、普遍的な思惟から考える[2]。自我は自己を直観する内的直観と外部の自然や自分の身体を直観する外的直観の総合であるが、自我が自我であるという根源的な直観は内的な直観である。「それゆえ、ある自我の現実的な現存在は直接的な自己直観、すなわち、知の自己直観という絶対的な事実にもとづいている」(II. 605)。

自我が多数存在するということは、この自己直観の事実がその数だけくり返されることである。「いまや、自我は多数化されるべきである。すなわち、複数の自我が存在すべきである。したがって、この種の事実それぞれが個々の自我を根拠づけなければならない。逆にまた、複数の諸自我が措定されるということは、内的直観の事実が複数回あらわれて措定されるということである」(a. a. O.)。

自我自体は普遍的で、この自己直観の形式は普遍であり、だからこそ万人に共通する自我である。しかし、この事実があらわれることで、そこに生じた個々の自我に衝動や能力などそれぞれの直観が結びつけられる。これが個別的な自我となる。「それゆえ、『私の自我』という表現は、私の自我に隠れて、『私の』がその形容詞になっている自我は、絶対的に根源的で自己直観の直接の事実によって成立した自我である。ここで思考された二番目の自我、つまり『私の』自我は最初の根源的自我が時間の中で進展することである」(a. a. O.)。根源的な自我はいうなれば統覚に等しく、個々の自我はそれが現実となって、統覚が時空間の中で自覚され、個々それぞれの場所と時間をもち、異なった身体をもつ個別の自我というわけである。それゆえ「そのものとしての個体は、たんてきに切り離され、一切の連関なくそれだけで存立する個別的な諸世界である」(a. a. O.)。

しかし、この諸個体は根源的な自我であり、普遍的な思考をもち、その意味ではみな同じ唯一の生に属するものである。したがって「内的直観において、複数の生命へとわけられ切り離された諸個体はまさにそういう個体として、そして個体にとどまりつづけるものとして、思惟において再び合一されるであろう」(II. 606)。この思惟は、個別的な個体の思惟ではなく、あくまでもこの根源的な自我、あるいは唯一の生の思惟である。あるいはフィヒテの表現では「理性、普遍的思惟、たんてきな知」(II. 608)であり、「絶対的思惟」(a. a. O.)である。そうすると「ここで記述された絶対的思惟は諸個体の一つの共同体を表現する」(a. a. O.)。

この類的な思惟では個別性はないが、この中にある個体が思惟するときは、それぞれ自分の視点から思考しなければならない。時空間にある者は、視野は自分の視点からにならざるをえない。「それゆえ、万人が同じ共同体、同じ諸自我の体系を思考する。ただし、各人はそれぞれ別の出発点、つまり内的な直観のそれぞれ別の領域をもち、そこから出発する。各人は、絶対的に根源的な思惟によって、自分自身だけではなく、すべての他者を思考する」(a. a. O.)。このようにして、個体は思惟の出発点が異なるので、各個体の見え方の差異が生じてくる。[3] 別の箇所では、同じ事態を次のように表現している。「各個体は、諸自我の思惟されうる諸自我の全系列から一つの自我を自分独自の自我として思考し、他の自我をこの他者の独自の自我として思考する」(II. 610)。

この自我と他我の思考は、たんてきでありア・プリオリな思考である。知覚を介して他我と認識するような現象的・経験的な思考、ア・ポステリオリな思考ではない。したがって「この概念はたんなる純粋な能力および法則として実現される。何らかの知覚可能な作用としてではなく、将来におけるそのような作用の根拠および規則として実現されるのである」(a. a. O.)。

『自然法の基礎』では、自己意識の必然的条件として他者の認識が要請され、これもある意味ではア・プリオリな思考ではあるが、ここではそれが徹底されて、すでに関係として他者がア・プリオリにあり、他者の内実はあとから知覚されるわけである。

いい換えれば、自我は「純粋な思惟、内的な直観、外的な直観という三つの根本形式においてあらわれるが、この形式すべてにおいて同じ一であり、この形式それぞれにおいて全体である」(II. 612)。直観をもつ身体として現実界にあらわれるときも、各自我はすべて同一の仕方であらわれる。「しかし、関係という点で一つの区別が生じる。すなわち、それぞれの個体は系列の中のただ一つを自分のものとして思考し、他の残りすべてを他者のものとして考えると同時に、有機化された肉体の系列中の一つを自分のものとして把握し、それ以外のものを他者のものとする」(II. 613)。

二　他者の実効性の産物の知覚＝「べきでない」

以上の議論は思惟や知覚の理論的認識のレベルであるが、個体は同時に実践的な能力、作用する働きをもっている。その段階で、個体が行動をしたときに、この個体の認識がどのように現実において作用するのかが次に問われなければならない。その際に媒介となりうるのが、他者の自由な行為の産物である。これは『学者の使命についての講義』や『道徳論の体系』でみた目的概念にもとづく他者の作品の認知から、自由な存在者としての他者を類推するという考え方と関連するものである。

ここでのフィヒテの議論は、意識の中に発生的に現象してくる過程を追うという生成のスタイルであるため、概念が前後と関連しているだけでなく、のちになるとより高次の意識によって以前の段階の把握が否定されたりする。それゆえ、そのまま祖述しても意味がとりにくい。わかりやすくするために、フィヒテの文章から解釈可能な事例をあてはめて説明すると、以下のようになる。

この他者の産物は、自然の中で創造されたまったく新しいもので、自然的存在ではない。それは自然の機械的な系列には属さず、他者の自由によって創造され他者の自由による規定をもつ。その産物を自己が認知したとき、これは自然の系列には属さない新しいものであるから、自己の思惟の中のこれまでの系列に属するものではなく、まったく新しい思惟として現象しなければならない。その意味で、これは自己の自由が他者によって制限されていることになる。しかし、この産物は、自我の自由を制限することはないのである。

これは『自然法の基礎』でいわれた促しの言葉、あるいは『道徳論の体系』での作品による意味内容の伝達のことと理解できるだろう。この他者によるこちら側の自由の制限は、それゆえ、自分自身による自己の自由の制限として受けとられなければならない。フィヒテは、ここに「自由自身に課せられた法則、しかも自分自身によって自己を制限するという法則」（II. 633）があらわれるとする。

能力としては、ある個体は自己の自由によって自己が意志することをなすことができる。しかし、そこに他者の産物を介した働きかけがあれば、そのできることを制限しなければならない。すなわち「自由はできることをなすべきではない」（a. a. O.）。この「すべきではない」は「たしかに存在しているある種の自由を使用することの禁止命令（Verbot）」（a. a. O.）と呼ばれる。この禁止命令は、各個体においてすべて一様にあらわれ、その数だけくり返される。そこに生じてくる意識の事実がより高次の能力としての「道徳法則（sittliches Gesetz）(4)」である。「道徳法則は、さしあたりは、一定の自由の表現を禁止するという形態において現象するが、この事実がまさにそれなのである」（a. a. O.）。

ここで道徳法則が現象することで、自然の必然的な系列「物理的な結合」以外に「道徳的な結合（ein moralisches Band）」（II. 636）が生じることになる。わかりやすくいえば、感性界と道徳界である。道徳的な結合は、存在として感性界に物理的に影響を及ぼすことはできない。それゆえ、それは「意識でなければならない」（II. 637）。これは、道徳法則による「すべきでない」という自己限定、すなわち、自己の自由を自己自身によって制限するものであった。「この自己限定と直接に一つになって、万人に対するまったく普遍的な一つの意識、同様に直接に、制限する『べき（Soll）』を自分に伴っている意識が生じる」（a. a. O.）。これによって、万人の間の「道徳的なつながり（Nexus）」（II. 636）が成立していることになる。

この意識下では、ある者が「すべきでない」という法則にしたがって、自己の自由を制限することが、他者に意識される。すなわち「自己限定についてのこの意識が他者を規定し、制限するとされる」（a. a. O.）。そうすると他者も、自己の自由を制限し、そのことによって相手に作用して規定するのである。これはしかし、物理的な作用ではない。「物理的なつながりに理性的存在者相互があらわれると、物質と同様に、圧力、衝突、打撃による相互の扱いとなるが、まったくそうすべきではない。彼らは［こういう物理的な］直接的な連続に身を置くべきではなく、互いの間に意識と概念を立て、これによる相互作用のうちに入り込むべきである」（II. 638）。

かくして、すでに論じられた相互承認論の内容がここでもまたくり返される。もちろん意識の事実の発生を追うという生成のスタイルの中ではあるけれども。

三　究極目的からの規定

しかし、このような道徳的な相互作用そのものはそれ自体目的ではない。その上にさらに高次のものがある。これが「究極目的」である。次にはこの「究極目的」から、これらの相互作用を規定するとどうなるかが問われる。フィヒテは、その際、普遍的な生とその個別的なあらわれである個体形式の二つでこれを考察する。「普遍的な形式は全にして唯一の生をそのたんなる可能性において表示する。諸個体の形式は同一の生ではあるが、しかし、それを個々の点から現実に活動するものとして表現する」(II. 660)。

フィヒテによれば、生は究極目的が可視化し、直観されるための媒体であり、道具である。究極目的は何らかの目的であり、実現されるべき何かのためにあるものである。そうすると実現されるには、その目的の実現を示す媒体が必要だ。これが生である。なぜなら、生は可視化されることが可能なものであり、具体的に存在するものだからである。「究極目的は実現されることを欲する。実在的で現実的なものはしかし直観可能なものである。そうすると究極目的は直観可能なものであるべきである。そのために、究極目的に対して生がある。それゆえ、生はその根本と基礎において、すなわちその真の存在において、直観可能性であり、究極目的の現象なのである」(II. 659)。

これをいい換えると「生は、前はただ精神界においてのみあったまったく不可視の世界だった究極目的を、たんてきには前は存在していなかった感性界のうちへと移し置いてつくり出す」(II. 660) ともいえる。しかし、生はあくまでも可視的な感性界での形式を創造するのみで、究極目的の内容をつくり出すわけではない。「生は内容をつくり出したのではなく、むしろ生そのものがこの究極目的によってつくられていたのである」(a. a. O.)。それゆえ、生と究極目的は円還構造をもつ。

普遍的形式において生をこの究極目的との関係で考察すると、自然全体と個体化作用の二つの側面で論じられる。生の力が直接に直観されたものが自然である。外的な直観の総体である自然は万人に共通の直観であり、だからこそ唯一の自然で、普遍的な自然法則をもち、万人に共通する素材である。水はどこでも水であり、松の木は誰にとっても松の木である。個別化され、特殊化された自然というものはない。身体はたしかに個別化された自然といえなくはないが、しかし、素材としては万人共通で、だからこそ科学的医療や臓器移植が可能になる。生の力は自然を対象として働きかけることで可視化される。ビル、道路、ダム、あるいは砂漠化された土地、過剰な二酸化炭素、空爆で壊される建物、逃げ惑う住民など、現在の地球の姿は、人間の生の力の可視化である。この自然は生の力の目的である究極目的が可視化されるためにも必要なものである。

破壊や破滅ではなく、万人が幸福で平和に暮らせるような社会をつくるという目的のためにも、自然は存在する。あるいはむしろそれこそが自然の存在目的であり、自然はそのように使われることを求めている。それゆえ「自然はわれわれの実在的な力の映像であり、絶対的に合目的なものである。われわれは自然において、自然に対して、われわれがなすべきことをなすことができる。自然の原理はたんてきに道徳的な原理であり、決して自然原理ではない」(II. 663)。

しかし、唯一の生は実在的な力として働くときは、多数の個体として現象するものであった。生が究極目的の可視化する媒体、手段であるならば、「生は、このように個体の形式をもたらす際には、究極目的によってまったく規定されている。各個体は、それが成立するときは、道徳的な究極目的によってもたらされ、そして究極目的のために、もたらされるのである」(a. a. O.)。この究極目的は個体においては「べき」としてあらわれる。個体は生が具体的な時空間において自己を表現するものであるから、それぞれの場所と位置、開始点をもっている。それゆえ個体それぞれにおいてはこの「べき」は、個体が意識するしないにかかわらず、その個体の特定の課題として初めから与えられている。「個体の成立は、道徳法則一般による、一つの特別な完全に規定された命令であり、道徳法則はこの命令によって初めてすべての個体のもとで自己を完全に表現するのである」(II. 664)。

ここから、個体がそれぞれ自分の観点から、どのように活動するのかを論じる第二の根本形式における個体形式の叙述が始まる。この個体形式での生の表出もまた、究極目的によってたんてきに規定されている。それは、上で示されたように、生が個体として表出するときには、つねに道徳的使命をもった個体としてのみであるという形であらわれる。「生が、諸個体をもたらす場合、つねに各人に特有の道徳的使命をもってでなければ、それは不可能である」(II. 668)。この各人の使命自体の内容を個別に規定することは、この表出の時点では不可能である。ここにあるのは、各人が行動するとき各人が道徳的使命をもっており、それゆえに他者を自然の物体のように扱うことは許されず、他者の使命を尊重しなければならないということである。「要するに、この直観には、われわれがすでに以前に、自由な存在者同士の関係についての概念の源泉として、すなわち権利概念の源泉として事実的に呈示してきたものすべてがある」(a. a. O.)。

権利概念は、すでに何度も見てきたように、その個体の自覚、道徳的な意識を前提するものではない。それゆえここには、強制が必然的なものとして前提され、自由は自然法則のように働く。「権利概念においては、自由はいわば『自然』にされており、逆らいがたく強制する自然法則のように、一定の存立する存在をもたらすことが自由に要求される」(II. 669)。

この権利概念は個体において意識されなければならない。すなわち内的直観において自覚される必要がある。それは自己の自由によって自己を制限することであるが、制限すべきものは道徳法則に逆らうものであり、たんてきにいえば欲望や自然衝動である。「この衝動を乗り超えることにおいて、まさに道徳的に自由な行為が可視的になるであろう」(II. 670)。道徳的な行為はこの自然衝動の否定においてその形が目に見えるものになる。「衝動が逆らう相手である道徳法則は、それゆえ再びこの衝動に対立してあるが、この法則は一つの『べき(当為)』として、最終的な規定根拠としての意欲を否定するものとして現象する」(II. 671)。

『自然法の基礎』においては、権利概念は道徳法則を必要としなかったが、ここでは両者は連続している。基本的に権利概念は道徳法則を準備するもの、その前提になるもので、権利法則の発展が道徳法則でもある。各人が他者を物のように扱わず、その道徳的使命、行為の本来的な自由、人格的自由を尊重するというのは、カントの人格主義と同じであり、他者を目的として扱い尊重することである。これは道徳法則の一つの姿である。他者を自己の自然的な衝動・欲望を満たすための手段とせず、自己の衝動を否定す「べき」であり、そのことによって自己の道徳的な行為が可視的なものとなる。

この際に、自然法則から身を引き離すことによって自由が示される。それゆえ「自然衝動、各自独自の道徳的課題、この両者を媒介する項としての絶対的自由、この三つの部分が個体の本質を形成する」(II. 672)。個体はこの自由によって自然衝動を否定しなければならないが、これを完璧に無化してしまうと個体に残るのは、道徳的課題だけになる。そうなると個体はそれ自体が生きた道徳秩序という形相的な存在になってしまう。「それは、存在の直接的な表現であり、この条件のもとで自己自身をたんてきにつくり出し、たとえば直観からの脱出としての思惟にあるような、知る者の一切の自由がまったくなくても、あるがままに自己をなす必然的に直接的な直観としてあらわれる」(II. 673)。これは直接的な明証を伴い、「思惟の自由によってつくられるのではなく、たんてきに自己自身をつくり出す」(a. a. O.)。

しかし、道徳的使命・道徳的課題は個体に応じて別々であり、それぞれの独自の内容をもつ。だからフィヒテも「各自独自の道徳的課題（besondere sittliche Aufgabe）」というのである。そうなると、衝動を否定することでこの課題が満たされたら、次はまた新たな次段階の道徳的課題が出てくる。最初の課題は次の課題の条件となっており、これは無限の系列として継続する。個別の道徳的課題であるためには、時空間が必要であり、感性界が必ず存在しなければならない。それゆえ、道徳的課題だけの形相的な存在は、あくまでも当為であり現実ではない。したがって、「個体の本質的な構成部分としての衝動は永遠に存続する」(II. 674)。しかし、それは能力、可能性としての存続であり、事実としての衝動ではない。事実としての衝動は可能なかぎり自由によって否定されなければならないからである。「個体は、可能性としてはもちろん永遠に継続する自由を、事実としては永遠に入り込ませないという使命を、自由によって自己に与えなければならないであろう」(a. a. O.)。

この引用文の最初にある可能性としてのみ存在する「自由」は、自然衝動からの自由のことであり、後者の「自由によって」というのは、何も前提しない自由な意志のことである。したがって「つねに可能なものとして存続する実在的な自由を継続して否定すること」(II. 675) を自由に意志するという意味であり、その内容は何の前提も条件もなく「永遠に道徳法則にしたがうという決意（Entschluss）」(II. 674) である。フィヒテはこれを「永遠の聖なる意志」(II. 675) と呼び、「永遠の聖なる意志の自己自身における創造の行為は、個体が究極目的を直接に目に見えるようにする自己創造の行為であり、そのようにして個体の固有の内的な生を完璧に終結する行為である」(a. a. O.)とする。これが個体の最終形態であり、「今後は個体自身が生きるのではなく、個体の中で、まさにそうあるべきだったように、究極目的が生きるのである」(a. a. O.)。個体は衝動を否定した聖なる道徳的な意志そのものとして生き、「[衝動からの]自由を否定したのちは、個体の生は自然となる。すなわち、高次の超感性的な自然になるのである」(a. a. O.)。

以上で、生の表出の普遍的形式と個体形式の双方が説明されたが、この二つはそれぞれ分離しているのではなく、総合されなければならない。この二つが総合されるとそこにあるのは、基本的に自由な諸個体の総体であり、すなわち共同体である。生の力の普遍的形式である感性界の存在は、それ自体で究極目的を可視化するものではなく、あくまでも個体形式の作用を受けてのものだからである。個体形式においては、各人は個別の時空間に現存在し、それゆえ道徳的課題は限定されたものであった。それゆえ「普遍的な世界における道徳的課題は一つのより狭い領域を描くものとして、有限なものであり、この有限なものはそこで実現され、現実の時間の中でいつかは一度実現されるであろう」(II. 676)。

しかし、普遍的形式では生は永遠に続くものであり、究極目的は無限なものである。有限な課題はたしかに実現され、その時点で克服されるべき感覚界・自然は否定されうるが、それで完結するわけではない。またその上に新たな段階の課題と対象としての世界があらわれなければならない。それゆえ限定された道徳的課題が実現され、その対象であった第一の世界が完了すれば、第二の世界がまた登場する。「究極目的は、ただこの形式、すなわち、自然衝動、自由、道徳的使命をもった個体のうちでのみ可視化されうることができ、自然としての生、すなわち、普遍的で唯一の永遠の自然としての生そのものによって二番目の世界をもたらすことができる」(a. a. O.)。これもその時点での課題が実現されれば、また新たに第三の世界というように、無限に続くのである。その際に、個体の形式は存続し同じものでありつづける。この意味で個体の形式は永遠であり不死である。

このようにして感性的な世界や自然衝動は否定されていくが、事実としてはそうでも形式としては残りつづける。そうでないと個体の形式、自由、道徳的使命という三つの要素が機能せず、生の活動と発展がないからである。しかし、最終的には感性的なものはすべて滅却される。それゆえ「将来の諸世界においても、現在の世界とまさしく同様に、課題と労働は絶えずにありつづける。しかし、それらの世界では、感性的な意志はまったく存在せず、ただ善き聖なる意志だけがある」(II. 679)。これは叡智界の理性的存在者の国、地上における神の国であり、純粋な精神の共和国である。現在の世界は、この世界をめざして個体を陶冶する出発点になる世界であり、国である。

四 個体の重視

『一八一〇年の意識の事実』について、とりあえず必要なだけ個体と共同性そしてその活動の目的を説明すれば、以上のようになるが、抽象度の高い叙述の中に、すでに論じられたフィヒテの問題設定がくり返し登場してきていることは明らかであろう。表面的な叙述スタイルは変化しても、フィヒテの思想内容は堅固で一貫しているのである。

ここで確認できることは、フィヒテは個体重視の思想家であるということである。個体が否定され媒介となって、全体の総合の一契機化するヘーゲルと異なり、フィヒテは最後まで個体にこだわっている。彼の問題構制は、つねに他者の自由を侵害しないという原則で貫かれる。自由な存在者が出会うときに、根本の関係となるのが「すべきでない」という禁止命令である。この禁止命令を相互に意識し伝えあうことで、この否定を疎遠な他者からの強制としてではなく、自己の自由の発現として捉えなおしていく過程で社会が形成され、道徳的な人間のつながり、倫理的世界が構築される。たとえていえば、モーセが「十戒」を民に与えることにより、イスラエルの民族が民族の共同体、宗教の共同体として新しい歩みを始めたようなものである。その社会では相互の承認と権利の概念が意識される。それが言葉であらわされると「契約」であるが、その下で個体はすべきこととすべきでないことを実践して、互いの共存を維持していく。

しかし、生、その分裂態としての個体の総和のたんなる現存在が目的ではない。生は根本にある概念、究極目的の実現のために存在する。その際に生は自己直観の対象である自然を自己の概念、目的の可視化の手段とするが、初めから普遍的な生が自然と自己関係にあって、その普遍性、類的な生を究極目的にしたがって規定するというわけではない。ヘーゲルであれば、透明になった「精神」として盃から泡立つのも絶対精神でなければならないだろうが、フィヒテにあっては、個別性・個体は媒介・契機として消失しはしない。究極目的あるいは道徳法則は、それ自体普遍的であっても、個体は時空間の双方において制約され限定されたものであるから、道徳法則は個体の数だけ個別性をもち特有の内容をもつ。それぞれがそれぞれの場と時間で、この目的の実現のために行為し、みずからの活動を「業」として実現しながら、究極目的に規定された普遍的な生の総体を可視化するのである。

ハイムゼートはこの事態を次のように表現している。「個体の『諸規定（諸使命）』は、神的な生が流れ出す中で発展し差異化される。それらは個体の自由を否定することはない。そうではなく、彼らの行為の中で初めて形態を獲得する。私の行為すべての精神的・道徳的意味が、私が属するかの精神的な生の永遠の国に影響を及ぼすことになる」[5]。この「差異化される」個体の使命はそれぞれが比類ないもので、他の者によって置換可能なものではない。フィヒテの言葉でいえば、「各人は、まさにその人だけがたんてきになすべきであり、その人だけがなすことができることをなすべきである。ただその人だけができることとすべきことをなすべきであり、決して他者にはそれはできない。そして彼がそれをしなければ、諸個体のこの存立する共同体の中では、少なくとも彼が本来すべきであったことは起こらないことはたしかなのである」（II. 664）。

それゆえ、フィヒテにおいては、個体の存在とその活動・使命は絶対的であり、置換不可能なものである。個体はこの使命を果たす活動において最大限尊重されなければならない。あるいは、そもそもが「その課題は意識することなく、根源的に個体がただあることによって個体に与えられている」（a. a. O.）ものであり、個体の現存在に不可避に伴っているものである。たしかに個体がこの使命を意識せず、自然衝動や動物的な欲望にとらわれ、他者の自由を脅かすこともあろう。しかし、だからといって、この他者に対する人格としての尊重が無になってよいものではない。個体はこの世界に存在することだけでも、すでに最大限尊重すべきなのである。彼は独自の使命をもつ。それを気づかせ、自己のなすべき課題に向かうように、働きかけなければならない。

人類だの国民だの世間的には全体主義のイメージが強いフィヒテであるが、個体は「世界に一つだけの花」であることをすでに二百年前に語っていた。個体は能力だけが重要で、役に立たなくなったり費用便益が悪化したりすると、いつでもとり換え可能だと考えるいまのビジネス界とも異なって、過去であれ、現世であれ、未来であれ、この世界にとり換え可能な個体は存在しないとフィヒテは断言しているのである。同時期の『道徳論の体系』(一八一二年)でフィヒテは、「神が君[人間]において働き、君において彼の業(Werk)をなす」(XI. 58)とも書いている。いうなれば、個体に神が宿り、個体の仕事は神の仕事にほかならず、神によって与えられた使命をなしているのだが、こういう人間に対して「おまえがやっていることは他の者でもできる」と今風に切り捨てるのは、まさに瀆神、神をもおそれぬ破廉恥な行為ではなかろうか。

個体がそういうものであれば、その個体からなる共同体も、個体の個性と自由を抑圧する画一的で均質なものではない。各人がそれぞれの位置で獲得し、自分のものにした独自の知識と技術が、各人の視点から共同体に提供され、それによって共同体が豊かなものとなっていくのである。

『道徳論の体系』(一八一二年)では、次のようにいわれている。「さらに行動と作用にかんしていえば、そのすべては以下の目的をもたねばならない。すなわち、共同体の統一を現象においてもまた表現し、あらゆる個人の特徴、つまり洞察と熟練が個々人だけに制限されているというその量を廃棄し、この洞察と熟練をみなに伝えるという目的である。……各人はそれゆえ得られた認識を自分だけのものとしてもってはならず、また自分の所有とみなしてはならない。そのような[独立して]実在するものとして承認するのではなく、その認識が万人に与えられるべきものであるかぎりでのみ、価値をもつものとしてみなさなければならない。まさにそのように各人は自分のものを人に対して私有財産とすべきではなく、みなが同様に得るように、そして得られた認識を他者に伝えるよう努力しなければならない。実践的な熟練もまさに同様でなければならない」(XI. 71-72)。このように各自が得た洞察と技術は、相互に公開しあい、伝達され、そのことによって共同体のものになり、共同体がさらに発展することに寄与する。

ハイムゼートは、この事態をさして、「すべての個体は自己自身についての直接的な意識に没頭し、自分自身の自由の発展を掘り下げるだけではなく、他者に自分の特徴を示し、他者の特徴を受け入れながら、自分の課題を『表現』し、行ないと業(Tat und Werk)でそれを形成していくべきである」(6)と述べている。それゆえ、個体の活動が保障され、各人が他者の活動を損なわないようにして自己の活動を表現し、権利関係の中で相互作用をしていくことで、共同体は究極目的に向かって発展していく。共同体自体に最初から一つの確固たる目的があり、それにすべての個体が従順にしたがうように強制されて、共同体が発展するわけではない。

ハイムゼートによれば、「自由の所産は『共同体のうちにある個々人の観点から共同体全体を仕上げたもの』である。フィヒテはつねに、個々人はその目的と行為によって『類』の中に吸収されるべきだというが、そのときはこの意味で理解されなければならない」(7)。それゆえ、フィヒテが「人類」と語るときも、画一的な人類、「万人がそれに同化しなければならないような統一の型」(8)のようなものを意味しない。多様な個体が、道徳法則のもとで、それぞれの場と時間、個性と技能において自己表現をしあい、それらの相互作用、交流が美しい調和を形成し、あたかも一つの統一のとれた存在であるかのように現象するとき、いい換えれば、生の有機的統一が自然を基礎に個体を媒体として可視化されるとき、そういうときに存在するものとして理解すべきなのである。

個体の相互作用によって共同完成していくというのは、イエナ期の思想とまったく異なるものではない。禁止命令、権利概念、自己による自由の自由な制限も依然として引きつがれている。しかしここで扱った『意識の事実』は、本来が認識論的な序論講義であり、それ自体が社会そのものを中心的な素材として論じたものではない。ベルリン期には社会を扱ったものとして、『法論の体系』(一八一二年)と『国家論』(一八一三年)がある。次の章で、これらを検討していくことにしたい。

(1) 筆者と同様の認識をもっているのがヤンケである。「フィヒテの著作の中で、[ベルリン大学での]講義の系列の最初のものである『意識の事実』ほど、ヘーゲルの『精神の現象学』に近いものはたしかにない。それは、哲学的な学問への入門であり、習得のための絶対知の現象の教説なのである」(Wolfgang Janke : *Die dreifache Vollendung des Deutschen Idealismus, Schelling, Hegel und Fichtes ungeschriebene Lehre, Fichte-Studien-Supplementa*, Bd. 22, Amsterdam/Atlanta 2009, S. 233.)。

(2) 第一中間考察で見たように、『新方法による知識学』の意志論では、この論法が採られた。

（3）これはモナド論が背景にあると思われる。

（4）藤澤賢一郎氏は訳書で「人倫法則」という訳語をあてている。たしかに人間の共同体にかかわる法則なので、「人倫」というのは的確であるが、しかしこれでは「習俗」の意味も併せもつヘーゲルとの区別が改めて問われなければならない。フィヒテには「習俗」、潜勢的な人倫の形態という側面はなく、フィヒテのここでの法則は「自由の自己制限」という否定的な形式であり、カントと問題意識を共有するものである。それゆえ、カントとの関連を含めて「道徳法則」と訳すことにする。

（5）Heinz Heimsoeth : *Die sechs grossen Themen der abendländischen Metaphysik*, 5. Aufl., Stuttgart 1965, S. 130.（邦訳 ハインツ・ハイムゼート、座小田豊・後藤嘉也訳『近代哲学の精神』法政大学出版局、一九九五年、二一三頁）

（6）Dasselbe, S. 201.（上掲訳書、三三三頁）

（7）Dasselbe, S. 202.（上掲訳書、三三四頁）

（8）a. a. O.（上掲訳書、同頁）

第四部　後期フィヒテの社会哲学

第一章　監督官制度と主権の根拠
――『一八一二年の法論』についての考察

ベルリン大学教授になってからのフィヒテは、イエナ大学時代と同様に、「学者の使命」「知識学入門講義」「知識学」などの知識学への導入と知識学講義、そしてその応用哲学としての「道徳論」「法論」「国家論（歴史論）」というように、彼の一貫した円還体系を講義する。分量も内容も知識学が一番充実しており、ここで扱っている社会哲学としての「法論」「道徳論」は、その基礎づけがベルリン時代の知識学となった以外は、基本的にはイエナ大学時代の『自然法の基礎』『道徳論の体系』と大きく変わることはない。とくに「法論」はその傾向が強く、哲学文庫版の『法論』（一八一二年）の序論を書いたショトキーも「根本的に新しい構想ではなく、すでにイエナで構築された法哲学の新しい叙述が扱われている」[1]だけだと述べている。

残された講義原稿は、ラフなスケッチともいうべき表現で、細かな論証や展開がなされていない。I・H・フィヒテは、それを遺稿集で『法論の体系』（一八一二年、以下『一八一二年の法論』と記述）と題して公刊するにあたり、その行論を補うべく多くの書き込みや変更を入れている。たしかにそれで読みやすくなりはしたが、その書き込みがどこまでフィヒテ自身の思想を正しくあらわしているかについては疑問があり、今日の実証的なテキスト・クリティークの立場からすれば、肯定的に評価できないことはたしかである。

とはいえ、フィヒテの最終的な法哲学、社会把握があらわされたという意味では貴重である。本書のこれまでの文脈との関連で、重要と思われる箇所に絞って、以下議論してみたい。

『一八一二年の法論』について、これまでいわれてきた論点の一つが、一七九六年の『自然法の基礎』の特徴であった監督官が否定されたということだ。たとえば、マックス・ヴントはその著『フィヒテ』(一九二七年)で、「一八一二年の法論で、フィヒテは監督官というこの考えから再び離れた。いまや彼はこの考えが維持できないとみなし、そのかわりには、教養ある公衆つまり公論が来るべきだと考える」(2)と書いている。逆に、フェアヴァイエンは「監督官という根本思想はたしかに積極的な契機としてではないが、いわば当然の憲法体制の契機として、もちろんフィヒテは維持しようとしている」(3)と言明している。

この違いは、テキスト自体が断片的なので、双方の解釈が成り立つ曖昧さがあることに起因している。私の解釈は、監督官制度は必要であるものの、現実には人民がそこまでの教養形成ができていないため、本来の監督官制度が機能せず悪用されるおそれがあり、とりあえずの対処としては、人民の陶冶をはかり彼らを理性的で倫理的な公民となすまで、監督官制度は実施しないが、だからといってフィヒテが監督官制度を原理的に否定したわけでないというものである。

監督官は憲法体制の章で扱われているが、ここには監督官よりももっと目立つ思想がある。たんてきにいえば、主権が人間の意志ではなく、神の世界統治に属するものとされたことである。ここからショトキーのように「ここでもう一度示されるのは、一七九六／九七年の彼の思考を本質的に関与して規定していた民主主義的傾向から、フィヒテが内容的にいかに遠く離れてしまったかということである」(4)という判断も出てきがちであるが、はたしてそうであろうか。フィヒテはこのベルリン期の法論に至って、ヴィルムスのいうような選ばれた民がメシアをいただく「王国思想」(5)、神政政治という先祖返りをしたのだろうか。これらの解釈に対し、フィヒテは少なくとも法論の範囲内でも、神政政治への復帰をしたわけではなく、また必ずしも民主主義、すなわち人民主権からの離脱を意図しているのでもないことを以下でまず示し、その関連で監督官制度も依然として重要であることを論じてみたい。

一　フィヒテは監督官制度を否定したのか？

まず憲法体制（Verfassung）の章は「現実における法の絶対的根拠づけ（Absolute Begründung des Rechts in der Wirklichkeit）」という副題をもつ。ここから明らかになるように、一般的な憲法理論の基本どおり、憲法はそれ以外のあらゆる法律を根拠づける法律制定の権力であることが示されている。つまり「法の上に立つ法」である。ではこの憲法を制定するものは何か。それは法律ではない。法律だとしたら、それをまた制定するものが必要となり、無限遡行となってきりがない。フィヒテはこれを「意志」とする。「この意志はいまや、最高権力（Oberherrschaft）であり、主権（Souveränität）である。［国家の］いかなる者も、彼のすべての権利を喪失することなくして、［主権の意志をもつ意志以外の］いかなる意志ももつことはできない。この意志は、圧倒的な自然の威力のように支配するとされ、それに逆らえば、いかなる他の力でも消えてしまうほどの力が与えられなければならない」（X. 628）[6]。各人が自分の権利を喪失・譲渡することによってもつという この表現から、これは『自然法の基礎』での「共通意志」と同じものである（あるいはルソーの「一般意志」でもよい）。

この共通意志は統治者を必要とし、彼に委託される。「統治は［公共体からある人物へ］委託されなければならない。純粋の民主制は［法制度にはならない］。［なぜなら、純粋の民主制においては、公共体の結集（人民集会）のときだけしか、法が妥当しないからである］。法の意志は、そのようにときどきではなく、つねに生きて存在しなければならない」（a. a. O.）。フィヒテが「純粋な民主制」というのは、古代ギリシャやローマにおいてなされた直接民主主義のことである。人民が広場に集まって人民集会をするときにしか共通意志は体現されないが、法制度は日常から必要なものであり、それを執行する統治者が共通意志を体現するものとして恒常的に存在することになる。それゆえ、「人格的な法、人間となった法の意志」（X. 629）としての統治者が必要になる。

統治者が法の意志となるには、二つの方法がある。①人格となった法の意志、それが無理ならそれにもっとも近い意志に最高権力を与える。もしくは、②事実としていま現在支配している人格的な意志を、法の意志あるいはそれに最も近い意志にする。①は簡潔にいえば「最善の者が支配する」②は「支配者が最善となるべきである」ということである。この統治者は執行権力であり、また立法権力（ただし憲法以外の憲法を実施するための補助となる諸法律の立法のみ）でもある。『自然法の基礎』と同じく、フィヒテは三権分立をここでも評価しない。ルソーの「主権は分割できない」の教えに忠実なままである。そうなると統治者・執政府が絶対的な権力をもち、専制支配をすることが可能になる。だから、フィヒテはここでもまた「監督官制度」を提案する。「法の意志が支配していないと信じる場合に、監督官はおのれの責任において、禁止命令を通じてすべての国家権力を停止させ、国家権力と自分との間での裁判に人民を召集する。その際に根拠となっている法の諸原理はまったく正しいのである」（X. 632）。この判断を行なうのが「統治者（Regent）ではありえないということはさらにまったく正しいことである。監督官あるいは人民における法のより高次の洞察が、統治者のそれをはるかに超えているからである」（a. a. O.）。

このように、監督官制度はフィヒテの人民主権の要であることが改めて確認されており、フィヒテ自身はこの制度を信頼し、その原理をまったく正しいものとみなしていることがわかる。だが、現実は理屈どおりにはいかず、フィヒテは当の人民への懐疑を隠せない。監督官制度は人民がまちがっておれば、その原理が正しく機能しないからである。監督官は統治者と同じく共通意志を体現する者であるから、他者からのいかなる強制も受けてはならない。しかし、現実には統治者が監督官の権力をおそれて、彼を抑圧する。古代ローマで実際にあったように。

それ以上に問題となるのが、人民の多数決の恣意性である。『自然法の基礎』のときもすでにフィヒテは、直接民主制への不満を述べていた（III. 158）。法体系は理性にもとづく必然的な理性法であるべきだと考える彼は、人民の気まぐれな恣意、情緒的な多数派の横暴という偶然性の要素が入ることに我慢がならないのである。二〇世紀の全体主義の歴史、あるいは現代日本における頻繁な内閣支持率のメディアの世論調査を思いおこすと、フィヒテの気持ちもわからないではない。原理的にはフィヒテにおいても「人民の判断が形式的には正しいということは、まさに人民以上の裁判官は存在しないという理由で証明される」（X. 633）。しかし、フィヒテは現実を見ると悲観的にならざるをえない。「だが、実質的にはどうだろうか。成功して多数派になった者たち、いかにしてかは神のみが知ることだが、その者たちよりも選ばれた賢者たちの方により信頼が置けるのだ」(a. a. O.)。

監督官とて弾圧されることもあれば、あるいは本人が堕落する可能性もある。おまけに人民もあてにはならない。衆愚となった人民ならば、憲法制定権力として人民主権の体制を正当に維持できない。「最善の者として選ばれた監督官が、徳がないために誘惑に抵抗できず、人民自身も彼を守れない。まちがった判決を下すような人民であれば、いかなるよりよい憲法体制ももてず、またそれに値しないのである」(a. a. O.)。こういう人民なら、監督官制度はそもそもが機能しない。これと同じことはすでに『自然法の基礎』でも語られていた(III. 181)。

「人間が全体としては非常に悪いがゆえに、憲法の一部として監督官制度を実現することは、実行不可能である。しかし、人間が全体としてよりよくなるまで、現実に呈示された監督官を必要としない憲法体制がたしかにもたらされなければならないであろう」(X. 633, 傍点筆者)。この箇所は、I・H・フィヒテの公刊したテキストでは、逆に「実行可能(ausführbar)」となっている。哲学文庫版では、ここは「実行不可能(unausführbar)」と訂正されている。哲学文庫版の本文の校訂者ハンス・シュルツによれば、直接フィヒテの原稿にあたってこのテキストを校訂したということであり、批判的全集版でも同じであるので[7]、フィヒテ自身は「実行不可能」と書いていることになる。しかし、なぜI・H・フィヒテはそれを逆になおしたのか。ここは監督官制度をフィヒテが晩年も認めたか否かの分岐点にもなる大きな問題である。

I・H・フィヒテが訂正した理由はわかる。前後に監督官制度が肯定的に語られており、ここだけ文脈から浮いてしまうからである。しかし、「実行不可能」としても、文脈を限定すれば意味はすんなりつながる。この箇所は、文脈からすると次の意味(〈 〉内)が入っているとみなせるのではないか。「〈そのような憲法体制ももてずそれに値しない人民にかぎっていえば〉人間が全体としては非常に悪いがゆえに、憲法の一部として監督官制度を実現することは、実行不可能である。しかし、〈だからといってそのままにしておくわけにもいかないから、そういう社会の〉人間が全体としてよりよくなるまで、現実に呈示された監督官を必要としない〈何らかの形の〉憲法体制がたしかにもたらされなければならないであろう」(a. a. O.)。つまり、監督官制度が機能しないある特別な人民、堕落した国民についてのみの発言であり、これを一般化してはならないということだ。監督官制度は、よく陶冶された人民でないと本来の機能を果たさないのである。そう理解すると、このあとに続くフィヒテの文章もよく理解できる。

「この監督官の理念について不信感をもっていたすべての人たちには、ただ一つの事情が見逃されていた。すなわち、すでに陶冶され、また自己をそのように形成している公衆がいるところならどこでも、特別な人為的な仕組みがなくとも、実際に自分自身から形成される憲法が、監督官制度によってあらわされるという事情である。思考が発展するところならどこでも、統治もその統治のふる舞いを観察する監督官も［まったくおのずから発展するのだ］」(a. a. O.)。監督官制度を批判した人たちは、それがよく陶冶された人々、よく思考ができよい判断力をもつ公衆がいる場所での話だということを忘れ、人間社会一般に、あるいは劣悪な社会をあえて想定して、あれがいけないここがダメと非難をしたということである。

ちなみに、ヴントが「［フィヒテは、監督官制度の］かわりには、教養ある公衆したがって公論が来るべきだと考える」と書いている根拠がこの引用の箇所であるが、厳密に読めば、フィヒテは監督官制度のかわりに、教養ある陶冶された公衆・公論をもち込んでいるわけではない。そうだとしたらそのあとの「思考が発展するところならどこでも、統治もその統治のふる舞いを観察する監督官も［まったくおのずから発展する］」という一文が無意味である。フィヒテが、公論を重視していることは、すでにこれまでもたびたび述べてきた。そしてこの「法論」でもまたはっきりと「あらゆる統治行為の公開性（Publizität aller Regierungsakte）」（X. 630）を主張し、政府の一切の情報公開を国民の権利としている。それゆえ、すぐれた公論が監督官的な役割を果たすことはたしかであり、フィヒテが、堕落した国民の場合は監督官制度を置かず、まずは彼らを陶冶すべきというのも、公論が監督官に近い役割を果たすからだということもできる。しかし、だからといって監督官制度が廃止されてしかるべきだとフィヒテがいっているわけではない(8)。

フィヒテがおそれているのは、国民の成熟が不十分で公共善を意識せず私的利益に走るか、政治を強力な他者に依存する者が多いままに、監督官が現状の憲法体制の中止命令を出して国民が召集され、人民集会によって統治権力が否定されるときである。彼はフランス革命を引き合いに出す。結局、いくつかの混乱を経て、彼らがナポレオンという潜主・簒奪者を招き、彼が革命を弾圧して独裁体制を築いたことを憲法体制の終焉とみなすのである。「監督官による人民の召集の道すなわち革命の道は、人類の完全な転覆が起こる前に、悪のかわりに別のもの、ふつうはもっと大きなものを受けとる道と確実にみなされうる」(X. 634)。

この大きなものとは、「革命を起こした国民の統治者が、革命がくり返されないようにするために、彼の権力をより強固にする」(a. a. O.) ことである。こうなると革命は反革命にかわり、反動と弾圧が吹き荒れることになる。だから、フィヒテは「革命」すなわち「人民の召集と人民集会」を監督官が呼びかけることに懐疑的である。そういう場では「賢者や善良な者たちの提案ではなく、愚かな者たちの提案が多数派になるということは確実に読めるからである」(a. a. O.)。

古代ギリシャでもローマでも、そして近代あるいは現代でさえも、こうした衆愚政治、ポピュリズムはあとを断たない。民衆の陶冶が不十分であれば、監督官による人民集会は衆愚政治となり、その果てには強大な権力をもつ独裁者が登場し、監督官制度すら機能しないようにしてしまう。フィヒテのこうした認識は、フランス革命の混迷、引きつづくナポレオンのヨーロッパ支配という当時の時代認識から来るものであり、それが『自然法の基礎』で生き生きとしていた人民主義の傾向を押さえてしまったということはたしかである。あるいは、現実の厳しい展開をみて、大人の判断ができるようになり、その分若々しい理想主義が潜んでしまったということもできる。そういう意味で、ショトキーが「フィヒテは民主主義的傾向から離れてしまった」というのなら正しいが、しかし、フィヒテは人民主権を原理的に否定しているわけではない。

『自然法の基礎』と異なり、フィヒテはここでは、監督官の仕事を二つに分ける。一つは国権停止と人民集会の召集であり、もう一つが「統治者への警告」である。だから、人民が十分に陶冶されていなければ、彼らを陶冶しつづけることと、そして人民集会の召集という伝家の宝刀を抜かずに、警告をすることが現実的な対策として有効になる。フィヒテが次のように書いているのは、そういう意味ではないか。「それゆえ、改善が期待されうる唯一のことは、知性と道徳性に向けての絶え間ない陶冶、そしてこの進展において監督官が静かなまま (still) 有効に作用することである」(a. a. O.)。大騒ぎしてことを荒立てず、監督官が統治者に警告を与えてよき統治「静かなまま」をなさしめ、人民を陶冶して最終的には監督官制度が機能する憲法体制となるのである。

二　法の構成は神の世界統治である

フィヒテによれば、この監督官制度や公論は上に挙げた②に相当する体制である。すなわち、いま事実的に支配している者を正しい法の意志にするための強制のシステムである。もう一つの「正しい意志をもつ者が支配者となる」（a. a. O.）ことが可能かどうか、それをフィヒテは次に考察する。結論をいえば、彼は二つの理由で悲観的である。一つには、現に支配している者はその支配権を譲らないということ、二つ目は、多数の民衆も正しい者を選ばないということである。そうなると、法の構成、憲法体制の構築、正しい法の意志をもった者を人民が統治者として委託するということ、法の意志（共通意志）の名のもとに最高権力を設置することは、人間の自由意志によってなすこと自体は可能であっても、それが正しいかどうかの保障はない。だからフィヒテはこう語る。「法を構成するという課題、すなわち、その時代とその国民の最も正しい者を支配者にするという課題は、人間の自由によっては解決できない。それゆえ、その課題は神の世界統治にかかわるのである。だが、この課題の解決にそもそも国家における正義がかかっている。したがって、これはまた神の世界統治という課題なのである」（X. 635）。

フィヒテが唯一いえるのは、次のことだけである。「ただ知性と道徳性の進歩だけが、政府を強制してともに進歩するために、国民が手にしている手段である」（a. a. O.）。正しい国家を構成することが人間の自由意志で可能ではあっても、それが完全で正しいという保障はない。だから、フィヒテはそれを「神の世界統治」の問題だとする。もちろん、それは神の摂理に任せるという無責任を意味するのではなく、人間の自由意志だけでやりきれる範疇にないということである。人間にできることは、ただ自己を陶冶し、よりよい意志をもち、よき国家を構築するにふさわしい公民となることであり、自分たちの中から最も正しい意志をもった人間を統治者として選出し、統治を委託することだけである。それは公論を形成し、監督官制度の機能を完全にすることでもある。

さらに「人格という点で事物のよりよい秩序にふさわしい価値をもつ賢者や有徳者には、そのことによって、あらゆる力をふり絞って、あらゆる他者をこのよりよい秩序にふさわしくし、彼らの感受性を高め、その秩序の中で彼らとともに生きることができるようにするという義務が課される」(X. 636)。これはすでに『ドイツ国民に告ぐ』で説かれたことでもある。知識階級や有徳者は、国民の陶冶のために努力することが求められ、よき国民を形成することでその国民にふさわしい憲法体制、立憲国家がつくられる。

このように、よりよい憲法体制、国家の構築、最善の統治者の選出を「神の世界統治」というものに任せるということで、フィヒテの後退、宗教的なものへの逃避とみる見方が当然ながら出てくる。だが、神という言葉を出したからといって、フィヒテが現実問題から逃避して社会的考察をあきらめたということにはならない。たしかに、法論のこの箇所では、人民への信頼が弱まり、衆愚政治の危険性を意識した発言が目立つ。しかし、それはフィヒテの現実認識の深まりを示すものではあっても、人民主権や共和制の国家、憲法体制の否定的な見地を示すものではない。

フィヒテが書いているように、最高権力は共通意志である国民がもち、「人民における法のより高次の洞察が、統治者のそれをはるかに超えている」(X. 632)。それゆえ、「人民の判断が形式的には正しいということは、まさに人民以上の裁判官は存在しないという理由で証明される」(X. 633)。だが、人民の判断が多数決で表現されるとき、多数派が必ずしも正しいわけではない。むしろフィヒテのいうように「愚かな者たちの提案が多数派になる」(X. 634)ことも大いにありうる。憲法制定権力が人民・国民であり、彼らの決定によって国家が形成されるとき、多数決でしかもそれが正しくなければその憲法は不正なもので、その国家も不正なものとなる。だが、憲法や国家が人間の自由な恣意、しかも不正な意志によって設立されることは、はたして人間に許されるべき行為なのだろうか。そんなことをすれば、天にツバするようなもので、失敗とか過失という言葉でかたづけられない重みをもつ行為ではないのか。絶対に過ちや不正が許されないという意味で、憲法制定や国家の設立は人間の恣意ではなく神の世界統治に属するものといってもよいのではないか。

憲法制定権力の法外的存在に関心をもった者の一人であるカール・シュミットは、次のように主張している。「憲法制定権力そのものは、決して憲法の法律によって構成されることはできない(9)」。彼によれば、「憲法制定権力は政治的意志であり、その意志の威力あるいは権威は、自身の政治的実存のあり方と形式についての具体的な全体の決定を下すことができ、それゆえ、全体における政治な統一の実存を規定することができるものである」[10]。意志であり、実存であって、それを規制する規範は外部には存在しない。中世にあってはそれは神の意志であったが、「神が憲法制定の権力であるというキリスト教神学的観念の影響は、一八世紀においても、あらゆる啓蒙にもかかわらず、まだ非常に強く生きていた」[11]。これを人民としたのはフランス革命であり、その理論化をしたのが、シィエスであるということは、法思想史で広く認められた定説である。

その際に、人民はとくに「国民」と定義される。人民と国民は同じ対象をさすが、違いは「国民という言葉は、自己の政治的特性の意識と政治的実存への意志とをもった政治的な行動能力のある統一としての人民のことを意味する」[12]とシュミットは説明し、「人民の憲法制定権力の理論は、政治的な実存の自覚的な意志、すなわち国民を前提する」[13]という。これは前章で見たところの、ダンが「国民」を、法のもとに平等であろうとする理念にもとづいて包摂される統一体と定義したものとほぼ同じ内容をもつものである。国民とは人民が、一つの政治的共同体をもとうとする意志、たんてきにいえば国家設立の一般意志・共通意志、その意志の表現としての憲法をもとうとする姿なのである。

ラウトもまた、彼の論文「フィヒテの『ドイツ国民に告ぐ』の最終根拠」の中で、あれほどドイツ語にこだわり、外来語（とくにフランス語）を毛嫌いしたフィヒテが、この講演の中で、その言動に矛盾する「国民（Nation）」という外来語（フランス語）を使用していることを指摘している[14]。その一つの理由として、ラウトが挙げているのがやはりフランス革命の影響である。「フランスの革命家たちは、この言葉に新しい意味を与えた。すなわち、人民を絶対的主権として宣言し、彼らの蜂起を『国民』の蜂起として理解したのである」[15]。これまでの議論でいえば、共和制と人民主権を求めるフィヒテは、これまでのあいまいな「人民（Volk）」概念ではなく、彼らが共和制と人民主権をもった新しいドイツの国づくりを意図する政治的人民であることを表現するために、「国民（Nation）」をあえて使ったということである。

フィヒテとシィエスの関係は前にも触れた。シィエス自身「憲法制定権をもつのはただ国民だけである」[16]として、みずから憲法を制定しようとする意志をもつものを人民・国民と規定したが、フィヒテも同様である。そうなるとこの人民・国民は絶対的な意志で、規定はできるがそれ自体他のいかなる人間的意志によっても規制はされないものである。それはシュミットも指摘するように[17]、「能産的自然」としての神である。あるがゆえにあり、意志するがゆえに意志する。そしてその意志が真に人民・国民の意志として発現されるならば、他の一切の法律を構成できる規範性を有する。シュミットが依拠するシィエスの言葉でいうなら、「国民の意志は、実在しさえすれば常に適法であって全ての適法性の源なのである」[18]。決断主義をとるシュミットからすれば、この「国民意志」の「実在（réalité）」は「実存（Existenz）」という表現になるが、フィヒテはそれを自己の独自の存在論、知識学にもとづいて、「神的なもの」とした。先に『ドイツ国民に告ぐ』において、フィヒテが「ドイツ国民」を神的生命の現象として把握したことを述べたが、国民・人民がまさにその究極の根拠を神的生命にもつのであれば、この憲法制定権力としての人民がみずから国家を設立し、憲法を制定することは、「神の世界統治にかかわる」と表現するのも当然のことで、何らおかしくはない。

むしろ、憲法制定が人為的な意志によるもので、統治者が人民・国民の同意をとりつけさえすれば意のままにできるとすることこそが、憲法体制や共和制国家を堕落させるものである。ヒトラーが議会制民主主義にもとづき、多数派になることで、次々と立憲体制を合法的に破壊していったことを忘れてはならない。ラートブルフに代表されるように[19]、これらの価値からの自由を謳う法実証主義、機能主義がナチズムを防げなかったことが反省され、形而上学的な規範性をもつ自然法が二〇世紀に再評価されたことは記憶に新しいはずである。今日ですら、国民投票をして過半数になれば、憲法を変えられるという「国民投票法」の制定に批判があまりなく、憲法改正も多数決によるたんなる「手続き」としてしか理解しないのも、こうした安易な機能的合理主義が依然として根強いことを示している。

そのように考えると、フィヒテがここで、「法の構成」の問題は「人間の自由によっては解決できない。それゆえ、その課題は神の世界統治にかかわる」とするのも、法が正義をあらわすべきもので、普遍性をもち、人間の恣意的な意志によって左右されない尊厳をもつことを主張しているからであって、宗教と政治の単純な混同、あるいは神政政治への復帰を意図したものではないことがわかるだろう。それは今日的にいえば、法実証主義、システム論的な機能的合理主義などへの批判にもなりうるもので、同時に法と正義との問題を改めて考えさせるものなのである。だからこそ「この課題の解決に、そもそも国家における正義がかかっている」（X. 635）とフィヒテはいうのだ。

三　監督官制度の可能性

(1) 憲法創造の可視化

カントの法哲学はフィヒテよりも一年遅く、その内容のほとんどがフィヒテの『自然法の基礎』で先どりされていたにもかかわらず、その後の法哲学的議論ではカントの影に隠れて、その先駆性が論じられることがない。その原因の一つが監督官制度にあると考えられる。フィヒテ自身も『一八一二年の法論』で「この監督官の理念について不信感をもっていたすべての人たち」(X. 633) と書いているように、発表当時から非現実的と評判が悪かった。教会法の影響からの脱出とそれによる近代法が整備されつつある中で、中世どころか古代ローマにまで遡るような監督官の提案は、それこそ「アナクロニズム」以外の何ものでもなかったろう。しかし、はたしてそこまで否定されるべきものなのか、一笑に付して顧みる価値もないものだろうか。むしろ、その後の法学や政治理論が見失ったものがそこにはあるのではないか。というのがここでの私の問題提起である。

フィヒテが監督官をもち出すのは、すでに何度も述べたように、人民主権を維持するためである。フィヒテは三権分立を認めない。それは、権力を委託された者・権力執行者と、権力そのもの、すなわち共通意志、憲法制定権力としての人民・国民とを区別するからである。シュミットを引用して述べたように、至上権は人民・国民にあり、これは無謬・不可侵でなければならない。しかし、その威力、共通意志(公共体)を委託された公権力は、人間のやることであるから、過ちもあれば、意図的な欲望に由来する行動もある。これを抑制するために三権分立による相互抑制を行なうのであるが、抑制が本格的に機能するためにはそれぞれの三つの権力に対する上位概念が必要である。これは共通意志、主権としての人民・国民以外には存在しない。

だが、かりに執政府に問題があり、それを司法府や立法府が抑制するというとき、司法府や立法府は、共通意志、主権としての人民・国民そのものではない。それらも委託された者であり、執政府と対等の存在にすぎない。現実の政治でそうなったとき、執政府は司法府の判断を無視し、最高裁の判事をかえて、そこでの判断をコントロールするだけのことである。かりに司法府がそれでも強制できる権力をもつ（＝武力をもつ）という場合は、司法府が最高権力となり、初めから三権分立は存在しないことになる。フィヒテは共通意志、憲法制定権力としての人民・国民の絶対性を重視するがゆえに、それを委託された統治体と混同しないことを主張し、だからこそ三権分立に反対しているのである。

そうなると統治体が誤った政治を行なうとき、これを抑止できる存在がなくなる。共通意志が委託された統治体を制御できるのは、その上位概念である共通意志・主権としての人民・国民だけである。しかし、共通意志、主権としての人民はそれ自体として恒常的に存在することはできないので、統治者と同様に、ある優れて公正な人格に委託される。これが監督官である。絶対的肯定権力としての統治者と絶対的否定権力としての監督官が制度として存在し、通常、政治は前者の統治者によって行なわれるが、この統治者が個々の法律適用のミスではなく、統治自体が憲法体制に矛盾し、共通意志、主権としての人民の意志の体現となっていない場合は、監督官が国権停止を宣言して人民集会を召集し、そこに集まった人民が双方の弁論を聴いたのちに判定を下す。これが『自然法の基礎』で、フィヒテが提起した監督官制度のあらましである。

最終決定を人民集会が下すという点に、共通意志・主権としての人民が保障されている。この人民集会は恒常的なものではなく、憲法体制の判断、刷新にかかわる重大事であり、その意味では非常事態であって通常政治の場ではない。それは歴史が大きく動き、節目や断絶となる瞬間である。上に引用したように、『一八一二年の法論』では、フィヒテはこの事態を「革命」と断言している。フィヒテが挙げているのはフランス革命であり、私が以前の論述で挙げたのは、ワシントン大行進、パリ五月革命、プラハのビロード革命などの事例である。圧倒的多数の人民が広場や街頭に集まり、公共体のあり方をめぐって意志表示する。だからこそ超越的な権力、その由来は神としかいいようのない意志が体現するのだ。まさしく「この課題の解決に、そもそも国家における正義がかかっている。したがって、これはまた神の世界統治という課題なのである」(X. 635) とフィヒテが述べる理由がここにある。

現代において、このような人民の街頭行動による社会変革を積極的に評価したのは、アメリカのアッカーマンである。

彼は政治活動を「普通の政治（nomal politics）」と「立憲的政治（constitutional politics）」にわけ、前者は「憲法にかかわる運動の間の長い期間に行なわれる政治活動の二番目の形態である」[20]とし、「ここでは、政治党派は、彼ら自身の狭い利害の追求のために、政治生活の立憲体制を操作しようとする。普通の政治は個人の自由の名において寛容でなければならない」[21]とされる。いわゆる自由主義的な見地で、政治的空間は私的な利害の交渉の場として、それらを代表する政党や組織が駆け引きを行なう政治過程とみなされるのである。しかし、こういう場では、公共善（common good）は問題にならず、人々は公民として政治参加する共和的な広場にはなりえない。「それは民主主義としては、憲法創造の運動と結びついた一時的で不規則にあらわれる公共的な徳の政治に比べて劣るのである」[22]。この「憲法創造の運動と結びついた一時的で不規則にあらわれる公共的な徳の政治」というものが「立憲的政治」をさし、「通常の制度をはるかに超えた形態で同意を表現し、集まった大群衆のアメリカ市民によって承認される」[23]。

アッカーマンは、通常の代議制をリベラルな政治、「単線的な立法（single track lawmaking）」と呼び、「普通の政治」と「立憲的政治」の二元体制を「複線的な立法（two-track lawmaking）」と呼んでいる。前者だけでは、公共善を追求するはずの政治的空間は私的利益の草刈場となり、「人民の代表を主張しながら、巧妙に組織された特殊な利害グループによって画策された政治的な断層」[24]が生じる。公共善や徳が失われ、政治的空間が疲弊して本来の人民主権が機能しなくなる。普段は「普通の政治」で、私的な生活のさまざまの利害を調整するために手続法を立法するのはよいとしても、それだけでは各人は利己的な市民となり、公共善を忘れ、人民の代表を語る特殊な政治グループが意のままに政治制度を操作して利益誘導を行なう。だからこそ、人民が直接に集まり、みずからの意志を表明する機会と場が必要となる。この一時的で不定期の「立憲的政治」の機会があることで、主権としての人民、憲法の意志、共通意志が現実に顕現して、民主主義が活性化され、革新されるのである。この二本の立法のラインが共存することで、私的自由の自律性に依拠する現代的な自由主義と共和制が両立可能になる。これがアッカーマンの意図であった。

フィヒテにおいても、監督官が人民集会を召集するときは、新たな憲法体制の設立のときであり、刷新のときである。そのときの人民の判断に憲法創造の契機が与えられることになる。これが不定期で一時的であるのも同じである。フィヒテも「公共体は必要なければ召集されてはならないが、危急になるやいなや、すぐに集まって語りあうことができ、かつ語ることを意志しなければならない」(III. 171)と述べている。

アッカーマンは、アメリカの私的自由を追求するリベラルな民主主義の行きすぎ、トクヴィルが警鐘を鳴らした平準化あるいは私的利害への引きこもりによる公共性の喪失を、共和制の伝統に立ち返って阻止しようとした人で、共和主義的憲法学の流れに連なる。だが、フィヒテの時代、とくにドイツにおいては、公法学では市場経済の発展にもとづく私的利益の自由の保護という発想は弱く、依然として「公共善」のために私的利益を犠牲にするという思考であった。[25]フィヒテ自身の自然法には、ロックの伝統を一部受けついで、労働の権利、私的自由が入り込みつつあったが、現代のアッカーマンのような、行きすぎた私的自由・私的利害の追求への歯止めなどという意識は当然ながらない。その分、西欧の共和主義、公共善の伝統が前面に出ているといってよい。監督官制度は、まさに共和制、人民主権の「現実的な顕現」、人民の行動の中にその起源を神にもつ共通意志が一時的にあらわれることを可能にする制度であり、まさに「民の声は神の声」を実現するものであって、西欧の政治的理性のよき伝統の一つであることを評価すべきであろう。

(2) 政治的判断力

『自然法の基礎』では、統治者が肯定的な権力であり監督官は絶対的な否定で、その両者がそれぞれ肯定と否定の判断を下すことで、人民集会が議論の場になる。これが『全知識学の基礎』における絶対我の総合、統治者の肯定判断が第一原則、監督官の絶対否定が第二原則、そして人民集会の議論が第三原則に対応するのではないかということは、第二部該当箇所で言及した。第三原則は『全知識学の基礎』では「自我は自我のうちで、可分的自我に対して可分的非我を反立する」と表現されるが、要するに絶対我の中で可分的な自我と可分的な非我がそれぞれ相互に交替し、その可分の分量もまた可変的なのである。この活動を支えると同時に活動そのものであるものが構想力で、これが基礎となって図式、時空間、カテゴリー、そして悟性や理性がその上に生成されていく。フィヒテもカントと同じく、判断力は規定的判断力と反省的判断力がある。規定的判断力は特殊な対象を普遍的な概念のもとに包摂するもので、誰もができる合理的な判断である。逆に特殊なものから普遍的なものを導き出す反省的判断力は、芸術がそうであるように一つの技芸であり、それなりの経験と思考を積まないと誰もができることではない。

政治的な判断は、最初から特殊例を普遍的な概念で包摂すればよいものではない。フィヒテは三権分立を認めず、執行権力が裁判権や政令を発する権利をもつとしたが、これらはある意味規定的判断力に属する行為であり、きわめて合理的な思考さえあれば可能なことなのである。法律は基本法である憲法が普遍性そのものなので、あとはそこからさまざまな政令、手続法を演繹的に規定すればよい。裁判においても、普遍的な基本法をもとに、審議の対象となっている特殊事例をその普遍性の体系の中に包摂して、位置づけていけばとりあえずの判断は出せる。そういう意味では、これらの判断はさほど困難なものではなく、政治的判断力としては安易なものであり、規定的判断力に属するものである。ウェーバーが近代国家の特徴とした官僚制度が得意とするのは、まさにこの規定的判断力の世界であり、それゆえに杓子定規になって硬直化しやすいのである。

しかし、監督官が憲法停止を命じ、国権が真空状態になると、拠るべき憲法は存在せず、統治者の行為や判断およびその弁論、そして監督官の判断とその弁論を人民は聴いて、拠るべき普遍的な基準のないまま、各自がその特殊な事態、現在置かれている具体的な状況から、それにふさわしい憲法体制の構築、普遍性をもつ立法をなしていかなければならない。これはまさに特殊から普遍を導き出す反省的判断力の発揮される場所であり、官僚よりは多様な経験を背景とする在野の人民にふさわしい領野である。

反省的判断力は、カントにおいては、たんてきには美的判断で働くものとされた。関心なき関心、目的なき合目的性というのがその特徴で、各人は自己の経験的な私的利害から自由になって、共通感覚の理念のもとに構想力と悟性の遊戯・遊動を楽しみ、そこから普遍妥当性をもつ意味内容をつくり出し、他者と交換する。この私的利害からの自由、共通感覚という統制的な理念のもとでの、自由な意見交換、そしてそれを通して普遍的な妥当性をもつ意味内容を構成するという点で、それは共通感覚（コモンセンス）に立つ。それは、私的な利害や関心をいったん抑制して、普遍的に妥当する利害関心の場を想定し、議論を交わして、公共善それにもとづく政治的行動を構成していくという政治的判断に近い。だからこそ古代より、美と人倫の共通性が語られ、美しき国家、美しき政治という理想が求められてきたのである。[26]

アッカーマンは、立憲的立法をもつ「アメリカの憲法は、すべてのアメリカ人に、お互いに私的な『市民』として自分自身をあらわそうとするまれな機会を示すことができ、同時に彼らが自分自身をたんなる『私的な』市民、すなわち、政治的生活が幸福追求のたくさんの選択肢の一つにすぎない存在として満足している無数の日常の機会から彼らを引き離す、そのような政治的意味の体系を構成している」[27]と書いている。まさに人民が集うときは、彼らは私的利害から引き離され、互いが公共領域における「市民」として自己を示す場だとするのである。そこには、巧妙に社会システムを利用操作して、自己の利益をいかに獲得するかという目的合理的行為は介入しない。むしろ、自己の判断が妥当とみなしたものを、他者との意見交換・討議を通していかに普遍妥当性をもつかを検証し、おのれの判断の不足があれば、それを補い修正し揺動させて、最終的に公共善、普遍的な価値をもつ立憲体制を構築する価値合理的な行為がある。

政治的判断力はこのように、私的な利害や冷静さを失った感情に任せるものではなく、熟慮であるから、原理的には利己的な感性・衝動は入り込まず、熱狂や興奮に任せたポピュリズム的な偏った判断や行動にはならない。美的判断と同じくそこには調和があり、崇高がある。さらに、監督官自身が賢者で思慮にとみ、「プルーデンシア（賢慮）」を体現する人ということで、彼の賢明な判断によって人民の討議を喚起するというプロセスを通して煽動的政治が抑制される。監督官制度は、まさに政治的判断力、ドイツ観念論の最良の遺産の一つである判断力と構想力の揺動（Schweben）の成果でもあったのである。

しかし、フィヒテも認めているように、現実には蜂起した人民は革命の熱狂によって煽動され、政敵をギロチンで処刑してついには独裁者を呼びだしてしまった。だから、監督官が人民集会を召集したらとり返しのつかないことになるとフィヒテは心配して、『一八一二年の法論』では、監督官の統治者への警告だけを推奨することになったのである。フィヒテの人民への信頼が薄れてしまったことはたしかで、そこからショトキーは「フィヒテは民主主義的傾向から離れてしまった」と書かざるをえなかった。しかし、もともとフィヒテは共和主義者ではあっても、民主主義者ではないので、この批判はあたらないという形式的な反論はさておき、監督官が人民集会を召集しなければ、それはもはや本来の意味での監督官ではなく、人民主権は制度的に危うくなってしまう。

フィヒテがそのかわりとするものは、ヴントもいうように「公論」である。『一八一二年の法論』では公論についての言及はさほど強くはなく、統治者の情報公開がはっきりと述べられているだけであるが、一七九九年の『皇帝宛書簡草稿(Briefentwurf >An den Kaiser< Franz II)』では、「公論、すなわち真の監督官である公衆の尊敬(28)」という表現があり、フィヒテが公論の場にある公衆(Publikum)を「真の監督官(Der wahre Ephor)」とみなしていたことがわかる。ここでいう公論は、アレントなどがいう「公論」あるいは「輿論」のことで、マスメディアや簒奪者に煽動された全体主義的な画一化された意見、今日的な意味での「世論」ではない。政治参加の意識と責任をもって異なった意見が闘う場であり、差異から合意を形成していく広場である。フィヒテがさまざまな階層の者が意見を相互に表現しあう小社会を重視したことはすでに触れたが、それらが公論形成の母体となるものである。

公論自体を立憲制度に機能的に組み込むのは困難であるが、フィヒテは『二二世紀のドイツ人の共和国』(一八〇七年)では、「評議会(Rat)」という形の選挙による議会を設けているので、公論に支えられた議会制度あるいは議会による統治者の選出というオーソドックスな議会制の立憲体制で、さしあたり人民主権が維持されるのであろう。また、そこでは学者はもちろんのこと、著述家は地方の意見を代表するとして、公論が重視されていた。そして、『二二世紀のドイツ人の共和国』でも公民教育は第一の重要な国家の任務である。上に述べたように、共和国を担う政治参加、公共性の場、公論への参加とその責任を自覚した市民が形成されて初めて、監督官制度が正しく機能するのである。

このように考えると、フィヒテの議論は首尾一貫しており、決して「民主主義的傾向から離れてしまった」と断言することはできない。安易な多数者の横暴、全体主義の画一化、ポピュリズムの支配、それらによる混乱に乗じた独裁者の登場を防ぎ、市民の陶冶が熟するまで公論にもとづく議会制度でやりくりし、民度が熟してから政治的判断力としての監督官制度が機能して、真の共和制、人民主権の国家が成立するというフィヒテの一八一二年時点での考察は、ある意味では、全体主義、衆愚政治を経て、独裁者の登場による市民の政治的自由の否定、すなわち立憲体制の崩壊を避ける一つの知恵でもあった。事実、一八一三年の『国家論』では、革命後の全体主義的熱狂に乗り、国民の政治的自由を否定した独裁者・簒奪者ナポレオンについての考察がある。そこにはそれと関連して、衆愚政治、全体主義、多数決の横暴を防ぐための上院、元老院（Senat）の重要性も論じられているが、これらについては、また章を改めて詳しく論じることにしたい。

（1）Richard Schottky : Einleitung, in : J. G. Fichte : *Rechtslehre*, (PhB. 326), Hamburg 1980, S. VII.

（2）Max Wundt : *Johann Gottlieb Fichte*, Faksimile-Neudruck der Ausgabe Stuttgart 1927, Stuttgart-Bad Cannstatt 1976, S. 171.

（3）Hansjürgen Verweyen : *Recht und Sittlichkeit in J. G. Fichtes Gesellschaftslehre*, München 1975, S. 271.

（4）Richard Schottky : Einleitung, in : J. G. Fichte : *Rechtslehre*, (PhB. 326), Hamburg 1980, S. XXXIII.

（5）ベルナルト・ヴィルムス、青山政雄・田村一郎訳『全体的自由』木鐸社、一九七六年、一九三頁。

（6）引用中のI・H・フィヒテの補足は［ ］で示す。ただし、それがなくても原文の意味が通用するとき、あるいはI・H・フィヒテの補足が妥当でないとみなしたときは、最初から省いたところもあるが、いちいち指示はしない。

（7）J. G. Fichte : *Gesamtausgabe*, II. Bd. 13, Stuttgart-Bad Cannstatt 2002, S. 284.

（8）マルコ・ランパッソ・バサンは公論にとって代わられたと解釈している（Marco Rampazzo Bazzan : Das Ephorat bei J. G. Fichte, in : *Fichte-Studien*, Bd. 27, Amsterdam/New York 2006, S. 133.）。フェアヴァイエンは「監督官制度という基本思想を、フィヒテはなるほど積極的に措定された要素ではないが、いわば本来の憲法体制の要素として引きつづき保持しようとしている」（Hansjürgen Verweyen : *Recht und Sittlichkeit in J. G. Fichtes Gesellschaftslehre*, München 1975, S. 271）と述べ、廃棄したという考えは採らない。

（9）Carl Schmitt : *Verfassungslehre*, 10. Aufl., Berlin 2010, S. 79.（邦訳 カール・シュミット、阿部照哉・村上義弘訳『憲法論』みすず書房、一九七四年、一〇三頁）

（10）Dasselbe, S. 75.（上掲訳書、九八頁）

（11）Dasselbe, S. 78.（上掲訳書、一〇一頁）

（12）Dasselbe, S. 79.（上掲訳書、一〇二頁）

（13）a. a. O.（上掲訳書、一〇三頁）

（14）Reinhard Lauth : Der letzte Grund von Fichtes Reden an die deutsche Nation, in : *Fichte-Studien*, Bd. 4, Amsterdam/Atlanta 1992, S. 216.

（15）Derselbe, S. 217.

（16）Emmanuel Joseph Sieyès：*Qu'est-ce que le Tiers-État ? précédé de l'essai sur les privilèges*（1788）, Édition critique avec une introduction par Edme Champion, Paris 1888, reprinted by Lightning Source UK 2011, p. 64.（邦訳 シィエス、稲本洋之助・伊藤洋一・川出良枝・松本英実訳『第三身分とは何か』岩波文庫、二〇一一年、九九頁）訳文は少し変更した。
（17）Carl Schmitt：*Verfassungslehre* 10. Aufl., Berlin 2010, S. 79.（邦訳 カール・シュミット、阿部照哉・村上義弘訳『憲法論』みすず書房、一九七四年、一〇三頁）
（18）Emmanuel Joseph Sieyès：*Qu'est-ce que le Tiers-État ? précédé de l'essai sur les privilèges*（1788）, Édition critique avec une introduction par Edme Champion, Paris 1888, reprinted by Lightning Source UK 2011, p. 68.（邦訳 シィエス、稲本洋之助・伊藤洋一・川出良枝・松本英実訳『第三身分とは何か』岩波文庫、二〇一一年、一〇七頁）訳文は文脈に合うように少し変更した。
（19）ラートブルフ、小林直樹訳「実定法上の不法と実定法を超える法」、『実定法と自然法』ラートブルフ著作集第四巻、東京大学出版会、一九六一年所収。
（20）Bruce Ackerman：Storrs Lectures：Discovering the Constitution, in：*Yale Law Journal*, Vol. 93：1013, 1984, p. 1022.
（21）Ibid.
（22）Ibid.
（23）Ibid.
（24）Ackerman, op. cit., p. 1038.
（25）村上淳一『近代法の形成』岩波全書、一九七九年、五〇頁以下。
（26）これについては、拙論「美と人倫」（『社会思想史研究』第一五巻、社会思想史学会、北樹出版、一九九一年）を参照されたい。
（27）Ackerman, op. cit., p. 1042.
（28）Erich Fuchs：Fichtes Briefentwurf >An den Kaiser< Franz II. aus dem Jahre 1799, in：*Transzendentalphilosophie als System*, hrsg. von Albert Mues, Hamburg 1987, S. 320.

第二章　フィヒテの戦争論

――『国家論』（一八一三年）第二章「真の戦争の概念について」の考察

先にフィヒテの戦争論を検討する予定であると書いた（第三部第五章第六節（2））フィヒテの最後のまとまった社会論である『国家論』（一八一三年）を考察するこの場がそれにふさわしい。なぜなら、この第二章が「真の戦争の概念について」と題され、フィヒテの戦争概念が論じられているからである。とはいえ、これまでにもフィヒテは戦争について断片的に著作の中で語ってはいた。まずはそれらを順を追って整理して、そののち『国家論』のこの章を検討する。その結果、フィヒテのいう真の戦争は、人間の根源的な自由を守るためのものであることが確認されるだろう。

一　戦争についてのこれまでのフィヒテの見解

イエナ期のフィヒテの戦争観として目立つのは、軍隊や職業軍人への否定的な評価である。たとえば、『フランス革命論文』では、「君主国が軍事的であれば、そのことによって、非常に恐ろしい国家が混ざり込んでいる。軍隊がそれである」（VI. 151）とあり、軍隊が「国家の中の危険な国家」（VI. 152）として、国家の法にしたがわず自分たちの勝手な規律で、独自のモラルと利害をもって行動することを批判している。

「彼らの身分を固いものにするところのもの、すなわち、厳しい男の規律と血塗られた軍隊の規則によって、その身分に縛りつけられ、彼らの屈辱において名誉を見いだし、市民や農民に対して犯罪行為をしても処罰されないことが、自分たちがほかで負担していることへの補償になると考えている」(VI. 151)。軍隊は、農民や市民に勝手に略奪や暴力などの犯罪行為を行なうが、それを糾弾しても、一般の法ではなく自分たちの勝手な決まりで処罰するといって、事件をうやむやにする。フィヒテは「ここで述べられたたくさんの事実が裏づけられないような、いかなる軍隊もないということ。それは、駐屯地を体験した者は誰でも知っている」(VI. 152) と述べている。軍隊の民間人への非道な行為と法から逃れるふる舞いは、今日でも沖縄やイラク、あるいはパレスチナのガザ地区などでまま見られることだが、それはフィヒテの時代でも変わらぬことだった。

『自然法の基礎』の国際法の部分では、国家同士の相互承認や契約を一方が拒絶すると、拒絶された国家に交戦権が認められた。戦争状態はいわば国家同士が自然状態にあるもので、その権利関係を調停できる強制力をもった世界共和国、統一国家、あるいはある程度の規制力をもつ国家連合が存在しないときには、やむをえず生じうるものである。それゆえこれを回避するには、フィヒテも『自然法の基礎』で書いたように、現状では安全保障体制をいくつかの国家で構築して、その抑止力、あるいは国際政治上の利益の判断力に頼るしかない。世界連邦あるいは世界共和国が成立するまでは、戦争は完全に防ぐことはできない。

当座は避けられない戦争であるが、フィヒテは、戦争をするのは軍隊であり市民ではないとした。征服した市民はその時点で自国の市民となるので敵ではなく、また降伏した兵士ですら、武装解除をしたなら征服した国の市民である。それゆえ、「戦争をする軍隊の目的は、決して殺すことではなく、市民とその土地を防衛している武装勢力を駆逐し、武装解除することだけである」(III. 378)。

同内容が『道徳論の体系』にもあることは、すでに第三部第三章第二節で指摘した。フィヒテにとって、戦争は純粋に政治的な行為、侵害された権利関係を回復するための行為にすぎず、殺戮・殲滅を目的とはしないのである。だから彼は、殺人を目的とした狙撃兵、スナイパーを非難している。「われわれの新しい戦争の技術で、たんてきに法に背く唯一のものが、狙撃兵である。これは茂みで待ち伏せして、冷血に、自分でも確実に、標的のように人間を狙うものである。

彼においては殺人が目的なのである」(a. a. O.)。フィヒテの戦争では殺人は決して目的にならず、戦争は権利関係の承認のための社会的行動にすぎない。もちろん、戦場では死が避けられないこともあるが、フィヒテはあくまでも、白兵戦における自己防衛の権利としてのみ他者の殺害を認める。その場合でも、可能なかぎり武装解除を優先しながらである。国際法思想の伝統概念でいえば、フィヒテは「ユース・イン・ベロー(jus in bello 戦争における正義)」をつねに重視する発想が強かったといえる。

ベルリン期になると、実際にプロイセンが戦争を行ない、フィヒテ自身もプロイセン政府に属して逃亡の生活を余儀なくされ、現実的な判断をせざるをえなくなる。その逃亡先のケーニヒスベルクで書かれた『愛国者とその反対』では、前にも書いたように、戦争において市民は平時以上に自己を犠牲にすることが要求された。そして、国民が一致団結して、戦争遂行に協力することも勧められた。『ドイツ国民に告ぐ』では、その内容が形而上学的に「たんなる生命としての生命、変化する現存在がただ継続するだけのものとしての生命は、高貴な人間にとって何ら価値をもつことはない。彼は生命を存続の源泉として求めたが、この存続は彼にとっては、ただ彼の属する国民が持続することによってのみ約束される。だから、国民を救うためには、彼はみずから死ぬことさえしなければならない。その結果、国民は生き、彼は国民の生命の中で、彼が前から求めていた唯一の生を生きるのである」(VII. 383)と表現された。

この内容は必ずしも戦争だけを意味してはいないが、戦争時においても、国民は自己の生命を犠牲にしてさえ、国民の自立的な存続を願うべしと主張されたのである。これはあとで見るように、その国の人々の自由を守るためであり、国民として存在して道徳的自由の目的を遂行するためである。ヴントはこれをまとめて「彼は自分の本質が犠牲の用意ができていることにあると認識し、そこにおいて、感性的な生との縁を絶ちきり、現実のより高次の直観へと高まることを見たのである」[1]と表現している。

しかし、同じく『愛国者とその反対』で、軍隊にかける予算を半減して、その分を教育に回せと書かれていた。フィヒテは必ずしも軍備拡張論者ではなかった。彼が重視したのは、国民の祖国防衛の志であり、みずから従軍説教師として志願したように、市民が自発的に参加する志願兵が彼の理想だったのである。

同じ時期に書かれた『マキャベリ論』では、マキャベリの主張を借りながら、当時の戦争で花形であった砲兵よりも、歩兵の精鋭部隊を形成せよと主張している。当時の戦争論では、砲兵はその破壊力によって戦局の趨勢を決定する力をもっていた。しかし、フィヒテはマキャベリとともにそれを否定する。「砲兵は、平野部の会戦で、臆病な者たちに対してのみ恐ろしいだけであって、勇敢で目的に応じた武装をしている軍には砲兵は必要なく、敵の砲兵隊もものともしないと、マキャベリは確信していた。彼は古代のやり方にならって、すべての戦闘を近接戦、つまり白兵戦に変えようとした。砲兵隊とはまさにそれに襲いかかるための的だった。砲兵に近づきさえすれば、彼は助けもなく敗れてしまうからである」(XI. 416)。フィヒテは、当時のヨーロッパの戦線でもこの考え方は有効だという。「現在の戦争技術において、すべての力点が砲兵に置かれることを人がみるとき、突然、大地からあらわれたかのように一つの軍隊が登場し、この軍隊に砲兵が打ち負かされるのであれば、この軍隊が迅速に何の抵抗もなく優勢になれるということがわかるだろう」(XI. 417)。

フィヒテがここで強調したかったことは、おそらく近代の物量戦の先がけであるこの砲兵隊を、心理的におそれるなということである。大砲を後方から撃つことで、戦場に恐怖心とパニック状態を引きおこし、戦局を優位にすることができる。しかし、砲兵隊をおそれず機動的で迅速に行動できる部隊が、大砲が使えない至近距離に迫ればあっというまに形勢を逆転できる。ある意味ゲリラ戦、パルチザン戦にも似て、死をおそれず、あえて虎穴に入って勝利をえることをフィヒテは推奨するのである。(2) 武装が軽くとも、迅速な行動力と死をおそれない闘争心があれば、重武装で量を誇る部隊に勝てるという確信である。フィヒテにとっては類のために自己犠牲を惜しまない戦意こそが重要なものであった。

二　二つの戦争演説

彼はこの死をおそれぬ勇気のほかに、認識と規律を兵士に求めている。フィヒテが従軍説教師を希望したことはすでに言及したが、その立場から、彼は公表されなかった二つの文章をこの時期に書いている。『現在の戦争に対する雄弁の適用（*Anwendung der Beredsamkeit für den gegenwärtigen Krieg*）』（一八〇六年、以下『雄弁の適用』と略記）と『会戦開始に際してドイツの兵士に告ぐ（*Reden an die deutschen Krieger zu Anfange des Feldzuges*）』（一八〇六年、以下『兵士に告ぐ』と略記）である。どちらも兵士に向けての演説原稿であるが、ここに当時のフィヒテの戦争と軍隊への考え方がたんてきに示されている。『雄弁の適用』では、説教師の目的が、兵士の明晰な認識を補助するものであることが告げられる。「こういう精神における雄弁は、すでにある洞察を前提して、軍隊の第一のものだけを、そして純粋で明晰な思慮ができる最善の者をあてにしている。この雄弁は根源的に火をつけることはせず、ただ考察に対して現実に最善の者の内容、最善の者が内的に考えるものを再び提起することができるだけである。この雄弁は、行動が中断されることなく進行するために、行動する者に見えなくなったものを、言葉で彼にわからせようとするにすぎない」（VII. 505-506）。

同時にこの演説の最後で兵士に規律を求めている。『フランス革命論文』で、軍隊の市民生活への非道なふる舞いを厳しく批判したことを、フィヒテが忘れてはいないということである。「軍隊に対して、宣言が発令されなければならないだろう。思慮をもち規定と区別をもって、諸権利が軍隊のもとで承認され賞賛されるという宣言であり、あるいはまた、軍隊が移動する地方で、兵士たちに人間の規律、よき習慣、秩序を勧めるために、たんに彼らが威嚇されるだけではなく、同時にまた彼らの意志がえられるという宣言である。われわれの軍が出会う地方の住民に対しても、宣言が発令されなければならないだろう。その宣言において、住民から略奪するとか彼らを抑圧するなどせず、住民に平和と自由と平安を再び与えるというわれわれの意図を、彼らに知らせて喜ばせるであろう」（VII. 507-508）。きちんと文章化した宣言を出すことで法としての妥当性をもたせ、それによって軍隊の規律を守り、兵士の略奪・暴行を防ぐ。それができなければ、いかに戦争時といえども軍隊の資格はない。

フィヒテは、このときの対ナポレオン戦争に対して、以下の三点を戦争遂行の条件として望んでいる。「戦争の開始の際に、明瞭に疑問の余地なく、戦争の目的が何であるかを表明する宣言が与えられるということ、そして、われわれ自身を高めることがないそれ以外のいかなる意図にも抗議するということ、最後に、まったく非難されないというわけではないが、われわれにとってこの現在の戦争の性格においてありうる最善の諸国家の同盟形態を、ヨーロッパの一般的な考えがわれわれのために決定するということ、これである」(VII. 508)。

クラウゼヴィッツの有名な定義「戦争は政治的手段とは異なる手段をもって継続される政治にほかならない」[3]で示されるように、戦争は政治そのものであり、そこにはさまざまな深謀遠慮、利害関係、潜在的な戦略があるのがつねである。歴史的にも戦争においては、支配者たちは「正戦」や「大義」を唱えつつも、その裏に支配階級や経済界の経済的な利害があり、自分たちの利益のために国民を戦場に送ることが多かった。フィヒテはそうした隠された意図を断固として認めないのである。同盟を結ぶにしても、支配者たちの婚姻関係や利害でなされるのではなく、あくまでも国民にとってその段階で最良の同盟を結べということである。こうした考えには、これまでに指摘してきたフィヒテの情報の公開性の重視、そして、支配者ではなく国民本位の思想がよく反映されているということができる。

『兵士に告ぐ』は、フィヒテが従軍説教師としての自己の任務を表明したものであり、いかに兵士とともに戦場に赴くことを願っていたかがよくわかる。フィヒテは学者が武器をとることを学んでいないことを時代の罪として嘆き[4]、「しかし、彼［演説者］がもし武器をとることを学んでいたとしたら、彼は勇気では誰にもひけをとらなかったであろうとも感じている」(VII. 510) と自己の勇気を自負する。それゆえ、武器のかわりに言葉で闘おうとするフィヒテの決意は激烈である。「彼は、臆病心から逃げ隠れることは決してなく、君たちの眼前で言葉を与えるのだ。祖国とともに自由に生きるか、それとも、祖国の滅亡とともに死ぬか、と」(a. a. O.)。まるで、「祖国か、さもなくば死か」と国連で演説したゲバラの言葉[5]を思いおこさせるが、このゲバラもまた革命軍が人民の信頼をえるために、略奪をせず人民を見下さない規律を人一倍重視したことでも知られている。戦争におけるモラルの追求という点では両者は共通する面があるだろう。

道徳性、モラルを求めたフィヒテからすれば、彼が一番嫌うのは、自己の利益、財産、生命の保持を最優先するブルジョアジーや支配階級であった。「たるんでおり、臆病で、犠牲になるとかあえて闘うといったことができず、財産と生命を尊重し、甘んじて耐え、しだいにたえず深まる恥辱に身を任せること、こうしたことが時代とその政治のこれまでの特徴であった」(VII. 511)。彼からすれば「このような些末事にとらわれることは、意志の欠如を示し、また思想がないことと結びつくのがつねである」(a. a. O.)。

こういう世俗の財産や生命維持に汲々として大義を忘れた人間の正反対が、兵士たちである。「兵士からは真の志操、正しい名誉心がなくなることはありえない。彼らは生を超え、彼の享受を超えたところにある何ものかに高まることができる」(a. a. O.)。それは、すでに述べたように、兵士が明晰な洞察や認識をもつことによって可能になる。兵士には高い知性が必要なのである。フィヒテは兵士たちの戦意を昂揚させ、勇気の重要性を説きつつも、同時に兵士たちが高い知性をもって、煽情的な行動に走らず、指導層の誤った戦略を盲信せず、自己の知性による判断で、的確に行動できることを望むのである。兵士は豊かな人文的教養さえもっていなければならない。「思弁によって、そして古代の者と近代の最善の者とつきあうことで、自己を高める者は誰か。そして、現実の世界でいわば同じ使命をもった者を探し回る者は誰か。君たちをおいて以外に、どこにそういう者を探せるだろうか」(a. a. O.)。

三　「真の戦争の概念について」における国家観と自由の概念

(1) 財産をもつ者たちの道具的国家

以上の見解が、一八〇六年までのフィヒテの戦争あるいは軍隊についての考え方であった。一見してわかるように、はなはだ冷静で知性と規律を重視している。フィヒテは煽情的なアジテーターではなく、知性と道徳的な志操をもった兵士になることを求めているのである。

一八一三年も、依然として対ナポレオンの闘いは継続していた。フィヒテは現実の政治状況を考慮して『国家論』講義のもとからの計画を中断し、二講目を戦争論にあてたことを講義の最初に断っている。そういう意味では、この第二章は『国家論』講義の中ではやや異質なのだが、しかし、戦争を論じると同時に戦争で守るべき国家を述べることで、すでにそこにフィヒテの考える国家のあり方が一部出ている。結果としては『国家論』講義のタイトルから大きく離れてはいないのである。

彼は最初に、戦争観の相違は国家観の相違から生じると説き、大きくは二つの国家観を対立させている。一つは国民の私有財産と生命の安全を保障することを第一の義務とする国家であり、財産をもつ者たちが自分たちの道具として国家をみる見方である。当時のドイツを含めたヨーロッパの君主国もその仲間に入れている。もう一つは、フィヒテの説く自由の国（Reich）であり、国民が自由への陶冶を行ない、自由な権利が実現した立憲体制の国である。同時にこれは精神的な自立を国民がもち、『ドイツ国民に告ぐ』で語られたような、神的な生命が各人の結合に体現した「国民」でもある。

『兵士に告ぐ』でも非難された「財産と生命を尊重する」人々、彼らの抱く価値観をフィヒテは次のように説明する。「この生は第一のもので最高のものである。その次のものは、生をうるための手段であり、可能なかぎり力強く快適に生を遂行する手段である。地上の財産や所有地は、ただ地上の生の維持やその快適さにつねにかかわっている。そして、これらを獲得する道が、儲けを追い求め商売をすることなのである。繁栄すれば、それだけ相互に可能なかぎり人間は裕福になる。これが最高善であり、地上の天国である。地上よりも高い価値がない」（IV. 402）。彼らにとって国家とは財産を保護するための手段にすぎない。「生の手段は財産と呼ばれるが、これらはいかなる種類の暴力的な略奪に対しても守られるように組織されている。それが国家なのである」（IV. 403）。それゆえ、彼らの評価の順番では「国家は系列の三番目のものである。すなわち、まず生命、次に財産、最後にそれを守る国家なのだ」（a. a. O.）。

国家はこのもてる者たち私的所有者の手段であり、彼らの道具である。それゆえ、国家が奉仕するのはこの所有者たちであり、「国家は所有者たちの施設である。……国家の暴力はこの所有者たちの公僕であり、所有者たちによってその給料が支払われる」（a. a. O.）。したがって、こういう国家だと、所有者と非所有者、もてる者ともたざる者の二大階級があり、非所有者は所有者たちに仕える者として俸給を所有者たちに払ってもらい、所有者を保護するのである。「それゆえ、国家権力の成員になるのは非所有者たちだけである」（IV. 404）。

所有者たちにとっては、保護をしてもらいさえすれば、誰が自分たちを守るかはどうでもよい。別に自国の軍隊でなくてもかまわない。彼らの問題は、その経費ができるだけ安価であることだ。「国家はお金がかかるがゆえに必要悪である。だから、それぞれの悪を可能なかぎり小さくしなければならない」（a. a. O.）。これが財産をもつ者にとっての夜警国家的な国家観である。こういう者たちは、保護さえしてもらえれば相手は誰でもよいので、それを引き受けその仕事を子孫に継承させていく家族があらわれる。フィヒテはこれを君主の家系とみなす。彼らは傭兵を雇い、自己の保護を求める私的所有者たちの寄進を受けながら一定の土地を領地として防衛し、またその隣国を支配しようとするのである。「こういう仕方で防衛任務はかかる費用よりも多くの利益をもたらし、ひとたびある重要な領邦（Land）を防衛する者は、同じ労力によって隣国もまた防衛できるだろうから、君主の家系は相互に排除しあうだろう。そうなると、支配一族の間に戦争が起きる」（IV. 405）。これが君主同士の戦争である。

この戦争の勝敗は所有者たちには関係ない。どちらが勝とうが勝った方に保護を頼めばいいことであり、財産を失うのは負けた支配者一族だけである。市民は戦争の趨勢を見守り、機をみて勝ちそうな側に味方すればよい。「戦争の間は、静かにすることが市民の第一の義務である。市民とは、傭兵とは逆に所有者であり、営利活動を営む者である。市民はまったく中立で、家の中に閉じこもり、封鎖された窓で静かに、自分の将来の防衛者になるのは誰だろうかと戦争の推移を見守り、可能なら、白いパン、新鮮な肉、元気の出る飲み物の蓄えを用意し、こういうものによって、戦争が終わってのち、誰が勝つにせよ市民は勝利者によろしく伝え、贔屓をえるのである」（IV. 406）。計算高く如才なくふる舞うことが、戦争における所有する市民、ブルジョアジーの義務なのである。

戦争が終わると、「所有者は何も失うことはない。彼らが新しい支配者に対して、古い支配者にたしかであったものでそれ以外の者にもたしかであるものを、いま支払うのであれば。ただそれだけが大事なのである」（IV. 407）。勝利した側も「征服者が非武装の者の所有物を実際に保障し、彼の傭兵に暴力と略奪を許さず、また営利活動を自由にさせて商売を阻害するものを導入せず、カントン（州）の自由とカントンの義務の区別そしてこれらの諸概念における政治体制の基礎をそのままに残し、徴兵制を導入せず、正当に統治をして過度の要求をしないのであれば、そこには上に示した平和状態がある」（IV. 407-408）。

現実にヨーロッパで起きた戦争はこういうものが多かった。フィヒテはそのような歴史的な経緯から一般化して、その特徴を明らかにしていると思われる。貴族や荘園領主、大商人、王侯貴族や司教領などの支配階級からすれば、戦争とはこういうものだったのである。フィヒテはそれゆえ、こういう支配階級には信頼をまったく置いていない。「一般的には人間がより高貴になり、より年をとるほど、それだけ悪くなる。善は依然として共同体とより若い者にある」(IV. 409)。彼は支配階級よりも、若者と共同体、いい換えればもたざる者たち、農民や都市市民を信頼する。これらの所有者たち、支配階級や君主たちを一言でいえば、「利己的」ということだ。「彼らの思慮は、最も一般的な利己心の原則だけしか自分に示さない。なぜなら、彼らの生活の時間、彼らの考えはそこにだけかかわっているからである。これが生の観点の唯一のあり方であり、したがって国家も戦争も同じ利己的な考えになっている」(a. a. O.)。

彼らは、感性的な地上の生だけが目的であり、それ以上の世界を見ることがない。「地上よりも高い価値がない」(IV. 402) 者たちにとっては、戦争も国家も手段や便宜にすぎず、自己の生命と財産さえ維持されれば、誰が支配者になろうが国民の生命や文化が滅ぼされようが、それはどうでもよいことである。そもそもからして商売はインターナショナルなものであり、グローバル化が必須のものだ。もたざる者が自分の利益のための賃金労働者として貢献してくれれば、あとはどうなろうと知ったことではない。自己の財産の保護に最もコストパフォーマンスが高い支配者に利益を供与し、相互依存によって繁栄を謳歌する。ここにはただ利害関係があるだけで、一国の国民の文化、国民の生きた生命、公共性、倫理はないのだ。[6]

(2)「真の戦争」の目的

このような浅薄な支配階級の国家観に対して、フィヒテがぶつけるのが真の国家であり、自由と権利の実現した共和国である「ライヒ (Reich)」である。これを脅かす簒奪者、たとえばナポレオンのような者、上に述べた浅薄な利害の国家を押しつけるような侵略者に対して、自由と権利、精神の共和国、神的生命にもとづく国民を守ること、そのために国民全員が武装非武装を問わず、各自のもち場で闘うことが真の戦争である。

フィヒテによれば、各人の生は「現象的で時間的なあらゆる生をたんてきに超えて、あらゆる生のうちに現象し、現象すべきもの、すなわち道徳的な課題、神の映像へと向かう。生はこのためのたんなる手段にすぎない」(IV. 409)。しかし、道徳的な課題は永遠で無限であるので、現世での達成は不可能である。それゆえ、人間の生もまた、永遠で無限でなければならない。「時代とその中にあって時間を通して遂行する生は、それ自身あらゆる時代を超えた生の現象にほかならない。その生の一つの形式と形態は終わることはありえても、生そのものは決してやむことはない」(a. a. O.)。個々人の生もその形態としては有限であるが、類的な生命とみれば、それは永遠である。しかし、個々人の生それ自体は目的となることなく、この永遠の生の課題、道徳的な課題の実現のための手段にすぎない。

その際に重要なものが自由である。「生の必然的な性質は、個々人の生が、［道徳的な課題の実現という］生の目的のための手段であるべきならば、自由ということ、すなわち絶対的に自立して、一切の外的な衝動や強制がなく自己自身から自己を規定するという性質になろう。しかし、この自由は生の永遠性と同じようにはたんてきに措定されてはいない。自由は妨害されうるもので、しかも他者の自由によって妨害されうる。自由の維持はそれゆえ各人に課された目的の自由にとって第一のものである」(IV. 410)。道徳的な課題の実現は自由に基礎づけられるものであるから、各人は絶対に自由であり自立的でなければならない。しかし、理性的存在者が共存すれば、互いの自由が他者の自由を侵害することがありうる。各人の自由が他者の自由を侵害せずに、かつ同時に自由であるべきだという権利の世界の必然性が生じてくる。

フィヒテはこの自由を二つに分ける。一つは、「自然の衝動からの解放という内的な自由」(IV. 411)であり、もう一つが他者の自由であり、「外的な自由」(a. a. O.)といわれる。この外的自由は、すでに論じてきた権利関係によって、相互に保障される自由である。「一人の者の自由が他のすべての者の自由によって妨害されなければ、万人は自由であるという、万人の自由による万人の自由の関係。国家、より正しくいえばライヒ(Reich)は、認識のこの連関にある」(a. a. O.)。すでに『ドイツ国民に告ぐ』を論じたときに、フィヒテの「国民」概念は、法による権利の保障という立憲体制を前提にしていることを指摘したが、ここではそれは「Volk(人民、民族)」といい換えられる。「共通に自由を発展させてきた歴史によって合一して、一つのライヒを設立する一定の人間集団を人民(Volk)という。その自立性と自由の本質は、自分自身から始められた進展がさらにライヒにまで発展するという点にある」(IV. 412)。

このように、権利関係によって万人の自由が保障され万人は平等であるとされるので、フィヒテが「ライヒ」というとき、立憲体制をもつ「共和国」が含意されていると読むべきであろう。また、フィヒテ自身『二二世紀のドイツ人の共和国』草稿を書いて、神聖ローマ帝国にかわるドイツ人の国を共和国として構想しているからである。Reich自体は「帝国」「王国」という訳語をもつ。フィヒテの場合、キリスト教的な「神の王国」、そしてドイツの歴史に由来する「神聖ローマ帝国」も含意されている。また当然ながら、カントの「目的の国（ein Reich der Zwecke）」の内容も入っている。しかし、基本的には、各人の権利と自由を立憲体制によって保障するという文脈で、共和的な体制の意味が最も強いと理解してよい[7]。

この時代の「ライヒ」の概念の内容については、『歴史的基礎概念辞典（*Geschichtliche Grundbegriffe*）』のReichの項に詳しい。そこではフランス革命の影響が指摘され、当時の代表的な理解として、ヴィーラントやシラーの文章が引用されている。ここにかかわる部分を引用してみれば、「フランス革命を見聞して、人間性にかかわるものの適用がさらに一部つけ加えられた。他方で、この見聞によって、ライヒの誤って理解された特徴と性質により鋭く着目するようになった。すなわち、ライヒは、平和、自由、合法性において非常に好ましいものとして受けとられたのである」[8]。

フィヒテが「ライヒ」を使用する場合は、こうしたさまざまな意味が含意されており、一義的ではない[9]。しかしフランス革命や共和国の理念は色濃く影響していることもたしかである[10]。とりあえずここでは各人の自由と権利を保障する法治国家である共和国の側面が前提となることを重視し、「ライヒ（共和国）」と便宜的に訳しておく。ワイマール共和国が共和国でありながら、伝統を主張する諸勢力の反対のために正式国名がDeutsches Reichのままにされ、ワイマール時代にかんするカール・シュミットの邦訳書で「ライヒ」とそのまま訳されていることと事情は似ているが、フィヒテの場合は、上に挙げたその他の意味が含まれていることもある。

「人民の自由と自立性は、この発展の過程が何らかの暴力によって中断させられるとき、脅かされている」（a. a. O.）。ある民族・国民が、立憲体制をもち、各人が権利関係によって保障された外的自由と内的自由によって、道徳的な課題・使命を果たすべく努力しているときに、それを自国に併合しようとしたり、暴力によってその国自体の共和的体制を否定したりして、各人の自由と自立性を侵害すれば、「そこにあるのは、その人民の本来の戦争であって、支配家系同士の戦争ではない。普遍的な自由と個々人の特殊な自由が脅かされている」（a. a. O.）。これがフィヒテのいう「真の戦争」なのである。

フィヒテの戦争概念は、何よりも自由が重要である。[11]「生命はただ自由なときにのみ価値をもつ。私はそれゆえ、征服は私から私の自由を奪っているので、勝利者でなければ生きることはできない。自由の欠乏よりも死がむしろ好まれるべきである。私の永遠の生、これは確実なものであるが、これを私はまさに死によってえるのである。奴隷の生ではそれを失ってしまう。それゆえ、私は生命を無条件に犠牲にするだろう。むしろいかに財産があろうとも、である。私が生存できなければ、いったい財産を何のために使えようか。私はこの自由がないという条件のもとでは生きることはできないのである」(a. a. O.)。

自由がないのであれば、むしろ死を選ぶとフィヒテはいう。自由がない生は奴隷の生であり、それでは永遠の生命、すなわち、自己が自由のもとに道徳的な使命を遂行し、身体が滅んでも人類の道徳的完成をめざす永遠の類の生に列することができなくなる。自由なき奴隷の生を送るくらいなら、死をおそれず自由のために闘った方がまだましである。それは自由を求め実現する類の生に貢献するからである。まさに「自由か、さもなくば死を」の選択である。フィヒテが兵士にそのような演説をしたのも当然であろう。

それゆえ、統治者、君主が和平条約を結び、敵軍の駐屯を認め、征服者の傀儡政権となっても、フィヒテからすれば、それは自由ではなく、抑圧であり忍従でしかない。たとえ、政府や全権大使が敵国と和平条約を結んだとしても、国民の自由が保障されなければ、国民の闘いは終わることはない。「あらゆる力の努力、生死をかけた闘い、完全な勝利なくば、平和なし。すなわち、自由を乱すあらゆるものからの完全な保障がなければ平和はない」(IV. 413)。

これが武力によるものか、それとも非暴力抵抗なのか、ここは現実的な議論をする場所ではないので、フィヒテは何も明らかにしていない。武力闘争だとすれば、政府がいったん和平に応じているのだからレジスタンス闘争になる。しかし、『ドイツ国民に告ぐ』の最後で、精神の独立を説き、武器での闘いのかわりに「原則・道徳・国民性の新しい闘いが始まる」(VII. 470) と書いていることからすれば、非暴力抵抗による闘いの継続とみることもできる。いずれにせよ、フィヒテの戦争はたんなる国家間の政治的行為にとどまらず、人間の自由を求めての闘いであり、自分たちの政治的自由が設立されないかぎりは、継続されるべきものなのである。「人民は一つの共通の歴史によって形成され、この文化形成(Bildung)から一つのライヒが発展すべきである。そしてこの形成に介入する者は誰でも、敵とみなされなければならない」(IV. 415)。

この自由はもちろん、道徳的な自由でもあり、道徳法則の実現、意志の自律でもある。そういう意味で「われわれはみな総じて道徳法則において自己を表現する神的な意志の臣民である。このことがわれわれの名誉と尊厳である」(IV. 414)。フィヒテによれば、君主といえども「彼が神の国において同じ神的な意志の臣民であることを告白する以上の名誉を示すことはできない」(a. a. O.)。しかし、王権神授説に顕著であるように、君主は神にも等しい存在であり、国民は臣民として彼にひれ伏せという言説が、君主のとり巻きから語られ、彼がこれをまじめに受けとれば、「彼はそのことで自己自身を神とすることになり、唯一の神に冒瀆を働くことになろう」(a. a. O.)。君主はただ人民の委託を受けた統治者にすぎず、「彼の社会における働きは、自由で権利にもとづく憲法体制の萌芽を社会に措定するという目的をもつのみである」(IV. 415)。

しかし、こういう君主が、当時のプロイセンのように、屈辱的なティルジット条約を結び、ナポレオンの支配下にあって言論の自由さえ保障されないような場合、「自由と自立性がはっきりと表明されはしたが、しかし、その体制の断念が公然となされ、その体制がたんなる不自由のための手段にまでおとしめられ、発展の条件としての国民性(National-eigenthümlichkeit)［自立した自由な「国民」であること］が、疎遠な鎖の中につながれるときには、彼にはもはや何も期待することはできない。そのような国家は硬直した状態にあり、公的には失格の烙印を自分に押してしまっている」(a. a. O.)。

フィヒテにとって、君主でさえも、共和制にもとづき人民の委託を受けた統治者にすぎない。彼が自己の財産と家族、そしてとり巻き連中の利益だけを考え、国民のことを考えなければ、統治する資格はない。「戦争でみなが生き残ったあとに、再び国民(Nation)の自立性が君主の家族のために犠牲にされ、彼の支配のために人民(Volk)の高貴な血が流れることを望み、それに対して彼が人民の自立性のために自分の支配をかけようとはしないことが示されたならば、分別ある人間なら、そういう君主のもとにとどまることはありえないだろう」(IV. 414-415)。当時の君主たちに対するこのような手厳しい批判[12]の表現は、フィヒテが決して積極的な君主制の支持者ではないことも同時に語っている。

(3)「自由と権利の共和国（ライヒ）」という理念＝自由こそ神なり

行動する哲学者であるフィヒテは、このような占領下であっても、自由を求めて行動することを提唱する。だから、おそらく当時の教会勢力が語ったと思われる「愛国心（Patriotismus）」を批判せざるをえないのである。「愛国心を思い描き、その心情からわれわれに希望を与え、それを柔らかな光のもとに呈示することで、なるほど摂理そのものにその光によって諸計画をあてがう。だが、この諸計画というのは、神の意志そのものだと解釈する者と同様に子どもじみたものである。そういうものは臆病者の慰めであり、厳密にみればそれは非難されてしかるべきもので、犯罪的ですらある」(IV. 415-416)。

すべてを神の摂理として説明する者たちは、自由と行動を伴っていない。「彼らはまったく誤っており、盲目になっている。善をわれわれのもとに来させるいかなる自然法則もなく、また事物の自然の連関もありはしない。われわれが求める善を神が与えようとし、また与えることができるのは、ただわれわれの自由によってのみなのである」(IV. 417)。このように自由を力説するフィヒテは、自由こそ神なりという大胆なテーゼを提起する。「神はそもそも自然の威力ではなく、神は自由という一つの神なのである」(a. a. O.)。神と人間の行動の自由を同一視する立場からすると、運命を耐え忍べば、神がいつかは敵を倒し、現実を変えてくれるという受動的、人任せの態度は許容できない。そういう説教は人間を罪の中で麻痺させるだけである。「神が彼の秘密の方法で最善のものに向けてくれるだろうなどと期待すべきではない。そういうことは、神を侮辱することであり、神の国の市民ではなくなる。そうではなく、われわれが自分で、自分の明晰な概念にしたがって最善のものに変えていくべきなのである」(a. a. O.)。

それゆえ、フィヒテにとって、どんな場であれ、目的は自由な国家を形成していくことになる。自由の国家の発展が、現在どの程度危機にあるかを問題とするにあたって、フィヒテは、これまで彼が述べてきた国家のあり方を簡潔にまとめている。これを見ると、フィヒテの思想にぶれがほとんどないことがよくわかる。

まず、前提は「人間はたんてきに自由の諸共和国（Reiche）を形成すべきである。なぜなら、ただそこにおいてのみ、道徳目的が、全人類がただそのために現存在するところのものとなるからである」（IV. 419）。それに続けて、「ライヒ（共和国）のこの形成は、人民と呼ばれる多数の人間の完全に共通の見地と思考法からのみ生じうる。言語の共通性はライヒの発展と普及の条件であり、精神的な本性によってあらかじめ与えられたものである」（a. a. O.）とフィヒテは書いている。これは明らかに『ドイツ国民に告ぐ』で得られた思想である。人々が国家を形成するとき、他者の自由を侵害すべきではないという「道徳的世界一般の一つの根本的な見地が共同生活の条件としてあり、そこから社会的な関係が生じなければならない」（a. a. O.）。これが権利関係であり、これを客観的に表現したものが法律であった。「これらの人間集団は、法律によって規定されている」（a. a. O.）。

法律の特徴は「自由な教養形成によって支配するということであり、その結果、人はこの法律の認識にまで高まらねばならないということである」（a. a. O.）。『ドイツ国民に告ぐ』で、すでに公民教育の必要性が語られていた。なぜ法律があり権利が保障されねばならないか、そのための立憲体制がどういうものであるべきかを国民が理解すれば、共和国はスムーズに成立し、国民の意志が統一され、その国のあり方が確固としたものになる。『自然法の基礎』で語られた各人の権利と自由を保障する立憲体制は、ここではそれを構成する市民自身によって認識されるべきだとフィヒテは説くのである。

これは、次章の「理性の国の創設」で、よりはっきりと「教師身分」の教育によって、市民が強制を洞察し法体制を認識するようになると語られる。法と権利の国家を市民が認識することは、市民の国の市民による自己認識であり、こういう自己反省する立憲体制が「権利のライヒ（das Reich des Rechts）」と呼ばれる。「法律が彼らの自由によって彼らを規定するために、万人がその認識にまで向上すること、こういう見地の表現が、まさに法と権利のライヒ（共和国）なのである。人間集団は共同してこの法と権利のライヒ（共和国）に近づくべきである」（a. a. O.）。この自己言及構造はこの『国家論』での独自の視点になろう。しかし、それは『ドイツ国民に告ぐ』における「国民教育」論がすでにあったからである。

現実の国家はこの過程の途上にあり、まだ完全に「法と権利の共和国（ライヒ）」とはなっていない。人々が全員、法律の認識をしているわけではなく、教育が国全体に浸透しているわけではないからである。それゆえ、フィヒテは、その状態を「中間地点」と名づける。「この認識のそのつどの地点、その後の過程がそこから規定されるべき平均的な一般人民の考えであり、本来的に人民を人民となすもので、自然人と法と権利のライヒの市民との中間地点である」（IV. 419-420）。

これは次章では、事実的な君主がとりあえず支配する「必要国家」から、叡智と徳をもった教師身分の支配する「理性の国」へという移行として語られる。現実の国家はこういう中間状態として、つねに発展しているが、これを邪魔して破壊しようとすること、別の国がその国に介入してこの過程を破壊するのであれば、それはその自由をめざす国にとっての危機であり、これが戦争である。「この進展が本来的には聖なるものであり、これを妨害したり、滅じようとしたりするのは、神をもおそれぬ罪深い行為である」（IV. 420）。

当時のフィヒテの認識では、ドイツはこの途上にあり、それを妨害するのがフランスであった。フィヒテはこのあとに「応用（Anwendung）」と名づけて、現実の歴史の具体的考察を行なっている。そこでは神聖ローマ帝国はたんなる国家の同盟であり、その上、カトリックとプロテスタントの分裂があって、現実には統一国家ではなく、統一した民族でもなかったことを認めている。しかし、『ドイツ国民に告ぐ』で、われわれも見たように、「にもかかわらず、まさにこの同盟は帝国憲法をもち、学者たち、商人、手工業者の旅は、ドイツ語の通じる国の中で、ドイツ民族というこの統一概念をもっていたのである。直接に実践的ではなくただ歴史的なものとして、普遍的な要請として、つねにもちつづけたのである」（IV. 423）。フィヒテは「この要請を、内的でかつ有機的にまったく融合した国家という帝国の統一（Reichseinheit）によって表現すること、私の考えでは、そのことがいまドイツ人に呼びかけられている」（a. a. O.）と考える。ここからすると、この神聖ローマ帝国のゆるやかだった同盟、共和制的な性格をもっていたこの諸国家の同盟は、有機的で結合力の強いドイツ人の共和国の基礎になりえるというのが、フィヒテのイメージのようである。『一八一三年春の政治的著作のための草稿から（*Aus dem Entwurfe zu einer politischen Schrift im Frühlinge 1813*）』（以下『政治論草稿』と略記）では、ドイツの共和国は現状では厳しいので、とりあえず可能なこの諸邦の連邦から始めるしかないとも語られている（VII. 565）。当時のドイツにあった「帝国愛国主義」のフィヒテへの反映である。

スタートラインは現実の領邦国家であるが、しかし、国家ではなく個人が出発点である。「ドイツ人においては、このライヒは、人格的な個人の陶冶された自由から出発しなければならない。決して逆ではない。まず第一に、人格性によってあらゆる国家以前に陶冶され、その次に、個々の国家において陶冶される」（a. a. O.）。このようにして、それぞれの個別の国家で各人が陶冶されて、まだ見ぬドイツ人の権利の共和国（ライヒ）をめざすのである。「目下のところ、ドイツ人はそれらの諸国家の中にわけられている。その諸国家は、高次の目的のためのたんなる手段にすぎず、目的を果たせば廃棄されなければならない。かくしてそういう諸国家からまず描き出されるのは法と権利の真のライヒ（共和国）である」（a. a. O.）。

『フランス革命論文』で主張された国家の廃棄は、ここでもまたその生命を保っている。この「法と権利の真の共和国（ライヒ）」は目的であり当為の存在であるので、「それはまだ世界にはあらわれてはいないのだが、この共和国は、市民の自由、人間の顔をもつすべてのものの平等において基礎づけられた自由を求めて昂揚する万人の中にある」（a. a. O.）。前章で『法論』を扱った際に、アッカーマンの憲法創造の「立憲的政治」の概念を紹介したが、まさに「自由を求めて昂揚する万人の中」、具体的には自由を求める圧倒的多数の人民の街頭行動での昂揚の中にあるべき「法と権利の共和国（ライヒ）」の理念が体現されているということである。[13]

フィヒテは、この歩みはドイツ人によってのみ可能であり、フランス人には不可能であったと説く。フランス革命がたしかにその途上にあったことは事実で、「フランス国民は自由と権利の共和国をめざす闘いの中に捉えられていた」（IV. 429）。しかし、それは不幸にも失敗した。フィヒテはその原因を二つ挙げる。まずは党派闘争による自滅である。「権利についての全員一致は不可能なので、この国民性においては、それぞれの独自の考えに応じて自己の党派を見いだしたからである。そして、自己を支える武力もないまま、党派は内的な闘争に入り込まざるをえなかった」（a. a. O.）。二つ目の理由は「自由な立憲体制の条件、すなわち、国民性とは無関係の、自由な人格形成が国民全体に欠けていたからである」

(a. a. O.)。フィヒテはナポレオンをいくつかの点で批判するが、その中の一つがこの国民の自由な人格形成、すなわち自由のための国民教育をしなかったというものである。

ドイツとて、国民教育が導入されるのはだいぶあとで、フィヒテ死してのちは、反動の嵐が吹き荒れる。しかしこの時点においては、フィヒテは、少なくともドイツこそが自由への教育を行ない、真の法と権利の共和国の実現に向けて、その歩みを進める国であるとみなしていた。それゆえにこそ、その歩みを止める者、国民の自由な陶冶を妨害する者に対しては、敢然と立ち向かい、自由を奪還することがフィヒテにとっての真の戦争だった。それゆえ、それは必ずしもナポレオンだけではなく、ドイツ語を話す国々、ナポレオンに対抗した人々の中にも、自由を求める国民の共和国の敵がいたことになる。フィヒテ自身は一八一四年に亡くなり、その後のウィーン反動体制を見ることがなかったが、もし生きていたとしたら、これもまた「真の戦争」の相手となったに違いない。何よりも、この体制はフィヒテの時代に出てきた国民教育の萌芽をつぶすものであった。

フィヒテの戦争にかんする言説を読めば、彼のこれまでの思想内容の当然の帰結であることがよくわかる。表向きは、兵士や学生・市民に演説して、戦意を昂揚させる文言に見えるが、自由と権利、道徳的完成にもとづくきわめて倫理的な内容になっている。フィヒテは決して、利害を求めての好戦的な侵略主義者ではない。むしろ、圧政からの自由と権利を求め、人民がみずから圧制者に抗して武器をとるやむなき人民の戦い、解放の戦争を説いているのである。

(1) Max Wundt: *Johann Gottlieb Fichte*, Faksimile-Neudruck der Ausgabe Stuttgart 1927, Stuttgart-Bad Cannstatt 1976, S. 188.

(2) 実際に、ナポレオンを苦しめたのは、近代最初の非正規軍と呼ばれ、「ゲリラ」の語源になったスペインのパルチザンである。これについては、Carl Schmitt: *Theorie des Partisanen*, 7. unveränderte Aufl., Berlin 2010(邦訳 カール・シュミット、新田邦夫訳『パルチザンの理論』ちくま学芸文庫、一九九五年)が主題として扱っている。また近代イギリス軍で最強の精鋭部隊はネパールの山岳民族からなるグルカ兵(グルカ旅団)といわれ、高地で優れた心肺能力と身体能力をもって育ち、それをさらに訓練で鍛えて、白兵戦では無敵を誇った。ただし、フィヒテ自身はここで非正規軍の兵士を認めているわけではない。個別でも戦える正規軍の兵士について語っている。

(3) Carl von Clausewitz : *Vom Kriege*, hrsg. von Wolfgang Pickert und Wilhelm Ritter von Schramm, 19. Aufl., Hamburg 2011, S. 8.（邦訳 クラウゼヴィッツ、篠田英雄訳『戦争論』上巻、岩波文庫、一九六八年、一四頁）ちなみにクラウゼヴィッツは、アウグスト王子とともに、フィヒテの私的講義を聴いている。また、フィヒテを熱烈に尊敬していたことは、カール・シュミットの『パルチザンの理論』で言及されている（Carl Schmitt : *Theorie des Partisanen*, 7. unveränderte Aufl., Berlin 2010, S. 49.（邦訳 カール・シュミット、新田邦夫訳『パルチザンの理論』ちくま学芸文庫、一九九五年、九八頁））。

(4) ヴントは、この姿勢はプラトンの直接的な影響であると述べている（Max Wundt : *Johann Gottlieb Fichte*, Faksimile-Neudruck der Ausgabe Stuttgart 1927, Stuttgart-Bad Cannstatt 1976, S. 189.）。しかし、プラトンというよりも、古代ギリシャのポリスは国民皆兵であったので、その事実からの表現といった方がよいのではないかと思う。

(5) 一九六四年、ゲバラが国連でアメリカのキューバに対する経済封鎖を批判した演説での言葉。

(6) フィヒテのこうしたブルジョア観はカール・シュミットのブルジョア観、自由主義への批判と非常に類似している。これについては、拙論「フィヒテとシュミット」(『北九州市立大学法政論集』第四〇巻第四号、北九州市立大学法学会、二〇一三年）で論じている。

(7) ヴントは次のように表現している。「ドイツ人の国（ライヒ）、理性の国（ライヒ）、神の国（ライヒ）、これらの概念がここでは互いに合流して、完全な意図をもって一つの統一として把握されている。それは、フィヒテが宗教と哲学で表明したように、人間の共同の生の偉大な目的の思想であり、これを現実にもたらすことがドイツ人にいま使命として呼びかけられているようにみえる」(Dasselbe, S. 203.)。

(8) *Geschichtliche Grundbegriffe, Historische Lexikon zur politisch-sozialen Sprache in Deutschland*, hrsg. von O. Brunner, W. Conze und R. Koselleck, Bd. 5, Stuttgart 2004, S. 485.

(9) この辞典にある他の表現でいえば「伝承された国家体制の概念が期待できる望ましい概念に変わり、この概念は理想化された過去、中世の帝国の偉大さ、力、統一というものを、現在に対して切望するのである」(Dasselbe, S. 489.）とか、「ライヒのもとでは、つねにまた主禱文が意味した神の国（das Reich Gottes）が理解されていた。ロマン主義的に彩られた帝国の愛国心は、国民国家の希望を表現したが、同時に宗教的なライヒ概念の一千年王国の期待とも混合していた」(a. a. O.）など。

(10) とくに、「ライヒ」が共和的体制という場合、一国だけではなく、神聖ローマ帝国のような多民族の領邦国家による連邦共和的体制も含めてイメージされているのが、イエナ期から続くフィヒテの特徴である。

(11) ヴントはフィヒテのこのような自由の思想を以下のようにまとめている。「自由は一つの民族にとって最も神聖な善である。なぜなら、自由はあらゆる現存在の根だからである。神は盲目の自然の威力ではなく、自由の神である。ただ自由を通してのみ、神は自分の生を一つの民族の中で表示できる。とりわけ、ドイツ人は、人格的な自由の一つのライヒ（共和国）を創造することを呼びかけられている」（Max Wundt : *Johann Gottlieb Fichte*, Faksimile-Neudruck der Ausgabe Stuttgart 1927, Stuttgart-Bad Cannstatt 1976, S. 205.)。

（12）歴史的事実としては、ナポレオンが圧力をかけて、シュタインを一八〇八年一二月にプロイセン政府から追放処分とし、それに国王がしたがったことが背景にある。一八一二年にプロイセン国王がナポレオンとの軍事同盟を締結すると、グナイゼウ、クラウゼヴィッツなどの将軍が去り、ロシアに迎えられていたシュタインやアルントらと合流する。彼らはロシアからプロイセン軍に影響を与え、ヨルク将軍がみずからの軍をプロイセンから切り離して、独自行動し、対ナポレオン戦線を構築するのに成功する。フィヒテはこの時期の優柔不断で情けない国王を批判したのである。以下を参照のこと。Otto Dann : *Nation und Nationalismus in Deutschland 1770-1990*, München 1993, S. 61.（邦訳 オットー・ダン、末川清・姫岡とし子・高橋秀寿訳『ドイツ国民とナショナリズム一七七〇―一九九〇』名古屋大学出版会、一九九九年、四六頁）

（13）二〇一一年一―二月のチェニジア、エジプトで起きた平和的革命、その後も続いたアラブ諸国の民主化運動が想起される。

第三章　「自由への教育」

――『国家論』（一八一三年）第三章「理性の国の設置」についての考察

『国家論』は、フィヒテ自身のつけた書名ではなく、息子のI・H・フィヒテが一八二〇年に出版するときにつけたものである。だが、これは誤解誘導的なタイトルだ。もともとの講義の名前は「応用哲学からとられたさまざまな内容の講義」であり、フィヒテの死の前年、一八一三年に講義された。書名ではなく、講義名の方が内容を正確にあらわしている。

第一章は、フィヒテ哲学の認識論の簡潔なまとめであり、第二章がいま見てきたところの戦争論で、第三章が「理性の国の創設について」と題され、国家論が論じられている。その後の章は歴史哲学と宗教論が主な内容で、最後の章になって、再びそれらの議論と国家のあり方を結びつけて結論としている。それゆえここでは、本来の国家論が扱われている第二章および最終章、それにフィヒテがこれにつけ加えた『国家論補遺』および同時期に書かれた『政治論草稿』を中心に考察することにする。(1)

フィヒテは一八一四年、五二歳で亡くなる。死因は腸チフスで、志願看護婦として兵士の看護にあたった妻のヨハンナが兵士から感染し、妻を看護したフィヒテも罹患したものである。当時、プロイセンは反仏同盟をロシアと結び、対ナポレオン戦争の最中であった。フィヒテはこのときも従軍説教師を志願したが、却下された。その過程の中での死であり、いわば戦争に関与しての壮絶な死ともいえる。行動する哲学者フィヒテらしい人生の終わり方である。長寿だったカントやシェリング、そして彼らほど長生きはしなかったヘーゲルに比べても、フィヒテの死は早く、ドイツ観念論の哲学者では一番短命になる。だが、短くともおそらく最も激しく濃く生きた人であることはまちがいない。いよいよ思想の集大成というときに逝去したため、体系的で整理された完成の姿が存在しない。しかし、かりにもっと長命だったとしても、出版することを嫌っていたフィヒテであるので、完成形が書物であらわれたかどうかは疑わしい。

『国家論』自体は、認識論、法論、国家論、歴史論、宗教論などの内容がちりばめられ、まとまりという点ではやや劣るのはたしかである。しかし、意外にもこれまでのフィヒテの思想の集大成という側面を色濃くみせている。とくに、ここで主題としてきた社会哲学の文脈では、いままでに考察してきた内容がすべてここでみごとに一本につながっている。初期から中心的な議論であった権利関係、強制の問題、正しい立憲体制、学者共同体、そして中期の国民教育論、『一八一二年の法論』で扱われた正しい統治者をいかにして選ぶかの問題、それらがみなフィヒテの根本思想である「自由」を中心にまとまるのである。(2)

フィヒテのもう一つの根本思想は、『ドイツ国民に告ぐ』で前面に出た「教育」といってよい。「教育」は若き家庭教師時代からのフィヒテのテーマであった。(3) 大学教員になっても、『学者の使命についての講義』などのさまざまの教育的講義を行ない、学生組合の指導をしてきたことからすれば、これもまた生涯を通じてのフィヒテの思索と行動の対象であった。国家論では、それらが一つの体系となりこの時点でのフィヒテの思想の集大成をみせる。一口でいえば、「自由への教育」。これがフィヒテの社会哲学の真髄である。

一　教育としての権利概念

『国家論』第三章の最初では、権利概念が論じられる。これはかつての『自然法の基礎』とは異なった論じ方になっている。その考察をもとに教育の必然性が出てくるので、まずは、その議論を考察することにしよう。

基本的な問題設定は、これまでの議論と同じである。「各人は自由であるべきである」という正命題と、「法権利にとって強制が命じられ、それどころか強制が許されている」という反対命題、すなわち自由と強制の対立である。「各人は自由であるべきである」という正命題は、「いかなる者も他者によって何らかの仕方で強制されるべきではない」(IV. 433) と表現することができる。「それゆえ強制は絶対的に法権利と対立している。強制は個々人の内的な自由を奪う」(a. a. O.)。しかし、反対命題は強制を必要とし、その理由は各人の自由を守るためである。共同体の中で人間が生きるときに、相互に互いの自由を侵害しあうのは避けられない。「自由なくしては、［人は］道徳的な目的は何ら遂行できない。それゆえ自由がなければ、法権利概念は強制と強力をもって貫徹されねばならないであろう」(a. a. O.)。このときの反対命題の弁明は「たとえ法権利の概念を導入したところで、人間の外的な自由を少なくとも損ねることはないだろう。なぜなら、この概念によって自由から奪われるものは、道徳的本質と共同体の成員としての自由ではないからである。この概念は共同体の成員という観点で自由をもち、自由への権利をもっている」(a. a. O.)。これが『自然法の基礎』での強制の正当性の論理であり、これまでは、それで十分とされていた。しかし、フィヒテはここでは、より根源的に考察し、これに「いかなる者も他者によって何らかの仕方で強制されるべきではない」という正命題をぶつけるのである。

フィヒテの解決策は、事実と意志の区別である。正命題は、自由を求める意志だけを語っているのであり、それは当為の命題であって「その命題はただ人間が自分の自由によって自分自身道徳的な共同体の成員にまで高まる――少しずつ高まる――べきだということを述べるだけである」(IV. 434)。この正命題は、事実として人間が自然的な存在であり、自己の欲望にもとづいて行動すれば、必ずや他者の自由を侵害するという現実を無視している。反対命題は、それに対して、この現実、事実を前提とする。「法権利の側にとっては、何か大事にすべきものに対する自由と正義がまったく存在せず、自己の周りに、あらゆる道徳的な生命の第一の条件［自由］を抑圧しなければならない自然の暴力だけが、法権利に逆らって存在するということである」(a. a. O.)。

正命題は人間の可能性を信じ、いつかは道徳的な自由にまで高まり、他者の自由を自分の自由によって尊重するだろうから、ともかくも自由の抑圧である強制は導入すべきではないという立場である。反対命題は、人間は我欲のかたまりなのであるから、そんな悠長なことをいっていたら自由を発揮しようとする人間のその自由すら抑圧してしまうので、「反対命題は、少なくともその外的な現象にしたがえば、強制によって、一気に人間をその地点までもっていこうとするのである」(a. a. O.)。要するに、各人の自発性の意志をとことん尊重するか、それとも事実を前にして、規律と訓育で一気に矯正してしまうかということである。正命題は意志について語るが、事実を語らない。何もしなくても、人は自由の尊重にまで高まるだろうと考える。反対命題は事実について語るが、しかし、意志については語らない。強制はするが、そういうことをしてもほんとうに各人に自由の自覚が育つかは関知しない。また、反抗すれば強制によって罰するだけである。「何もしないことにかんして両者の命題は一致している」(IV. 435)。

そこでフィヒテはこの両者の無作為に対して、「強制の洞察の教育」を提唱する。この教育という媒介項によって、この二つの対立する命題が合一されるのである。「外的な法権利は強制されなければならない。しかし内的には啓発によって自由が洞察へと形成されなければならない。法権利のよき意志は各人において固有の洞察へと構築されるべきなのである」(IV. 436)。強制の必然性と意義が各人の知性によって理解されて、それが各人の自己の洞察となれば、その洞察によって、次には自分の意志によって、自己の自由の行使を制限できるようになる。ここには、被制限を自己の自由意志にもとづく自己制限とすることで、制限(強制)と自由を総合するイエナ期からのフィヒテの思考の特徴がよく出ている。また、強制の洞察・認識の契機となるものが教育的行為であるというのも、相互承認論の「促し」を継承するものである。「促し」の場面では、補論として親が子どもに対してしつけをする場合が示唆されていたが、してはいけないことを自己認識させるという構造はまったく同じである。

この認識と権力をもつ者、統治者は、自分の洞察にもとづき、人々の法権利を守るために法の体制のもとに強制的に人々をしたがわせる。その強制は、それ自体では正当性をもちえず、ただその強制の必要性の教育・陶冶によって、彼の洞察が理解されてこそ許容される。それゆえ、強制するためには、「強制の支配者は自分の洞察が明白であることを前提できなければならない。これについて彼は良心の責任をまぬがれることはできない」(a. a. O.)。強制を受ける市民にとっては、「この強制それ自身は、ただ強制の統治者が彼の洞察が明白であることを世界に証明する用意があり、彼が自分のうちにあるすべてのものをこの証明を行なうために使うかぎりでのみ、形式的には合法的である」(a. a. O.)。強制を行なう統治者は、情報の公開に努め、なぜそうするのかを市民に説明し証明しなければならない。「これが、統治者が神に対してだけでなく人間に対して行なう、支配権の合法性の釈明である。これがなければ、彼がたとえ内容的には法権利を求めて強制したとしても、形式からすれば暴君であり潜主であろう」(IV. 438)。

このように統治者は、被支配者に対して、自己の統治・強制の必要性、情報の提供、理解をえるための啓蒙や教育を行なう。その結果、人々が統治者の洞察を受け入れれば、その強制が正当であることになり、のちには市民みずから、各自の法権利のために自己自身で自律的に自己抑制を行なうようになる。それゆえ「強制の統治者は、強制された者たちを彼の裁判官にする。法の強制はただ強制された国民のそれに伴う教育によって、合法的に洞察となりよき意志となる。さもなくばそれは違法である」(a. a. O.)。

市民に説明といっても、市民自身が粗野で自然の欲望に支配される自然人であれば、その理性的な説明自体が受け入れられない。それゆえ、「この説明を可能にするために施設がつくられ、そこで教育によって法権利への洞察が形成される」(IV. 440)。逆にいえば、強制はこの施設が初めから用意されていないと、その妥当性をもちえない。だからフィヒテは「強制は、ただ強制の制度と二番目の［教育］制度が結びつけられているという条件のもとでのみあり、それはあらゆる者が強制が合法的であることを洞察するためであり、その結果強制なしですませるようになるためである」(IV. 437) という。

ここから統治者と教育者が一つであることの必要性が出てくる。「強制の統治者は同時に教育者であり、教育者の機能において強制の統治者としては否定される」(a. a. O.)。そうなると、万人の自由と権利を保障するために強制をもって成立した国家は、同時に教育施設でもあることになる。そこで学び、その強制の必要性の洞察、および各人がその洞察をえるならば、自己自身で自己の自然を抑制できるようになり、もはや法律によって強制される必要がなくなる。それゆえフィヒテの結論はこうである。「強制は洞察をもたらし、規律を受けとるための条件である。それは共同体の洞察が個人に結びつけられ、個人がたんなる自然存在から精神的な存在者へと変わるための手段である。この静止の状態は、内的な平和、法状態であり、そういう場であってこそ、生についての教育が成人に可能になる。かくして強制国家は、本来的に万人の洞察からなる［理性の］国のための学校になる」(IV. 440)。

二　教師集団の統治

統治する者は、教育者でなければならない。そして同時に、人民がまだ洞察に目覚めていないときに、その洞察をもち、同時代で最高の知性をもつ者でなければならない。この二つの条件から、フィヒテは、統治者は「教師身分（Lehrerstand)」の者たち、「教師集団（Lehrercorps)」であるとする。

「理性の国の創設について」という第三章のタイトルが示すように、理論的には「ライヒ（共和国）の支配のもとでの民族と人間の法にもとづく合一は、前に厳密に証明されたように、権利一般の洞察の教育を措定する。したがって、教師の身分も措定する」(IV. 450)。これをいい換えると「ライヒ（共和国）の形成において、支配者が合法的であるということは一つの教師身分を前提する。しかし、ライヒ（共和国）を最初に設置することはすでに、その設置の合法性の条件として、教師身分の設置を要求する」(IV. 451)。あるべき国家概念では、国家の成立は同時に教師身分の措定を必然的に伴っているということである。

とはいえ、これはあくまでも概念であり、現実の国家は、最初は「必要国家」でしか存在しえない。ともかくも国民の権利と安全を守るために、法の強制力を伴った強制国家からがスタートである。そこから、あるべき国家をめざすためには教師身分が措定され、「教師たちがかかわるべき第一のことはこの教育を組織するということなのである」(a. a. O.)。これによって国民が陶冶され洞察をもてば、最初の緊急の統治者の立法が妥当であるかどうかが判定される。妥当でないとすれば、この統治者は解任され、新たにそれにふさわしい者が選出される。

教育がなされて新たな統治者が選出されるとき、すでに教師身分は形成されているので、次の統治者はこの教師身分から選ばれるとフィヒテはいう。これは『一八一二年の法論』でも扱われた「最高に一般に妥当する知性が支配すべきである」(a. a. O.) という要請から当然出てくるものである。ただし教師身分は人格の統一をもたない階級であるので、統治する場合は人格をもった存在でなければならない。フィヒテは個人あるいは集合的人格の双方の可能性を認める。「この支配者が一人の肉体をもった人格か、それとも集合的な意見によって規定されるもの、すなわち元老院（Senat）であるべきか、それについては、私は何もいわず、無規定に任せておきたい」（IV. 452）。

そして、この教師身分こそが憲法制定権力になる。『一八一二年の法論』で、神の世界統治の問題として現世的には判断停止されていたこの問題が、ようやく解決されるのである。「憲法すなわちライヒ（共和国）の法、絶対的に万人を結びつける決定が成立しなければならないが、教師身分はこれを規定しなければならないであろう。この法律自体はたしかに暫定的で修正されるべきものであるだろう。それはともかくとして、この人民においては憲法制定のための不死の立法者、教師の身分が見いだされたのである」（a. a. O.）。

フィヒテは『一八一二年の法論』で、フランス革命が期待を裏切った経緯から、人民の熱狂に憲法制定権力を置くことを懸念した。憲法制定権力は可能なかぎり無謬であるべきであり、非合理的な判断や党派的で普遍性をもたない判断で決定され、次から次に権力を奪った者によって憲法が次々と変えられていいものではない。実際、フランス革命では支配勢力が変わるごとに憲法が変えられて、政治は混乱をきわめた。ハンナ・アレントが「一七八九年から一八七五年までにフランスでつくられた憲法は一四もあり、そのため、憲法という言葉そのものが嘲笑の種になっている」[4]と書いているほどだ。憲法は支配勢力の恣意、利害の確保を強制する便宜的な手段になり下がったのである。建国時の憲法を可能なかぎり守りつづけているアメリカと対照的である。そうなると、最良の知性をもつ教師身分が憲法制定権力となるのは、憲法に求められるその時点で可能なかぎりの無謬性という面では合理的である。

しかし、このことは人民主権を否定することにならないかという問題がある。いままで見てきたように、フィヒテは基本的に人民主権に立ち、共和制支持者であった。人民主権であれば、憲法制定権力は人民であるべきであり、その代表である議会が制定すべきである。『国家論』では、フィヒテはこの問題について何も触れていない[5]が、『国家論補遺』では、教師身分は選挙によって選ばれるとしている。ただしそれは制限選挙であり、票数の割りあてが初めから規定されている。「教育者一般の身分を選ぶ選挙の妥当性について把握してみよう。選挙次第はこうである。高次の身分に対して、多くが割りあてられなければならない。残りの合計が低次の身分のものとなる」(VII. 583)。低次の身分とは労働者階級であり、高次の身分は、その労働者階級をのぞいた統治する階級である。

フェアヴァイエンは「この選出過程の詳しい説明で、フィヒテは、明らかに、貴族主義・エリート主義的原理と民主主義的原理を一致させることに苦心している」(6)と述べているが、たしかに今日的な普通選挙でない点では、完全に民主的とはいいがたい。それはもちろん普通選挙自体が制度として存在しなかった当時の時代的制約もあるだろう。しかし、ともかくも人民の選挙によって教師身分が選出され、彼らが憲法を制定するのであれば、原理的な人民主権は確保されているといえるのではないだろうか。(7) 一見エリート主義にみえる教師身分ではあるが、しかし、民主的な政治を考えるうえでは、むしろ長所をもっている。これについては次節でもう一度検討することにして、ここはフィヒテのいう教師身分の役割をさらに理解することにしたい。

教師身分の職務をフィヒテがこのあと論じるときに、『封鎖商業国家』の計画経済が再び登場する。フィヒテの思想の一貫性がまたしてもここで示されるのである。各人の活動を割りあてるのは、『国家論補遺』によれば、所有概念にもとづく基本的な権利の保障からである。フィヒテの所有概念が、物ではなく活動の権利であることはすでに論じた。それゆえ、他者の活動を妨害せず、自己の範囲内で活動をすることが相互の所有の権利の保護となった。しかし、ここではその考え方がさらに拡張される。

「妨害しないということは、しかし、積極的な行為をして他者の活動にただ干渉しないということを意味するだけではない。また普遍的な文化の進展において、ついていかず中断することによって、唯一共通する自然の最高に可能な支配を妨げないということもまた意味する」(VII. 577-578)。要するに、みなが人類の完成のために努力しているときに、それに協力せず、足を引っぱるようなことをするのも、他者の活動の権利を侵害するとされるのである。「いかなる他者でも遅滞や中断によって、この外的自由を妨害することは許されない。そこから生じるのが生業の配分である」(a. a. O.)。

教師身分は、最高の知性をもつ者たちで、政治・経済・科学などに通じている。それゆえ、彼らがそれらの見識によって、教師以外の者に各自の任務を割りあてる。『国家論』によれば、「市民のこの数にかんしては、この規定された計算によって統治、管理、理論のために確定されるべき数が必要である。彼らを異なった部所、段階、仕事に区分するために。残りの者は労働者階級を形成し、労働者階級のさまざまな階級にわけられるのである」(IV. 453)。

このときの区分は、事実的なものが最初は根拠になるが、それは決して出自によって決まることを意味しない。農民に生まれ育てば、環境的、身体的にも農業に向いた個人が形成されやすいが、それを固定することは身分の固定、階級社会の固定であり、フィヒテはそれを決して認めない。これはすでに第一部で指摘したように、フィヒテの終生の確信でもある。「国民はそもそも自由で権利をもつ者として以外には認識できず、そこにおいて万人が平等なのである。出自にもとづくようないかなる区別や例外も設けられない。生まれによる違いは、それが事実的に認識されうるようなものがある場合は、今後は判断する知性の問題であって、この区別は、平等で万人に向けられた陶冶に対する彼らのさまざまな関係においてのみ認識されうるにすぎない」(IV. 454)。

この「陶冶に対するさまざまな関係」というのは、教育を受ける中で認められた適性や能力あるいは意欲などのことであり、その適性や能力あるいは意欲に応じて各人は振りわけられる。各人に対する教育もそれゆえ差別が設けられてはならない。同じ教育の中で各人の適性、意欲、能力がはかられる。「したがって第一の要求は、万人が平等で、みなに共通する教育の中に受けとられるであろうということになる。この教育は各人がたんてきに必要とする陶冶を与えなければならないであろう。この共和国の市民は、共和国のこの時代、教養形成のこの段階において存在すべきなのである。すなわち普遍的な国民教育である」(a. a. O.)。『ドイツ国民に告ぐ』で主張された「国民教育」がここで再度力説されている。

それゆえ、教師身分も行き来は自由である。労働する階級、第二身分から、努力して優秀な知性をもつ者があらわれたら、当然、教師身分に入ることができる。「最も下位の者の子弟は、最高の地位になることができ、逆もまた可能である」(IV. 455)。

この教師身分をフィヒテは「学者共和国(Gelehrten-Republik)」(VII. 579)としている。これまで論じた「学者共和国」の内容、すなわち、生き生きとした自由闊達な議論により相互を高めあう関係が含意されている。

この学者共和国、教師身分は、教育者であるが同時に統治者そのものであり、政府を形成する。教師身分は「評議会（Rat）[8]を形成し、「最高の統治者は、この最高の人民教育者の評議会から出てくることができる。彼ら自身がこの者を自分たちから選び出さねばならない」（a. a. O.）。政府の高官、大臣たちもまたこの評議会から選ばれる。すでに述べたように、この教師身分、評議会は選挙で選ばれ、彼らが憲法を制定し、法律を制定する。そしてそれにもとづき、国民の陶冶を遂行し、彼らがこの統治者たちの洞察の正しさ、法律の妥当性、政治経済の運営の妥当性を判断する。教師たちの立法そして政治の正当性は、この陶冶の正しさによって判定される。私利私欲、恣意から離れた明晰な知性、普遍的な知性にもとづいて国民を正しく陶冶しているなら、国民はその統治者の政治を適切に判断できる。「強制の統治者は強制された者たちを彼の裁判官にする」（IV. 438）とフィヒテが書いたのも、こういう趣旨であろう。

『政治論草稿』には、国家それ自体は普遍的な理性概念にもとづくものだとして、そのありようが次のように書かれている。「本来の国民にするものは何かと問えば、私が思うに、代表者と代表される者たちとの相互の理解であり、それにもとづく相互信頼であろう。みなのたしかな合意がもたらされなければならないが、そういうものがあるとしたら、市民的自由こそそれである」（VII. 549）。統治者、教師身分は自由のために国民を陶冶しなければならず、その過程では相互理解、相互信頼がなければならない。「人民が、自由な体制の規則にかなった進歩に入り込んだならば、その人民はつくりかえられることはもはやなく、他の民族の付属物になるようなこともないであろう。それゆえ、そのためには、さらなる陶冶がなされなければならない。その結果、国民の実存がたしかなものとなるのである」（VII. 549-550）。

以上が、フィヒテの説く「教師身分」の支配する理性的国家の姿である。そこからすぐに出てくる疑問は、この教師集団が自分たちのイデオロギーを教え込み、国民を自分たちの意図するとおりに教育してしまうのではないかというおそれである。ここでフィヒテが描いたのは、「理性的な共和国（ライヒ）」という理念形であり、これが即現実の姿というわけではなく、適用にはいくつかの媒介が必要になるもので、安易に現実の事例と結びつけるべきではないが、それでも、日本の戦前の国民学校の記憶、あるいは現在では途上国を中心にある、教育によって政府に最も忠実となった少年兵の問題を思いおこせば、教育のもつ威力について大きな不安が出てくる。教師集団が支配して自分たち以外の知性を認めず、すべてを自分たちの考えで押し切ってしまい、逆らう教育ある市民層を勝手に労働に振りわけるといえば、カンボジアのポルポト政権がそれに近いことを行なっている。カンボジア共産党は教師出身が一番多く、彼らは自分たちの知性に逆らう市民層・知識人をすべて農村に送り込み、強制労働をさせたのである。[9] また、ナチスも、政権をとるや、青少年を全員、ヒトラー・ユーゲントに強制加入させ、ナチズムをすり込む「ヒトラー・ユーゲント法」を一九三六年に制定した。[10]

さらに別の批判もありうる。フィヒテ自身「貴族制」(VII. 559)という言葉を用い、フェアヴァイエンもツヴィ・バチャも「貴族主義的、エリート主義的傾向」[11]と表現しているように、知性に優れ、選ばれた教師集団がすべてにわたって統治を行なうというのは、もはや民主主義ではなく、知的エリートによる計画経済の管理国家、独裁制ではないかというものである。

次の第三節は、フィヒテの「教師身分」による支配、フィヒテの国家論のとりあえずの最終形態を批判的に考察してみる。その中で、こうした疑問にも答えることになるだろう。

三 「自由への教育」

(1) 賢者の支配

それらのありうる批判に答える前に、なぜフィヒテがこのような教師身分を構想したかという問題から先に検討してみよう。『一八一二年の法論』の章で見たように、憲法制定権力を直接に人民とすることの危うさ、フランス革命で起きた国民の混乱から権力の簒奪者が生まれ、そのことによって結果的に自由と権利が侵害されてしまうことの危険性を、フィヒテは何よりもおそれた。『国家論』では、「最高の決定者、究極原理一般を否定し、これを相互作用にもとづけさせようとするそういう者たち、すなわちフランス革命の人々。こういう者たちの考えは、ただ狂った知性でのみ可能である」(IV. 457-458)と批判し、彼らの行なう自由選挙は党派闘争の反映にすぎず、多数決による一定の党派の恣意になるだけのことだと否定されている。

フランス革命の変質についての考察は、当時のドイツの知識人にとって一つの共通課題であり、カント、ヘーゲル、文学者ではシラー、ゲーテもそれぞれ自己の考えを著作や書簡で記述している。ドイツの知識人の中で、最もフランス革命を支持し、ドイツ・ジャコバン派と噂されたのがフィヒテである。そして、前にも記したように、彼はシィエスと関係があり、バブーフの活動を注目し、ナポレオンが皇帝になったことを知ると、交響曲「英雄」の献辞を破り捨てたベートーヴェンとちょうど同じように、「簒奪者」として厳しく批判した。寄せる思いが強かった分だけ、裏切られた革命への失望も大きく、決して同じ轍を踏まないようにするにはどうすればよいかを考えざるをえなかったのであろう。

選挙や国民投票などを通して人民が直接に政府を選べば、安易な判断、自分たちの利害、ポピュリズム的な傾向などから、まちがった多数派が形成され、多数決の横暴、あるいは政権をとった一定の党派の恣意だけが追求される可能性が出てくる。それゆえに、ワン・クッションを置き、教師集団を媒介することで、憲法制定や立法に際して恣意に流されない理性的判断がなされるようにしたのである。そして、彼らの第一の任務が国民に対する公民教育であり、そのことを通して、国民が自分たちで自己の自然的欲望や個人的利害を抑制できるようになれば、利害や熱狂、一時的な煽動に動かされて判断せず、理性的判断が可能になると考えた。これが教師身分が頂点に立つことの意義であった。

フランス革命の失敗、大衆民主主義、憲法制定権力の問題、そして元老院の意義など、ここでまさしく問題になっている事柄がアレントの『革命について』（一九六三年）で考察されている。これもある種のフランス革命批判（と社会主義革命批判）の書物であり、それゆえにこそ、出版された当時はリベラリストやマルクス主義者たち双方から「反革命の書」として非難を浴びた。しかし、いまでは、市民的自由・公共性についての古典的書物として、評価がすっかり逆転している。とはいえ、アレントからすれば、ある時代にしか通用しない一時的な議論をしたわけではなく、これら共和制、民主主義につきまとう問題を論じたわけであり、古代から続く政治哲学の課題を扱ったにすぎない。それゆえにこそ、フィヒテの政治哲学と共通する問題圏にあり、土俵は共通しているといえる。ここでは代表としてアレントの議論を見ることで、政治的考察におけるフィヒテの立ち位置を定める一助としたい。

アレントは、フランス革命の失敗を、「国民」がまだ形成されてもいないのに、憲法制定権力を国民に置いたことが一つの原因だったと考える。「フランスにおける人民、つまり、革命の意味における人民は、組織されてもいなければ、構成されてもいなかった。議会や地位・身分のような、旧世界に存在していた『政治体制（constituted body）』は、どれもこれも特権や生まれや職業にもとづいていた。このような『政治体制』は個別の私的な利害を代表していた[12]」。こうした人民、国民が主権者であるということになれば、それは公共性の空間ではなく、私的利害の対立する駆け引きの場、党派闘争の「自然状態」となってしまう。そのような混乱状態が起きると、「代表もされず、純化もされない意見の混乱状態が緊急事態の圧力のもとで互いに葛藤しあうさまざまな大衆的感情に結晶し、その結果、意見を全員一致の『世論』につくりかえる『強い人間』が待ちうけられるようになったのである[13]」。これがナポレオンであるが、今日のポピュリズム、あるいはかつてのファシズムにも同様の構造があるといえるのではないか。

フランス革命で「国民」を憲法制定権力に置きそれを理論化したのは、すでに述べたように、シィエスである。アレントによれば、これは王権神授説と同じたぐいのもので、人為的な法の制定が、法外的な絶対的存在によって権威づけられる必要性から来る。キリスト教を経ることでこれは神とされ、キリスト教の世俗化に伴い絶対主義においてはボダンの王権神授説となるが、絶対王制を否定するフランス革命以後は、それがシィエスによって人民・国民とされた。この人民・国民も神に等しい存在として神格化されており、歴史的な根拠づけと情緒的な一体感をもつナショナリズムと結びついて「国民」概念になるのである。フィヒテの「国民」概念も、神的生命の歴史的な顕現であるので、この近代の国民の神格化の流れに属することはたしかである。

フランス革命当時は、人民・国民を組織する統一的な「政治体制」はなく、人々をつなぐのは、身分や宗教、同業組合など雑多な絆でしかなかった。これが自然状態の中に置かれ、革命の闘争、混乱の中で、それらの古い絆すら解体される。建前としての憲法制定権力である「国民」は、それぞれ機に応じて支配権を握った党派によって都合よく詐称され、次々と憲法や宣言が出された。最後に、「強い人間」であるナポレオンが「私が憲法制定権力である」と名乗りを上げ、混乱を一気に解決してほしいという国民の期待を背負って、「世論」の支持を受けて「短期間［国民の］全会一致という虚構的理想を達成した[14]」。しかし、実質は党派の利害、一定の集団や階級の利益の表明にすぎず、彼らが多数派となって、その個別で特殊な利害が一般的なものと詐称され、「多数者の支配による選挙専制主義[15]」になり、少数意見が弾圧される結果に終わった。それゆえ、アレントは「むしろ、シィエスの解決策は、君主制あるいは一人支配を、民主主義あるいは多数者の支配に変えたのである」[16]と結論づける。

アレントは「世論」と「意見」をはっきり区別している。「世論は、その全員一致的性格のおかげで、反対意見をも全員一致的なものにしてしまい、こうして、本当の意見をいたるところで圧殺するのである」[17]。それに対し、意見については、「すべての意見が同じとなったところでは、意見の形成は不可能である。他の人びとが多様な意見をもっているという恩恵がなかったら、だれも自分自身の意見を形成することはできないのだから」[18]といわれている。世論は画一化を志向し、多様性を否定する方向に働くが、意見はまさに多様性によってこそ培われ、少数意見だからこそ貴重なものになりうることが示される。『全体主義の起源』でも同趣旨の内容はあり、アレントの生涯を貫く全体主義的なものへの警戒、少数者の多数者による圧殺への批判精神がうかがわれる箇所である。民主主義が、多数決を意志決定の方法とするかぎり、多数者の支配はさけられず、アレントのいう「選挙専制主義」は必然である。

これに対してアレントが提起するのが、上院である。「もともと世論の支配や民主主義から守るためにつくられた制度が、アメリカの上院（Senate）であった」[19]。下院は人々のさまざまな利害の代表が集うところであり、そこでは利害の駆け引き、配分が議論されるが、基本的に代表者は自分たちの集団、地域、階級の利害の代表であり、公共性を考えることは少ない。しかし、上院はそれらの利害関係から自由でなければならず、「最終的に、『すべての統治［政府］が依拠する』意見を表現することにすべてを捧げる」[20]ものとされたのである。それゆえ、上院は公共性を考慮して、多様な意見を純化する場である。「個人はいろいろな意見を整理して、恣意的な意見やただ特異であるにすぎないような意見をよりわけ知性のふるいにかけ、それを公的見解にまで純化しなければならないが、このような仕事にかんしては、各人は平等ではありえない」[21]。それゆえ、優れた知性や見識をもつ者がこの場にふさわしいことになる。

上院は語源的には、ローマの元老院からくる。しかし、アメリカの上院は、さまざまな意見を知性によって純化し、多数者の少数者迫害になるようなまちがった法案などを高い見識によって吟味する点では元老院と共通性があるとはいえ、政治制度そのものとしては、ローマの元老院とは異なっている。アレントは、「権力は人民、権威は元老院」というローマの共和制のあり方は、アメリカでは、権威が司法部門に置かれ、立法から権威がはずされたことがローマとのいちばんの違いとしている。それゆえ、上院には法の上にある絶対的存在、法外的な存在は託されることはない。では、このような絶対的なものはどこにあったかといえば、共和国創設の行為そのもの、共和国を始める行為そのものにあったとしている。そして、ローマの元老院の権威の起源も、彼らが建国者の先祖をあらわしていたことにあるとして、アメリカ建国の父たちとローマの元老院を結びつける。「アメリカの創設者たちは、人民が彼らを長老として認める以前にすでに、その定義からして『より偉大な人びと』であった、ローマの元老院議員の衣装を身にまとっていた」[22]。

フィヒテが「教師集団」をSenatあるいは「評議会(Rat)」と呼んだのも、もちろんこのような伝統が背景にある。ローマの時代から、民衆や執政者のまちがった判断を是正するのが元老院であり、キケロに代表されるように、高度な知性のもち主たちであった。そして、『一八一二年の法論』で論じたとおり、監督官制度が人民に十分な陶冶をするまでは機能しないとして、消極的な制度になってしまったが、ここに来て「教師身分」をある種の元老院的なものとして設置し、人民の陶冶を目的としつつ、同時に統治者として最高の知性によって統治することで、衆愚政治に陥ることを防ごうとしたのである[23]。その意味では、下院が利害の草刈場となり、上院までもが政党政治によって第二下院と化し、上院の必要性が疑問視されている現代、そしてまた世論調査によって人民の意見が操作され、政権交代がくり返されて混乱が続き、嫌気がさした民衆が、強力な独裁者を待望する気配の見える現代においてこそ、熟慮すべき内容ではないかと思われる。

フィヒテの「教師身分」による支配は、これまでプラトンの哲人政治と類似したものと扱われてきた。しかし、フィヒテ自身以下のように述べて、それを否定している。「プラトンは、王は哲学者あるいは哲学者が王たるべきだと述べている。気の利いた思いつきである。王から出発ということは、何か他のものによってすでに規定されたものからの出発である。あるいは哲学者から始める。これだとその支配権や精神の国での法の創造によって規定はされていない。いったい誰が哲学者であるのか。彼が自分でそういえば十分なのか？　だとすれば、王がたくさんいることになるだろう」(IV. 458)。現実の君主であれば、すでに別の要因、世襲や経験的な事実で規定されて、神の世界統治として、無条件の至上権をもつには不十分である。哲学者であれば、彼を選ぶ賢者の組織がなく、評議会や元老院という討議のシステムがないという恣意性がつきまとう。支配者が「自分がそうだ」といえば、それで事足りる。これまで述べてきたフィヒテの「教師身分」「教師集団」のもつ賢慮のシステムこそがプラトンの哲人政治との差異なのである。

(2) ありうる批判への回答

『国家論』は、厳密には政治学的な国家論とはいえないとすでに述べた。それゆえ、具体的な構造についての内容は乏しく、説明不十分なところが多い。それを補うものとして、ある程度有益なものが『政治論草稿』である。これは、プロイセンのフリードリヒ三世が、一八一三年三月二〇日に、対ナポレオン戦争を国民に呼びかけて新聞に発表した『わが国民へ (*An Mein Volk*)』が契機となっており[24]、この時期のフィヒテの原理的な考察が現実に適用されたという側面をもつ。

ここでフィヒテは、生涯変わることのない言論の自由を改めて主張している。「共通の意見が存在しあらゆる方向に政治化されるということは、一つの国家にとって本質的なことである。このことは、その共通の意見を混乱させ、それゆえ、いろいろな意見の方向が相争うこともあるだろう。しかし、国家の諸問題について市民の発言を禁じることはばかげたことである」(VII. 547)。市民は君主にしたがうのではなく、ただ法にのみしたがう。この法に対しても意見表明ができる。「市民はまた法に対して意見をいうこともできる。裁判に対しては控訴の権利があり、与えられた法律に対しては、一般の人々は自由な意見を表明する。両者をつなぐのは聖職者である」(VII. 560)。この聖職者は、これまで論じてきたように、民衆と知識人とをつなぐ媒介的存在としての国民教育者 (Volkslehrer) のことである。

フィヒテは言論の自由を認め、国家のあり方について百家争鳴の議論を認めている。それが国家の意志の一致を混乱させることがあるとしても、それが国家の本質的な要素だとしているのである。教師集団が、自分たちのイデオロギーを強制的に教育して国民を洗脳するという事態がかりにあったにせよ、このような言論の自由があり、定められた法律に対しても意見表明ができるかぎりは洗脳国家は不可能であろう[25]。

フィヒテの教説が「貴族主義的だ」という批判に対しては、まずはフィヒテのいう「貴族」の概念を押さえておきたい。フィヒテは『政治論草稿』では、貴族はこのような自由な共和国に参加したがらない者であると述べる。自由の共和国に入れば、所有の不平等、世襲が否定されてしまい、彼らの利権が奪われてしまうからである。すでにこれまで論じてきたように、フィヒテの所有概念は活動の権利であり、労働権である。不労所得、生まれや身分によって何もせずとも莫大な利益をえる貴族は、そのような体制では生きてはいけない。「根本的に、あらゆる富裕層とくに高い身分からなる人々は、自由な体制を望まない。ただ理念にある者だけが自己犠牲をしようとする。自由国家の本来の課題は、徳という課題である。不平等に固執することは利己主義に固執することである。身分の高い者には利己心があり、身分の低い者には自由がある」(VII. 550)。

フィヒテが認める不平等は、ただ才能や能力だけである。しかし、これもまた可変的であり、各人の努力次第でいくらでも変更はできるもので、門戸が閉ざされているわけではない。「市民はみな平等に生まれ、共通の教育を通して、そしてその教育によってもたらされた万人の才能の発展によって初めてそれぞれの身分や職業にわけられる。当然のことであるが、誰もがどの人間にでもなれるということが、その普通教育によって精神の権利に組み込まれている」(VII. 554)。

フィヒテは世襲や身分制による所有の固定を嫌悪し、身分や職業の移動の自由を認めている。知性と徳の高い者が「教師集団」として統治を行なうのはたしかであるが、彼らはそれによって貴族のように利権や財産を自己に回したり、特権を確保したりするのではない。しかも「教師身分」としてその位置が固定され、自分たちのお眼鏡にかなった者だけの加入を認め、それ以外の者を閉めだすわけではない。教師身分が選挙にもとづくことはすでに第二節で示した。彼らは自己犠牲的に国家に奉仕し、そのことによって名誉や尊敬を受けるかもしれないが、不当な利益をえるわけではなく莫大な金銭や財産が入ってくるわけでもない。彼らを「精神の貴族主義」と呼ぶこと[26]は可能だが、搾取や不労所得、世襲の身分と地位をえる一般的な貴族では毛頭ない。それゆえ「貴族主義的だ」という批判に伴っている負の要素、すなわち特権階級の要素はまったく存在せず、この批判はあたらないのである。

計画経済による管理国家という批判も、それは旧ソ連などの二〇世紀の失敗を一方的に投影した見方であり、この時代の政治・経済を鑑みれば、必ずしもフィヒテがそのような社会主義的管理国家をイメージしているわけではないことがわかる。フィヒテがベルリンで教育活動をしていた時代は、いわゆるシュタイン・ハルデンベルクの改革によりプロイセンが大きく近代国家に変貌していた時期であった。この改革は多岐にわたるが、その中でも農民解放、ユダヤ人解放はよく知られている。前者は封建領主から農地解放を行ない、独立自営農民を国家がつくり出したものであるが、「他国には見られぬ規模での耕地および農民労働の編成替えをともなった」[27]。坂井榮八郎氏の叙述によれば、王領地だけでも独立自営農民が五万人創出されたとあり、私領地の農民はもっといて、漸次改革がなされた[28]。このように国家が介入して、農民の編成を数や地域を考慮しながら実際に行なった事実がありフィヒテのいう教師身分の労働や職業の振りわけもこのような統治をさすとすれば、別に奇異でも何でもない。

フィヒテは、教師身分が教える内容を、たえず「形式」とか「形式的」と表現している。これはカント的に解してよい。形式は普遍的であるが、実質・内容はもはや普遍的ではありえず特殊なものになる。法律が原則として形式であり、それがある特殊な内容を対象として具体的に定めると、その普遍性を失いただの恣意になるように、教師身分は自分たちにとってあるいはある階級や地域にとって都合のいい内容を指定すると、それは特殊なものとなり、彼らの教説の普遍性が失われ、あるいは国民への「一般」教育になりえないのである。『国家論補遺』では、教育が与える洞察のことを次のように表現している。「各自の洞察とは、ただ形式しか意味しない。それによって万人が同一の洞察をもつことができ、またもたなければならないのである。決してある特殊な任意にでっち上げられた内容を意味しない」(VII. 574-575)。

さらにその中で、フィヒテは「知性に反対する外的な権利を誰ももたない。それゆえ、最高の知性は万人を強制し、その洞察にしたがわせる権利をもつ」(VII. 581) とも書いている。アレントは「啓蒙時代が公理や自明の真理の強制的性格を意識するようになったという点には、おそらく、驚くべきことは何もない」[29]と書き、グロティウスやジェファーソンが、強制と理性的命題を同一視したことを指摘しているが、これはフィヒテにもあてはまる。フィヒテの自然法はア・プリオリな理性法であり、この『国家論』第三章が「理性の国の創設について」と題されているのも、ここに示された内容が、各人の自由と権利を守るという目的からすべて理性的な思考によって導かれ、必然的な帰結として演繹されたものだからである。人が理性をもつならばそのように思考せざるをえないということである。『政治論草稿』では、「それまではそのように考えなかった他者を、論理的な強制によって確信させることで、人は自分の考えの客観性を証明する」(VII.

559）ともいわれ、それができるのが「教師」であるとされている。

それゆえ、ここにある教師身分の知性、彼らが教える洞察と教育は、フィヒテ哲学にしたがえば最終的に知識学になる。上に引用した箇所では、主観的な考えも、知識学を修得すれば客観的で妥当なものにならざるをえないと論じている。「人は知識学を無視することはできる。しかし、それを理解したならば、それがまちがっているとみなすことはできない」（a. a. O.）。『国家論』の最終章では「知識学そのものによって初めて、自己を精神として認識するというその最終目標と出発点そして自己自身を理解するという手段が、この人間の陶冶の技術に与えられる」（IV. 590）といわれている。そして陶冶の技術は時代ごとの課題だとして、「われわれの時代は、実際これをすでにペスタロッチにおいて表現している」（a. a. O.）。『愛国心とその反対』で示された、根本に知識学、その教育方法はペスタロッチという考えが再度くり返されている。

教師身分の教育内容がこういう理性的で普遍的なものであるならば、そこには「学問の自由」があり、偏った内容、非合理なものを教え込むことはできなくなる。たえず理性の基準によってはかられるものであれば、自分たちの利益のために恣意的に、根拠のない「指導者原理」が教えられるということはありえないであろう。

（3）「自由への教育」

最初に見たように、法権利が保障されるためには強制が避けられないが、同時にそれは各人の自由を抑圧することになるという矛盾があり、その解決が教育であった。この教育は各人の自由を守るために必要であり、各人がその必要性の洞察を得て、それが必要な場合すなわち自己の自由の行使が他者の自由の領域を侵害する場合は、自分自身の意志によって自己の活動を制限するという、自由による自己制限・自己抑制を可能にするのである。そのことにより、各人の自由・自律は守られ、自己内還帰する。最初は自然的な人間であるので、それを知らず自己の欲望を貫徹しようとするが、他者によって「促し」、教育を受けて、自己の制限と規律を学ぶ。そのことで多数の理性的存在者の共存が可能になる。各人が自己の自由な活動にいそしんで共同の社会、文化を形成し、国民として、究極目的をめざして類としての自由を発現し完成させ、最終的には国家も不要のものにする。これは『国家論』だけにあてはまることではない。フィヒテのこれまでの思想をかんたんにいえば、そういうことになる。フィヒテがおのれの思想として語ってきた内容を各自が自己の洞察とし、それを通じて自分の道徳的使命を明晰に認識すること、これがフィヒテの教育の内容になるであろう。

それゆえフィヒテは『国家論補遺』でこう書いている。「人間は法権利にしたがわなければならない。万人がこれを欲する。しかし、彼らは自由な者として、ただ彼らの洞察にしたがうことができる。教育への彼らの権利は、それゆえ、彼らの本源的権利である」(VII. 581)。各人がこの洞察を得ることをフィヒテは「明晰性(Klarheit)」と呼ぶ。これは最終的には知識学による明晰性を意味する。「他の一切のものは機械的にしようとするが、私は自由にしようとするのである。明晰性への教育が、すなわち自由への教育である。なぜなら、明晰さにおいてのみ自由があるからだ」(a. a. O.)。

『国家論』のテーマを一口でいえば、この「自由への教育」である。現実の場面では、それは「国民教育」となる。それゆえ、『政治論草稿』では「自由への教育が強制君主の第一の義務である」(VII. 565)といわれる。それは同時に「自分自身を強制君主としては不要にすること」(VII. 564)でもある。国民が洞察をもち、自己判断できる自由をもてば、法にもとづく立憲体制、共和国が可能になり、必要国家のとりあえずの地位にすぎなかった君主は廃棄されねばならない。「本来の目的は無限なものであり、人はそれにただ近づくことができるだけである。それはともに発展する憲法体制という課題であり、共和国(Republik)である。これはいかなる点においても恣意ではないのである」(VII. 553)。

フィヒテの「ライヒ」としての「共和国」は、天上の神の国、道徳的な個体の共存する国をも含意する。だが、現実の政治的領域だけに限定すれば立憲体制としての「共和国」であることが、ここではっきりと示されている。当時のプロイセン国王の記事に対してフィヒテの応答として書かれた『政治論草稿』は、はっきりと、君主が国民教育をする義務があり、それをすれば自分を用なしとして退位して「共和国」となるようにせよ、それが「自由への教育」だと述べているわけである。これが公表されることがなかったのも当然であろう。

別の箇所では次のように表現される。「強制君主もドイツ性(Deutschheit)のうちに没落させる。誰がそうするのか。われわれの国王自身がこの功績をなすようにするのだ。君主が死んだのちは、元老院(Senat)にこの教育をさせる。そうすればすぐにことは進行できる」(VII. 565)。この「元老院」はもちろん、いままで述べてきた「教師集団」のことである。「ドイツ性」と表現されているものは、ドイツ国民、ドイツ人の共同体のこととみなしてよい。君主は「自由への教育」を施すことで自己を廃棄し、そのあとは元老院・教師集団がそれを継続する。最終的にはそれも不要になって、自立したドイツ国民個々人によるドイツの共和国に至り、各人が強制を不要にしてしまえば国家すら廃棄される。(30) それが自由への教育の真の目的である。

ヴィルムスは、この時期のフィヒテの思想を「教育論によって初めて最終的に完成する独裁の理論である」(31) とする。それは支配する教育者の認識レベルにまで人民を教育し、そのための強制をしつづけ、最終的には支配者と同じ思想をもたせることを目的とすると彼が捉えているからである。たしかに『国家論』の第三章の字面だけを読めば、そういう解釈も可能であろうが、しかし、彼はこの教育が各人の「自由への教育」であることを根本的に見落としている。(32)

フィヒテの「自由への教育」は各人が自己の自由と権利にめざめ、他者の自由と権利を保護するために、自己の自由と権利を制限する必然性を学ぶという意味での教育であり、支配者と同じイデオロギーのつめ込みではない。他者の自由と権利を保障するために自己の自由と権利を制限するのは、理性的存在者の共存と相互作用を実現するためであり、そこにあるのは活発な討議であり、コミュニケーションである。それらの多様性がどうして画一的な教育独裁となるのであろうか。フィヒテをどうしても全体主義に結びつけたいがために、ヴィルムスはフィヒテの一番肝要な「自由のための教育」という概念を読み落としているか、あるいは意図的に無視している。しかし、この時期のフィヒテは「自由こそ神なり」と主張しており、「自由」の重要性を依然として忘れることはなかったのである。

(4) 根源的な自由の権利——『一八一二年の法論』から

この「自由への教育」は、『国家論』の前年の『一八一二年の法論』ですでに主張されていた。フィヒテはそこで、恣意としての自由と本来的な自由をわけ、国家は恣意としての自由の衝突・争いを調停するために強制権力、すなわち法の体系をもち、そのことによって各人の自由を保障し、各人に内面的な自由・道徳的な自由・自己実現の自由を自覚させ、自由への陶冶をなすのである。「自由に目的を投企するためのこの自由（本来的に最初に来るのが自由な陶冶、そして［道徳的］自由のための陶冶）は、絶対的に人格的な権利であり、いかなる契約もそれを侵害することは許されない。むしろその権利を保障するために、すべての権利の契約が設置されたのである」（X. 536）。

国家はたしかに強制権力の装置である。フィヒテもそれは認める。「国家は絶対的に強制し、義務を課す施設である。国家は法をもつ。いやより本来的にいえば、国家は法そのものであり、それが強制する自然の暴力となったものである」（X. 539）。だが、この強制権力の装置はそれ自身が目的となってはならない。それは自己の維持をはかってはならないのである。「国家は万人の高次の自由、すなわち万人が国家から独立していることを保障するという義務の条件のもとでのみ、この法をもつ。このことが果たされないならば、国家は法を語ることはできない。なぜなら、国家は法の根幹を侵害しており、国家自身が不法だからである。すなわち、国家はただの強制と抑圧になっているのだ」（a. a. O.）。

それゆえ、国家が強制の暴力をもつのは、各人の自由を保障するためであり、その自由を陶冶・教育するためである。国家は法体系によって、各人の恣意が衝突する際にそれを制限することを義務づけ、また承認の体系によって、身分や財産の規定あるいは課税を行なうが、それらの制限や義務づけはすべて各人の自由を自覚させ、その自由を発現させるためである。「国家はただ万人を自由へと陶冶するための装置によってのみ、強制や義務づけを行なうことができる」（X. 540）。

ということは、国家が市民契約によって成立したときには、各人はおのれの自由を自覚していなかったということになる。すでに述べてきたように、法状態では道徳的な意志は前提できず、各人は自然法則のもとにある。すなわち、欲望や衝動で行動することが前提されていた。そこにあるのは恣意の自由、欲望の自由であり、高次の内面的な自由、道徳的自由、文化を開花させる自由、一口にいえば人間的自由はなかった。「なぜなら、人は法権利の体制を通じて初めて道徳的自由に至るからである。法権利の体制に初めて赴くことを前提されている人々は、かの自由をもっていないし、その概念もない（自由とは彼らにとっては法則を欠いた恣意のことである）」（a. a. O.）。

国家は法を制定し、各人の権利を保障することによって、各人は自己の自由と活動そして生存の権利がどんなものかを自覚する。国家はそれを保障すると同時にそれを各人に自覚させる装置である。それをなすのは国家のさまざまな施設であるが、当然学校もそれに入る。「地方自治は民主主義の学校である」というブライスの言葉どおり、市民が地方自治に参加して、住民自治を行なうことで法と権利を学ぶということもあるだろう。それらを含めて「万人のための自由の陶治の施設を通じて、そして人がこの自由を使用する可能性のうちへと自由を措定することによって、このこと［法のもとで自由を知ること］が起きる」(a. a. O.)[33]。国家は自由への教育を通じて、各人に自由の実現を覚醒させ促進するのである。

フィヒテにとって、この自由は労働からの解放、余暇の時間でなければならない。そうでないと各人は思索や道徳的な行ないを実践することができないのである。市民はみずからの労働を社会や国家の維持に使ったあとは、自分のために自己の活動を使う権利を有している。「これらの［維持の］労働に彼らの時間と力全部が使われるべきではない。さもなければ、彼らはいかなる権利もなく、いかなる高次の自由ももつことがなくなるだろう」(X. 543)。

これについては、すでに『自然法の基礎』を扱った第二部第三章第一節の（2）フィヒテの契約理論の箇所で、フィヒテが「各人は自己自身と、自己に帰属するものすべてを全部［国家に］与えるわけではない」(III. 205) と述べ、この国家にさえ譲り渡すことのない部分は「人間の自由」であることを論じている。フィヒテはここでいう「高次の自由」のために個人は契約して国家を形成することを前から語っていた。「この自由は、国家権力によって各人に保障されるものであり、そのためにこそ個人は契約した。絶対的自由によって道徳性へと高まるために、人間性 (Menschheit) は市民性 (Bürgertum) から自己を切り離すのである」(III. 206)。

この立場は、『一八一二年の法論』でも変わることはない。「国家によって保障される法権利のための人間のあらゆる結合の究極目的は自由であり、とくに余暇である。これが本来の目的であり、労働はそのために強制される手段にすぎない。その手段をたえず減らしていくことが自由につながり、それゆえ、究極目的が達成されるということがおのずとわかる。したがって、国家の目的とは、全体の労働の関係をつねに余暇のために有利なものにしていくことである（すなわち、これが国民の富を増やすということである）」(X. 544)。

この余暇[34]は、各人の内面的な自由の開花に使われ、文字どおり余暇が哲学を可能にする。『現代の根本特徴』で語られたように、各人はこの余暇を用いて、自己の陶冶につとめ類としての文化形成にいそしみ、イエナ大学での公開講義『精神と字句の区別について』で語られたように、「諸精神同士が互いに切瑳琢磨し、人類において精神はますます豊かに発展する。人類全体が豊かになる」(G. u. B., 63) ことをめざすのである。

フィヒテ自身はそのように考えるが、しかし、純粋に孤独な思索や内面への沈潜に向かってもかまわない。彼はそれをだめだと否定する文言を書いてはいない。ルター派のフィヒテからすれば、そのような内面の信仰の深みも当然この自由に属し、のちにキェルケゴールがなしたような単独者の実存の思索もまたありえる。あるいはエンゲルスが夢想した「朝には狩をし、午後は漁をし、夕方には家畜を追い、そして食後には批判をする。猟師、漁夫、牧人あるいは批判家になることなく、私の好きなようにそうすることができるようになる」[35] 自由をも意味する。『一八一二年の法論』では、この余暇は労働と分配の箇所で登場し、『封鎖商業国家』の議論を踏襲している。そういう意味ではマルクス、エンゲルス、プルードンらが思い描いた社会と関係しているのも当然なのである。

フィヒテはマルクスらと同じく、国家は人間の自由の実現のための手段にすぎず、自由が実現すれば国家は廃棄されると考えた。国家は権利を保障する市民的自由と人間の根源的な自由、国家に譲り渡すことのできない自由の双方を自覚させるよう教育する機関であり、自己の存続を目的とするものではない。「自由への教育」はたんに市民社会の権利を教えるだけにとどまらず、人間の根源的な自由、内面的自由、そして余暇の自由も含んでいるのである。ヴィルムスのいう教育による「独裁」などからははるかに離れた内実をもっている。

(1) この時期のこの三つの著作を関連させて解釈する必要性を説いているのがフェアヴァイエンである (Hansjürgen Verweyen: *Recht und Sittlichkeit in J. G. Fichtes Gesellschaftslehre*, München 1975, S. 282.)。これには全面的に同意する。『国家論』だけでは、メッツガーやヴィルムスが示したような宗教性を強調する一面的な解釈になってしまい、フィヒテにある共和主義を見落としてしまう。

(2) これにかんしてヴントは次のように述べている。「フィヒテのライヒという思想において、これまでのきわめて異なって相容れないはずの思想の流れが驚くべき形で合流し、それらが合一して、はなはだ奇妙ですぐには見通せないような構築物をつくるのである」(Max Wundt: *Johann Gottlieb Fichte*, Faksimile-Neudruck der Ausgabe Stuttgart 1927, Stuttgart-Bad Cannstatt 1976, S. 203.)。

(3) 井戸慶治訳「オット家の子供たちの教育に関する日誌」フィヒテ全集第二二巻、哲書房、一九九八年、四三九―四七八頁。

(4) Hannah Arendt: *On Revolution*, Penguin Books 2006, p. 137.（邦訳 ハンナ・アレント、志水速雄訳『革命について』ちくま学芸文庫、一九九五年、二二八頁）訳文は訳書にもとづくが、以下では、ごく一部筆者の考えで変更したところもある。

(5) 統治者を人民が直接に自由選挙で選ぶことはないということは述べられている（IV. 457-458)。

(6) Hansjürgen Verweyen: *Recht und Sittlichkeit in J. G. Fichtes Gesellschaftslehre*, München 1975, S. 281.

(7) ハーンは「この支配のシステムは学者によって率いられた神政政治を示している」(Karl Hahn: *Staat Erziehung und Wissenschaft bei J. G. Fichte*, München 1969, S. 162.) と書いているが、彼はキリスト教の歴史哲学的叙述を含む『国家論』の中だけで解釈しているために、このような表現になっていると思われる。フェアヴァイエンがしたように、同時期の他の著作をみるだけでも、フィヒテが古代のような神政政治を考えているわけではないことがわかる。これは第四章で述べるように、フィヒテの理性的なキリスト教、啓蒙の理性宗教による国民の統一、教育のためであり、ルソーやロベスピエール、あるいはそれ以前に重農主義者たちが主張したことと同じ内容である。われわれがすでに見てきたように、フィヒテの社会哲学を貫くフレームを押さえれば、フィヒテが立憲体制を保持していることは明瞭である。もちろん、ハーンもそれは理解しており、彼はフィヒテの民主主義的側面を無視しているわけではない。

(8)『二二世紀のドイツ人の共和国』草稿の大小二つの評議会がここで再登場しているわけである。

(9) 山田寛『ポル・ポト〈革命〉史』講談社選書メチエ、二〇〇四年。彼らの依拠した毛沢東思想もまた、文化大革命に代表されるように、教育とイデオロギー闘争が密接に結びついていた。

(10) Franz Neumann: *Behemoth, The Structure and Practice of National Socialism 1933-1944*, Uvan R. Dee, Chicago 2009, p. 71.（邦訳 フランツ・ノイマン、岡本友孝他訳『ビヒモス』みすず書房、一九七〇年、六六頁）

(11) Hansjürgen Verweyen: *Recht und Sittlichkeit in J. G. Fichtes Gesellschaftslehre*, München 1975, S. 281, Zwi Batscha: *Gesellschaft und Staat in der politischen Philosophie Fichtes*, Frankfurt am Main 1970, S. 229.

(12) Hannah Arendt: *On Revolution*, Penguin Books 2006, p. 171.（邦訳 ハンナ・アレント、志水速雄訳『革命について』ちくま学芸文庫、一九九五年、二九二頁）

(13) Arendt, op. cit., p. 220.（上掲訳書、三七〇頁）

(14) Arendt, op. cit., pp. 154-155.（上掲訳書、二五三頁）

(15) Arendt, op. cit., p. 156.（上掲訳書、二五五頁）

(16) Arendt, op. cit., p. 155.（上掲訳書、二五四頁）

(17) Arendt, op. cit., p. 218.（上掲訳書、三六六頁）

(18) Arendt, op. cit., p. 217.（上掲訳書、同頁）

(19) Arendt, op. cit., p. 218.（上掲訳書、同頁）

(20) Ibid.（上掲訳書、三六七頁）

(21) Arendt, op. cit., p. 219.（上掲訳書、三六八頁）

(22) Arendt, op. cit., p. 195.（上掲訳書、三二五頁）

(23) フィヒテにはアングロ・サクソン的な「〜からの自由」があまりないことは何度も指摘してきたが、アングロ・サクソン的自由のリソースの一つとされるJ・S・ミルの『自由論』の目的がこうした衆愚政治、多数者の専制を阻止するものであったことを忘れてはならない。ミルは大衆が選挙制度によって、数にものをいわせ政権をとったときに、彼らが弾圧するであろう少数者の権利、言論と行動の自由を確保するために、この書物を書いた。「政治的な考察においては、『多数者の暴政（専制 tyranny）』こそが、社会が警戒しなければならない悪の中に、いまや一般に含まれるようになっている」（John Stuart Mill: *On Liberty*, Dover Publication 2002, p. 4.（邦訳 J・S・ミル、塩尻公明・木村健康訳『自由論』岩波文庫、一九七一年、一四頁））。そういう意味ではフィヒテとミルの問題意識は共通点があったのである。

(24) I・H・フィヒテによる注記（VII. 546）。

(25) カール・シュミットは、その著『独裁』において、このような教育国家の思想をいくつか論じている。重農主義者たちの考えを「国家は臣民の啓蒙と教育を自分の主要課題とみなすべきである。人間が自然の秩序をいったん認識したならば、それ以降のことはおのずと生じる。それに至るまでは、もちろん啓蒙された権威の支配が必要である。この権威が人民の教育の仕事を必要な場合は強制手段によって完結させ、教育の目的によってその強制の基準を正当化する。かくして、人々が彼らの知性を使えるように教育されたならば、啓蒙された公論というものが形成され、これは他のいかなる形式の統治機構よりも政府をうまくコントロールする」とまとめているが、これはフィヒテにもそっくりあてはまる。とくにメルシエ・ド・ラ・リヴィエールの『政治社会の自然的秩序と本質的秩序』がその首尾一貫した体系を述べているとしているが、文化を目的とした理性の合法的専制、権力分立の否定、啓蒙された哲人と啓蒙すべき民衆との区別など、フィヒテのこの時期の思想と共通する点が多い。（Carl Schmitt: *Die Diktatur*, 7. Aufl., Berlin 2006, S. 108.（邦訳 カール・シュミット、田中浩・原田武雄訳『独裁』未來社、一九九一年、一二一―一二二頁））。そこから考えれば、教師集団の統治は啓蒙主義の継承であり、神政政治への復帰などではないことがわかる。シュミットは、この啓蒙主義の合理的専制から、フィヒテを「教育独裁」と位置づけ、彼自身は高く評価している。拙論「フィヒテとシュミット」（『北九州市立大学法政論集』第四〇巻第四号、北九州市立大学法学会、二〇一三年）ではこのことを詳論している。

(26) フィヒテ自身、このような市民のために奉仕する教師身分が市民によって選ばれることを「自分たちみずからつくり出す貴族制である」(VII. 559) と『政治論草稿』で述べているくらいである。

(27) 坂井榮八郎「一八世紀ドイツの文化と社会」、成瀬治・山田欣吾・木村靖二編『世界歴史大系 ドイツ史2 一六四八年～一八九〇年』山川出版社、一九九六年、二〇四頁。

(28) 上掲書、同頁。

(29) Hannah Arendt : *On Revolution*, Penguin Books 2006, p. 184.(邦訳 ハンナ・アレント、志水速雄訳『革命について』ちくま学芸文庫、一九九五年、三〇九頁)

(30) シュトラウスはその著『自然権と歴史』で、最善の人々、すなわち賢者が統治するものが最善の体制だとして「賢者の支配を愚かな大衆の選挙や同意に依存させることは、本性からして低い者に本性からして高い者が制御されなければならないという事態に甘んじることを意味するだろう」(Leo Strauss : *Natural Right and History*, The Universty of Chicago Press 1965, p. 141.(邦訳 レオ・シュトラウス、塚崎智・石崎嘉彦訳『自然権と歴史』昭和堂、一九八八年、一五五頁) と書いている。しかし、現実的には大衆の合意は必要であり、それゆえ「政治的な課題は、知恵に要求されることと合意に要求されることを調和することにある。……古典的な理論家たちによれば、この二つのまったく異なった要求、知恵への要求と合意あるいは自由への要求に応じるのに一番よい方法は、賢明な立法者が法典を起草し、市民がそれを十分に納得させられて、自発的に採択することであろう」(ibid.(上掲訳書、一五六頁)) と続ける。これはフィヒテにもいえることである。こうした理解を踏まえると、フィヒテも古代の政治哲学者たちのいう賢者の支配、またそれに対する教育と人民の同意の伝統を継承しているが、近代の身分の自由、共和主義の理念と何とかして折り合いをつけようとしている点が、彼の近代性を示すといえるだろう。

(31) ベルナルト・ヴィルムス、青山政雄・田村一郎訳『全体的自由』木鐸社、一九七六年、一九一頁。

(32) ヴィルムスは、序論で指摘したように、戦後期シュミットの弟子筋にあたり、シュミットの「教育独裁」というフィヒテ理解を継承している。

シュミットは『独裁』において、彼のフィヒテ観を要約している。「フィヒテにおいては、……独裁者、『強制支配者(強制君主)』の概念が枢要な点であるということだ。この統治者は『彼の時代と人民の洞察の頂点』に立ち、ナポレオンのように『気まぐれな考え』を実現する『ただ打算的で制約された意志』によるのではなく、『絶対的な意志』をもち、人々を昂揚させる者である。彼は『神によって任命された強制支配者』であり、『形式からいえば暴君で簒奪者』である。この支配者は、まず人間を陶冶し、それから強制される者たちを自分の裁判官とする(これは主権独裁の観念のきわめて重要ないい換えである)。『反抗的な自然としての』人間は、『一切の恩恵や保護がなければ、理解しようとすまいと、高次の洞察と法の支配のもとに強制される』。国家は、たしかにいかなる『子ども生産工場(Kinderfabrik)』にもなりえない以上、自然を意のままにはできないが、しかし、そのかわりに一つの『教育工場(陶冶の工場 Bildungsfabrik)』になるべきなのである。啓蒙の合法的な専制が歴史哲学になっているという点で、これ以上明瞭なものを挙げることはできない」（Carl Schmitt : *Die Diktatur*, 7. Aufl., Berlin 2006, S. 143-144, Anm. 22.（邦訳カール・シュミット、田中浩・原田武雄訳『独裁』未來社、一九九一年、二九五頁））。シュミットも意図的にフィヒテの強制と独裁を強調し、フィヒテの「自由への教育」「権利のための教育」の側面をまったく無視している。

シュミットは、それどころか、意図的にフィヒテの主張を歪曲している。シュミットの引用ではこの「強制支配者（強制君主）」が「形式からいえば暴君で簒奪者」であるかのように書かれているが、これは悪意のある改竄である。フィヒテのテキストの該当箇所では「これ［強制が人民の権利の教育のために行なわれること］が、支配者が神に対してだけでなく人間に対して行なう、支配権の合法性の釈明である。これがなければ、彼がたとえ内容的には法権利を求めて強制したとしても、形式からすれば潜主（暴君）であり、簒奪者であろう」（IV. 438）とある。フィヒテは、支配者・統治者にまず人民への説明責任、情報公開があり、それが強制の正当性の条件になっているとするのである。教育のための強制であることを人民にあらかじめ理解してもらうことなく、いきなり強制を行なう支配者が「形式からいえば暴君で簒奪者」である。シュミットがこのように書いたのは、フィヒテを絶対的な権力をもつ君主制の支持者にみせたい意図がみえみえである。

シュミット的教育独裁者は、フィヒテの概念からすると「簒奪者、暴君」になる。ヴィルムスが、フィヒテが使ってもいないシュミット的な「独裁」概念、つまり教師身分内での討議や人民の合意を無視した概念を用いて、フィヒテの思想を「独裁の理論」というとき、シュミットの意図的なねじ曲げを継承していることになり、とても正当なフィヒテ解釈とはいえなくなる。

（33）I・H・フィヒテは公刊するにあたり、ここをalleと変え、「万人が自由を使用する可能性に置かれる」という趣旨にしている。その方がたしかに「自由への教育」という文脈には合う。しかし、ここはすぐ上のdie Möglichkeit ihres Werdensを受け、「自由の生成可能性」を受けただけと解するのが原文の意図ではないだろうか。同義反復的であるが。J. G. Fichte : *Rechtslehre*, hrsg. von Richard Schottky, (PhB. 326), Hamburg 1980, S. 51, J. G. Fichte : *Gesamtausgabe*, II. Bd. 13, Stuttgart-Bad Connstatt 2002, S. 228.

（34）余暇に着目した者にバチャがいる。彼は一節を設けて、この重要性を指摘している。彼はこの概念は平等の権利から来るものとし、「権利の平等の概念をフィヒテはフランス革命から受けとり、生涯それを放棄することはなかった」としている（Zwi Batscha : *Gesellschaft und Staat in der politischen Philosophie Fichtes*, Frankfurt am Main 1970, S. 93.）。

（35）マルクス／エンゲルス、廣松渉編訳・小林昌人補訳『新編輯版ドイツ・イデオロギー』岩波文庫、二〇〇二年、六七頁。

第四章　『国家論』における宗教と国家

一　フィヒテは神政政治を主張したのか？

フィヒテの『国家論』の中では、古代のギリシャやローマの自然宗教とキリスト教が論じられ、キリスト教は前者の古代の宗教に対する近代の宗教として位置づけられている。そして、キリスト教の預言や三位一体論、イエスの位置づけなどが語られ、それらの考察ののちに、「理性によって要求された権利の国とキリスト教によって約束された地上の天国は同一のものである」（IV. 581）と書いている。そこから、ヴィルムスは、フィヒテは晩年になって「王国思想」を主張したといい[1]、メッツガーは、近代の成果である政教分離の原則を忘れ、「道徳的・宗教的兄弟団」に深入りし、「神政政治として誉めたたえ、まさにキリスト教の『神の国』と同じものにした[2]」と判定する。たしかに『国家論』を読んでいくと、表現的には国家とキリスト教を同一視し、その点ではフィヒテがずっと継続して意識してきた政教分離、自由な共和国という理念に反するようにみえる。フィヒテのキリスト教と一体になった国家論は、カール・シュミットのいう意味での「政治神学」だといえなくもない。

しかし、フィヒテは啓蒙思潮期の中で生まれ育った近代の子である。復古的、保守的なキリスト教会の思想に属する者ではない。『国家論』でのキリスト教論は、あくまでも理性の国家の建設のための理論的な装置であり、理性的な近代国家を支える政治思想、倫理思想としての位置づけをもつものである。

このようなキリスト教理解の先達としては、スピノザとホッブズが挙げられる。たとえば、スピノザは『神学・政治論』の中で、キリスト教の意義を隣人愛に置き、それを市民に内的な命令として与え、その結果、正義と愛を市民に行きわたらせ、そのことによって法的な市民社会である国家を支えるものになると位置づけた。キリスト教は市民に隣人愛と正義を教える倫理的な教育を行ない、それが統治を容易にするという補完的な役割を担うのである。キリスト教は内面の倫理・道徳を支配するものであり、法の支配する国家・市民社会を直接にキリスト教が支配するのではない。また、キリスト教の体制、教会制度は現実社会の制度であり、地上の権力の支配すべき領域である。法の支配する国家がそれらの決定権をもつとすることで、スピノザはキリスト教を内面の道徳に制限することができた。

近代の政教分離の先がけであるが、教会の直接的な現世支配を志向してきたオランダのカルヴィニズム（カルヴァン正統派）からすれば、このようなキリスト教理解は異端となる。周知のとおり、この書物は激しい批判を惹起し、その結果、スピノザは危険思想のもち主、無神論者として扱われた。しかし、このようなキリスト教の脱政治神学化はヨーロッパ全土に共感を巻きおこし、啓蒙期を経てごく当然の認識となっていく(3)。

一例を挙げれば、レッシングは『人類の教育』で、次のように語っている。「人類の教育を啓示として表象する場合は、神学が非常に役立ち、多くの困難を乗り超えることができる」(4)。一般の民衆や子どもには、学問として教えることがむずかしいことも、啓示宗教ならば多くの表象を通じて教授可能になる。この認識はフィヒテにも継承される。キリスト教は既成の倫理学であり、市民道徳として国民に浸透したものである。それを全面否定することなく、自己の哲学体系の中で改めて捉えかえして、市民教育のための倫理学、その組織や制度として位置づければ、あるべき国家体制、国民の自由と権利が保障された「理性のライヒ」を設立する際の大きな手助けとなる。それゆえ、キリスト教は自由と平等の宗教であり、知性の自由を保障して、自然科学とも共存できる宗教でなければならない。

『国家論』の第四章で彼が歴史哲学的考察を行ない、歴史をユダヤ教やギリシャ・ローマの異教が支配する「旧世界」とキリスト教が登場した「新世界」に区分して、宗教と国家、宗教と政治の関係を論じているのは、このような文脈で捉えることができる。以下、フィヒテの議論の展開と特徴をかんたんに見てみるが、あくまでも宗教と国家との関係という制限された文脈であり、フィヒテの宗教論自体を論じるわけではないことを注意しておく。前にも述べたように、本格的なフィヒテの宗教哲学を論じるには、また別の書物が必要である。

二 「旧世界」の権威宗教と国家

フィヒテは『国家論』の第四章「人類史の対象の演繹」の中で彼の歴史哲学を素描しているが、そこでの結論部に以下のように書き記している。「いまやわれわれが見いだしたことは、人類は自由である、すなわち、所与の状態(terminus a quo 出発点)から一つの法則にしたがって自分自身を創造し、進展するものだということである」(IV. 495)。人類史が自由の発展の歴史だということは、フィヒテの哲学からすれば当然の内容であり、まったく違和感はない。フィヒテは歴史の出発点が所与の事実として歴史にあるとされるなら、これは信仰だとする。

他方で、知性には自由の法則があるから、「その自由の発展が歴史であり、それゆえ信仰と知性から成り立ち、両者の抗争があり、そして信仰に対する知性の勝利という歴史になる」(a. a. O.)。フィヒテは続けて「このことをいまや国家に応用しなければならない」(a. a. O.)と書き、そのあとに、「旧世界」と「新世界」と名づけて、キリスト教以前のユダヤ教やギリシャ・ローマの異教の古代宗教の世界とイエス登場後のキリスト教世界を詳しく論じる。前者は「権威信仰」とも呼ばれ、既成の事実、所与の状態が絶対的なものとしてあることが特徴である。後者は愛、自由、平等、権利が支配する世界でもある。ここでのフィヒテの議論は、ちょうどヘーゲルが『キリスト教の精神とその運命』で行なったユダヤ教批判と自由と愛の宗教としてのキリスト教の位置づけ、あるいは、アウグスティヌスが『神の国』で示したキリスト教護教論と国家論、歴史論の総合を思いおこさせる内容をもっている。

フィヒテは「旧世界」を以下のように定義する。「絶対的なものとしての国家は信仰の中にある。信仰においてであるということは、それゆえ所与の形態においてであるということである。各人からいえば、各人にとって信仰が所与であるという状態にある」（IV. 496）。それゆえ、旧世界では、信仰も国家も所与の事実であり、人はそれを自由に設定するということはできない。そういう意味でも国家は絶対的なものである。国家の運営は一部の支配階級、聖職者階級が行なうことになる。それゆえにこそ「一部の知性によってこの形態と形式がさらに規定される。信仰はその間、国家において不動である。これが旧世界である」（a. a. O.）というのである。

これに対して「新世界」の定義は以下のとおりである。「完結された知性の原理によって、国家がまったく没落する時代。新時代の始まりである。国家は悪になる。知性の発展。国家は一つの手段として妥当するだけである。自由な技術（芸術）に対して生まれた課題、すなわち、ライヒの設立という課題を解決するための諸条件を準備するものとしての国家。これがわれわれの時代に至るまでの近世の世界史となる」（a. a. O.）。ここにはこれまで論じてきたとおり、国家は廃棄される存在としてあり、自由の実現のためのたんなる手段、必要「悪」にすぎず、絶対的なものではないことが改めて示されている。

この対比からわかるように、フィヒテにとって旧世界の信仰は否定的なものである。彼は古代宗教の事例を挙げたあと、簡潔に結論めいたものを出す。「結論。国家とその体制は絶対的に神的な命令であり、それについてそれ以上悩むことはなく、知性をまったく寄せつけないものである。どんな世界にとっても信仰の問題になる。すなわち、創設者にとっては自然信仰、臣民にとっては権威信仰である」（IV. 500）。ここには知性もなく自由もない。したがって個人の人格も尊重されることはない。古代においては、宗教はただ国家とだけ関係し個人に関与することはなかった。「神はただ国家を介してのみ、人間との関係をもっていた。国家は神にとって、神の本来の作品、神の意志としてのみ存在する。すなわち国家が神の関心事であり、情熱の対象なのである。個体はこの団体の成員として、この目的のための手段としてのみ、国家の秩序の中にある。神の意志にしたがえば、個体は国家のうちに消失してしまったのである」（IV. 500-501）。

古代の神は、ユダヤ民族をのぞけば民族の信仰の歴史にもとづく経験的な神であり、形而上学的な存在ではない。それゆえ、唯一の神ではなく多数の神々が存在し、民族の戦争はそれぞれが信仰する神々の戦いでもあった。勝利した神が正しい神であり、負けた民族はそれを信仰することが当然であった。「それゆえ古代の国家は神政政治であり、国民は、普遍帝国をめざして、自己の威力と支配をあらわそうとする神の道具にすぎない」(IV. 504)。

ギリシャとペルシャ、ローマとギリシャ、あるいはヘレニズム世界はみなこの定義にあてはまるが、この普遍帝国をある程度達成したのが、いうまでもなくローマ帝国である。ギリシャも含めて、この時代の国家は家系にもとづく。「国家はその中心においては何であるか。さしあたり、国家の土台は、上に記した国家の構成部分としての不滅の家族である。この部分から国家は自分を組み立てる。それが家系(血統)である」(a. a. O.)。家系、すなわち、どういう家族に生まれつくかは自分の意志でどうにもできない事柄で、神意によるしかない。「これはまさに神の絶対的な法によって規定されたものとして固定されており、それを超えるいかなる根拠も示すことはできない」(a. a. O.)。しかし、このことはまた国民に階級の区別をする根拠ともなる。「この血統(家系)があることで、支配する者と支配される者との区別が出てきた」(a. a. O.)。

フィヒテはこれを貴族制として、ギリシャのポリスやローマを事例に挙げている。ソクラテスは理性の原理によってこうした自然的な古代の考え方を批判した者であるがゆえに、危険な人物であった。この時代の人間は権利をもっていた。しかし、それは人間であるがゆえに帰属する基本的な人権ではなく、神意による決定、すなわち家系が権利の有無を決めるものだった。ギリシャのポリスやローマの市民権はこのようなものだったのである。「古代においては人間性ではなく、ただ市民権のみが問題であった。ただこれのみが個々人の制約された権利の根拠であり、ただ個々人が置かれている位置でのみ妥当し、したがって、権利の平等、ましてや市民の平等は決してなかった。この市民権の根拠が、人格を包括する神の意志であり、神の意志に含まれない者は権利がないのである」(IV. 506)。

フィヒテはまた次のようにもいい換えている。「結局、人間それ自体は無であり、ただ市民としてしかも彼が自分の家系によって属する地位における市民としてのみ、人は存在する。それゆえ、市民でない者、つまり国家を設立する神の意識において家系に含まれていない者は、いかなる権利もない」(a. a. O.)。それゆえ、この時代においては、戦争で負けた民族は奴隷として戦勝国に引き連れられて行くが、自分の生まれた土地ではないから、当然に市民権はない。市民権をもつのはアテネやローマに生まれて育った市民、同じ言葉を話し、同じ神を信仰し、先祖を等しくするものたちだけなのである。

同じ神を信仰し神意の定めた同じ家系に属するということで、すべての根拠が信仰にあるなら、これも一つの政治神学であり神政政治である。だが、知性はこうした所与の状態で満足することはなく、それを揺るがして知性と行為の自由を勝ちとろうとする。フィヒテによれば、貴族制と対立し彼らに揺さぶりをかけるのは民主制である。両者は相争い、一つの妥協に至る。市民が統治身分である貴族に自由に参入でき、貴族に準じるようになる。それを定めるのは法（憲法）である。「この憲法は、多かれ少なかれ、すべての市民に貴族身分への参入を認める。この決定的な性格に注意してほしい。貴族制の本性におけるこの変化は画期的なものである。すなわち、ここで、ようやく知性の原理、知性の計算にもとづく憲法が力をもつのだ」(a. a. O.)。

神意ではなく、人間が定めた憲法がこうした統治の制度を規定する。誰が統治の身分につき、誰が統治するのかを定める。ここにはそれ以上問うことのできない権威信仰はない。家系や血統も前ほど重要でなくなる。「かくして神政政治が終わる」(a. a. O.)。ヘーゲルは『精神現象学』でローマの時代を「法的状態」として、抽象的人格概念の登場を論じたが、フィヒテもまた同じように、家系などの具体的で特殊な所与の内容が否定され、法による各人の抽象的な定義の時代とするのである。

フィヒテは旧世界の叙述は基本的に、ヘブライとギリシャ・ローマの歴史に即して展開する。ローマによる共和制が始まったあとは、人々は自己の利益、安寧だけを考え、公共性が浸食されていくさまを、のちのトクヴィルを思わせる表現でフィヒテは叙述している。いわく「いまや目を引くものは何になるのか。各人の安寧（Wohlsein）である。それによって国家はどうなるのか。国家はその内部でわれわれが安全であるための囲いとなる。人々の一般的な考え方に次のような考えが登場する。すなわち、生の享受が生の目的であり、国家はそのための手段にすぎないという考え方である」(IV. 515)。

このような「利己心の時代」(IV. 516)、「いかなる者も国家に関心をもたず、みなただ自分自身にだけ関心をもつという原理」(IV. 517) が支配する時代にあらわれるのが、英雄であり政治的天才である。フィヒテは、ポンペイウス、カエサル、アントニウス、オクタヴィアヌスらを事例として挙げている。いわゆる民主制が腐敗したときに登場する、人民の支持のもとに行なわれる軍事独裁、カエサル主義の政治である。

ここで注意すべきは、これらは宗教的な原理にもとづいていることだ。天才が人民の支持を背景とした独裁者として統治するとき、そこにあるのは「意識を欠いた宗教的な原理による熱狂（Begeisterung）とそれに駆られること（Getriebenwerden）」（a. a. O.）である。これが古代の古代たる所以であり、近代における独裁者の統治と異なるものである。[5]これは政治的天才にあてはまることでもあり、同時に民衆にもあてはまる。政治的天才の熱狂を巻きおこす雄弁は、民衆とくに若者を捉え、彼らを熱狂に駆り立てて、歓呼と喝采を受けて広場での公共性を支配する。「宗教的な原理。これは無意識に作用するものである。それは何よりもまず言葉の中に残っている。若者の心情をつかみ、そこに火をつける。この天才性は、実際に宗教的な時代において生じる」（a. a. O.）。

しかし、この政治的天才によるカエサル主義の統治は、ローマの没落の始まりとなった。「統治のすべを知っている天才はただ統治だけをしようとする。それを理解しない者たちが、とくに彼らを熱狂させるもの、つまり彼らの人格的な安全と福祉だけを求めるなら、彼らは天才に抵抗できず、また抵抗しようともしない。かくして国家は民主制から再び寡頭制、専制へと移行し、ここでその歩みを終わらせる」（IV. 518）。ここにおいて旧世界が終わり、新世界、近代へと時代が移行する。

三　「新世界」のキリスト教と国家

フィヒテのいう新世界・近代は、いわゆる今日的な世界史の区分とは異なり、ルネサンスや産業革命以後を意味するのではない。もちろん、盲目的権威や無条件の宗教的原理ではなく知性の原理に立ち、個人の自由や個人の人格を何よりも重視する点では通例の近代理解と重なるのであるが、フィヒテにとっての近代・新世界はキリスト教の誕生、イエスの登場によって開始されるものである。これは、ヘーゲルが『イエナ期体系構想 III』において、キリスト教を経た「近代の最高の原理」として「自己自身のうちにありながら、万人の自己のうちにおのれの現存在をもつ北方の本質[6]」として挙げたゲルマンの精神と同じ理解だといえる。そして、ヘーゲルと同様に、その一番の違いが自由の原理である。

フィヒテは「旧世界は究極原理として、絶対的な意志によって人間の社会的な関係を整える神をもっていた」（IV. 521）という。「この神の意志の結果はそれゆえ所与の存在であった」（a. a. O.）ので、人間がこれを自由意志によって変えることは考えられなかった。この社会的な関係、社会体制、各人の身分、位置づけなどは、必然的な運命、宿命として受けとられ、それを変革することは神の意志に逆らうことでもあったのである。だが、新世界、近代の神はこれとは異なる。「神はその意志を所与の存在ではなく、あるべき存在、あらゆる永遠性の中で生成するものに向ける。そして、そのあるべき存在は、神の何か任意の意志ではなく、神の内的な本質から生じるべきである。それゆえそういう意志は絶対的に措定される場合は、たんてきに自己の外に絶対的な自由を措定する。この意志はしたがっておのれの客体のいかなる存在もそれだけで根拠づけることはまったくない」（a. a. O.）。

ギリシャ神話やギリシャ悲劇、あるいはユダヤ教にたんてきに見られるように、神は自己の気まぐれで与えたものを運命として人間に負わせるものではない。そうではなく、神はあるべき存在を世界において生成させるものであり、そのために人間を創造し、彼らに自由を与えた。この関係ははたんてきには道徳法則として顕現する。「それゆえ、直接的には神は道徳的な法則を与える者である。しかし、可視性の形式で。したがって、間接的にはこの形式そのものの創造者、すなわち世界の創造者である（ただこの形式の内部で、すなわち意識においてのみ）。一言でいえば、われわれが前に講じた自由の教説である」（IV. 522）。そして、これこそがキリスト教の特徴である。「キリスト教の教えはまったくこれと同じものであり、それゆえキリスト教こそは新しい歴史の求められた原理である」（a. a. O.）。新世界・近代が旧世界・古代と最大に異なるものがこの自由なのである。

キリスト教はそれゆえ、人間に当為の存在、あるべき存在を指し示し、そのための道徳的な実践を要求する。フィヒテはこれを「神の国（Himmelreich）」（a. a. O.）だとして、どの福音書もこれを示しているとする。キリスト教からすれば、人間も自由である。「人間は何らかの所与の存在によってではなく、行為によって神の意志と一致する。それゆえ、たんてきに自由であり、形而上学的なものである。各人は自分自身の概念にしたがって行為しなければならない」(IV. 523)。この自由はたんに道徳的な行為のみならず、政治的な自由をも意味している。「各人は、物理的な自分の存在と道徳的な神以外にいかなる主ももたない。したがって、政治的には自由であり、いかなる権力からも独立している」(a. a. O.)。キリスト教は、自由だけではなく平等も教える。「キリスト教は自由と平等の福音である。自由は形而上学的な意味においてだけではなく、市民的な意味においてもまたそうである。あらゆる最高権力の支配と市民的な不平等の廃棄である」(a. a. O.)。フィヒテはロマ書などを根拠に挙げているが、しかし、これは福音書のイエスの言葉と行動を虚心に読めば、自然に理解できる内容でもあろう。神のもとでの平等と地上の平等を区別してきたキリスト教会の理解そのものが、非キリスト者からすれば解釈のフィクションの壮大な構築物にも思える。

それゆえ、キリスト教は、古代の権威宗教と異なり各人の自由と行動に立脚し、盲目的な権威、既成の秩序への服従を強制しない。各人の自由を根拠にするということは、各人の知性と意志を尊重し、それにもとづいた行動を要求するということである。「それゆえキリスト教はまったく知性の、明晰な洞察の事柄である。しかも、それぞれのキリスト者の個人的な知性の問題である。代表(stellvertretende)の問題では決してない」(IV. 524-525)。

この「代表」とは、聖職者や統治者のことを意味すると解してよいだろう。古代のように、聖職者、神官のみが神の言葉を理解し解釈して、それを人々に述べ伝え、人々はそれを盲信するという構造はない。あるいはキリスト教社会となっても、ペテロの後継者としてキリスト教聖職者の最高位にある者やそのとり巻きの言葉や理解に追従するのではなく、各人が自分の知性でキリストの言葉を理解し考えることが大事であるとフィヒテは考えている。万人が司祭であってもかまわないのである。古代では「代表による啓示(die stellvertretende Offenbarung)」(IV. 526)しかなく、これは「他者には理解できないもので、ただ黙らせ麻痺させる権威信仰においてのみ把握されるべきものであった。近代では、各人の個人的な自己直観のうちにたんてきに直接の啓示がある」(a. a. O.)。

統治者としての「代表」も同じことである。人民を代表する者については、カール・シュミットの考察[7]やそれを受けたハーバマスの「代表的具現」の議論[8]がよく知られている。ホッブズ由来の「権威こそが秩序をつくる」をモットーとしたシュミットの理想は、討議による議会制民主主義ではなく、威厳をもって理念を代表し、人民の歓呼と喝采によっておのれの栄光の光輝を増す人格的代表者による統治であった。絶対王制やカトリックにもとづく神政政治がそのモデルである。シュミットの政治神学では、宗教的な栄光につつまれた人格的代表がその威厳と権威によって統治を行なうのであり、キリスト教を国教としたローマ帝国の皇帝やローマ法王が、世俗の権力も握るときがそのたんてきな事例となるが、「キリスト教は代表の問題では決してない」というフィヒテにおいては、こうした代表のあり方は認められないのである。この点において、フィヒテはシュミット流の政治神学ではないということが明瞭になる。

さて、議論を元に戻せば、キリスト教は万人が知性によって把握できる「知性の明晰な洞察の事柄である」。「それゆえ、キリスト教はまず理論（教説）である。それは人間の知性の陶冶を自分の課題にする。しかも、例外なくすべての人間を、たしかな洞察、人間の神への関係の絶対的な洞察へと陶冶する」(a. a. O.)。これはまさしくベルリン期以後のフィヒテが課題とした国民の陶冶、国民教育と重なりあう内容である。それゆえにこそ、「キリスト教は国家体制 (Verfassung) そのものでなければならない」(IV. 526)。キリスト教が国家体制となって初めて、キリスト教にもとづく自由と権利の教育、国民の陶冶が可能になる。

しかし、これは単純に神政政治や神の委託を受けた者が支配する政治神学を意味するのではない。キリスト教が国家体制であるべきだとフィヒテがいうのは、それが知の教説として真理であり、必然性をもって実現されなければならないからである。(9) たんてきにいえば、キリスト教が示す神の国は、フィヒテがこれまで論じてきた理性によって設立される「自由と権利のライヒ」と同じもので、それゆえに国家として実現されるべきものなのだ。「私があなた方に講義の最初で、知性によってたんてきに要求される知性のライヒとして導き呈示したものは、同時にキリスト教によって措定され、その基礎においてすでに実際に導入された地上における神の国と同じものであろう」(IV. 528)。

フィヒテはこのあと、キリスト教の重要概念、神の国、原罪の贖い、預言、三位一体、聖霊などを聖書の語句にもとづきながら、個人の自由、既成権威からの解放、知性の自己直観による啓示などのフィヒテの哲学的な文脈の中で説明する。それはホッブズやスピノザがなしたような哲学的聖書釈義であり、既存の教会の解釈とはまったく異なるもので、おそらく彼らからは異端として批判されるようなものである。それについての詳しい検討は、またフィヒテの宗教論、歴史哲学を論じるまで待ちたい。

四　キリスト教国家による「自由への教育」

旧世界と新世界の違いを論じたフィヒテは、新世界のキリスト教で示された神の国、すなわち、理性による「自由と権利の国」を地上においていかに実現するかの過程を次節で詳しく論じている。これはすでに述べてきた、教師身分による「自由への教育」をキリスト教国家において改めて論じなおした形式となっている。『封鎖商業国家』で論じられた分業体制、『ドイツ国民に告ぐ』などで述べられた国民教育やペスタロッチの教育法など、これまでのフィヒテの思想が簡潔に採り入れられて、ある種の総まとめ的な内容をもっている。

一口にいえば、すでに述べてきたように「自由への教育」あるいは「自由のための強制」という枠組みは変わらない。キリスト教国家における教育によって、地上における神の国を実現したならば、「この国（ライヒ）によって、あらゆる外的な法の強制はなくなる。一般に、出自、家系による不平等、個人的な所有（あらゆる土地所有者、低俗な享楽者）の不平等、要するに、古代の国家からあるが、近代によってもさらに植えつけられてきた国家の現象のすべてがなくなるということだ」（IV. 592）。自由と平等が実現したら、法の強制、国家の強制は消え失せるのである。

神の国は理性的な国家と同じものなので、ここでの文脈でいえば「神の意志を人間において明晰に洞察する能力が万人に教育される」（IV. 583）体制あるいは施設が必要になる。「この教育のための中断されない継続的な施設が存在しなければならない。この教育施設は、それゆえ、国の継続を導き、国から切り離されない構成部分である」（a. a. O.）。すでに何度も言及してきたように、この施設、すなわち学校では能力のいかなる差別もない。「その国で生まれた万人は、区別せずに（超感性的なもののためのいわばある特殊な天性や親和性が前提されずに）この洞察に至るように、例外なく陶冶されるべきである」（a. a. O.）。

神の意志を知るように学ぶということは「精神界のかの普遍的な法則に自己を包摂させるべきだ」(IV. 583-584) ということを意味する。「このことは、人間は神の意志のもとにあり、人間は神への服従なくしては無であり、本来現存在しないという明晰で普遍的な洞察を前提する」(IV. 584)。人間の現存在はそれ自体としては無であり、神の存在があってこその映像としての現存在があるというのは、知識学と同じである。それゆえフィヒテは「この洞察はキリスト教の洞察であり、あるいはまた、この連関では同じことであるが、知識学の洞察でもある」(a. a. O.) というのである。[10] フィヒテがキリスト教にもとづく教育というときは、通例の宗教教育ではなく、つねに知識学にもとづく哲学教育の側面があることを忘れてはならない。それは同時に理性の教説でもあるのだ。

精神界の普遍的な法則、叡智界の法則、カント的にいえば「目的の国」の法則のもとに、各人が自己を把握すれば、これまたすでに述べてきたように、各人の「使命」が明らかになる。「理性によって、ア・プリオリに洞察された前提は、神の世界計画において、自由な諸個体の共存のもとで各人に彼の定められた位置が割りあてられ、この位置は、同じ時代に同じ全体の中で生きる他の者の位置ではないということである」(a. a. O.)。各人の使命、位置づけ、社会における役割が明らかになるということは、具体的には『封鎖商業国家』で論じられた分業体制、計画経済と重なる。それゆえ、この国家では「自然を加工(労働)する合一された人間集団のための共通計画が構想される」(IV. 590)。このような計画経済の社会では、自由主義的な市場経済と異なり、「人々の間では、権利体制によって仲介されなければならない力の争いは起こりようがない」(IV. 584)。

フィヒテの法は何よりも各人の権利保護のための強制法であった。だが、地上における神の国をめざす教育国家は、そうした権利法を不要のものとする方向をめざすのである。これらの教育をなすのは、すでに述べたように、教師集団であり、学者の共同体である。ここの文脈でいえば、「学者共同体は、キリスト教の、つまり神の国の教師団体である」(IV. 589)。

彼らが教えるのは、上に書いたように、知識学である。だが、この知識学は神と現象(映像)の関係、「神の国との関係」(a. a. O.) を教えるだけではなく、「教育の技術」(IV. 590) でもある。「知識学そのものによって初めて、自己を精神として認識するというその最終目標と出発点、そして自己自身を理解するための手段が、人間の陶冶の技術に与えられる」(a. a. O.)。フィヒテによれば、これはペスタロッチの教育術と同じものであり、自分の活動の概念と規則をその基本とする。

すでに何度か論じたように、このような思想は、字面だけみると、宗教イデオロギーによって実定法で保障された各人の自由の権利を制限するものだとか、地上における神の国をめざすというのは全体主義的な管理国家で学問もそのために動員されるものだといった不当な解釈を受けやすい。フィヒテのここでの議論をそのような文脈で理解することは、彼の思想を一面化するだけのことである。フィヒテを批判する際には、あくまでも個人の自由の保障、自由な諸個人の共存可能性が最大の前提になっていることを意図的に無視すべきではない。

たとえば、フィヒテが『国家論』の中で、自由への教育にしたがわない者などを「排除」すべきだ、などと明言している箇所はない。ハーンも書いているように、教師集団がキリスト教、知識学にもとづいて、自由のための強制を教育するからといって、「そこから、したがわない者は盲目の自然の暴力にすぎず、道徳的に最も正しい者によって支配されるべきであり、また支配されてよいということが帰結するわけではない。なぜなら、その者には、道徳的なものに対して自己決定できる外的な自由の領域が残っているはずだからである。彼は盲目の自然の暴力であるかぎりで、支配されてよいだけである」[11]。このことが当然の前提として了解されなければならないのである。

また、上に述べた国家と宗教との関係が、通常の神政政治、すなわち政教分離を否定し、国家が支配のイデオロギーとして宗教を利用するものだというのも、きわめて狭い一面的な理解である。それはフィヒテ自身が、古代の神政政治を個人の尊厳と自由のない権威宗教として批判したことで、ある程度は反批判されているはずである。もちろん、学校などの公共の場でのヴェールや十字架を禁止する現代フランスの厳密な「ライシテ(政教分離)」[12]を尺度にすれば、フィヒテの思想には政教分離がないと批判もできようが、同じ批判は宗教の時間にキリスト教を教える現代ドイツなどの他のヨーロッパ諸国にもあてはまるだろう。だが、フィヒテは過去のヨーロッパにあったような、政治に宗教が奉仕したり、逆に宗教的権威が世俗の権力を欲したりするような神政政治を求めているのではない。この問題については、『国家論』以前に『現代の根本特徴』(一八〇六年)で詳しく述べた箇所があるので、最後に、それを検討してみよう。

五 『現代の根本特徴』におけるキリスト教と国家の関係

すでに証明したように、「旧世界」と「新世界」の章で、フィヒテはキリスト教が自由の宗教として国家創造の原理となり、ギリシャ・ローマの古代国家にかわって、ゲルマン民族による自由という新しい原理による新世界の国家、近代国家が誕生したことを論じた。ヘーゲルの歴史哲学と類似の思想はすでにフィヒテによって先どりされて語られていたことの例証であるが、この思想は『国家論』以前に、『現代の根本特徴』においても表明されていた。『国家論』のキリスト教、国家と宗教の関係を理解するのに、別な側面から光を当てる内容となるので、以下に『現代の根本特徴』でのキリスト教と国家の関係を見てみることにしたい。

彼は第十三講の冒頭でこう語る。「唯一の真なる宗教、すなわちキリスト教は、それ自身新しい国家を創造し、それを導く原理となろうとし、またなるはずのものであった。……それは実際にそうなり、そのことによってまったく新しい時代が成立した」(VII. 185)。だが、キリスト教が国家創造と指導の原理になるべきだからといって、それは宗教が直接に政治をとる神政政治を意味しない。フィヒテはここでもきちんと政治と宗教を区別している。「宗教は国家の強制装置を自分の目的のために決して要求すべきではない」(VII. 188)。神への愛や隣人愛が権力からいやいや強制されるならば、それは本来の愛ではない。「同様に、国家も宗教を自分の目的のために利用しようとすべきではない」(a. a. O.)。「国家は自分が［国民に］要求するものを強制可能でなければならないが、国家が強制できるもの以外は何も要求してはならないのである」(a. a. O.)[13]。

つまり、国家は国民への要求や命令についてそれを実行できる強制権力をもつことはできても、だからといって何でも要求できるのではなく、その要求には制限があり、宗教を強制する要求はありえないということである。「宗教が存在することによって、国家は自己の越権行為をたしなめられ、両者は厳密に相互に分離されるということ、これが宗教の国家に対する否定的な影響であり、あるいはむしろ双方の互いに対する否定的な相互影響なのである」(a. a. O.)。

では、国家の役割は何かといえば、この宗教の内面の支配と向上を促進することだけである。「宗教によって呈示されたこの使命を、国家は邪魔することは許されない。それゆえ、国家は、この使命を陶冶するための現存するリソースに万人が近づくことを許可しなければならない」(a. a. O.)。このために必要なことが、国家が「法と権利の観点において、万人の人格的ならびに市民的自由の絶対的な平等を整えること」(VII. 189) である。これ自体は国家のそもそもの目的であったが、宗教が関与することで、国家の万人の自由と平等があらためて国家の目的として再認識されたということである。これをフィヒテは次のように表現している。「これが国家に対する宗教の肯定的な影響である。それは宗教が国家に新しい目的を与えるということではない。そんなことをしたら上で述べた政教分離に矛盾することになろう。そうではなく、宗教によって、国家自身の本来の目的がよりしっかりと心に自覚されるようになり、万人の自由と平等の設立を促進するように、宗教が国家に働きかけるという意味である」(a. a. O.)。

フィヒテは、宗教が国家の目的、とくに為政者の個人的な目的のためにイデオロギー的に扱われることを一切考えていない。そういうものはそもそも宗教の名に値しない。宗教者と統治者が結託して、いわば国民との契約に反するようなこと、すなわち、国民の自由や平等を制限してまで彼らの目的を果たすことは、フィヒテの思想からは認める余地はないのである。フィヒテはそれとは反対に、宗教、この場合はキリスト教が一部の国家のそのような弾圧を批判する勢力、公共的な世論にもなりうると考えている。

「自己完結して統治するいくつかの国家が一つの真なる宗教がある領域に相互に併存している場合、あるいは、まったく同じことであるが、唯一の文化国家、キリスト教国家がキリスト教の国家共同体に分裂している場合、個々の国家は他の国家から直接強制されることはないが、しかし絶え間のない観察や判定を受けることになるだろう。そうだとすると、キリスト教の教説の中に、いまや以下のような判定のための普遍的に妥当する基準が設定されることになる。すなわち、他国との交渉や自国の市民の扱いについて、何が賞賛され何が受忍でき何がまったく非難されるべきかという判定のための一般的基準である。そして無制約な専制君主が、たとえ彼が自国の市民を黙らせることができたとしても、自尊心があるなら、隣国の証言や判断、そして彼らによって伝えられる後世の証言と判断をおそれなければならないであろう。……この宗教によって、全文化国家の公論が生じるのである。そして、その公論において、支配者たちの支配者、きわめて価値のある支配者があらわれ、支配者たちに善を行なうあらゆる自由を与え、悪の行為を行なう意欲はまったく制限するのである」(VII. 189-190)。

フィヒテにとって、キリスト教は個別の国家を超えた普遍的な思想であり、今日的にいえば、個人の自由と平等、個人の人権を保障するグローバルな思想である。[14] それゆえ、一つの国家が専制的な政治を行ない、個人の自由と平等を侵害し言論の弾圧を行なえば、周りの国家がそれを判定し意見表明や勧告を行なう。もちろん、強制的な干渉は戦争を宣言することになり、一つの国家の主権を侵害するのでその行使は慎重でなくてはならないが、言論によって批判し、国際的な世論によってその国の支配者を批判・糾弾することはできる。あるいはそれはキリスト教国家としての道徳的な義務である。こうして生じた国際的な世論こそが、それらの国家の支配者たちを支配するより上級の支配者であり、一国の統治者は大なり小なりそれを意識した政治を行なわざるをえないのである。

『現代の根本特徴』は一八〇六年の公刊で一八一三年の『国家論』とは時間の隔たりがあり、直接の例証にならないという意見もあるだろうが、実は類似の内容は『国家論』にもある。たとえば、キリスト教が国民教育として根づいた国家の国民であれば、他国と戦争をせず他の国家に立憲主義を広めていくとされている。「この国民は他のキリスト教諸国民を刺激して、自分に倣うようにさせ、その国家の体制の条件、そして憲法そのものもこの国民から学んで自分のものとさせるだろう。しかし、そういう諸国民は互いに戦争をしない。彼らのもとには永遠の平和と永遠の同盟がある」(VI. 599-600)。基本的に、フィヒテの思想は一貫しており、『現代の根本特徴』と『国家論』は同じ思想領域にあるものと見てよいであろう。

このようなフィヒテの宗教と政治との関係の理解は、とうてい神政政治あるいは政治神学的なものを意味しているとは考えられない。宗教は国家と分離して、国家が理性的な国家になるように統制する役割を担っている。すなわち、宗教は理性信仰として、理性的・道徳的なあり方、「一般的な基準」を示し、それによって国家の統治を判定する統制的な作用を行なうのである。その際の一つの表現の形態が公論・世論であり、民の声が神の声として統治者に反省を迫る。フィヒテにあっては、キリスト教は人権や平和、民主主義（共和制）を広める側に立ち、専制的な独裁者を支援する役回りはないということになろう。

六　理性の宗教

『国家論』の「新世界」の章でなされているキリスト教の位置づけは、全体的にいえば、それまでのフィヒテのキリスト教理解、たとえば『浄福なる生への導き』での把握と大きくは変わらない。知識学にもとづいて、キリスト教を超越論的に基礎づけ深化させようとするものであり、『国家論』では歴史的な文脈がやや前面に出ているだけである。大きく捉えるならば、処女作である『あらゆる啓示批判の試み』以来、自由意志を肯定して原罪を重視しない啓蒙主義のキリスト教理解の枠組みという面では、フィヒテの思想は一貫しているといえるだろう。

啓蒙主義のキリスト教理解について、カッシーラーは次のように書いている。「啓蒙主義の最も強力な思想的衝動とその固有な精神的活力は、それが信仰を拒否したことにではなく信仰の新しい理念を宣布したことに、つまりそれが宗教の新しい形式を具体化したことに存する」(15)。フィヒテのキリスト教理解もまさにこのような伝統の系譜に属し、彼の場合は、とくに、ヴォルフ、カント、そして「人間の教育」という意味では、レッシングの宗教理解なども前提されていると考えられる。そのような文脈で見れば、フィヒテは、近代の皮相な合理主義と啓蒙の単純な宗教批判（無神論、唯物論）を乗り超えようとして、このような思考をとっているのであって、過去の伝統に戻ろうとしているのではない(16)。

『国家論』でのキリスト教は、国家による市民教育と結びつけられ、たんなる私的領域での宗教論にはとどまっていないが、それはあくまでも理性的な統治の手段であり、既存の規範と制度として人々を結びつけているからである。それはスピノザが、宗教を国家の統治に役立つ民衆の情念として把握したこと、ルソーが市民宗教を提唱し、ロベスピエールが「最高存在の祭典」をとり行なったことと同じで、人々を結びつける生きた紐帯として、合理的な宗教、彼の把握したキリスト教を要請しているのである。

知識学を基礎とし、宗教論をその表現とするフィヒテのキリスト教は、それゆえ理性の宗教であり、既存のキリスト教ではまったくない。また自然科学の成果を生かして、社会を設計する志向をもち、生き生きとした社会統合を意図している点で、近代の内面の自由に引きこもる自由主義的プロテスタント神学とも違っている。それは、のちにヘルダーリンやヘーゲルが唱えた『ドイツ観念論最古の哲学体系構想』における「理性の神話」と似たものであるといってよい。フランス流の啓蒙の合理主義ではなく、「国民」という血の通った生命的・有機的なつながりにもとづき、かつ非合理な神秘主義に堕すことなく、理性の合理性をもち、美しき共同体を支えるもの、一種の哲学的宗教として主張される。フィヒテのキリスト教と哲学の一致は、そのような哲学による既成宗教の止揚の系列にあると捉えた方がよいであろう。それゆえ、神政政治への逆戻りというよりも、むしろ近代の疲弊を乗り超えることを意図した思索なのである。[17]

しかし、すでに触れたように、歴史哲学と宗教論の考察は、それ自体大きな課題であり、ここではやむなく割愛した。歴史哲学にもとづく解放の希求という図式は、フィヒテのみならずヘーゲル、マルクス、ルカーチ、ブロッホ、ベンヤミン、あるいはカトリックの流れでは、ハイデガー、カール・シュミットらに共通するその後のドイツ思想の大きな視座になりうるものである。これらについて論じるには、いまは時間と能力がない。とりあえずは、フィヒテの社会哲学の豊かな内容をそれなりに把握したことで区切りをつけ、長きにわたった考察の旅をここで終えることにしたい。

（1）ベルナルト・ヴィルムス、青山政雄・田村一郎訳『全体的自由』木鐸社、一九七六年、一九二頁以下。

（2）Wilhelm Metzger: *Gesellschaft, Recht und Staat in der Ethik des deutschen Idealismus*, Neudruck der Ausgabe Heidelberg 1917, Darmstadt 1966, S. 182.

（3）これについては、ジョナサン・イスラエルの名著、『ラディカルな啓蒙』(Jonathan I. Israel: *Radical Enlightenment, Philosophy and the Making of Modernity 1650-1750*, Oxford University Press 2001.) が詳細に論じている。また、スピノザの宗教論については、柴田寿子『スピノザの政治思想』(未來社、二〇〇〇年)、エティエンヌ・バリバール、水嶋一憲訳『スピノザと政治』(水声社、二〇一一年）、加藤節『近代政治哲学と宗教』（東京大学出版会、一九七九年）などが詳しい。

（4）G. E. Lessing: *Die Erziehung des Menschengeschlechts*, in: *Gotthold Ephraim Lessing Werke in drei Bänden*, Bd. 3, München 2003, S. 640.

（5）とはいえ、カール・シュミットが彼の「政治神学」概念や「代表」概念で示したように、近代の独裁者の統治、あるいは絶対君主の統治もまた、古代とは異なる宗教的な原理にもとづく。

（6）G. W. F. Hegel: *Jenaer Sytementwürfe III, Naturphilosophie und Philosophie des Geistes*, (PhB. 333), Hamburg 1987, S. 241.

（7）Carl Schmitt: *Römischer Katholizismus und politische Form*, 5. Aufl., Stuttgart 2008.（邦訳 カール・シュミット、小林公訳「ローマカトリック教会と政治形態」、長尾龍一編『カール・シュミット著作集Ⅰ 一九二二―一九三四』慈学社、二〇〇七年所収）、Derselbe, *Politische Theologie. Vier Kapitel zur Lehre von der Souveränität*, 8. Aufl., Berlin 2004.（邦訳 田中浩・原田武雄訳『政治神学』未來社、一九七一年）。また、拙論「フィヒテとシュミット」（『北九州市立大学法政論集』第四〇巻第四号、北九州市立大法学会、二〇一三年）も両者の代表原理の考えなどを論じているので参照されたい。

（8）Jürgen Habermas: *Strukturwandel der Öffentlichkeit, mit einem Vorwort zur Neuauflage*, Frankfurt am Main 1990, S. 60f.（邦訳 細谷貞雄訳『公共性の構造転換』未來社、一九八九年、一八頁以下など）

（9）エマニュエル・ヒルシュは「キリスト教と歴史」において、次のようにまとめている。「真の宗教は、自分に対立する神の恣意の映像とともに、その前提である古代の国家と闘う。そして理性国家を要求し、その道を準備するのである。神はあらゆる人間に等しく近く、等しく理解でき、彼らが自由な人格であるかぎり、彼らと一体化している。この神は人間をまさにそのようにして道徳的な究極の共同体として求める」(Emanuel Hirsch: Christentum und Geschichte, in: *Fichte-Studien 1914-1929, Gesammelte Werke*, Bd. 24, Waltrop 2008, S. 224.)。

（10）フィヒテは「新世界」の章で何度も、イエスは知識学の発生的な認識と異なり、自己に向けられた事実的な召命として、知識学と同じ内容、すなわち神とその映像、神への関係を直観的に理解した旨を力説している。ヒルシュはこの関係を以下のように述べている。「真の宗教は発生的な認識として目に見えるようになるか、もしくは、事実として道徳的な人間の精神的な根本意識としてあらわれるかのいずれかである。後者の仕方が、キリスト教という形で実際に生じたものである。この事態が唯一の可能なものであったという洞察によって、第三、第四の課題が解決され、キリスト教の絶対性の演繹が完結する。この最後の決定的な洞察を、われわれはすでに獲得している。発生的な認識は、イエスがいなければ知識学がありえなかったという事実を前提することを、われわれはすでに洞察した。そのようにして円還は閉じるのである」(Dasselbe, S. 225.)。知識学と『国家論』のキリスト教論との関係は重要な論点であるが、これはまた宗教論を論じるときまで待ちたい。

（11）Karl Hahn: *Staat, Erziehung und Wissenschaft bei J. G. Fichte*, München 1969, S. 164.

（12）もちろん、キリスト教徒でない子どもにはその子どもの属する宗教や、宗教以外のことを学ぶ自由が保障されている。

（13）邦訳フィヒテ全集第一五巻の柴田隆之氏の訳はこなれた日本語ですぐれた訳業と高く評価しているが、ここは異なる訳にならざるをえない。

（14）フェアヴァイエンは、この論点をキリスト教のエキュメニズムとして論じている（Hansjürgen Verweyen: *Recht und Sittlichkeit in J. G. Fichtes Gesellschaftslehre*, München 1975, S. 334ff.）。

（15）エルンスト・カッシーラー、中野好之訳『啓蒙主義の哲学』上、ちくま学芸文庫、二〇〇三年、二二三頁。

（16）『国家論』における政治体制のあり方と宗教との関連で、私と同じ方向の見解を出しているのが、ロペス＝ドミンゲスの論文「一八一三年の国家論、あるいはロマン派の政治的非合理主義に対して、キリスト教的・革命的社会ユートピアを守るための啓蒙の戦い」（Virginia López-Dominguez: Die Staatslehre von 1813 oder der Kampf der Aufklärung gegen den politischen Irrationalismus der Romantiker zur Verteidigung einer christlich-revolutionären Sozialutopie, in: *Fichte-Studien*, Bd. 23, Amsterdam/New York 2003, S. 149-164.）である。

彼女は標題が示すとおり、アダム・ミュラーのようなベルリンの保守反動的なロマン主義者たちとカトリック勢力に担がれたシェリングに対して、革命的な志向をもつキリスト教的な平等で民主的な社会構想としてフィヒテが『国家論』を講義し、それは神政政治などではなく、レッシングのプロジェクトを継承するもので、のちにはエルンスト・ブロッホの構想にも比することができるものとしている。表面的な字句ではキリスト教と政治の合一ということで、復古主義や神政政治をみたがる多くの論者と違って、フィヒテの内在的論理を把握したうえで提起した見解であると高く評価したい。フィヒテの宗教と政治の結びつきは、啓蒙の理性の継承と超克になるのであり、それは解放への希求をもつ。これについてはフィヒテの宗教論の本格的な検討が前提となり、今後の課題としたい。

（17）似た事例として、サン＝シモンの「新キリスト教」が挙げられる。カトリック、プロテスタントの欺瞞を告発し、知性を根拠にして、近代科学を自己のもとに包摂し、「すべての人間は互いに兄弟として振る舞うべしという神によって教会に与えられた道徳の原理が、すべての社会は最も貧しい階級の精神的・物質的生活の改善に努めなければならない、社会はこの大目的を達成するために最も都合がよいように組織されなければならないというあの戒律のうちにあなたが認めるすべての考えを含んでいることは、明らかである」（サン＝シモン、森博訳「新キリスト教」、『産業者の教理問答他一篇』岩波文庫、二〇〇一年所収、二九七頁）と彼が主張するとき、既成のキリスト教を理性によって再構築し、社会倫理と宗教を統一させようとする志向があらわれている。

結語（エピローグ）

本書の目的は序論で示したとおり、「被制約の中の自由」の中で、理性的存在者が互いの自由を尊重して共存し、彼らの相互作用がフィヒテの「社会」を形成するものであることを論証することであった。その社会では人々の相互の促し、相互承認、相互の表現の活発なやりとりがあり、それらが教育の共同体、学術・文化の共同体、市民社会（ギルド共同体）そして共和国の形式をもつ国家というそれぞれの形態で形成されていく。そして、自己の自由の制限、被制約の正当性をみずから自覚する過程が「促し」による教育であり、この教育を通して各人は理性的存在者として「自由と権利の共和国」を築きあげる。まさしくフィヒテの社会哲学は「自由への教育」という彼の言葉でたんてきに表現できる。フィヒテの社会哲学の二つの代表作は、内容と完成度、後世への影響からして、自由への希求とその制限を扱った『自然法の基礎』と公民教育を扱った『ドイツ国民に告ぐ』だといえるが、この両者をまとめれば「自由への教育」になるのである。

フィヒテの思想の現代的意義を改めて示し、現代の代表的な社会哲学、社会理論と対比・検証することなどが残っている課題であるが、これについての本格的な検討は紙幅の関係もあり、他日に期したい。すでに本書のあちこちに示唆をするという形式で、部分的には対応をしたつもりである。ここでは、そうした通例のまとめをするのではなく、あえて風変わりな精神史的な議論を一つして終わることにする。それは、全体主義だというフィヒテへの批判を別の観点から覆す意図をもち、私がなぜフィヒテの社会哲学を論じたかの個人的な動機にかかわり、同時に、これまでのフィヒテ研究史のどこにもなかった視点を示唆するものである。

本書の解釈は、フィヒテを共和主義者として一貫して捉え、フランス革命によって獲得された近代の最良の理念をフィヒテが継承するとみるものであった。フランス革命に帰結する近代の社会哲学の理念は、以下のようにまとめられよう。自由とは人間の自由意志の表現であり、人間は人間であることによって根源的な権利をもっている。それは自由にもとづく人間の生の発現であり、その発現は他者の暴力によって妨げられることはない。自由が人間に固有の権利の発現の保障を表現しているのに対し、平等はこの権利の実行に普遍的な妥当性を与える。そして、それらの権利と平等を法律が規定し、法律はそれ自体権利の表現にほかならず、立法とは権利の行使以外の何ものでもない。その立法は根本的に人民主権でなければならず、そのことによって法律が人間の根源的な権利を保障するもの、権利の対象化されたものになる。そして、この人民主権はただ共和制によってのみ可能なのである。フィヒテの社会哲学の中にもこれらが認められることはすでに論証してきた。

だが、フランス革命の思想にあらわされた啓蒙の社会哲学をフィヒテが継承するにしても、それがもたらした現実や混迷・矛盾をフィヒテは受けつぐわけにはいかなかった。それに対抗するものとして神的な国民概念をもち出し、衆愚政治・大衆民主主義批判も行ない、フランスで失敗したあるべき「国民国家」のプロジェクトがドイツ人によってのみ可能になるという夢を抱いたこともすでに示したとおりである。その意味では、近代の到達点であるフランス革命の理念を継承しているが、同時にそこに潜む啓蒙の弁証法の欠陥を意識し、いかにそれを超克するかを考察しているのがフィヒテの後半生の思想的営為だといえるだろう。その際に大きな指標となったのが目的論的な歴史哲学であるが、フィヒテにかぎらず、どの時代でも救世を呼びかける者は、自作他作を問わず黙示録的予言を頼りにする。しかし、序論で述べたように、フィヒテの歴史哲学と宗教論の考察は、そういう微妙な問題を含むがゆえに、ここでは扱わず改めて考察する課題にした。

歴史哲学を提起してその中に問題を止揚しようとするのは、フィヒテだけではなく、ヘーゲル、マルクスにも共通する問題意識である。マックス・ウェーバーはそのような歴史哲学から身を離し、魔術から解放された合理性だけで超克できないか再吟味まではしたが、かつてのような形而上学に戻ることはできず、専門分化した学問をあえて引きうける英雄の立場に立って、悲観主義と決断主義にならざるをえなかった。ウェーバー・クライスにいたルカーチは、ウェーバーから継承した「鉄の檻」を物象化問題として捉えたまでは優れていたが、ブロッホの影響を受けてか、ヘーゲル、マルクスの歴史哲学をそれと結びつけ、物象化を乗り超えるのはプロレタリアートだと楽観的なままでいた。しかし、それを受けたフランクフルト学派に至るとルカーチとブロッホの解放の歴史哲学は、ナチズムとスターリニズム、そしてアウシュヴィッツを経て、絶望の歴史哲学に変貌し悲観の色は濃くなった[1]。

このような近代の思想の成果にもとづき、同時にそこに潜む問題点を超克しようとする傾向は、近代の中心地となったフランスやイギリス以外のヨーロッパ、とくにドイツにおいて顕著であり、またアジアを見れば日本にもあった。文字どおり「近代の超克」を謳った人々がいた。それに社会主義革命を遂行したロシアや中国も入れると、まさに近代批判、近代の超克は全体主義の惨事につながったのであり、その思想の先どりとしてフィヒテやヘーゲルを全体主義者だと批判する人々があとを絶たないのも、そこから来ている。

戦後にそのような批判をした者たちは勝ち馬に乗った日和見主義者にすぎないが、すでに戦前からそのような批判をした者として、何度か触れてきたプレスナーがいる。彼の代表作の一つ『遅れてきた国民（*Die verspätete Nation. Über die politische Verführbarkeit bürgerlichen Geistes*）』は一九三五年に上梓されたものの、ナチスの発禁処分で広く知られることはなく、戦後に「予言の書」としてもてはやされた。この書にはフィヒテ自体の分析は表面的でわずかしかないが、フィヒテを含むドイツの精神史の把握としては非常に豊かな思索がなされて、有益な示唆に富む。この論文に関係するいくつかの論点を拾えば、以下のような指摘を彼は行なっている。

ドイツは、ローマ法王からの委託を受けて神聖ローマ帝国の中心としての自負をもっていたが、宗教改革以後は、逆に帝国とローマ・カトリックとの歴史的な関係から、帝国に対するアンビバレントな対応が生じざるをえなかった。共和国はローマとルネサンスに由来するラテン精神の伝統であり、近代においてフランスが、ナポレオンの台頭により合理的な法の支配する共和国と神聖ローマ帝国にかわる新たな帝国という二つの理念をもって、ドイツを脅かした。そうなるとドイツは共和国の理念にも帝国の理念にもすがることができず、それに対して「民族（Volk）」という歴史的かつ有機的な統一体を抗議の理念とせざるをえなかったのである。

この「フォルク」を、プレスナーは「何世紀にもわたる小邦分立主義というドイツ人の政治的なあり方、そして宗教が国内で［プロテスタントとカトリックの二つに］分裂していることの中途半端な解決に対する抗議を表現する」[2]ものだとしている。それゆえ、政治的には小邦分立で領邦国家であり、宗教的には統一していなくても、「ドイツ民族（das Deutsche Volk）」としては、その二つの分裂を乗り超え、「その本質は統一で、創造的な根拠であり、有機体というイメージの中で運動しながら一致しているものである」[3]。プレスナーは、フィヒテがその際に言語によるドイツ民族の統一を提起したとしているが、われわれはそれ以外にも、宗教改革に見られた民衆運動、ドイツ中世自由都市の市民自治と文化、教育によるドイツの民衆形成、各都市の大学とそのネットワークとしての学者共同体、そしてカント以降の超越論的なドイツの哲学（知識学）、これらをフィヒテがドイツの統一の基礎をなすものとして考えていることを指摘した。そして何よりもNationという外来語を用いた点に、有機的でロマン主義的な内容をもつ「ドイツ民族」でありながらも、フランス革命で達成された共和制・立憲体制・人民主権をその中に重要な構成要素としてもつこともすでに述べた。

プレスナーはさらに「ドイツにはその土地固有で根源的な慣習があるが、フランスには、とくにドイツにとって同時に魅惑的で危険な啓蒙主義と革命とボナパルティズムをもつフランスには、抽象的で合理的な社交文化がある」[4]と書いている。これまでにフィヒテの思想を見てきたわれわれからすれば、フィヒテの「国民（Nation）」あるいは「フォルク」概念には土地固有の慣習はあまりないが、生命的で有機的なものであることはすでに知っている。それとフランスの啓蒙、フランス革命の成果、優れた統治者、そして理性的で闊達な対話を基礎とする社交を、何とかドイツ的な民族精神に統合させようと苦労しているというのが、フィヒテの社会哲学の姿であったといえるだろう。

フィヒテはフランス革命の共和国を支持した。共和主義を変えることはないが、しかし、それはルネサンスやフランス革命の共和国ではないのである。血と土地による非合理な民族概念には拠らないが、浅薄な啓蒙の合理主義、フランス革命以後に実現された近代の民主主義と資本主義による国民国家でもない。フィヒテがそれに対抗させるのは、神的生命に貫かれた有機的で生きた統一をもつ共同体である。それはまさに近代化の「遅れてきた国民」の、先進国の近代精神への抵抗の形態であるとプレスナーにならって表現することも可能であろう。

プレスナーはドイツのルター主義の役割にも言及している。彼はルター主義に対して否定的である。オランダに亡命して、カルヴィニズムを目のあたりにした彼からすれば、ドイツのルター主義こそは、国民の政治的無関心、私生活への隠遁をもたらした元凶であった。ルター派は国教会となると官僚的になり、個人との間に距離ができて、教会の中での市民の自由な発言や活動を許さなくなる。「ルター派の信仰が自由教会とは別の方向をとり、初めから政治的な要素と結びついていたという、まさにそのことによって、彼らの世間知らずや世俗から距離をとること、そして世俗に対して政治家たちに勝手気ままにやらせる世間への無関心が強められた。すなわち、自分自身の内面、そして家と家族の生活が、公的な活動のあらゆる形式よりも上であるとする隠遁の傾向が強められたのである」(5)。

フィヒテの思想もルターと関係がある。本書では宗教論を扱わなかったために詳論しなかったが、中心概念であった「被制約の中の自由」というフィヒテの自由の思想は、「キリスト者は万物の上に立つ自由な主人であり、何ものにも従属していない。キリスト者は万物につかえる下僕であり、誰にも従属している」(6)という自由と他者による被制約のルターの根本思考とかかわりがあると思われる。また身分論にある職業召命観や内面的な根源的自由もルターの思想の継承に属するものであろう。そのように考えれば、プレスナーのルター主義批判からフィヒテも逃げられないのである。

ここで自由教会というのは、国教会に対立する教会で、プレスナーはカルヴィン派の自由教会を意味している。オランダやイギリスなどにはこうした自由教会が存在し、近代の改革を担った勢力となった。プレスナーは、カルヴィニズムに立つこの自発的な自由教会によって討議する市民社会が形成されたことが、ルター派の支配した封建的なドイツとの根本的な相違だとしている。「その活動こそは、オランダやアングロ・サクソンの自由教会をして、公共の関心の中心点となし、さまざまな種類の精神的あるいは政治的な討議をする教育の場となさしめるものであった」(7)。

私はオランダやイギリスの自由教会は知らないが、デンマークの国民教会(国教会)に対抗するグルントヴィ派の自由教会なら、その実際を知っている。拙著で書いたように、近代デンマークの農民解放運動、民主化を担ったのはグルントヴィらを指導者とする「覚醒派」と呼ばれる人々で、教区から自由な自発的な信仰共同体としての自由教会を結成して、そこでさまざまな精神的、政治的討議を行なった。その成果が近代のデンマークの民主的な発展の基礎となったのである。(8) デンマーク国民教会はれっきとしたルター派福音教会である。そして君主や貴族層と結託して、民主的な改革や言論を弾圧する側に立ったのもドイツと同じである。それに対抗して同じルター派の牧師や知識人、農民たちが「覚醒派」を結成し自由教会を組織して、流血なきデンマークの民主革命に寄与した。プレスナーが、カルヴィニズムのなかったドイツでは望みえなかったとしたルター派の中にまさに自由教会がつくられた事例になる。

自由教会は現代ですらも生きた伝統として人々が自由教会に集まって討議し、公共空間を形成して、デンマークの民主主義を維持しつづけている。その雰囲気は形骸化した国民教会とは異質であり、「生きた言葉」と異邦人を含む他者への温かい配慮に満ちている。キリスト者ではない私も温かくもてなされた経験が多くある。教区を離れ、自分の意志として教会共同体に参加する分、つねに自己の自覚が試されている。

プレスナーが指摘するように、ドイツにこうした自由教会が一定の勢力として存在すれば、プロイセン、ドイツ帝国、ナチズムに対して、それらの動きを相対化する力になりえたかもしれない。しかし、現実としては、ビーダーマイヤーと揶揄される政治的には無力なブルジョア市民文化への逃避となり、教会が社会の変革を語る自由な討議の場所になることはなかった。

プレスナーはそれをドイツの惨めさとして嘆いてはいるが、しかし、われわれはすでにフィヒテの思想の中に、国家を相対化する「小社会」の思想を見てきた。相互の促し、相互承認、相互の表現のやりとりを基本とするこの「小社会」は、学問、芸術、道徳、市民社会、公共性を形成する場となり、その基礎となるものである。具体的には、社交の場、文芸共和国、フリーメイソン、見えない教会（不可視の教会）、学者共同体、コミューンとしての学校、自由自治都市、学生組合など、フィヒテの社会哲学には、自由教会と同様の機能を果たしうるものがいくつもある。それらの討議の中から優れた者が選ばれ、「教師身分」として最終的には国家を統治し、国民に自由への教育を行なう。最終的に、国民が自己を律することができるようになれば、国家自体が廃棄され、自由と博愛の相互作用の複数の共同体だけが共存する理想社会、地上における千年王国が実現する。

この点に着目すれば、プレスナーがいうところの、フランスやイギリスに対抗するあまりにビスマルクの専制やナチズムに陥らざるをえなかった「遅れてきた国民」の運命は、フィヒテの思想にはあてはまらないということになる。そのための最もよい例証は、デンマークの自由教会結成の思想的中心人物であり、キェルケゴールをしのぐデンマーク最大の思想家であるグルントヴィ自身、フィヒテの『ドイツ国民に告ぐ』や『学者の使命について』に影響を受けて、みずからの思想を鍛えた人だという事実である。(9) つまり、フィヒテの言語に立つ「国民」概念と国民教育による敗戦からの民主的な国づくり、その際に「相互作用」を基礎に置いた自由な小社会や生活共同体としての学校というフィヒテの理念は、グルントヴィとその支持者たちによって「生きた言葉（det levende ord）」と「相互作用（veksel-virkning）」にもとづく自由教会とフォルケホイスコーレ（Folkehøjskole 国民の高等教育学校）という形でデンマークに実現され、狂信的なナショナリズム、全体主義を防ぎ、民主的な国家を築く原動力となったのである。

フィヒテの思想も、フランスの脅威への対抗意識もあって、その啓蒙主義、大衆民主主義、皮相な合理主義を批判するものであったが、だからといって非合理の神秘主義や近代の全面否定に陥ったわけではない。権力分立を否定し、共同体には生命の有機的な統一を要求し、そのために理性の神話を想定したが、だからといってその後登場した独裁者の決断に民族のエネルギーがあらわれるというような安易な考えには立たなかった。フィヒテは近代に潜む疎外を見抜き、功利主義的合理主義や大衆民主主義にある種の絶望や反感を感じつつも、政治の本質は秘教的なものではなく、公教的な領域にあるとみなし、理性の他者に向かうことは否定したのだ。むしろ彼は終生、言論の公開性と討議の可能性を認め、理性によって近代の超克はできないものかを考えようとした。彼自身の英雄的な強さもあるが、まだ理性への信頼が失われていない時代であるからこそ、それは可能だった。

その際にヘーゲルと異なり、(10) フィヒテは、国家によらず、各人の相互作用、理性的存在者の共同体によってその超克を行なおうとした。そういう意味では、我・汝関係にもとづき将来の哲学を構想したフォイエルバッハ、あるいは人間の全面的な相互コミュニケーションのうちに解放を見ようとしたマルクスにもつながるものがあるのかもしれない。だが、私は上で記したように、グルントヴィに率いられたデンマークの農民解放運動と覚醒派の教会改革運動、協同組合運動(11)そしてフォルケホイスコーレ運動にフィヒテの思想のもっともよい継承を見たい。フィヒテの社会哲学の真骨頂は北方で花開いたのである。

（1）ただし、ホルクハイマー、アドルノらの第一世代だけである。第二世代のハーバマスになるとまた揺り戻しがある。

（2）Helmut Plessner : *Die Verführbarkeit des bürgerlichen Geistes, Gesammelte Schriften*, Bd. VI, Frankfurt am Main 2003, S. 59.（邦訳 ヘルムート・プレスナー、松本道介訳『ドイツロマン主義とナチズム』講談社学術文庫、一九九五年、八七頁）

（3）a. a. O.（上掲訳書、同頁）

（4）Dasselbe, S. 60.（上掲訳書、八八頁）訳書のこの部分の訳文は少し疑義がある。

（5）Dasselbe, S. 76.（上掲訳書、一一四頁）

（6）Martin Luther : *An den christlichen Adel deutscher Nation, Von der Freiheit eines Christenmenschen, Sendbrief vom Dolmetschen*, (Reclam 1578), Stuttgart 2008, S. 125.

（7）Helmut Plessner : *Die Verführbarkeit des bürgerlichen Geistes, Gesammelte Schriften*, Bd. VI, Frankfurt am Main 2003, S. 74.（邦訳 ヘルムート・プレスナー、松本道介訳『ドイツロマン主義とナチズム』講談社学術文庫、一九九五年、一一一頁）

（8）拙著『改訂新版 生のための学校』新評論、一九九六年、九三—一三八頁、ハル・コック、小池直人訳『グルントヴィ』風媒社、二〇〇七年、二〇八頁、Finn Abrahamowitz : *Grundtvig, Danmark til lykke*, 1. udgave, 3. oplag, København 2001, S. 344-354, Ove Korsgaard : *Kampen om lyset, Dansk voksenoplysning gennem 500 år*, Gyldendal 1997（邦訳 オーヴェ・コースゴー、川崎一彦・高倉尚子訳『光を求めて』東海大学出版会、一九九九年）、Steven Borish : *The land of the living, The Danish folk highschools and Denmark's non-violent path to modernization*, Blue Dolphin Press 1991（邦訳 スティーヴン・ボーリシュ、福井信子監訳『生者の国』新評論、二〇一一年）、N・F・S・グルントヴィ、小池直人訳『生の啓蒙』グルントヴィ哲学・教育・学芸論集二、風媒社、二〇一一年。

（9）フィヒテの思想とグルントヴィの思想の関係については、クリステン・コル、拙編訳『コルの「子どもの学校論」』（新評論、二〇〇七年）の解説（一九七—二〇四頁）で示している。グルントヴィについては、上記のハル・コックの伝記的研究のほかに注（8）で挙げた文献を参照されたい。

また、グルントヴィはシュテフェンス（ステフェンス）と親戚になり、彼からドイツ観念論哲学を学んだ。シュテフェンス（ステフェンス）はシェリングの仲間であり、彼自身ベルリン大学でフィヒテの講義を聴いている。キェルケゴールの兄はグルントヴィ派の運動の中心人物であり、キェルケゴール自身はグルントヴィ派の運動を批判している。

(10) ヘーゲルはたしかに国家にその止揚を見たが、しかし、たんなる国家主義者ではなく、ヘーゲルの国家はフィヒテのいう「自由と権利の共和国（Reich）」と同じような内容をもつ。とくに「コルポラツィオーン」が果たす役割が重要である。また、彼の「ポリツァイ」概念は、たんなる国家支配の官僚主義ではなく、自由と権利を保障する社会福祉国家的な機能をもち、「コルポラツィオーン」との相互作用において、自由と権利の共和国を維持するのである。フィヒテの「小社会」はヘーゲルの「コルポラツィオーン」に継承され、さらにはアソシエーション社会主義などにつながる可能性をもつのではないかと私は考えている。

(11) これに影響を受けた内村鑑三の弟子たちの無教会派の教育活動（基督教独立学園、愛農学園農業高校、キリスト教愛真高校）もその仲間に入れてよい。栩木憲一郎氏は、敗戦後の日本では、南原繁がフィヒテの『ドイツ国民に告ぐ』の中の占領下での内面的な自立の精神にもとづき、それは南原の師の内村の『デンマルク国の話』に沿うものだったと指摘した（栩木憲一郎「フィヒテ政治思想の日本受容」、木村博編『フィヒテ――『全知識学の基礎』と政治的なもの――』創風社、二〇一〇年所収、二五〇頁）が、同じ時期に内村の『デンマルク国の話』も教科書に載るなどして広く読まれた。そして、内村の描いた話がこのデンマークの覚醒派や農民解放運動のエピソードであり、グルントヴィを介してフィヒテの『ドイツ国民に告ぐ』から影響を受けたものなのである。

あとがき

本書は、二〇一一年九月に北九州市立大学大学院社会システム研究科に受理された学位論文に加筆・訂正し、「第四回九州大学出版会・学術図書刊行助成」に採択されて刊行したものである。

ほとんどは書き下ろしであるが、既出論文「フィヒテ初期知識学における『総合』の問題——構想力と理性」（『ディアロゴス』創刊号、九州大学哲学・倫理学研究会、一九八八年）の一部が本書第一中間考察第一節に、「承認論の誕生——イエナ期ヘーゲルのフィヒテ受容」（『哲学論文集』第二八輯、九州大学哲学会、一九九二年）の一部が本書第二部第二章第一節に、加筆・修正して利用されている。

『子どもの誕生』等で知られるフランスの歴史家、フィリップ・アリエスはその自伝を『日曜歴史家』と名づけている。大学で教鞭を執らず、ふだんは熱帯農業調査機関で働き、週末に歴史研究をしたからである。彼のひそみにならえば、さしづめ私は「日曜哲学者（哲学研究者）」となろうか。大学院で研究の手ほどきを受けたが、当時、花崎皋平さん（思想家、元北海道大学助教授）、高木仁三郎さん（元原子力資料情報室代表、故人）、北御門二郎さん（晴耕雨読のトルストイ翻訳家、故人）、松下竜一さん（作家、故人）らと知りあったこともあり、在野で思索をする生き方を選んだ。具体的には、塾や予備校で働いて、たまの休みに書物を繙くという生活である。日々のストレス多い仕事の中で、休日にゆったりと書を読み思ったことを執筆する。生活は苦しかったけれども、ある意味ぜいたくな余暇の過ごし方だったのかもしれない。

しかし、最初に書いた本はこうした時間から生まれたのではなく、もう一つの余暇活動、市民運動の中で得られた成果だった。反原発運動の一環で風力発電を試み、そこからデンマークとの縁ができて、最初の著書『生のための学校』（新評論）につながった。その後もデンマーク関係の著書を出し、世間的にはいつのまにかデンマークの研究者というイメージができてしまった。そもそもがこれらの本は、日本とデンマークの教育市民運動の中で生まれたものであり、アカデミックな研究書ではない。そのうちに、ドイツの思想できちんとした書物でも出せば、この誤解は解けるかなと漠然と思っていた。それがようやく実現したわけである。

フィヒテは大学院時代に研究を始め、今に至るまでほそぼそと続けてきたが、十年ほど前に一度研究をまとめてみようと思った。当時はまだフィヒテの書物の訳書が十分にそろってはいなかったので、未邦訳のものを中心にコツコツと私訳を始めた。『新方法による知識学（クラウゼ版）』『神論・法論・道徳論』『一八一二年の道徳論』『一八一二年の法論』『国家論』『一八一〇年の知識学講義』『一八一一年の知識学講義』などを訳してきた。そのうち邦訳『フィヒテ全集』でもこれらの訳書の多くが刊行され、追いつかれてしまった。これだけで五年ほどかかり、その間に、デンマーク関係の書物や記事執筆に講演などの依頼もあって、いつできるやらの見通しも皆目立たず、ずるずると時間ばかりが過ぎ、忸怩たる思いの日々が続いた。

二〇〇九年にとある契機から、北九州市立大学大学院（社会システム研究科）が社会人に便宜をはかってくれると勧められ、入学してみた。自分だけでやるよりも制度の強制力があった方がよいと考えたからだ。カール・シュミットの権威の一人、中道壽一先生のご指導を受け、一年目は同じく中道先生に学んだ中野次吉博士、山脇直祐博士も同席して、私の発表する原稿にいろいろとご意見をいただいた。原稿は夏休みや春休みなどにまとめて書いた。先生や参加者のご意見が励みとなり、結果的にどんどん進んで、いま見るような形になったのである。まったくみなさんのおかげである。

北九州市立大学は日本有数の産業の街にあったがために、工場労働者に学びの門戸を開いてきた長い歴史をもつ。仕事をもつ社会人への配慮がなされたそのカリキュラムや指導方針がありがたかった。

先生方のご指導を受け、自分なりに努力はしたつもりであるが、いかんせん日曜哲学者である。この著書も能力の限界を示して、拙い内容になっている点が多々ある。もし少しでも取るに足る内容があるとすれば、それは先生方のご指導の他に日本フィヒテ協会と、国際フィヒテ学会発行の *Fichte-Studien* に負うところが大きい。日本フィヒテ協会の年次大会とそこでの議論、および学会誌『フィヒテ研究』は大いに刺激になった。また*Fichte-Studien*では世界のレベルを知ることができ、在野で井の中の蛙になりがちな傾向を少しは防いでくれたのではないかと思う。

国際フィヒテ学会といえば、一つ思い出がある。エッセン大学に留学していたとき、幸い近くに二人の著名なフィヒテ研究者がいたので、自主的にゼミに通った。ヴッパタール大学のヤンケ教授とデュイスブルク大学（現エッセン・デュイスブルク大学）のギルント教授である。ギルント教授のゼミにはヘルムート・トラウプ氏も毎回同席していた。

一九八九年の五月であったか、当時国際フィヒテ学会会長であられたヤンケ先生の自宅で秋にある国際フィヒテ学会のための委員の会議が行われ、それに来ないかといわれた。ヴッパタールから同乗した車には、今回その著書や論文が大きな導きとなったショトキー氏もいてお話しした。ヤンケ先生の自宅の居間に入ると、ドイツのフィヒテ研究のそうそうたる大家が集っていた。今回の研究でも大きな助けとなった著書・論文の著者であるカール・ハーン教授、クラウス・ハムマッハー教授、あるいはのちに国際フィヒテ学会会長となったヴォルフガング・シュラーダー教授、そしてギルント教授などである。

エッセン大学に行ったのは、当時在学していた九州大学の倫理学研究室の縁である。滝沢克己先生（故人）に学んだドイツ人牧師ハーマー氏がエッセン大学神学科の教員（アカデミッシャー・オーバーラート）として勤務し、倫理学研究室から留学生を求めていた。私が九大の大学院に入ったときは、滝沢先生はすでに退職されていたが、ご逝去前に二度ほど滝沢先生の自宅での集まりに参加したり、滝沢先生に学んだ諸先輩方と知りあったりして、私が「滝沢シューレ」の最後の学生と目されるようになっていた。滝沢克己先生が晩年客員教授として教鞭を執られたエッセン大学神学科では、「滝沢シューレ」の学生として温かい歓待を受けた。ここには私の来る一年前まで、基礎神学講座にフェアヴァイエン教授がいた。私が所属したエッセン大学の哲学科には、ペーター・エストライヒ氏も当時助手として勤務しており、たまに雑談した。彼の名前は今でもよく*Fichte-Studien*の論文で見ることができる。

フィヒテ研究にまつわる思い出をこうしてふりかえると、不思議なえにしがあることに気づく。今回参照した研究書や論文は、私がお会いした方々のものも多く、読むときにその人の姿が想起されて、身近に筆者と対話している気がした。

今日までフィヒテ研究を続けられたのも、おそらくこうした出会いが継続の一助になったのだろう。そして、フィヒテの『ドイツ国民に告ぐ』に大きな示唆を受けて、近代デンマークのあり方を決定づけたグルントヴィと彼に率いられた民衆教育運動と縁ができたのも、何かの必然を感じる。グルントヴィ研究の大家で、私のフィヒテのこの著書の完成を期待し、日本語が読めないことを残念がったオヴェ・コースゴー教授（オーフス大学コペンハーゲン教育学部学部長）を初めとして、かの地の友人たちにも感謝したい。

だがいうまでもなく、ドイツとデンマークの人々以上に大きな力になったのは、これまで私をご指導下さった先生方、そして学友のみなさんの存在である。学部時代にご指導いただいた吉川健郎先生（元鹿児島大学教授、故人）、前田毅先生（元鹿児島大学教授）、米永政彦先生（元鹿児島大学教授）、デンマークとの出会いを与え、市民運動の場でお世話になった橋爪健郎先生（元鹿児島大学助手）、大学院時代にご指導下さった増永洋三先生（元九州大学教授、故人）、細川亮一先生（前九州大学教授）、花田伸久先生（元九州大学教授）、今回の論文をご指導いただいた中道壽一先生（前北九州市立大学教授）、重松博之先生（北九州市立大学教授）、高橋洋城先生（駒澤大学准教授）、森本司先生（北九州市立大学教授）には心からの感謝を申し上げたい。またフィヒテ協会のみなさんにも、著書・論文・翻訳等にたくさん学ばせていただいた。とくにお気遣い下さった長澤邦彦先生（同志社大学教授）、工藤和男先生（同志社大学教授）、田端信廣先生（同志社大学教授）、田村一郎先生（元鳴門教育大学教授）、井戸慶治先生（徳島大学教授）、木村博先生（長崎総合科学大学教授）の諸先生方に、深く感謝申し上げる。野に埋もれていても気にかけて下さった中村憲司さん（元西日本工業大学教授）、下村英視さん（沖縄大学教授）、浜渦辰二さん（大阪大学教授）、郡山和久さん（神戸市立小学校教員）、手島純さん（神奈川県立高校教員）の諸先輩方、勉強だけではなく仕事の面でもお世話になっている浅田淳一さん（筑紫女学園大学教授）を初めとした同窓の仲間たちにも厚くお礼を述べたい。日曜哲学者や市民運動家であると、必然的に休日の家族サービスがおろそかになる。わがままを我慢してくれた家族にももちろん感謝しなければならない。

最後に、拙いこの書に価値を見いだし、出版まで助成して下さった九州大学出版会にもお礼の言葉を述べておきたい。審査の先生方の克明なコメント、ご意見もありがたかった。編集者の尾石理恵さんは、面倒な編集と校正のお仕事をていねいにして下さった。よい書物になったとすれば、尾石さんのおかげである。

思慮を欠いた大学院拡充政策のために、生活に苦しむポスト・ドクターの若い世代の研究者が増えている。困難な状況の中でも、学ぶ気持ちを失わなければ成果を世に問える一例として、彼らの励みになるなら望外の喜びである。

二〇一三年八月五日

清水　満

事項索引

タ行

ナ行

ハ行

マ行

ヤ行

ラ行

主要人名索引

文　献

1. 原典

(1) J. G. Fichte

全集

Fichtes Werke, 11 Bde., hrsg. von Immanuel Hermann Fichte, Fotomechanicher Nachdr. aus Berlin 1845-1846 und Bonn 1834-1835, Berlin 1971.

Johann Gottlieb Fichte : Gesamtausgabe der Bayerischen Akademie der Wissenschaften, hrsg. von Reinhard Lauth, Erich Fuchs, Hans Gliwtzky und Peter K. Schneider, Stuttgart-Bad Cannstatt, 1962-2012.（II. Bd. 3, II. Bd. 4, II. Bd. 10, II. Bd. 13, II. Bd. 14, II. Bd. 15 を主に使用）

ラウト，ラインハルト，加藤尚武・隈元忠敬・坂部恵・藤澤賢一郎編集，フィヒテ全集，全 23 巻（既巻 17 巻），哲書房，1995 年～。

単行本

Johann Gottlieb Fichte Schriften aus den Jahren 1790-1800, hrsg. von Hans Jacob, Berlin 1937.

Über den Begriff der Wissenschaftslehre oder der sogenannten Philosophie, hrsg. von Edmund Braun,（Reclam 9348/49）, Stuttgart 1972.

Grundlage der gesamten Wissenschaftslehre（1794）, Einl. und Reg. von Wilhelm G. Jacobs,（PhB. 246）, Hamburg 1979.

Beitrag zur Berichtigung der Urteile des Publikums über die französische Revolution, Beigefügt die Rezension von Friedrich von Gentz（1794）, hrsg. von Richard Schottky, 2. Aufl.,（PhB. 282）, Hamburg 1973.

Von den Pflichten der Gelehrten Jenaer Vorlesungen 1794/95, hrsg. von Reinhard Lauth, Hans Jacob, Peter K. Schneider,（PhB. 274）, Hamburg 1971.

Grundriß des Eigentümlichen der Wissenschaftslehre（1795）, hrsg. von Wilhelm G. Jacobs,（PhB. 224）, Hamburg 1975.

Grundlage des Naturrechts nach Prinzipien der Wissenschaftslehre（1796）, mit Einl. und Reg. von Manfred Zahn. 3. Nachdr.,（PhB. 256）, Hamburg 1979.

Das System der Sittenlehre（1798）, Einl. und Reg. von Manfred Zahn, Hamburg 1969,（PhB. 257）.

Wissenschaftslehre nova methodo, Kollegnachschrift K. Chr. Fr. Krause 1798/99, hrsg. sowie mit Einleitung und Anmerkungen versehen von Erich Fuchs,（PhB. 336）, Hamburg 1982.

Die Bestimmung des Menschen, Auf d. Grundlage d. Ausg. von Fritz Medicus rev. von Erich Fuchs,（PhB. 226）, Hamburg 1979.

Erst Wissenschaftslehre von 1804, aus dem Nachlaß hrsg. von Hans Gliwitzky, Stuttgart 1969.

Die Wissenschaftslehre : 2. Vortrag im Jahre 1804, hrsg. von Reinhard Lauth u. Joachim Widmann

unter mitarb. von Peter Schneider, 2. durchges. Aufl.,（PhB. 284）, Hamburg 1986.

Die Principien der Gottes-Sitten-und Rechtslehre, hrsg. von Reinhard Lauth,（PhB. 388）, Hamburg 1986.

Philosophie der Maurerei, hrsg. von Thomas Held, Düsseldorf 1997.

Die Wissenschaftslehre in ihrem allgemeine Umriss, Einleitung und Kommentar von Günter Schulte, Frankfurt am Main 1976.

Die späten wissenschaftlichen Vorlesungen I 1809-1811, hrsg. von Hans Georg von Manz, Erich Fuchs, Reinhard Lauth und Ive Radrizzani, Stuttgart-Bad Cannstatt 2000.

Die späten wissenschaftlichen Vorlesungen II, hrsg. von Hans Georg von Manz, Erich Fuchs, Reinhard Lauth und Ive Radrizzani, Stuttgart-Bad Cannstatt 2003.

Fuchs, Erich : Fichtes Briefentwurf >An den Kaiser< Franz II. aus dem Jahre 1799, in : *Transzendentalphilosophie als System*, hrsg. von Albert Mues, Hamburg 1987.

Johann Gottlieb Fichte Briefe, hrsg. von Manfred Buhr, Leipzig 1986.

Fichte-Schelling Briefwechsel, Einl. von Walter Schulz, Frankfurt am Main 1968.（邦訳 座小田豊・後藤嘉也訳『フィヒテ－シェリング往復書簡』法政大学出版局，1990 年）

北岡武司訳『啓示とは何か――あらゆる啓示批判の試み――』法政大学出版局，1996 年。

桝田啓三郎訳『フランス革命論――革命の合法性をめぐる哲学的考察――』法政大学出版局，1987 年。

宮崎洋三訳『学者の使命 学者の本質』岩波文庫，1942 年。

木村素衛訳『全知識学の基礎』上・下，岩波文庫，1930 年。

量義治訳『人間の使命』，岩崎武雄編『フィヒテ，シェリング』世界の名著第 48 巻，中央公論社，1980 年所収。

出口勇蔵訳『封鎖商業国家論』弘文堂書房，1938 年。

高橋亘・堀井泰明訳『浄福なる生への導き』平凡社，2000 年。

石原達二訳『ドイツ国民に告ぐ』玉川大学出版部，1999 年。

資料集

J. G. Fichte im Gespräch, Berichte der Zeitgenossen, hrsg. von Erich Fuchs, Bd. 1-6. 2, Stuttgart-Bad Cannstatt 1978-1992.

Geschichtliche Grundbegriffe, Historische Lexikon zur politisch-sozioalen Sprache in Deutschland, hrsg. von O. Brunner, W. Conze und R. Koselleck, 1. Auflage der Studienausgabe, Stuttgart 2004.

Hoffmeister, Johannes : *Wörterbuch philosophischen Begriffe*,（PhB. 225）, Hamburg 1955.

（2）I. Kant

Kants Werke, Akademie-Textausgabe, hrsg. von der Preußischen Akademie der Wissenschaften und der Deutschen Akademie der Wissenschaften zu Berlin, 11 Bde. Nachdr., Berlin/New York 1968.

Kant's gesammelte Schriften, hrsg. von der Königlich Preußen Akademie der Wissenschaften, Bd. XI, Zweite Abteilung : Briefwechsel Zweiter Band, Berlin 1900.

Metaphysiche Anfangsgründe der Rechtslehre, hrsg. von Bernd Ludwig, (PhB. 360), Hamburg 1986.

Rechtslehre Schriften zur Rechtsphilosophie, hrsg. und mit einem Anhang versehen von Hermann Klenner, Berlin 1988.

(3) G. W. F. Hegel

Hegel Werke in zwanzig Bänden, Theorie Werkausgabe, hrsg. von Eva Moldenhauer und Karl Markus Michel, Frankfurt am Main 1970.

Gesammelte Werke, Bd. 8, Jenaer Systementwürfe III, hrsg. von Rolf Peter Horstmann und Johann Heinrich Trede, Hamburg 1976.

Jenaer Sytementwürfe III, Naturphilosophie und Philosophie des Geistes, hrsg. von Rolf Peter Horstmann, (PhB. 333), Hamburg 1987.

(4) John Locke

Two treatises of government, Cambrige Texts in the History of Political Thought edited with an introduction and notes by Peter Laslett, Cambridge University Press 1988.（邦訳 ロック，宮川透訳『統治論』中公クラシックス，2007 年）

(5) Jean-Jacques Rousseau

Œuvres complètes III Du contrat social Écrits politiques, edition publiée sous la direction de Bernard Gagnebin et Marcel Raymond, Bibliothéque de la Pléiade, Paris 2003.（邦訳 作田啓一・浜名優美他訳，ルソー全集第 5 巻，白水社，1979 年）

(6) Abbé Emmanuel Joseph Sièyes

Qu'est-ce que le Tiers-État ? précédé de l'essai sur les privilèges (1788), Édition critique avec une introduction par Edme Champion, Paris 1888, reprinted by Lightning Source UK 2011.（邦訳 シィエス，稲本洋之助・伊藤洋一・川出良枝・松本英実訳『第三身分とは何か』岩波文庫，2011 年）

(7) G. E. Lessing

Die Erziehung des Menschengeschlechts, in : *Gotthold Ephraim Lessing Werke in drei Bänden*, Bd. 3, München 2003.

(8) Friedrich Schiller

Über Anmut und Würde, in : *Schillers Werke Nationalausgabe*, hrsg. von Benno von Wiese, Bd. 20, Weimar 1962.

(9) Martin Luther

An den christlichen Adel deutscher Nation, Von der Freiheit eines Christenmenschen, Sendbrief vom Dolmetschen, (Reclam 1578), Stuttgart 2008.

(10) Karl Marx

Karl Marx, Friedrich Engels Werke, Bd. 1, 16, überarbeitete Auflage, Berlin 2006.（邦訳 カール・マルクス，花田圭介訳『ユダヤ人問題によせて』，カール・マルクス，真下信一訳『ヘーゲル法哲学批判序説』マルクス・エンゲルス全集第 1 巻，大月書店，1959 年）

マルクス／エンゲルス，廣松渉編訳・小林昌人補訳『新編輯版ドイツ・イデオロギー』岩波文庫，2002 年。

(11) Max Weber

Die protestantische Ethik und der Geist des Kapitalismus, in : *Gesammelte Aufsätze zur Religionssoziologie I*, Tübinngen 1920.（邦訳 マックス・ヴェーバー，大塚久雄訳『プロテスタンティズムの倫理と資本主義の精神』岩波文庫，1989 年）

(12) John Stuart Mill

On Liberty, Dover Publication, Mineola/ New York 2002.（邦訳 J. S. ミル，塩尻公明・木村健康訳『自由論』岩波文庫，1971 年）

(13) Johann Benjamin Erhard

Über das Recht des Volks zu einer Revolution und andere Schriften, hrsg. von Hellmut G. Haas, München 1970.

2. フィヒテにかんする二次文献

著書（フィヒテにかんする章があるものも含む）

Batscha, Zwi : *Gesellschaft und Staat in der politischen Philosophie Fichtes*, Frankfurt am Main 1970.

Baumanns, Peter : *J. G. Fichte, Kritische Gesamtdarstellung seiner Philosophie*, München 1990.

Becker, Hans-Joachim : *Fichtes Idee der Nation und das Judentum, Fichte-Studien-Supplementa*, Bd.14, Amsterdam/Atlanta 2000.

Brüggen, Michael : *Fichtes Wissenschaftslehre : Das System in den seit 1801/1802 entstandenen Fassungen*, Hamburg 1979.

Cassirer, Ernst : *Freiheit und Form. Studien zur deutschen Geistesgeschichte*, 6. Aufl., Darmstadt 1994.（邦訳 エルンスト・カッシーラー，中埜肇訳『自由と形式――ドイツ精神史研究――』ミネルヴァ書房，1972 年）

Drechsler, Julius : *Fichtes Lehre vom Bild*, Stuttgart 1955.

Gurwitsch, Georg : *Fichtes System der konkreten Ethik, Nachdruck der Ausgabe Tübingen 1924*, Hildesheim 1984.

Hahn, Karl : *Staat, Erziehung und Wissenschaft bei J. G. Fichte*, München 1969.

Heimsoeth, Heinz : *Fichte*, München 1923.

―― : *Die sechs grossen Themen der abendländischen Metaphysik*, 5. Aufl., Stuttgart 1965.（邦訳 ハインツ・ハイムゼート，座小田豊・後藤嘉也訳『近代哲学の精神――西洋形而上

学の六つの大テーマと中世の終わり』法政大学出版局，1995年）
Hirsch, Emanuel : *Fichte-Studien 1914-1929, Gesammelte Werke*, Bd. 24, Waltrop 2008.
Hunter, C. K. : *Der Interpersonalitätsbeweis in Fichtes früher angewandter praktischer Philosophie*, Meisenheim am Glan 1973.
Jacobs, Wilhelm G. : *Johann Gottlieb Fichte*, Hamburg 1984.
——: *Trieb als Sittliches Phänomen : Eine Untersuchung zur Grundlegung der Philosophie nach Kant und Fichte*, Bonn 1967.
Janke, Wolfgang : *Fichte, Sein und Reflexion, Grundlagen der kritischen Vernunft*, Berlin 1970.（邦訳 ウォルフガング・ヤンケ，隈元忠敬・高橋和義・阿部典子訳『フィヒテ——存在と反省 批判的理性の基礎』上下2巻，哲書房，1992年）
——: *Historische Dialektik, Destruktion dialektischer Grundformen von Kant bis Marx*, Berlin/New York 1977.
——: *Vom Bilde des Absoluten, Grundzüge der Phänomenologie Fichtes*, Berlin/New York 1993.
——: *Entgegensetzungen, Studien zu Fichtes-Konfrontationen von Rousseau bis Kierkegaard, Fichte-Studien-Supplementa*, Bd. 4, Amsterdam/Atlanta 1994.
——: *Die dreifache Vollendung des Deutschen Idealismus, Schelling, Hegel und Fichtes ungeschriebene Lehre, Fichte-Studien-Supplementa*, Bd. 22, Amsterdam/Atlanta 2009.
Kahlo, Michael, usw.（hrsg.）: *Fichtes Lehre vom Rechtsverhältnis : Die Deduktion der §§ 1 - 4 der Grundlage des Naturrechts und ihre Stellung in der Rechtsphilosophie*, hrsg. von Michael Kahlo Ernst A. Wolff und Rainer Zaczyk, Frankfurt am Main 1992.
Lauth, Reinhard : *Zur Idee der Transzendentalphilosophe*, München 1965.
——: *Die transzendentale Naturlehre Fichtes nach den Prinzipien der Wissenschaftslehre*, Hamburg 1984.
——: *Vernünftige Durchdringung der Wirklichkeit. Fichte und sein Umkreis*, Neuried 1994.
Meinecke, Friedrich : *Weltbürgertum und Nationalstaat, Friedrich Meinecke Werke*, Bd. V, München 1969.（邦訳 フリードリッヒ＝マイネッケ，矢田俊隆訳『世界市民主義と国民国家——ドイツ国民国家発生の研究——』I・II巻，岩波書店，1968，1972年）
Metzger, Wihelm : *Gesellschaft, Recht und Staat in der Ethik des deutschen Idealismus*, Neudruck der Ausgabe Heidelberg 1917, Darmstadt 1966.
Reiß, Stefan : *Fichtes >Reden an die deutsche Nation< oder : Vom Ich zum Wir*, Berlin 2006.
Schottky, Richard, *Untersuchungen zur Geschichte der staatsphilosophischen Vertragstheorie im 17. und 18. Jahrhundert, Fichte-Studien-Supplementa*, Bd. 6, Amsterdam/Atlanta 1995.
Schulte, Günter : *Die Wissenschaftslehre des späten Fichte*, Frankfurt am Main 1971.
Schultz, Walter : *Metaphysik des Schweben, Untersuchungen zur Geschichte der Ästhetik*, Pfullingen 1985.
Stolzenberg, Jürgen : *Fichtes Begriff der intellektuellen Anschauung : Die Entwicklung in der Wissenschaftslehren von 1793/94-1801/02*, Stuttgart 1986.
Traub, Hartmut : *Johann Gottlieb Fichtes Populärphilosophie 1804-1806*, Stuttgart-Bad Connstatt 1992.
Verweyen, Hansjürgen : *Recht und Sittlichkeit in J. G. Fichtes Gesellschaftslehre*, München 1975.
Weber, Marianne : Fichtes Sozialismus und seine Verhältnis zur Marx'schen Doktrin（1900）, in :

Schriften zu J. G. Fichtes Sozialphilosophie, Hildesheim 1987.
Widmann, Joachim : *Die Grundstruktur des transzendentalen Wissens nach Johann Gottlieb Fichtes Wissenschaftslehre 1804*, Hamburg 1977.
—— : *Johann Gottlieb Fichte, Einführung in seine Philosophie*, Berlin/New York 1982.
Wundt, Max : *Johann Gottlieb Fichte*, Faksimile-Neudruck der Ausgabe Stuttgart 1927, Stuttgart-Bad Cannstatt 1976.
—— : *Fichte-Forschungen*, Faksimile-Neudruck der Ausgabe Stuttgart 1929, Stuttgart-Bad Cannstatt 1976.
ヴィルムス，ベルナルト，青山政雄・田村一郎訳『全体的自由――フィヒテの政治哲学』木鐸社，1976 年。
高田純『実践と相互人格性――ドイツ観念論における承認論の展開』北海道大学図書刊行会，1997 年。
田村一郎『十八世紀ドイツ思想と「秘儀結社」――「自律」への不安（上）――』多賀出版，1994 年。
南原繁『フィヒテの政治哲学』岩波書店，1959 年。
ブール，マンフレート，藤野渉・小栗嘉浩・福吉勝男訳『革命と哲学――フランス革命とフィヒテの本源的哲学』法政大学出版局，1976 年。
福吉勝男『自由の要求と実践哲学――J. G. フィヒテ哲学の研究』世界書院，1988 年。
ラウト，ラインハルト，隈元忠敬訳『フィヒテからシェリングへ』以文社，1982 年。
――，隈元忠敬訳『フィヒテのヘーゲル批判』協同出版，1987 年。

論文

Abizadeh, Arash : Was Fichte an ethnic Nationalist ?, On cultural nationalism and its double, in : *History of Political Thought*, Vol. XXVI, No. 2, 2005.
Aichele, Alexander : Einleitung, in : *Reden an die deutsche Nation*, (PhB. 588), Hamburg 2008.
Bartuschat, Wolfgang : Zur Deduktion des Rechts aus Vernunft bei Kant und Fichte, in : *Fichtes Lehre vom Rechtsverhältnis : Die Deduktion der §§ 1-4 der Grundlage des Naturrechts und ihre Stellung in der Rechtsphilosophie*, hrsg. von Michael Kahlo Ernst A. Wolff und Rainer Zaczyk, Frankfurt am Main 1992.
Bazzan, Marco Rampazzo : Das Ephorat bei J. G. Fichte, in : *Fichte-Studien*, Bd. 27, Amsterdam/New York, 2006.
Cesa, Claudio : Zur Interpretation von Fichtes Theorie der Intersubjektivität, in : *Fichtes Lehre vom Rechtsverhältnis : Die Deduktion der §§ 1-4 der Grundlage des Naturrechts und ihre Stellung in der Rechtsphilosophie*, hrsg. von Michael Kahlo Ernst A. Wolff und Rainer Zaczyk, Frankfurt am Main 1992.
Chinsei, Tsuneya : J. G. Fichtes Staatslehre in seiner späten Periode, in : *Transzendentalphilosophie als System, Die Auseinandersetzung zwischen 1794 und 1806*, hrsg. von Albert Mues, Hamburg 1987.
Dann Otto : Jena in der Epoche der Revolution, in : *Evoltuion des Geistes : Jena um 1800, Natur und Kunst, Philosophie und Wissenschaft im Spannungsfeld der Geschichte*, hrsg. von Friedrich Strack, Stuttgart 1994.

De Pascale, Carla : Freiheit und Notwendigkeit beim späten Fichte, in : *Transzendentalphilosophie als System, Die Auseinandersetzung zwischen 1794 und 1806*, hrsg. von Albert Mues, Hamburg 1987.

——: Fichte und die Verfassung des Vernunftreichs, in : *Fichte-Studien*, Bd. 23, Amsterdam/NewYork 2003.

——: Fichte und Gesellschaft, in : *Fichte-Studien*, Bd. 24, Amsterdam/NewYork 2003.

Espagne, Michel : Die Rezeption der politischen Philosophie Fichtes in Frankreich, in : *Fichte-Studien*, Bd. 2, Amsterdam/Atlanta 1990.

Fuchs, Erich : Fichtes Einfluß auf seine Studenten in Berlin zum Beginn der Befreiungskriege, in : *Fichte-Studien*, Bd. 2, Amsterdam/Atlanta 1990.

——: Fichtes Stellung zum Judentum, in : *Fichte-Studien*, Bd. 2, Amsterdam/Atlanta 1990.

Hahn, Karl : Die Idee der Nation als Implikat der Interpersonalitäts- und Geschichtstheorie, in : *Fichte-Studien*, Bd. 2, Amsterdam/Atlanta 1990.

Hammacher, Klaus : Fichte und die Freimaurerei, in : *Fichte-Studien*, Bd. 2, Amsterdam/Atlanta 1990.

Ivaldo, Marco : Die systematische Position der Ethik nach der WL NM und der Sittenlehre, in : *Fichte-Studien*, Bd. 16, Amsterdam/Atlanta 1999.

Janke, Wolfgang : Das bloß gesollte Absolute. Zur strittigen Rolle des Sollens in Hegels Logik und Fichtes Phänomenologie ab 1804, in : *Transzendentalphilosophie und Spekulation, Der Streit um Gestalt einer Ersten Philosophie*（*1799-1807*）, hrsg. von Walter Jaeschke, Hamburg 1993.（邦訳 ヴォルフガング・ヤンケ，美濃部仁訳「単なる当為の対象としての絶対者――ヘーゲルの論理学とフィヒテの 1804 年以降の現象学に見られる当為――」，高山守・藤田正勝監訳『論争の哲学史――カントからヘーゲルまで――』理想社，2001 年所収）。

Köhler, Michael : Zur Begründung des Rechtszwang im Anschluß an Kant und Fichte, in : *Fichtes Lehre vom Rechtsverhältnis : Die Deduktion der §§ 1-4 der Grundlage des Naturrechts und ihre Stellung in der Rechtsphilosophie*, hrsg. von Michael Kahlo Ernst A. Wolff und Rainer Zaczyk, Frankfurt am Main 1992.

Lauth, Reinhard : Einleitung, in : J. G. Fichte : *Von den Pflichten der Gelehrten, Jenaer Vorlesungen 1794/95*,（PhB. 274）, Hamburg 1971.

——: Der letzte Grund von Fichtes Reden an die deutsche Nation, in : *Fichte-Studien*, Bd. 4, Amsterdam/Atlanta 1992.

——: Über Fichtes Lehrtätigkeit in Berlin bis 1805, in : *Vernünftige Durchdringung der Wirklichkeit*, Neuried 1994.

López-Dominguez, Virginia : Die Staatslehre von 1813 oder der Kampf der Aufklärung gegen den politischen Irrationalismus der Romantiker zur Verteidigung einer christlich-revolutionären Sozialutopie, in : *Fichte-Studien*, Bd. 23, Amsterdam/NewYork 2003.

Radrizzani, Ives : Ist Fichtes Modell des Kosmopolitismus pluralistisch ? , in : *Fichte-Studien*, Bd. 2, Amsterdam/Atlanta 1990.

Rametta, Gaetano : Das Problem der Souveränität in Fichtes Staatslehre, in : *Fichte-Studien*, Bd. 29, Amsterdam/NewYork 2006.

Schottky, Richard : Einleintung, in : J. G. Fichte : *Rechtslehre*, (PhB. 326), Hamburg 1980.
—— : Bemerkungen zu Fichtes Rhetorik in Grundzüge des gegenwärtigen Zeitalters, in : *Transzendentalphilosophie als System, Die Auseinandersetzung zwischen 1794 und 1806*, hrsg. von Albert Mues, Hamburg 1987.
—— : Fichtes Nationalstaatsgedanke auf der Grundlage unveröffentlichter Manuskripte von 1807, in : *Fichte-Studien*, Bd. 2, Amsterdam/Atlanta 1990.
—— : Vermutliche Anregungen für Fichtes Naturrecht, in : *Untersuchungen zur Geschichte der staatsphilosophischen Vertragstheorie im 17. und 18. Jahrhundert*, *Fichte-Studien-Supplementa*, Bd. 6, Amsterdam/Atlanta 1995.
Schrader, Wolfgang H. : Nation, Weltbürgertum und Synthesis der Geisterwelt, in : *Fichte-Studien*, Bd. 2, Amsterdam/Atlanta 1990.
Siep, Ludwig : Naturrecht und Wissenschaftslehre, in : *Fichtes Rechtsphilosophie*, hrsg. von M. Kahlo und E. A. Wolf, Frankfurt am Main 1992.（邦訳 山内廣隆訳「自然法と知識学」，ルートヴィッヒ・ジープ，上妻精監訳『ドイツ観念論における実践哲学』晢書房，1995 年所収）
Zaczyk, Rainer : Die Struktur des Rechtsverhältnisses（§§ 1-4）im Naturrecht Fichtes, in : *Fichtes Lehre vom Rechtsverhältnis : Die Deduktion der §§ 1-4 der Grundlage des Naturrechts und ihre Stellung in der Rechtsphilosophie*, hrsg. von Michael Kahlo Ernst A. Wolff und Rainer Zaczyk, Frankfurt am Main 1992.
Zöller, Günter : Die Einheit von Intelligenz und Wille in der Wissenschaftslehre nova methodo, in : *Fichte-Studien*, Bd. 16, Amsterdam/Atlanta 1999.
入江幸男「『新しい方法による知識学』の他者論」，『哲学論叢』第 16 号，大阪大学文学部哲学哲学史第二講座，1985 年。
——「フィヒテの国家契約説における二つのアポリア」，廣松渉・坂部恵・加藤尚武編『自我概念の新展開』講座ドイツ観念論第 3 巻，弘文堂，1990 年所収。
加藤泰史「カントとフィヒテ——『ナショナリズム』と『コスモポリタニズム』をめぐるカントとフィヒテ」，『フィヒテ研究』第 13 号，晃洋書房，2005 年。
木村博「第一根本命題と立言判断」，木村博編『フィヒテ——『全知識学の基礎』と政治的なもの——』創風社，2010 年所収。
熊谷英人「幻影の共和国—— J. G. フィヒテ，『二十二世紀』からの挑戦」，『国家学会雑誌』第 123 巻 3・4 号，東京大学法学部，2010 年。
柴田隆行「1813 年夏学期のフィヒテ講義は『国家論』ではないのか」，『フィヒテ研究』第 20 号，晃洋書房，2012 年。
清水満「フィヒテ初期知識学における『総合』の問題——構想力と理性」，『ディアロゴス』創刊号，九州大学哲学・倫理学研究会，1988 年。
——「承認論の誕生——イエナ期ヘーゲルのフィヒテ受容」，『哲学論文集』第 28 輯，九州大学哲学会，1992 年。
——「詩的自我——フィヒテとヘルダリン」，『フィヒテ研究』創刊号，晃洋書房，1993 年。
——「フィヒテ哲学の理念としての精神の共同性」，『西日本哲学年報』第 4 号，西日本哲学会，1996 年。

――「表現の哲学者としてのフィヒテ」，『フィヒテ研究』第6号，晃洋書房，1998年。

――「フィヒテの『道徳論』における衝動の概念」，『フィヒテ研究』第12号，晃洋書房，2004年。

――「フィヒテとシュミット――法の宙づり状態と人民の威力」，『北九州市立大学法政論集』第40巻第4号，北九州市立大学法学会，2013年。

杉田孝夫「書評 Hans-Joachim Becker, *Fichtes Idee der Nation und das Jundentum—Den vergessenen Generationen der jüdischen Fichte-Rezeption—*（*Fichte-Studien-Supplementa Band 14, Rodopi, Amsterdam, 2000*）」，『フィヒテ研究』第9号，晃洋書房，2001年。

――「カントとフィヒテの歴史認識における政治的なもの」，『フィヒテ研究』第13号，晃洋書房，2005年。

――「1812年法論と1813年国家論のテクスト問題――フィヒテ法政治論のテクストとコンテクスト――」，『フィヒテ研究』第20号，晃洋書房，2012年。

高田純「承認論の転換――ヘーゲルの承認論にたいするフィヒテの影響」，『哲学』第39巻，1989年。

――「国家における自由と陶冶」，『フィヒテ研究』第9号，晃洋書房，2001年。

――「民族教育と人類性――グローバルの時代からみた『ドイツ民族への呼びかけ』――」，『フィヒテ研究』第17号，晃洋書房，2009年。

――「後期フィヒテの国家論――初期理論との連続と非連続――」，『フィヒテ研究』第20号，晃洋書房，2012年。

田村一郎「フィヒテにおける『ヨハネ期』の意味――『神』理解の推移を中心に――」，『フィヒテ研究』第2号，晃洋書房，1994年。

栩木憲一郎「フィヒテ政治思想の日本受容――主にナショナリズム解釈をめぐって――」，木村博編『フィヒテ――『全知識学の基礎』と政治的なもの――』創風社，2010年所収。

長澤邦彦「超越論哲学としての『知識学』」，廣松渉・坂部恵・加藤尚武編『自我概念の新展開』講座ドイツ観念論第3巻，弘文堂，1990年所収。

早瀬明「神聖ローマ帝国の政治的伝統――フィヒテの『ドイツ国民に告ぐ』とヘーゲルの『ドイツ国制論』――」，『フィヒテ研究』第17号，晃洋書房，2009年。

バリバール，E.，大西雅一郎訳「フィヒテと内的国境」，E. ルナン／J. G. フィヒテ／J. ロマン／E. バリバール，鵜飼哲・大西雅一郎・細見和之・上野成則訳『国民とは何か』インスクリプト，1997年所収。

藤澤賢一郎「フィヒテ自我論の射程――自己意識・個体性・相互人格性」，廣松渉・坂部恵・加藤尚武編『自我概念の新展開』講座ドイツ観念論第3巻，弘文堂，1990年所収。

船津真「ドイツユダヤ人による受容から見るフィヒテ政治思想――『ナショナルヒューマニズム』をめぐる同化主義とシオニズムの言説を中心に――」，木村博編『フィヒテ――『全知識学の基礎』と政治的なもの――』創風社，2010年所収。

3. その他の文献

Abrahamowitz, Finn : *Grundtvig Danmark til lykke*, 1. udgave, 3. oplag, København 2001.

Ackerman, Bruce : Storrs Lectures : Discovering the Constitution, in : *Yale Law Journal*, Vol. 93 : 1013, 1984.

Arendt, Hannah : *The Origins of Totalitarianism*, A Harvest book, Orlando 1976.（邦訳 ハナ・アーレント，大久保和郎・大島道義・大島かおり訳『全体主義の起源』1〜3，みすず書房，1981 年）

――: *On Revolution*, Penguin Books, 2006.（邦訳 ハンナ・アレント，志水速雄訳『革命について』ちくま学芸文庫，1995 年）

Berlin, Isaiah : *Liberty*, Oxford University Press, 2008.（邦訳 アイザィア・バーリン，小川晃一・小池銈・福田歓一・生松敬三訳『自由論』みすず書房，1979 年）

Clausewitz, Carl von : *Vom Kriege*, hrsg. von Wolfgang Pickert und Wilhelm Ritter von Schramm, 19. Aufl., Hamburg 2011.（邦訳 クラウゼヴィッツ，篠田英雄訳『戦争論』上・中・下，岩波文庫，1968 年）

Dann, Otto : *Nation und Nationalismus in Deutschland 1770-1990*, München 1993.（邦訳 オットー・ダン，末川清・姫岡とし子・高橋秀寿訳『ドイツ国民とナショナリズム 1770-1990』名古屋大学出版会，1999 年）

Engel, Evamaria : *Die deutsche Stadt im Mittelalter*, Düsseldorf 2005.

Gellner, Ernest : *Nations and Nationalism*, Second Edition, Cornell University Press 2008.（邦訳 アーネスト・ゲルナー，加藤節監訳『民族とナショナリズム』岩波書店，2000 年）

Habermas, Jürgen : *Theorie und Praxis : Sozialphilosophische Studien*, Frankfurt am Main 1978.（邦訳 ユルゲン・ハーバーマス，細谷貞雄訳『理論と実践』未來社，1975 年）

――: *Strukturwandel der Öffentlichkeit : Untersuchungen zu einer Kategorie der bürgerlichen Gesellschaft*, Frankfurt am Main 1990.（邦訳 ユルゲン・ハーバーマス，細谷貞雄訳『公共性の構造転換』未來社，1973 年）

Illich, Ivan : *Tools for Conviviality*, Berkeley 1973.

Israel, Jonathan I. : *Radical Enlightenment, Philosophy and the Making of Modernity 1650-1750*, Oxford University Press 2001.

Johnston, Otto W. : *The Myth of Nation : Literature and Politics in Prussia under Napoleon*, CAMDEN HOUSE, Columbia, SC. 1989.

Kojéve, Alexandre : *Introduction à la Hegel*, Gallimard 1947.（邦訳 アレキサンドル・コジェーヴ，上妻精・今野雅方訳『ヘーゲル読解入門――『精神現象学』を読む』国文社，1987 年）

König, Helmut : *Zur Geschichte der bürgerichen National : Erziehung in Deutschland zwischen 1807 und 1815*, Teil 1, Berlin 1972.

Koselleck, Reinhart : *Kritik und Krise*, 6. Aufl., Frankfurt am Main 1989.（邦訳 コゼレック，村上隆夫訳『批判と危機――市民的世界の病因論』未來社，1989 年）

Maus, Ingeborg : *Zur Aufklärung der Demokratietheorie : Rechts- und demokratietheoretische Überlegengen im Anschluß an Kant*, Frankfurt am Main 1994.（邦訳 インゲボルク・マウス，浜田義文・牧野英二監訳『啓蒙の民主制理論――カントとのつながりで』法政大学出版局，1999 年）

Neumann, Franz : *Behemoth, The Structure and Practice of Natinal Socialism 1933-1944*, Uvan R. Dee, Chicago 2009.（邦訳 フランツ・ノイマン，岡本友孝・小野英祐・加藤栄一訳

『ビヒモス――ナチズムの構造と実際』みすず書房，1970年）
Planitz, Hans : *Die deutsche Stadt im Mittelalter*, Wiesbaden 1996.
Plessner, Helmut : *Die Verführbarkeit des bürgerlichen Geistes, Gesammelte Schriften*, Bd. VI, Frankfurt am Main 2003.（邦訳 ヘルムート・プレスナー，松本道介訳『ドイツロマン主義とナチズム――遅れてきた国民』講談社学術文庫，1995年）
Schmitt, Carl : *Die Diktatur*, 7. Aufl., Berlin 2006.（邦訳 カール・シュミット，田中浩・原田武雄訳『独裁――近代主権論の起源からプロレタリア階級闘争まで――』未來社，1991年）
――: *Die geistesgeschichtliche Lage des heutigen Parlamentarismus*, 8. Aufl.（Nachdr. der 1926 ersch. 2. Aufl.）, Berlin 1996.（邦訳　カール・シュミット，稲葉素之訳『現代議会主義の精神史的地位』みすず書房，1972年）
――: *Der Begriff des Politischen. Text von 1932 mit einem Vorwort und drei Corollarien*, 7. Aufl.（5. Nachdr. der Ausgabe von 1963）, Berlin 2002.（邦訳 C. シュミット，田中浩・原田武雄訳『政治的なものの概念』未來社，1970年）
――: *Politische Theologie. Vier Kapitel zur Lehre von der Souveränität*, 8. Aufl., Berlin 2004.（邦訳 C. シュミット，田中浩・原田武雄訳『政治神学』未來社，1971年）
――: *Römischer Katholizismus und politische Form*, 5. Aufl., Stuttgart 2008.（邦訳　カール・シュミット，小林公訳「ローマカトリック教会と政治形態」，長尾龍一編『カール・シュミット著作集 I 1922-1934』慈学社，2007年所収）
――: *Verfassungslehre*, 10. Aufl., Berlin 2010.（邦訳　カール・シュミット，阿部照哉・村上義弘訳『憲法論』みすず書房，1974年）
――: *Theorie des Partisanen*, 7. unveränderte Aufl., Berlin 2010.（邦訳　カール・シュミット，新田邦夫訳『パルチザンの理論――政治的なものの概念についての中間所見』ちくま学芸文庫，1995年）
Strauss, Leo : *Natural Right and History*, The Universty of Chicago Press 1965.（邦訳 レオ・シュトラウス，塚崎智・石崎嘉彦訳『自然権と歴史』昭和堂，1988年）
Sørensen, Svend og Nielsen, Niels : *I hælene på Christen Kold*, Sparekassen Thys Forlag 1990.
Talmon, Jacob L. : *The Origin of Totalitarian Democracy*, Frederick A. Praeger, New York 1960.
アーレント，ハンナ著／ベイナー，ロナルド編，浜田義文監訳『カント政治哲学の講義』法政大学出版局，1987年。
アーレント，ハンナ，大島かおり訳『ラーエル・ファルンハーゲン――ドイツ・ロマン派のあるユダヤ女性の伝記』みすず書房，1999年。
石川達夫『マサリクとチェコの精神――アイデンティティと自律性を求めて』成文社，1995年。
ウィルスン，ピーター・H.，山本文彦訳『神聖ローマ帝国 1495-1806』岩波書店，2005年。
上山安敏『ドイツ世紀末の若者』講談社学術文庫，1994年。
宇佐見耕一「アルゼンチンにおける福祉国家の形成――ペロン政権の社会保障政策――」，『アジア経済』第42巻第3号，2001年。
カッシーラー，エルンスト，中野好之訳『啓蒙主義の哲学』上・下，ちくま学芸文庫，2003年。

加藤節『近代政治哲学と宗教——一七世紀社会契約説における「宗教批判」の展開』東京大学出版会，1979 年。

川合清隆『ルソーとジュネーブ共和国——人民主権論の成立』名古屋大学出版会，2007 年。

コック，ハル，小池直人訳『グルントヴィ——デンマーク・ナショナリズムとその止揚』風媒社，2007 年。

コル，クリステン，清水満編訳『コルの「子どもの学校」論——デンマークのオルタナティヴ教育の創始者』新評論，2007 年。

コンドルセ他，阪上孝編訳『フランス革命期の公教育論』岩波文庫，2002 年。

坂井榮八郎『ゲーテとその時代』朝日選書，1996 年。

——「18 世紀ドイツの文化と社会」，成瀬治・山田欣吾・木村靖二編『世界歴史大系 ドイツ史 2 1648〜1890 年』山川出版社，1996 年所収。

サン＝シモン，森博訳「新キリスト教」，『産業者の教理問答他一篇』岩波文庫，2001 年所収。

塩川伸明『民族とネイション——ナショナリズムという難問』岩波新書，2008 年。

柴田寿子『スピノザの政治思想——デモクラシーのもうひとつの可能性』未來社，2000 年。

柴田三千雄『バブーフの陰謀』岩波書店，1968 年。

清水満「シラーの美的観念論」，『哲学論文集』第 26 輯，九州大学哲学会，1990 年。

——「美と人倫——シラー美学の社会哲学的考察——」，『社会思想史研究』第 15 号，社会思想史学会，北樹出版，1991 年。

——『改訂新版 生のための学校——デンマークで生まれたフリースクール「フォルケホイスコーレ」の世界』新評論，1996 年。

——「生きた言葉と対話の流れる台地 愛農学園高校訪問記」，『ハイムダール』第 25 号，日本グルントヴィ協会，2004 年。

シュトライス，ミヒャエル編，佐々木有司・柳原正治訳『17・18 世紀の国家思想家たち——帝国公（国）法論・政治学・自然法論——』木鐸社，2000 年。

スミス，アントニー・D.，高城和義・巣山靖司他訳『ネイションとエスニシティ——歴史社会哲学的考察』名古屋大学出版会，1999 年。

ゾンバルト，ヴェルナー，金森誠也訳『戦争と資本主義』講談社学術文庫，2010 年。

玉木俊明『近代ヨーロッパの誕生——オランダからイギリスへ』講談社選書メチエ，2009 年。

ドラテ，R.，西嶋法友訳『ルソーとその時代の政治学』九州大学出版会，1986 年。

永田佳之『オルタナティブ教育——国際比較に見る 21 世紀の学校づくり』新評論，2005 年。

ネグリ，アントニオ，斉藤悦則・杉村昌昭訳『構成的権力——近代のオルタナティブ』松籟社，1999 年。

バリバール，エティエンヌ，水嶋一憲訳『スピノザと政治』水声社，2011 年
平岡昇『平等に憑かれた人々——バブーフとその仲間たち』岩波新書，1973 年。

フォルレンダー，カール，宮田光雄監訳『マキァベリからレーニンまで——近代の国家＝社会理論』創文社，1978 年。

藤代幸一『ヴィッテンベルクの小夜啼鳥——ザックス，デューラーと歩く宗教改革』八坂書房，2006 年。

プラーニッツ，ハンス，林毅訳『中世ドイツの自治都市』創文社，1983 年。

ベイナー，ロナルド，浜田義文監訳『政治的判断力』法政大学出版局，1988 年。

ペトリ，C.，関楠生訳『白バラ抵抗運動の記録——処刑される学生たち』未來社，1971 年。

ホブズボーム，E. J.，浜林正夫・嶋田耕也・庄司信訳『ナショナリズムの歴史と現在』大月書店，2001 年。

村上淳一『近代法の形成』岩波全書，1979 年。

メルシエ，ルイ＝セバスチャン，植田祐次訳「西暦二千四百四十年」，窪田般彌・滝田文彦編『非合理世界への出発』フランス幻想文学傑作選 1，白水社，1982 年所収。

森田安一『物語 スイスの歴史——知恵ある孤高の小国』中公新書，2000 年。

柳治男『〈学級〉の歴史学』講談社選書メチエ，2005 年。

山田寛『ポル・ポト〈革命〉史——虐殺と破壊の四年間』講談社選書メチエ，2004 年。

吉村正和『フリーメイソン——西欧神秘主義の変容』講談社現代新書，1989 年。

リーデル，マンフレッド「ヘーゲルの自然法批判」，清水正徳・山本道雄訳『ヘーゲル法哲学——その成立と構造』福村出版，1976 年所収。

リュッベ，ヘルマン，今井道夫訳『ドイツ政治哲学史——ヘーゲルの死より第一次世界大戦まで』法政大学出版局，1998 年。

著者紹介

清水　満（しみず みつる）

1955 年対馬に生まれ育つ。
公務員ののち，1982 年鹿児島大学法文学部（倫理学専攻）卒。
1988-1989 年ドイツ・エッセン大学にプロモベントとして留学。
1991 年九州大学大学院文学研究科（倫理学専攻）博士課程単位取得退学。
2011 年北九州市立大学社会システム研究科（思想文化領域）博士後期課程早期修了。博士（学術）。
予備校講師。九州女子大学，筑紫女学園大学非常勤講師。
日本グルントヴィ協会（教育市民運動ネットワーク任意団体）幹事。
著書に『改訂新版　生のための学校』（新評論），『共感する心，表現する身体』（新評論），共著に『表現芸術の世界』（萌文書林），編訳書に『コルの「子どもの学校」論』（新評論）など。

フィヒテの社会哲学《しゃかいてつがく》

2013 年 9 月 30 日　初版発行

著　者　清　水　　満

発行者　五十川　直　行

発行所　(財)九州大学出版会
〒812-0053 福岡市東区箱崎 7-1-146
九州大学構内
電話　092-641-0515（直通）
URL　http://www.kup.or.jp/
印刷・製本／大同印刷㈱

ISBN978-4-7985-0111-6